"十三五"普通高等教育规划教材
大连市跨境电子商务扶持资金项目

跨境电商运营实务

主　编　高　华
副主编　任雪莲　冯之坦　王俊奇
参　编　杨品林　刘亚杰　郭子香
李春雅　刘　聪　杨　阳
杨　帆

中国财经出版传媒集团
中国财政经济出版社

图书在版编目（CIP）数据

跨境电商运营实务／高华主编．--北京：中国财政经济出版社，2020.9

“十三五”普通高等教育规划教材 大连市跨境电子商务扶持资金项目

ISBN 978-7-5095-9979-2

Ⅰ.①跨… Ⅱ.①高… Ⅲ.①电子商务-运营管理-高等学校-教材 Ⅳ.①F713.365.1

中国版本图书馆 CIP 数据核字（2020）第151968号

责任编辑：田明晖　　　　责任校对：张　凡

封面设计：陈宇琰

中国财政经济出版社出版

URL：http：//www.cfeph.cn

E-mail：cfeph@cfeph.cn

社址：北京市海淀区阜成路甲28号　邮政编码：100142

营销中心电话：010-88191537　编辑部门电话：010-88190670

北京时捷印刷有限公司印刷　各地新华书店经销

787×1092毫米　16开　24.5印张　595 000字

2020年9月第1版　2020年9月北京第1次印刷

定价：49.00元

ISBN 978-7-5095-9979-2

（图书出现印装问题，本社负责调换）

本社质量投诉电话：010-88190744

打击盗版举报热线：010-88191661　QQ：2242791300

前言

跨境电商是当前我国各级政府部门力推的新型贸易方式之一。近年来，国务院出台了支持跨境电商发展的相关文件，中国人民银行、海关总署、国家税务总局也相继推出了配套政策举措，跨境电商综合试验区由原来的杭州 1 个城市拓展到了广州、深圳等 13 个城市，为跨境电商发展创造了良好的环境，促使了我国跨境电子商务快速发展。截至目前，设立跨境电商综合试验区的城市，已基本覆盖中国主要一、二线城市。

由于跨境电商行业的迅猛发展和市场上对跨境电商人才的迫切需求，从人才培养的角度出发，国内各大高校相关专业如电子商务、国际贸易、国际商务、工商管理等，均需要开设“跨境电子商务”课程，为此，我们编写了这本书。

本教材面向应用型本科、高职高专学生或者创业者，立足于相关电商企业跨境电商运营的实践应用并介绍了跨境电商运营的基本操作方法与技巧。教材内容设计上，采用大量企业的真实案例，把突出能力应用，培养学生岗位实践能力放在第一位，让读者在真实的企业环境和任务中熟悉跨境电商平台的运营。全书以工作项目驱动、以跨境电商业务流程为导向，主要介绍主流第三方跨境电子商务平台的运营，内容涵盖出口跨境电商认知、跨境电商 B2B——阿里巴巴国际站基本操作、跨境电商 B2C——速卖通基本操作、跨境电商 C2C——eBay 基本操作、亚马逊基本操作、Wish 基本操作、跨境电商物流、跨境电商客户服务共 8 个项目。每个项目均由引例开篇，引导和启发学生主动思考、分析与探究；每个项目最后都精心设计了同步实训和项目测试，针对每一项目的知识点和能力点进行训练，从而提升学生运营与实践的综合职业能力。本书特点如下：

1. 依据跨境电商运营岗位能力要求采用项目化教学编写模式

本教材在调研相关企业跨境电商运营岗位的基础上，针对跨境电商岗位工作过程提炼工作任务，围绕工作任务梳理背后的知识点和能力点，并按照学生的认知规律重新排列组合，形成项目式教学的编写模式。

2. 着眼于“1 + X”证书教育所要求的综合能力

本教材编写注重以学生为主体，将企业跨境电商人才需求指标融入教材，强调对出口跨境电商业务流程各操作环节能力的训练，追求在社会大视野中确立职业风范，培养学生的职业核心能力。

3. 注重行业发展趋势，实操针对性强

在教材内容的开发上，引入跨境电商企业案例资源，注重第三方跨境电商平台的最新规则和应用，突出行业发展的最新趋势；内容编写图文并茂，以步骤加配图的方式快速引导学生完成相关操作，具有很强的实操性，切实培养学生岗位适应的动手能力。

本书由大连艺术学院高华担任主编并统稿。大连艺术学院任雪莲、王俊奇，南通理工学院冯之坦担任副主编；大连艺术学院杨品林、刘亚杰、郭子香、杨帆，南通理工学院李春雅、刘聪、杨阳也参与了本书的编写。大连鑫昇旭贸易有限公司和大连凡越电子商务有限公司还为本书提供了编写素材。参加编写人员的分工为：高华、杨帆负责编写项目一；杨品林负责编写项目二；任雪莲负责编写项目三；王俊奇负责编写项目四；冯之坦、杨阳负责编写项目五；李春雅、刘聪负责编写项目六；刘亚杰负责编写项目七；郭子香负责编写项目八。

由于编写时间紧、任务重，书中难免出现一些疏漏和错误，真诚欢迎各界人士批评指正，以便再版时予以修正，使其日臻完善。

编　者

2020 年 6 月

目 录

项目一

出口跨境电商流程认知

项目目标

【知识目标】

掌握出口跨境电商模式，了解出口跨境电商发展历程、现状及趋势；

掌握跨境电商选品方法及货源的选择和商品的定价策略；

掌握跨境电商第三方平台的分类，了解各个平台的特征；

理解跨境电商的支付方式；掌握国际电汇、西联汇款、Paypal、国际支付宝的支付方式；

掌握出口跨境电商流程的各个环节，包括前期准备、平台运营、物流发货和资金结算等。

【能力目标】

能够了解跨境电商发展历程、现状和趋势；

能够选择适合不同目标市场的商品、为商品找到稳定的货源、对所选商品制定价格；

能够根据企业自身的特点和商品的特性，选择合适的跨境电商平台；

学会使用不同跨境电商支付结算方式；

能够掌握出口跨境电商流程。

项目导图

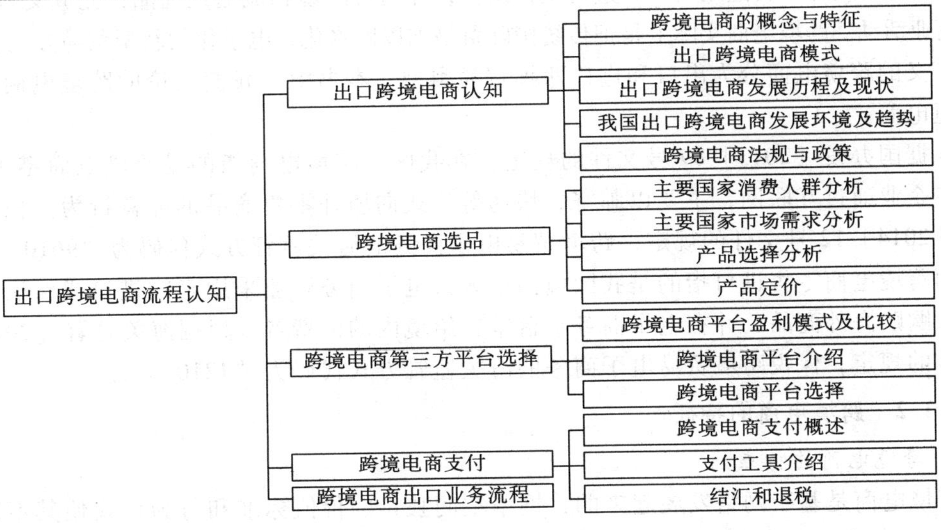

引　　例

习近平主席曾勉励跨境电商朝着“买全球、卖全球”目标迈进。全球用户通过跨境电商渠道就可以足不出户买卖全球质优价廉的商品。“买全球”增强了国内消费者的获得感和幸福感，“卖全球”进一步扩大了全球人民的发展福祉。从2012年开展跨境电商试点以来，我国就已经开启了互联网时代跨境电商发展规律的探索试验之路，同时也取得了显著成效，目前已经成为全球跨境电商规模最大、发展最快的市场。跨境电商已经成为国际贸易领域极具竞争力的新业态、新模式和新引擎，是落实“一带一路”倡议的重要抓手，也是推进贸易强国建设、提升国际地位和影响力的重要选择。

引例分析

从上面案例可以看出，跨境出口已逐渐开始成为我国跨境电商发展的重点。相比于传统的外贸进出口，互联网实现了全球性、实时性和交互性的国际贸易，基于互联网产生的跨境电商也构建起开放立体的多边贸易合作模式，促进了资源的优化配置，同时拓宽了企业进入国际市场的途径。当前很多企业都面临着转型升级的重要课题，应该好好利用跨境电商出口渠道，打造新的经济增长点。随着国家政策的不断支持，在移动互联网和智能物流等相关技术迅猛发展的背景下，围绕跨境电商产业会产生新的经济链，带动国内企业转型升级，催生出一系列新的经济增长点。

任务一　出口跨境电商认知

1.1　跨境电商的概念与特征

1.1.1　跨境电商的概念

跨境电子商务（Cross Border E－commerce），简称跨境电商，是指分属不同关境的交易主体，通过电子商务平台达成交易、进行支付结算，并通过跨境物流送达商品，完成交易的一种国际商业活动。跨境电商实际上是把传统国际贸易加以网络化、电子化的新型贸易方式。

广义的跨境电商分为出口和进口两种贸易类型。本书中，我们讨论的跨境电商仅指出口跨境电商。

根据国办发〔2013〕89号文件的规定，在我国，跨境电商指的是跨境电商零售出口，即出口企业通过互联网，主要以邮寄、快递等形式向境外零售商品的经营行为。根据海关总署〔2014〕12号文件的规定，跨境贸易电子商务的海关监管方式代码为“9610”。

而跨境电商零售进口指的是我国境内个人或电子商务企业采用直购进口或保税进口的方式采购购海外商品，并在电子商务平台销售给境内的消费者。根据海关总署〔2014〕57号文件的规定，保税跨境贸易电子商务的海关监管方式代码为“1210”。

1.1.2　跨境电商的特征

1. 跨境电商的特点

跨境电商是基于网络发展起来的，网络空间独特的价值标准和行为模式使其不同于传统的交易方式并呈现出自己的特点。

（1）全球性。电子商务与传统交易方式相比的一个重要特点是电子商务是一种无边界交易，没有传统交易所具有的地理因素。互联网用户不需要考虑国界的限制就可以把产品尤其是高附加值产品和服务提交到市场。任何人只要具备了一定的技术手段，在任何时候、任何地方都可以让信息进入网络，相互联系并进行交易。例如，一家很小的爱尔兰在线公司，通过一个可供世界各地的消费者单击观看的网页，就可以在互联网上销售其产品和服务。

（2）无形性。网络的发展使数字化产品和服务传输盛行。而数字化传输是通过数据、声音和图像等媒介在全球化网络环境中集中进行的，这些媒介在网络中是以计算机数据代码的形式出现的，因而是无形的。电子商务是数字化传输活动的一种特殊形式，也必然具有无形性。传统交易以实物交易为主，而在电子商务中，无形产品却可以替代实物成为交易的对象。以书籍为例，传统的纸质书籍，其排版、印刷、销售和购买被看作是产品的生产和销售环节，然而在电子商务交易中，消费者只要购买网上的数据使用权便可以使用书中的知识和信息。

（3）匿名性。由于跨境电商具有非中心化和全球性的特性，因此人们很难识别进行电子商务交易的用户的身份和其所处的地理位置。在线交易的消费者往往不显示自己的真实身份和自己的地理位置，重要的是这丝毫不影响交易的进行，网络的匿名性也允许消费者这样做。

（4）即时性。对于网络而言，传输的速度和地理距离无关。传统交易模式中的信息交流，如信函、电报、传真等，在信息的发送与接收间，存在着长短不同的时间差。而电子商务中的信息交流，无论实际时空距离远近，一方发送信息与另一方接收信息几乎是同时的，就如同在生活中面对面交谈一样。某些数字化产品（如音像制品、软件等）的交易，还可以即时清结，订货、付款、交货都可以在瞬间完成。

（5）无纸化。电子商务以数字合同、数字时间代替了传统贸易中的书面合同、结算票据，主要采取无纸化操作的方式，这是以电子商务形式进行交易的主要特征。在电子商务交易中，计算机通信记录取代了一系列的纸面交易文件，用户发送或接收的都是电子信息。电子信息以比特的形式存在和传送，从而使整个信息发送和接收的过程实现了无纸化。

（6）快速演进。互联网是一个新生事物，现阶段它尚处在幼年时期，像其他新生儿一样，必将以前所未有的速度和无法预知的方式不断演进。基于互联网的电子商务活动也处在瞬息万变的过程中，短短的几十年中，电子交易经历了从 EDI 到电子商务零售业兴起的过程，而数字化产品和服务更是花样百出，不断改变着人类的生活。

2. 跨境电商与境内电商的区别

（1）交易主体不同。跨境电商是不同国别或地区间的交易双方通过互联网及相关信息平台实现交易的行为。从业务模式上来看，增加了国际物流、出入境清关、国际结算等业务；从业务主体上来看，交易双方分属不同关境的国家或地区。境内电商主要是在关境范围内达成的一种电子商务的交易模式，主要的客户群体也是在境内，其交易主体买卖双方一般处于同一个关境内，即境内的卖家在线销售给境内的买家。

（2）卖家竞争程度不同。境内电商经过多年发展，卖家数量多，电商能力日趋成熟，市场竞争越来越激烈，要从市场中获取流量变得越来越困难，付出的成本越来越高；而跨境电商尚处于初级阶段，流量获取几乎免费，成交订单较为容易。

（3）市场空间与范围不同。境内电商市场仅以境内为主，市场空间有限、交易额增幅平缓；而跨境电商面向全球多个国家，市场空间大、交易额逐年增加。

3. 跨境电商与传统国际贸易的区别

相较于传统际贸易形式，跨境电商的优势主要体现在以下几个方面。

（1）成本低，利润高。相较于传统国际贸易而言，跨境电商的门槛不高，首先在境内选择合适的产品及进货渠道，然后通过国际性的电子商务信息平台联系境外的买家并出售商品，支付方式则选择国际性的第三方支付平台，物流则由跨境电商快递公司来完成。从整个操作流程来看，跨境电商直接面对海外零售商或最终消费者，这减少了贸易环节中各种花费，成本低，商品更具价格优势，所获利润更高。而传统国际贸易流通渠道多，经过多级分销，最后才到达有需求的企业或消费者手中，进出口环节多、时间长、成本高、利润低。

（2）周期短，效率高。跨境电商开展国际贸易，买卖双方可采用标准化、电子化的合同、提单、保险凭证、发票、汇票和信用证等，融订单、支付、物流等服务为一体，使各种相关单证在网上即可实现瞬间传递。不仅缩减了传统外贸的各种中间环节，还减少了因纸面单证中数据重复录入导致的各种错误，明显提高交易效率。买家在平台上下订单，一般一个月内即可收到货物。

（3）全天运作，满意度高。世界各地间存在的时差为国际商务谈判带来诸多不便。企业在传统条件下提供每周7天、每天24小时的客户服务往往感到力不从心；而利用电子商务可以做到全天候服务；任何客户都可在全球任何地方、任何时间从网上得到相关企业的各种商务信息。电子商务可实现全天候、不间断运作，可使全球范围内的客户随时得到所需的信息，为出口企业带来更多的订单，并且可大大提高交易成功率，提高客户满意度。

除以上三点，跨境电商与传统贸易在信息提供、交易对象、交易时间、销售地点、客户方便度等方面均存在一定区别，见表1-1。

表1-1　　跨境电商与传统国际贸易的区别

区别点	跨境电商	传统国际贸易
信息提供	透明、准确	因销售商而异
交易对象	全球	部分地区
交易时间	24小时	规定的营业时间内
销售地点	虚拟空间	需要一定销售空间
客户方便度	客户按自己的方式选择性购买	受时间、地点限制

1.2　出口跨境电商模式

1.2.1　跨境电商的主要模式

1. 根据商品流向分类

按商品流向，跨境电商可以分为进口跨境电商和出口跨境电商。

进口跨境电商是指境外卖家将商品直销给境内的买家，一般是境内消费者访问境外商家的购物网站选择商品、下单，然后境外卖家将商品发国际快递给境内消费者，典型代表如亚马逊（中国）等。

出口跨境电商是指境内卖家将商品直销给境外的买家，一般是境外买家访问境内商家的网店，然后下单购买，并完成支付，接着境内的商家将商品发国际物流至境外买家处，典型代表如全球速卖通、敦煌网、中国制造网和环球资源网等。

2. 按跨境电商的交易主体分类

根据交易主体的不同，跨境电商可分为跨境一般贸易和跨境零售贸易。

跨境一般贸易的最终客户为企业或集团客户，主要运营模式为 B2B；跨境零售贸易的最终客户为个人消费者，它以网上零售的方式，将产品售卖给个人消费者。其主要运营模式为 B2C 和 C2C。

1.2.2 跨境电商传统出口模式

1. 跨境电商出口 B2B 模式

跨境电商出口 B2B 模式是国内企业利用电子商务对海外采购商出口货物的一种跨境电子商务模式。跨境电商出口 B2B 模式是目前我国跨境电子商务的主流，约占 80% 左右的市场份额。跨境电商出口 B2B 模式市场集中度比较高，出口商品主要是电子产品、服装服饰、日用百货、五金、机电、工业零件等等，其交易主体企业规模相对较大。

国内提供跨境出口服务的平台主要为信息服务平台和交易服务平台。其中信息服务平台通过第三方跨境电商平台进行信息发布或信息搜索完成交易撮合的服务，其主要盈利模式包括会员服务和增值服务。交易服务平台是能够实现买卖供需双方之间的网上交易和在线电子支付的一种商业模式，其主要盈利模式包括收取佣金费以及展示费用。代表企业有敦煌网、大龙网、易唐网等。

2. 跨境电商出口 B2C 模式

跨境电商出口 B2C 模式又被称为外贸 B2C 模式，即国内的制造企业或贸易企业通过电子商务的形式将商品直接销售给国外消费者。外贸 B2C 模式虽然在整个跨境电商中的比重相对不高，但增长速度却很快。由于跨境电商出口 B2C 交易的直接性，省略了很多中间环节，其交易成本比较低，利润率相对较高，一般在 25% ~30% 左右。跨境电商出口 B2C 模式由于行业普遍盈利能力强，受到了包括国内制造企业、国内电子商务服务企业和电商巨头 eBay、阿里巴巴等的广泛关注，成为我国跨境电商新的增长点。跨境电商出口 B2C 模式主要商品种类是个人消费品，其中尤以服装服饰、消费电子产品最为畅销。

跨境电商出口 B2C 模式中的其中一种是生产制造型厂商自建的平台，又被称为出口 M2C 模式，即制造商与消费者进行直接交易。珠三角、长三角一些规模比较大的工厂通常采取 M2C 模式跨境交易，这种模式可以进一步压缩贸易中间成本，获取利润最大化，而且对品牌推广十分有利，但对资金、营销团队的要求很高，同时要承担相对高的贸易风险。提供跨境 B2C 出口服务的平台包括开放平台和自营平台。开放平台涉及出口电商的各个环节，除了开放买家和卖家数据外，还包括开放商品、店铺、交易、物流、评价、仓储、营销推广等各环节和流程的业务，实现应用和平台系统化对接，并围绕平台建立开发者生态系统，代表企业有亚马逊、全球速卖通、eBay 和 Wish 等。自营平台是指平台对其经营的产品进行统一生产或采购、产品展示、在线交易，并通过物流配送将产品投送到最终消费者。自营平台通过量身定做符合自我品牌诉求和消费者需要的采购标准，来引入、管理和销售各类品牌的商品。自营平台通过互联网 IT 系统管理、建设大型仓储物流体系实现对商品介绍、分类、展示、交易、物流配送、售后保障等整个交易流程的实时管理，代表企业有兰亭集势、环球易购、米兰网等。

3. 跨境电商出口 C2C 模式

跨境电商出口 C2C 模式主要是指在开放平台上开网店的个人卖家，将商品售卖给国外消费者的模式，比如在 eBay 上进行国内商品的外销。相对而言，跨境电商出口 C2C 模式的规模比较小，一般年销售额在数千至数万美元之间，由于实力较弱，承受贸易风险的能力也比较低。

1.2.3 跨境电商出口模式创新

1. B2C 直邮出口模式

B2C 直邮出口模式指的是跨境电商企业通过快递、邮件等将商品发给国外消费者，又被称为邮快件查验出口模式。直邮出口模式的通关过程中，采用整批货物放行的模式，由负责提供通关服务的物流公司将系统与海关联通，把跨境电商出口的产品名称、数量、价格以及收货人等相关信息推送给海关，海关可抽检该批次货物中的货物，审核后自动放行。相比逐个包裹通关放行的跨境电商传统出口模式，B2C 直邮出口模式效率更高，且可实现出口退税。

2. 保税集货出口模式

保税集货出口模式指跨境电商出口先将货物整体申报进口至保税区，在保税物流中心集中备货，再按实际订单从保税区将货物分别发送给消费者离境的运作方式。这种方式可缩短国内出口货物通关的时间，节约整体物流成本。特别是其中“拼箱海运”加“保税仓”模式能以低成本、高效率方式满足跨境电商出口消费者碎片化的物流需求，更高时效地让海外消费者网购到中国商品，同时生产企业能够更快地享受到退税，因而可能大规模替代当前直邮清关模式。但保税集货出口模式要求跨境电商出口企业能够充分运用科学技术和数据预测用户需求和偏好，特别是对于提供定制化商品的跨境电商出口企业而言，存在一定的限制。

3. 义乌出口通道模式

义乌出口通道模式是指跨境电商企业通过市场商户采购商品后，通过该专门通道，市场商户可给跨境电商企业开具进项发票，跨境电商出口企业只需以前端进项为基准交纳 3.36% 的税（其中 0.36% 为代征）。

4. 中央结算仓出口模式

中央结算仓是由国家进行跨境电商出口商品的集中采购和监管，确保出口产品的品质保障，成为跨境电商出口货物的监管中心。

5. 跨境电商一般出口模式

跨境电商一般出口模式以 B2B 跨境出口模式为主，按照一般出口流程进行商品的通关等，解决了跨境电商本地发货时间长，售后服务跟不上的问题，丰富了跨境电商出口模式。

6. 跨境电商综合试验区——杭州模式

2017 年 9 月 20 日国务院常务会议提到，要在全国复制推广跨境电商“六体系两平台”模式。杭州跨境电商综合试验区通过与阿里巴巴的深度合作，构建了信息共享体系、金融服务体系、智能物流体系、电商信用体系、统计监测体系和风险防控体系，以及线上单一窗口平台和线下综合园区平台的“六体系两平台”。

杭州跨境电商综试区通过与跨境电商企业阿里巴巴数据打通，包括跨境 B2C 平台速卖通和天猫国际、跨境 B2B 平台阿里巴巴国际站、外贸综合服务平台一达通以及第三方支付平台支付宝建立起信息共享体系。与阿里巴巴共建跨境电商信用保障资金池，为数千杭州企业提供超过 8.5 亿美元的信用保障额度。借助菜鸟物流网络和仓储能力建立智能物流体系。借助阿里巴巴全球中小企业信用体系，与阿里巴巴等跨境电商业务平台合作，共建跨境电商溯源体系，建立电商信用体系。通过给优质供应商背书，引导企业通过诚信经营积累信用，建立一套海外买家征信体系，来进行风险防控，并将物流、验货等跨境环节纳入到风控体系中。

线上建立单一窗口综合服务平台，对接海关、国检、外汇、国税和工商等政府监管部门以及金融、物流企业，去除关、税、汇、检、商、物、融之间的信息壁垒，实现一点接入，为区内跨境电商企业提供免费注册、在线备案、实时申报等各项服务，并利用政府监管部门与跨境电商企业各部门之间的互联互通和信息共享，实现通关全程无纸化，降低通关成本、提高通关效率。

线下建设综合园区平台，采取一区多园的布局方式，涵盖杭州（下沙）出口加工区、杭州（下城）跨境贸易电子商务产业园、杭州（萧山）保税物流中心等试点区域，为线上自由交易提供线下供应链综合服务。

1.3　出口跨境电商发展历程及现状

1.3.1　跨境电商发展历程

1. 全球跨境电子商务发展历程

（1）起步阶段（1999—2003 年）。

阶段特点：在跨境电子商务起步阶段，跨境电子商务平台发挥的是产品展示和信息发布作用。其主要商业模式是在网上展示企业以及产品信息，线下进行交易，在这一阶段交易环节并不在网络平台上进行。

盈利模式：此时的跨境电子商务平台的盈利模式主要是向企业收取会员费（如年服务费）。在这一阶段中，也逐渐衍生出竞价推广、咨询服务以及为供应商提供完备的信息流等增值服务。

存在问题：跨境电子商务起步阶段虽然通过互联网解决了贸易信息面向世界买家的难题，但是仅完成了外贸电子商务产业信息流的整合，依然无法完成在线交易，因此仍然存在很大的发展空间。

在此阶段，中国制造网、韩国 EC21 网、Kellysearch 等大量以供需信息交易为主的跨境电子商务平台竞相出现，阿里巴巴国际站、环球资源网也成为我国在跨境电子商务起步阶段的典型代表平台。

（2）发展阶段（2004—2011 年）。

阶段特点：2004 年，跨境电子商务的发展阶段来临。这一阶段，跨境电子商务平台开始摆脱纯信息黄页的展示行为，将线下交易、支付、物流等流程实现电子化，逐步实现在线交易。此阶段的跨境电子商务平台，通过服务以及资源整合有效打通上下游供应，逐渐形成了包括 B2B 平台以及 B2C 平台的两种模式。经过逐步发展，B2B 平台模式为跨境电子商务在发展阶段的主流模式，直接对接中小企业和商户，使产业链进一步缩短，提升了商品的销售利润空间。

盈利模式：在此阶段，跨境电子商务第三方平台实现了营收的多元化，同时实现了后向收费模式，将“会员收费”改为以收取“交易佣金”为主，即按成交效果来收取百分点佣金。同时还通过平台上的营销推广、支付服务、物流服务等网络配套服务获得增值收益。

存在问题：在发展阶段，由于相关法制不完善等问题的存在，跨境电子商务的发展也曾经历过 2007—2011 年间假货盛行的时代，但到 2011 年后，国家提升了对跨境电子商务的重视程度，并颁布了相关法律法规，各个地区政府的扶持力度也逐渐加强，跨境电子商务发展开始步入正轨。

（3）转型阶段（2012 年至今）。

阶段特点：2013 年成为跨境电子商务重要转型年，跨境电子商务全产业链都出现了商业模式的变化，跨境电子商务转型的大时代随之到来。首先，跨境电子商务转型阶段具有大型工厂上线、中大额订单比例提升、大型服务商加入和移动用户量爆发等特征。与此同时，跨境电子商务平台服务全面升级，承载能力更强，全产业链服务也呈现出在线化的特征。在此阶段，用户群体逐渐扩张，用户实力普遍提升，同时产品也呈现出更加多样化、多元化的格局。

盈利模式：在此阶段，跨境电子商务平台的盈利也向更加多元化的方向迈进，在原有盈利模式的基础上，跨境电子商务综合服务平台也通过相关金融创新业务等获得了新的盈利途径。比如，跨境电子商务企业与金融机构进行合作，为中小企业、个人消费者提供融资、资金托管等服务，并收取相关费用。

存在问题：在转型阶段，跨境电子商务呈现快速增长，而其面临的外部不确定性因素也与日俱增。2016 年 2 月 4 日，美国等 12 个国家正式签署《跨太平洋伙伴关系协定》（TPP）。而中国目前尚未加入，使我国的跨境电子商务发展在经济全球化的大背景下受到一定程度的限制。

2018 年 3 月 8 日，由日本牵头的 11 个国家在智利首都圣地亚哥重新签署《全面与进步跨太平洋伙伴关系协定》（CPTPP），意图抑制中国经济在亚太地区的影响力：一是在关税上对中国产生贸易壁垒；二是未来可能会主导亚太地区贸易规则的制定。对此中国也正在促成由东盟 10 国发起的“区域全面经济伙伴关系协定”（RCEP）用于消减 CPTP 对中国的限制。总之，国际性组织以及国际环境的动荡在跨境电子商务转型阶段表现出较为明显的影响，使其发展具有较多的不确定性。

全球跨境电子商务发展历程总结见表 1－2。

2. 我国跨境电商发展历程

（1）初步探索阶段一金关工程（20 世纪 90 年代）。金关工程于 1993 年由国务院提出，并在 2001 年正式启动。金关工程的目标是推动海关报关业务的电子化，取代传统的

表 1－2　　全球跨境电商发展历程

阶段	时间	阶段特点	盈利模式	存在问题
起步阶段	1999—2003 年	线上展示，线下交易	会员费	不成熟，待完善
发展阶段	2004—2011 年	提供信息整合、交易、物流等服务	后向收费	假货盛行
转型阶段	2012 年至今	服务全面升级，承载能力更强	多元化	不确定因素较多

报关方式以节省单据传送的时间和成本。在金关工程阶段，1998 年海关总署发起建立中国电子口岸，实现企业上网办理报关、出口退税、核销、转关等进出口手续；1999 年阿里巴巴在杭州成立，阿里巴巴国际交易市场成为全球领先的小企业电子商务平台，为众多小企业开拓了海外市场。在这一时期，跨境电子商务的发展处于初步探索阶段。

（2）网络黄页模式阶段（21 世纪初期）。网络黄页推广是指加入面向全球市场的国家级和世界级黄页目录，以及在目标市场的网络黄页上做广告。21 世纪初，中国电子商务迈入发展阶段。越来越多的企业意识到网络的优势和利益，网络黄页成为继网站建设和搜索引擎后，当时企业应用网络的第三大热点。网络黄页帮助企业实现建站和上网，同时提供了网络营销和业务推广功能，极大地降低了中小企业业务运营成本，为中小企业提供了与大企业平等竞争的机会，因此网络黄页得到快速发展。全球资源网、中国制造网、慧聪网、ECVV 等，基本上都采用网络黄页推广的模式。

（3）网上交易模式阶段（2006—2011 年）。随着全球电子商务的较快发展，2006 年中国电子商务交易额突破万亿元大关。在信息流和资金流的电子化之后，物流电子化逐步成为现实，这一阶段中，企业做跨境电子商务有两种途径：一是平台电子商务模式，可以在第三方平台上建立网店门户，目前中国知名的跨境平台有阿里巴巴全球速卖通、敦煌网等；二是独立电子商务模式，企业构建自己的品牌，搭建自己的网站并推广，做独立电子商务，如兰亭集势、大龙网等。

（4）外贸综合服务平台模式阶段（2012 年至今）。在此阶段，外贸综合服务平台为客户提供包括融资、运输、保险、仓储、外贸单证制作、报关、报检、口岸通关、核销、退税等一体化的外贸操作服务。2010 年 11 月，阿里巴巴收购深圳一达通，形成了从“外贸资讯”到“外贸交易”一站式外贸服务链条。2012 年，海关总署启动了金关工程第二期立项申请工作，有效促进加工贸易转型升级，优化海关监管与服务。2013 年 7 月，国务院出台促进外贸发展、提高外贸便利化水平的“国六条”，支持外贸综合服务企业的发展，为中小企业出口提供融资、通关、退税、物流、保险等外贸服务。外贸综合服务平台的兴起，是我国外贸业务模式的创新，平台通过提供进出口环节相关服务，降低了中小外贸企业的经营成本，对促进外贸转型具有积极意义。我国跨境电子商务的发展历程见表 1－3。

表 1－3　　中国跨境电商的发展历程

阶段	时间	平台特征	阶段特征
初步探索	20 世纪 90 年代	平台较少	探索与基础阶段
网上黄页	21 世纪初	提供网络营销、业务推广等服务	网络黄页模式发展迅速
网上交易	2006—2011 年	实现信息流、物流、资金流电子化	电子化特征显著
综合平台	2012 年至今	服务全面升级，承载能力更强	体现出综合性发展特征

1.3.2 我国出口跨境电商发展现状

1. 受政策及发展环境的利好，行业市场规模不断增大

中国是世界上重要的产品出口大国，在整体出口总量相较稳定的情况下，出口跨境电商逐步取代一般贸易，成长性良好。近年来，受政策扶持、行业发展环境的逐步完善，2017 年，我国出口跨境电商取得了良好的发展。据电子商务研究中心发布《2017 年度中国出口跨境电商发展报告》显示，2017 年中国出口跨境电商交易规模达 6.3 万亿元，同比增长 14.5%。

2. 按业务模式划分，B2B 占比达到 80% 以上

2017 年主流出口跨境电商 B2B 平台发展的重点是信息撮合型平台转为交易型平台已取得一定进展。外贸新时代下催生新的贸易模式，在向新贸易转型的过程中，跨境 B2B 电商平台将扮演越来越重要的角色。平台将在全球贸易参与者中快速渗透，促使更多有贸易需求的买家和跨境供应实力的供应商在平台上交易，并将更好地承接碎片化、高频的贸易订单。据电子商务研究中心发布《2017 年度中国出口跨境电商发展报告》显示，2017 年中国出口跨境电商中 B2B 市场交易规模为 5.1 万亿元，同比增长 13.3%。

2017 年，出口跨境网络零售市场继续快速发展，行业规模越大，其对于产品供应链和物流的整合力度越强，例如可以更加快速地提供品类丰富的商品、物流成本更低等，这正是出口 B2C 电商最核心的优势所在。据电子商务研究中心发布《2017 年度中国出口跨境电商发展报告》显示，2017 年中国出口跨境电商网络零售市场交易规模为 12000 亿元，同比增长 21.2%。

按业务模式划分，我国跨境电商主要以 B2B 为主，占比达到 80% 以上。但随着智能手机、网购消费的兴起，以及物流、支付系统的完善，跨境电商零售（B2C、C2C）增长势头强劲。

3. 从产品种类上，3C 电子和服饰类商品的占比较高

从产品种类上细分，成本优势强、标准化程度高的 3C 电子和服饰类商品的占比较高，而健康美容、母婴产品等增长势头强劲。2017 年中国出口跨境电商卖家品类主要分布在：3C 电子产品 20.8%、服装服饰 9.5%、家居园艺 6.5%、户外用品 5.4%、健康美容 5%、鞋帽箱包 4.7%、母婴玩具 3.3%、汽车配件 3.1%、灯光照明 2.8%、安全监控 2.2%、其他 36.7%。

中国凭借低成本、高效率制造业优势打“世界工厂”，在纺织服装品、3C 电子产品等上优势明显。电子产品在中国供应链优势明显，为标准化产品。在供应端，容易形成规模经济；重量小、价值高，物流成本占比较低，适合跨境电商销售。新兴品类不断涌现，创造增量。消费者需求变化较快，技术革新加速，新的产品需求不断产生，国外的一些差异化的细分类目仍有待拓展。

4. 在卖家地域分布上，广东、浙江、江苏三省占比超一半

在出口跨境电商卖家地域分布上，2017 年中国出口跨境电商卖家主要集中在广东 24.8%、浙江 16.8%、江苏 11.3%、北京 8.6%、上海 6.5%、福建 5.4%、山东 3.6%、河南 3.2%、其他 19.8%。广东、浙江、江苏三省跨境电商卖家贡献的收入占全国 52.9%。广东庞大的经济基础、高度集中的生产制造基地、丰富的外贸人才储备成为出口

电商卖家集聚地的主要因素。

5. 在出口目的国上，新兴市场有待发展

在主要的出口跨境电商国家分布中，2017 年中国出口跨境电商的主要目的国，美国 15%、俄罗斯 12.5%、法国 11.4%、英国 8.7%、巴西 6.5%、加拿大 4.7%、德国 3.4%、日本 3.1%、韩国 2.8%、印度 1.6%、其他 30.2%。新兴市场仍然有待发展，新兴市场如东南亚、南美、非洲等市场都处于初级阶段，拉美、中东欧、中亚、中东、非洲是快速增长的新兴市场，跨境电商发展市场仍较为广阔。

1.4 我国出口跨境电商发展环境及趋势

1.4.1 发展环境

1. 政策环境

（1）国际政策差异化为跨境电商带来新机遇和新挑战。国外很多国家对跨境电商都给予了良好的政策环境。如美国对网上交易的商品一律免税，美国海关与多国邮政系统的数据互联共享；日本提供资金扶持跨境电商创新性重点项目发展、提供“综合货运支持”；多数新兴国家跨境电商政策环境、支付体系和物流系统尚不完善，发展空间巨大。

发达国家发展跨境电商的利好政策和战略给中国跨境电商企业带来了巨大的发展机遇，同时也为国内探索跨境电商新模式提供动力；而新兴国家的轻工业不发达正好跟中国制造的产业特征互补，选择新兴目标市场是中国企业发展跨境电商新商机。

（2）跨境电商国内政策密集出台，行业格局初定。2017 年 1 月国务院发布《关于同意在天津等 12 个城市设立跨境电子商务综合试验区的批复》等，2017 年国家大力支持跨境电商综合试验区建设，将跨境电商监管过渡期政策延长 1 年，政策采取先试点、逐步推广的策略，并逐步完善税收、监管方面制度，极大推动跨境电商行业快速发展。

从国家战略层面，在税收、支付、通关、海外仓等方面的优化，为出口跨境电商提供更加便利的条件。出口跨境电商作为近年来多项政策的受益者，且伴随着“一带一路”以及“互联网 +”的趋势，成功实现快速发展，未来有望将有更多有利于出口跨境电商的政策出台，出口跨境电商将继续其快速发展的势头。

2. 经济环境

（1）中国跨境电商发展势头正盛，出口仍占主导地位。据电子商务研究中心监测数据显示，2017 年中国跨境电商交易额达 8.2 万亿元，同比增长 22.3%。从数据来看，交易规模逐年增加，增速较为平稳。我国跨境电商进出口结构仍以出口为主，出口电商占比长期高于进口电商比例，但进口比也在逐年攀升。

中国跨境电商发展目前仍以出口为主，进口为辅。国家近年来实施“互联网 + 外贸”的战略力促跨境电商发展，更多旨在扶持传统外贸企业借助互联网的渠道实现转型升级。

跨境电商一直处在逆势快速增长，2012—2017 年共增长超过 300%，未来将占据更加重要的地位，有着巨大的市场潜力和生命力。随着“一带一路”倡议和全球经贸一体化的深度融合，跨境电商作为依附于互联网发展的国际贸易新形式，呈现出了巨大的发展潜力。

（2）中国外贸发展环境好过于往年，但未来形势依然严峻复杂。据海关总署数据显示，2017 年中国出口总额达 15.33 万亿元，同比增长 10.8%。近八年出口增速逐年下降，出口总额呈现先上升后平稳波动，中国出口总额在近几年出现降低，而后在 2017 年有所回升。

近年来，我国出口总额大幅度增加，之后受国内劳动力成本上升、人民币升值、国际市场需求持续低迷等因素影响，贸易成本不断攀升，出口增速明显放缓。

未来靠传统外贸优势生存和发展的企业会越来越难，而具备新优势，特别是"互联网+"新优势的新外贸企业发展会更加迅猛，强者越强，低端的加速淘汰。

3. 社会环境

(1) 出口电商是带动我国外贸发展不可或缺的主要力量之一。当前，出口跨境电商已成为带动我国外贸发展的中坚力量。数据显示，出口增速在 2015 年和 2016 年出现负增长，而到 2017 年开始上扬，但总体保持平稳上升的趋势。

出口跨境电商发展由成长逐渐走向成熟，国外进口商、消费者的贸易习惯发生变化，出口跨境电商服务逐渐完善，"中国制造"向"中国质造"的跨越给国内出口跨境电商带来了新的机遇。

由于受出口经营权限制而无法从事国际贸易业务的中小企业甚至个人，皆可通过跨境电商平台从事国际贸易，打破过去传统外贸公司垄断状态，使国际贸易经营主体日渐多元化。此外近几年出口总量的下降掩盖了出口跨境电商的促进作用。

(2) 从需求端看，海外电子商务消费逐渐崛起。近年来，随着俄罗斯、巴西、印度等新兴国家电子商务的蓬勃发展，诞生了诸多新的电子商务消费需求。海外网购消费者对"中国制造"商品青睐有加，海外市场更多网购用户规模的提升，这一整个社会环境对中国出口跨境电商是利好。

从海外市场来看，全球正经历线上购物冲击线下零售的消费变革，为线上销售打开了空间；从贸易方式来看，出口跨境电商更加高效满足海外消费者需求，逐步替代传统贸易出口。

从电子商务特性来看，消费变革下电子商务渠道自身的无穷展示属性，给了中国优秀供应链创建品牌、弯道超车的机会。

4. 技术环境

(1) 互联网是跨境电商发展成熟的"催化剂"。互联网的发展加速了跨境电商的崛起，我国出口跨境电商的发展与当前中小型企业信息普及化程度密切关联。全球网民人数近年来一直保持平稳上升趋势。

跨境电商业务伴随着互联网行业同步发展，是互联网企业拓展国际市场的重要落脚点，互联网对于出口企业的促进作用越来越明显。目前处于快速发展、转型升级阶段，发展前景广阔。近年来，全球网民规模的扩大刺激了我国出口跨境电商快速增长。对于跨境电商平台而言，大数据的应用已经将平台所具有的提供信息撮合和交易达成的基本功能进行了技术升级，从而引起平台的商业模式变革。

(2) 新技术有望开辟数字经济下跨境电商新道路。2017 年底，"区块链"一词被大众熟知。未来区块链技术和云计算、大数据、供应链金融等新技术的运用有望改变消费者个体行为，改变我们行业生态的环境，为跨境电商创造新的商业环境。

降低成本是跨境电商必须兼顾的重要问题之一，信息不对称增加了消费者的交易成本，在一定程度上限制了跨境电商的蓬勃发展。区块链技术代表着更低的交易成本和更快捷的支付方式，区块链的不可篡改性有助于减少商业欺诈，以保证消费者得到最优质的服务体验。

1.4.2 发展趋势

2015年6月20日，国务院出台《关于促进跨境电子商务健康快速发展的指导意见》，对大力发展跨境电子商务作出了重要部署，标志着我国跨境电子商务将进入管理规范化、服务集约化、产业链协同发展阶段。

根据阿里研究院与埃森哲联合发布的《全球跨境电商趋势报告》预测，2020年全球跨境零售交易额将达到9940亿美元，惠及9.43亿全球消费者，中国有望成为全球最大的跨境零售消费市场，带动全球跨境消费年均增速提高近4%。在国际跨境电子商务高速发展的大背景下，中国跨境电子商务会在商业模式和技术产品方面不断创新，会有更多的企业加入跨境电子商务的行列，中国跨境电子商务从规模到质量都会有大幅度的提高，在国际市场的地位、影响力和话语权会进一步增强。

1. 交易市场将进一步扩大

人均购买力强、网购观念普及、消费习惯成熟、物流配套设施完善等良好的市场氛围，将使中国跨境电商在以美国、英国、德国、澳大利亚为代表的成熟市场中保持着旺盛的发展势头；与此同时，会向俄罗斯、印度、巴西、南非等地快速扩展。不断崛起的阿根廷、以色列、乌克兰等新兴市场也将成为中国跨境电商零售出口的新目标。同时，与港澳台的跨境电子商务合作也会增强，交易渠道会进一步拓宽。

2. 交易主体将进一步增多

跨境电商零售出口不仅为诸多中、小、微企业提供了迅速把握全球商机的捷径，而且为许多大企业、传统外贸企业提供了拓展业务并提升服务水平的机会。愈加多元化的跨境电子商务主体将进一步改善买家购物体验，提升行业整体服务水平。阿里、京东、大龙、敦煌等国内大型电子商务企业纷纷瞄准跨境电子商务市场，给原本以平台海外营销为主的跨境电子商务带来了坚实的业务基础和产品基础。我国的中小企业将作为跨境电子商务经营主体大量涌现，B2B和B2C模式并驾齐驱，一大批B2C企业快速成长，大批内贸企业和制造企业将进入跨境电商领域。

3. 交易产品种类将更丰富

据eBay统计，未来，中国跨境零售出口卖家的业务范围将进一步拓展。随着产品运送方式持续创新和大数据技术的不断应用与发展，中国卖家亦将业务拓展至更多新种类，经营的产品从服装服饰、美容保健、3C电子、计算机及配件、家居园艺、珠宝、汽车配件、食品药品等便捷运输产品向家居、汽车等大型产品扩展。eBay大中华区报告显示，71%的大卖家计划扩充现有产品种类，64%的大卖家计划延伸到其他产品线，这将持续提升中国跨境零售出口卖家在全球跨境贸易中的市场占有率和重要性。

4. 传统外贸企业将成为跨境电商主流

跨境电子商务零售不同于一般贸易，小额度、高频度的特征造成与现有的通关、商检、结汇、退税等方式不相匹配，随着监管体系的完善，跨境B2C将进一步发展，更多的传统外贸企业将加入平台从事跨境B2C。同时，跨境B2B也将成为传统外贸企业的主要营销渠道。传统外贸企业与国外消费者直接面对，建立并提升品牌，提高核心竞争力。跨境电子商务将推动传统外贸企业的价值创造方式发生转变，实现从产品的交易者向生产的组织者转变，从消费的匹配者向消费的引导者转变，从价值的实现者向价值的创造者转变。

5. 跨境电商产业链将逐步完整

目前，我国的跨境电子商务主要是以平台为主导，企业自建交易平台尚不普遍，未来随着环境和支撑体系的改善、新技术的不断运用，跨境电子商务的产业链将逐步形成。从电商产业链上游来看，产品方面，3C 电子产品、服装等传统优势品类借助自身标准化及便于运输等优势表现强劲，户外、健康美容和汽配等新品类随着消费者需求增长而快速增长；产业链中游则是平台电商与自建网站相互博弈、协同发展，跨境电子商务平台将进一步整合，逐步完善服务功能，更多的制造业企业会入驻跨境电商平台；从产业链下游来看，成熟发达的经济体是中国出口电商的主要目的地市场，并将保持快速增长态势，不断崛起的新兴经济体，将为中国的出口跨境电商提供更多更新的市场机会。

6. 跨境电商综合服务业将兴起

推动外贸综合服务企业与跨境电子商务平台融合，形成跨境电子商务综合服务业，是跨境电子商务持续健康快速发展的实现途径。跨境电子商务综合服务业通过整合产业链、贸易链、监管链和数据链，在原有信息与交易服务的基础上向涵盖支付、物流、信用、产品质量保险和金融等方向发展，为跨境全流程在线贸易提供全方位的集成服务，推动传统加工贸易与跨境电子商务的融合发展。在物流方面，云计算、物联网、互联易等新一代信息技术在跨境电子商务中的应用，将提升物流配送的信息化水平，提高物流配送效率、降低物流成本。在信用方面，大型电子商务平台依托平台积累的资源和现代信息技术为信用体系建设开辟了新的途径。在互联网金融方面，电子商务平台依托交易、物流和支付等大数据资源深入了解外贸企业的信用状况和经营状况，提供在线供应链金融，降低中小微企业融资成本，促进外贸企业提升综合竞争力。

7. “数据 + 生态” 驱动明显

未来跨境电商将以数据为依托，提高电商企业的成本效率，提高跨境电商运营的精确程度，“数据 + 生态” 双轮驱动是跨境电商发展的未来趋势。数据及生态为底层基础的出口跨境电商将是实现传统外贸转型升级的强大驱动力。未来基于数据和生态建立的新型外贸，将为出口企业带来真正的竞争力。“精细化运营时代” 也是在 “互联网 +” 的大趋势下对跨境消费者体验深耕细作的时代，数据是互联网的根本，网络也就是数据。

1.5 跨境电商法规与政策

1.5.1 跨境电商政策法规发展概况

1. 国际电子商务立法评析

自 2005 年《国际合同使用电子通信公约》获得联合国大会通过以来，各国电子商务立法进入了一个快速发展的阶段。这一时期的电子商务立法具有以下特点。

(1) 广泛吸收先进经验，立法起点高。近期从事电子商务立法的国家，大胆吸收了国际范围的成熟经验和有益做法，使电子商务立法站在一个较高的起点上，具有明显的后发优势。例如，卡塔尔2010年《电子商务和交易法》对电子交易的形式要求，就充分借鉴了联合国《电子商务示范法》第13条的规定；关于数据电文发送错误，则参照了联合国《国际合同使用电子通信公约》第14条的规定。

（2）规则详备合理，体现了时代性。近年来各国电子商务立法的内容，不仅包括了电子商务法中的电子合同、电子签名等传统内容，而且根据电子商务的发展特性，将一些热点问题如电子政务、隐私权、消费者保护等也纳入进来。此外，很多国家的电子商务立法中规定了消费者保护的内容。如阿曼2008年《电子交易法》对电脑系统中的个人资料提供隐私保护，将保护电子系统和数据的责任由管理这些电子系统的机构以及发行有效电子签名的授权机构承担。卡塔尔《电子商务和交易法》对网络消费者权益的保护进行了详细的规定：在未经事先同意的情况下向他人发送垃圾邮件为违法行为；消费者以电子通信方式缔结合同有权在合同缔结之日起3天内撤销或终止合同；服务提供商交付或其他履行延迟超过30天时消费者可以终止合同，并有权取回货款。

（3）强调为电子商务创造良好的法制环境。完备的电子商务法律环境是参与国际经济竞争的必然要求，也是各国电子商务健康快速发展的有力保障。美国、欧盟等发达国家和地区正是因为抢先从立法层面完善电子商务发展环境，推动了国内电子商务的持续繁荣。因此，近年来，各国电子商务立法紧紧围绕电子商务基础设施建设，提供有利于电子商务发展的法制环境，以此树立民众对电子商务交易的信心，使商业活动得以顺利进行。因此，各国电子商务立法重点在于消除电子商务发展的阻碍，为电子商务的广泛运用提供法律确定性，促进电子政务的开展，促进电子交易的发展，满足消费者的需求。

（4）大多采用综合性立法模式。综合性立法具有综合性、全局性的特点，制定一部统领电子商务领域的框架性法律能保持法律体制的连贯性和统一性。如果说在电子商务的发展初期，由于许多法律障碍未能充分显露，过早的制定综合性立法难以充分把握电子商务的实质，法律的实际效力会受到减损。就目前而言，电子商务发展已经进入一个相对成熟的阶段，各种电子商务的法律问题在国际和国内都已经受到人们的关注，并已经有了法律解决方案，制定电子商务综合性立法的最好时机已经到来。近几年从事立法的国家正是发现了这一点，在全面考查电子商务法基本问题的基础上，借鉴国际国外的经验做法，较好地完成了电子商务综合性立法的任务。

2. 中国跨境电商相关政策法规

近年来，我国跨境电商呈现蓬勃发展态势，已成为国际贸易的新方式和新手段，对于扩大海外营销渠道、提升我国品牌竞争力、实现我国外贸转型升级有重要而深远的意义。我国相继出台了众多促进跨境电商发展的相关政策法规，从2004—2007年政策起步期的规范行业为主，到2008—2012年政策发展期的支持和引导电商为主，再到2013年至今的政策爆发期，我国跨境电商迎来了高速发展的好时机。

1.5.2　促进跨境电商发展的政策法规

1. 我国促进跨境电商发展的相关政策法规

为促进跨境电商发展，我国相继出台了多项促进跨境电商发展的相关政策法规，见表1－4。

表1-4　我国促进跨境电子商务发展的相关政策法规（部分）

发布时间	法律法规	主要内容	发文单位
2005.1	关于加快电子商务发展的若干意见	属于综合大法，建议出台完善电子商务贸易链条及有利于市场参与者发展的法规	国务院办公厅
2007.12	商务部关于促进电子商务规范发展的意见	推动网上交易健康发展，规范网上交易行为，帮助和鼓励网上交易各参与方开展网上交易，警惕和防范交易风险	商务部
2009.11	商务部关于加快流通领域电子商务发展的意见	扶持传统流通企业应用电子商务开拓网上市场，培育一批管理运营规范、市场前景广阔的专业网络购物企业和网上批发交易企业	商务部
2012.3	关于利用电子商务平台开展对外贸易的若干意见	明确要为电子商务平台开展对外贸易提供政策支持，鼓励电子商务平台通过自建或合作方式，努力提供优质高效的支付、物流、报关、金融、保险等配套服务，实现“一站式”贸易	商务部
2012.5	关于组织开展国家电子商务示范城市电子商务试点专项的通知	围绕促进电子商务健康快速发展的目标，依托国家电子商务示范城市，组织开展电子商务试点工作	国家发改委
2013.4	关于进一步促进电子商务健康快速发展有关工作的通知	进一步促进电子商务健康快速发展，继续加快完善支持电子商务创新发展的法规政策环境	国家发改委办公厅、财政部办公厅等13部门
2013.7	关于促进出口稳增长、调结构的若干意见	积极研究以跨境电商方式出口货物（B2B/B2C等方式）所遇到的海关监管、退税、检验、外汇收支、统计等问题，完善相关政策，抓紧在有条件的地方先行试点，推动跨境电商的发展	国务院办公厅
2013.8	国务院办公厅转发商务部等部门《关于实施跨境电子商务零售出口有关政策的意见》的通知（国发办〔2013〕89号）	针对现行管理体制、政策、法规及现有环境条件已无法满足跨境电商市场需求的背景，《意见》提出了六项具体措施，主要集中在海关、检验检疫、税务和收付汇等方面	国务院办公厅
2013.11	关于支持跨境电子商务零售出口的指导意见	提出了支持跨境电子商务零售出口的六条指导意见	质检总局
2014.5	关于支持外贸稳定增长的若干意见	激发市场活力、提振外贸企业信心、促进进出口平稳增长的16条举措	国务院办公厅
2014.6	关于支持外贸稳定增长的若干意见	支持以跨境电商为代表的新型贸易平台发展	海关总署
2014.10	关于开展电子商务与物流快递协同发展试点有关问题的通知	决定在天津、石家庄、杭州、福州、贵阳5个城市开展电子商务与物流快递协同发展试点。财政部将划拨专项资金，帮助5个试点城市推进电商快递协同发展工作。明确了5个试点城市的重点任务，即统筹规划基础设施建设，推行运营车辆规范化，解决末端配送难题，加强从业人员基本技能培训，鼓励电商企业与物流快递企业合作	财务部、商务部、国家邮政局

续表

发布时间	法律法规	主要内容	发文单位
2014.11	关于加强进口的若干意见	总结试点经验，按照公平竞争原则，加快出台支持跨境电商发展的指导意见	国务院办公厅
2015.3	关于同意设立中国（杭州）跨境电子商务综合试验区的批复	全国唯一的跨境电商综合试验区正式落户杭州，着力在跨境电商交易、支付、物流、通关、退税、结汇等各环节先行先试，逐步形成一套适应和引领全球跨境电商发展的管理制度和规则，为推动我国跨境电商发展提供可复制、可推广的经验	国务院办公厅
2015.4	2015年电子商务工作要点	推出全面推进以互联网为核心的信息技术在商品流通和对外贸易领域的应用，推动跨境电商健康发展	国务院办公厅
2015.5	关于大力发展电子商务加快培育经济新动力	明确了如何推进跨境电商加速发展，包括加强电子商务国际合作，积极发起或参与多双边或区域关于电子商务规则的谈判和交流合作，力争国际电子商务规制制定的主动权和跨境电商发展的话语权	国务院办公厅
2015.5	关于加快培育外贸竞争新优势的若干意见	当前国际环境和国内发展条件都发生重大变化的背景下，指导今后一段时期我国外贸的纲领性文件，并对跨境电商做出重要部署	国务院办公厅
2015.5	“互联网+流通”行动计划	协同推进跨境电商“单一窗口”综合服务体系建设，加强知识产权和消费者权益保护，加快电子商务海外营销渠道建设，参与和主导电子商务国际规则制定	商务部
2015.6	关于促进跨境电子商务健康发展的指导意见	新形势下促进跨境电商加速发展的指导性文件，明确了跨境电商的主要发展目标，并提出了5个方面的支持政策：一是优化海关监管措施，二是完善检验检疫监管政策措施，三是明确规范进出口税收政策，四是完善电子商务支付结算管理，五是提供财政金融支持	国务院办公厅
2015.7	关于促进进出口稳定增长的若干意见	加快推进外贸新型商业模式发展	国务院办公厅
2016.1	关于同意在天津等12个城市设立跨境电子商务综合试验区的批复	新设一批跨境电商综合试验区，包括：天津、上海、重庆、合肥、郑州、广州、成都、大连、宁波、青岛、深圳、苏州，将先行试点的中国（杭州）跨境电商综合试验区初步探索出的相关政策体系和管理制度，向更大范围推广	国务院办公厅

续表

发布时间	法律法规	主要内容	发文单位
2018.7	—	新设一批跨境电子商务综合试验区，持续推进对外开放促进外贸转型升级，在北京、呼和浩特、沈阳、长春、哈尔滨、南京、南昌、武汉、长沙、南宁、海口、贵阳、昆明、西安、兰州、厦门、唐山、无锡、威海、珠海、东莞、义乌22个城市新设一批跨境电商综合试验区	国务院常务会议
2018.9	—	从2018年11月1日起，降低1585个税目商品进口关税税率	国务院关税税则委员会
2018.8	中华人民共和国电子商务法	《中华人民共和国电子商务法》是我国电商领域首部综合性法律。其中，《电商法》新增第二十六条“电子商务经营者从事跨境电子商务，应当遵守进出口监督管理的法律、行政法规和国家有关规定”，将跨境电子商务经营者纳入本法管辖范围，也规定了受本法约束的同时，还应当遵守其他法律法规及规定	全国人大常委会
2018.9	关于跨境电子商务综合试验区零售出口货物税收政策的通知	对综试区电子商务出口企业出口未取得有效进货凭证的货物，同时符合相关条件的，试行增值税、消费税免税政策。电子商务出口企业在综试区注册，并在注册地跨境电子商务线上综合服务平台登记出口日期、货物名称、计量单位、数量、单价、金额	财政部等4部门
2018.11	关于实时获取跨境电子商务平台企业支付相关原始数据有关事宜的公告	参与跨境电子商务零售进口业务的跨境电商平台企业应当向海关开放支付相关原始数据，供海关验核。上述开放数据包括订单号、商品名称、交易金额、币制、收款人相关信息、商品展示链接地址、支付交易流水号、验核机构、交易成功时间以及海关认为必要的其他数据	海关总署
2018.11	关于启用进出境邮递物品信息化管理系统有关事宜的公告	为进一步严密进出境邮件监管，提高邮件通关效率，海关总署决定自2018年11月30日起在全国海关推广使用进出境邮递物品信息化管理系统，海关总署与中国邮政集团公司实现进出境邮件全国联网传输数据；邮政企业办理邮件总包的进境、出境、转关手续，应当向海关传输总包路单等相关电子数据等	海关总署
2018.12	关于跨境电商零售进出口商品有关监管事宜	跨境电子商务企业、消费者（订购人）通过跨境电子商务交易平台实现零售进出口商品交易，并根据海关要求传输相关交易电子数据的，按照本公告接受海关监管	海关总署

2. 加快我国电子商务发展的若干政策

（1）《关于加快电子商务发展的若干意见》。2005年1月8日，我国第一个专门指导电子商务发展的政策性文件《关于加快电子商务发展的若干意见》（以下简称《若干意见》）由国务院办公厅颁布，内容分为 8 个部分，共计 25 条。这一文件的颁布在我国电子商务发展史上具有重要意义，是继《电子签名法》出台后，我国在构建电子商务政策法律环境方面的又一重大举措。该《若干意见》着重谈了如何处理五个方面矛盾的关系，那就是：发展电子商务中政府与企业关系、作用的矛盾；环境建设与推广应用的矛盾；发展虚拟经济与发展实体经济的矛盾；突出重点与协调均衡的矛盾；鼓励发展与加强管理的矛盾。这五个方面的矛盾非常准确地概括了我国发展电子商务存在的核心问题。

（2）《关于促进电子商务规范发展的意见》。2007 年 12 月 13 日商务部发布《关于促进电子商务规范发展的意见》，宗旨是推动网上交易健康发展，规范网上交易行为，帮助和鼓励网上交易各参与方开展网上交易，警惕和防范交易风险。该意见主要包括以下内容：

第一，充分认识促进电子商务规范发展的重要意义；

第二，规范电子商务信息传播行为，优化网络交易环境，规范电子商务信息发布内容；

第三，规范电子商务交易行为，促进网络市场和谐有序，规范用户注册和会员发展行为，规范各类网上促销行为，规范电子签约行为，规范网上拍卖经营行为，规范电子商务售后服务行为；

第四，规范电子支付行为，保障资金流动安全，规范交易方之间的电子支付行为，规范第三方电子支付服务行为，防范电子支付金融风险；

第五，规范电子商务商品配送行为，健全物流支撑体系，规范商品配送行为，提高商品配送能力；

第六，促进电子商务规范发展的保障措施，面向社会公众加强宣传引导，推动电子商务法律和政策体系建设；

第七，加强组织领导，建立健全组织机构和工作机制，发挥骨干企业的示范引导作用，推进中小电子商务企业规范发展，重视和发挥中介组织作用，加强电子商务人才培养。

2009 年 11 月 30 日，商务部为进一步加快流通领域电子商务发展提出以下意见：要充分认识加快流通领域电子商务发展的重要意义。加快流通领域电子商务发展的主要目标是，以市场为导向，以企业为主体，以信息化带动流通现代化为主要手段，加快流通领域电子商务应用推广进程。

（3）《关于促进电子商务应用的实施意见》。2013 年 10 月 31 日，商务部印发《关于促进电子商务应用的实施意见》。该《意见》分工作目标和原则、重点任务、保障措施三部分。重点任务是：①引导网络零售健康快速发展；②加强农村和农产品电子商务应用体系建设；③支持城市社区电子商务应用体系建设；④推动动跨境电子商务创新应用；⑤加强中西部地区电子商务应用；⑥鼓励中小企业电子商务应用；⑦鼓励特色领域和大宗商品现货市场电子交易；⑧加强电子商务物流配送基础设施建设；⑨扶持电子商务支撑及衍生服务发展；⑩促进电子商务示范工作深入开展。

（4）《关于实施支持跨境电子商务零售出口有关政策意见》（国发办〔2013〕89 号）。2013 年 8 月，国务院办公厅转发由商务部会同国家发改委、中国人民银行、海关总署等 9

个部门共同研究制定的《关于实施支持跨境电子商务零售出口有关政策意见》（国发办〔2013〕89号），这是对于出口跨境电商最具标志性意义的文件。该文件将跨境电子商务零售出口纳入海关的出口贸易统计，提出了对跨境电子商务零售出口的支持政策以及出口检验、收结汇等六项具体措施。

（5）《关于支持跨境电子商务零售出口的指导意见》。2013年11月，质检总局发布《关于支持跨境电子商务零售出口的指导意见》，提出了支持跨境电子商务零售出口的六条指导意见：①积极推动跨境电子商务零售出口；②建立电子商务出口企业及其产品备案管理制度；③建立电子商务出口产品全申报制度；④创新电子商务出口产品监管模式；⑤加强跨境电子商务检验检疫信息化建设；⑥加强沟通联系和宣传引导。

（6）《关于大力发展电子商务加快培育经济新动力的意见》。2015年5月4日，国务院印发《关于大力发展电子商务加快培育经济新动力的意见》，部署进一步促进电子商务创新发展。

该《意见》明确了三点原则：一是积极推动，主动作为，支持发展；二是逐步规范；三是加强引导。该《意见》提出了七方面的政策措施：①营造宽松发展环境，降低准入门槛，合理降税减负，加大金融服务支持，维护公平竞争；②促进就业创业，鼓励电子商务领域就业创业，加强人才培养培训，保障从业人员劳动权益；③推动转型升级，创新服务民生方式，推动传统商贸流通企业发展电子商务，积极发展农村电子商务，创新工业生产组织方式，推广金融服务新工具，规范网络化金融服务新产品；④完善物流基础设施，支持物流配送终端及智慧物流平台建设，规范物流配送车辆管理，合理布局物流仓储设施；⑤提升对外开放水平，加强电子商务国际合作，提升跨境电子商务通关效率，推动电子商务“走出去”；⑥构筑安全保障防线，保障电子商务网络安全，确保电子商务交易安全，预防和打击电子商务领域违法犯罪；⑦健全支撑体系，健全法规标准体系，加强信用体系建设，强化科技与教育支撑，协调推动区域电子商务发展。

（7）《关于促进跨境电子商务健康快速发展的指导意见》。2015年6月，国务院办公厅印发《关于促进跨境电子商务健康快速发展的指导意见》。这是新形势下，促进跨境电子商务加快发展的指导性文件。该《意见》体现了“在发展中规范，在规范中发展”的总体原则，明确了跨境电子商务的主要发展目标，既普遍支持国内企业利用电子商务开展对外贸易，又突出重点，鼓励有实力的企业做大做强。特别是提出要培育一批公共平台、外贸综合服务企业和自建平台，并鼓励国内企业与境外电子商务企业强强联合。

该《意见》提出了五个方面的支持措施：一是优化海关监管措施，进一步完善跨境电子商务进出境货物、物品管理模式，优化跨境电子商务海关进出口通关作业流程。二是完善检验检疫监管政策措施，对跨境电子商务进出口商品实施集中申报、查验和放行，对跨境电子商务经营主体及商品实施备案管理制度。三是明确规范进出口税收政策，继续落实现行跨境电子商务零售出口税收政策，按照有利于拉动国内消费、公平竞争、促进发展和加强进口税收管理的原则，制定跨境电子商务零售进口税收政策。四是完善电子商务支付结算管理，稳妥推进支付机构跨境外汇支付业务试点，鼓励境内银行、支付机构依法合规开展跨境电子支付业务。五是提供财政金融支持，对跨境电子商务企业“走出去”重点项目给予必要资金支持，为跨境电子商务提供适合的信用保险服务，向跨境电子商务外贸综合服务企业提供有效的融资、保险支持。该《意见》强调，国务院有关部门要制定和完善配套措施，做好指导、服务，加强部门间沟通协作和相关政策衔接，适时扩大跨境电子商务综合试点。各级地方政府要结合实际情况制订完善工作方案，履行服务、督导和监管责任，加大对重点企业的支持力度。

1.5.3　跨境电商监管重要法规

1.《关于跨境电子商务零售出口税收政策的通知》

该通知发布了跨境电子商务零售出口税收政策。电子商务出口企业出口货物，符合特定条件的，适用增值税、消费税退（免）税政策。电子商务出口货物适用退（免）税、免税政策的，由电子商务出口企业按现行规定办理退（免）税、免税申报。

2.《关于外贸综合服务企业出口货物退（免）税有关问题的公告》

国家税务总局经商财政部、商务部同意，发布出口货物的退（免）税事项。外贸综合服务企业以自营方式出口国内生产企业与境外单位或个人签约的出口货物，在规定情形下，可由外贸综合服务企业按自营出口的规定申报退（免）税。

3.《支付机构跨境电子商务外汇支付业务试点指导意见》

国家外汇管理局综合司发布了这一指导意见。该意见明确了试点业务申请、试点业务管理、支付机构外汇备付金账户管理、风险管理、监督检查等问题。

4. 海关总署《关于增列海关监管方式代码“9610”的公告》和《关于增列海关监管方式代码的公告）》

2012 年，海关总署联合发改委启动了跨境电商服务试点；2013 年，海关总署密切关注试点城市情况，并逐步扩大了试点范围；2014 年，海关总署颁布了一系列政策文件，建立了“9610”和“1210”两种新型监管模式，并通过“56 号文”明确了跨境电商进出境货物、物品的海关监管流程。

5.《关于跨境贸易电子商务进出境货物、物品有关监管事宜的公告）

公告明确了跨境电商进出境货物、物品的海关监管流程。公告明确规定了通过与海关联网的电子商务平台进行跨境交易的进出境货物、物品范围，以及数据传输、企业备案、申报方式、监管要求等事项。公告中“电子商务企业或个人通过经海关认可并且与海关联网的电子商务交易平台实现跨境交易进出境货物、物品的，按照本公告接受海关监管”的规定，明确了公告的适用范围，即同时满足以下三个条件的纳入公告调整范围：

（1）主体上主要包括境内通过互联网进行跨境交易的消费者、开展跨境贸易电子商务业务的境内企业、为交易提供服务的跨境贸易电子商务第三方平台；

（2）渠道上仅指通过已与海关联网的电子商务平台进行的交易；

（3）性质上应为跨境交易。对于未在上述条件范围内的进出境货物、物品，海关仍按照原有方式（比如一般贸易、邮件、快件等）办理通关手续。电子商务企业或个人、支付企业、物流企业应在电子商务进出境货物、物品申报前，分别向海关提交订单、支付、物流等信息。电子商务企业在以《货物清单》方式办理申报手续时，应按照一般进出口货物有关规定办理征免税手续，并提交相关许可证件；在汇总形成《进出口货物报关单》向海关申报时，无须再次办理相关征免税手续及提交许可证件。个人进出境物品，应由本人或其代理人如实填制《物品清单》，逐票办理物品通关手续。个人在以《物品清单》方式办理申报手续时，按照进出境个人邮递物品有关规定办理征免税手续，属于进出境管制的物品，需提交相关部门的批准文件。

6.《关于进一步发挥检验检疫职能作用促进跨境电子商务发展的意见》

国家质检总局于2015年5月14日发布《关于进一步发挥检验检疫职能作用促进跨境电子商务发展的意见》，提出加快构建跨境电子商务发展的检验检疫工作体制机制，建立跨境电商清单管理制度，实施跨境电子商务备案管理。该意见列出了八大禁止以跨境电子商务形式入境的包裹。此外，该意见提出了构建跨境电商风险监控体系和质量追溯体系。同时，进一步明确对跨境电子商务商品实行全申报管理，对出境跨境电子商务商品实行集中申报、集中办理放行手续，不断完善质量安全监督抽查机制，加大第三方检验鉴定结果采信力度。

任务二　跨境电商选品

选品是指在跨境电商贸易过程中选择能满足海外消费者需求的产品。选品是卖家从事跨境电子商务的第一步，也是非常重要的一步。好的产品不仅能带来可观的销量，还能提升店铺的整体流量，从而提升产品在搜索结果中的排序。在整个选品的过程中，我们需要了解海外消费者的消费特征和消费需求。正确的选品方法是帮助我们做好跨境电商准备工作的第一步。

2.1　主要国家消费人群分析

不同地区的消费者由于地理位置、历史文化等因素形成了特有的消费倾向和喜好。本部分将分别介绍北欧、西欧、东欧等我国跨境电商主要市场国家的消费人群特征。

2.1.1　北欧

北欧国家中丹麦、芬兰、冰岛、挪威、瑞典和中国商人打交道较多。由于其宗教信仰、民族地位及历史文化，使北欧人形成了心地善良、谦恭稳重、按部就班、沉着冷静的性格特点。在生意场上，北欧人有以下几点显著的特征：

（1）非常注重产品的质量、认证、环保、节能等方面，其重视程度高于对价格的关注；他们心中对价格有上下限，往往一旦报价在此范围内就会同意；

（2）低调的性格特点决定了他们相对不善交际和言谈，不愿过多讨价还价，喜欢就事论事，务实高效；谈判风格坦诚，不隐藏自己的观点，善于提出各种建设性方案，追求和谐的气氛；

（3）在国际贸易的付款方式上不喜欢用信用证，比较倾向于电汇（T/T Telegraphic Transfer）和付款交单（D/PDocuments Against Payment）的方式，因为他们认为自己的信誉度和商业道德高。

所以在和北欧买家沟通时，需要注意以下几点：

（1）保证产品的质量，提供环保、节能的产品及包装，提供相应的认证；北欧人有着强大的市场购买力，在谈判中，对于高档次、高质量、款式新奇的消费品，他们会表现出很大的兴趣；

(2) 注意谈判态度的严谨和认真，我们需要考虑如何与其配合。首先，要以坦诚的态度对待来自北欧的买家。这可以使买卖双方感情融洽、交流顺畅，形成互相信任的气氛，以促进订单的生成；

(3) 北欧人性格相对较为保守，他们更倾向于尽力保护他们现在拥有的东西。因此，他们在谈判中更多地把注意力集中在怎样做出让步才能保住合同，同时不喜欢无休止地讨价还价，他们希望对方的公司在市场上是优秀的，希望对方提出的建议是他们所能得到的最好的建议。

2.1.2　西欧

西欧国家主要包括比利时、法国、爱尔兰、卢森堡、摩纳哥、荷兰、英国、奥地利、德国、列支敦士登和瑞士等。西欧经济在欧洲相对而言更加发达一些，生活水平较高，西欧国家也是和中国商人生意往来较多的地区之一。

1. 德国

德国人具有以下特点：

(1) 严谨保守、思维缜密。德国人在购物前往往会做好充分周到的准备工作，对卖家的经营、资信情况也会做详尽周密的研究和比较。因此，与德国人做生意，一定要做好充分的准备，尽量展现出自身的经营资质，能够回答关于本公司和产品的详细问题。同时应该保证产品的质量没有问题；

(2) 追求质量和实用主义，讲究效率，关注细节。德国人对产品的要求非常高，所以我们的供应商一定要注意提供优质的产品，在交货的整个流程中一定要注意细节，对货物的情况随时跟踪并及时反馈给买家；

(3) 信守合同，崇尚契约。德国人素有“契约之民”的称号，他们对涉及合同的任何条款都非常细心，对所有细节认真推敲，一旦签订合约就会严格遵守，按合同条款一丝不苟地去执行，不论发生什么问题都不会轻易毁约。所以和德国人做生意，也必须学会信守合同，如果买家下订单后，又出现要求更改交货期、付款期等条款的情况，这很有可能就是你和这位德国买家的最后一笔生意了。

2. 英国

英国人具有以下特点：

(1) 冷静持重，自信内敛，注重礼仪，崇尚绅士风度。英国商人一般举止高雅，注意礼仪，遵守社会公德，很有礼让精神。同时，他们也很关注对方的修养和风度，如果你能在与买家的沟通中显示出良好的教养和风度，就会很快赢得他们的尊重，为买家成功下单打下良好的基础；

(2) 喜欢按部就班，特别看重试订单，订单量往往循序渐进地增加。所以中国供应商和英国人做生意时，要特别注意试订单或样品单的质量，因为这是英国人考察供应商的先决条件，如果试订单或样品单可以很好地满足英国买家的要求，他们才会逐步给供应商更多、更大订单的机会；反之，如果第一笔试订单都不能达到他们的要求，英国人一般就不愿意再继续合作了。

3. 法国

法国人具有以下特点：

（1）法国买家一般都比较注重自己的民族文化和本国语言，因此在进行跨境交流时，他们往往习惯于要求对方同意以法语为谈判语言。所以要与法国人长期做生意，最好学会法语，或在谈判时选择一名好的法语翻译。法国商人大多性格开朗、十分健谈，他们喜欢在谈判过程中谈些新闻趣事，以创造一种宽松的气氛。所以多了解一些法国文化、电影文学、艺术摄影方面的知识，还是非常有助于互相沟通交流的；

（2）法国商人对商品的质量要求十分严格，条件比较苛刻，同时他们也十分重视商品的美感，要求包装精美。法国人认为法国是精品商品的世界潮流领导者，巴黎的时装和香水就是典型代表。

4. 比利时、荷兰、卢森堡等国

比利时、荷兰、卢森堡的买家以中型企业为主，一般回复率较高，但不愿意为物流承担任何责任，通常和中国香港的供应商做生意较多。所以在应对方式上，中国卖家在谈判时应注意趁热打铁，不要因为款项支付方式或运输问题而拒绝对方。

5. 意大利

意大利人具有以下特点：

（1）善于社交，情绪多变。意大利人说话时手势较多，表情富于变化，易情绪激动，常常会为很小的事情而大声争吵，互不相让。意大利人比德国人少了一些刻板，比英国人多了一些热情，但在谈判合同、做出决策时不会感情冲动，一般不愿仓促表态，比较慎重。同时比较重视产品的价格，在价格方面显得寸步不让，喜欢采用代理的方式；

（2）注重节约，崇尚时髦。意大利人有节约的习惯，不愿多花钱追求高品质，而德国人却宁可多付款来换取高质量的产品和准确的交货日期。同时追求时髦，衣冠楚楚，潇洒自如。他们的办公地点一般都设施讲究，比较现代化，并且他们对生活的舒适度也十分注重。

2.1.3 东欧

东欧诸国的政治体制改革和经济体制改革对社会文化的影响很大。国家制度的变化给这些国家人民的思想带来了很大的冲击。他们的谈判人员在此背景下，待人谦恭，但缺乏一定的自信。在谈判中，他们显得急于求成，注重实利，虽然顾及历史关系，但对现实利益紧抓不放。所以应对东欧买家，应该注意趁热打铁，及时追踪和跟进买家。

2.2 主要国家市场需求分析

2.2.1 德国

提起跨境电商市场，卖家们大多想到的是美国和英国，然而随着近年来新兴市场和多语言市场热度的蔓延，更多其他语种市场受到关注，例如，占据欧洲市场25%消费体量的德国，近年来成为业内研究和卖家开拓的重点市场。

庞大的人群造就了强大的消费体量。德语是1亿多人使用的母语，主要在德国、奥地利、瑞士北部、列支敦士登、卢森堡、意大利南提洛尔、比利时的一小部分地区，是欧盟国家中最多人使用的语言。跨境电商卖家如何抓住这1亿人的市场机会？研究德语市场的发展形态、网购习惯、支付方式、物流选择、产品偏好、搜索习惯等信息就显得尤为重要了。敦煌网结合平台德语站点的市场表现，形成了深度市场调研报告，具体如下：

1. 德国人喜欢网购的商品

德国人喜欢购买的产品主要有图书、服饰、活动门票等。值得强调的是，德国在线销售第一的是书籍；其次为服饰和门票。德国技术发达，电子产品也大有市场。

2. 德国人每分钟在各领域的支出

德国人也很喜欢购买二手产品，包括二手衣裤、鞋帽、桌椅等。对于中国品牌，如HTC、华为，很多德国人已经改变原来的偏见，他们觉得这些品牌的产品是很有品质的产品，也愿意购买昂贵的中国瓷器。另外，汽车汽配、母婴用品、消费电子、电子烟等产品的支出也很大。

总的来说，跨境电商在德国比较受欢迎，几乎垄断了德国一半的电商市场。比较受德国人青睐的垂直细分电商网站有如下几类：

（1）服饰类网站：Otto，Zalando，H&M，ESprit，Bonprix；

（2）电器电子类：Mediamarkt（欧洲最大的电器连锁店），Conrad；

（3）书城（电子/纸质）：Weltbild. de，Lehmanns. de；

（4）其他：Idealo（比价网），IKEA（家居），Tchibo（咖啡）。

2.2.2　美国

在美国市场，每个月份的热销产品都不同，卖家通过分析各月份的热销产品能够准确了解美国买家的消费心理和消费需求。

1月份进入冬季服装打折期，该月属于服装的销售旺季。2月份有情人节，该月是园艺产品、时尚饰品、箱包礼品的火热销售月份。3月份进入春季，服装、家居用品、美容化妆品开始热销；另外，3月份也是户外用品、桌球、水上用品的热销季节，礼品销售随着复活节等特殊节日也热销起来。4月份园艺产品在美国市场销售都很好，由于本月是婚礼筹办的好季节，女鞋、伴娘礼服或婚礼用品比较热销。5月份有母亲节，园艺产品、时尚饰品、珠宝产品、箱包产品、贺卡会随着母亲节的到来而变得火热。6月份有父亲节，也是毕业季，空调等制冷电器会在6月开始热销，手机和消费电子产品也进入销售旺季。7月份有美国独立日，家具和家居用品会因为婚礼等需求而进入旺季。8月份是学生返校采购季，返校季是服装鞋类的一个热卖季节，也是手机、消费电子产品、办公用品、运动用品的一个热卖月。9月份有美国的劳动节。秋季是服装热卖的季节之一，美容化妆品会由于秋季新品的到来而热销；同时也是滑雪用品热卖的月份。10月份有万圣节。体育用品10月份会强劲打折，同时毛绒玩具会热销。11月份有感恩节，感恩节是园艺产品的热卖时节，一些家电用品开始打折。美容化妆用品会随着冬季休假来临而热卖。毛绒玩具热销，礼品会随着冬季诸多重要节日进入热销季。12月份有圣诞节，是服装和鞋类热卖的季节。圣诞节是园艺产品热卖的时节，取暖设备热销，时尚饰品、珠宝和手表在12月份会占到全年四分之一的销量。手机、消费电子类产品、体育用品、滑雪设备、毛绒玩具进入热销季。

2.2.3　俄罗斯

俄罗斯国土面积全球最大，拥有1.43亿人口，横跨9个时区，是全球第六大经济体。因此在这个国家做物流是比较困难的，或者说联系起来比较不方便。根据俄罗斯联邦海关总署的统计数据，俄罗斯主要进口的产品有服装鞋子、化学产品、重金属、电话通信设备、电脑办公设备等。

根据俄罗斯自身的地理和人文特征，俄罗斯市场需求有如下特点：

1. 寒冷之邦，保暖很重要

俄罗斯气候寒冷，以俄罗斯首都莫斯科为例，其年平均气温为4.9℃，最冷月1月平均气温为-9.3℃，最热月7月平均气温为18.2℃。所以说，俄罗斯的季节温差较大，卖家在发布信息时可以在标题关键词中突出“当季热卖”。此外，因为俄罗斯冬天寒冷，室外的保暖对于俄罗斯人来说尤其重要。冬天，帽子、围巾、手套是必备品，而且俄罗斯女性还特别喜欢购买皮草外套。

2. 室内外温差大，睡衣薄为宜

跟中国北方一样，俄罗斯的房子也有暖气，所以在俄罗斯的冬天，室外和室内的温差是很大的。于是，俄罗斯人在室外和室内时穿的衣服是两个极端。在冬天，家居服是其中一个热销产品，洗澡后所需的浴袍，以及睡觉时需要穿的薄睡衣，也是冬季俄罗斯家居衣着的畅销选品。

3. 天生爱运动，跑鞋不能少

运动是俄罗斯人生活的重要组成部分，他们会经常购买运动服、运动鞋及其他配件。俄罗斯人擅长体操和冰上运动。此外，俄罗斯跟其他国家的人一样也爱好跑步、球类和健身等普遍的运动。因此，登山服、跑鞋、泳装、滑雪装是笼络爱好运动的俄罗斯人的热销单品。

4. 度假人数多，海滩装备畅销

除了运动外，俄罗斯人也非常会享受，特别是年轻一代，都有度假的习惯，一般喜欢去海滩。所以针对度假的需求，泳装、海滩上穿的衣服、沙滩鞋和遮阳帽是俄罗斯人心仪的热销度假选品。

5. 美女国度，化妆品需求大

俄罗斯女性一般都会化妆，所以对美容类产品的需求很大。但俄罗斯女性会更喜欢购买有品牌的化妆品。其中，最受欢迎的选品有口红、指甲油、眼影、化妆工具等。

6. 男人常穿正装，最爱领带

俄罗斯政府员工和很多企业员工都会穿正装，节日和正式场合也要穿正装，而且男士们还会佩戴袖扣。所以，西装套装以及袖扣、领带、领带夹之类的配件是男士们经常购买的产品。此外，因为俄罗斯男人比较高大，而且也有很多肥胖人群，所以对加大码的衣服有特别需求。

2.3 产品选择分析

2.3.1 选品的原则、标准及注意事项

1. 选择商品的原则和标准

从电子商务种类角度看，可以简单的把电子商务分为工厂类、贸易公司类、网商类、个体商户以及个人这五类。对于这几类的电子商务而言选品的方式和方法也不尽相同。工厂类的卖家本身就是生产厂家，那么选择自有的产品来进行销售当然是首选。因为不但对产品了解，同时在成本控制以及商品价格上具有很大的优势。工厂类卖家最需要考虑的是

自己的产品适合哪个市场，但对于生产型企业往往灵活性不足，对国际市场的变化不敏感。国内畅销的产品却不一定会受国外买家的青睐，卖家应多关注市场，可以借鉴同行的 top-seller，分析他们的产品，了解国外买家的喜好。贸易公司、网商类、个体商户以及个人这类电商由于本身不生产产品，对产品的选择上就灵活得多，可以根据自身的特点进行选择，比如地缘优势、人脉优势、经济实力、丰富的电商经验等。

从产品本身角度看，首先要考虑产品入门门槛的高低。高门槛，初期难以进入，但市场竞争会小些，进入后，发展壮大的机会也更大；低门槛，进去容易，但能否“存活”却是个问题。要选择适合自己的产品进行发展；其次要清楚产品是否具有较高的附加值。对于劳动加工型产品，利润低，如果没有一定数量的话，这类产品就不值得做；相对的，高附加值的产品更适合电商以航空快递这种方式进行交易，交易时间短、利润相对较高。

2. 选择商品的考量和注意事项

(1) 选品的考量。要想选择一个能做得出来的产品，可以从货源、市场、热门类别几个方面来选择。

①从货源角度选择。涉及货源的角度主要有两个方面：价格和对货源质量的把控情况。

- 从价格角度考虑

产品价格从来都是买卖双方首要考虑的问题，对于跨境电商产品的价格，由于要考虑到各种税费，总体单品价格适宜选在 50~500 美元之间。首先，跨国交易需要考虑到国际运费，如果商品单价太低，运费却比产品价格要高出很多，那么买家在选择是否购买的时候，就会犹豫不决，在其他产品的诱惑下，很容易下单给其他商家。从另外一方面来说，产品单价过低，自己的利润就不会太高，长此以往，就会打消继续经营的决心。由于产品价格低，利润薄，容易造成市场紊乱。此外，如果产品单价过高，比如一些奢侈品、贵重物品，客户在选择是否购买时会形成与实体店的一种潜在比较，再考虑到购买者总体经济状况，就很难形成信任关系，快速形成订购。

产品的售价需要有足够的利润，同时我们确定的这个售价区间的产品在利润上有足够的空间。

- 从对货源质量的把控情况考虑

销售的本质就是以产品的质量换利益，如果对销售的产品质量难以把控，不知道销售给顾客的产品质量怎么样，那又怎么能做好销售？特别是对于跨境电商来说，做的完全是信誉。如果销售的是假冒产品或产品质量不合格，或者产品描述不符合实际，就会失去更多的客户。所以，我们选好产品，还要能控制产品的质量，使我们的销售能良性循环，越做越大，越做越好。

②从市场角度选择。从市场的角度选择产品，就需要综合考虑国内市场和国外市场由于地域文化的差异、消费习惯的不同、主流推广平台的不同等因素在产品消费方面引导的发展趋势。

做好需求调查，在充分了解市场需求的前提下，做好市场细分。市场细分可以从地域、年龄、消费能力、消费倾向性、消费品位等方面来做，综合考虑选择哪种产品。

在决定选择一样产品进行销售之前，我们自己一定要对这个产品有所了解，从它的性能、价格、市场需求情况到国外对这个产品的需求、价格、市场供应情况等，都要有所了解。如早期可以选择一个自己感兴趣的产品和类别，只有自己有兴趣，并且能理解产品，才能更好地去深入了解这个产品特性和产品的市场。只有对产品和市场有一个敏锐的洞察力，才能比较好地去把握买家的心理需求。

在选择好产品以后，就需要对这个产品适合的市场进行研究。首先，我们要从国内市场考察，因为跨境电商跟国内的海宝和其他电商一样，都要考察文化、地理、消费习惯等同题，就这些方面来说，基本上跟国内的文化没有本质性的差异。随着国际交往方式的增多，消费者的消费习惯容易研究，接着就只要考虑增加产品和网站的曝光量，有流量，就会有订单产生。

此外，不同的产品，不同的市场，不同的消费对象，在选择推广平台的时候，也需要我们根据具体产品和消费对象的不同来确定。比如，eBay 平台比较适合做一些欧美、澳洲、英国等发达国家，它的优势在于拥有一些比较有特色的产品，产品质量要求相对较高，但是拼价格就不占优势，这一点除了生产型工厂之外。而速卖通则比较适合做发展中国家、欠发达国家，比如巴西、俄罗斯等市场，它的优势就是可以利用价格优势占据更多容户，同时速卖通还有一个优势就是即使是单一品类，它的供应链也是非常齐全的。对卖家要求最高的要算亚马逊，它对产品质量要求极高，可以实现集中优势品牌做最好平台的趋势，但也可以做出很高的利润，所以想做亚马逊，就必须要有品牌意识，以高质量的产品建立品牌，以品牌换取利润。

当然，所有这些考虑因素，都可以直接或间接获得。不管是通过哪种方式获得，我们都要仔细深入分析，特别是在不能去国外实地考察的情况下，一定要关注客户和市场的反应情况，做好记录，总结经验教训。根据数据来源分析问题实质，特别是在做得好与不好的过程中，要经常关注他们的变化，及时根据客户、市场的回应做出相应的应对措施。

③从热门类别角度选择。首先，我们选择的是产品大的类别。在这个时候，需要综合考虑选择那些“小、便、轻”的产品，因为只有这些产品才能与我们从价格方面考虑的产品进行结合。另外，我们还要考虑到国内国际快递的运费价格。运输方面总的原则是以不易在运输中损坏为宜。不然，因为运输导致产品质量损坏，从而出现客户退换货问题，而且极易产生交易纠纷。一方面需要投入大量的人力和物力去解决，另一方面跨国的运费跟国内运费也有很大区别，一来一回很可能使得在运费方面的损失增多，从而降低总体利润。

其次，海关通关和清关问题。有些产品是不能过海关或者国际快递是不接受的，除了国家法律禁止的物品外，比如液体、粉末状物品、药品（需要专门的快递）、易燃易爆品等都是不能快递的。另外，还需要清楚哪些国家是不接受哪些产品进口的（比如，澳大利亚不接受化妆品、珠宝等物品的清关）。

最后，选择一些生命周期比较短的产品。从外贸进出口统计数据来看，外贸一直比较热门的几个大类主要有食品、服装（婚纱，最近比较热卖的一类产品）、3C 电子产品及假发、电子烟、汽车配件、家居、饰品、健康、美容瘦身产品等。这几个都是比较热门的产品类别，与此同时竞争也是比较激烈的。越是在这种环境下，就越需要你自己用独到的眼光去细挑独特的产品。这些产品最好既能凸显张扬自我个性的，如个性饰品、特色箱包、定制礼服等，又能抢占较多人群市场，最好能形成一种消费潮流，长期、快速、稳定地抢占市场。

总的来说，挑选产品对于新手来说确实是比较困难。市场上产品很多，哪个会好卖，哪个不好卖，我们并不清楚。有时候，看到别人卖得比较好的产品自己并不一定卖得好。所以在选择自己喜欢的类别的产品以后，我们可以做一个删选法：就是刚开始的时候、大量的铺货，而且隔一段时间就换一轮产品，销售一两个星期后，再来看数据，分析数据，撤换掉数据差的产品。通过这种优胜劣汰、大浪淘沙的方式，相信最终挑选出来的一定是一些好卖的产品，然后保持下去，同时丰富它的类别。

（2）注意事项。很多商品在跨境电商交易中会被禁止销售，比如减肥药。所以，卖家在开店前需要做好相关方面的了解。

①禁售商品。禁售商品如毒品及相关用品，医药相关商品，枪支、军火及爆炸物，管制武器，警察用品，间谍产品，医疗器械，美容仪器及保健用品，酒类及烟草产品等。

②限售商品。限售商品指发布商品前需取得商品销售的前置审批、凭证经营或授权经营等许可证明，否则不允许发布。

③侵权商品。在全球速卖通平台，严禁用户未经授权发布、销售涉及第三方知识产权的商品，包括但不局限于以下三大类：第一类商标侵权。即未经商标权人的许可，在商标权核定的同一或类似的商品上使用与核准注册商标相同或相近的商标的行为，以及其他法律规定的损害商标权人合法权益的行为。第二类著作权侵权。即未经著作权人同意，又无法律依据，使用他人作品或行使著作人专有权的行为，以及其他法律规定的损害著作权人合法权益的行为。第三类专利侵权。即未经专利权人许可，以生产经营为目的，实施依法受保护的有效专利的违法行为。

2.3.2　选品的分类和方法

1. 选品的分类

（1）主动选品。主动选品指卖家通过对目标市场的了解或者对某个行业的了解，主动去研发或者寻找商品。例如，熟悉数码类消费电子商品的卖家，对数码类商品的选择肯定会精细到：数码类商品→手机周边商品→音响→蓝牙音响。

以蓝牙音响为例，进行主动选品时，卖家需要对整个市场的蓝牙音响商品都了如指掌，例如，哪款是新开发出来的，哪款是用来低价走量的，哪款是走高端高利润策略的。这个时候，卖家会针对公司的具体情况来自主选择蓝牙音响。

（2）被动选品。被动选品指卖家参考大多数卖家的数据，查看其近期销量比较大的爆款是哪些，从而决定自己销售的商品。这样做会比较省事，但是水远会比别人慢一步，所以卖家在选品时如果能做到主动选品与被动选品相结合更佳。

2. 选品的方法

（1）做好目标市场分析。选品时，卖家要提前对目标市场进行分析，掌握当地人群的生活习惯、饮食习惯、业余爱好以及节假日等基本情况，同时也要参考国内外相关数据信息，为选品提供依据。

（2）做好数据分析。跨境电商做得比较好的卖家，都很重视数据分析。数据分析是通过对各个业务节点业务数据的提取、分析及监控，让数据作为管理者决策、员工执行的有效依据，作为业务运营中的一个统一尺度和标准。

2.3.3　货源选择

出口商品货源的选择有两种渠道：一种是线下货源，另一种是线上货源。

1. 线下货源

线下货源是指在当地可以找到的实体店货源，包括专业批发市场和工厂货源。

（1）专业批发市场。如果资金比较充裕的话，卖家首先在当地专业市场进货。这样做有两个好处：一是可以亲自验看商品的质量；二是确保有库存，不会出现买家想购买某商品却断货的情况。例如，卖家要找电子商品就到深圳，要找服装类商品就到广州、虎门，要找 LED 灯饰类商品就到中山……如果能够和批发市场的老板多次交易的话，卖家还有可能拿到较低的批发价，在有新货或热销款时也会较早得到通知。但是无论选择在哪里进货，一定要记住，首次进货一定要多品类，同一款商品一件就可以了，如果销售情况好就再去进货。因此，专业批发市场货源的优点是方便、运输成本低、可见实物、可议价，且比较稳定。

（2）工厂货源。如果能和工厂达成合作，工厂货源是最好的货源渠道，不但可以节省成本，商品售后也有保障，而且工厂货源是人性化的，可定款、定价、定量。对于未来的发展，工厂货源是最佳选择。采用工厂货源的缺点是，如果是小批量拿货，对于工厂来说很难建立合作。

2. 线上货源

（1）网上商城批发。网上商城批发是一个比较常见的渠道，因为没有地域的限制，所以进货比较方便，成本也较低，且货源比较稳定，操作简单，缺点是见不到实物。例如，阿里巴巴上聚集了各类厂家，很多厂家都提供批发业务，商品也配有图片。不过这些厂家都要求卖家大量进货。如果店铺前期资金和经验不足，卖家可以在阿里巴巴的小额批发区进货，虽然进价会高一些，但是风险低，以后销量提高再寻找好的货源就容易了。

（2）做网店代理或代销。现在很多电子商务网站上不仅有做批发的，很多还提供代理或代销服务。网代比较适合电商新手，不用什么成本就能将店开起来。但是卖家在找这类代理的时候一定要多对比，可以先买回一两件商品试试，因为现在很多网站提供的商品在质量上没有保障，代理了这样的商品，有问题就会遭到投诉，最后不仅亏了本，还可能会降低店铺的信誉。

2.4 产品定价

2.4.1 产品的价格构成

从事跨境电商经营的核心目的是赢利，而利润 = 商品价格 - 成本，也就是说商品价格取决于成本和利润。所以，我们要非常清楚真正的商品成本，这也是我们后期商品定价策略的基础。商品的实际成本一般由下面几部分组成：进货成本 + 跨境物流成本 + 跨境电商平台成本（包括推广成本、平台年费、活动扣点） + 售后维护成本（包括退货、换货、破损成本） + 其他综合成本（人工成本、跨境物流包装成本等）。

（1）进货成本。进货成本指从国内供应商处采购商品的成本，一般包括工厂进价和国内物流成本。进货成本取决于供应商的价格基础。在进行跨境商品定价之前首先应该了解商品采购价格处于这个行业价格的什么水平，也就是供应商的价格水平是不是具备优势。选择一个优质的供应商是跨境电商经营的重中之重，优质的商品品质、商品研发能力、良好的电商服务意识都是选择供应商要考虑的因素，但最核心的因素是供应商的价格必须具备一定的市场竞争力，这样才可能拥有足够的利润空间去做运营和推广。

(2) 跨境物流成本。跨境物流成本是商品实际成本的重要组成部分，根据跨境物流模式的不同而有所不同。在跨境物流费用的报价上，商品标价里通常会写上"包邮"(free shipping)，这样的标价方式比较吸引客户。所以，卖家一定要将跨境物流费用计算在商品价格之中。物流成本的核算方法见跨境电商物流部分。

(3) 跨境电商平台成本。跨境电商平台成本是指基于跨境电商平台运营、向跨境电商平台支付的相关费用，一般包括入驻费用、成交费用、推广费用、平台年费和活动扣点，其中的核心是推广费用，如阿里巴巴速卖通平台的 P4P (Pay for Performance) 项目推广费用。如果卖家的资金实力不够雄厚，对于商品的推广投入成本更应该谨慎且要有非常详细的预算。一般资金投入建议是：(工厂进价 + 国际物流成本) × (10% ~35%)。就入驻费用而言，多数平台都要收，且每年在 1 万元以上。就成交费用而言，阿里巴巴速卖通按每笔成交额的 5% 收取，而亚马逊则是按成交额的一定比例收取一般为 8% ~15%，其他的平台也有相应规定。跨境电商平台成本越高，商品的价格就会越高，就越不具备价格竞争力。

(4) 售后维护成本。售后维护成本是很多跨境创业新人最容易忽视的一个成本。很多中小跨境卖家在我国境内发货，跨境物流线长点多周期长，经常会出现一些商品破损、丢件甚至客户退货退款的纠纷。因为跨境电商的特性，这样的成本投入往往比较高，我们在核算成本的时候应该把这个成本明确核算进去。核算的比例一般是：(进货成本 + 国际物流成本 + 推广成本) × (3% ~8%)，如果超过这个比例建议放弃这类商品。

(5) 其他综合成本。其他综合成本包括人工成本、办公成本、跨境物流包装成本等。

(6) 利润率。利润率也是跨境电商卖家需要考虑的因素，利润率越高，商品的售价也就越高。目前阿里巴巴速卖通等平台的利润率普遍越来越低，一般在 15% ~20%。

2.4.2　跨境电商外贸新人定价要点

1. 要注意数量单位

跨境电商外贸新人要注意数量单位，如 piece 和 lot。这个问题看上去比较简单，但是很多外贸新人做跨境电商时往往不注意这类细节，经常把这样的原则问题搞错，最终导致订单成交后亏本发给客户买教训。此外，跨境外贸新人应该根据不同数量为商品制定不同的价格，这样就可以吸引采购商下大订单，如 100 个多少价格、300 个多少价格、500 个多少价格等。

2. 避免随意定价格

随意定价是目前跨境电商新人最容易犯的错误。如果商品定价非常随便，定了又改，改了又定，会让客户感觉这个店铺在价格核算上不够专业，而且以前买贵了的客户心理会不平衡，认为买亏了。所以，定价要细致严谨，卖家在制定价格之前要做好调研，不要轻易改变价格。

3. 注意合理的销售方式

有些商品需要分件卖，有些商品需要分批卖，有些商品需要成批卖，其实这里面都有非常严谨的定价和销售策略，如低于 1 美元的商品一般建议分批卖。

4. 要进行充分的市场调研

卖家首先在平台输入关键词，查看自己的价格在行业内属于什么水平；如果自己的商品没有特别具有竞争力的同行，一般建议利润水平不高于25%。多去了解你的同行，多去关注你的竞争对手，多向他们学习，这样你的店铺才能真正成长并获得成功。

5. 注意C类买家和小B类买家的区别

通过跨境电商平台我们可以找C类买家，他们的特点是购买数量少，有时甚至只购买单件商品，但对销售服务的要求高。对于这类买家，我们一般建议将商品价格定在正常的零售价格。同时，通过跨境电商平台我们也可以认识一些小额批发商（小B类买家），他们的特点是能产生小订单，对他们在价格上要给予一定的让利，因为小B类买家后期成长起来对于店铺的赢利是最强的支持，所以我们要特别重视这类客户的订单。

6. 精准的国际物流快递核算

一个有责任心的跨境电商卖家要尽量帮助客户节省国际物流费用，在商品标价的时候建议将国际物流费用直接包含在商品单价中，同时标明商品包邮；对于商品的包装和重量要精心计算，选择可靠、价格低廉的跨境物流公司，商品的包装尽可能做到又牢固又便宜，这样就能使店铺真正拥有一批忠实的客户，最终走向成功。

7. 多了解海外网站上该商品的市场价格

这一点非常重要，如果目标市场是美国，就多去美国网站了解所售商品的终端零售价格，比较自己商品的零售价格加上快递费之后的价格与美国当地同类商品的价格，看看自己的价格是不是具备竞争力；如果跟美国当地的商品价格没什么差别，那价格竞争力就比较弱，客户下单的可能性就比较小。

8. 考虑人民币与美元的市场汇率

对于很多已经有一定销售量的跨境电商卖家来说，其应重点考虑人民币与美元的市场汇率，将商品美元价格的汇率预算得保守一点，以此来规避人民币可能升值的风险。

9. 不要忘了平台收汇扣费成本

无论是eBay、速卖通、敦煌网，还是其他跨境电商平台，其单笔美元收汇都会有非常高的收汇成本，这个成本一定要考虑进商品定价中。另外，建议店铺账户累积到较大余额时再去平台提现，这样能最大限度地节省提现费。

2.4.3 跨境电商平台的价格调研

要想在激烈的跨境电商竞争中赢得订单，店铺商品的价格应该有比较明显的优势。只有进行充分的市场调研，做到知己知彼，不断自我调整价格，店铺才能直正具备竞争优势。

对于商品的市场调研，卖家一般要了解下面几个核心点。

1. 商品价格

首先进入常规的跨境电商平台，如速卖通、敦煌网、eBay等，选择要调研商品的商品类目，统计前10页的商品价格，并计算出一个平均的价格水平，对照自已商品的价格，看一下你的商品价格是不是具有优势。自己商品的价格水平最好在中等偏下的位置，这样最有市场竞争力。

2. 市场竞争度

进入速卖通、亚马逊、eBay等跨境电商平台，从下面几个维度进行调研。第一，竞争者的数量。如果竞争者数量太多，那该市场已经是红海市场，定价只会越来越低。第二，地区的分布。关注一下竞争对手店铺的地区分布，同一个地区的竞争者越多，你的价格溢价能力越差。最后，还应该仔细分析一下核心竞争对手的实力，如店铺的综合能力、品类、营销推广能力等；实力竞争对手越多，后期的溢价能力也越差。

3. 店铺商品的差异化

这一点非常重要，因为一个店铺商品的差异化程度越高就意味着商品价格溢价能力越强，所以卖家要在店铺经营的过程中注重自己商品的个性化和差异化，在商品拍摄、店铺装修、商品的包装等方面都要有自己的个性和特色，拒绝同质化竞争和千篇一律的重复。

2.4.4　定价策略

1. 跨境电商商品的传统定价策略

要决定如何给一个电商商品定价，对一些卖家来说可能是一个不大不小的挑战——既想给顾客一个合理的价格，又想赚取更多的利润。了解传统的、最受欢迎的零售电商定价策略、有助于卖家混合使用这些不同的定价策略，为所销售的商品设定一个最合适的价格。电商卖家经常使用的，传统的商品定价策略主要有：基于成本的定价、基于竞争对手的定价和基于商品价值的定价。

（1）基于成本的定价。基于成本的定价可能是零售行业最受欢迎的定价模式。其最大的优点就是简单。一家商店，无论是实体店还是电商店铺，用不着进行大量的顾客或市场调研就可以直接设定价格，并确保每个销售商品的最低回报。因而，这种定价又被称为“稳重定价”。

卖家要想运用基于成本的定价策略，就需要知道商品的成本，并提高标价以创造利润。

该定价策略的计算方式为：成本 + 期望的利润额 = 价格

想象你拥有一家卖 T 恤的电商店铺。采购一件衬衫并打印样式，你需要花 11.5 美元；这件衬衫的平均运费是 3 美元，所以你估计的成本是 14.5 美元；而你想在每件售卖的衬衫上赚取 10.5 美元的利润，所以你的价格就应该是 25 美元。

如果你新增了一种新 T 恤，这种 T 恤需要额外的打印费，成本可能需要 15 美元，加上 3 美元的预计运费，你的价格应该为 28.5 美元，也就是 18 美元的商品成本再加上 10.5 美元的利润。

当然，卖家也可以使用百分比来定价，可以简单地在商品成本上加上你期望达到的利润率来定价。

例如：商品成本是 3 美元，按照速卖通目前的平均毛利润率（15%），还有固定成交速卖通佣金费率 5%，以及部分订单产生的联盟费用 3% ~ 5% 进行计算。我们可以推导出：

销售价格 = 3 美元 ÷（1 − 0.05 − 0.05）÷（1 − 0.15）= 3.92 美元

再保守点，销售价格 = 3 美元 ÷（1 − 0.05 − 0.05 − 0.15）= 4 美元

这其中 5% 的联盟佣金并不是所有订单都会产生的，但考虑到部分满立减、店铺优惠券、直通车等营销投入，以 5% 作为营销费用基本没有差错。

当然，这其中还可以加入丢包及纠纷损失的投入，按照邮政小包 1% 的丢包率来算，又可以得到：

销售价格 = 3 美元 ÷ (1 − 0.05 − 0.05 − 0.01) ÷ (1 − 0.15) = 3.96 美元

再保守点，销售价格 = 3 美元 ÷ (1 − 0.05 − 0.05 − 0.15 − 0.01) = 4.05 美元

得到销售价格后，我们需要考虑该商品是通过活动来销售还是作为一般款来销售。

假如作为活动款，那么按照平台通常活动折扣要求 40%（平时打 40% 折扣，活动时最高可以到 50%）来计算：

上架价格 = 销售价格 ÷ (1 − 0.4)

基于成本的定价策略可以让零售电商卖家避免亏损，但这种定价策略容易带来价格战。

（2）基于竞争对手的定价。采用基于竞争对手的定价策略时，你只需“监控”直接竞争对手对特定商品的定价，并设置与其相对应的价格就可以了。

这种零售定价模式，只有当你与竞争对手销售相同商品且两种商品没有任何区别时，才可以达到效果。实际上，如果你使用了这种策略，你就是在假设你对竞争对手已经做了一些相关研究，或是竞争对手至少拥有足够的市场地位，你假设他们的价格一定是匹配市场期望的。

不幸的是，这种定价策略可能会带来价格竞争，有些人称之为“向下竞争”。假设你在亚马逊平台上销售商品，你有一个通常在自己网站上标价 299.99 美元的商品，因此你将亚马逊上该产品的价格也设定为 299.99 美元，希望订单能蜂拥而来。但你发现，订单并没有涌来。后来，你发现你的竞争对手正在以 289.99 美元的价格出售相同的商品，因此你将价格降至 279.99 美元。不久之后，你们双方都会因为不断降价，把利润空间压缩得几乎可以忽略不计。所以卖家要谨慎使用基于竞争对手的电商定价。

（3）基于商品价值的定价。如果专注于商品可以给顾客带来的价值，卖家思考的问题则是：在一段特定时期内，顾客会为一个特定商品支付多少费用？然后根据客户的这种感知来设定价格，这种定价就是基于商品价值的电商定价策略。因为这种定价策略取决于顾客对商品的认知水平，所以又被称为“认知定价策略”。

基于商品价值的电商定价是几种定价策略中最复杂的一种，原因有以下几个方面：

这种策略需要进行市场研究和顾客分析，卖家需要了解最佳受众群体的关键特征，考虑他们购买的原因，了解哪些商品功能对他们来说是最重要的，并且知道价格因素在他们的购买过程中占了多大的比重。

如果卖家使用的是基于价值的定价策略，这并不意味着只设定完一个价格后就万事大吉了。相反，商品定价的过程可能会是一个相对较长的过程。随着顾客对市场和商品的了解加深，卖家需要不断对价格进行重复、细微的改动。不过，不管是从平均商品利润还是整体盈利水平来说，该定价方式可以带来更多的利润。

想象一位在繁忙大街上卖雨伞的商户，当阳光灿烂时，路过的行人没有立即买雨伞的。如果他们买了雨伞，那也是在未雨绸缪。因此，在天气好的情况下，顾客对雨伞的感知价值相对较低。但尽管如此，卖家仍可以依靠促销来达到薄利多销的目的。在下雨天，雨伞的价格可能会上升很多。一位急着去面试的行人在下雨时可能愿意为一把雨伞支付更高的价格，因为他不愿意浑身湿透了再去面试。因此，卖家可以从每把销售的雨伞获得更多的利润。换句话说，商品价格是以顾客的感知价值为基础的。

2. 跨境电商商品的其他定价策略

（1）折扣定价策略。利用电商平台的促销功能，设置折扣价是常见的定价策略。折扣价格并不是长期打折，折扣的目的是吸引消费者，一般是在标价的基础上选择一定的折扣，把利润、成本全部标在你的“上架价格”中，并且把快递邮费也包含在标价里，这样往往比较容易吸引客户。卖家也可以定期做一些优惠活动，如“买就送”，参与平台的一些推广活动等。销售量越高，价格越优化，卖家在跨境平台上的排名就越有优势。需要注意的是折扣的英文表达，例如如果卖家希望将商品打 9 折，其英文应该写“10% off”，而不是“90% off”。

（2）引流型定价策略。对于新的跨境店铺，首先要做的就是引流。此时一般的定价策略是，在速卖通等跨境平台输入商品的关键词，找到行业的价格水平，如找到 10 家跨境卖家的价格，取一个价格的平均值，最后把商品的“上架价格”标为“平均值 ×（1－15%）”的价格。这样卖家可能有亏损，但是这样的标价再结合一定的 P4P 推广，很容易为店铺吸引比较高的流量。这个标价是折扣价格，后期等店铺流量上来以后，卖家可通过调整折扣的方式，把价格调回正常水平。

还有一种引流型定价策略，又被称为“狂人策略”。具体做法是研究同行业卖家、同质商品销售价格，确定行业的最低价，以最低价减去其 5%～15% 的价格为商品的销售价格。用销售价格倒推“上架价格”，不计得失确定成交价。“上架价格”的定价方法有两种：

①上架价格＝销售价格/（1－15%），此策略费钱，可以用来打造爆款，简单、有效，但不可持续，风险较大；

②上架价格＝销售价格/（1－30%），此策略略微保守一些，可以通过后期调整折扣来让销售价格回到正常水平。

以上两种定价思路都可以在 15% 折扣下平出或者略亏，作为引流爆款的方法。

（3）盈利款式的定价策略。盈利商品的调价能力（也就是商品的溢价能力），是定价策略中最核心的部分。对确定能产生利润的商品，卖家应该在商品品质和供应商供应链能力方面做好把控，其品质必须非常可靠而且稳定，供应商的供应能力（包括库存、研发等）应该完善且持续性强。

一个店铺的优质盈利商品必须具备下面几个特性：

①行业竞争不充分、不密集。卖家进入跨境电商平台调研，输入商品的关键词，查询这个阶段有多少竞争对手在卖同系列同款式的商品，查看其排名和商品曝光是不是具备优势。一般来说，同类供应商越密集，商品定价越低，溢价能力越弱。

②商品的差异化特征。跨境电商商品应在照片拍摄、商品描述上具备差异化，在功能、属性方面有自己的特点。以女装为例，卖家在拍摄商品照片时聘请国外的专业模特，溢价能力就会提高。在船模型上刻字，给客户提供个性化、差异化的服务，商品溢价能力也会大大提高。

③营销推广测试新款。把你的商品推广到 P4P 直通车或者利用 Facebook 等进行营销推广，添加购物车数据越多，溢价能力就会越高。

④客户对品牌的印象。品牌和高档仅是客户的感觉，客户会从店铺装修、店铺设计、图片美工、描述等细节感觉这个店铺的专业度和商品的档次，所以卖家一定要在店铺的设

计和定位上下足功夫，做好文章。店铺的设计越专业，商品溢价能力越强。

⑤抓住消费的季节性。很多商品会有季节性，如圣诞节、万圣节、情人节。季节性越强的商品，商品的溢价能力越高。

⑥销售量和好评率。这一点最为明显也最为直接。如果店铺的销售量高、好评率高、客户满意度高，商品溢价能力自然也高。

⑦对于供应商的压价能力。如商品是爆款，销量非常大，店铺订货就会采用大额订单的模式，通常这时供应商就会给店铺一个更低廉的价格，店铺就拥有了一个比较大的价格空间，后期的溢价能力也就比较强。

总之，盈利商品是店铺的核心，对于盈利商品，卖家要依靠特色和差异化提升竞争力，要在拍摄、描述方面下足功夫，并且多给商品增加溢价能力；溢价因素越多，商品的后期利润就越高。

任务三　跨境电商第三方平台选择

3.1　跨境电商第三方平台分类

跨境电商平台（这里主要指第三方跨境电商平台）泛指独立于产品或服务的提供者和需求者，通过网络服务平台，按照特定的交易与服务规范，为分属不同关境的交易主体通过电子商务平台达成信息或者商品交易，为买卖双方提供供求信息发布与搜索、交易确立、跨境支付、跨境物流等服务内容。按照不同的划分依据，第三方跨境电商平台类型不同。

3.1.1　按商业模式划分

第三方跨境电商平台分为 B2B、B2C 以及 C2C 三种类型。

B2B（Business－to－Business），商业对商业，即分属不同关境的企业与企业之间，通过电商平台达成交易、进行支付结算，并通过跨境物流送达商品、完成交易的一种国际商业活动。B2B 代表平台有敦煌网、中国制造网、阿里巴巴国际站、环球资源网。

B2C（Business－to－ Customer），企业对个人，即分属不同关境的企业直接面向消费者个人开展在线销售产品和服务，通过电商平台达成交易、进行支付结算，并通过跨境物流送达商品、完成交易的一种国际商业活动。B2C 代表平台有速卖通、亚马逊、易宝（DX）、兰亭集势、米兰网、大龙网等。

C2C（Customer－to－Customer），个人对个人，即分属不同关境的个人卖家向个人买家在线销售产品和服务，由个人卖家通过第三方电商平台发布产品和服务售卖信息，个人买家进行筛选，最终通过电商平台达成交易、进行支付结算，并通过跨境物流得到商品、完成交易的一种国际商业活动。C2C 代表平台有 eBay、敦煌网。

3.1.2　按平台服务类型划分

第三方跨境电商平台分为信息服务平台和在线交易平台。

信息服务平台主要是为境内外会员商户提供网络营销平台，传递供应商或采购商等商家的商品或服务信息，促成双方完成交易。代表企业有阿里巴巴国际站、环球资源网、中国制造网等。

在线交易平台不仅提供企业产品服务等多方面信息展示，并且可使企业通过平台线上完成搜素、咨询、对比、下单、支付、物流、评价等全购物链环节。在线交易平台模式正在逐渐成为跨境电商的主流模式。代表企业有敦煌网、速卖通、易宝（DX）、炽昂科技（Focalprice）、米兰网、大龙网等。

3.1.3　按平台运营划分

第三方跨境电商平台分为自营型平台和第三方开放型平台。

自营型平台泛指电商企业建立的独立外贸网站。通过在线上搭建平台，平台方可整合供应商资源，通过较低的进价采购商品，然后以较高的售价出售商品。自营型平台主要以商品差价盈利。代表企业有兰亭集势、易宝（DX）、唯品会等。

第三方开放型平台是通过在线上搭建商城，并整合物流、支付、运营等服务资源，吸引商家入驻，为其提供跨境电商交易服务，让其在平台上实现产品销售。同时，平台以收取商家佣金以及增值服务佣金方式盈利。代表企业有速卖通、敦煌网、环球资源网、eBay、亚马逊、阿里巴巴国际站等。

3.2　跨境电商平台盈利模式及比较

3.2.1　跨境电商平台盈利模式

盈利模式是对企业经营要素进行价值识别和管理，在经营要素中找到盈利机会，即探求企业利润来源、生产过程以及产出方式的系统方法。跨境电商平台的盈利模式是一种动态的模式，因为这种模式归结于企业战略和核心竞争力。

跨境电商平台盈利模式分为自发的盈利模式和自觉的盈利模式两种。自发的盈利模式是自发形成的，企业对如何盈利以及对未来能否盈利缺乏清醒的认识，企业虽然盈利但盈利模式不明确、不清晰，这种盈利模式具有隐蔽性、模糊性，灵活性较差；自觉的盈利模式是企业通过对盈利实践的总结和对盈利模式加以自觉调整和设计而形成的，它具有清晰性、针对性、相对稳定性、环境适应性和灵活性的特征。

在市场竞争的初期和电商企业成长的不成熟阶段，很多电商平台的盈利模式是自发的，当网站发展到有一定影响力时，无形中已经在为自身做项目招商。此时可以通过授权加盟者，让加盟者在网络平台上进行运营，形成一种无形的品牌推广，在获得加盟费的同时也提高了自身在电商市场的影响力。随着市场竞争的加剧和电子商务的不断发展，电商开始重视对市场竞争和自身盈利模式的研究，即使如此，也并不是所有企业都可以找到正确的跨境电商平台盈利模式。如今，在跨境电商平台盛行的背景下，跨境电商平台盈利模式已经越来越受到广大学者的关注，相信在不久的将来，新的盈利模式会让所有的电商平台得到更快更好的发展。

第三方跨境电商平台实现企业入驻并完成在线交易，其主要的盈利方式包括以下几种：

1. 会员费

企业通过第三方跨境电商平台参与电子商务交易，必须注册成为第三方跨境电商平台的会员，每年需交纳一定的会员费，才能享受网站提供的各种服务。目前，会员费已成为第三方跨境电商平台最主要的收入来源。从收费模式来看，主要是采用包年收费模式。包年的会员又分为不同的级别，一般分为钻石会员、白金会员和黄金会员。

2. 广告费

网络广告是门户网站的主要盈利来源，同时也是第三方跨境电商平台的主要收入来源，根据其在首页的位置及广告类型来收费。第三方跨境电商平台一般会提供多种广告方式，如首页广告、行业广告和关键词广告等，按照排名位置的不同，价格不同。

3. 竞价排名

企业为了促进产品的销售，都希望在B2B网站的信息搜索中将自己的排名靠前，而网站在确保信息准确的基础上，根据会员交费的不同对排名顺序作相应的调整。

4. 增值服务

B2B网站通常除了为企业提供贸易供求信息以外，还会提供一些独特的增值服务，包括企业认证、独立域名、提供行业数据分析报告、搜索引擎优化等。例如，现货认证就是针对电子商务这个行业提供的一项特殊的增值服务。此外，ECVV（ECVV网站是国际贸易领域知名的B2B网站）针对电子商务推出的谷歌排名推广服务，就是搜索引擎优化的一种，因此，第三方跨境电商平台可以根据行业的特殊性去深挖客户的潜在需求，然后提供具有针对性的增值服务。

5. 线下服务

线下服务主要包括展会、期刊、研讨会等。通过展会，供应商和采购商面对面地交流，一般的中小企业比较青睐这种方式。期刊主要提供行业资讯等信息，期刊里也可以植入广告。环球资源网的展会有了不错的成效，现已成为其重要的盈利渠道，而ECVV组织的各种展会和采购会也已取得不错的效果。

6. 商务合作

商务合作包括广告联盟、政府、行业协会合作、传统媒体的合作等。广告联盟通常是网络广告联盟，如亚马逊通过这种方式已经取得了不错的成效。但在我国，广告联盟还处于萌芽阶段，大部分网站对于广告联盟还比较陌生。国内做得比较成熟的广告联盟有百度联盟、谷歌联盟等。

7. 按效果付费

所谓“按效果付费”服务，是指ECVV首创B2B市场收费新模式。推出按效果付费，也是在全球范围内第一家按效果付费的B2B电子商务网站。这是供应商用户自愿依据公司为其推广带来的效果，支付服务费的一种增值服务。按效果付费系统糅合了Google竞价排名和传统B2B两种模式的精华。目前Google竞价排名是根据用户出价的高低来决定网站排名的，但按照实际点击付费。而传统B2B服务为固定年费，根据不同服务等级价格不同。供应商使用“按效果付费”服务，决定付费的前提在于供应商通过网站收到的有效询盘，供应商在收到买家的大量询盘后，可以根据询盘的内容来自主判断是否为有效询盘，平台只对供应商自主筛选后的有效询盘收费。

3.2.2 跨境电商平台盈利模式比较

1. 全球速卖通的盈利模式

全球速卖通平台的主要收入来源有两个：

(1) 技术服务费。目前，全球速卖通共有8大类经营范围，18个经营大类，每个速卖通账号只准许选择一个经营范围，并可在该经营范围下经营一个或多个大类，卖家加入全球速卖通平台时需要首先缴纳对应经营大类下的技术服务费，为500～50000元；

(2) 交易佣金。全球速卖通会根据不同的支付方式向平台每笔成功交易收取交易佣金(一般为交易总额的5%)。目前，全球速卖通平台支持电汇、支付宝以及其他跨国在线支付方式。若卖家采用支付宝进行交易，在优惠期内，阿里巴巴只收取3%的佣金。表1－5为全球速卖通针对不同支付工具收取的交易佣金表（数据来源：阿里巴巴）。

表1－5　　全球速卖通针对不同支付工具收取的交易佣金表

支付工具	电汇	支付宝	其他跨国在线支付
开户费	无	无	无
产品登录费	/	无	0.1～1.5美元
成交费	/	3%	交易额的1.5%～5.25%
收款手续费	15～50美元	/	交易额的2.9%～3.9%
提现手续费	无	无	约10美元
卖家获利（以销售300美元产品为例）	285～250美元	291美元	251～277美元

2. eBay平台的盈利模式

eBay平台的主要收入来源有两个：

(1) 流量收入。eBay作为全球最受关注、最大的C2C服务提供商，一直以建立高效健康的电子商务平台为主线。随着电子竞技和网络游戏产业的快速发展，eBay期望与一些游戏平台展开合作，为玩家提供更好的在线交易环境。

(2) 交易费。在ebay，交易方式分为拍卖和一口价两种，eBay针对每次拍卖向卖家收取0.25～800美元不等的刊登费，在交易成功后再收取一笔7%～13%的成交费。在合并了Paypal，eBay的支付方式默认为Paypal，卖家在注册开店时必须绑定有效的Paypal账户，卖家在使用Paypal收款时，eBay对每一笔款项收取3.6%的费用。

3. 亚马逊平台盈利模式

亚马逊平台盈利模式主要是收取会员服务费。亚马逊拥有自己的付费会员群体Amazon Prime，会员每年支付99美元的会员费，Amazon Prime会员能够享受免运费2日送达服务，还能通过亚马逊观看约4万部电影和电视剧，并享受50万本Kindle电子书的借阅服务。亚马逊会员数量达到了4千万，会员支付平台服务费用可享受相应服务项目。

4. 敦煌网平台的盈利模式

敦煌网公司的盈利模式主要是向卖家收取“交易佣金”，佣金通常是交易额的3%～12%（即动态佣金，总体平均水平大概是7%）。佣金的收取比例，会根据行业、交易额的不同而有变化，交易额越大，佣金比例越低，但不同的行业，佣金比例也存在差异。此外，敦煌网其他盈利模式包括以下几种：

(1) 联合建行推出建行敦煌“e保通”业务；

(2) 广告费用：账户充值，卖家对广告位竞价，按天计费，广告按出价高低排序，1元起价，加价幅度1元/每次；

(3) 产品曝光系统：通常情况下，人民币与太阳币的兑换比例为1：1000充值太阳币，投放产品进行曝光，可以设置顶算，投放曝光的产品必须手动停止曝光，否则曝光投放会一直继续有效，直至预算用完为止；

(4) 财富D+计划：白金礼包9800元/每年，钻石礼包16800元/每年；

(5) 平台数据报告：按平台关键词、热销词、行业状况等收取数据下载费用。

5. Wish平台的盈利模式

Wish平台只有一种盈利模式，即在Wish平台买卖双方达成交易后，Wish会根据销售额向卖家收取平均10%的佣金。

3.3 跨境电商平台介绍

目前，主流的跨境电商平台有全球速卖通、亚马逊、eBay、Wish、敦煌网、阿里巴巴国际站、环球资源网、中国制造网等。

3.3.1 全球速卖通

全球速卖通是阿里巴巴为帮助中小企业接触终端批发零售商，小批量多批次快速销售，拓展利润空间而全力打造的融合订单、支付、物流于一体的外贸在线交易平台，是阿里巴巴旗下唯面向全球市场打造的在线交易平台，被广大卖家称为国际版"淘宝"。全球速卖通于2009年成立，2010年4月对外开放，目前覆盖多个国家和地区，拥有近20个语言分站，每天境外买家的流量超过5000万，最高峰值为1亿，已经成为全球最大的跨境交易平台，也是境内卖家使用最多的跨境电商平台。

全球速卖通面向海外买家，通过支付宝国际账户进行担保交易，并使用国际快递发货，是全球第三大英文在线购物网站。全球速卖通自2016年4月起实行企业认证，不再开放个人卖家，卖家入驻速卖通需按经营类目缴纳技术服务费，卖家在速卖通注册、发布产品是免费的，有订单成交后速卖通平台会收取佣金，卖家通过国际支付宝提现的时候需支付一笔手续费。

全球速卖通业务覆盖的优势行业主要有服装服饰、手机通信、鞋包、美容健康、珠宝手表、消费电子、计算机网络、家具、汽车摩托配件、灯具等。

全球速卖通最大的特点是"价格为王"，卖家一定要价格低才能有优势，同时，全球速卖通非常重视营销推广。该平台免费为卖家提供四大营销工具，即"限时限量折扣""店铺优惠券""全店满立减"和"全店铺打折"。卖家也可付费参与平台的直通车活动，在短时间内获得大量的曝光和流量。卖家按照有效点击数来付费，费用高低与推广评价及出价相关。

3.3.2 eBay

eBay创立于1995年9月4日，创立之初是一个拍卖网站，如今eBay在销售方式上依然延续了拍卖的模式，这是与其他平台最大的区别。拍卖和一口价为该平台的主要销售方式。网站根据这两种方式向卖家收取不同的佣金。拍卖模式是卖家通过设定物品的起拍价及在线时间开始拍卖物品，然后下线时竞拍金额最高者胜出。1999年，eBay开始全球扩张，2002年，eBay合并PayPal（贝宝）。通过PayPal提供的跨地区、跨币种和跨语言的支付服务，用户可以在全球范围内开展电子商务，日处理交易达到760万笔。

与全球速卖通相比，eBay 对卖家的要求更严格，对产品质量要求更高，但同样要求价格具有优势，即产品质量要过得去，价格也要有优势。除了有和其他平台类似的常规产品出售，二手货的交易也是 eBay 业务的重要组成部分。在合并了 PayPal 后，eBay 的支付方式默认为 PayPal，商户在注册开店时必须绑定有效的 PayPal 账户。

3.3.3　亚马逊

亚马逊是美国最大的网络电子商务公司，也是最早开始经营网络电子商务的公司之一。亚马逊位于美国西雅图，最初是一个销售书籍和音像制品的网上书店。2000 年亚马逊开始品类扩张和国际扩张，致力于成为全球最大的网络零售商，用户多为中高端消费者。2015 年，在全球市值最高的 20 家互联网公司排名中位于第四位。亚马逊及其他销售商为客户提供数百万种独特的全新、翻新及二手商品，如图书、影视、音乐和游戏、数码下载、电子产品、家居园艺用品、玩具、婴幼儿用品、食品、服装、鞋帽、珠宝、健康和个人护理用品、体育及户外用品、汽车及工业产品等。亚马逊目前主要有三大主营业务 Media、FBA（出租网店 + 卖流量 + 分仓租赁 + 代包装代发货 + 代收款）、Amazon web services。

在所有的第三方跨境电商平台中，对卖家要求最高的是亚马逊，它不仅要求卖家的产品质量必须要有优势，而且必须要有品牌才行。亚马逊鼓励用户自助购物，将用户对于售前客服的需求降到最低，这要求卖家提供非常详细、准确的产品详情和图片。

亚马逊有一个特色服务是 FBA（Fulfillment by Amazon），即亚马逊仓储物流，为商户提供物流和仓储的配套服务，并收取一定的费用。要使用亚马逊物流服务，卖家需要自行将商品进口到开店的各个海外国家，并储存在相应的亚马逊物流中心，由亚马逊来完成当地的订单配送。虽然亚马逊仓储物流的收费标准高于一般的仓储公司，但由于 FBA 得到买家较高的认可，不少买家都愿意支付更多的钱来选择 FBA。在同等条件下，FBA 卖家的曝光度高于普通卖家，抢到购物车的概率也更高，并且使用 FBA 的卖家所得到的任何由物流带来的中差评可以由亚马逊帮助移除。

3.3.4　敦煌网

敦煌网是全球领先的在线外贸交易平台，创立于 2004 年，致力于帮助中国中小企业通过跨境电子商务平台走向全球市场，开辟一条全新的国际贸易通道，让在线交易变得更加简单、更加安全、更加高效。敦煌网是国内首个为中小企业提供 B2B 网上交易的网站。它采取佣金制，免注册费，只在买卖双方交易成功后收取费用。在敦煌网，买家可以根据卖家提供的信息来生成订单，可以选择直接批量采购，也可以选择先小量购买样品，再大量采购。这种线上小额批发一般使用快递，快递公司一般在一定金额范围内会代理报关。例如，敦煌网与 DHL、联邦快递等国际物流巨头保持密切合作，以网络庞大的业务量为基础，可使中小企业的同等物流成本至少下降 50%。一般情况下，这类订单的数量不大，有些可以省去报关手续。以普通的数码产品为例，买家一次的订单量在十几个到几十个不等。这种小额交易比较频繁，不像传统的外贸订单，可能是半年下一次订单，一个订单几乎就是卖家一年的“口粮”。

3.3.5　Wish

Wish 公司成立于美国旧金山，起初是一个导购平台，只是向用户推送信息，并不涉及商品交易。2013 年 Wish 在线交易平台正式上线，移动 App 同年 6 月推出，当年经营收益即超过 1 亿美元。

Wish 最大的特点就是专注于移动端购物。在 Wish 平台上，98% 的流量和 95% 的订单都来自移动端。这个数据足以让亚马逊、eBay、全球速卖通等跨境电商“颤抖”。几乎人人都知道，我们正处于从 PC 端到移动端“迁徙”的时代，而能够摆脱传统互联网思维束缚，完全专注移动端发展的平台少之又少。亚马逊、eBay、全球速卖通都在大力推广移动端 App，但这些移动应用都基本沿用了 PC 时代思维。而 Wish 采用基于搜索引擎的匹配技术，即通过对买家行为等数据的计算，判断买家的喜好、感兴趣的产品，并且选择相应的产品推送给买家。与多数电商平台不同，Wish 的买家不太会通过关键词搜索来浏览商品，更倾向于无目的的浏览，这种浏览方式是欧美人比较能够接受的。

Wish 平台努力给每个商品公平匹配的流量导入，坚持“机会面前，人人平等”，有助于中小卖家的起步和发展。与亚马逊、eBay、全球速卖通等其他平台通过关键词额外收取费用来向用户推荐商品的方法不同，Wish 平台上的商户上传任何商品都是免费的，只有在交易成功后商户才需向平台支付 15% 的佣金，整个过程非常简单易行且没有任何的隐藏费用。Wish 没有其他平台盛行的比价功能，因此价格在 Wish 平台上是不敏感的，那些适用于 eBay、全球速卖通的规则对 Wish 完全不适用，后期争夺流量靠的是产品的优化和客服的质量。

3.3.6 阿里巴巴国际站

阿里巴巴国际站是全球领先的 B2B 电子商务网上贸易平台，它通过向海外买家展示、推广供应商的企业和产品，进而获得贸易商机和订单，是出口企业拓展国际贸易的首选网络平台。阿里巴巴国际站提供“一站式”的店铺装修、产品展示、营销推广、生意洽谈及店铺管理等全系列线上服务和工具，帮助企业降低成本、高效率地开拓外贸大市场。

阿里巴巴国际站采用第三方认证，拥有人性化的网站设计，丰富的类目，出色的搜索和网页浏览功能，简便的沟通工具、账号管理工具，客户遍布全球。

3.3.7 环球资源网

环球资源公司的前身是亚洲资源公司，该公司成立于 1971 年，是一家专门出版各类专业贸易杂志的媒介机构，特别在国际贸易推广方面具有丰富的经验。当互联网络刚刚萌芽之时，公司就看到了网络的未来与前景，在深入研究了网络的特性之后，环球资源公司于 1995 年涉足互联网，开始电子商务的经营活动，建立了网络平台，开展了针对买家和供应商之间的贸易服务，与其他众多网络公司不同，该公司当年就实现了网上盈利。公司的核心业务是通过一系列英文媒体，包括环球资源网站、印刷及电子杂志、采购资讯报告、“买家专场采购会”、贸易展览会等促进亚洲各国的出口贸易。环球资源网为专业买家提供采购信息，并为供货商提供综合的市场推广服务。环球资源网最大的特色是以全球展会、杂志、光盘与网上推广相结合的方式，帮助供应商拓展全球市场。

3.3.8 中国制造网

中国制造网是一个向全球提供中国产品的电子商务网站，旨在利用互联网将中国制造的产品介绍给全球采购商。中国制造网创建于 1998 年，由焦点科技开发和运营，是国内著名的 B2B 电子商务网站之一，已连续四年被《互联网周刊》评为中国最具商业价值百强网站。中国制造网汇集中国产品，面向全球采购商，提供高效可靠的信息交流与贸易服务，为中国企业与全球采购商创造了无限商机，是国内中小企业通过互联网开展国际贸易的首选 B2B 网站之一，也是国际上有影响力的电子商务平台。网站广告投放的力度并不大，在国内外主要靠口碑相传，搜索引擎优化排名也不错。中国制造网的询盘无论质量还是数量，都是值得称道的。

3.4 跨境电商服务平台

海关总署出台规定中，明确提到电商企业或个人可运用跨境电商通关服务平台进行分送集报、结汇退税。至此，“跨境电商服务平台”一词开始受到业内的广泛关注。到目前为止，主要出现了三种跨境电商服务平台，分别是跨境电商通关服务平台、跨境电商公共服务平台以及跨境电商综合服务平台。

虽然这三种平台都服务于传统中小型外贸企业及跨境进出口电商企业，但分别是由海关、政府和企业建设的，在整个进出口流程中把控着不同的环节，承担着不同的职能。三种平台之间相互联系，形成信息数据之间的统一交换和层层传递。

3.4.1 跨境电商通关服务平台：海关总揽全局

全国首个统一版海关总署跨境电商通关服务平台于 2014 年 7 月在广东东莞正式上线运营，这是一个为外贸企业进出口通关提供便利服务的系统平台，意在统一报关流程。该平台所上传的数据可直接对接海关总署内部系统，节省报关时间，提升通关效率。

在跨境电商通关服务平台上，货物通关采用“三单对比”的方式进行监管，“三单”指电商企业提供的报关单、支付企业提供的支付清单、物流企业提供的物流运单。“三单”数据确认无误后即可放行。在该平台上，通过企业数据与海关数据进行匹配，从而达到监管统计的目的。

从目前的统一版通关服务平台来看，服务对象主要集中在小包裹的出口领域。但从实际操作上看，小包裹主要是个人或小卖家习惯使用的进出口方式，这类卖家大多存在“捞一票就走”的心理，使用通关服务平台在短时间内成本增加，作用微乎其微。因此，通关服务平台真正服务的对象应该是进出口规模较大的外贸企业的小订单业务。

3.4.2 跨境电商公共服务平台：政府企业面对面

跨境电商公共服务平台由政府投资兴建，其含义具有双向性，一方面是为各地政府的职能部门之间搭建公共信息平台，另一方面是服务于大众（主要是指外贸企业）。

阳光化的外贸环节众多，涉及国检（检验检疫）、国税（纳税退税）、外管局（支付结汇）、商委或外经贸委（企业备案、数据统计）等政府职能部门及银行结汇等，传统外贸企业需一一对接。而跨境电商行业多碎片化订单，若每笔订单都与职能部门对接，将带来极其繁重的工作。另外，政府职能部门之间也需要一个公共区域共享企业上传的数据，并进行数据采集、交换对比、监管等工作。

目前，跨境电商公共服务平台均由各地政府自行建设，并无全国统一版本，服务内容有所差异，界面操作也不同。这些地方性公共服务平台也普遍采用“三单对比”的方式进行监管，“三单”手续齐全并获得监管认可，才可享受正常的结汇退税。跨境电商公共服务平台在政府各职能部门之间形成了一个交集，也在政府与外置企业之间搭建了一座沟通的桥梁。

3.4.3 跨境电商综合服务平台：新兴代理服务

由于一些传统中小型外贸企业和跨境电商平台个人卖家在面对新出现的监管政策时，产生不适应和紧迫感，而一些大型跨境电商企业在对接政府、海关等部门，处理跨境电商长链条环节上出现的问题时比较有经验，于是孕育出了跨境电商综合服务平台。跨境电商综合服务平台一般由大型跨境电商企业建设，意在为中小企业和个人卖家提供代理服务，囊括了金融、通关、物流、退税、外汇等方面。目前业内知名的综合服务平台主要有阿里巴巴建设的一达通、大龙网建设的海通易达等。

跨境电商综合服务平台在降低外贸门槛、处理外贸问题、降低外贸风险等方面为相关企业提供了便利和解决方案。目前，这类平台适用于小包裹、小订单等多种业态，也将随着跨境电商的发展拓展出更深层次、更专业的服务。

从以上分析可以看出，跨境电商通关服务平台、公共服务平台、综合服务平台是从三个不同层面出发建设的平台（通关服务平台对应的是海关，公共服务平台对应的是政府，综合服务平台对应的是企业）。三种平台之间相互联系，形成信息数据之间的统一交换和层层传递，无论是跨境电商企业或是个人卖家，都需要对这些平台进行充分的了解。随着跨境电商相关扶持政策的落实，各地的跨境电商通关服务平台和公共服务平台将会更加高效和完善，而跨境电商综合服务平台也将朝着多样化和专业化的方向发展，围绕跨境电商的配套服务将成为跨境电商“升级版”的入口。

3.5 跨境电商平台选择

选择跨境电商平台的第一指标是平台的人气，即网站访问量，其次平台自身的营销能力和在贸易撮合方面的服务水平也是应关注的指标之一。其他应关注的指标主要有以下几个：

（1）第三方跨境电商平台网站的搜索引擎营销水平（平台的搜索引擎友好性及所在行业的关键词广告投放量情况）；

（2）站内信息指标（会员当天发布的信息数量及对所在行业的供求信息掌握情况）；

（3）Alexa全球访问量排名分析（流量排名、频道访问量、用户数据）；

（4）网下市场推广能力（了解平台行业背景资料，线下会展推广、目录宣传情况）；

（5）价格、产品特色和配套服务；

（6）使用考察（使用期收到的询盘数量和质量）。

此外，知名度、营销效果、服务商信用等也是选择的依据。

综合来讲，在选择第三方跨境电商平台时，外贸企业需注意以下几点：

第一，尽量选择与自己企业业务相关的专业性第三方跨境电商平台。外贸企业首先需要明确目标市场，如美国市场、欧洲市场、非洲市场等。其次，明确企业产品类别、数量、特点等。最后，根据自己的实力进行权衡。电子商务平台分为综合型和垂直型两种，外贸企业应根据自身特点进行合理选择。对于那些专业性较强的企业，如化工企业、医药企业等，就应该选择垂直型的电子商务平台，如果选择综合型的反而不合适。电商平台只有自身大力宣传和推广，才能让更多的海外买家和采购商熟悉和了解，吸引海外买家和采购商通过平台进行采购。电商平台主要通过参加国际著名展览、搜索引擎推广、广告投放、对外合作等方式进行宣传推广，外贸企业在选择电商平台时要考虑平台推广的投入力度。

第二，尽量选择知名度高、会员多、访问流量大的第三方跨境电商平台。外贸企业可从“贸易人”“福步”“合众出口”等论坛中查阅平台使用者对各个平台的优缺点评判。各种媒体、各大网址导航站上重复出现的往往都是一些知名度比较高的第三方跨境电商平台。此外，外贸企业也可通过买家数量、买家刊登的询盘、卖家与买家用户数来判断平台的流量情况。例如，外贸企业可用所在行业的关键词查看网站上买家询盘数量和发布的时间，对比一下其他平台，就会对一个平台有一个基本的评估，可以知道自己所卖产品是不是适合这个平台。

第三，尽量选择信用度高的第三方跨境电商平台。用“Wholesale 产品”作为关键词到 Google 上搜索一下。搜索到的第一个第三方跨境电商平台信用度往往不错。此外，可通过平台订单纠纷率及纠纷处理情况、平台综合信用得分等判断各平台的信用度。

第四，尽量选择服务好的第三方跨境电商平台。起步早、规模和影响力大的第三方跨境电商平台，具有更丰富的平台运营经验，在会员管理、信息管理、网站宣传推广等方面拥有丰富经验和资源，可以为卖家提供较好的服务。此外，平台资金流运作模式、物流运作模式等也是外贸企业应当考虑的。

第五，结合平台收费水平选择第三方跨境电商平台。目前各种第三方跨境电商平台都提供各种收费服务，价格从一两万元到几十万元不等。尽管各种外贸第三方跨境电商平台都有免费会员服务，但对提供照片、认证、排名等服务有各种限制，企业要根据是否需要和购买能力来选择合适的平台和服务项目，如果电商平台提供的服务附加值高且优惠多，外贸企业可以充分利用附加值和优惠降低成本，获取较多收益。

任务四　跨境电商支付

4.1　跨境电商支付概述

跨境支付是指两个或两个以上国家或地区之间因国际贸易、国际投资及其他原因所发生的国际债权债务，借助一定的结算工具和支付系统实现的资金跨国和跨地区转移的行为。跨境电子支付也称为跨境互联网支付，是指为不同国别的交易双方提供的基于互联网的在线支付服务。

4.1.1　跨境电商支付方式

跨境电子支付业务发生的外汇资金流动，必然涉及资金结售汇与收付汇。从目前支付业务发展情况看，我国跨境电商支付结算的方式是多种多样的。

1. 跨境支付购汇方式

（1）第三方购汇支付。第三方购汇支付主要指第三方支付企业为境内持卡人的境外网上消费提供的人民币支付、外币结算的服务。其可分为两类：一类是以支付宝公司的境外收单业务为典型的代理购汇支付，另一类是以好易联为代表的线下统一购汇支付。

两种购汇支付方式的主要区别为：在代理购汇类型中，代理购汇支付，第三方支付企业只是代理购汇的中间人，实际购汇主体仍是客户；统一购汇支付则以支付公司名义，在电子平台后方通过外汇指定银行统一购汇，购汇主体为第三方支付企业。

（2）人民币支付。境外部分电子商务公司为拓展我国电子商务市场，特别是一些电子支付公司为分享国内电子支付的利润空间，同意使用国内银行卡办理人民币跨境电子支付。

（3）通过国内银行购汇汇出。即境内客户通过银行网银支付模式直接购汇汇出。

2. 跨境收入结汇方式

（1）第三方收结汇。第三方支付企业为境内企业收到跨境外币提供人民币结算支付服务，即第三方支付企业收到买家支付的外币货款后，集中在银行办理结汇，再付款给国内卖家。

（2）通过国内银行汇款，以结汇或个人名义拆分结汇流入。此种流入方式可分为两类：一类是有实力的公司采取在境内外设立分公司，通过两地公司间资金转移，实现资金汇入境内银行，集中结汇后，分别支付给境内生产商或供货商；另一类是规模较小的个体通过境外的亲戚或朋友收汇后汇入境内，再以个人名义结汇。

4.1.2 跨境电商支付机构

从目前支付业务发展情况看，我国跨境电子支付机构主要有境内外第三方支付机构、银联和银行。从我国跨境电商支付的影响力看，境内外第三方支付机构成为用户的首选。目前，PayPal 作为全球最大的在线支付公司，在第三方支付机构中占据重要地位。PayPal 业务支持全球 190 个国家和地区的 25 种货币交易，尤其在欧美普及率极高。同时，PayPal 还是在线支付行业标准的制定者，在全球支付市场中获得认可，拥有很高的知名度和品牌影响力。中国跨境交易的用户也受此影响，更多地选择了 PayPal。尤其是个人海淘用户和跨境 B2C 出口，其使用率更高。

支付宝凭借国内第三方支付的良好基础，逐步进军跨境电商支付行列。2007 年 8 月，支付宝与中国银行等银行机构合作，推出跨境支付服务。从 2009 年开始，支付宝先后与 VISA 和 Master Card 进行合作，这两大全球发卡机构在我国港澳台地区的持卡用户都可通过支付宝在淘宝网进行购物，从而完成双向的跨境支付服务。目前，支付宝的跨境支付服务已覆盖 34 个国家和地区，支持美元、英镑、欧元、瑞士法郎等十多种外汇结算。

财付通与美国运通（American Express）合作，其网络支付服务能够借道美国运通，实现在美、英两国的 Global Shop 等热门购物网站进行跨境在线购物和支付。

快钱则从 2012 年年初推出，适合外贸电商用户的一揽子跨境支付、国际收汇服务方案，通过与西联汇款的合作，实现自动化的汇款支付处理，帮助外贸电商消除繁琐的结汇流程与规避风险。目前，快钱能够支持总量达 15 亿张信用卡的 VISA、Mastercard、American Express、JCB 等国际卡支付，为外贸电商提供一体化结汇服务和专业化的风控服务。

汇付天下则专注于小微企业市场，重点在航空产业链等 B2B 商务市场，特别是在航空机票支付领域，汇付天下的市场份额近 50%。

银联的跨境支付起步也较早。目前，银联卡可在我国境外的 170 多个国家和地区实现跨境支付。

4.2　国际电汇

4.2.1　国际电汇定义

国际电汇（Telegraphic Transfer，T/T）是汇出行应汇款人的申请，拍发加押电报或电传给在另一国家的分行或代理行（汇入行），指示其解付一定金额给收款人的一种汇款方式。国际电汇的特点是电汇方式收款较快，但手续费较高，因此只有在金额较大时或比较紧急的情况下，才使用电汇。

国际电汇有四个当事人：汇款人、收款人、汇出行和汇入行。

（1）汇款人（Remitter），或称债务人，即付款人，通常是国际贸易中的进口商。

（2）收款人（Payee），或称债权人，在国际贸易中通常为出口商。

（3）汇出行（Remitting Bank），是受汇款人委托汇出汇款的银行，在国际贸易中是进口方所在地银行。

（4）汇入行（Receivingm），又称解付行，是受汇出行委托，解付汇款的银行，在国际贸易中，汇入行通常为出口地银行。

根据汇款过程中所使用的支付工具的不同，汇款结算方式可以分为电汇、信汇和票汇三种。

4.2.2　国际电汇流程

电汇是汇款人将一定款项交存汇款银行，汇款银行通过电报或电传给目的地的分行或代理行（汇入行）、指示汇入行向收款人支付一定金额的一种汇款方式。如图 1－1 所示。

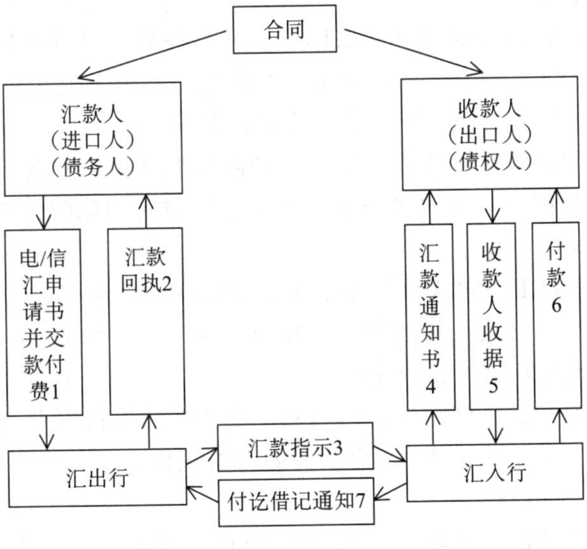

图 1－1　国际电汇示意图

在实际的跨境电商进出口中，T/T 分为预付、即期和远期。现在用得比较多的是 30% 预付和 70% 即期。T/T 付款有以下三种方式。第一种是前 T/T，先收款，后发货，在发货前预付货款，对买方来说风险较大；第二种是后 T/T，先发货，后收款，全部发货后付款，对卖方来说风险较大；第三种是先订金，再余款。外贸业务中，出口商对一般熟悉的客户会采用 T/T 付款，经常是发货前预付部分货款，余款在到货后付清。通常情况下，电汇常用的是预付 30% 货款作为订金，另外 70% 的余额见提单付款。订金的比例越大，出口商的风险越小。

目前全球大多数国家的银行都使用 SWIFT 系统，SWIFT（Society for Worldwide International Financial Telecommunications）即环球银行金融电信协会，是国际银行间非盈利的国际合作组织，成立于 1973 年。SWIFT 系统的使用为银行的结算提供了安全、可靠、快捷、标准化、自动化的通信服务，从而大大提高了银行的结算速度。

4.3 西联汇款

4.3.1 西联汇款定义

西联汇款是西联国际汇款公司（Western Union）的简称，是世界领先的特快汇款公司，迄今已有 150 年的历史，它拥有全球最大最先进的电子汇兑金融网络，代理网点遍布全球近 200 个国家和地区。

4.3.2 西联汇款的流程

1. 西联汇款的付款流程

西联汇款分为现金即时汇款和直接到账汇款两类。现金即时汇款有三种方式：西联网点、网上银行（目前支持光大银行和农业银行）和银联在线。西联汇款的付款流程为：

（1）在网点填妥“西联汇款申请书”和“境外汇款申请书”；

（2）递交填妥的表格、汇款本金、汇款手续费及个人有效身份证件，可以持外币汇款也可以以人民币购汇汇款；

（3）汇款完成后，汇款人会收到一张印有汇款监控号码（MTCN）的收据，汇款人须准确通知收款人有关汇款人姓名、汇款金额、汇款监控号码及发出汇款国家等信息，为确保汇款安全，勿将监控号码泄露给除收款人之外的其他人；

（4）数分钟后，收款人可于收款国家的代理西联汇款业务网点提取汇款；

（5）每笔汇出汇款都要填写“境外汇款申请书”进行国际收支申报。

2. 西联汇款的收款流程

作为出口商，当客户汇款过来后，要了解在银行取款的流程，具体的流程如下：

（1）确保汇款由境外已获授权的代理西联网点发出，并与汇款人核实汇款人姓名、汇款金额、汇款监控号码及发出汇款国家；

（2）收到汇款人通知后，到就近代理西联汇款业务的银行网点兑付汇款；

（3）提交填妥的“收汇申请书”，出示有效身份证件；

（4）提取汇款及取回收据；

（5）境外个人的每笔汇款及境内个人等值 2000 美元以上（不含）的汇款，还需填写“涉外收入申报单”进行国际收支申报。

3. 签名并接收收据

在确认收据上的所有信息均无误之后，收款人需要签收一张收据。收据所打印的内容之一是汇款监控号码（MTCN），以及可使用 MTCN 联机（在网上）跟踪汇款的状态。确认汇款已经到位后，收款人随时可以取款。在前往西联合作网点之前，收款人应确保汇款已经可以提取，可以直接联系汇款人确认，也可在网上跟踪汇款状态，还可以拨打中国地区热线 8008208668 进行咨询。

如果你第一次使用直接汇款至中国的银行卡账户的服务，收汇人应在中国时间 8 点至 20 点之间拔打中国服务热线 80082008050 核实如下信息：收汇人的中文名字；汇款监控号码（MTCN）；收汇人的有效身份证号码；收汇银行的名称和银行卡账号。

同一收汇人此后通过同一银行卡账户使用直接到账汇款服务，就不需要再拨打中国服务热线核实必要信息。但如果收汇人的必要信息有所改变，则需要按打中国服务热线，核实其必要信息。

4.4　信用卡支付

在欧美发达国家，信用卡的使用频率非常高，发行量也很大。常见的信用卡组织有 Visa、MasterCard、American Express、Discover、JCB、中国银联等。因此，在跨境支付中，信用卡支付通道也成为一种较为常见的支付方式。

4.4.1　信用卡基本知识

信用卡由卡号、CVV 码、有效期、发卡行信息组成。卡号是由 16 位数字组成，4 开头的是 Visa 卡，5 开头的是 Master 卡，第 16 位数字根据前数位数字规则推算而成，大家一般是根据前六、后四位数字来查看交易记录。Visa 卡为 CVV 码，Master 卡为 CVC 码，其号码在信用卡的背面。有效期是指信用卡能有效使用的期限，田 Valid Month/Year，发卡行是签发信用卡的银行。

4.4.2　信用卡支付网关

国际信用卡支付网关是指专业提供国际信用卡收款的银行支付接口，通常也称信用卡支付通道，包括 3D 通道，非 3D 通道和 VIP 通道（延时通道）。信用卡支付网关涉及的对象有：发卡行、持卡人、卡组织、收单行、第三方支付平台。

第三方跨境电商支付平台不同于银行等传统的金融服务机构，而是具有独立运营能力的第三方互联网支付平台，这种网络支付平台具备较强的电子通信能力和信息安全技术，能够实现资金在消费者、银行和商户三方之间快捷共享的结算流转。同时，第三方互联网支付平台具有很高的信誉，可以为交易双方提供信用担保。这也是第三方支付平台相比其他网络支付渠道的最大优势。

4.5　PayPal 支付

4.5.1　PayPal 定义

PayPal（在中国大陆称为贝宝），是美国 eBay 公司的全资子公司，1998 年 2 月由 PeterThiel 及 MaxLevchin 建立，是一个总部在美国加利福尼亚州圣河西市的因特网服务商，允许在使用电子邮件来标识身份的用户之间转移资金，避免了传统的邮寄支票或者汇款。

作为 eBay 旗下的支付平台，PayPal 可以依托母公司 eBay 这一汇聚全球商户的互联网交易平台，不断拓展其跨境支付业务，增强在第三方跨境电商支付市场中的竞争。在跨境贸易中，超过 90% 的卖家和超过 85% 的买家接受并使用 PayPal 支付。

4.5.2 PayPal 支付流程

为打开中国市场，PayPal 在 2010 年 3 月与中国银联在跨境支付业务方面展开合作，为我国消费者的跨境电商交易提供优质的支付结算服务。用户只要将银联卡与自己的 PayPal 账户关联起来，就可以在与 PayPal 签约的境外网站上进行购物和支付。

具体来看，PayPal 的支付流程如下：

（1）用户注册。以电子邮箱作为账户名，并在注册页面填写信用卡卡号等相关信息，验证通过后即成为 PayPal 用户。可从关联的信用卡中将一定数额的款项转入自己的 PayPal 账户来增加账户金额。

（2）货款支付。用户首先登录 PayPal 账户，在支付页面填写收款人的电子邮箱地址、汇款金额及币种等信息，然后选择支付汇款。

（3）收款通知。PayPal 向商家或收款人发出电子邮件，通知他们有待收的款项。

（4）接收货款。商户收款包含两种情况：如果收款商户也是 PayPal 用户，可以直接将款项转入其账户中；如果商户不是 PayPal 用户，则首先需要根据电子邮件的指示链接进入 PayPal 网页，注册成为 PayPal 用户，然后才能选择将付款方的款项放入 PayPal 账户、信用卡或者其他银行账户中。

可以看出，作为第三方支付平台，PayPal 表面上是采用电子邮件的形式完成支付，但实质上是为线上买卖双方提供了一个虚拟账户的转账、记账的系统平台，真实的资金流转发生在交易双方的开户银行和 PayPal 自身的银行账户之间。看似必需的电子邮件，在支付过程中其实扮演着信息传递和沟通的角色。

4.6 国际支付宝

4.6.1 国际支付宝介绍

阿里巴巴集团旗下的支付宝成立于 2004 年年底，是我国用户最多、最具影响力的第三方支付平台。早在 2007 年，支付宝平台就与多家银行合作，积极尝试跨境支付业务。2011 年 9 月，支付宝并购了澳大利亚安卡国际集团下的第三方支付服务公司安卡支付，进一步深化了跨境支付业务布局。

2012 年以来，支付宝与万事达卡旗下子公司 DataCash 集团，以及 CyberSource、AsiaPay 等国际著名的第三方支付机构进行战略合作，为用户提供更优质的跨境支付解决方案。

4.6.2 国际支付宝流程

得益于美国完善的信用体系和成熟的信用卡支付系统，国际电商巨头 eBay 旗下的第三方支付平台 PayPal 实行的是先付款后发货的运营模式。与此不同，支付宝采用的是收货确认后再付款的模式。在国内电子商务信用体系相对缺乏的情况下，这一模式最大限度地降低了用户对线上支付安全性的顾虑。

具体而言，支付宝的线上支付流程如下：

（1）注册账户。首先用户以电子邮箱或者手机号码作为支付宝账号名，填好注册页的相关信息；然后进入绑定的邮箱单击支付宝网站发出的链接，激活账户；最后在支付宝账户中绑定一个（也可以是多个）开通了网上银行功能的银行卡账号。

（2）支付款项。买卖双方达成线上交易意向后，买家先将应付的货款从绑定的银行卡转到支付宝账户中，由支付宝平台暂时保管这笔货款。

(3) 卖家发货。支付宝告知卖方已收到货款，可以发货。

(4) 确认付款。买家收到并在支付宝平台上确认后，平台便会将货款转至卖家的支付宝账户中。

如何查询银行Swift Code

4.7 结汇和退税

4.7.1 结汇

我国出口业务使用议付信用证比较多。这种信用证的出口结汇办法主要有以下三种：

1. 收妥结汇

收妥结汇又称收妥付款。议付行收到受益人提交的单据后，经审查确认与信用证条款的规定相符后，将单据寄交国外付款行索汇。待付款行将货款划给议付行后，即议付行从国外付款行收到该行账户的贷记通知书（Credit Note）时，才按当日外汇牌价将货款折算成人民币拨入出口企业的指定账户。

2. 定期结汇

议付行根据向国外付款行索偿所需时间，预先确定一个固定的结汇期限，并与出口企业约定该期限到期后，无论是否已经收到国外付款行的货款，都主动将票款金额折算成人民币交出口企业。

3. 买单结汇

买单结汇又称押汇。议付行在审查无误的情况下，根据信用证条款买入出口企业的汇票和单据，从票面金额中扣除从议付日到估计收到票款之日的利息，将余款按议付日外汇牌价折成人民币，付给出口企业。议付行向受益人垫付资金买入跟单汇票后，即成为汇票持有人，可凭票向付款行索取票款。银行做出口押汇，是为了给出口企业提供资金融通，有利于出口企业的资金周转。

4.7.2 退税

出口货物退（免，Export Rebates）税，简称出口退税，其基本含义是对出口货物退还其在国内生产和流通环节实际缴纳的增值税、消费税。出口货物退税制度，是一个国家税收的重要组成部分。出口退税主要是通过退还出口货物的国内已纳税款来平衡国内产品的税收负担，使本国产品以不含税成本进入国际市场，与国外产品在同等条件下进行竞争从而增强竞争力，扩大出口的创汇。

随着互联网、企业内部网等电子购物交易方式的不断拓展，跨境电子商务出口网上交易已经成了一种新型的对外贸易方式。《财政部国家税务总局关于跨境电子商务零售出口税收政策的通知》（财税〔2013〕96号）规定，自2014年1月1日起，对符合条件的跨境电子商务零售出口（以下简称电子商务出口）企业执行增值税、消费税退（免）税和免税政策（以下简称退免税）。从某种意义上讲，跨境电子商务网上“私人订制”的出口货物，真正让卖主实现了退免税。

1. 跨境电商出口企业的含义

根据财税〔2013〕96号文件规定，享受电子商务出口货物退免税的企业，是指自建跨境电子商务销售平台的电子商务出口企业和利用第三方跨境电子商务平台开展电子商务出口的企业。如果是为电子商务出口企业提供交易服务的跨境电子商务第三方平台，不适用规定的退免税政策，可按现行有关规定执行。

出口退税是指在国际贸易中，货物输出国对输出境外的货物免征其在本国境内消费时应缴纳的税金或退还其按本国税法规定已缴纳的税金（包括增值税、消费税）。

2. 办理出口退税的基本流程

（1）申请。出口企业应在货物报关出口之日［以出口货物报关单（出口退税专用）上注明的出口日期为准］起90日内，向退税部门申报办理出口货物退（免）税手续。申报出口货物退免税时，出口企业在提供有关出口货物退（免）税申报表及相关资料时，应同时附送退税部门要求的其他纸质凭证，如出口货物报关单（出口退税联）、出口收汇核销单（出口退税专用联）、增值税专用发票（抵扣联）、出口货物外销发票。

（2）上报。由企业所在地主管出口退税业务的税务机关进行审核，符合条件和要求的，按照税收退税审批权限，逐级上报上级税务机关。对提供的申报资料不准确、纸质凭证不齐全的，退税部门不予接受该笔出口货物的退（免）税申报，并要当即向申报人提出改正、补充资料的要求。

（3）批复。企业所在地主管出口退税业务的税务机关接到上级税务机关批准的退税通知后，签发税收收入退回书，一式五联。第一联交申请出口退税企业，凭此作为账务处理。

任务五　跨境电商出口业务流程

当具备了一定的跨境电商基本知识后，我们就可以进入跨境电商业务的具体操作阶段。跨境电商主要分为B2B和B2C两种形式，在此，我们重点介绍B2C跨境电商运营模式的出口业务流程。跨境电商主要通过线上进行，整个业务流程主要分为前期准备、平台运营、物流管理和资金结算四大环节。其中的每一个环节都具有重要的意义，都不可忽视。如图1-2所示。

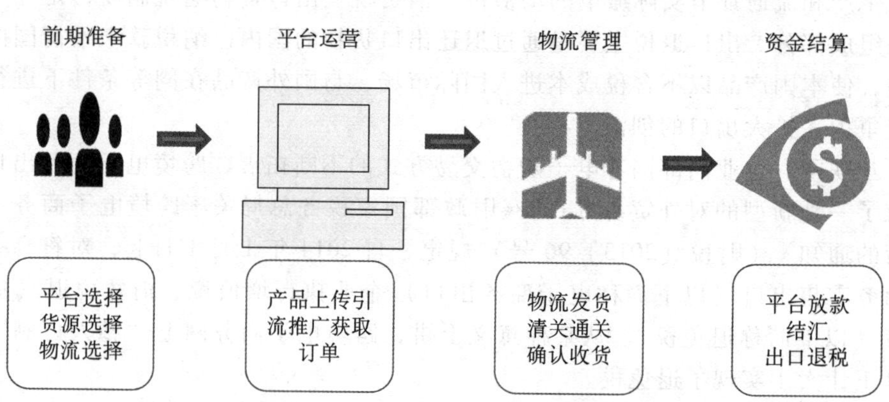

图1-2　跨境电商出口基本流程图

5.1 前期准备

跨境电商出口业务操作的前期准备，主要包括平台选择、货源选择和物流选择三个方面。

5.1.1 平台选择

选择在适合的跨境电商平台上经营跨境电商，是跨境电商卖家的主要工作之一。在实际业务中，选择跨境电商平台应注意以下两点：

1. 正确选择跨境电商平台

目前，我国跨境电商经营者选择的跨境电子商务平台主要是速卖通、Amazon、敦煌网等。这些主流的跨境电子商务平台各有特点，对于跨境电子商务从业者来说，选择符合自己特点的跨境平台是首先要做的事情。

2. 选择一个平台集中资源投入

跨境贸易新人往往有这样一个简单的想法，认为只要在主流的跨境电子商务平台都上架开店，机会就最大，收益也会最大。其实这个观点是错误的，特别对于跨境新人，因为经验、资源、精力有限，专注永远比广撒网更有效率。选择一个合适的跨境平台，投入自己的资源，好好经营一家店铺，这才是跨境新人正确的第一步。

5.1.2 货源选择

在跨境电商中，货源选择也简称为“选品”。对跨境电商卖家来说，选品是第一道门槛，再成熟的卖家都同样面临着品类的选择和开发爆款的需求。选品可以通过厂家自营产品、热搜词和大数据分析等来确定。每个产品都具有产品的生命周期即潜伏期、成长期、暴增期和衰退期。潜伏期作为推广适销期是优质进入期，成长期作为高毛利阶段是最佳进入期，当产品处于高销量的阶段时则要谨慎进入了。跨境电商选品可以从国际贸易和电子商务两个方向考虑。首先是从国际贸易角度，满足国内和国际的需求，以及目标市场所在国的法律法规要求并进行供应链和市场调查；其次，是物品与产品描述必须相符，同时在物流方面，选择海外仓还是直营也应做好前期调查。卖家选品的时候还要关注侵权方面的问题。优质的选品是卖家获得更多订单、赚取更多利润的基础，进货渠道则是卖家是否有供货能力的重要条件。卖家在考虑进货渠道时，需要从质量、议价空间、是否便捷等方面进行综合考虑。跨境电商常见的进货渠道主要有以下六个方面：

1. 从厂家进货

从厂家进货的优势是货源充足，可以拿到更低的进货价，适合有一定的贸易基础、希望长远发展并且对产品需求量大的卖家。个人卖家初期因为需求量小，所以很难达到和工厂合作的程度，而且一次进货金额通常会比较高，增加了经营风险。

2. 批发市场进货

从批发市场进货是比较传统的渠道，优势是货源稳定，可以看到商品的质量，适合零基础和想试水外贸的卖家。不过，前提是要有充足的资金，而且不怕压货。缺点是价格相对厂家和线上商城较高，因为这些批发商往往是商品流通渠道的中间环节，而且卖家要与批发商建立好关系，尤其是在调换货的问题上要与批发商说清楚，以免日后起纠纷。

3. B2B 网站

阿里巴巴上聚集了各类厂家，例如阿里巴巴 1688、阿里巴巴伙拼、阿里巴巴代理加盟及天猫供销平台。这种进货方式的优点是足不出户就可以完成进货，操作灵活，不受时间、地域、产地等方面的限制，适合兼职的卖家。

阿里巴巴 1688：优势是商品多且品类丰富，产品利润相比天猫供销平台利润高很多；缺点是产品图片数据包需要下载，甚至有的供应商没有图片数据包。

阿里巴巴伙拼：产品质量比较优质，而且有很多想不到的蓝海产品，相当于淘宝的聚划算。

阿里巴巴代理加盟：代理加盟一般都有 50 ~ 60 家，甚至上百家的分销商，在商品价格方面不是很好控制，因此业内人士一般不建议卖家使用。

天猫供销平台：货源没有阿里巴巴的商品多，但都是品牌公司在做的分销商，产品比阿里巴巴有保障，而且包括产品图片、数据包，便于不会美工的小卖家来操作。

4. 从淘宝进货

淘宝上有很多有实力的大卖家，其中就有提供批发或代销的。卖家可以多了解客户对产品的评价，如果质量和货源都比较稳定的话也是不错的选择。

5. 做网店代理或代销

目前很多电子商务的网站上不仅做批发，还提供代理、代销服务。网代比较适合新手，不需要太多成本。但是这类产品在质量上难以把控，卖家一定要多对比。

一般来说，零售的订单可以在国内其他网店进货；批发的订单，则去国内有批发性质的网站或批发市场进货。对新手卖家来说，无论选择何种进货渠道，首次进货都应尽量选择多品类，同件商品进一件就可以了，产品销量好再进行后续的进货；坚持不囤货，避免预算无效使用。

5.1.3 物流选择

目前跨境电商的主要物流方式有邮政小包、国际快递，专线物流、海外仓和国内快递的跨国业务五种。跨境电商卖家在物流的选择方面，首先应该根据所售产品的特点（尺寸、安全性、通关便利性等）来选择合适的物流方式。比如大件产品（如家具）就不适合走邮政包裹，而更适合海外仓模式。各种跨境物流方式的特点、优势、劣势以及选择时应注意的问题将在后续章节介绍，在此不再赘述。

5.2 平台运营

平台运营包括上传产品、引流推广和获取订单三个方面。

5.2.1 上传产品

顾名思义，上传产品即在跨境电商运营的过程中，卖家将编辑好的拟售图片信息上传到平台上的行为。上传产品旨在让境外用户方便快捷地了解商品属性，以促成交易，因此，需要从文字和图片角度对产品进行描述。为保证产品上传的质量，各跨境电商平台提供了既专业又便捷的产品发布平台，上传产品时仅需要根据要求填写产品名称、产品简述、产品属性、产品信息、销售信息、服务承诺、其他必要信息，然后按照要求设置运费模板等内容即可。需要重点留意的是，产品图片是吸引客户眼球的主要元素，一定要使用清晰专业的产品图片，为产品形象加分。产品上传的具体操作将在后续的编写内容中详述。

5.2.2　引流推广

流量有站内、站外之分，B2B、B2C 平台的站内引流主要有排名搜索和广告两种方式。站外引流有比价购物引擎、付费搜索、社交平台、重新定向和广告联盟网站营销等方式，具体如 SNS 营销、EDM 营销、You Tube 视频广告、搜索引擎营销、SEO 优化等，可见跨境电商卖家可以采用多元化的站外推广方式。

卖家做站外引流时要注意以下四个方面的问题：第一，进行站外引流的人员需要对要推广的产品有精细化的了解；第二，站内搜索的转化率是比站外引流高出很多的，所以站外引流后的转化率提高问题也是需要重点关注的；第三，SKU 的关键词是否精准；第四，售后的即时反馈，将买家反映最多的问题进行统一回复，或者是通过海外社交媒体进行视频的直接讲解。

站内或站外的引流，其成本各异。站外引流目前的成本较高，但在单一引流方式营销效果越来越差的今天，站外引流依然是企业无法舍去的选择。对于中小卖家来说，在资金和人员配备还不够雄厚的情况下，在这方面还是可以稍微放缓的。如果中小卖家无法使用站外引流，可以考虑后台的“联盟营销”。

5.2.3　获取订单

质量和服务是跨境电商公司赖以生存的最根本的两条底线。要获取订单，首先要审视公司的选品、服务、供应体系等整个流程是否让自己满意，并通过换位思考，以确定客户可能满意的程度；其次，通过广告、论坛、社交等途径增加服务的深度和广度；再次，通过营销推广提高店铺的曝光量、浏览量、访客数，让客户在店铺停留的时间延长一些，从而提高转化率，实现订单量增加的目标。在跨境电商业务中，设法提高产品的质量与服务是获取订单量的前提。

在开设店铺后，以下方法和技巧能使新手卖家尽快出单：

1. 找老业务员合作

老业务员涉足行业的时间较长，对行情和产品的规律比较熟悉，且在长期的经营中，逐步形成了自己的经营习惯和实战经验。新手与老业务员合作，可以学习老业务员的实战经验，能较快上手，获取订单。这里有一个真实的案例，笔者的学生毕业后到一家跨境电商公司工作，入职后拿到询盘就找了一位老业务员提出合作的意向，同时提出如果拿下订单，业绩是自己的，提成的 60% 则归老业务员，老业务员很愉快地答应与其合作，这名学生现已学成，自己开了一家跨境电商公司。

2. 分析客户后再发邮件

在发开发信前，除了要熟悉行情、业务流程，熟悉自己经营的产品及其价格，并熟悉自己店铺开展的各项推广活动外，还要学会分析客户。客户需要什么样的产品和服务，自己是否能满足客户的要求等都要进行深入分析。要让客户觉得你是一个业务老手，对业务非常熟悉，值得信赖，他们才愿意下单。

3. 手头必须有足够的一手资料

作为新人，就如何开展新的工作，要有一套自己的思路，这是工作的最基本准备，如产品资料、物流资料、技术参数等，可制作各种表格，及时记录、更新，以备工作之需。

4. 不能守株待兔，要主动出击

作为新人，不能坐等订单自来，也不要瞻前顾后，患得患失。有些新人生怕得罪顾客，很多事情不敢做，很多话不敢说，这会使顾客很容易察觉你对业务不熟悉，对自己没信心，客户反而会提出一些不平等的条件，因此，卖家新手要主动通过各种渠道去搜索客户，发开发信，在平等互利的基础上获取订单。

5.3 物流管理

物流管理包括物流发货、清关通关和确认收货三个环节的内容。

5.3.1 物流发货

物流发货的流程如图 1－3 所示：

图 1－3 跨境电商物流流程

5.3.2 清关通关

清关（Customs Clearance）即结关，是指进出口或转运货物出入一国关境时，依照各项法律法规和规定应当履行的手续。只有在履行各项义务，办理海关申报、查验、征税、旅行等手续后，海关才能放行，货主或申报人才能提货，货物才能顺利通关。同样，载运进出口货物的各种运输工具进出境或转运，也需向海关申报，办理海关手续，得到海关的许可。跨境电商进出口清关通关的模式见表 1－6。

表 1－6 跨境电商进出口清关通关模式对照表

清关通关模式	具体做法	优点	缺点	使用建议
快件清关	确认订单后，国外供应商通过国际快递将商品直接从境外邮寄至消费者手中。无海关单据。	灵活，有业务时才发货，不需要提前备货。	与其他邮递快件混在一起，物流通关效率较低，量大时成本会迅速上升。	业务量较少，偶尔有零星订单的阶段。
集货清关	商家将多个已售出商品统一打包，通过国际物流运至国内的保税仓库，电商企业为每件商品办理海关通关手续，经海关查验放行后，由电商企业委托国内快递派送至消费者手中。每个订单附有海关单据。	灵活，不需要提前备货，相对邮快件清关而言，物流通关效率较高，整体物流成本有所降低。	需在海外完成打包操作，海外操作成本高，且从海外发货，物流时间稍长。	业务量迅速增长的阶段，每周都有多笔订单。

续表

清关通关模式	具体做法	优点	缺点	使用建议
备货清关	商家将境外商品批量备货至海关监管下的保税仓库，消费者下单后，电商企业根据订单为每件商品办理海关通关手续，在保税仓库完成贴面单和打包，经海关查验放行后，由电商企业委托国内快递派送至消费者手中。每个订单附有海关单据。	提前批量备货至保税仓库，国际物流成本最低，有订单后，可立即从保税仓库发货，通关效率最高，可及时响应售后服务要求，用户体验最佳。	使用保税仓库有仓储成本，备货会占用资金。	业务规模较大，业务量稳定的阶段。

5.3.3 确认收货

在跨境电商交易中，当买家收到货物，并在网页上确认已经收到货物即为确认收货。以“阿里巴巴平台”为例，确认收货的详细步骤如下：

(1) 登录“阿里助手”（http://china.alibaba.com/member/myalibaba.htm）；

(2) 点击“交易管理”——“我要采购”——“已买到的货品”；

(3) 找到希望确认收货的支付宝交易，点击“确认”；

(4) 打开确认收货页面，填写相关内容提交即可。

5.4 资金结算

资金结算包括平台放款、结汇和出口退税三个环节的内容。

5.4.1 平台放款

放款是指跨境电商平台将商户已交易完成订单的款项转移到卖家虚拟账户里。以下列举速卖通和敦煌网两个平台的放款规则。

1. 速卖通平台放款规则

2015 年 5 月 15 日，速卖通平台新放款规则正式生效。为了有效缓解卖家的资金压力，保障买家交易安全，速卖通对放款政策进行了新调整：新的放款规则以卖家的综合经营情况评估确定订单放款时间，不再以订单完成和物流妥投作为放款条件，只要卖家的综合经营情况符合条件，订单就会在发货后进行放款。具体新规则见表 1-7、表 1-8：

表 1-7　速卖通平台放款规则

账号状态	放款规则		
	放款时间	放款比例	备注
账号正常	发货 3 个自然日后	70% ~97%	比例根据账号表现有所不同，3% ~30% 被冻结作为保证金，具体释放时间见表 1-8
	交易结束后	100%	交易结束后（买家确认收货/超时）
账号关闭	发货后 180 天	100%	无

表 1－8　　速卖通平台保证金释放时间表

条件		释放时间	备注
物流	交易结束时间距发货时间		
商业快递＋物流妥投	无要求	交易结束当天	物流妥投：以系统核实到物流妥投为准
商业快递＋物流未妥投 非商业快递	≤30 天	发货后第 30 天	
	30～60 天	交易结束当天	
	≥60 天	发货后第 60 天	

2. 敦煌网放款规则

（1）有货运跟踪号。目前敦煌网支持 EMS、DHL、Fedex、UPS、TNT、USPS、HK Post、China Post 等可在线跟踪的货运方式。针对有货运跟踪号的放款方式，订单放款规则如下：

①买家主动确认签收。买家确认签收的订单，敦煌网会核实订单的货运信息，如果订单查询妥投，且妥投信息与订单信息一致，将订单款项放款至卖家虚拟账户，订单完成。

②买家未主动确认签收，卖家请款。买家未主动确认签收的订单，卖家请款后，敦煌网会先根据卖家上传的运单号核实妥投情况并进行相应处理，具体见表 1－9。

表 1－9　　敦煌网运单号核实妥投情况及相应处理

类别	货运情况	订单完成时限
第一类	妥投且时间、邮编及签收人都一致	发送催点信给买家，买家在 5 天内没有发起任何投诉、协议或者纠纷，也没有邮件回复，将该订单款项放款至卖家虚拟账户，订单完成
第二类	部分未妥投，或全部未妥投，或无查询信息	卖家填写最后一个货运单号 120 天后完成订单

③买家未主动确认签收，卖家在订单确认收款后的 90 天内也未请款。卖家完全发货后，若买家一直未确认签收，并且卖家在订单确认收款后 90 天内也未请款，平台将在完全发货 120 天后将该订单款项放款至卖家虚拟账户，订单完成。

（2）无货运跟踪号。无货运跟踪号的订单［目前敦煌网支持的货运方式包含 China Post Air（Non－Tracking）、China Post SAL（Non－Tracking）、HK post（Non－Tracking）、Singapore post（Non－Tracking）、Post Link（Non－Tracking），详情请查看敦煌网支持哪些物流］，卖家发货后，不需要请款，无论买家是否确认签收，系统都会自动在卖家填写最后一个货运单号的 120 天后，将该订单款项放款至卖家虚拟账户，订单完成。

5.4.2　结汇

关于跨境电商结汇的问题，已在 4.7 小节中有比较详细的阐述，在此不再赘述。

5.4.3　跨境电商出口退免税

1. 跨境电商出口享受退免税的条件

跨境电商出口企业出口货物必须同时符合以下四个条件，才能享受增值税、消费税退免税政策（财政部、国家税务总局明确不予出口退免税或免税的货物除外）：

（1）电子商务出口企业属于增值税一般纳税人并已向主管税务机关办理出口退（免）

税资格认定；

（2）出口货物取得海关出口货物报关单（出口退税专用），且与海关出口货物报关单电子信息一致；

（3）出口货物在退（免）税申报期截止之日内收汇；

（4）电子商务出口企业属于外贸企业的，购进出口货物取得相应的增值税专用发票、消费税专用缴款书（分割单）或海关进口增值税、消费税专用缴款书，且上述凭证有关内容与出口货物报关单（出口退税专用）有关内容相匹配。即外贸企业应当取得上述合法凭证，并且与报关出口货物的金额、数量、计量单位、出口企业名称等内容相一致。

2. 跨境电商出口享受免税的条件

如果跨境电商出口货物不符合上述退（免）税条件，但同时符合下列三种条件，可享受增值税、消费税免税政策：

（1）电子商务出口企业已办理税务登记；

（2）出口货物取得海关签发的出口货物报关单；

（3）购进出口货物取得合法有效的进货凭证。如出口企业只有税务登记证，但未取得增值税一般纳税人资格或未办理出口退（免）税资格认定，以及出口货物报关单并非出口退税专用联次，购进货物出口时未取得合法凭证等，应当享受免税政策。

上述规定主要适用于大规模纳税人，如果出口企业为小规模纳税人，均实行增值税和消费税免税政策。

3. 跨境电商出口退免税申报操作

根据财税〔2013〕96号文件第三条规定，跨境电商出口货物适用退（免）税、免税政策的，由跨境电商出口企业按现行规定办理退（免）税、免税申报。

（1）退（免）税申报要求。根据税法规定，出口企业出口并按会计规定作销售的货物，须在作销售的次月进行增值税纳税申报。企业应在货物报关出口之日（以出口货物报关单《出口退税专用》上的出口日期为准）次月起至次年4月30日前的各增值税纳税申报期内，收齐单证（凭证）且信息齐全，向主管税务机关进行正式申报增值税退（免）税及消费税退税。逾期的，企业不得申报退（免）税。主要分为以下两个步骤：

第一步，出口退（免）税预申报。出口企业在当月出口并作销售收入后，将收齐单证（凭证）及收汇的货物于次月增值税纳税申报期内，向主管税务机关进行预申报，如果在主管税务机关审核中发现申报退（免）税的单证（凭证）没有对应电子信息或不符的，应当进行调整后再次进行预申报；

第二步，出口退（免）税正式申报。企业在主管税务机关确认申报单证（凭证）的内容与对应的管理部门电子信息无误后，应提供规定的申报退（免）税凭证、资料及正式申报电子数据，向主管税务机关进行正式申报。

（2）免税申报要求。根据《国家税务总局关于出口货物劳务增值税和消费税有关问题的公告》（国税〔2013〕65号）规定，自2014年1月1日起，出口企业出口适用增值税、消费税免税政策的货物，在向主管税务机关办理免税申报时，采用备案制，不再实行申报制，出口货物报关单、合法有效的进货凭证等资料，按出口日期装订成册留存企业备查。

项目小结

本项目介绍了出口跨境电商模式、出口跨境电商发展历程、现状及趋势；重点介绍了跨境电商选品方法及货源的选择和商品的定价策略；分析了跨境电商第三方平台类别及各个平台的特征；介绍了跨境电商的不同支付结算方式，并要求学生掌握跨境电商出口各个环节，为后续课程学习做准备。

同步实训

实训　跨境电商购物体验

1. 实训目的

通过跨境网络购物实践，能够熟练掌握跨境购物流程，能够比较分析跨境网络购物与传统购物的优劣势，加深对跨境电子商务概念及特点的感性认识。

2. 实训内容与步骤

(1) 进入亚马逊官网首页（http://www.amazon.com），如图1-4所示，单击注册，注册账户；

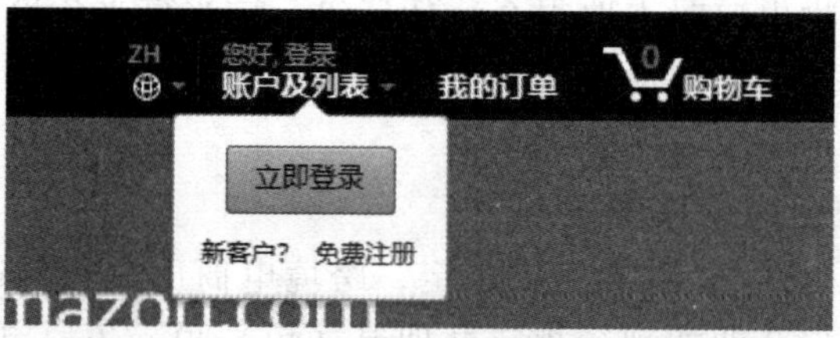

图1-4　注册首页

(2) 进入注册页面，填写姓名，邮箱地址和密码，创建账户，如图1-5所示；根据要求输入验证码，如图1-6所示；

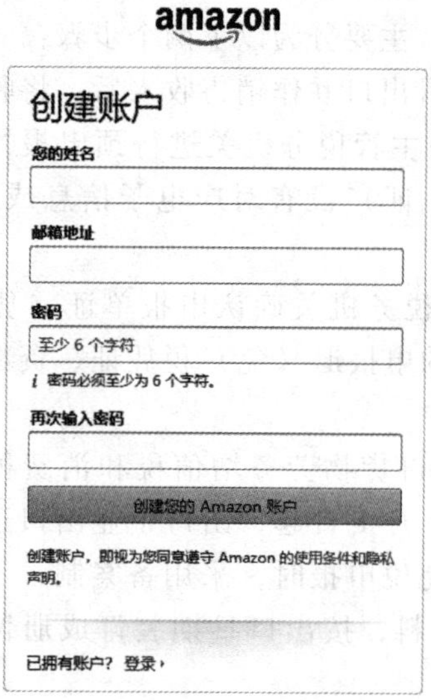

图1-5　填写注册信息页面

图1-6　验证码输入页面

（3）现在可以选购商品了。可以在中间文本框中输入关键词，如输入“宝宝面霜”进行搜索，如图1－7所示；

图1－7　商品搜索页面

（4）点击一个商品，进入商品详情页面如图1－8所示，如决定购买单击“查看购买选项”；

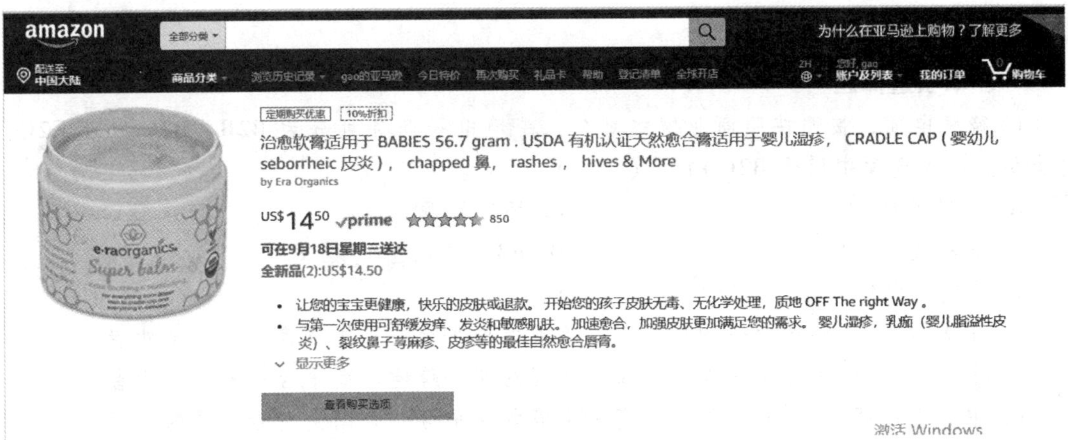

图1－8　商品详情页

（5）继续选择所需商品，选完之后，点击“进入结算中心”，如图1－9所示，就可以结账了。结账前要填写地址和支付信息，如图1－10所示。

图1－9　进入结算页面

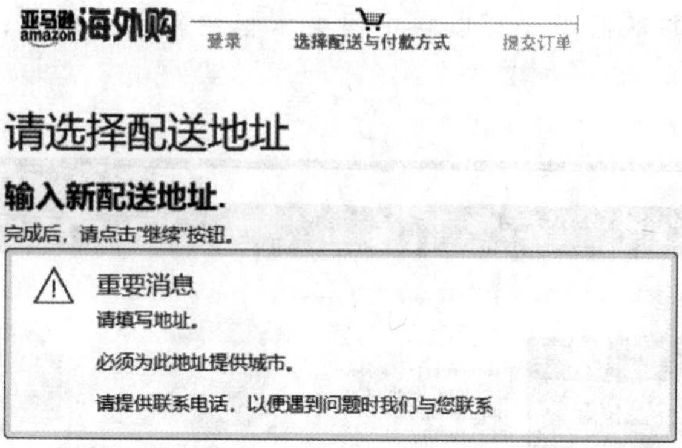

图 1－10　结账信息填写页面

3. 实训提示

选择买家虽然主要比较价格，但还必须考虑商品星级评分、是否亚马逊自营等因素，毕竟交易的安全性是最主要的。

项目测试

一、单项选择题

1. 跨境电商，按照按照商业模式划分，跨境电子商务可分为 B2B，B2C 以及 C2C 三种类型。下面选项中属于 B2C 的是（　　）。

A. 阿里巴巴　　　　B. 环球资源

C. 速卖通　　　　D. eBay

2. 跨境电商外贸出口的流程是（　　）。

A. 中国生产商/制造商—国内网商—跨境电商平台—外国网商—外国消费者

B. 中国生产商/制造商—国内网商—外国网商—跨境电商平台—外国消费者

C. 中国生产商/制造商—外国网商—跨境电商平台—外国消费者—国内网商

3. 传统外贸出口的流程是（　　）。

A. 中国生产商/制造商—中国出口商—外国进出口商—外国批发商—外国零售商—外国消费者

B. 中国生产商/制造商—中国出口商—外国批发商—外国进出口商—外国零售商—外国消费者

C. 中国生产商/制造商—中国出口商—外国批发商—外国零售商—外国进出口商—外国消费者

4. 下列属于 B2C 跨境电商平台的是（　　）。

A. 亚马逊　　　　B. 洋码头

C. 兰亭集势　　　　D. 阿里巴巴国际站

5. 阿里巴巴国际站和环球资源网都是中国主流的国际 B2B 平台，但阿里巴巴与其不同之处在于阿里巴巴国际站的目标客户定位于（　　）。

A. 中小企业　　B. 中国制造企业

C. 大型企业　　D. 外贸企业

6. 专注于移动端的跨境电商第三方平台是（　　）。

A. 全球速卖通　　B. eBay

C. Wish　　D. 亚马逊

7. 速卖通对下列禁止销售的产品表述错误的是（　　）。

A. 限售的商品　　B. 侵权的商品

C. 禁售的产品　　D. 质量有瑕疵的产品

8. 如果一家没有外贸经营权的企业通过一家外贸出口代理与美国客商签订合同，结算货币应该是（　　）。

A. 企业与代理用美元结算，代理与外商用人民币结算

B. 企业与代理用人民币结算，代理与外商用美元结算

C. 企业与代理用美元结算，代理与外商也用美元结算

9. 买家 Mary 访问孙先生的店铺，下单购买了 5 条项链（每条 \$56.54），加上 1 个小件电子产品（每件 \$100），运费 \$20。这个买家是从联盟网站带来的，并在 30 天的有效期内，所以应该支付联盟佣金。由于该款式项链没有单独设置主推商品但属于珠宝类目，因此有 6% 的佣金比例，而电子产品没有设置单独类目佣金，所以是 5% 的默认佣金比例。所以孙先生需要为这笔 \$402.70 的订单支付多少佣金？（　　）

A. \$21.96　　B. \$32.53

C. \$26.32　　D. \$25.43

10. 下面关于跨境电商外贸环节中的流程操作步骤排序正确的是（　　）?

a. 报关、装船　　b. 往来磋商、签订合同

c. 制单交单、结汇退税　　d. 生产备货、报关前准备

A. cabd　　B. bdac

C. bcad　　D. adcb

二、多项选择题

1. 跨境电子商务是指分属不同关境的交易主体，通过电子商务平台达成交易、进行支付结算，并通过跨境物流送达商品、完成交易的一种国际商业活动。跨境电商的特征有（　　）。

A. 全球性　　B. 无形性

C. 匿名性　　D. 即时性

E. 无纸化　　F. 快速演进

2. 目前跨境电商的趋势有哪些？（　　）

A. 品类多样化　　B. 市场成熟化

C. 买家消费渠道移动化　　D. 物流解决方案多样化

E. 电商经营主体多元化

三、简答题

1. 跨境电子商务与传统国际贸易的区别是什么？

2. 跨境电子商务的发展趋势是什么？

四、案例分析题

银行争相布局跨境电商支付

在传统业务面临挑战的环境下，银行加速互联网金融布局。其中，迅速崛起的跨境电商也被银行视为新的掘金蓝海，纷纷推出配套金融服务方案，作为银行互联网金融战略的一部分。有银行业内人士坦言，此举意在增强银行获客能力。

2015 年 12 月 2 日，浦发银行发布跨境电商金融服务方案。方案显示，银行将同第三方支付机构合作，整合跨境电商的资金流、信息流、货物流，形成“基金 + 个性化”的综合解决方案。

而在此前，中国银行、中信银行、工商银行、民生银行等均在跨境电商金融服务中有所布局。国内逐年火爆的“黑色星期五”跨境电商大促销背后，银行间的跨境支付布局也如火如荼。

事实上，在跨境外汇收付业务中，第三方支付机构主导的在线支付也发展迅速。面对竞合关系的第三方支付机构，传统银行为突出自身优势，往往在所发布方案中表示将提供综合式服务。

除了浦发银行外，中国银行也表示，将网络金融服务有机嵌入整个跨境电商链路中，实现了针对跨境电商平台、海关、物流、海外供应商、国内消费者的一站式综合服务。

银行通过一站式服务，不仅提供支付、结汇等服务，还能够嫁接传统业务。比如根据跨境电商短期、快速的融资需求特点，为商户提供配套的供应链上下游融资。

在银行传统业务收入呈下滑趋势的大背景下，银行布局跨境电商支付背后也另有深意。浦发银行贸易与现金管理部总经理杨斌对记者表示，跨境电商支付业务或可获得企业客户的沉淀资金、低成本负债。此外，还能积累电商平台上的支付数据，成为今后银行贷款业务风险管控的数据来源和基础。

在他看来，跨境电商将会是重要的获客平台，而一旦引入流量，银行便能从中获得赚钱机会。

事实上，跨境支付业务已经让银行有所斩获。浦发银行零售产品部总经理谢红表示，今年前 10 个月，浦发银行个人结售汇业务同比增长了 50.2 亿元，其中 12.8% 来自跨境支付业务。

思考题：试分析跨境电商支付对中国各大银行的影响。

资料来源：《中国基金报》2015 年 12 月

能力拓展

1. 请体验一次亚马逊网上购物，以文字配截图形式记录操作过程，并回答下面问题：

（1）用框图描述亚马逊网的交易流程。

（2）亚马逊网提供了哪些支付方式和配送方式？在交易中你选择的是什么支付方式和配送方式？说明选择理由。

（3）在此次交易中，你体会到亚马逊网络购物相较于传统购物有何优势与劣势？

2. 随着阿里巴巴进军国际市场，以及国内电子商务的不断壮大，我国跨境电子商务正在开拓更广大的市场，而B2B和B2C都是跨境电子商务最重要的形式，B2B需要对建立伙伴关系更有耐心、需要更加扎实地研发全流程服务能力；而B2C则更注重迅速的市场反应和更灵活的供应链管理。运用得当，两者都是开拓海外市场的利器，但是随着各方要素的整合，在跨境贸易中，B2B和B2C哪一项更加具有发展前景？

3. 请浏览阿里巴巴国际站、环球资源、易唐网、亚马逊、速卖通等知名跨境电商网站，并从服务对象、提供的服务内容、佣金收取等方面进行比较分析。

项目二

阿里巴巴国际站基本操作

项目目标

【知识目标】

掌握阿里巴巴国际站账户与产品管理；

掌握阿里巴巴国际站旺铺相关操作，如旺铺开通，旺铺装修等相关知识；

了解阿里巴巴国际站营销知识，掌握外贸直通车和顶级展位的应用；

掌握阿里巴巴国际站数据管家操作。

了解阿里巴巴国际站商机获取与管理知识，掌握跨境电商询盘、客户管理和名片营销、采购直达 REQ 等操作。

【能力目标】

能够完成阿里巴巴国际站账户注册及产品管理；

能够根据企业需求进行旺铺开通、旺铺装修、旺铺管理等；

能够应用阿里巴巴国际站数据管家；

能够实现商机获取与管理，使用境电商询盘、客户管理和名片营销、采购直达 REQ。

项目导图

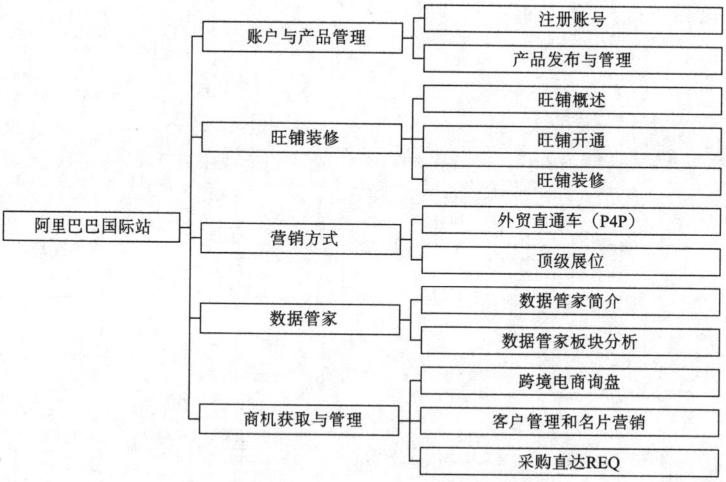

引　例

深圳市领秀运动科技有限公司是一家从事运动衣生产、经销中小企业。最初主要聚焦在国内市场，2017 年公司开拓海外市场，选择入驻阿里巴巴国际站。

领秀公司还利用年初平台物流优惠的机会，组织让利促销。进入新的领域，领秀可以做到起订量 50 件每色四个码，200 件混批。经过一段时间的运营，领秀已经逐步打开了海外市场。其中 90% 的客户来自美国，另外 10% 来自澳大利亚和英国。有了较稳定的客户群体后，领秀参加 WEEKLY DEALS（现货折扣）的活动，并开始注重爆品的打造，以低折扣清库存的方式，引流热销款为主，但是也给客户质量好面料和定价的梯度选择。领秀利用主动营销的功能，产品一上新，就发布产品信息，获得更多买家关注。经过半年的努力，领秀成功打造了 5 个爆品，累计了 4000 多家新客户，复购率更是高达 40%。现在，领秀公司 90% 的订单都是现货，获得了更好的利润空间。

引例分析

从上面案例可以看出，跨境电商是大势所趋，阿里巴巴国际站在国际上的知名度和影响力也越来越大。企业可以通过阿里巴巴国际站创立旺铺，开展等跨境电商出口业务。这既能够让企业拓展国外市场，获取更多国外用户，为企业发展开拓新的疆域。尤其是当前中小企业都面临着国内市场竞争激烈的局面，可以利用阿里巴巴国际站进行国外贸易，打造新的经济增长点，为企业的发展增添新的动力。

任务一　账户与产品管理

1.1　注册账号

1.1.1　阿里巴巴国际站注册流程

如果要在阿里巴巴国际站进行商品交易活动，前提就需要在阿里巴巴国际站中进行注册开店。具体步骤如下：

步骤一，通过浏览器打开“阿里巴巴国际站”的网址 www.alibaba.com。如图 2 - 1 所示。

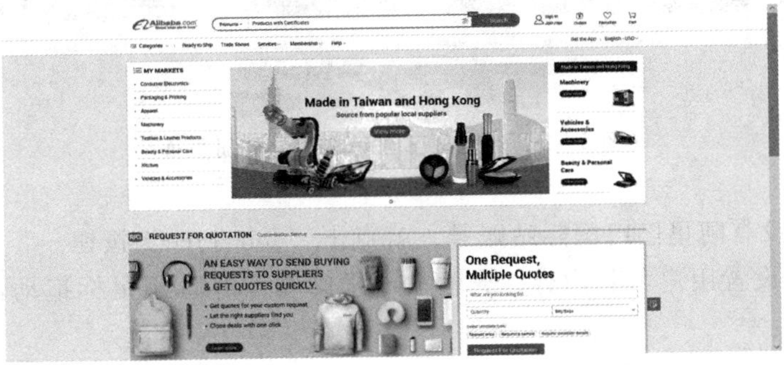

图 2 - 1　阿里巴巴国际站

步骤二，点击网页右上部的注册登录菜单“Sign in”按钮，然后弹出下拉菜单。如图 2－2 所示：

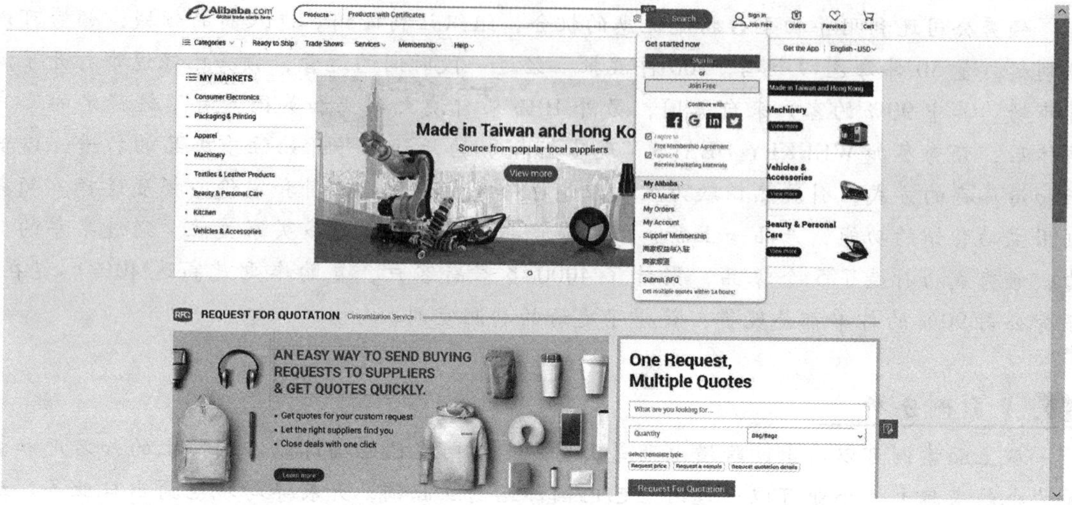

图 2－2　注册登录菜单

步骤三，进入登录及注册界面（注意：可以选择简体中文）。如图 2－3 所示：

图 2－3　阿里巴巴国际站登录注册页面

步骤四，若没有阿里巴巴国际站账号，就点击“Join Free”按钮。

（1）进入“设置用户名”内容，先输入电子邮箱，并且用鼠标拖动认证。如图 2－4 所示：

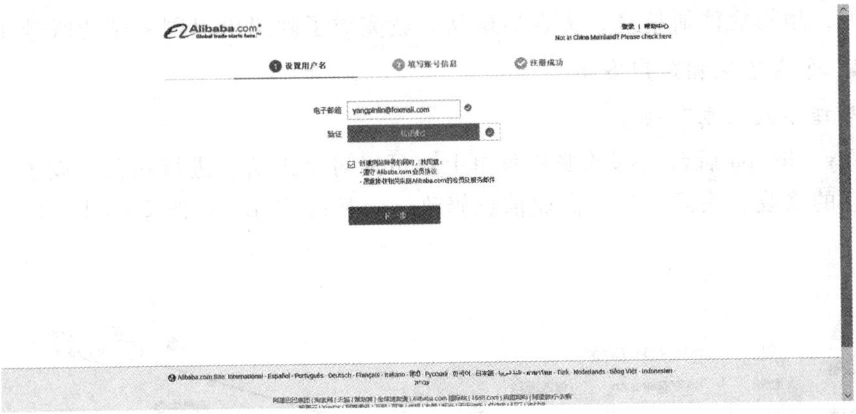

图 2-4　设置用户名

（2）然后，点击下一步，并根据提示进入电子邮箱，打开验证邮件进行激活。如图 2-5 所示：

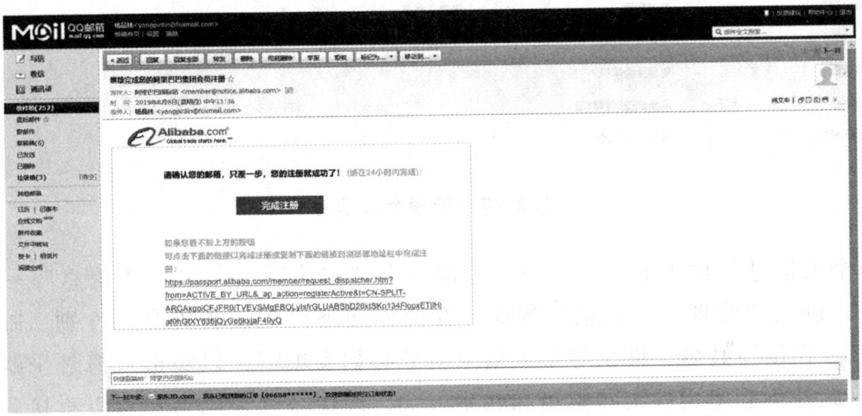

图 2-5　电子邮箱验证

（3）验证之后，进入“填写账号信息”部分。如图 2-6 所示。

图 2-6　填写账号信息

步骤五，填写完注册信息，无误后确认，就完成了阿里巴巴国际站的账号注册。

1.1.2　个人信息和账户安全

1. “管理个人信息”设置

进入 My Alibaba 后台顶部的账户菜单上，可以对个人信息进行相关的设置操作，包括对个人信息的修改、头像上传、商业信息修改、隐私设置等。如图 2－7 所示。

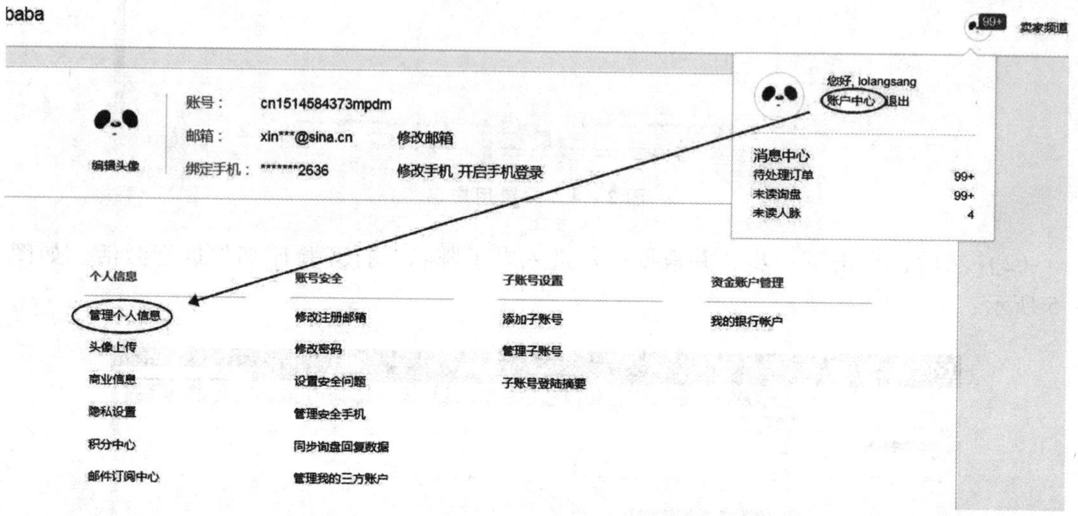

图 2－7　管理个人信息

“管理个人信息”设置的方法如下：依次点击“账户”——“个人信息”——“管理个人信息”，进入“管理个人信息”界面，在此界面下可以设置姓名、性别、邮箱、手机等基本信息。在填写姓名、性别等个人信息时务必如实填写，以免造成海外采购客户不必要的误会。此外务必使用真实的邮箱和联系方式，以便海外采购客户可以直接联系到对应的供应商。

2. 账户安全设置

在 My Alibaba 后台顶部的账户菜单上，可以对账户的安全设置进行操作，包括修改注册邮箱、修改密码、设置安全问题、管理安全手机等。

注意：修改注册邮箱属于敏感操作，需要验证修改者的身份，根据提示可以选择 4 种验证方式中的任意一种：手机验证码＋证件号码、安保问题＋证件号码、有效验证码＋证件号码、人工服务。

1.1.3　子账号设置与资金账户管理

1. 子账号设置

在 My Alibaba 后台顶部的账户菜单下可进行子账号设置的一系列操作，包括添加和管理子账号、修改子账号的类型等。

阿里巴巴国际站的后台账号总共分为主账号（管理员账号）和子账号两种，其中子账号的类型有 3 种，分为业务经理，业务员，制作员。主账号可以根据公司的情况来分配设置子账号类型，每个子账号只能有一种身份，身份不可重叠，可根据公司的实际业务需求来分层设置。如图 2-8 所示。

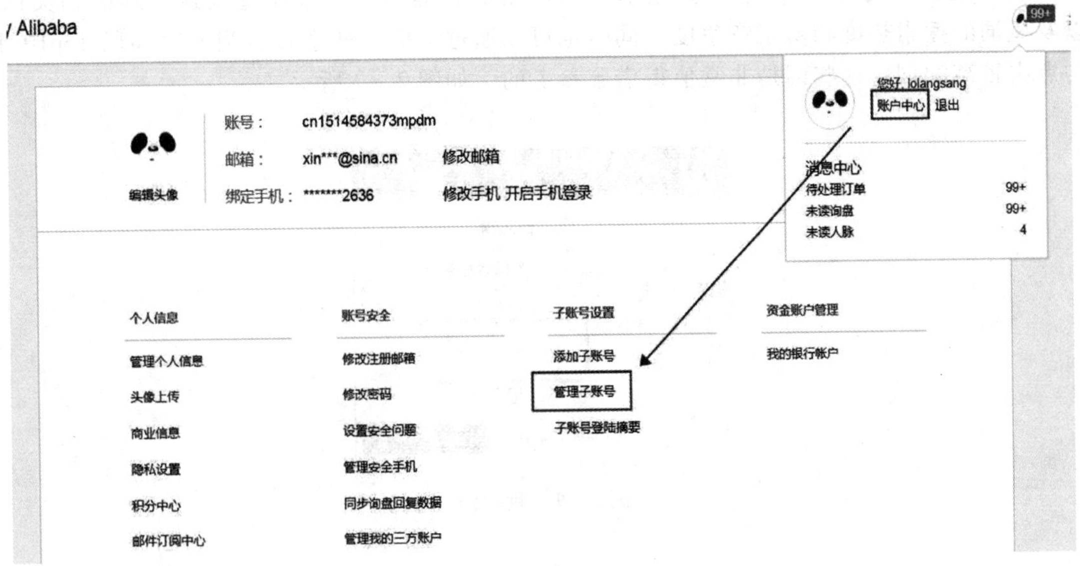

图 2-8　管理子账号

子账号设置方法如下：

(1) 添加子账号。依次点击“账户”——“添加子账号”，进入“添加子账号”界面，在此界面下可以添加不同种类的子账号，My Alibaba 子账号最多可以添加 5 个，已经添加满 5 个子账号就不能再进行添加了，添加子账号属于敏感操作，必须先进行身份验证，通过安全邮箱验证后方可进行添加子账号操作，依次设置好邮箱、密码、账号类型、联系方式等信息后，点击“添加”按钮即可完成子账号的添加。

(2) 管理子账号。依次点击“账户”——“子账号设置”——“管理子账号”，进入“管理子账号”界面，在此界面下可以进行删除子账号，冻结子账号，修改子账号类型等操作，下面以删除子账号和修改子账号类型为例进行讲解。

(3) 子账号登录概要。依次点击“账户”——“子账号设置”——“子账号登录概要”，可以进入“子账号登录概要”界面，在此界面下可以查看子账号登录时间、IP 地址、国家/地区等信息，如果发现子账号不在常规 IP 地址登录的情况，核实后应及时地冻结账号，以免发生因账号信息被盗而造成损失的情况。

2. 资金账户管理

依次点击“账户”——“资金账户管理”——“我的银行账户”，进入“银行账户管理”界面。在此界面下可以添加在线收款账户与线下 T/T 收款账户，以及对信保收款、快捷支付进行提现等操作。可以进入“银行用户管理”界面，进行银行账户的管理。

1.2　产品发布与管理

1.2.1　关键词表制作

关键词即产品的中心词，是对产品名称的校正，便于系统快速识别、匹配到买家搜索词，让买家尽快找到相关的产品。在国际站中查找关键词的常规方法如下：

（1）选择“我的词”，这里会显示已经使用的关键词和买家通过搜索找到的相关词，以及该词的搜索热度和卖家竞争度。同时也可以通过关键词搜索查看当前时间段 Top10 平均点击较高的词，这些词是非常值得借鉴参考的。如图 2 - 9 所示。

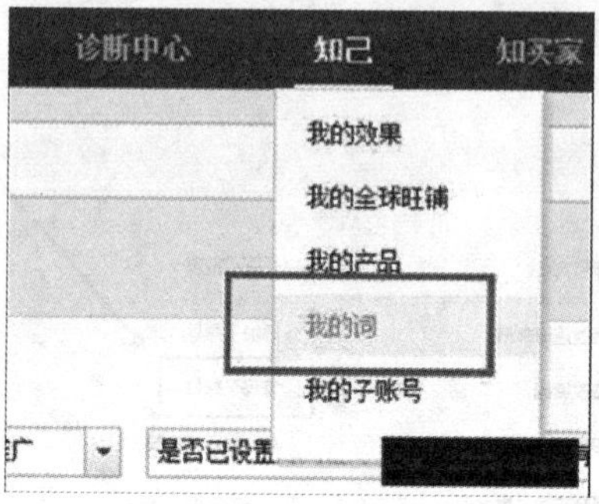

图 2 - 9　我的词

（2）也可以查看“热门搜索词”，直接输入关键词，会显示最近一个月的卖家竞争度、橱窗数和搜索热度，并可以查看该词近一年来的搜索热度趋势。如图 2 - 10 所示。

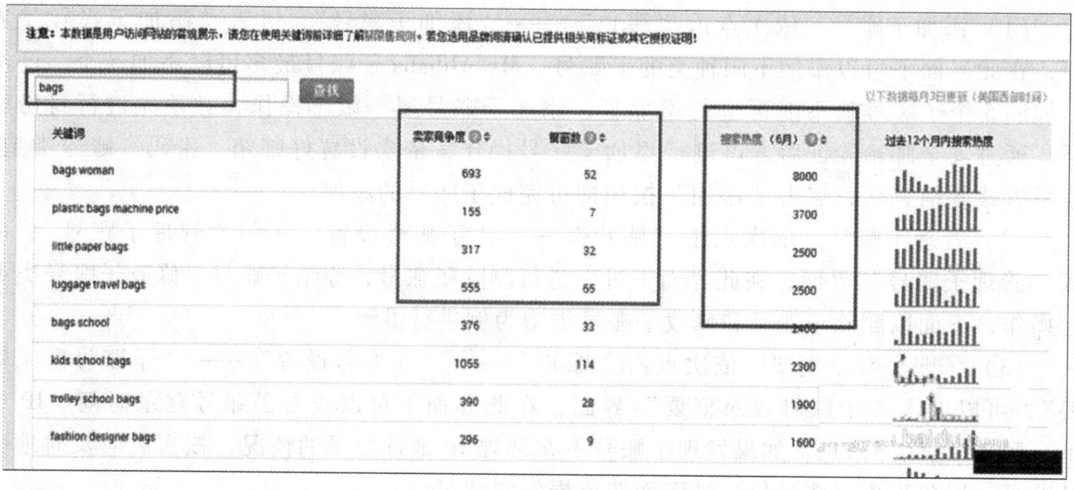

图 2 - 10　热门搜索词

卖家竞争度，在相应的统计时刻，在阿里巴巴国际站没有该词及相关词的收费供应商数量。

- 橱窗数：在相应的统计时刻，在阿里巴巴国际站没有该词及相关词的橱窗产品数量。
- 搜索热度：在相应的时间段内，该词及相关词在阿里巴巴国际站被访客搜索的热度，如 mp3 的搜索热度包含 mp3，mp3s 的搜索热度总和。热度越高，表示搜索次数越多。

（3）在首页关注同行发布的产品，排在首页的同行发布的产品所用的关键词可以作为参考。

为了便于管理和操作，可以制作关键词表。关键词表中应包含以下内容：关键词、中文翻译、卖家竞争度、橱窗数、搜索热度，及我们的产品在该词下当前的排名，输入关键词即可查询到平台产品在该关键词下的排名，若不在前 20 页内则不会显示结果）。关键词中的排名建议半个月更新一次，以便查看排名，了解产品的数据变动。如图 2 - 11 所示。

图 2 - 11　查询关键词

1.2.2　产品发布

1. *产品发布规则*

在国际上发布产品之前首先要了解发布展品的规则，具体如下。

（1）需发布真实准确、合法、有效的产品信息。

（2）若发布含有他人享有知识产权的信息，应取得权利人的认可，或属于法律法规允许发布的情形。

（3）禁止发布假货、仿货等侵犯他人知识产权的信息。

（4）未经权利人许可，不得发布含有奥林匹克运动会、世界博览会、亚洲运动会等标志的信息。

2. *产品发布准备*

一般在产品发布前，需要做好以下的准备：

（1）了解并熟悉自己的产品及行业情况，以便筛选更精准的产品关键词，更贴切的描述产品。

（2）筛选出适用于自己产品的关键词，搜索热度和与产品你的契合度是筛选的两大考量因素。

（3）对应不同类目货号的产品图片，（包含产品的多角度展示图、细节展示图，图片数量最好为6张，图片像素为750像素×750像素以上，图片形状为正方形，最好是白底的，且不带边框，如果需要加Logo则统一加在左上角），并对图片进行分类备注。

（4）对应不同类目或型号的产品参数信息（参数信息可参考发布产品时系统需要填写的属性）、交易信息及物流信息。

（5）产品内页的设计模板（如导航栏）、通用模板（公司介绍、生产流程、展会、证书、物流包装、联系方式等）。

3. *产品发布流程*

发布产品信息是网站建设的基础，也是最关键的一步。产品模板是根据平台产品发布提供的格式进行信息的填写补充，并加入必要的修饰，加入适量的图片后文字描述编辑制成的网页版面，每一种产品都应该有相对应的产品模板。

产品模板的制作：选择“My Alibaba”——“产品管理”——“发布产品”，发布产品是页面分为基本信息，交易信息，商品描述，物流信息，特殊服务及其他五大板块。目前平台上的产品分为普通产品和规格化产品两种类型，规格化产品又分为两种，一种是支持买家直接下单的商品，另一种是不支持买家直接下单，但是有确定价格及规格属性的商品。

（1）类目选择。类目是对产品的分类和归类，每个产品都有属于自己的类目。放错类目将导致买家无法找到操作者发布的产品，因此找到符合产品的类目是发布产品的第一步，阿里巴巴系统中在“选择产品类目”位置有很多类目选项。找出最适合自己产品的类目最好不要选“Others”类目，否则会影响排名，通过搜索关键词根据系统匹配的类目来选择，这样选择的类目匹配最精准。

类目的填写要求：不要放错，尽量避免放在“Others”类目下，放错类目会降低信息的相关栏，从而使得产品排序靠后。如果放在“Others”类目，那么买家在浏览类目时，可能无法找到卖家发布的产品。

（2）产品标题设置。在确定产品类目后，接下来就是设置产品标题，产品标题是产品的主要信息，是买家搜索的第一匹配要素，因此产品的设置直接决定了买家是否能准确搜索到推广的相关产品，也就是说在同等产品信息质量分的情况下，产品的标题质量直接决定着产品的排名和买家的喜好度。

正确的标题=通用修饰+准确的产品属性描述+关键词（尽可能包含多的关键词）

例如：China best selling 100% cotton comfort woman winters weather.

（3）产品关键词设置，如图2-12所示。

图 2－12　产品关键词

（4）产品主图设置。清晰美观的产品主图可以吸引买家的点击和反馈，如图 2－13 所示。具体要求如下（基础门槛必须满足，否则无法发布）。

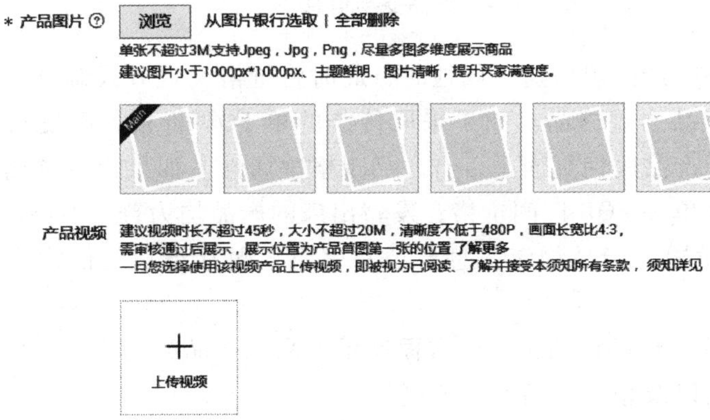

图 2－13　产品主图设置

（5）产品属性设置。产品属性是买家关注度最高的产品特征或参数，体现了信息的完整度。现今，国际站对产品的属性填写要求越来越全面了，给出的属性模板也十分丰富。卖家可以根据自己的产品性质来填写国际站上的产品属性信息，如果还有一些属性没有展现，那么可以通过产品属性的自定义属性来补充说明完整。自定义属性最多可以填写 10 个。

产品属性是对产品特征参数的营销型提炼，便于买家在属性筛选时快速找到你的产品。产品属性的填写要求：填全系统给出的所有属性，一个属性等于一个展示机会，所以要填全系统给出的所有属性，并增加自定义属性，更全面的描述产品信息。属性字段分为标准属性和自定义属性，标准属性只能选择属性值，自定义属性的属性名和属性值都需要手动添加。

（6）产品交易信息设置。相关交易信息都需要填写，例如 FOB 价格、最小起订量、支付方式等信息，如图 2－14 所示。

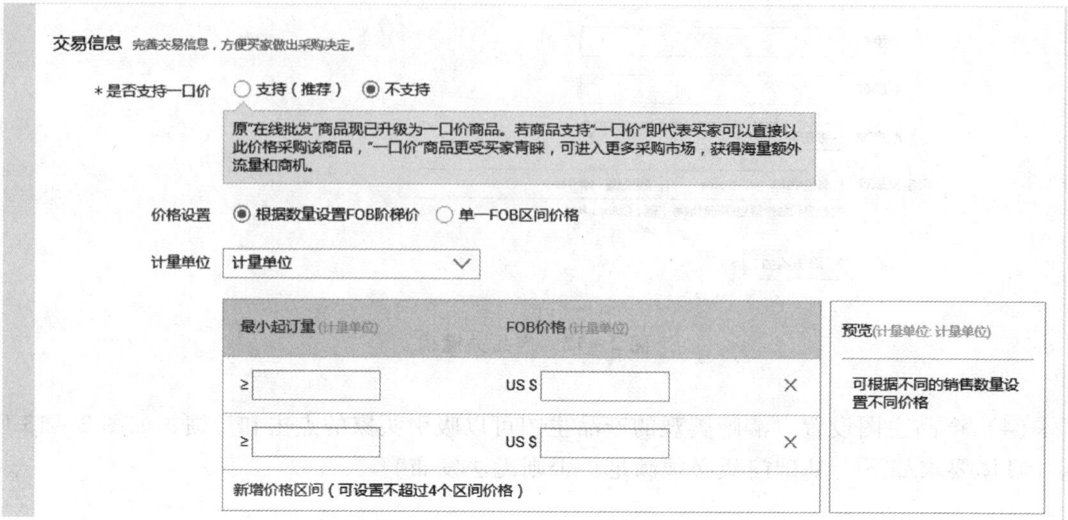

图 2-14　产品交易信息

当产品的属性页面存在产品规格这一属性时，此时将价格设置方式调整为根据数量设置阶梯价，此时发布的产品为规格品。如果采取传统的单 FOB 价格，则发布的产品为普通产品。两者的区别在于产品属性页面是否有产品规格这属性。如果没有这属性，对无论是根据数量设置价格还是单一 FOB 区间价格，发布出来的产品均为普通产品。

（7）产品物流信息设置。产品物流信息要填写完整，包括港口、供货能力、常规包装、发货期等信息。

（8）产品详情页设置。产品详情页从多方面展示产品、产品的制作、打包流程、公司相关信息介绍、产品认证以及相关产品的超链接等。

①图片选样和要求。图片是对产品的直接描述，产品图片是直观展示产品细节和特征的最好途径之一。产品详情页中最多可以插入 15 张图片，支持手动调整图片的位置和大小，产品详细描述只支持展示图片静态效果，不支持 GIF 动态闪图效果。

图片的作用：产品图片能直观的展示卖家的产品，让买家在浏览产品是获得更多的产品细节特征。丰富的高品质图片可以大大增加买家发送询盘的机会。

②主图的基本要求：清晰、大小适中、背景干净。

③细节图的基本要求：强调细节和使用环境；图片风格要保持一致；图片数量不要超过 15 张。

（9）产品模板制作。①风格统一，模板设计要体现公司的文化底蕴，符合设计的审美观点，同时要适合产品自身特点，满足国际化市场的需求。②图片精美，文字描述全面，属性表格精要简。注意图文表相结合，不要单纯只用图片或文字的形式表达。③展现产品的卖点，突出产品的竞争优势，包括产品自身的优势、于同行的对比优势、要表现出专业性，满足买家的需要。④将产品的内容充分展示在详情描述中，将卖家的疑问都消除在产品介绍中。

（10）产品详细描述。产品详细描述是对产品进行多维度的描述，描述不仅仅局限于对产品，还包括了对公司、服务等更加全面的介绍。

①产品板块设置：产品图片；细节图；参数表格；产品描述；产品用途。通过图文形式阐述产品的应用领域，帮助客户更好地了解产品的适用范围。

②营销板块设置：合作伙伴；其他产品推荐、宣传产品海报。

③公司版块设置：公司信息、证书（常见证书有欧盟认证 CE、国际标准化认证 ISO、美国安全认证 UL 等）、展会、生产流程、包装运输、FAQ、联系方式。

（11）产品详情页导航功能。可以将产品的信息拆分为多个模板，方便操作者管理产品详情页信息的结构，并且可以让买家快速定位到宝贝描述关键信息。产品导航最多可以容纳 20000 个字符，最多可以设置 15 个导航栏。

（12）智能编辑模板设置。“智能编辑”为供应商在 My Alibaba 后台发布产品时提供可以直接套用的格式化字段和行业特性展示的功能，可以在很大程度上提升供应商发布产品的便利性和行业专业性，从而提升买家对产品详情的关注度。

操作“智能编辑”的方法如下。

①登陆 My Alibaba 后台，依次点击“产品管理”——“发布产品”，找到“智能编辑”。

②在产品详情页中选择“智能编辑”，并点击“立体体验”按钮。

③选择合适的行业模板，如果没有相应的行业模板，就选择寄出的模板进行操作。

④对于选择模板后的页面操作布局，建议先从右侧操作布局界面自由选择添加导航模块，自定义合适的导航风格。

⑤根据自己的需求通过左侧图片、文字、图文和表格进行模板自由组合与填充内容。

⑥模板保存及调用。操作者可以保存并导出已经编辑好的自定义导航模板。将鼠标放在导航栏上，会显示“保存”图标按钮，可以将当前模板导出并保存为自定义导航模，以便于下次发布产品时直接使用。当保存模板数超过最大限量时，会有管理模板的提醒。导入自定义导航，操作者可以导入并调用已经保存过的自定义导航模板。

⑦完成产品详情内容编辑，提交并完成产品发布。操作者可以通过智能编辑导航管理自己已经保存过的模板，同时，还可以复制已经保存的模板到“我的导航”，路径为“产品管理”——“工具中心”——“管理智能详情编辑导航模板”。

阿里国际站可批量发布，提高操作效率，腾出更多时间挖掘潜在客户。

阿里巴巴国际站
批量发布产品

1.2.3　管理产品

1. 产品分配

产品分配是指将产品的负责人分配到对应的子账号下，子账号登录平台后可选择“My Alibaba”——“产品管理”直接修改产品。当有客户对产品发送询盘时，询盘会自动分配给产品的负责人。如图 2 – 15 所示。

操作分配后立即生效，旺铺需要 24 个小时左右的同步时间。

具体操作为：选择“My Alibaba”——“产品管理”——“管理产品”，勾选需要调整的产品（可单选某个产品，或同时勾选多个产品），点击“分配给”按钮，选择目标负责人，点击“确认”即可。

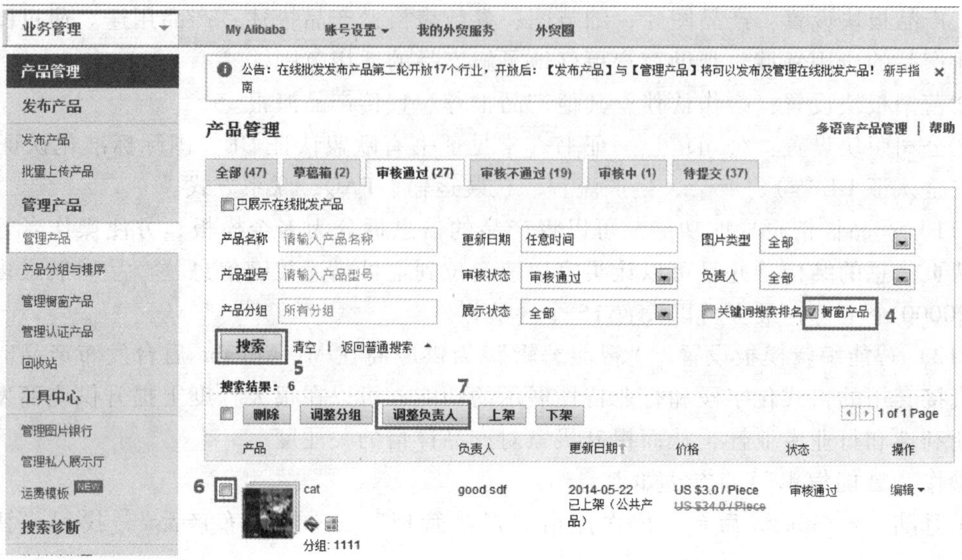

图 2－15 产品管理

产品分配注意事项：

（1）产品的负责人只能是一个，如果将产品从 A 账号分配给 B 账号，则 A 账号中将不显示该产品。

（2）对于创作员账号发布的产品来说，负责人均为管理员账号。

（3）目前支持逐页操作，可在右下角设置一页显示 10 个、30 个或 50 个。

2. 产品分组

产品分组：产品分类，通过分组可以将不同类型的产品归为一个，便于管理和维护，平台分组也会直接在全球旺铺首页中体现出来，在导航栏中就有“产品分组”一项，客户可以通过分组快速找到自己想要的产品。如图 2－16 所示。

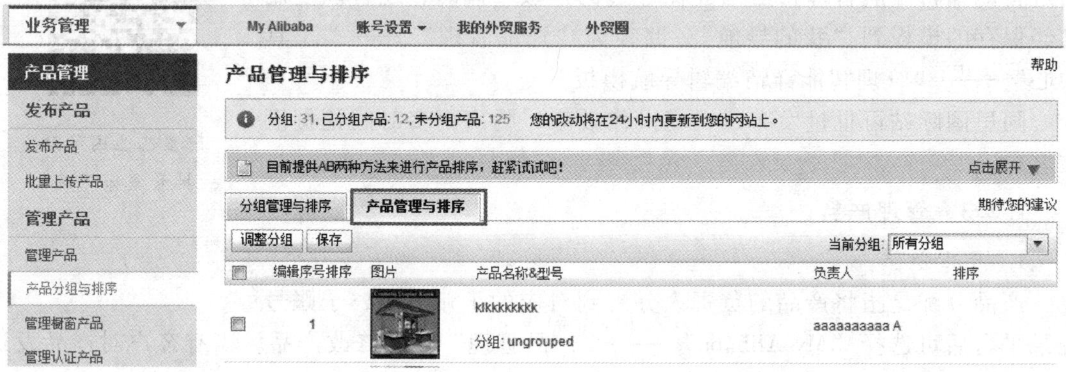

图 2－16 产品分组与排序

（1）新建产品分组的方法。

①操作权限：管理员、制作员有权限操作；子账号没有“分组管理与排序”的模块。

②添加一级分组：选择“My Alibaba”——“产品管理”——“分组管理与排序”，

点击“分组管理与排序”页面左上角的“添加一级分组”，输入产品分组名称，点击“确认”即可，在产品分组创建完毕后，可马上添加产品到该产品分组中，点击“组内产品管理”——“添加产品”即可。

③添加二级子分组：进入“分组管理与排序”，选中组名，添加子分组。

④添加三级子分组：进入“分组管理与排序”，选中二级组名，添加子分组。

（2）产品分组重命名。

①操作权限：管理员、创作员有权限操作。

②操作方法：选择“My Alibaba”——“产品管理”——“分组管理与排序”，点击对应的产品分组，再点击页面上的“重命名”即可。

（3）删除产品分组。

①操作权限：管理员、制作员有权限操作。

②操作方法：选择“My Alibaba”——“产品管理”——“分组管理与排序”，选中需要删除的产品分组，点击“×”即可删除产品分组。

如果该产品分组下有子分组，则无法删除，需要先将子分组删除后再删除上级分组。

（4）调整产品分组。

①操作方法：选择“My Alibaba”——“产品管理”——“产品分组与排序”——“调整分组”，选择产品，点击“移动到”进行调整。

②提醒：同一个产品只能在一个分组下，管理员可将产品分配给产品业务员、业务经理或管理员自己。

3. 橱窗产品设置

橱窗产品，橱窗（即橱窗展示位）是种营销推广工具，添加到橱窗的产品在同等条件下享有搜索优先排名权益（无额外标志），同时可在全球旺铺中做专题展示。可根据公司推广需求，自行选择要推广的产品，如推广效果好的产品、新品或主打产品等。国际站出口通服务包含10个橱窗（若平台是合作金品诚企，则包含有40个橱窗）。如图2-17所示。

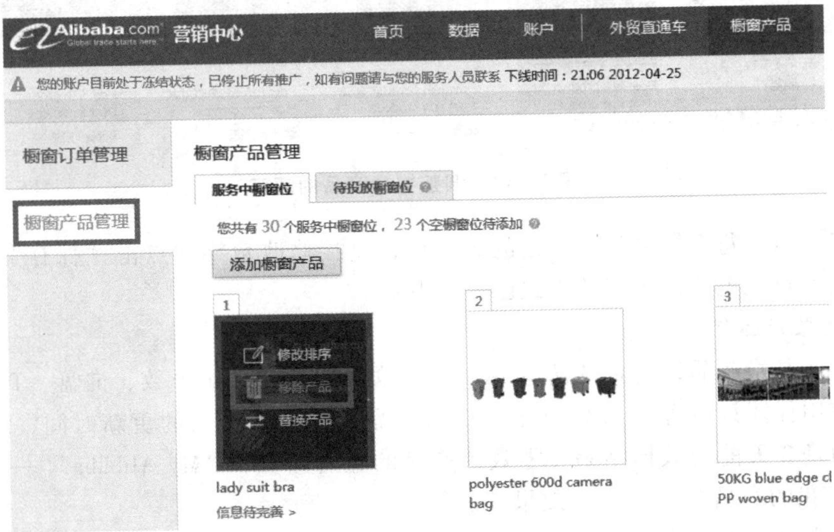

图2-17 橱窗产品管理

(1) 添加橱窗产品。进入路径:“My Alibaba”——“产品管理”——“管理产品”——“管理橱窗产品”,点击“添加橱窗”按钮或每个橱窗位上的“+”按钮,弹出选择产品界面,通过产品分类查找或关键词搜索,找到需要设置为橱窗的产品,点击“确定”即可。

(2) 删除橱窗产品。在“橱窗产品管理”的页面上,把鼠标移动至需度移除的橱窗产品图片上,选择“移除产品”,系统会弹出提醒,点“确认”后移除成功,该橱窗位后面的橱窗产品会依次前移。

(3) 替换橱窗产品。首先,在橱窗产品管理的页面上,把鼠标定位在需要替换的橱窗位图片上,点击“替换”。接着,选中你想要替换的新产品,点击左下角的“提交”按钮,系统会自动替换并保存,无须选择产品单独保存。修改没有次数限制,修改之后需要24小时的同步时间。

(4) 调整橱窗产品的顺序。

方法一:把鼠标移动到需要调整在旺铺上展示排序的橱窗产品上,点击浮出的“修改排序”,马上调整后的排序数字,点击“保存”按钮即可。如2-18所示。

图2-18 调整橱窗产品的顺序

方法二:点击每个橱窗位左上角的数字标,直接修改数字并点击“保存”按钮即可。注:原页面通过拖曳修改排序的方式已经被取消。

4. 零效果产品优化

零效果产品指产品详情页的访客数、收藏数、分享数、比价数、询盘、TM咨询、批发订单,信用保障订单等全部数据都为0的产品。零效果产品的更新时间,每天上午更新,显示的是2天前的数据结果。零效果产品的直看路径,“My Alibaba”——“数据管家”——“我的产品”——“零效果产品”。

(1) 零效果产品的优化建议。针对180天以内的零效果未下架产品:查看位置是“My Alibaba”——“数据管家”——“我的产品”——“零效果产品”。若主推产品,主推产品设置为橱窗/P4P产品，让产品有更多的展示机会：若非主推产品则建议优化好产品信息质量的同时，观察效果：若供应商打算淘汰该产品，则建议直接对做删除处理。针对180天以上的零效果下架产品：查看位置是“My Alibaba”——“产品管理”——“搜索诊断中心”——“零效果下架”，如果仍需售卖，则建议编辑产品，对产品信息做最新的，最有效的更新，让信息更专业，更丰满后再次上架，让该产品开启一个新的生命周期，若无须售卖，则建议直接删除。

（2）注意事项。单个删除零效果产品后，产品及后面的编辑删除按钮会变成灰色，实际上该产品已经在回收站了，但需要2天同步后才会从零效果产品中消失。一键删除零效果产品后，产品及后面的编辑到除按钮会变成灰色，同样需要2天同步后才会从零效果产品中消失，但是该产品不会进入同收站，一旦删除无法恢复。

1.2.4　多语言市场的产品发布

1. 多语言市场介绍

阿里巴巴多语言市场已于2013年7月17日正式向供应商开放，它是帮助供应商开拓非英语市场而建立，且独立于阿里巴巴国际站（英文站）的语种网站体系，包括西班牙语、葡萄牙语、法语、俄语等语种市场，除覆盖传统欧美市场中的非英语买家群体外，南美、俄罗斯等新兴市场更是多语言市场重点的拓展区域。

多语言市场和国家对应表，见表2－1。

表2－1　　多语言市场和国家对应表

语种市场	网址	主要对应国家
西班牙语市场	http：//spanish. alibaba. com	墨西哥、西班牙、阿根廷、秘鲁、智利、哥伦比亚、委内瑞拉
俄语市场	http：//russina. alibaba. com	俄罗斯、哈萨克斯坦、乌克兰等
葡萄牙语市场	http：//portuguese. alibaba. com	巴西、葡萄牙、安哥拉等
法语市场	http：//french. alibaba. com	法国、比利时、多哥、贝宁等
日语市场	http：//japanese. alibaba. com	日本
德语市场	http：//german. alibaba. com	德国、瑞士、奥地利、卢森堡等
意大利语市场	http：//italian. alibaba. com	意大利
韩语市场	http：//korean. alibaba. com	韩国
阿拉伯语市场	http：//arabic. alibaba. com	阿联酋、沙特阿拉伯、埃及等
土耳其语市场	http：//turkish. alibaba. com	土耳其
越南语市场	http：//vietnamese. alibaba. com	越南
泰语市场	http：//thai. alibaba. com	泰国

阿里巴巴多语言市场具有以下特点：没有广告付费排名，拥有海量的海外买家市场，精准度高；多语言市场竞争度低，产品的优势更加容易凸显出来。同时，多语言市场平台简单容易上手。

2. 多语言市场产品发布

方法一：选择“My Alibaba”——“产品管理”——“发布产品”——“选择语言市

场，选择产品类目”——“填写产品表单”，提交并进入审核，审核通过后，展示在相应的站点上。如图 2－19 所示。

图 2－19　选择语言类目

方法二：选择“My Alibaba”——“多语言市场首页”——“选择对应市场”——“发布产品”——“选择产品类目”——“填写产品表单”，提交并进入审核，审核通过后，展示在相应的站点上，要注意每个语种最多可以发布 600 个对应语种产品。如图 2－20 所示。

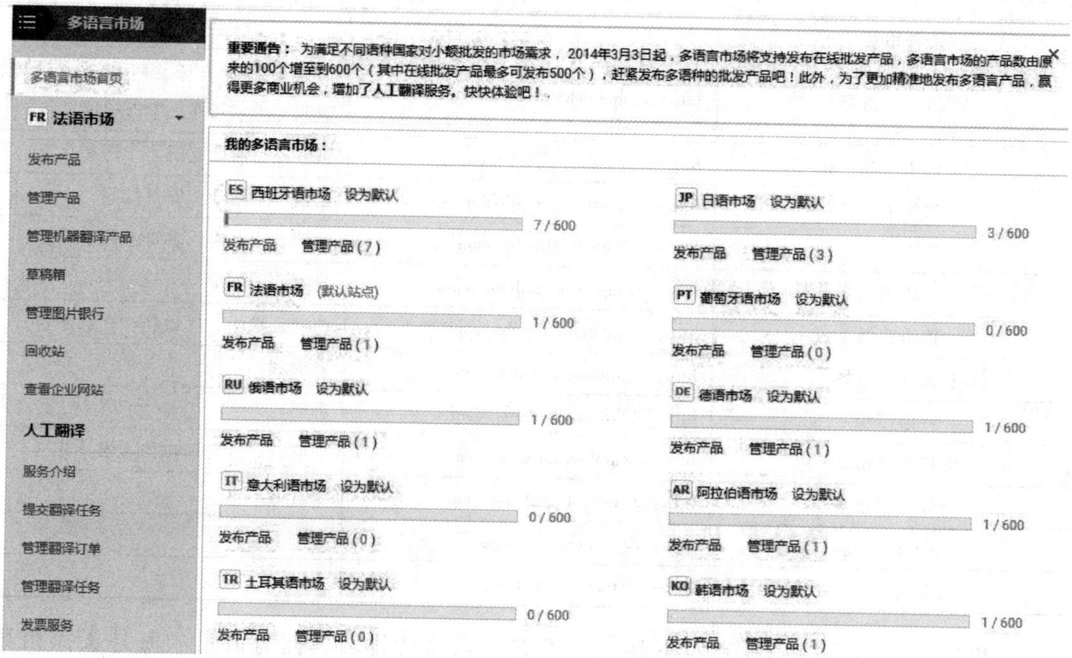

图 2－20　多语言市场

多语言市场产品的编辑：选择“My Alibaba”——“多语言市场”——选择对应的多语言市场——“管理产品”，找到对应的多语言在线批发产品，点击“编辑”。

任务二　旺铺装修

2.1　旺铺概述

全球旺铺简称旺铺，是阿里巴巴平台提供给供应商的全球企业展示和营销网站，为了更好地展示产品信息和凸显企业特色，旺铺为企业提供灵活的页面结构和自定义的内容使用。

旺铺装修必要性有：

(1) 建立企业形象，可以给客户增加好的印象，能够大大提升公司的知名度。

(2) 和的用户体验感是检验店铺好坏的最重要标准，能够大大赢取顾客的好感。

(3) 好的店铺能够大大吸引顾客的眼球，能够大大提升旺铺的点击量。

(4) 最重要的是可以提升转化率，获得更多的询盘，对于反馈率的提升也是大有好处。

2.2　旺铺开通

阿里巴巴国际站平台的开通流程，需要进行 3 个维度的信息上传，分别是提交认证信息、提交公司信息、发布产品信息。资料上传的具体步骤：

(1) 第一步：提交认证信息。注意：认证信息需要在到款后才能提交。如果无法提交，请确认是否已经成功支付款项。认证信息提交后，等待客户经理审核确认以及第三方机构认证审核。

(2) 第二步：提交公司信息。在提交认证信息后，可同步提交公司信息，并等待审核通过。

(3) 第三步：发布产品信息。在平台激活之前，可以提前发布 24 个产品。平台激活后，产品即正式上架。

当前面的三项步骤都完成后（包括认证通过、公司信息审核通过、提交的产品信息全部通过），会进入下一个环节（同步页面会更新。需要 2 ~ 3 小时同步时间）。此时可以选择开通服务的时间。服务开通前会弹出《国际站新会员考试规则说明》。尽管目前的考试不是强制性的，但为了避免后续出现违规扣分的情况，强烈建议你学习并完成考试。

注意：因网站开通时数据同步需要时间，为保证你所有的产品在开通当天完整展示，建议这样操作：在当日 18 点前操作可选择次日开通，在 18 点后可操作可选择隔日开通。

2.3　装修旺铺

全球旺铺（简称“旺铺”）是阿里巴巴平台提供给供应商的全球企业展示和营销网站，助力供应商开启全球网上贸易。全球旺铺除了提供公司以及产品的信息展示外，更着重突出企业自身的营销能力（注：只有主账号和制作员可以进行旺铺装修）。阿里巴巴国际站全球旺铺已于 2017 年 10 月升级至 2.0 版本。

升级后的旺铺样式更加大气美观，同时无线旺铺视频营销板块上线。PC 端旺铺还可一键同步到无线旺铺。旺铺首页的主要板块分为“店铺分类”“公司介绍”“产品推荐”“营销”和“视频”五大类，每一类都有不同的板块，板块添加的次数也有限制。

2.3.1 店铺装修的主要板块与功能

1. 店铺分类

通过主营类目与产品分组两大板块，既可以展示公司目前主打产品的类目，方便了客户了解公司的产品优势，便于买家匹配自己的需求，也可以向买家展示产品的分组情况，便于买家第一时间找到自己想要的产品。

2. 公司介绍

“公司介绍”板块通过以公司图片、公司信息描述、主营市场、公司优势等图文结合向买家直观介绍企业，向买家展示公司的实力，“公司名片”板块则通过公司名、信保等级、及时回复率、平台年限等简要向客户展示公司的概况。

3. 产品推荐

通过橱窗产品、带类目产品、单品、产品平铺、重点产品推荐、主营产品认证、智能产品推荐等多个板块，根据平台的产品分层情况与推广目的来选取不同的板块，以进行产品的推广，每个板块都有各自的效果，依据平台产品而定，不需要将每个产品板块都添加进来。

4. 营销

通栏 banner 和轮播 banner 板块均通过主题图片滚播的形式来宣传企业的形象。并进行产品推广和活动推广等。多语言快链方便了小语言区域的买家进行更好的网上浏览。询盘直通车可以让客户在旺铺中直接发送询盘，节约了中间环节。客服模块最多可添加 5 个账号，并细分客服类型，以让买家更快地找到合适的服务人员，便于和买家直接沟通。企业可以根据行业的不同打造专属的行业海报，再配合产品板块搭配使用，可以让客户一目了然地找到对应行业下的专属产品。

5. 视频

旺铺可上传 10 分钟视频，视频内容主要以公司的介绍为主，侧重通过视频媒体形式展示公司的实力，包括公司的规模、工厂设备、产品的研发、人员配置等，以便让客户更加直观地了解到公司的软硬实力。

在旺铺装修的过程中，要注意结合自身的产品优势与公司优势，同时也要符合阿里旺铺质量分的评判标准。旺铺装修的注意要点如下：主题颜色统一；产品陈列有重点；轮播海报展现重要信息；旺铺视频；网站自定义页面等。

阿里巴巴国际首页的装修分为两个阶段，且 PC 端与无线端在装修上的方式大致相同。第一阶段是对装修中使用的图片进行处理，对文字资料进行准备。第二阶段就是要把相关的内容结合板块上传到阿里巴巴国际站平台，再对板块进行一个顺序的排版。每个板块都有相应的功能键。右侧是上下顺序的调整与删除。“产品推荐”板块的界面。点击板块位置，可以进入板块的具体位置。另外，所有板块进行编辑后，必须点击“保存”按钮后才可以保存所编排的内容。

2.3.2 店铺装修的具体操作流程

1. 招牌设置

点击店招板块，右侧出现板块的具体位置。在“招牌底图”处。点击“上传”图标，选择合适的店招图进行上传［PC 图片的建议尺寸为 1200×280 像素（小于该尺寸将导致上传失败）。图片下方有 44 像素的高度将会被导航栏遮挡，请注意留出空间］。

也可使用默认的招牌图。上传公司 logo，公司名称的字体、字号、效果等可根据自身需求进行选择。如图 2－21 所示。

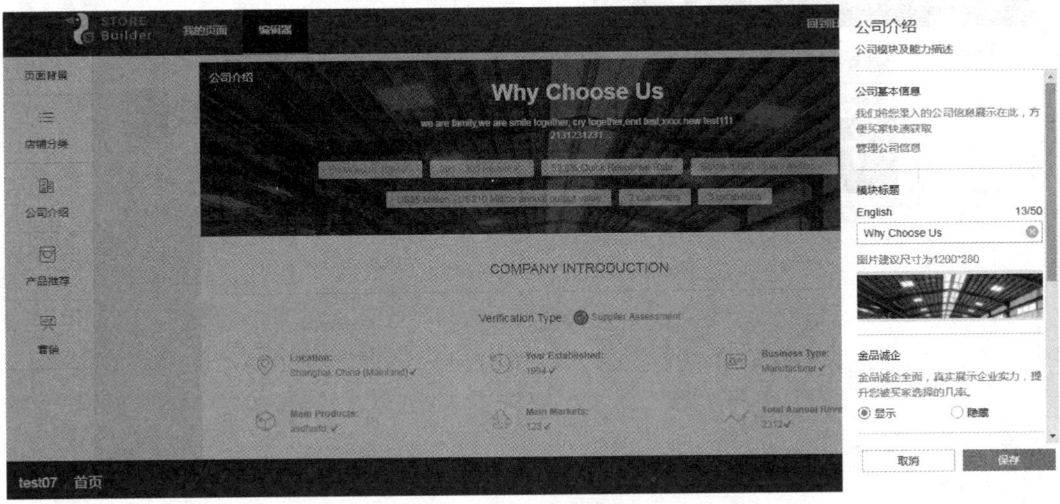

图 2－21　招牌设置

2. banner 设置

banner 指的是网站页面的横幅广告，是表现卖家广告内容的滚动图片模块、成功的 banner 主题鲜明，可直接表现自己的产品或公司特点，一眼就可以吸引买家的注意力。设置方法如下：

在“营销”板块里添加“通栏 banner”或“轮播 banner”板块，通过拖拽的方式放到合适的位置，然后点击板块空白处进入板块设置界面，根据要求上传对应的 banner 图片，如图 2－22 所示。

轮播 banner 可以上传 4 张图片，通栏 banrer 可以上传 5 张照片。这两个板块对产品的图片内容要求也不一样，轮播 banner 要求图片格式为 JPG、PNG；大小在 2MB 之内，建议宽为 900 像素，高有 3 种选择，分别是 250 像素、350 像素、450 像素。而通栏 banner 的图片要求宽度为 1920 像素，高度有两种选择，分别是 550 像素、650 像素。如图 2－23 所示。

3. “产品推荐”板块

其样式较多，分为橱窗产品、带类目产品、单品、平铺、重点推荐、主营产品认证、智能产品推荐等。每个版块添加的次数都有限制。

橱窗展示的顺序以后台橱窗产品设置的顺序为依据，平铺产品最多可展示 8 个产品，产品需要手动选择，可通过关键词、标题搜索或对应类目来选择相关产品。另外，还可以在板块上加入标题、链接等自定义内容。

4. 旺旺板块设置

通过绑定营销板块中的客服模块到首页，点击板块进入编辑界面。输入每个旺旺的客

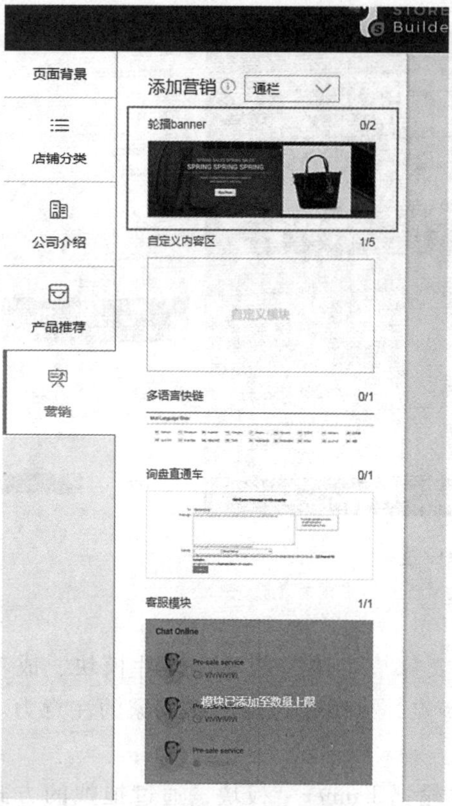

图 2-22　banner 设置

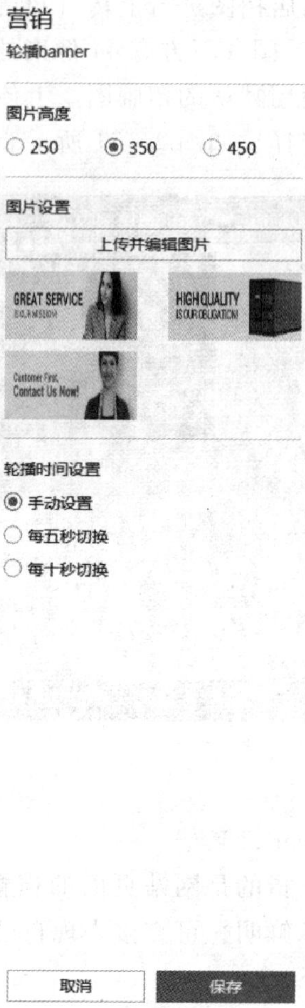

图 2-23　设置轮播 banner

服名及对应的 TM 账号，并上传对应的头像（建议客服头像的尺寸为 100×100 像素，仅支持 JPG/PNG 格式）。

5. 自定义板块设置

"自定义内容区"目前最多可以添加 15 次，适用于个性化的内容展示，提供 HTML 的编辑、文字录入、图片上传等功能，可在营销板块里设置自定义内容。

任务三　营销方式

3.1　外贸直通车（P4P）

3.1.1　P4P 的含义

P4P 全称是外贸直通车（Pay For Performance），是阿里巴巴会员企业通过自助设置多维度关键词。免费展示产品信息，并通过大量曝光产品来吸引潜在买家，按照点击付费的全新网络推广方式。如图 2－24 所示。

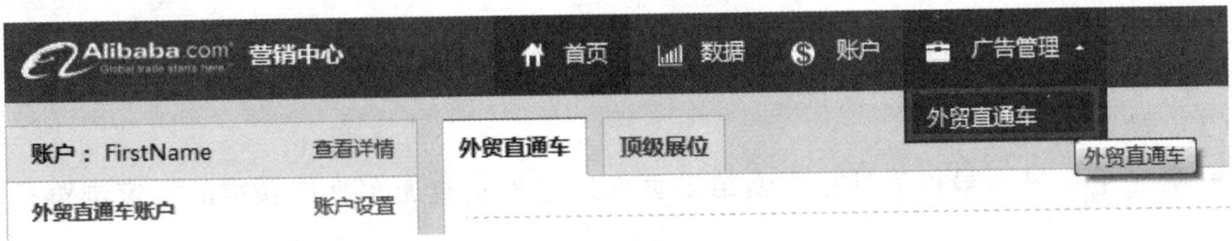

图 2－24　外贸直通车

1. 外贸直通车（P4P）首页名词解释

（1）首页相关。

• 账户冻结：当账户为冻结状态时，显示推广状态为“为推广，平台的账户目前处于冻结状态，已停止所有推广。如果有问题请与阿里巴巴国际站服务人员联系”。

• 账户休眠：账户在长期欠费后就会进入休眠状态，看不到直通车的后台操作界面，页面显示“前去激活”的按钮。

• 无推广信息：当账户为正常状态，账户余额大于 0，且没有创建任何推广信息时，显示推广状态为“未推广，您还没有创建推广信息，现在就去创建推广信息”。点击创建推广信息链接会跳转到创建推广信息新界面。

• 推广信息全部暂停：当账户为正常状态，账户余额大于 0，且有创建完成的推广信息，但是都全部设置为“暂停”状态时，即快捷推广和关键词推广均暂停，将显示推广状态为“未推广，目前平台的推广信息全部处于暂停投放状态，现在就去激活推广信息”。

• 账户欠费：当账户为正常状态切账户余额小于 0 时，显示推广状态为“未推广，平台的账户已欠费，已停止所有推广，请您及时充值”。点击“充值”链接会跳转到充值页面进行支付宝在线充值。

• 达到每日预算限额：当账户为正常状态，余额大于 0，且今天的消耗总额已经达到设定的日广告预算时，所有推广信息都被拉下线，显示推广状态为“未推广，今天推广总消耗额已达预期限额。可以提高每日预算以延长投放时间”。

（2）推广相关。

• 账户可用余额：指阿里巴巴国际站用户的现金账户与红包账户的可用余额。如果账户余额不足，那么点击推广服务的使用将自动停止，按账户的扣款规则扣费。

• 今日已花费：实时显示账户今日已经生产的现金 + 红包扣费金额，系统会按照红包和现金账户的余额等比例扣除。例如，阿里巴巴国际站用户的现金账户有 8000 元，红包账户有 2000 元，每消耗 100 元系统会从现金账户扣除 80 元，从红包账户扣除 20 元。每日投资预算上限，显示账户当前设定的日最高推广消费上限额。

• 推广产品：表示已经选择进入外贸直通车推广的产品。

• 在线推广关键词数：是指账户在线时，处于启动状态的关键词数量。

• 快捷推广：一种相对于关键词推广更加快捷的设置方式，仅需要设置统一出价和每日预算即可，系统根据已经加入的直推车推广的产品自动推荐相关关键词进行推广，假设在关键词 A、B、C 下推广产品都曾经获得一定的曝光与点击，且这个词未加入 P4P 关键词推广中推广，那么在快捷推广中，这三个关键词将会参与推广。

- 通用账户：通用账户中的钱是可以自由支配的，可以用来购买阿里巴巴的各种服务。

（3）效果相关。

- 曝光量：显示最近 7 日在搜索结果页面通过外贸直通车推广获得的买家浏览量的情况。
- 点击量：显示最近 7 日整个账户由外贸直通车推广获得的点击量的情况。
- 点击率：显示最近 7 日整个账户的点击转化率，点击率 = 点击率/曝光率。
- 日花费：显示近 7 日整个账户的单日花费情况。
- 平均点击花费：显示近 7 日在推广过程中每次点击的平均花费情况。
- 推广时长：显示最近 7 日整个账户的在线推广时间。

（4）调整 P4P 每日预算。选择“营销中心”——“外贸直通车”——“直通车首页”，可以设置今日预算金额，点击“确定”保存即可。预算是当天最多会花费的点击扣费，而不是每天必扣的费用，每日扣费没有下限，只有买家在 P4P 展示位上点击才会产生扣费，调整 P4P 今日预算。

（5）查询账户历史明细。点击“营销中心”——“外贸直通车”——“直通车账户”，在账户查询页面最下方“账户历史明细”处，通过筛选时间可查看外卖直通车的收入和支出明细。

如果有红包，那么现金和红包按比例扣费，即账户余额中的现金金额∶红包金额 = 扣费中的现金金额∶扣费中的红包金额。

2. 直通车推广管理名词解释

（1）关键词组。关键词组为关键词添加的属性，一个关键词可以放置在多个关键词组中，但关键词的启动、暂停、出价都是统一的。如图 2 – 25 和图 2 – 26 所示。

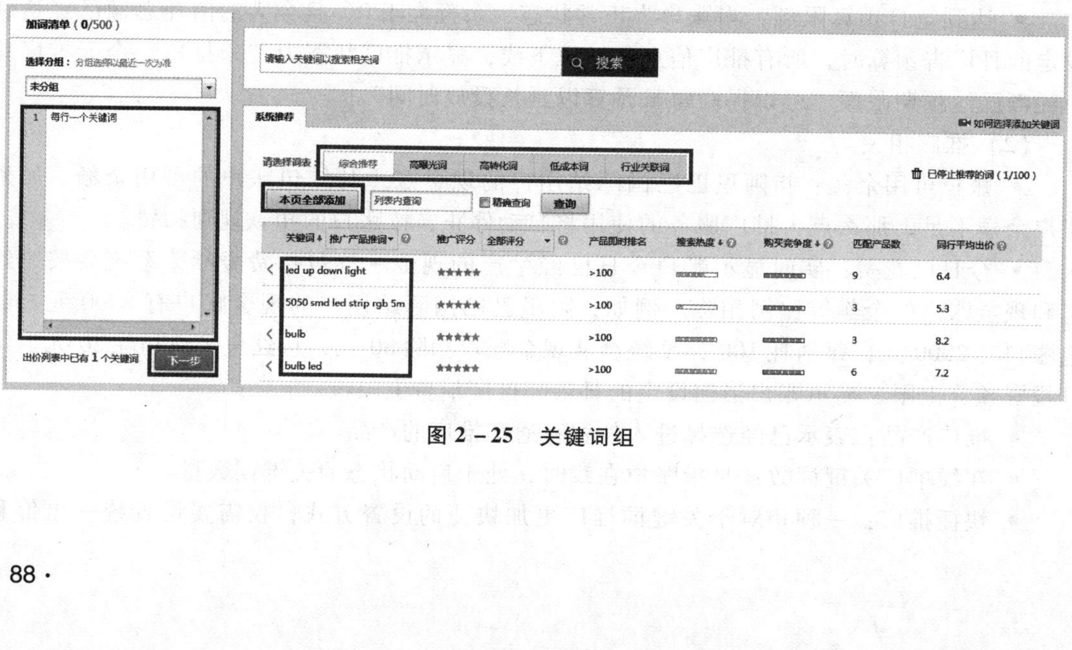

图 2 – 25　关键词组

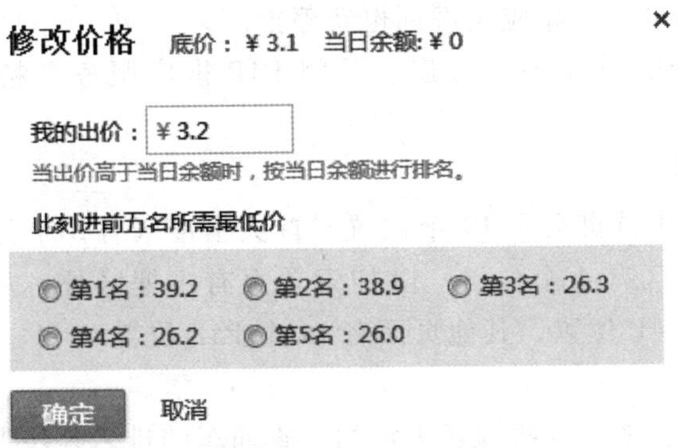

图 2－26　关键词出价

（2）高级筛选。高级筛选为系统定义的筛选条件，其中包括花费、曝光度、推广评分、平均点击花费几个维度。

- 花费，划分为高花费、低花费、0 三个维度。
- 曝光量，划分为高曝光量、低曝光量、0 三个维度。
- 推广评分，划分为 0 星、1 星、2 星、3 星、4 星、5 星六个维度。
- 平均点击花费，划分为高花费、低花费、0 三个维度。

（3）我的出价。我的出价是指对关键词设置的每次点击的最高扣费价格。这个价格将直接影响关键词排名，但是不一定等同于每次实际点击花费。在大多数情况下，实际点击花费会低于这个出价。当每次发生扣费时，系统会根据实时监控到面临的竞争情况自动计算出保持关键词排名所需的最低价格，从而保证每次实际点击扣费金额小于或等于出价。关键词的出价和推广产品的推广评分两个因素共同影响、决定了关键词排名。

（4）预估排名。预估排名是指根据出价，在当前这一时刻买家搜索这个关键词时，推广产品将会展示的排名位置。如果当前排名显示为第一到第五名之间的一个名次，则表示此刻在这个关键词下，将会有推广产品能够展现在搜索列表前五名以内的对应名次上；如果当前排名显示为“其他位置”，则表示产品将有机会展示在搜索结果每一页下方横排的 4 个智能推荐位置和每一页右边的 10 个智能推荐位上，而不是展示在搜索列表页面内。

3.1.2　P4P 展示规则

1. P4P 展示的优势

P4P 展示有流量大、免费、全面覆盖、精准推广等优势。通过 P4P 的定义可以知道 P4P 产品的特点是免费展示、点击扣费。阿里巴巴平台的流量逻辑是“曝光——点击——反馈”，当产品获得大量曝光后，点击在一般情况下成正比，进而才会又反馈，这一系列就会形成数据积累，单个产品的数据积累好了，久而久之整个平台权重就提升了，权重提升后对 P4P 出价产生影响，价格的变动又会对流量有新的作用。

（1）实现全面覆盖流量。根据 P4P 的定义可以知道，P4P 市通过添加多维度关键词来进行全面推广的，也就是无论卖家市搜索热度高的关键词还是搜索热度低的关键词，只要有人搜索，就会有用户的产品展现在买家面前，这种推广方式称为“撒网模式”。

（2）实现精准推广。可以通过产品推广灵活设置用户想推广的产品，比如对于不是当季的产品，可以先取消推广，相应关键词也暂停推广。

可以根据客户市场的时段手动开启、关闭 P4P 推广服务来精准把控 P4P 推广的时间段。

2. P4P 展示的规则

P4P 在阿里巴巴搜索首页会有 19 个位置，首页主搜区有 5 个位置，每页右侧区有 10 个位置，每页底部智能区有 4 个位置。除搜索首页有主搜区外，从第二页开始没有主搜区。故首页共有 19 个 P4P 位置，其他页面有 14 个 P4P 位置。

3. 直通车排名规则

P4P 产品的排名到底是由哪些因素决定的？直通车的排名是按照“关键词的出价 × 评分”进行排序的。

推广评分，即产品星级，是指关键词和产品的相关程度以及产品的信息质量，是影响产品展现区域以及排名的重要因素之一，单单一个产品拿出来是没有评分可言的，只有与不用的关键词匹配之后才会有评分的概念。点开关键词对应的推广产品数的数量，会看到关键词对不同的产品会有不同的推广评分，这里的产品是按照与这个关键词关联之后的推广评分由高到低进行排列的，其中：

（1）推广评分为 5 星表示很好，建议维持，表示能通过比较有竞争力的竞价排到前五名。

（2）推广评分为 4 星表示点击率较好，建议维持，也能通过竞价排到前五名。

（3）推广评分为 3 星表示相关性较好，建议进一步优化产品的信息质量和点击率，也能通过出价排到前五名；

（4）推广评分为 2 星表示产品的关键词语产品的匹配相关性较差，无法进入主搜，出再高的价格也无法直接展示在前五名，只能在右侧和每页下方的智能推荐中被展示出来。

（5）推广评分为 1 星表示产品与关键词的相关性较差，无法进入主搜，需要针对产品的信息进行优化，包括类目与关键词的匹配。

（6）推广评分为 0 星表示产品与关键词不相关，无法进入推广。

3.1.3 P4P 关键词管理

1. 拓词渠道

在 P4P 推广初期，需要尽量多的添加关键词。关键词的覆盖面越广，产品被展示的机会也就越大，所能吸引的潜在买家也就越多。那么在 P4P 里如何添加关键词呢？

（1）系统推荐。系统会根据推广的关键词推荐相关各维度的关键词，主要有综合推荐，网站热门，高转化词，低成本词，同行推词，我的效果词，新增商机，行业词表等。

（2）相关搜索。就是在同一个界面，用户可以用主打的关键词来搜索，搜索出来的关键词就是 P4P 板块的关键词，用户可以根据需求添加。阿里巴巴国际网站外贸直通车的相关搜索添加关键词。

（3）批量加词。批量加词直接在左侧的方框中输入用户想要添加到关键词（每次最多添加 500 个），接着点击“下一步”按钮，出价即可。把关键词复制粘贴到空白处，一行写一个关键词，点击“下一步”按钮出价，最后完成即可。注意每次最多加 500 个关键词。阿里巴巴国际站外贸直通车的关键词工具批量加词。

（4）热门搜索词。选择“My Alibaba”——“数据管家”——“热门搜索词”，通过搜索关键词得到的结果。将合适的关键词通过点击“批量加入直通车词库”按钮直接加入P4P推广关键词中。如图2－27所示。

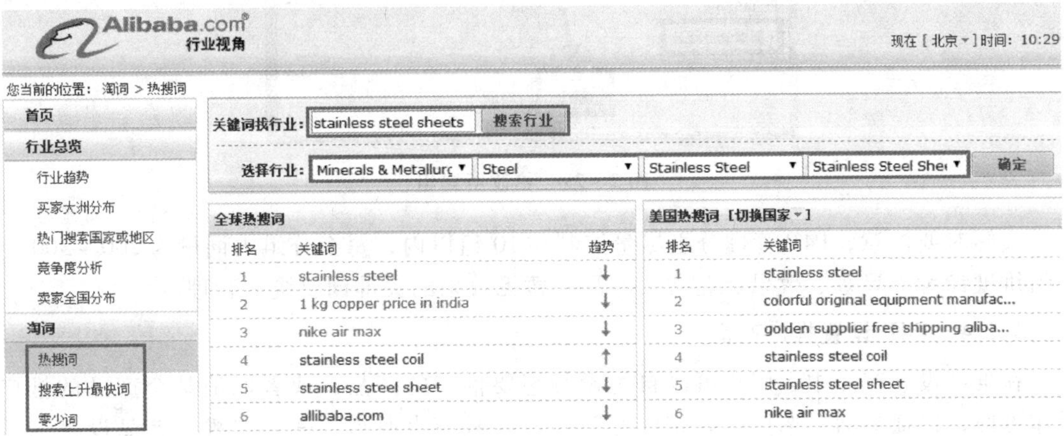

图2－27　热门搜索词

（5）平台流量关键词。选择“My Alibaba”——“数据管家”——“我的词”，通过时间段搜索平台的流量关键词，将合适的关键词依次选中之后，点击“批量加入直通车词库”添加到P4P推广关键词中。

2. 关键词分组

选择“营销中心”——“外贸直通车”——“推广管理”，在左侧关键词中点击“新增关键词组”输入对应的关键词组名称后，点击“确认”即可新建一个关键词组。如图2－28所示。

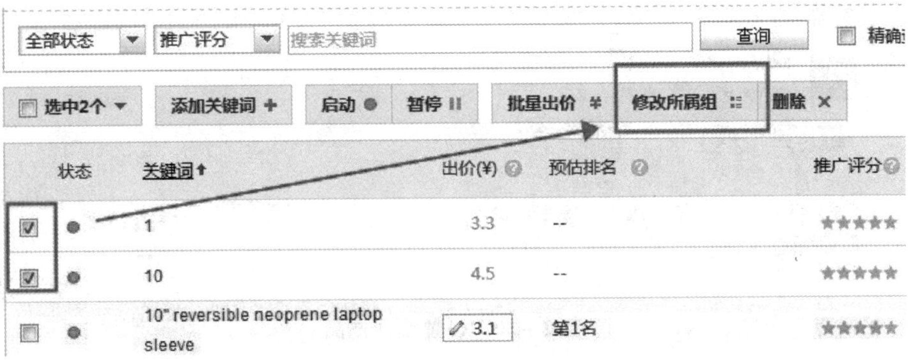

图2－28　关键词分组

选择“营销中心”——“外贸直通车”——“推广管理”，在“未分组”中勾选要放进去的关键词的前的复选框，点击“修改所属组”（住：一个关键词可以出现在多个分组中），如图2－29所示。

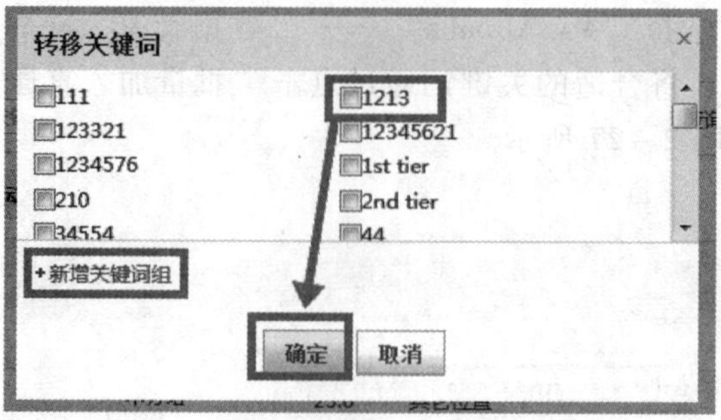

图 2－29　修改所属组

实际时要注意，P4P 管理分组尽量控制在 10 组以内，每个分组内词量为 200～300 个；分组维度参考：星级、效果、花费、产品。暂无效果的关键词要统一管理。

3.1.4　P4P 设置推广产品

在推广设置产品中，用户可以自主设置想要推广的产品，或者取消某个产品的推广，操作方便，快捷灵活，选择“营销中心”——“外贸直通车”——“推广产品设置”，可以对每个分组的产品进行加入推广，取消推广等操作，选中对应产品，点击相对应的按钮就可以完成推广的产品调整，十分方便快捷，如图 2－30 所示。

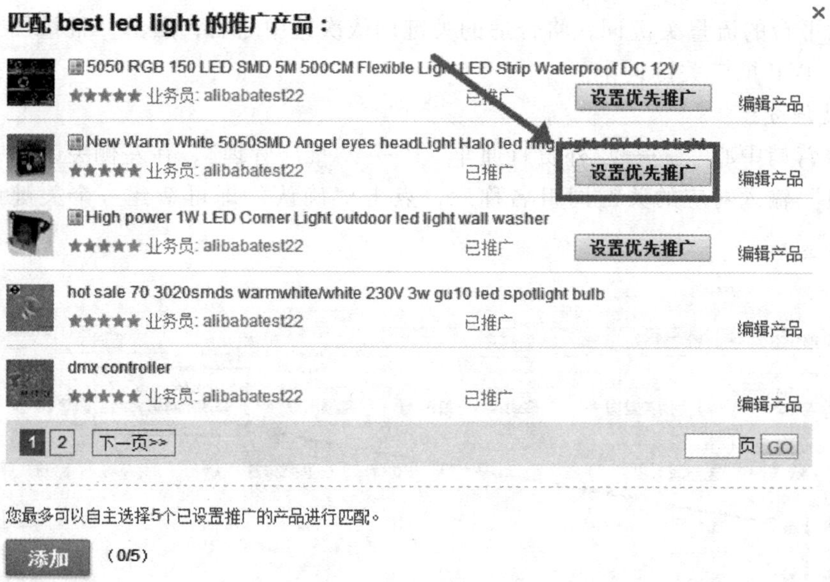

图 2－30　设置推广产品

若将上传的新产品直接加入外贸直通车推广中，在“新增产品默认”一栏中，点击加入“推广”即可。

注意：若 P4P 的关键词出现上传一定数量产品仍为 0 星级的话，出产品关键词语类型匹配外，还存在上传产品没有加入外贸推广直通车推广库中，系统无法识别，所以自行检查产品是否加入直通车推广。

3.1.5　P4P 出价扣费原则

P4P 扣费的具体公式如下：

$$\text{P4P 扣费} = \frac{\text{下一家出价} \times \text{下一家推广评分}}{\text{自己推广评分}} + 0.1$$

当产品排在竞争关键词的最后一名时，或者当产品是这个关键词下曝光的唯一推广产品时，所需要支付的点击价格为该关键词的底价（底价会在关键词页面展示出来）。

3.1.6　P4P 合理预算设置

在 P4P 推广阶段，每日预算不得低于 80 元，每日预算可根据自身产品的热度进行设置，若产品为中低热度，竞争度不高，则可以设置 100～150 元，若产品为高热度且竞争度较高，则可以设置为 150～250 元。自身设置的金额可根据自身推广的计划判断，后即可根据 P4P 的实际情况追加预算。

P4P 推广一段时间后，可根据推广首页“账户诊断中心”中每个行业的平均预算调整自身的预算，如图 2－31 所示。

图 2－31　账户报告

3.2　顶级展位

3.2.1　顶级展位的样式

顶级展位是阿里巴巴国际站提供的品牌营销产品，可将你购买的关键词展现在搜索结果的第一位。展示效果如下：位于搜索结果第一页第一名，并带有专属皇冠标志和“Top Sponsored listing”的字样。（根据词的不同档位，展示效果会有轻微区别）。顶级展位当前支持经典样式，新创意样式两种样式。

1. Gallery

顶级展位 4 种不同展示形式（默认展示样式、视频播放样式、视频暂停样式、大促打标样式）；最多呈现 3 个相似产品（不是所有的顶级展位都会出现相似产品：系统算法根据关键词相关性、结合相似属性的产品数量呈现，每天更新）；list 搜索端呈现相似产品，不代表 gallery 一定呈现相似产品，只有选择非经典创意的顶展词才会呈现 3 个相似产品；选择经典创意（老样式）的不呈现 3 个相似产品，如图 2－32 所示。

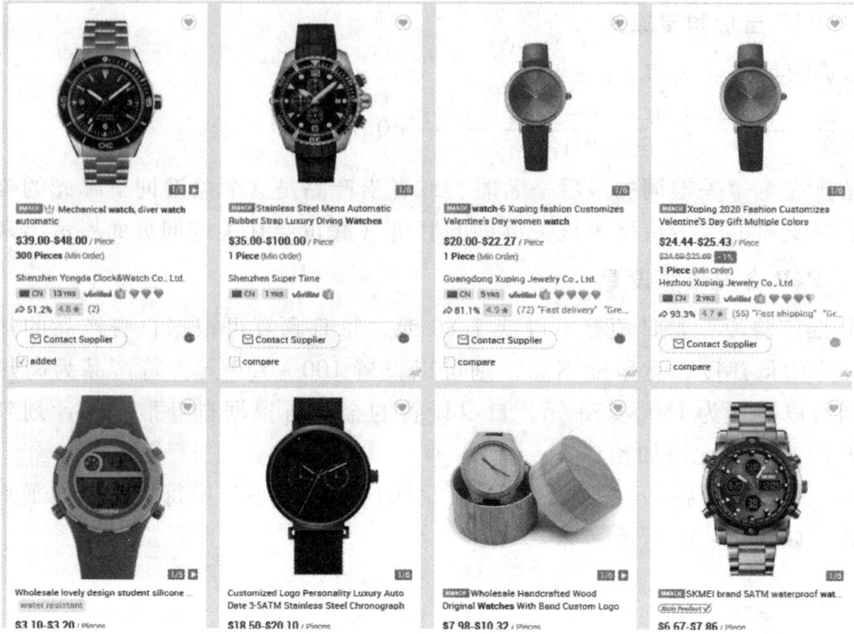

图 2－32　Gallery 形式

2. list

图 2－33 是大促打标样式，非大促期间没有“#SUPERSEPTEMBER”标识，如图 2－33 所示。

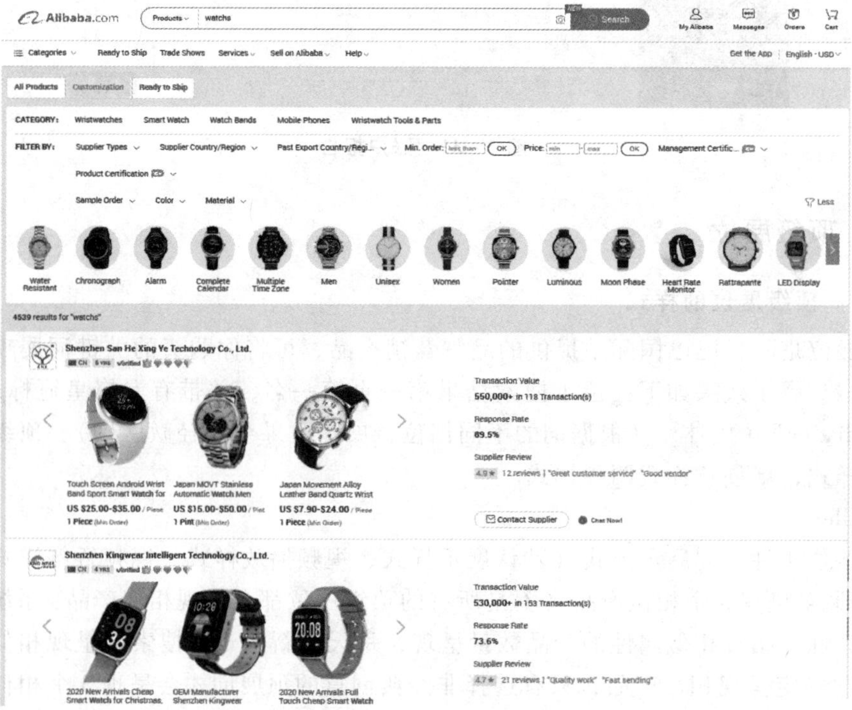

图 2－33　list 样式

顶级展位在关键词展位上有先天性资源，客户在搜索关键词后，能在搜索结果页面中第一眼看到顶级展位产品，增加了产品的曝光量和被点击的概率，尤其是新创意样式下的视频展示，更能引起客户的注意。这样的推广位置可以提升产品的曝光率和点击率，吸引更多客户了解公司和平台的产品，提升产品的询盘转化，带动整个平台的流量，顶级展位目前分为 PC 端和 App 端，两者的顶级展位是区分开的。

3.2.2　顶级展位的竞拍

首先要理解什么样的客户能参与线上竞价，由于顶级展位线上竞价采用直通车金额进行付款，所以只有直通车用户才能参与顶级展位线上竞价，如图 2－34 所示。

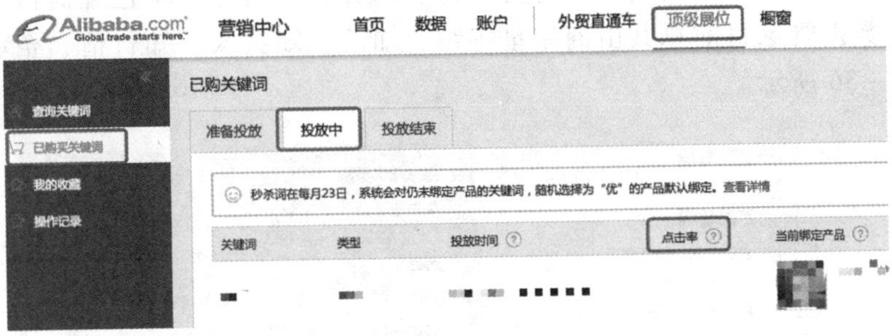

图 2－34　顶级展位投放

参与线上竞价的如下：

（1）登录顶级展位后台，接受协议。首次参与竞价需先接受竞价协议，协议只能由主账号接受。

（2）售卖前的准备。在竞价未开始前，我们可以通过系统推荐提前收藏好需要参与竞价的词，如果在系统搜索中没有你想要的关键词，也可以通过进度条下方的热词搜索找到。

（3）售卖开始，进行出价。当售卖开始的时候，“出价”会变成黄色，此时点击“出价”。会弹出出价框，出价提交之后即表示参与了该词的竞价，系统会自动冻结平台的金额，直到有其他用户出价领先了，平台的出价金额才被释放，如图 2－35 所示。

图 2－35　我的竞价

任务四 数据管家

4.1 数据管家简介

数据管家是阿里巴巴国际站的数据类产品，为呈现公司在阿里巴巴国际站操作及推广效果的数据。通过多维度的数据统计分析及诊断，我们不仅能了解自身的推广状况，有针对性地进行效果优化，也能洞察卖家行为和行业趋势，从而进一步把握商机，提升店铺整体推广效果。数据管家目前总共由商家星等级、知己、知买家、知行情、企业版几个板块组成，如图 2-36 所示。

图 2-36 数据管家

4.2 数据管家板块分析

数据管家目前总共由商家星等级、知己、知买家、知行情、企业版几个板块组成。这里重点介绍知己板块，也是我们用来分析平台数据最常用的板块。

知己板块又分为我的效果、我的店铺、我的产品、我的词、我的子账号五个板块，下面我们逐一进行介绍。

1. 我的效果

为了让客户快速地了解全局业务视图、各板块指标统计维度和周期的差异，更好地进行业务部署，“我的效果”总共分为 5 个分析版块：流量及商机概览、外贸直通车概览，RFQ 概览、（信保）订单概览、产品概览。如图 2-37 所示。

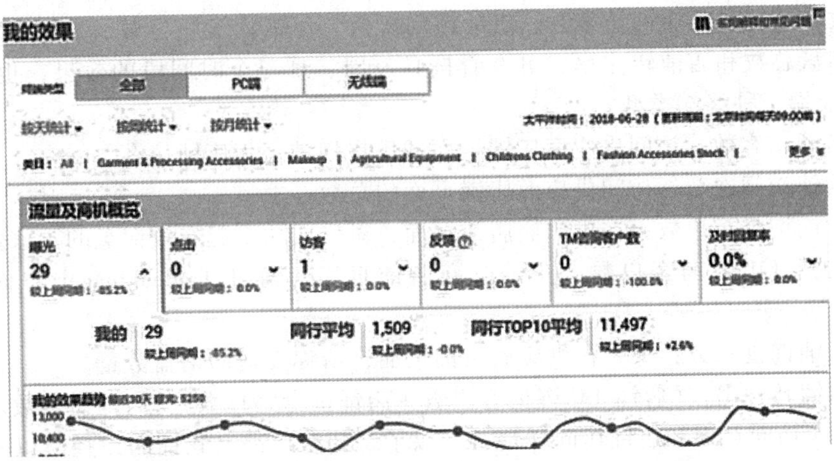

图 2－37　我的效果

流量及商机概览和外贸直通车概览板块的时间统计维度分别为天、周、月，统计的内容包括整个网站在对应的时间段内的曝光、点击、访客、反馈、TM 咨询客户数和及时回复率，也包括外贸直通车曝光和外贸直通车点击。

各维度旁边有一个向下的图标，点击下拉箭头还能看这段时间内行业的 Top10 以及行业均值的情况。在“按月统计”部分，展开数据指标后可以查看最近 6 个月的效果趋势；在“按周统计”部分，展开数据指标可以查看最近 12 周（最近 3 个月）的数据；在“按天统计”部分，展开数据指标可以查看最近 30 天的数据。

例如，如果买家通过 A 产品进入我们的旺铺页面里点击 B 产品，则这时 A 产品同时计算点击数和访客数，B 产品不计算点击数只计算访客数。

2. 我的店铺

我的店铺显示的内容主要是与供应商的旺铺有关的数据，包括店铺效果总览、访客行为分析、首次访问页面、店铺访问详情、流量来源分析，如图 2－38 所示。

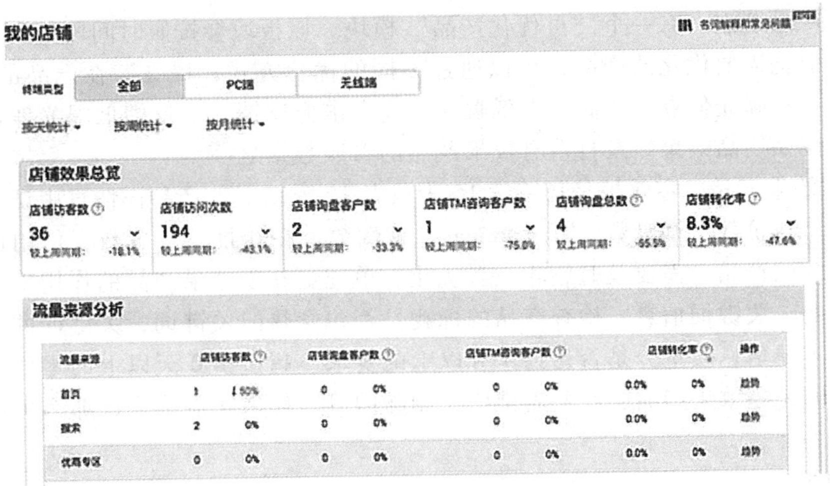

图 2－38　我的店铺

店铺效果总览包括店铺访客数、店铺访问次数、店铺询盘顾客数、店铺 TM 咨询顾客数、店铺询盘总数和店铺转化率，可查看按日、周、月三个时间段的效果，也分为全部、PC 端、无线端三种终端类型。

（1）店铺访客数：访问供应商店铺页面的用户均被记为店铺访客。

（2）店铺访问次数：访问供应商店铺页面的总数。

（3）店铺询盘客户数：在供应商店铺页面，对你成功发起有效询盘的买家数量。

（4）店铺 TM 咨询客户数：在供应商店铺页面，通过 TradeManager 与你联系的买家数。

（5）店铺询盘总数：买家在供应商店铺页面，给你发送的询盘数量。

（6）店铺转化率：（店铺 TM 咨询客户数 + 店铺询盘客户数）/店铺访客数。

通过首次访问页面和店铺访问详情，可以了解到客户进入旺铺的途径，以及在每个页面上停留的时间。通过这些数据可以优化对应的页面内容，提升旺铺的效果。通过流量来源分析，可以查看在当前时间段内旺铺的流量来源。通过点击每项数据后的“趋势”按钮，可以查看最近 30 天内这些渠道带来的店铺访客数、店铺询盘客户数、店铺 TM 咨询客户数以及店铺转化率。

3. 我的产品

该板块主要统计供应商平台上与产品有关的数据，主要内容包括网站最近一个月内的有效果产品和零效果产品。

（1）有效果产品。在统计周期内，产品详情页中访客数、收藏数、分享数、比价数、询盘数、TradeManager 咨询数、在线批发订单数、信用保障订单数任一数据不为 0 的产品称为有效果产品。在“我的产品”界面中，可以根据时间段选择查看每个产品的曝光、点击、访客、反馈、提交订单数等数据，也可以查看词来源、词来源是指给产品带来曝光、点击的买家搜索词，词来源显示曝光量为前 30 位的词，如曝光量低于 30 位，则按实际数量显示。若点击产品后的“查看效果趋势”按钮，则可查看该产品近半年的曝光、点击、反馈、访客数据，可按日、周、月分别查看。

在有效产品下面，有一个“可优化产品”模块。该板块会按照时间段找出目前网站上比较有潜力但仍需要优化的产品，可以通过不同的优化方式，提升潜在产品的信息质量。优化内容包括高曝光低点击、高点击低曝光、高点击低反馈、有反馈低曝光四部分。这也是后期提升网站产品效果以及打造有效果产品的参照数据之一。

（2）零效果产品。零效果是指持续 15 天或者 15 天以上，产品详情页中访客数、收藏数、分享数、比价数、询盘数、TradeManager 咨询数、在线批发订单数、信用保障订单数等数据均为 0 的产品，需要及时删除或者优化。单纯更新零效果产品的作用不大，建议优化产品的标题、关键词信息，检查产品的标题是否包含热门关键词、关键词的选择是否合理以及产品本身信息质量分是否达到 4 分以上的要求。超过 180 天以上的零效果产品会对平台产生影响，零效果产品已经不需推广，删除即可。如果还需推广，那么可以重新发布同款的新产品。

4. 我的词

在“我的词”中按周统计部分为北京时间每周二上午更新，按月统计部分为每月 3 日上午更新。“我的词”主要由两部分构成，一是我设置的关键词或参加外贸直通车推广词，二是买家找到我的词。对于少数词量大于 10000 个的供应商，只提供了 10000 个词，选取带来曝光量最大和在网站搜索热度最高的前 10000 个词。

（1）相关的名称解释。

①曝光量：在相应的时间内，该词及相关词给你的相关产品带来的曝光量总和。如 mp3 的曝光包含 mp3、mp3s 给你的相关产品带来的曝光量总和。

②点击量：在相应的时间内，该词及相关词给你的相关产品带来的点击量总和。如 mp3 的曝光包含 mp3、mp3s 给你的相关产品带来的点击量总和。

③点击率：在相应的时间段内，该词及相关词的点击量/该词及相关词的曝光量。

④产品实时排名：在该词及相关词下，你的产品在阿里巴巴网站上的实时搜索排名，只展示前 380 名的产品，如图 2－39 所示。

词	曝光量	点击量	点击率	产品实时排名	搜索热度	卖家竞争度
press metal sewi...	1	1	100.0%	查查看	1	0
hello kitty lapt...	32	0	0.0%	查查看	40	92
hello kitty bag	6	0	0.0%	查查看	120	99
sew snap fastene...	5	0	0.0%	查查看	7	3

图 2－39　产品实时排名

⑤搜索热度：在相应的时间段内，该词及相关词在阿里巴巴网站被访客搜索的热度。如 mp3 的搜索热度包含 mp3、mp3s 的搜索热度总和。热度越高，表示搜索次数越多，但不等同于搜索次数。

⑥卖家竞争度：在相应的统计时刻，在阿里巴巴网站没有该词及相关词的收费供应商数量。

⑦Top10 平均曝光：在相应的时间段内，全部收费供应商中，该词曝光量最高前 10 名的供应商所获的平均曝光量。

⑧Top 平均点击：在相应的时间段内，全部收费供应中，该词曝光量最高前 10 名的供应商所获的平均点击量。

⑨外贸直通车曝光：在相应的时间段内，该词及相关词由完美直通车推广带来的全部曝光，如 mp3 的曝光包含 mp3、mp3s 带来的曝光总和。

⑩外贸直通车点击：在相应的时间段内，该词及相关词由完美直通车推广带来的全部点击，如 mp3 的曝光包含 mp3、mp3s 带来的点击总和。

（2）常见问题的解决方法。

①为什么是已经设置的关键词？已经设置的关键词是指在产品的三个关键词中已经设置了的关键词，与标题中是否有该词没有关系。未设置的关键词是指在全部的产品关键词中，都没有设置该词，于标题中是否与该词没有关系。

②为什么搜索词没有结果？“我的词”仅提供你已经设置的词和买家找到你的词。如果你的词量超过 10000 个，只选取给你带来曝光量最大和网站搜索热度最高的前 10000 个词。建议你首先检查该词是否是你设置的词，再检查你的词量是否超过 10000 个。

③为什么“我的词”中词的曝光、点击和“我的产品”中“词来源”的“曝光、点

击”不一样？“我的词”统计同一个词给多个产品带来的曝光、点击；“我的产品”中的“词来源”统计给相应产品带来曝光、点击的词。

相关词是指词之间表达的内容一致或相似，搜索结果一致或相近的词。比如 mp3s 会被调整为 mp3 进行搜索匹配，两者的搜索结果是一致的或相似的，因此 mp3s 的一个相关词。目前多数相关词的搜索结果一致，少量词有差异。

④为什么有的词有很多相关词，有的词没有相关词？相关词是根据词所表达的内容及相关度进行匹配调整的，原则是词义一致，并不是数量多少来论。怎么查看关键词效果，这里可直接输入平台关注的关键词，点击“搜索”按钮，可以查看该词为平台带来的效果，包括曝光量、点击量、外贸直通车的推广效果。

5. 我的子账号

“我的子账号”主要是各账号阶段性情况的汇总，以周和月为维度统计，为了便于操作，日常管理产品和查看业务员的各项数据情况。

任务五　商机获取与管理

5.1　跨境电商询盘

5.1.1　询盘概述

1. 询盘

询盘（Inquiry）又称询价，是指买房或卖方为了购买或销售某种商品，向对方发出的有关交易条件的询问及要求对方发盘的要求。

在国际贸易的实际业务中，买方（进口商）一般主动和卖方联系，询问出口商品的交易条件。一般来说，买家会询问价格、规格、数量、支付条件、包装、运输等内容，索取价目表（PriceList）、目录（Catalogue）、样品（Sample）等材料。

阿里巴巴国际站询盘是指国内外买家通过 Alibaba 国际站，对发布的产品或公司信息发送的反馈或询价，询盘位置在“My Alibaba”——“商机 & 客户中心”——“询盘”。供应商查看账号收到的所有询盘信息（注：使用管理账号登录可查看自己及下属子账号的所有询盘，使用业务经理账号登录可以查看自己及下属业务员的询盘，业务员与制作员只能查看自己账号的询盘）。也可以在千牛工作台中选择“商机 & 客户中心”——“询盘”。还可以在阿里旺旺国际版（TradeManager）中点击“未读询盘”快捷键直接进入商机管理中心。如图 2－40 所示。

询盘卖家的商机管理中心的中英文版本内容是一致的。我们可以对照中文版理解英文的含义，新版的“商机 & 客户中心”分为以下 6 个模板。如图 2－41 所示。

（1）模块 1：所有询价单状态更新为全部、待回复、新询价、已下单、待支付、待确认、可通过顶部导航进行筛选，快速定位到同类状态的询价单。

（2）模块 2：询价单的操作栏，包括分配给、移动到、删除、添加垃圾询价、更多（包括设置锦旗、标记为已读、标记为未读、添加客户和翻译）。

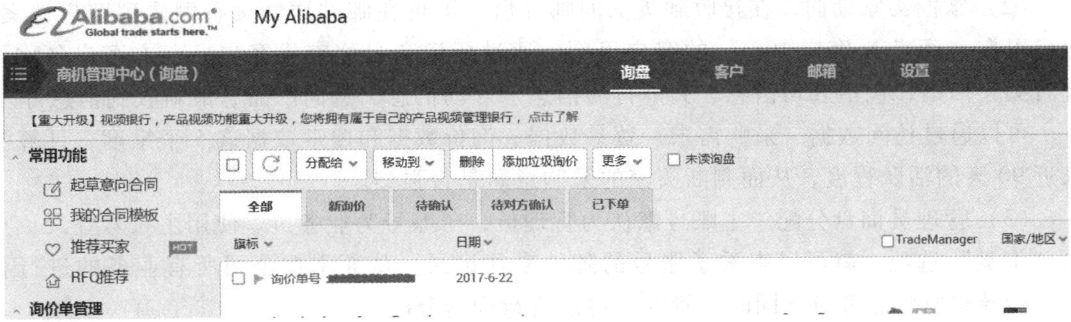

图 2－40　商机管理

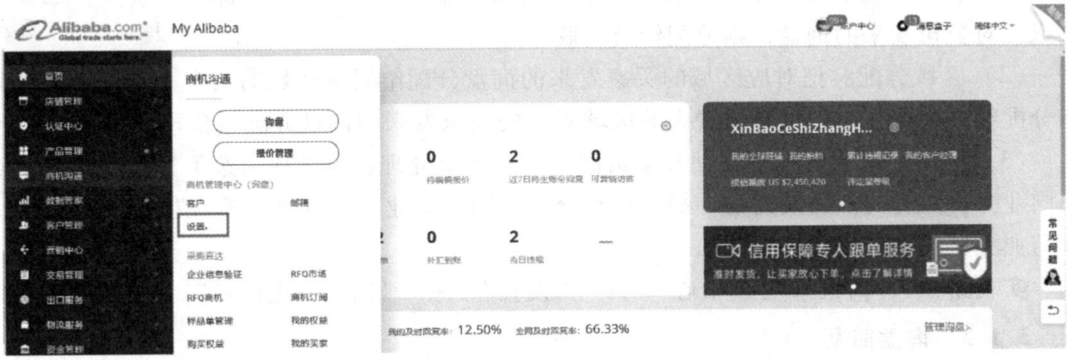

图 2－41　询盘设置

（3）模块 3：展示询盘的其他来源。

Request for Quotation：RFQ 类型的商机。

Recommend Quotation：系统推荐的商机。

BonusIn quiry：信保走单奖励或积分兑换的商机。

Trade manger：ATM 发起的商机。

Online Exhibition Inquiry：线上展会的商机。

（4）模块 4：询价单号，快速定位某个询盘。

（5）模块 5：左侧菜单“订单管理”选项。

（6）模块 6：“已加标记”筛选项，直接筛选出一件添加标记的询价单。

2. 询盘管理功能

（1）实现客户管理。通过询盘和阿里旺旺国际版方式添加客户，并对客户按照分组、类型、来源、星级自行添加标记。

实现客户管理的路径：

①从询盘中添加：如果收到新客户的询盘，在该询盘详细页面的左侧添加为客户。

②通过 TradeManager 联系，且该客户是国际站会员：选择“My Alibaba”——“商机 & 客户中心”——“客户”——“添加新客户”——“从 TM 导入”，导入买家的信息。

③手动添加客户：选择“My Alibaba”——“商机 & 客户中心”——“客户”——“添加新客户”——“添加一个新客户”，添加单个客户信息。

（2）掌握买家动向。在接收到买家的邮件后，即可在邮件详情页右侧看到客户档案，也可以在“商机 & 客户中心”的客户里面，通过标记和名称查找客户。点击客户名称可查看买家档案，包括公司信息、关键行为信息、互动信息、意向产品、最新收到消息等。

可以通过访问数据、采购需求、贸易数据、询价数据和搜索数据这 5 个维度，计算买家近 90 天的活跃程度，从而判断买家的采购意向是否强烈。

（3）管理员询盘分配。主账号默认为管理员，子账号为业务员。使用主账号登录，点击“询盘”选项，就可以查看子账号的邮件来往记录，从而掌握公司所有业务的进行状态，指导和监督业务员。同时，管理员可以进行询盘分配。

分配规则：

（1）产品分配：如果是买家针对某个产品的询盘，则分配给该产品的负责人；如果是买家针对公司发来的询盘，则分配给公司联系人。

（2）区域分配：把对应区域的买家发来的询盘分配给对应区域的负责人。一个区域只能分配给一个账号。把没有负责人的区域对应的买家发来的询盘分配给公司联系人。

（3）同一个买家的询盘自动分配给同一个业务员处理：若该项勾选了，则后续买家对不同业务员负责的产品发询盘，都会自动分配给同一个业务员处理，避免撞单，也可使买家与业务员建立良好的关系。

实现路径：“商机 & 客户中心”——“设置”——“询盘分配设置”。

5.1.2 询盘回复

询盘主要分为一般询盘和具体询盘。一般询盘只是针对商品做一个整体的了解，通常会索取价目表和目录等材料，并表明下订单的可能性；而具体询盘则是打算购买特定的产品，通常会要求卖家报价，并询问有关支付方式、折扣、交货时间等方面的信息。

询盘对于询盘人和被询盘人均无法律上的约束力，但询盘往往是交易的起点，所以要慎重使用和对待。被询盘一方应对接到的询盘予以重视，并进行及时和适当的处理。

询盘的回复内容：

简短的重复询盘内容和日期并表示感谢，回应买家提出的问题，适当提出买家索取的材料展示自己的专业度，引导买家尽快下订单，表明积极促成业务的态度。

1. 询盘回复三大原则

（1）针对性。在询盘回复时一定要理解买家在询盘中提出的问题，有针对性地提供买家索取的资料或者信息，展现自己的专业度。

（2）及时性。询盘回复一定要及时，如果不能及时回复，则会给卖家留下怠慢和不专业的印象。通常，买家会同时向多个卖家询盘，先回复的卖家有更多机会赢得订单。

（3）专业性。回复询盘，要准确的回复买家的问题。如果买家询问技术指标，那么可以向技术人员或工厂询问之后再回答；如果买家定制新规格的产品，那么应该仔细核实和计算之后再回答；如果买家询问交货期、支付条件、包装运输方式、通关与关税等具体问题，那么应该准确了解之后再回答。如果给客户留下不专业的印象，那么基本上没有希望再获得订单。要适当突出公司的优势，在一般情况下，能吸引买家的优势有多年生产和外贸经验、发货期短、绝对的价格优势、设计团队。

另外，询盘可以多次跟进，特别是一些国外的重大节日，可以给买家送去节日的祝福，增进感情交流。

2. 询盘回复的沟通模板

（1）在没有收到询盘时，可以主动发信推广自己的产品。

注意，要告知对方你的信息源，进行自我介绍，表达合作的意愿。

Dear Sirs,

We learned from your store on Alibaba. com that you are in the market for arts and crafts.

We are ABC company, specialized in the export of arts and crafts . We attach a list of products we are regularly exporting, you can also visit our store on Alibaba. com. Should you be interested in any of our products , please let us know and we shall be glad to give you our best quotation.

We look forward to receiving your inquiry soon.

Yours sincerely,

(Your name)

（2）推广促销活动

Dear X,

Right now Christmas is coming, and there is a heavy demand for Christmas gifts.

Here is our Christmas gifts link, please click to check them. All the products are now alibaba from stock. Thank you for your consideration.

Regards,

(Your name)

3. 回复一般询盘

Dear X,

Thank you for your inquiry of May 5.

We have these items in stock, our products are both excellent in quality and reasonable in price. Right now, we offer a 5% discount for bulk purchase.

Thank you again for your interest in our products . If you would like to have more information, please let us know. We look forward to your early reply.

Best regards.

(Your name)

4. 回复具体询盘

Dear X,

Thank you for your inquiry of May 5 and we are pleased to send you our quotation for the goods you required as follows:

Commodity: Men's T Shirt in assorted colors. Item No. AC. 101

Quantity: 100 dozens.

Size Large (L), Medium (M), Small (S)

Price: at 560 per dozen CIF Kobe

Shipment: in June, 2018

Payment: by irrevocable L/C at sight

This offer is subject to our final confirmation. If you find it acceptable, please let us have your reply as soon as possible.

Yours faithfully.

(Your name)

5. 报价

注意：回复询盘和报价，可以适当谈及市场和供应条件，催促对方下单。

Dear X,

Thank you for your inquiry of May 5 , at you request, we are making you, subject to your acceptance reaching us not late than May 10, the following offer.

"1000 sets of Color TV Sets, at USD 500 per set CIF Hamburg. Other terms and conditions are some as usual." As we have receiving a rush of orders now , we would advise you to place your order as soon as possible.

Yours sincerely.

6. 回应买家砍价

Dear X,

Thank you for your letter of May 17. As regards your counter offer , we regret we can' t accept it because we feel that the price listed is reasonable and leaves us limited profit already.

However, in order to meet you on this occasion. We are prepared to grant you a special discount of 5% on condition that your order is not less than 1000 pieces.

We hope to receive your order at an early date.

Best regards.

(Your name)

7. 提供形式发票

Dear sirs,

Thank you for you letter of May 25, we are sending you here with the required Proforma Invoice in triplicate, Please note that our offer remains valid until november15.

Please place your order as soon as possible, because we are running out of our stock.

Yours sincerely.

(Your name)

形式发票（PI）的作用：形式发票列明了商品名称、规格、产地、价格、数量、付款条件、交货期、包装等内容，买家可以使用 PI 申请进口许可和外汇，卖家可以使用 PI 进行报价，代替报价单。

5.1.3 及时回复率

1. 及时回复率的概念

（1）及时回复率（Quick Response）：询盘及时回复以及 TradeManager 及时回复的整体比例，体现卖家的服务态度与意愿。

$$\text{及时回复率} = \frac{\text{询盘 24 小时内回复数} + \text{TradeManager 在 1 小时的回复数}}{\text{卖家过去 30 天收到的买家数综合} + \text{30 天内收到的所有 TradeManager 咨询}}$$

（2）询盘及时回复率：30 内收到的所有有效询盘，再 24 小时内被供应商回复的占比，有效询盘：买家针对你的产品信息和公司信息发送的询盘，不包括垃圾询盘和退出询盘并且会去重同一买家。

卖家端，如图 2－42 所示。

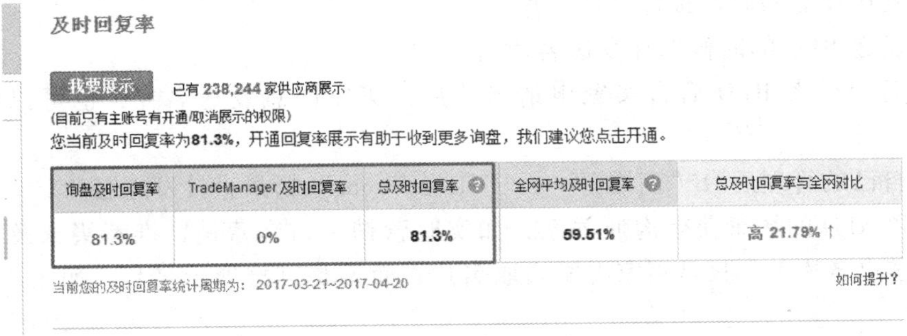

图 2－42　卖家端及时回复率

买家端，如图 2－43 所示。

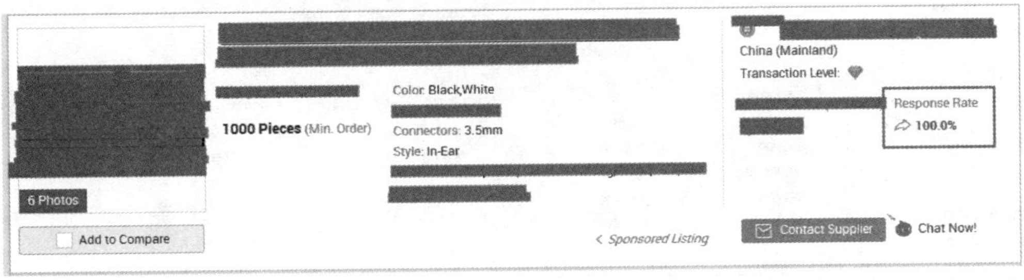

图 2－43　买家端及时回复率

2. 同步询盘回复数据

同步询盘回复数据针对未使用阿里巴巴沟通工具（询盘模块/外贸邮）回复询盘的供应商，可以将自有的个人邮箱或者企业邮箱回复询盘的数据同步对接到阿里巴巴系统，从而统计询盘及时回复率的功能。

同时需要注意以下几个方面：

“同步询盘回复数据”功能只用于统计询盘及时回复率，邮件的信息安全受法律保护不会展示。

同步回复数据是给予在阿里巴巴平台外的供应商统计及时回复率的替代方案，但因为个人邮箱等外部邮箱在阿里巴巴统计都有不确定性，所以数据的准确性不能保证。因此，还是建议使用阿里巴巴后台进行询盘处理，以保证数据的准确性。

在同步询盘数据设置以后，系统抓取的是企业邮箱网页版发件箱中的内容，请务必保证邮件回复记录在网页版邮箱发件箱中有保留，否则即使设置了同步询盘回复数据，系统在发件箱中也抓取不到回复的记录（通过 Outlook、Foxmail 等客户端回复可能会有此情况）。

5.2 客户管理和名片营销

5.2.1 名片客户分层

1. 名片的来源

（1）买家在发送询盘的时候选择发送名片。

（2）买家在发送 RFQ 的时候选择发送名片。

（3）在询盘后台或者 RFQ 后台买家申请名片后，买家同意发送名片，也可以收到名片。

（4）买家在自己的管理后台“商圈”——“Connections”场景直接发送名片。

通过非询盘和 RFQ 的场景获得沟通关系，如实时营销、访客营销、推荐买家及买家记录也会呈现在客户名片中，只是买家需要索取名片，而不是直接展示名片，如图 2－44 所示。

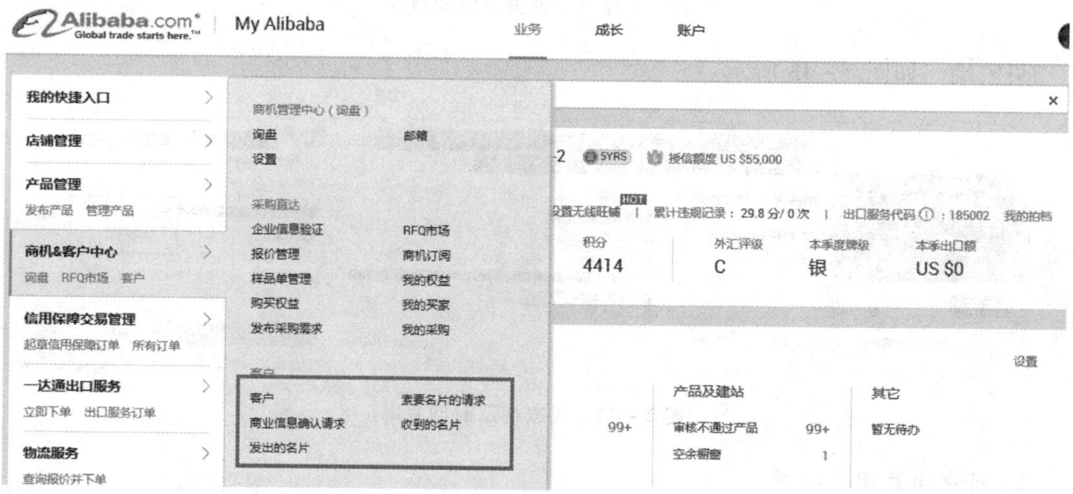

图 2－44 名片

2. 名片来源的查看

如果要查看名片的来源，可以在收到的名片下直接看到来源，名片页面途径为“My Alibaba”——“商圈”——“Connections”。

5.2.2 访客行为分析

首先需要了解什么是“访客”，数据管家中的“访客”主要有两类用户：

（1）访问商家企业网站页面中任何一个页面的买家。

（2）通过商家企业网站的其他页面，给商家发送询盘或用 TradeManager 与商家沟通的买家。

通过访客数据，商家可以了解每天有多少客户进入了商家的网站、浏览了商家的产品等，从而更好地经营网站、留住买家、提升效果。

查看访客行为，登陆 My Alibaba 后台，选择数据管家——知买家/访客详情。可通过统治周期、地域、搜索词等多重条件对访客数据进行筛选。

• 常用搜索词：最近 30 天内，访客在阿里巴巴上搜索最多的 3 个关键词，以及所选时间段内，访客搜索到您的平台旺铺或产品页面时，所使用的搜索词。通过判断买家的常用搜索词可以判断该买家是否是意向客户，是否是行业客户。通过买家搜索到平台旺铺或产品的词可以判断买家的购买产品意向。

• 旺铺行为：在所选时间段内，访客针对您的店铺或产品产生过的关键行为。通过行为可以判断买家的购买意向度，以及是否对产品有兴趣。

• 网站行为：在所选时间段内，访客在阿里巴巴网站产生过的关键行为。通过行为可以判定买家的采购意向，比如在 30 天内只有较低的浏览量，则说明买家采购意向不高。

5.2.3　访客营销

访客邮件营销是供应商进行 EDM 邮件营销的入口，商家可以通过 Alibaba 平台给感兴趣的访客发送营销邮件，通过有竞争力的产品报价和优惠打折活动让他们再次光临店铺，如图 2－45 所示。

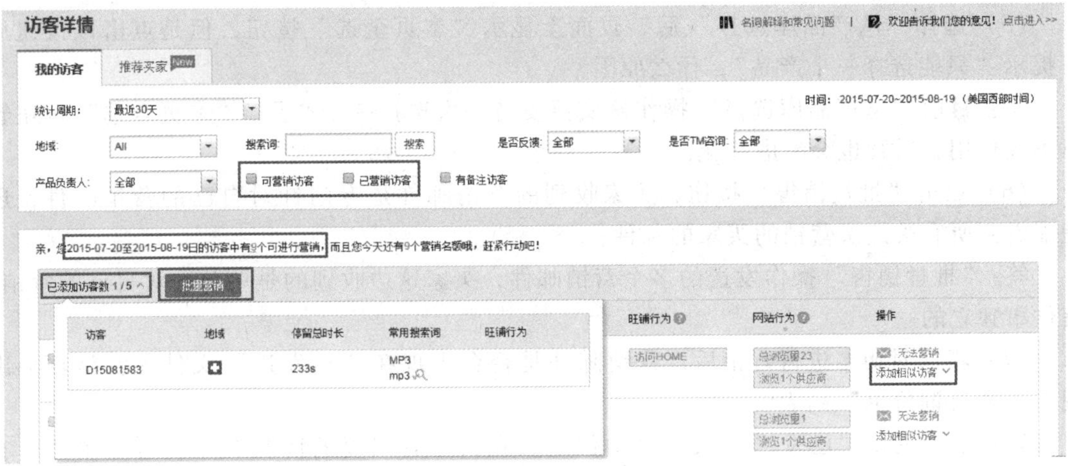

图 2－45　访客营销

1. 访客详情页面

在访客列表的“操作”列会有相应标识，客户可筛选需要营销的访客，“操作”列会有标识是否可以营销。若无法营销，则一般原因参考如下：由于访客未注册，所在地为 China 等若干原因，你无法对该访客申请邮件营销；您以对该访客申请邮件营销，30 天内无法再次申请；其他供应商已经营销过，3 天内无法再次对该买家营销；访客未登录阿里巴巴网站，访问网站时 IP 所在地为中国或 E－mail 地址收发失败；最近 6 个月以对您发送过反馈或 TM 咨询；反馈注册成阿里巴巴国际站会员时的角色是卖家；因地域法律监管等因素不能进行营销的国家或地区；未订阅阿里巴巴网站邮件。

2. 营销表单页面

点击“申请营销”按钮后，进入到营销表单页面介绍。表单中可以填写：产品信息（必填，可以选择系统推荐的产品，也可以从产品库选择，或者手动填写产品 ID 产品 URL）；港口（必填）；FOB 阶梯报价，第一条报价（必填）；特殊说明；同意协议。

3. 营销表单页面操作 FAQ

(1) 系统推荐的产品选择的逻辑是什么?

答:系统根据买家 90 天在阿里巴巴平台的访问行为,推荐供应商网站上其可能感兴趣的产品。

(2) 为何我的营销表单页面没有系统推荐产品显示?

答:如果买家在阿里巴巴网站上没有访问产品,或者产品没有匹配的相似度信息,就无法生成推荐。

(3) 系统最多推荐多少个产品?

答:系统最多推荐 14 个产品。

(4) 从产品库选择产品,一次只能添加一个产品吗?

答:是的,目前暂时只能支持单选。因为在多选的情况下,6 个产品不好分配,尤其是有些已经选好,有些没有选;另外在多选情况下,哪个产品作为主推,哪个产品作为辅推,也很难控制。

(5) 选择"从产品库选择"后,页面上显示"本页全选"按钮,但是点击该按钮后又提示"只能选择一个产品",什么原因?

答:目前"从产品库选择"操作确实只支持一次选择一个产品,"本页全选"按钮暂时不起作用,后续也会考虑优化。

(6) 点击"批量销售"按钮,买家收到的营销邮件是专门针对自己的营销邮件,还是能看到所有被此次营销的买家的邮件?

答:"批量销售"操作发送的多个营销邮件,买家这边收到的是单独针对自己的营销,有件事独立的。

(7) 卖家对访客进行营销后,营销邮件是否会出现在"已发送"文件夹?是否会出现在"所有询价单"列表?

答:会出现在"已发送"文件夹,但是只在买家有回复的情况下才会出现在"所有询价单"列表。

4. 营销邮件模板

营销邮件中会展示以下内容:展示供应商自己填写的产品、阶梯报价、港口;根据供应商产品推荐的相似产品;根据供应商产品推荐的同类目热门产品。

5.3 采购直达 RFQ

5.3.1 采购直达概述

1. 采购直达的概念

采购直达(Request For Quotation,RFQ)是指买家在阿里巴巴平台发布采购信息,以寻找合适的卖家;供应商查看到客户的采购信息后,根据买家要求及时报价以建立联系。

采购直达采购服务能够在大幅度提升买家采购效率的同时,帮助供应商更好地完成订单转化,并赢取更多的高质量买家,采购直达频道界面,如图 2-46 所示。

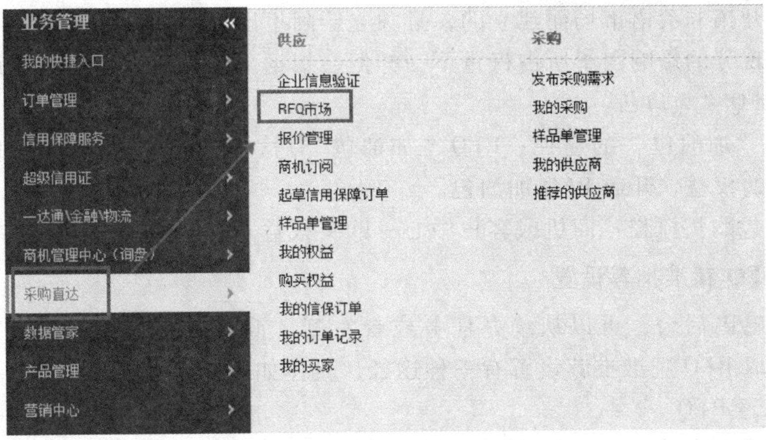

图 2－46　采购直达

2. 采购直达的服务流程

买家需求发布——需求审核——供应商报价——报价审核——买家查看——双方沟通。

3. 采购直达的优势

（1）买家可以更快捷的找到适合自己的供应商，买家把自己的采购需求展示出来，可以获得更多供应商的报价，从而快速找到优质供应商。

（2）供应商可以主动寻求买家。提供采购直达，供应商可以直接掌握买家需求，然后经过分析发送报价，主动开发客户。

（3）方便报价与订单管理。RFQ 中有既定的报价表单，为供应商报价信息的整合提供了便利。利用报价管理可进行交易跟踪和客户管理。

5.3.2　RFQ 规则解读

1. 基础服务规则

供应商利用 RFQ 可以查找更多客户的采购需求，是否就可以无限量报价呢？不同类型的旺铺是否具有相同的报价权限呢？

用户类型不同，所能进行的报价权益也不同，业务员需要根据自己的阿里巴巴国际站的类型和现有的权限，合理地进行 RFQ 的选择和报价。

2. 市场表现分奖励规则

RFQ 报价条数不是固定不变的，除了基础报价权限以外，还可以通过市场表现分奖励规则来获取自己的报价条数。

（1）市场表现分定义。以分值的形式对用户（公司维度）在采购直达市场的表现进行衡量，市场表现越加，分值越高。市场表现分衡量的因子包含 RFQ 报价量、RFQ 登陆天数、买家好评率、平均报价影响时长、24 小时报价影响率、RFQ 入口提交的通关完成的信用保障订单量以及订单金额。

（2）市场表现分奖励规则。每月 3 日（美国时间），系统根据用户上月在采购直达市场的表现分奖励报价权益。用户根据表现分数获取对应奖励条数。

（3）市场表现分影响因子。市场表现分影响因子有 6 个部分，是阿里巴巴多语言市场为帮助供应商开拓非英语市场而建立的，且独立于阿里巴巴国际站（英文站）的语种网站体系。市场表现分的影响因子所占权重不一样但会根据采购直达市场情况进行调整。

3. 购买 RFQ“加油包”

购买 RFQ“加油包”的途径：RFQ“加油包”后，进入 My Alibaba 操作后台，进入采购直达到我的权益，开通 RFQ 加油包。

RFQ 加油包购买流程：商机或客户中心—购买权益—立即购买—购买成功。

5.3.3 RFQ 精准推荐设置

打开阿里巴巴后台，可以从续办任务或者左侧“商机或客户中心”到“RFQ 市场”导航进入。获取 RFQ 精准推荐设置有三种途径，具体如下：

1. 系统推荐 RFQ

Alibaba 根据供应商在平台上展示的主营产品、主营类目。以及报价行为等信息，为供应商匹配最新的，与其产品和地区相符合的 RFQ，供应商可以在采购直达频道首页直接推荐的优质商机，同时能收到邮件通知服务，提醒供应商前来报价，如图 2－47 所示。

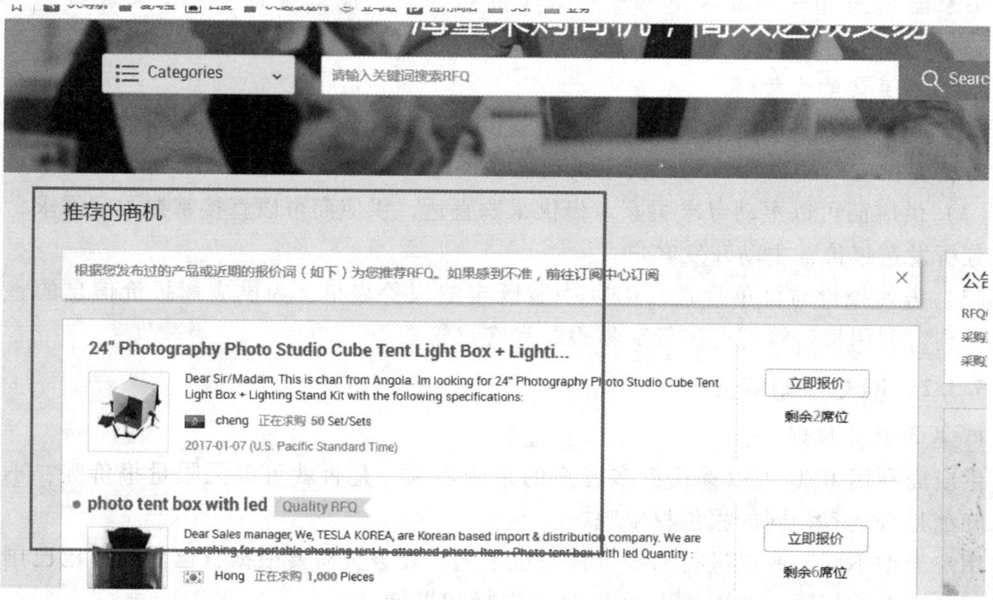

图 2－47 系统推荐 RFQ

2. RFQ 市场搜索查看

进入采购直达频道（sourcing. alibaba. com）后直接在搜索栏中输入关键词，查找于该关键词相关的采购信息。主动搜索可以根据供应能力的变化查找 RFQ，不受经营类目和主营产品的限制。

另外，制动搜索还可以精确查找，通过对时间、类目、语言、买家所在地、采购量、有剩余席位、Paid RFQ/附件、畅行可报价等条件进行筛选，获得符合我们要求的精准 RFQ。

3. 自我定制 RFQ

进入采购直达频道后，在搜索栏中搜索产品关键词，即可通过“添加我定制的搜索”

按钮把该关键词添加到“我定制的搜索”中。

完成定制后，与该关键词相关的 RFQ 就能够通过邮件和旺旺通知的方式发送到关联的邮箱和阿里巴巴国际版上，也可以在“我定制的搜索”中快速选择该关键词，主动查看 RFQ 市场中的相关信息。删除关键词可以点击“Delete”键。

5.3.4 RFQ 报价标准

1. RFQ 报价

分析完 RFQ 和买家信息，除去质量不高和不能满足的信息后，对于产品匹配度高，采购需求明确的 RFQ 就可以报价了，我们虽然能看到买家的基本信息，但却没有买家的联系方式，点击“立即报价”按扭，填写报价表单，就能对该 RFQ 进行报价。

报价表单和我们常说的报价单不同，它是平台提供的回复 RFQ 的固定格式，其中标注“*”号为必填项。

（1）产品名称。名称需求与买家的 RFQ 名称高度匹配，但最好不要完全一样，标题一定要提炼精华，吸引买家注意，另标题太长会让人失去耐心，最好不要超过 50 个字符，买家是否点开我们的报价，取决于我们 RFQ 报价的主标题，标题一定要吸引买家，可以注明自己是工厂，出货快，工厂价格等信息。

（2）产品编号。产品编号是产品的公司内部编号，可根据编号规则编制，非必填项。

（3）产品细节。好的产品细节需要包含完整的产品描述说明，产品的卖点和优势。并为顾客特别提出的问题予以答复，以及清晰明了的排版。具体内容可包含参数、型号、产品特征、产品用途、出口市场、相关认证等。虽然这一空间可输入 8000 个字符，单过多的纯文字会让查看者难以抓住重点而失去耐心，最好控制在 2000 个字符左右。

（4）产品图片。产品图片虽然不是必选项，但为了增加对客户的吸引力，我们尽可能上传清晰、符合客户要求的图片。图片以正方形（1000 像素 ×1000 像素）为宜。否则图片在显示时会留对称白边，影响美观度，最多可添加 6 个附件，每个附件大小不超过 5MB，可依次放置产品正面、侧面、细节、材质等图片。

（5）价格详情。根据客户提出的术语和付款方式填写报价，如果客人没有说明，则根据产品出口惯例填写，注意必须填写报价有效期，但不要时间过长，一方面在行业价格或者汇率波动较大时，时间越长风险越大；另一方面，也暗示顾客早下单，避免价格上涨。

需要注意的是，卖家发布 RFQ 后，有 10 家以上的供应商可提供报价，价格无疑是第一竞争要素。报价不可虚高，避免在明显的对比下直接被筛选掉，但价格也不能过低，让对方产生低质量的印象。此时，合理的设置阶梯式价格，既给卖家一个讨价还价的标准，也能激励客人追加采购量从而获得优惠。

（6）添加更多产品价格。如果客户求购的产品有很多种，或我们为客户推荐多种适合的产品，可点击“+添加更多产品价格”按钮，依次填写。

（7）提供样品。样品信息适用于可以提供样品的供应商。如果能提供样品，最好填写上去，这也是 RFQ 报价的一个优势体系，选择“是”选项后就可以填写样品费用、运费和寄样日期。注意：样品费需包含费用划分、打样时间、寄样时间等。

（8）给买家的消息。给买家的消息可采用还盘的格式书写，可从以下几个方面着手：①基于买家 RFQ 本身的提问：针对买家需求信息作细节补充；②针对买家 RFQ 中不清楚的或者不一致的信息进行提问；如付款方式意见不统一，样品费用划分等；③RFQ 以外的提问：使这项客户提问第一单货量或货值是多少？如果价格合适，确认下单时间，同时尽量体现公司优势，如产品供应能力，免费提供设计等。注意：错落有致、条理清晰、避免过度客套与信息过长。

（9）文件上传。若平台规定字段依然不能把我们的优势表达完全，则可以选择上传附件。通常，附件包含以下内容：①公司相关产品目录（相关产品推介）；②买家关注的信息（产品的证书、重点合作的工厂、生产线能力、参展信、知名品牌合作案例）；③公司实力展示（如厂区、流水线、工人工作状态、大型设备、仓库、样品）。附件最多可上传6个，最大不能超过5MB/个。

2. RFQ 报价跟进与管理

所有报价了的 RFQ 都在阿里巴巴的后台管理有记录，可以看到客户是否查看了我们的报价，如果报价很久没有回复，可以点击“立即联系”按钮，进入后续的界面。

从报价跟踪界面能清晰的看到买家近期的行为，共计收到多少个报价，是否查看其他人的报价，是否查看我方的报价，以及帮助我们管理和回顾 RFQ 的过程。另外更重要的是，在此界面可以看到买家的联系方式，我们可以通过其他的业务模式与客户联系。

RFQ 报价为什么审核不通过？

项目小结

本项目介绍了阿里巴巴国际站账户与产品管理相关知识；重点介绍了阿里巴巴国际站旺铺开通，旺铺装修相关知识；分析了阿里巴巴国际站营销知识；同时也介绍了阿里巴巴国际站数据管家的相关操作。

同步实训

实训　阿里巴巴国家站旺铺运营与管理

1. 实训目的

掌握阿里巴巴国际站开店流程；能够应用旺铺专修进行店铺装修；了解阿里巴巴国际站的产品营销及数据管理操作。

2. 实训内容与步骤

（1）阿里巴巴国家站开通。在阿里巴巴国际站运营中，提交认证信息和公司信息是开店的重要环节。请根据所提供的信息登录 www. alibaba. com 后台，进入店铺管理，管理公司信息页面，完成相关信息填写。

（2）关键词查找。假设你在阿里巴巴国际站开设了一个店铺，售卖产品是女包，请查找该产品的关键词。

（3）为产品添加关键词组合标题。从产品的关键词（营销关键词、属性关键词、主关键词等）中，选取合适的关键词组合标题。

（4）发布产品。请根据你的女包产品相关资料信息发布为一款新品。

（5）旺铺装修。请尝试用旺铺装修模板为店铺进行装修美化。请应用旺铺 2.0 完成装修并发布。

(6) 外贸直通车营销。请尝试在外贸直通车中对4个关键词进行推广，并完成每个关键词的出价。

(7) 询盘回复。假设你需要对国外某一商家进行询盘回复，具体为女包制作周期为15天，运输15天，达到一定数量后，公司免费包装，联系电话××××××。

3. 实训提示

(1) 产品的关键词应该针对信息和特征进行查找，至少查找40个以上的关键词，并从中选出最符合产品的5个关键词。

(2) 产品标题组合不要超过60个英文字母，并且符合英语语法规则。

(3) 回复客户询盘时，一定要符合英语邮件礼仪，务必介绍自己相对于同行的优势。

项目测试

一、单项选择题

1. 阿里巴巴国际站的域名是（　　）。

A. www.alibaba.com　　B. www.1688.com

C. www.aliexpress.com　　D. www.taobao.com

2. P4P的全称是（　　）。

A. 外贸邮　　B. 采购直达

C. 顶级展位　　D. 外贸直通车

二、多项选择题

1. 询盘主要分为（　　）。

A. 一般询盘　　B. 直接询盘

C. 具体询盘　　D. 特殊询盘

2. 直通车包含（　　）几个维度。

A. 花费　　B. 曝光量

C. 推广评分　　D. 平均点击花费

三、判断题

1. 询盘是指买方或卖方为了购买或销售某种商品，向对方发出的有关交易条件的询问及要求对方发盘的方式。（　　）

2. 产品的关键字需要注意区分大小写。（　　）

四、简答题

1. 询盘有哪些原则？

2. P4P有哪些优势？

能力拓展

请尝试使用阿里巴巴国际站RFQ功能实现产品的销售。

项目三

速卖通基本操作

项目目标

【知识目标】

了解速卖通平台行业分布、店铺类型、平台优势及入驻流程；

了解速卖通平台运营规则；

掌握速卖通平台认证与账户设置；

掌握速卖通平台产品管理及发布；

了解速卖通平台店铺装修；

掌握速卖通平台店铺日常管理与优化；

了解速卖通平台店铺营销推广；

掌握速卖通平台数据分析。

【能力目标】

能顺利开通速卖通跨境电商店铺账号；

能独立完成速卖通跨境电商选品及产品的信息化工作；

能合理设置速卖通跨境电商产品价格、完成产品刊登和发布；

能制定跨境产品和店铺优化方案、通过合适的方法和渠道在平台内外进行推广；

能及时处理订单、提升客户体验感和满意度；

能及时处理争议订单，维护老客户、开发新客户。

项目导图

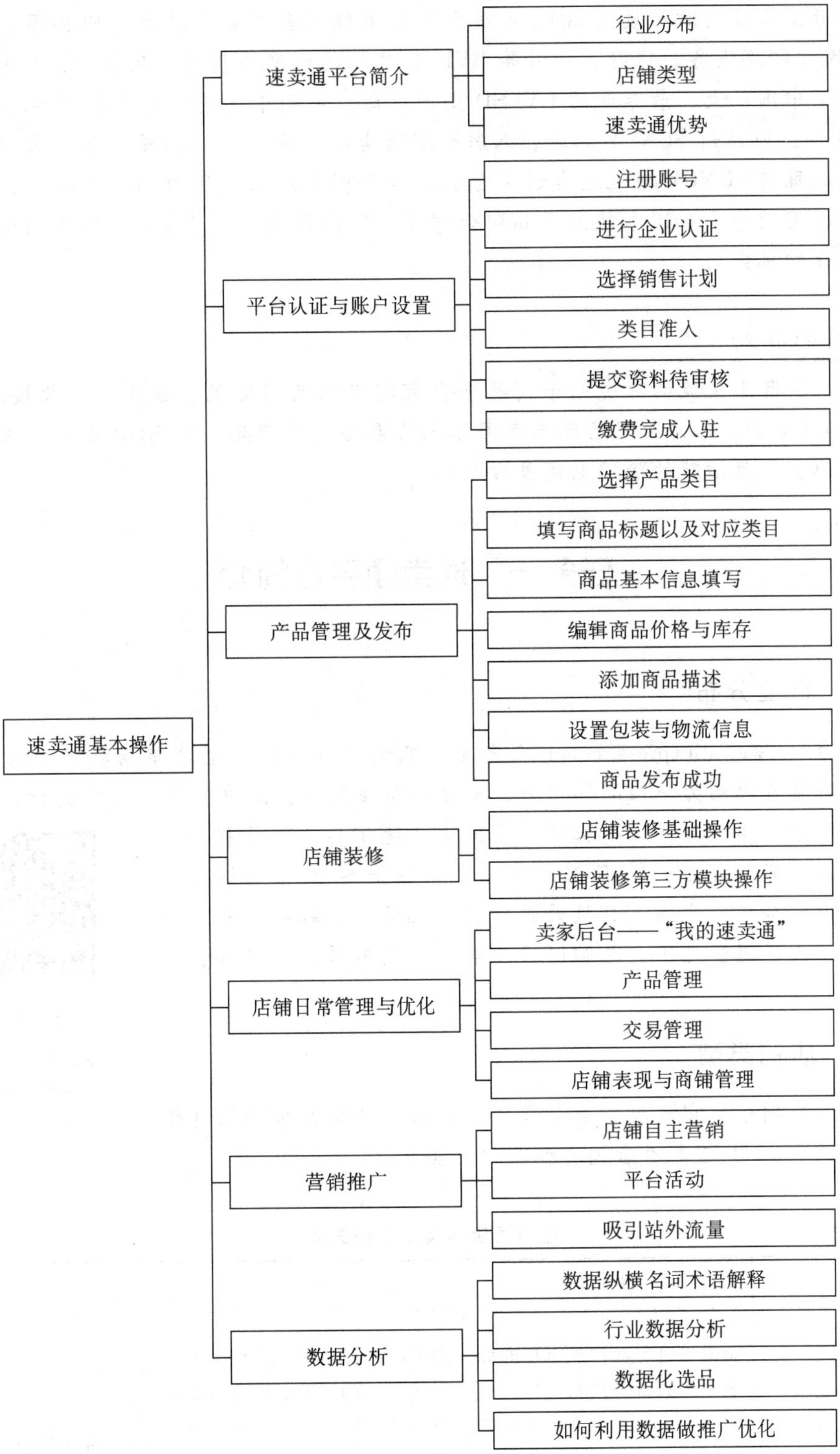
速卖通基本操作
速卖通平台简介
行业分布
店铺类型
速卖通优势
平台认证与账户设置
注册账号
进行企业认证
选择销售计划
类目准入
提交资料待审核
缴费完成入驻
产品管理及发布
选择产品类目
填写商品标题以及对应类目
商品基本信息填写
编辑商品价格与库存
添加商品描述
设置包装与物流信息
商品发布成功
店铺装修
店铺装修基础操作
店铺装修第三方模块操作
店铺日常管理与优化
卖家后台——“我的速卖通”
产品管理
交易管理
店铺表现与商铺管理
营销推广
店铺自主营销
平台活动
吸引站外流量
数据分析
数据纵横名词术语解释
行业数据分析
数据化选品
如何利用数据做推广优化

引　例

会计专业出身的欧阳晨义2012年成立深圳市钰创合成光电技术有限公司，专注于美甲、UV固化印刷设备、医疗、验钞等UVLED产品的研发与制造。几年的摸爬滚打让钰创合成成为了中国最大、最专业的UVLED生产厂商，占到中国美甲行业接近80%的市场份额。2016年，他注册SUNUV品牌，入驻全球速卖通，开始走小批量、多批次的跨境电商零售模式。目前SUNUV通过速卖通平台已在多个国家成为美甲灯的领先品牌，并在俄罗斯、波兰、美国等5个国家建立了品牌代理商。欧阳晨义说，“速卖通给我们企业带来了完全不一样的机会。”

引例分析

目前，国际上主流的跨境电子商务平台有阿里巴巴国际站、速卖通、敦煌网、Wish、亚马逊和eBay等。作为阿里巴巴未来国际化的重要战略产品，自2010年4月正式上线以来已经成为全球最活跃的跨境电商平台之一。

任务一　速卖通平台简介

1.1　行业分布

速卖通（www. aliexpress. com）是阿里巴巴旗下唯一面向全球市场打造的跨境电商出口平台，海量资源助力中国品牌出海，平台集商品展示、客户下单、在线支付、跨境物流等多种功能于一体，可实现小批量、多批次快速销售，拓展利润空间。其行业分布：覆盖3C、服装、家居、饰品等共30个一级行业类目，其中优势行业主要，有服装服饰、手机通信、鞋包、美容健康、珠宝手表、消费电子、电脑网络、家居、汽车摩托车配件、灯具等等。

速卖通2019年度各类目技术服务年费一览表

1.2　店铺类型

速卖通店铺分为官方店、专卖店、专营店，对各类店铺的具体开店要求见表3－1速卖通店铺类型及相关要求。

表3－1　速卖通店铺类型及相关要求

店铺类型	官方店	专卖店	专营店
店铺类型介绍	商家以自有品牌或由持商标权利人独占性授权（仅商标为R标）入驻速卖通开设的店铺。	商家以自有品牌（商标为R或TM状态），或者持他人品牌授权文件在速卖通开设的店铺。	经营1个及以上他人或自有品牌（商标为R或TM状态）商品的店铺。

续表

店铺类型	官方店	专卖店	专营店
开店企业资质	需要完成企业认证，卖家需提供如下资料： 1. 企业营业执照副本复印件； 2. 企业税务登记证复印件（国税、地税均可）； 3. 组织机构代码证复印件； 4. 银行开户许可证复印件； 5. 法定代表人身份证正反面复印件；	同官方店	同官方店
单店铺可申请品牌数量	仅1个	仅1个	可多个
平台允许的店铺数	同一品牌（商标）仅1个	同一品牌（商标）可多个	同一品牌（商标）可多个
需提供的材料	1. 商标权人直接开设官方店，需提供国家商标总局颁发的商标注册证（仅R标）； 2. 由权利人授权开设官方店，需提供国家商标总局颁发的商标注册证（仅R标）与商标权人出具的独占授权书（如果商标权人为境内自然人，则需同时提供其亲笔签名的身份证复印件。如果商标权人为境外自然人，提供其亲笔签名的护照/驾驶证复印件也可以）； 3. 经营多个自有牌商品且品牌归属同一个实际控制人，需提供多个品牌国家商标总局颁发的商标注册证（仅R标）； 4. 卖场型官方店，需提供国家商标总局颁发的35类商标注册证（仅R标）与商标权人出具的独占授权书。（仅限速卖通邀请）。	1. 商标权人直接开设的品牌店，需提供由国家商标总局颁发的商标注册证（R标）或商标注册申请受理通知书（TM标）； 2. 持他人品牌开设的品牌店，需提供商标权人出具的品牌授权书（若商标权人为自然人，则需同时提供其亲笔签名的身份证复印件；如果商标权人为境外自然人，提供其亲笔签名的护照/驾驶证复印件也可以）。	需提供由国家商标总局颁发的商标注册证（R标）或商标注册申请受理通知书复印件（TM标）或以商标持有人为源头的完整授权或合法进货凭证（各类目对授权的级数要求，具体见品牌招商准入资料提交为准）

1.3 速卖通的优势

（1）入驻简单便捷：用企业支付宝账号即可认证开店足不出户轻松赚到美元；

（2）不懂专业英语也能轻松操作物流配送全程无忧：中文后台界面，80%静默下单，服务咨询少，平台操作无须专业英语；

（3）物流配送全程无忧：成熟的物流体系、无忧物流、在线发货等，轻松解决物流烦恼；

（4）报关无须亲自动手：只需将邮包交给物流商操作即可，卖家无须自报关；

（5）国际支付宝担保交易：通过支付宝和银行卡收取美元和人民币。

1.4 速卖通平台运营的规则

相关规则请查阅全球速卖通官网。

任务二 平台认证与账户设置

2.1 注册账号

想要开店，首先要有一个账号。在注册之前，需要准备资料如下：一个支付宝账号、一个国际通用邮箱以及身份证的扫描件。

（1）首先登录卖家首页（www.aliexpress.com），单击“卖家中心”的“中国买家入驻”按钮。或者，直接打开 seller.aliexpress.com，点击“加入速卖通”按钮，进行注册。

（2）在跳转页面中输入邮箱和验证码，单击“下一步”按钮，之后，系统会向注册邮箱发送一份确认邮件，点击链接进行确认。

（3）填入注册信息，所有注册信息准确无误填写后，单击“确认”按钮。

（4）速卖通会向所输入的手机号发送验证码，验证手机后，即完成注册。

2.2 进行企业认证

速卖通是一个在线交易的网站，目前主要通过实名认证来确认账号所有权。实名认证是对用户资料真实性进行的一种验证审核，有助于建立完善可靠的互联网信用基础。只有通过了实名认证，发布的产品才能在前台展示 2016 年 4 月 1 日以前，全球速卖通的实名认证有两种方式：个人实名认证和企业认证。从 2016 年 4 月 1 日开始，新卖家在入驻时需要有企业身份，因此只能进行企业证，1 个企业可认证 6 个速卖通账号，企业支付宝账户认证流程。

2.3 选择销售计划

进入店铺后台——账号及认证—我的权益，选择销售计划，如图 3-1 所示。

两种销售方式主要区别在于年费结算和功能使用权限上：

（1）企业店铺，可选择“标准销售计划”或“基础销售计划”；

（2）个体工商户店铺，首次仅可申请“基础销售计划”；

（3）满足条件，“基础销售计划”可升级“标准销售计划”，见表 3-2。

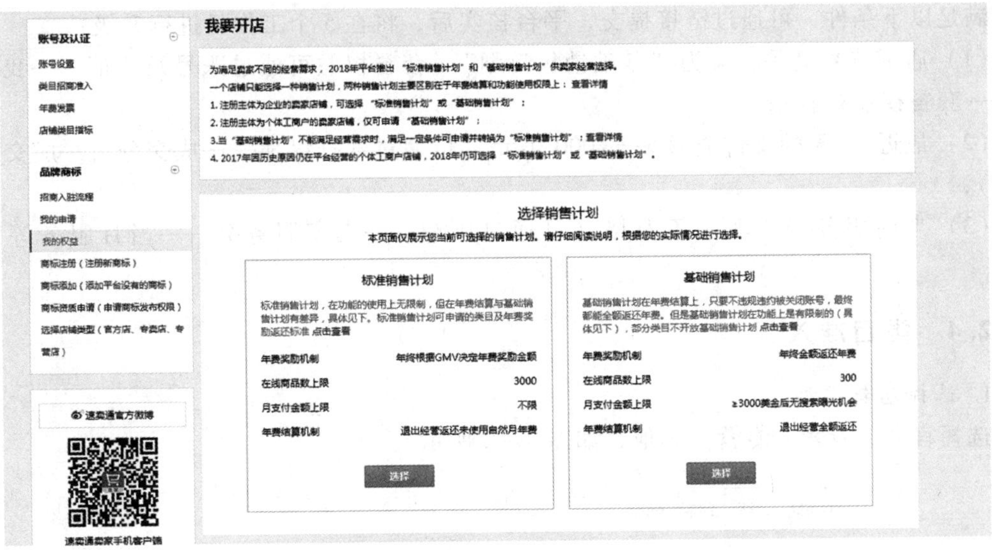

图 3－1　选择销售计划

表 3－2　　　　**销售计划主要区别**

	标准销售计划（Standard）	基础销售计划（Basic）
店铺的注册主体	企业	个体工商户/企业均可
开店数量	不管个体工商户或企业主体，同一注册主体下最多可开 6 家店铺，每个店铺仅可选择一种销售计划	
年费	年费按经营大类收取，两种销售计划收费标准相同	
商标资质	√	同标准销售计划
类目服务指标考核	√	同标准销售计划
年费结算奖励	中途退出：按自然月，返还未使用年费；经营到年底：返还未使用年费，使用的年费根据年底销售额完成情况进行奖励。	中途退出：全额返还 经营到年底：全额返还
销售计划是否可转换	一个自然年内不可切换至“基础销售计划”	当“基础销售计划”不能满足经营需求时，满足以下条件可申请“标准销售计划”（无须更换注册主体）： 1. 最近 30 天 GMV > ＝2000 美元 2. 当月服务等级为非不及格（不考核＋及格及以上）
功能区别	可发布在线商品数小于等于 3000	1. 可发布在线商品数小于等于 300（2019 年可提额至 500） 2. 部分类目暂不开放基础销售计划，开放类目点击查看； 3. 每月享受 3000 美元的经营额度（即买家成功支付金额），当月支付金额 > ＝3000 美元时，无搜索曝光机会，但店铺内商品展示不受影响；下个自然月初，搜索曝光恢复。

满足以下条件，可通过链接提交，平台核实后，将在5个工作日进行升级：

（1）店铺账号套餐权益为“基础销售计划”（套餐权益可通过账号及认证——我的权益——套餐权益查看）；

（2）最近30天的支付金额 > =2000美元（可通过数据纵横——成交分析—成交概况查看）；

（3）当前服务等级非为不及格（可通过店铺——卖家服务分——当月服务等级查看）。

2.4 类目准入

1. 选择店铺类型

选择官方、专卖、专营、其他，如图3－2所示。

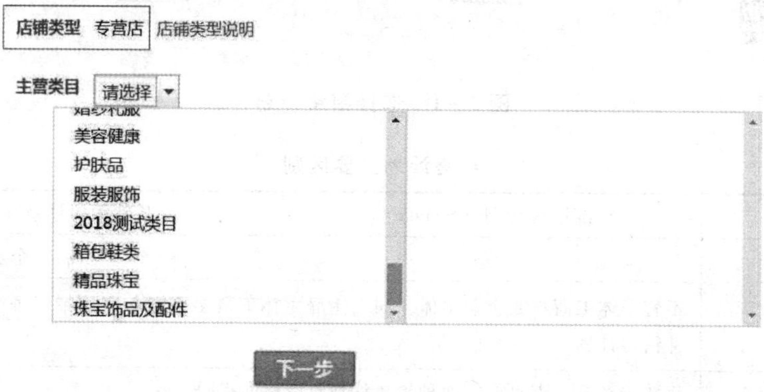

图3－2 选择店铺类型

2. 选择主营类目

每个账号选取一个经营范围经营。

3. 输入经营商标

输入商标，勾选类目，若商标输入未显示，需先“商标添加”再进行商标资质申请；若不输入经营商标，可直接勾选NONE品牌，跳过这个步骤，如图3－3所示。

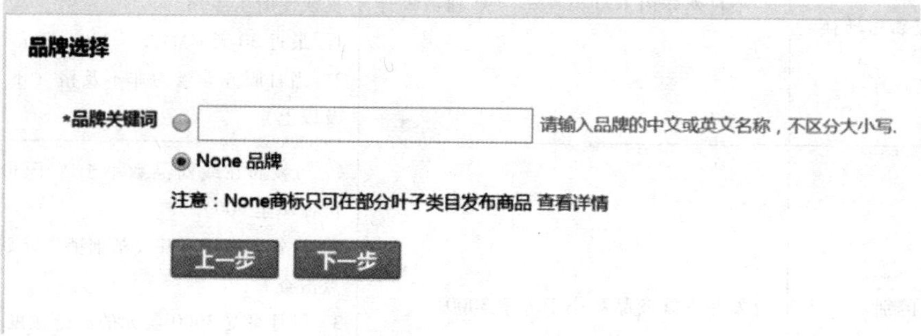

图3－3 输入经营商标

2.5　提交资料待审核

个别行业需同时提交类目资料，绝大部分行业只需提供商标资质申请材料即可，商标资质，根据品牌差异略有不同，三选一（商标注册证/全链路授权书/全链路发票），预计10个工作日审核完成，如图3-4所示。

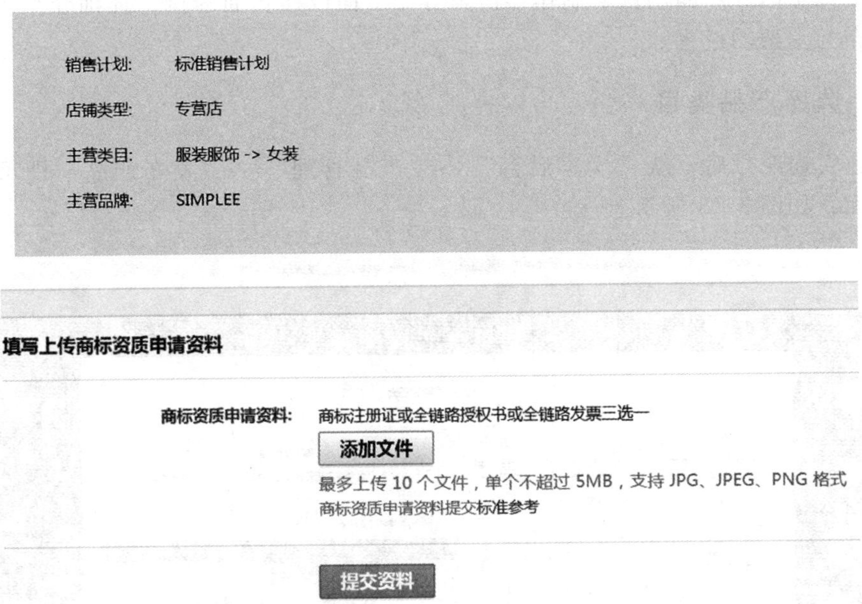

图3-4　提交资料

2.6　缴费完成入驻

完成审核后，卖家进行缴费即完成入驻。

2.7　速卖通各类目技术服务年费及考核说明

（1）每个速卖通账号只准选取一个经营范围经营，并可在该经营范围下经营一个或多个经营大类。

（2）年费按照经营大类收取，入驻不同经营大类需分别缴纳年费。同一经营大类下，年费只缴纳一份。

（3）每个经营大类分设几个主营类目，每次可申请一个主营类目，若要经营一个经营大类下的多个主营类目，可分多次申请。

（4）特殊类目（Special Category）不单独开放招商，而采取随附准入制度，即只要卖家获准加入任一经营大类，即可获得特殊类（Special Category）的商品经营权限。

（5）经营大类商品发布权限的共享，年费激励返还考核仍然以准入缴费的经营大类的标准进行考核，共享类目产生的GMV不参与计算。

任务三　产品管理及发布

跨境电商平台的产品发布与上架一般包括以下步骤：选品、选择类目、填写属性、设置标题、上传主图、产品定价、制作详情页等。下面以速卖通为例，详细介绍跨境电商平台产品发布与上架的过程。

3.1　选择产品类目

登录速卖通账号后，从“卖家后台”→“产品管理”→“发布产品”即可进入发布产品的界面，如图 3－5 所示。

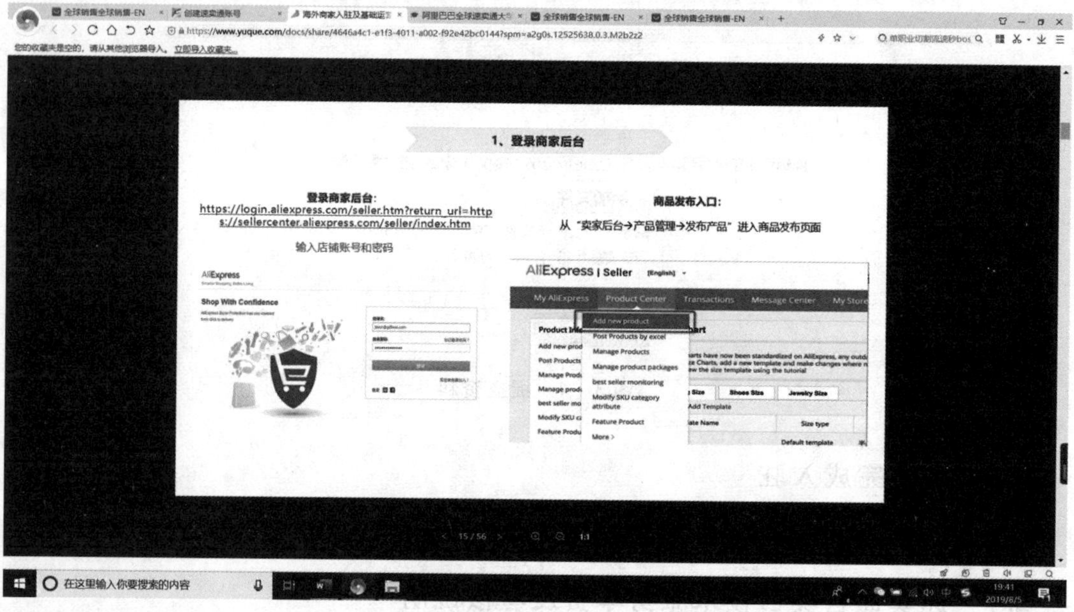

图 3－5　选择产品类目

3.2　填写商品标题以及对应类目

2017 年 1 月 3 日开始，除“部分类目”外，新发商品必须选择商品所对应的品牌。若不选择品牌或者选择“NONE（无品牌）”，则商品将不能发布成功。

标题通常由三部分组成：核心词、属性词和流量词。其中，核心词是行业热门词，影响排行顺序和点击率。属性词包括颜色、长度、功能、材质、款式等，而流量词则是实际带来流量的词。标题的设置要符合买家的搜索习惯。标题的目的就是为了让买家发现，所以买家搜查的词就是卖家需要的词，这些词就是标题的重要组成部分，也就是我们常提到的关键词。

类目是跨境店铺的主要流量来源之一，国外的买家可以通过首页的类目进行产品筛选。

根据自己搜索发布的商品逐层查看推荐类目层级，也可以参考使用商品关键词搜索推荐类目，从而在类目推荐列表中选择最准确的类目，发布同时要注意正确填写商品重要属性。

选择当前页面的操作提示语言：注意这里与商品发布语言无关，仅决定发布页面的属示语言；

选择发布语言：这里是指商品发布到买家前台的语种，包括标题和商品详情；

选择设置标题多语言：系统提供自动翻译的功能，商品在不同的国家自动适配不同的语言，在此可对翻译内容进行修改优化；

类目选择：系统根据标题推荐可能的类目，也可以进行手动选择，也可以选择最近使用的 10 个类目进行快速选择

3.3　商品基本信息填写

填写基本信息内容，包含图片，产品视频，产品属性等；“营销主图（仅部分类目展现）”，非必填，应用于搜索或者推荐 list 中，不填的情况下，展示商品第一张主图；“产品视频”非必填，若上传则会展示在商品主图区，建议上传产品视频，可提高用户转化，如图 3 – 6 所示。

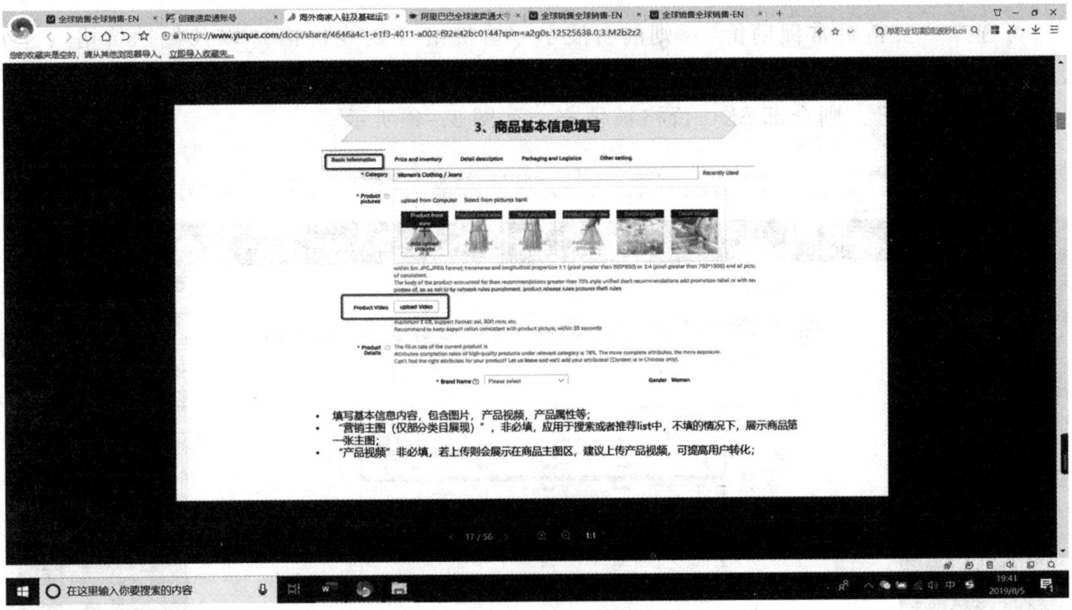

图 3 – 6　商品基本信息填写

3.4　编辑商品价格与库存

选择商品的颜色、尺寸，根据不同的 SKU 进行价格设置和库存设置，如图 3 – 7 所示。

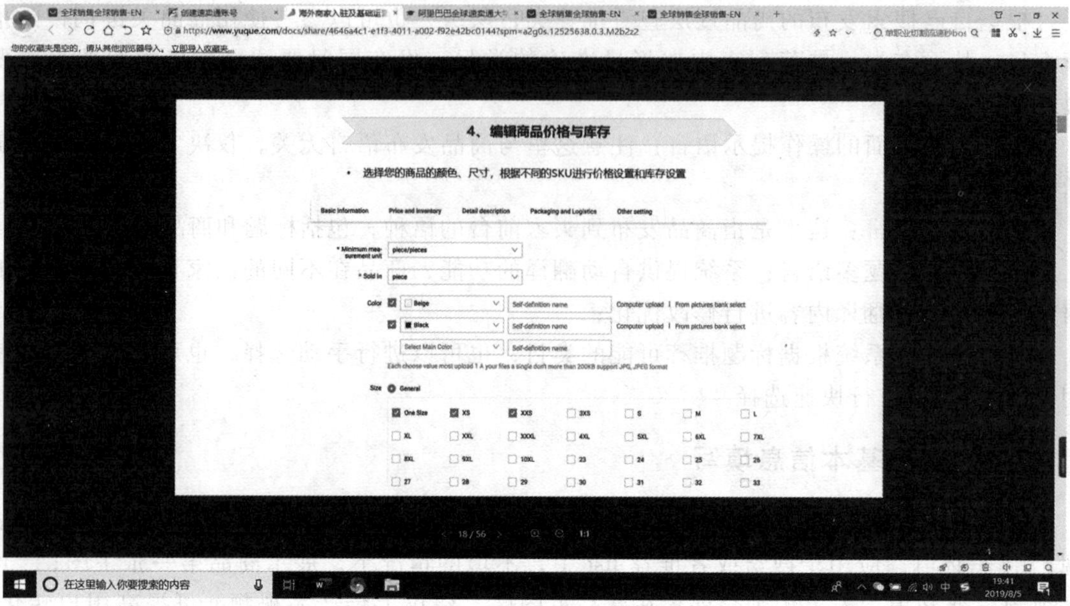

图 3－7　编辑商品价格与库存

1. 价格设置

可选择“支持日常促销价”：则前台展示零售价格（划线价格）以及促销价格（正常售价）；设置价格：多 SKU 商品在设置价格时，首先在商标栏填写价格，库存信息之后，点击“批量填充”，则全部 SKU 价格被填充，如图 3－8 所示。

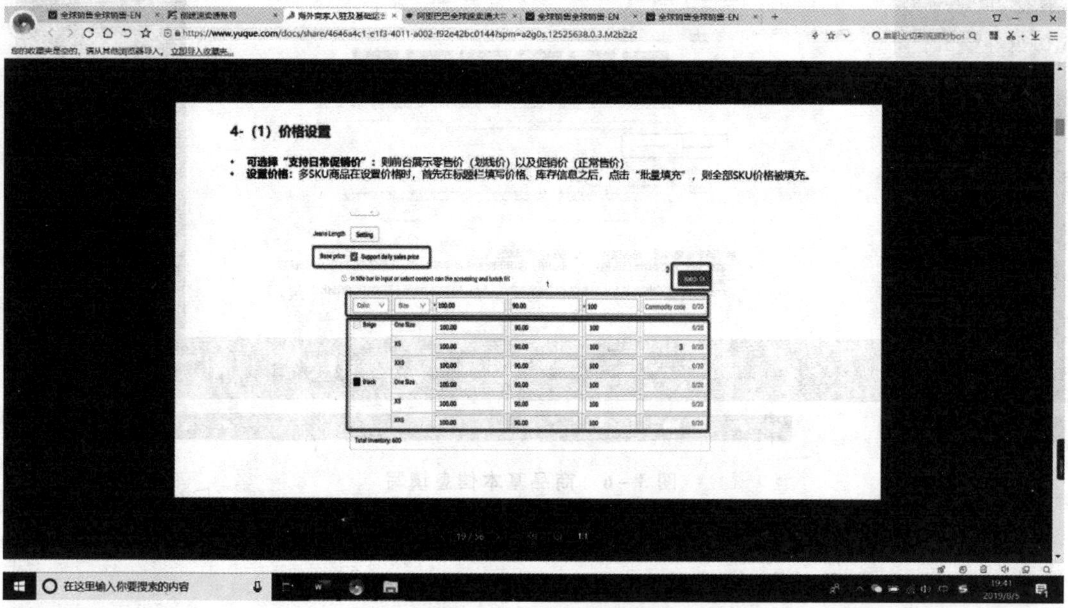

图 3－8　价格设置

2. 支持区域定价

选择额外定价的区域，选择“调价方式”，进行多 SKU 价格设置，批量设置，如图 3－9 所示。

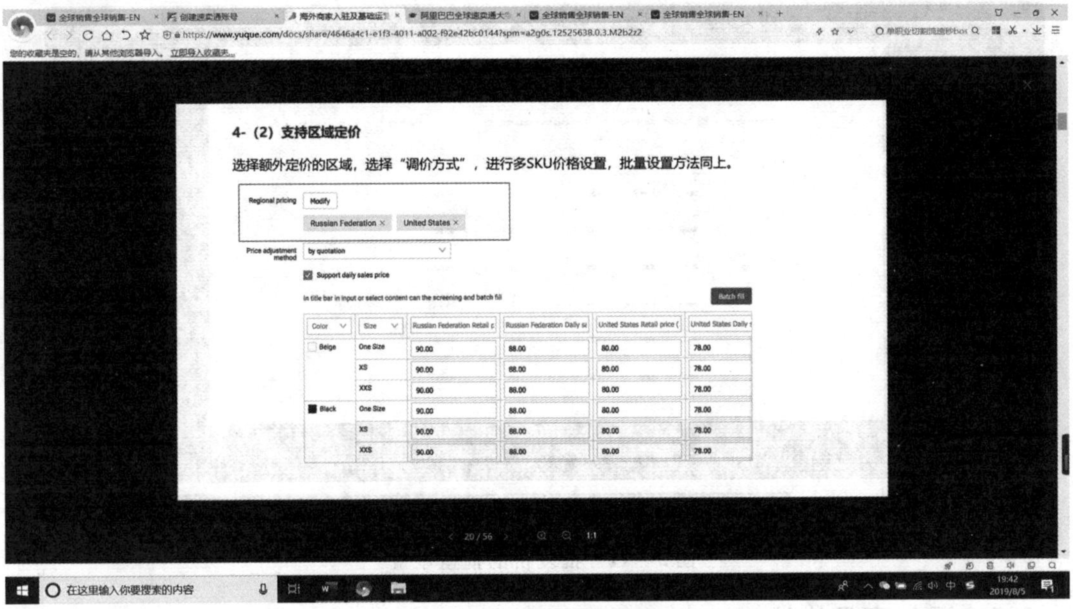

图 3－9 支持区域定价

3. 选择尺码表（衣服行业为例）

建议根据推荐尺码进行创建，如果当前模板无法满足，可创建新的尺码表，如图 3－10 所示。

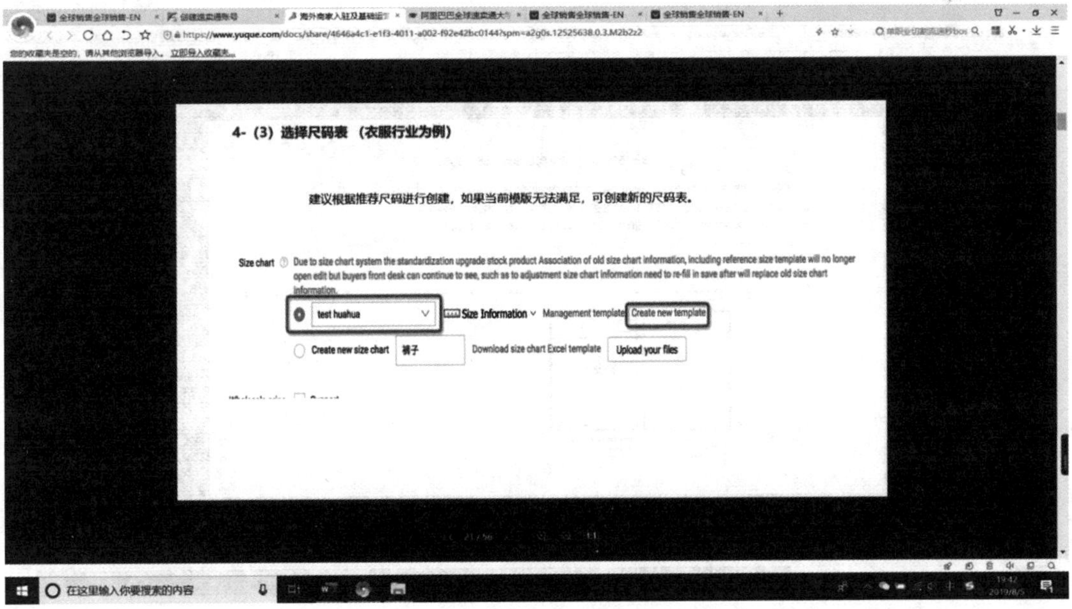

图 3－10 选择尺码表

4. 支持批发价的批量设置

批发价的批量设置，如图 3－11 所示。

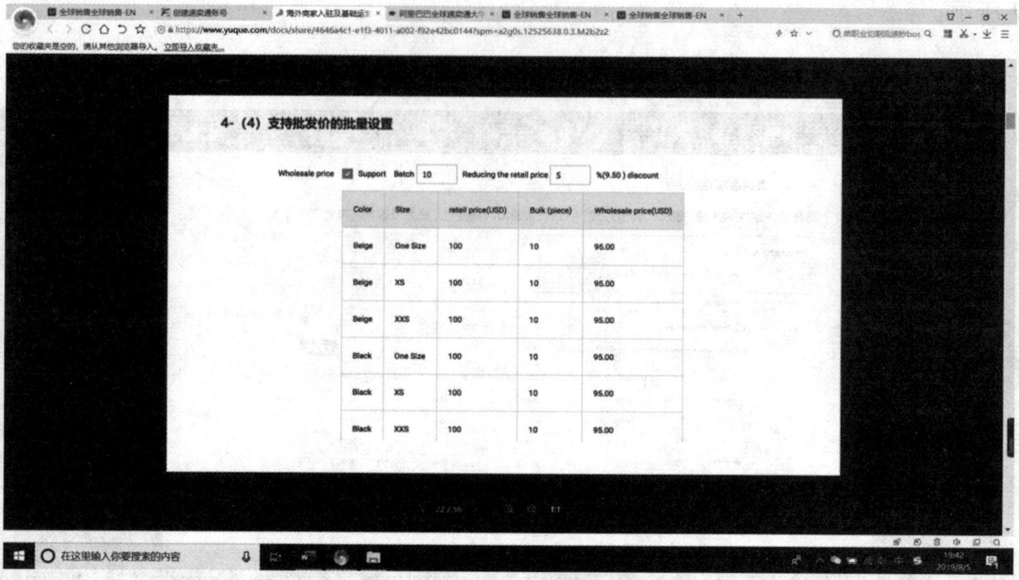

图 3－11　批发价的批量设置

3.5　添加商品描述

商品描述可以帮助客户对商品更加了解，更容易产生购买兴趣，有两种方式可以设置：第一行业自定义，有行业模板的类目下可以直接选择模板进行编辑，选择模板后打开编辑器；第二没有行业模板的类目可以打开空白模板，在新的模板上自行拖拽模块进行编辑，如图 3－12 所示。

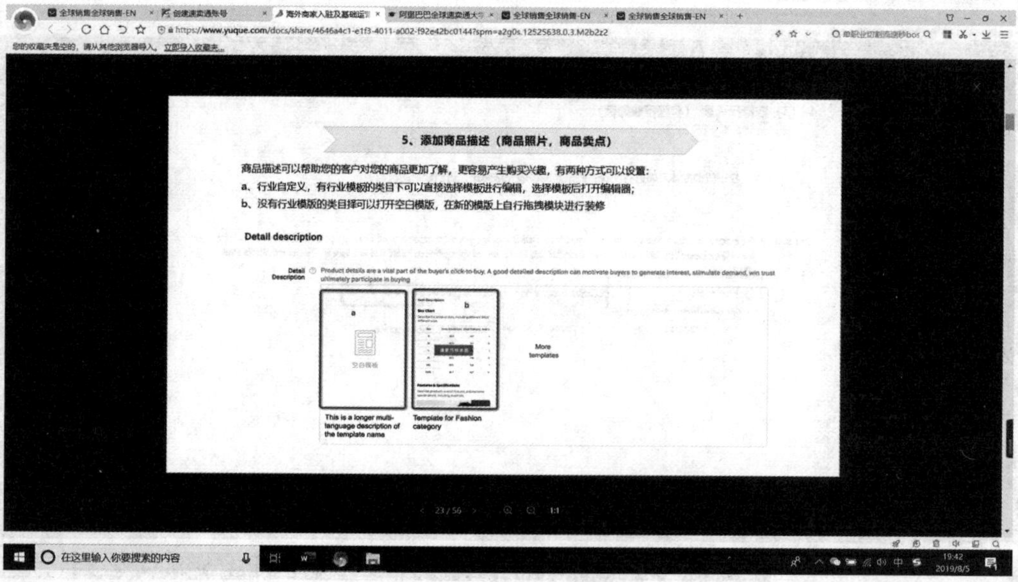

图 3－12　添加商品描述

3.6　设置包装与物流信息

如实填写发货期、物流重量、尺寸、运费模板（需要单独创建）、服务模板内容如何创建运费模板，如图 3－13 所示。

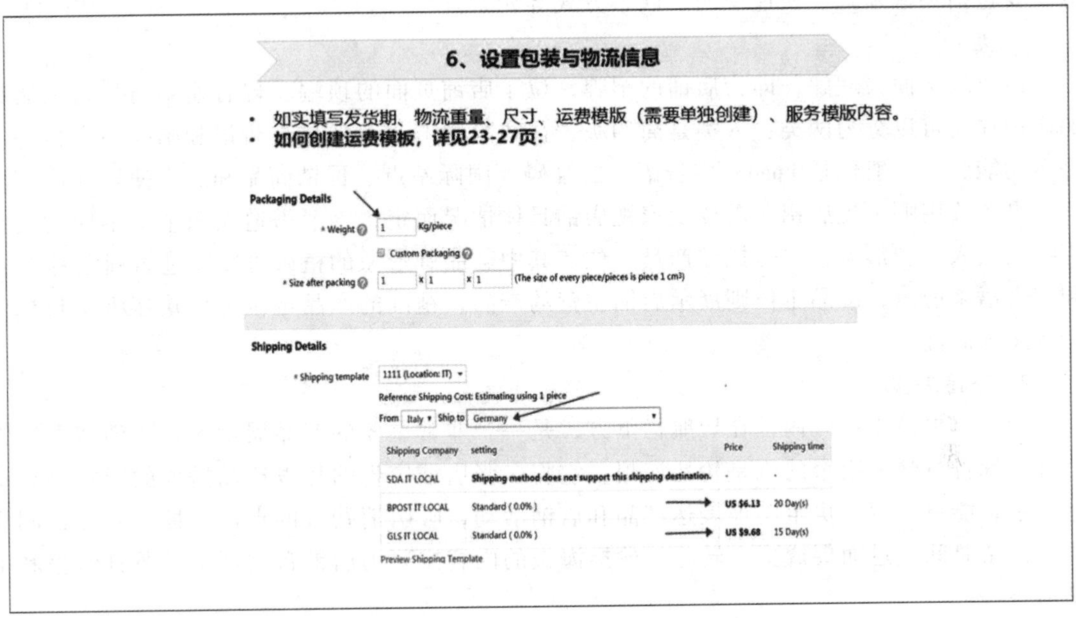

图 3－13　设置包装与物流信息

3.7　商品发布成功

完成其他设置后，点击“提交”完成商家发布。商品发布完成后不会立即在前台展示，有 1～3 个工作日的审核时间，审核通过后，商品会自动在前台展示。

任务四　店铺装修

4.1　店铺装修基础操作

对于速卖通的任何一个卖家而言，店铺首页都是其苦思冥想想要优化的页面。目前在视觉营销方面增加了新的开放式功能板块。其中，基础模块包含店招板块、图片轮播板块、联系信息、收藏店铺、商品推荐以及自定义内容区等部分。第三方模块相对于基础模块在功能上更加丰富，包含新品上市、限时导购、自定义模块、全屏轮播、优惠券、分类导航、广告墙及页角等。下面我们将对速卖通店铺装修基础模块的操作进行介绍。

4.1.1　网店基础页面布局元素

在一个完整的速卖通店铺中，店铺基础页面一般由页头、首屏、主体和页尾四个部分组成，其中页头的基本元素一般包括店招、导航；首屏的基本元素一般包括轮播海报、主推信息、客服和所有分类，原则上主推分类和所有分类不可共用，同时，主推信息、客服和所有分类这三个部分严格意义上说不在首屏，但同属于重点展示区为表达其重要性，故将其划分在首屏区块：主体部分包括分类标题、分类海报及分类商品列表等元素：页尾部分主要包括买家须知、快递说明、联系方式等元素。

1. 店招

店招从字面去理解，即为店铺的招牌，位于店铺页面的顶端。现有速卖通平台上店铺的店招往往可以分为两类：一类是简约版，往往只做 Logo、店铺广告语和国际站点另一类是多功能版，一般包括 Logo、广告语、二维码、国际站点、促销商品和店内搜索框等。

具体选用哪一类店招，需要卖家视店铺具体情况而定，一般需遵循两个基本原则是在店招内植入品牌形象：二是抓住产品定位。其中，品牌形象的植入可以通过店铺名称 Logo 和广告语来展示，产品定位则展示店铺主营的产品，精准的产品定位可以快速吸引目标消费者进入店铺。

2. 轮播海报

轮播海报位于主区内，在导航栏下方，是一个非常重要的产品展示区块，消费者通常打开店铺首页映入眼帘的就是轮播海报，它将多张店铺广告图片以滚动播放的形式进行动态展示，能更直观、更生动地表达产品和店铺活动，吸引消费者的点击，提升店铺访问深度和停留时间，进而促成更多转化。轮播海报的内容主要为店铺自主活动、节日海报和上新海报等。

3. 主推分类

主推分类属于店铺的主推信息，一般位于店铺轮播海报的下方。主推分类主要为店铺通过对用户浏览记录和购买记录等数据进行数据分析，所得出的有助于买家浏览和挑选商品、能激起买家浏览和点击兴趣、促进成交的店铺产品分类方式，原则上来说主推分类与所有分类不可在店铺内共用。

4. 客服

目前速卖通上有大量店铺未在首页设客服板块，这往往是一个相对不专业的表现。当国外买家在浏览店铺首页时，若能看到首页有客服板块，首先这将给予国外买家一个好印象—店铺专业：其次，当国外买家在浏览首页时，若发现疑问需要咨询，则无须点击到某个商品详情页找到客服再进行咨询，否则会大大降低买家的用户体验，因而，从专业性和用户体验角度来讲，首页的客服板块是一个较为重要的板块。

同时，针对中大型的速卖通店铺而言，在客服板块应当详细区分销售类客服和售后客服两块。专业分工，将有利于店铺工作开展，也能在较大程度上给予国外买家这家店铺是个大店、服务专业的印象，激起购买兴趣。

5. 分类标题、分类海报和分类商品列表

速卖通上大量商家将店铺商品进行分类，在店铺首页以分类商品的形式进行展示，方便国外买家挑选。但是在首页的分类商品列表里面，卖家往往由于商品多而无法完全列出该分类下的所有产品，这就需要卖家从热搜、热销和新品等多个维度入手去进行数据分析，挑选出对买家来说最有吸引力、最能激发点击和购买欲望的产品进行罗列。

6. 页尾

页尾板块位于店铺基础页面最底端，其主要功能是为店铺基础页面提供辅助性说明，专业的速卖通店铺往往会在页尾部分重复一遍导航栏内容，以方便买家在浏览至首页底端时，可以通过导航栏选择浏览店铺其他内容，如店铺重点推荐等，而不用拉回至首页顶端才能进行选择，这样有助于提升用户对店铺的访问深度和用户体验，从而促进购买。店铺应设置国际站点、店内搜索框、买家须知、快递说明、联系方式及图文说明等内容，为买家选购商品提供方便，用店铺的专业性来增加买家信任。

4.1.2　网店页面布局原则

店铺布局的成功与否，直接影响了买家能否在第一时间产生浏览或者购买的欲望那么，为了最大限度地把握店铺的每一位访客、每一点流量，提高流量转化，卖家不仅需要根据店铺风格、产品类别对店铺产品、促销活动等进行清晰、完整的布局，还需讲究布局的合理性，让买家有一个舒适、流畅的视觉体验。合理的店铺布局，往往需要遵循以下几点原则。

1. 主次分明、中心突出

店铺爆款、主推款等重要信息放置在最佳视觉位置，无疑会吸引买家眼球，在视觉中心以外，可以放置相对次要的信息，这样做可以达到主次分明，重点突出的效果。

2. 区域划分明确

合理、清晰的分区可帮助买家快速找到自己的目标商品，例如国外买家可根据清晰的店铺商品分类找到所需商品。

3. 简洁与一致性

保持页面简洁与一致性是布局的基础，如页面字体、颜色搭配得当，页面字体种类不宜过多，保持店铺各个页面的文本、商品的间距和图形、标题之间的留白一致等。

4. 布局饱满，应有尽有

布局饱满不是指店铺各个板块的简单堆砌，而是根据买家的思维逻辑和浏览路径将有必要的板块涵盖全面，除店招、轮播海报、导航栏等常规板块外，还应包括客服、搜索多语言栏等板块，以提升买家体验，增加黏性。

4.1.3　商品详情页设计原则

商品详情页不仅能向买家清晰地展示商品规格、细节、颜色材质等基础信息，还能够向买家展示商品搭配、商品优势、创意文案等内容，由此可见，买家能否喜欢上该商品或成为店铺的忠诚顾客，常常取决于卖家的商品详情页是否能打动人心。

1. 商品详情页模块布局

在速卖通上，商品详情页的设计相对简单，通常包括商品参数、关联营销、商品规格信息、颜色展示、商品全方位展示、商品细节展示、品牌故事、物流服务、买家须知等模块。

（1）商品参数模块：这个模块的主要目的在于让买家了解这款鞋子的一些基本参数，这些参数往往会在买家最终收到的鞋子的包装盒上有所展示。

（2）商品规格信息模块和颜色展示模块：这一模块主要对鞋子更为细化的规格进行描述。例如，不同国家的鞋号编码、通过图片指导买家如何测量自身脚的大小来挑选合适的鞋子、告知鞋码可能存在的测量误差、材质以及颜色等内容。

(3) 商品细节展示和亮点分析：这一模块主要针对鞋底、鞋子内饰、鞋子两侧以及鞋标等细节，通过大图进行展示，让买家能通过大图更直观地了解到鞋子的情况，同时在细节图旁边辅以对应文案，有助于提炼亮点，以创意文案和宝贝优势赢得买家芳心，因而这一模块是买家关注的一大重点。

(4) 商品全方位展示模块：这一模块主要将鞋子进行360度无死角的展示，以帮助买家做出购买与否的决策。

(5) 品牌故事、包装展示、物流服务、买家须知和联系方式：这一部分为店铺各个商品详情页的通用部分，品牌故事主要向顾客传递品牌价值及理念，增加顾客的认同，有助于增加回头客。包装展示和物流服务的描述能够让买家放心购买，同时，精美的包装是体现产品服务质量的重要部分，也是店铺营销实力的体现，这都有助于提升买家的购物体验。买家须知模块可以规避在购买时可能产生的不必要误会，减少很多售后基础性问题。联系方式模块能在较大程度上提升买家信任感，给予买家“无论何时，卖家一直都在”的感受。

(6) 关联营销模块：在开店的过程中，很多卖家客单价较低的原因往往是关联营销模块没有用到实处，成功的关联营销不仅是卖家提供给消费者的展示区域，也是卖家在深入分析店铺数据，挖掘店铺内不同商品之间的关联轨迹以及买家的偏好的基础上，有选择性地进行关联销售。优质的关联营销能提升买家访问深度，降低跳失率，促进销售，提升客单价，由此可见关联营销的重要性所在。

2. 商品详情页内容策划要点

商品详情页的内容布局、模块设置及文案撰写需要根据产品的类别进行策划。例如，数码电子类产品等标准化程度高的产品，买家的购买基本为理性购买，针对这类产品买家关注的重点是产品的功能性。那么，卖家在进行商品详情页布局时，往往会涉及商品细节展示、商品参数和功能展示等模块。而对于标准化程度较低的产品，如女装、珠宝饰品等，买家的购买更多是基于冲动，针对这类产品，产品的展示方式、场景烘托以及创意文案就显得格外重要。由此可见，针对不同类别的商品，在设计详情页时考虑的角度往往有所区别，但是最终目的都是激发买家的兴趣和购买欲望，因而万变不离其宗，在策划详情页时，需要把握以下三点：

(1) 激发兴趣，挖掘潜在需求。在详情页布局中可以运用创意性的焦点图来吸引买家眼球，通过焦点图所营造的场景可以是产品的功能特点、应用场景、目标消费人群等，从而激发买家的潜在需求。

(2) 赢得买家信任。卖家在设计详情页时可以从商品细节的完善，解决买家痛点、挖掘产品卖点，增加品牌附加值、引起买家情感共鸣和塑造买家拥有后的感受等多个角度入手，赢得买家信任。即卖家应站在买家角度考虑详情页的布局和设计，当详情页能打动自己时，往往说明有可能激发跟你各方面相类似的买家的欲望，当然这只是第一步。

(3) 替买家做决定。通过限时限量折扣、品牌介绍、数量有限、库存紧张等手段吸引犹豫不决的买家快速做出决定。当买家浏览完详情页仍然没有下单时，可以通过关联营销模块进行其他商品的推荐。

4.1.4　商品主图设计原则

商品主图往往是最先映入买家眼帘的商品图片，一般出现在产品搜索结果页、店铺首页和商品详情页顶端这三个地方，表达了一家店铺的风格和气质，因而非常重要。好的商品主图往往能在买家看第一眼的时候就抓住买家的眼球，引起购买欲望，那么，什么才是好的产品主图呢？下面我们从主图规范、背景搭配和制作技巧等多个角度入手来分析这一问题。

1. 商品主图规范

速卖通对商品主图的建议尺寸为800×800像素，这是由于详情页提供图片放大功能，若主图像素过低，放大后会出现模糊，即只有当卖家上传的图片达到800×800像素这一尺寸或超过这一尺寸时，在详情页被放大时，图片才清晰，因而，为了让买家在将鼠标移至宝贝主图时可以清晰地看到商品的细节，卖家应上传至少800×800像素的主图。

2. 商品主图背景搭配

主图作为店铺重要的广告图，其作用在于直接影响点击转化率。目前在速卖通平台上商品的主图主要分为三类。

（1）白底主图。白底主图的优势在于主体突出、干净大气、简单明了。对卖家来说，拍摄、布景及后期处理相对简单。同时，对国外买家来说，他们更加追求图片的真实性和商品时尚大气的风格，因而，为了避免不必要的退换货，速卖通上大量卖家往往都遵循条原则：产品质量过硬且图片写实，后期处理少。此外，平台活动和促销往往也要求卖家报送白底的产品主图，因而，很多卖家从便利性角度考虑也多会选择白底的图片作为商品主图。

（2）边框主图。速卖通平台页面的整个底色均是白色的，带有边框的主图恰好能有效利用这一点，在众多的产品中脱颖而出，便于被买家发现，促成点击。

（3）背景主图。背景主图作为一个色块，在速卖通上的吸引力还是非常大的，但经常很多卖家在使用的时候，把握不好度，反而降低了商品的日常点击量。因而，若卖家在审美、布景、设计等维度上对主图的观感难以把握，应尽量选择白色者其他颜色的纯色主图，不要额外布景、拍摄和后期制作，防止适得其反。

实际上，背景的搭配影响着主图的质量。合理灵活地搭配背景色和商品，可以让商品更具亲和力和感染力。在搭配主图的背景时，卖家不仅要考虑背景中的元素恰当与否，更考虑商品的形象与背景的色调是否相得益彰，能否从背景中凸显出来。

综上所述，卖家应当清楚自己的店铺在何时应该使用何种主图，若是参加活动，应尽量选择干净大气的白底主图：平时则可用一些简单的背景主图和边框主图聚焦眼球，增加点击转化。

3. 设计优质商品主图的技巧

买家在浏览商品主图时速度一般较快，如何让主图在速卖通搜索结果页的众多主图中凸显出来，成功引起买家注意力，是制作优质主图的关键，一般可以从下面四个方面入手。

（1）卖点清晰有创意。卖点即商品具备的别出心裁或与众不同的特色、特点，可以是商品的款式、形状，也可以是商品的价格等。卖点清晰是指即便买家快速浏览，也能迅速了解到商品的优势所在。

主图的卖点不在于多，而在于是否能击中买家痛点，打动买家。深入分析速卖通，会发现大量商品的卖点大同小异，因而，商品若想脱颖而出，引起点击，就需要卖家去优化卖点，让其变得有创意和感染力。

（2）商品大小适中。商品在主图中过大则显得臃肿，给人以压力感。主图过小则不利于表达商品细节，不利于突出商品的主体地位。而大小合适的商品往往能给人以视觉的舒适感，有助于提升商品点击率。

（3）宜简不宜繁。有部分卖家为了突出产品卖点，在主图上设置大量文案，加之排版不合理，最终导致适得其反。实际上，买家在浏览商品主图时速度非常快，因而，主图传达的信息越简单、越明确，越容易被买家接受。背景繁杂、产品放置杂乱、文案信息多以及水印夸张的主图均会影响产品信息的传达。所以，卖家在设计产品主图时，应当从买家的接受程度和认可程度入手进行考虑和设计。

（4）丰富细节。在设计主图时，卖家可以通过放大商品细节提高主图点击率，也可在主图上添加少许文案，如商品名称、特点与特色、包邮、特价等想要买家关注的内容，丰富主图细节。

4.1.5 装修前准备工作

首先，进入卖家后台，单击“店铺——店铺装修及管理——进入装修”按钮，登录店铺装页面，如图 3－14 所示。

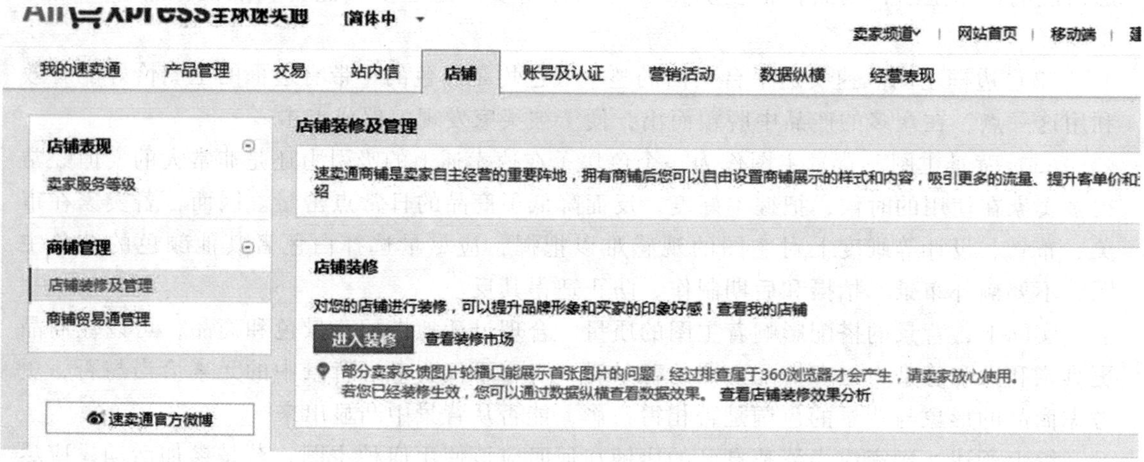

图 3－14 进入装修

进入装修页面，当鼠标靠近“装修”按钮时，会出现下拉菜单，菜单中包括页面管理样式编辑和模板管理，如图 3－15 所示。

（1）页面管理：编辑首页版式、模块。

（2）样式编辑：选择首页主题色。

（3）模板管理：选择免费模板或者购买收费模板。

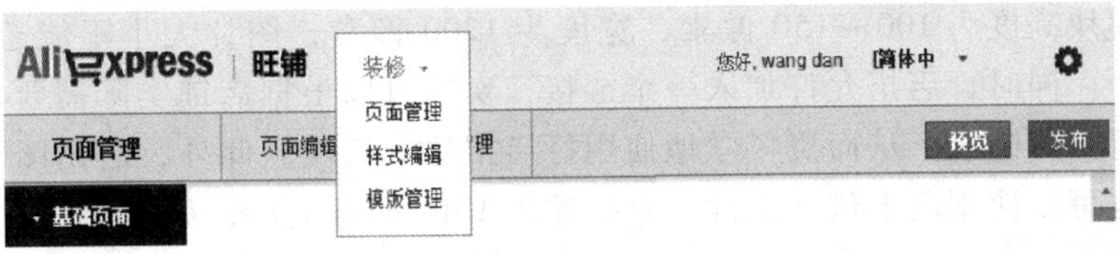

图 3－15　装修选择

点击“装修——样式编辑”按钮，可以看到有四种配色样式可供选择，分别是湖蓝、蓝色、红色和棕色，卖家可以根据主营产品的性质、类别以及目标市场选择一种相应的主色调，然后点击“保存”按钮即可。

（1）基于店铺主营商品选色。当卖家店铺的商品具有一定相似度，且颜色相对统一时，卖家可以选取商品的核心颜色作为店铺首页的主色调。

（2）基于目标客户人群选色。根据目标客户来选色，即当店铺主营产品为童装、童鞋等儿童相关的产品时，应当选择色彩鲜艳，充满朝气的颜色：当主营产品为老年服装、拐杖等老年人使用居多的产品时，店铺首页的主色调应当选择稳重、大气、色调相对偏深的颜色。

（3）基于概念性选色。当店铺产品颜色众多，没有统一性时，卖家可以考虑主营商品是否与节日或者某些特定的概念相关，从而引申至选择与这一节日或概念相对应的颜色。

4.1.6　店招板块

店招是展示在店铺顶部，用于向买家展示店铺的 Logo、特色等等的区域，店招的图片在店铺内所有的页面都会展示，但是只能设置一张图片，且店招的高度范围需要在 100 ~ 150 像素之间。

在后台首页装修页面，“布局管理”栏目则可以调整首页整体结构，如图 3－16 所示。

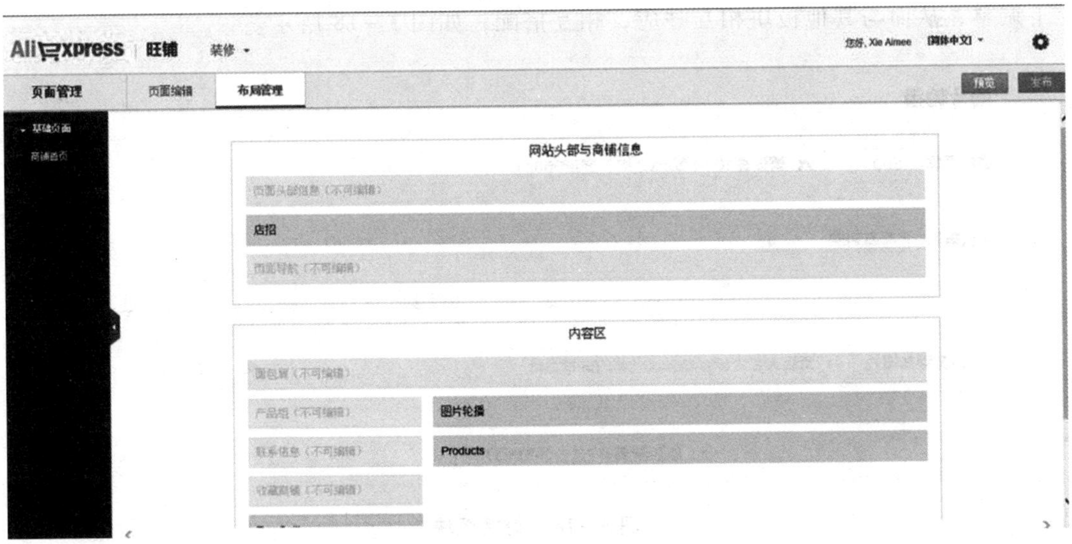

图 3－16　布局管理

将鼠标放在店招板块上，单击右上角的“编辑”按钮，可看到对应的店招板块规格参数，店招的模块高度为 100～150 像素，宽度为 1200 像素，图片大小不能超过 2M，基础模块只有一个。同时，店招允许加入一个链接，卖家可以根据店铺实际需要对首页、活动或者单品进行交替链接，从而更科学地使用好店招这一板块。此外，店招图片可以直接从本机上传，也可以使用已上传的图片，直接输入 URL 即可上传，如图 3－17 所示。

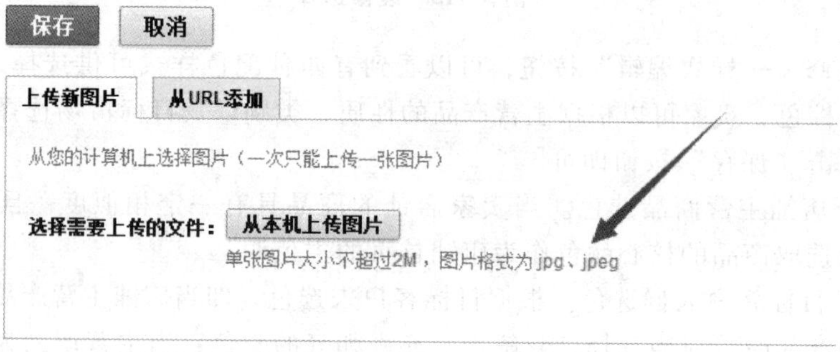

图 3－17　店招图片上传

从视觉角度来看，150 像素的店招比 100 像素的店招更为大气，更符合审美要求，建议卖家在设置店招宽度时选择 150 像素。

4.1.7　图片轮播板块

图片轮播是在店铺内用户展示一组图片的区域，可以设置 1～5 张图片（若设置一张图片则不轮播），并且为所有的图片分别指定超链接，在店铺前台实现图片轮流播放的效果，图片轮播的高度范围需要在 100～600 像素之间，并且同一组轮播的图片最好宽度和高度保持一致，会给买家更好的体验。

图片轮播板块属于主区内板块，在主区内可以添加最多 5 个图片轮播板块，且位置以上下调整，从而与其他板块相互呼应，相互搭配，如图 3－18 所示。

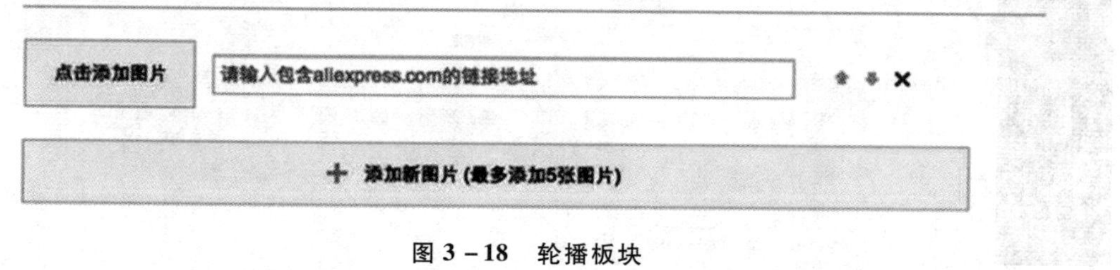

图 3－18　轮播板块

在设计图片轮播板块的海报时，务必在每张海报中添加类似“BuyNow”等引导点击的按钮，从而刺激买家眼球，引导购买。

4.1.8　商品推荐板块

基础模块中的商品推荐板块使用效率较高，但存在结构相对单一的缺陷，若能有效配合图片轮播板块和自定义内容区的应用，对商品的展示将起到很好的推动效果，一个店铺最多可以添加 5 个商品推荐板块。单击“编辑”按钮，可以看到该板块可以添加标题并显示，商品的展示方式可以选择一行 4 个或一行 5 个，如图 3－19 所示。

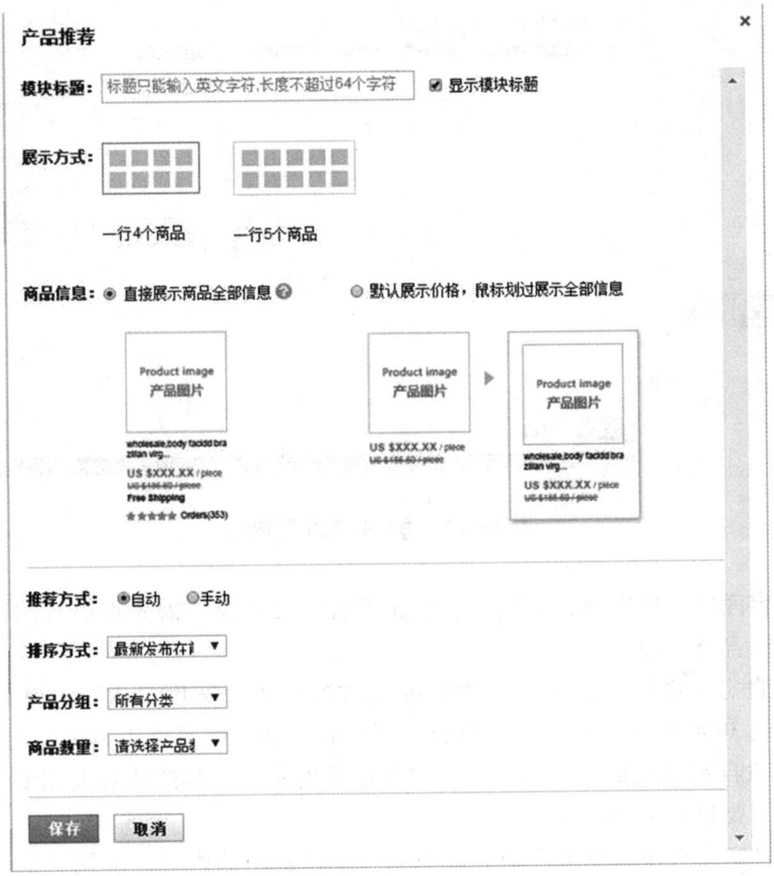

图 3－19　商品推荐板块

该板块里的图片，往往会使用商品首图，因而为了使展示效果统一，被选商品的首图务必要干净整洁，且和店铺整体装修风格一致。

4.1.9　用户自定义区域

自定义区域排版相对灵活，可以搭配卖家的营销想法来更好地展示店铺和商品，在基础板块中最多可添加 5 个自定义内容区，在一个区内，字符数不能超过 5000 个，如图 3－20 所示。

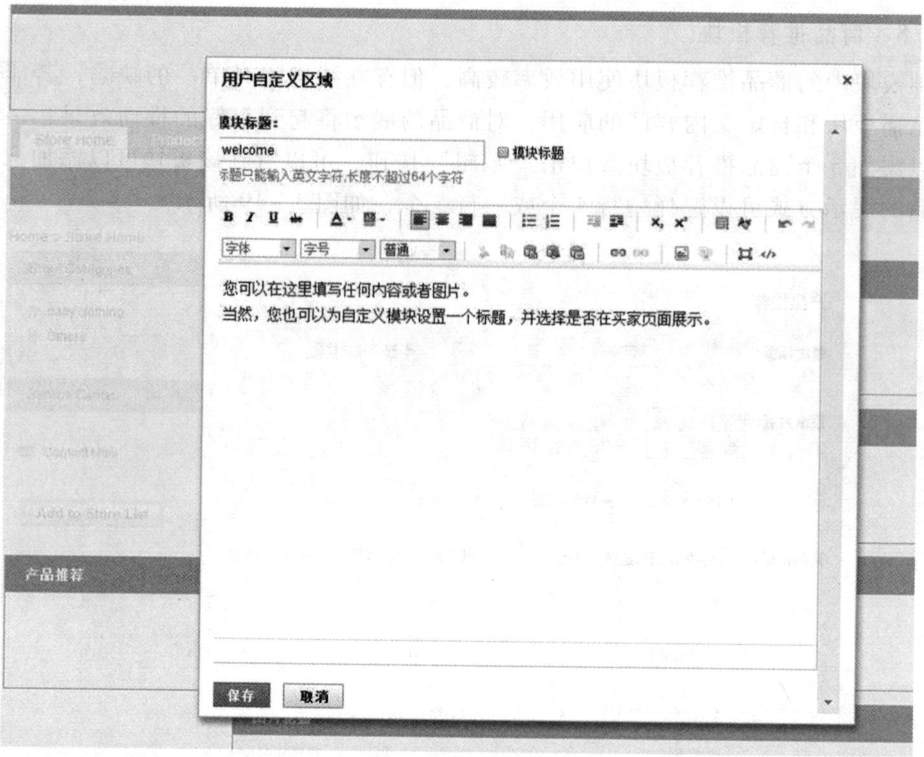

图 3－20　用户自定义区域

自定义内容区的应用广泛，国际站点也属于自定义内容，需先将语言图标设计出来切片，然后加入语言链接即可。

（1）主区自定义规格。基础模块的自定义内容区图片宽度最大为 920 像素，高度不限，但不要超过 3000 像素为好，太高会影响网页打开速度，且字符数容易超出限定。

（2）侧边栏自定义规格。在侧边栏添加自定义内容区，其图片最大宽度为 180 像素高度不限，建议不要超过 1500 像素。

实际上，自定义板块是高级旺铺装修中一个比较常用的内容，应用灵活，可以是图片也可以是文字，但对于新手卖家而言，往往较难上手，需要搭配 Photoshop 和 Dreamweaver 来共同实现。

4.1.10　店铺基础装修四大秘籍

秘籍一：用好预览功能。店铺装修好以后，如果卖家想要看下装修后的效果，可以点击屏幕右上角的预览按钮来预览装修效果，在确认装修无误后再进行发布，这样可以确保万无一失，减少不必要的返工并能在一定程度上降低买家体验感下降的概率。

秘籍二：侧边栏也可以装修。卖家可以在侧边栏添加一个商品推荐板块，推荐方式选择“自动”，排序方式选择“按销量降序排列”，即可重新调出消失的 TopSelling。同理，卖家可以按照产品分组，添加分类产品的 Top 排行榜，如图 3－21 所示。

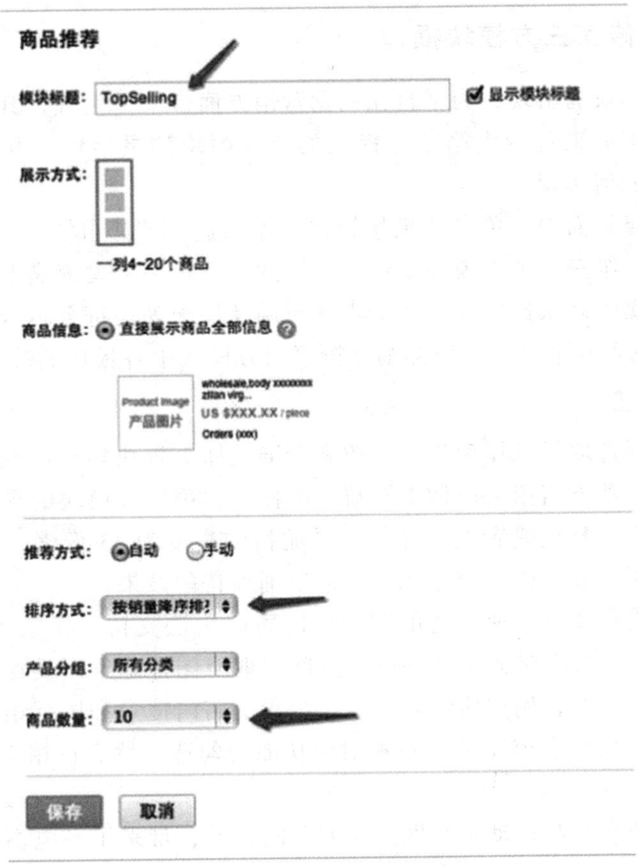

图 3-21　侧边栏装修

秘籍三：用好自定义区域。自定义区域不局限于产品，还可以在店铺内更直添加产品分组，引导消费，若使用好，它将是一个优秀的导购员。

秘籍四：用好图片链接功能。无论是店招图片，或是图片轮播里上传的图片，卖家均可为图片添加 URL 超链接，卖家可以将图片链接到店铺内任意页面，例如用来推广某个商品、某个分组、某个搜索结果等，从而将可利用资源发挥到极致，达到多方引流，这在一定程度上有助于提升页面访问深度和停留时间，为店铺留住顾客，增加成交机会，如图 3-22 所示。

图 3-22　图片链接功能

4.2 店铺装修第三方模块操作

速卖通第三方模块的出现，为平台在视觉营销方面带来了生气，其灵活性和开放性远远超过基础模块。下面来看看由第三方提供的装修模块的灵活性、开放性究竟体现在哪里，丰富的效果又如何实现。

在卖家后台装修页面中，单击“模块管理”按钮进入装修市场。

在装修市场中，第三方装修模板是付费试用的，选择一个卖家满意的模板，购买之前可以进行试用，在卖家确认选中模板各个板块布局及搭配等均符合自身需求时，再选择购买1个月、3个月或者6个月。下面详细分析第三方模块中各板块的装修细节。

4.2.1 功能店招

一般而言，只要选取了试用模板，店招和全屏轮播等板块均会出现，若未能出现，也可手动添加，同时，功能店招可以调整导航栏的样式，第三方模块的导航栏可由卖家自己设计，卖家可以自定义颜色或者上传图片。导航栏的高度为33像素，卖家可以结合店铺性质和产品所属类别等多方面综合考虑，打造店铺独特的效果。

此外，对于较大的图片，速卖通的图片空间暂时无法支持，卖家可以借助1688的图片空间来实现，即将图片上传到168的图片空间，取得图片地址后使用到速卖通上。功能店招提供了很多附加功能，例如店铺收藏、二维码、店内搜索和国际语言等，若要使用这些功能，需要先在“店招内容”中进行相对应功能的勾选，然后在相应勾选的栏目中调整参数。

当前智能手机的普及和移动互联网网速的不断提升，带来了各电商平台无线端流量的不断上涨，速卖通也不例外。因而卖家可以在店招中设置二维码，并将二维码放在店铺明显位置，这样可以在一定程度上提升无线端的流量。

4.2.2 全屏海报

全屏海报的出现使店铺在整体视觉效果的打造上提升了一个台阶，能更大气、更干净地展现产品和活动等内容。打开全屏海报的编辑页面，复制图片URL地址粘贴在图片地址框中，并复制相应的产品链接粘贴在链接网址框中。同时，卖家可以在“页面背景”栏目中制作一个宽度为1920像素的全屏背景。

4.2.3 广告墙

广告墙是一个大小已被规定好的板块，卖家只需根据板块要求，制作出对应大小的图片即可。通常情况下，广告墙要求提供产品正反两个角度的图片，当鼠标划过时，第二个角度的图片会替换第一个，可以让买家在首页看到同款产品不同角度的拍摄效果，起到良好的宣传作用。广告墙中上传的图片大小为600像素×170像素。依次加入商品图片，得到广告墙的最终效果。

4.2.4 分类导航

分类导航的存在可以方便买家查找商品，提升用户体验。而对于卖家而言，分类导有助于卖家不断分析关键词，并对关键词及时进行调整，提升效率。在分类导航参数设置页面中，“大类名”是指一级分类的名称：而在“子类名”框中，卖家只需将关键词按顺序

排列好，中间用“|”隔开，如此填写即可；同时，在“子类链接”框中，只需填写与“子类名”框中关键词的顺序相对应的产品链接，中间用“|”隔开即可。

4.2.5　自定义模块

自定义模块可以放入卖家自主设计的切片内容，第三方板块中的自定义模块与基础板块中的自定义内容区不同，后者只支持960像素的宽度，前者支持1200像素的宽度。同时，进入第三方板块自定义模块的后台编辑页面可以看出，没有多余工具可以辅助设计制作卖家只能借助Dreamweaver软件来完成编码任务。复制编辑好的代码，再粘贴至内容框，保存即可。

4.2.6　产品信息模块

产品信息模块属于详情页中的模块，用来制作关联营销或公告通知、活动预告均是极佳的选择。单击“产品管理——产品信息模块——新建模块”，将会出现两种选择：关联产品模块和自定义模块。

（1）关联产品模块。在该模块中，最多可以选择8个产品，同时，可以快速选择产品编辑成产品模块，其优势在于操作简便、效率高：若商品主图风格统一，美观度较高，具有较强的可行性。

（2）自定义模块。在该模块中，卖家可以采用切片等功能自己设计版式，创意程度高，容易吸引眼球，继而加入相关信息，因而可以是产品推荐、活动公告和售后服务等内容。卖家可以自己进行设计，但时间成本花费较高。

针对自定义模块中没有代码展开按钮的情况，卖家可以灵活地将做好的切片代码上传至发布商品页面，在商品详情的内部转换成图片后，再将整体图片进行复制，即可实现。

任务五　店铺日常管理与优化

5.1　卖家后台——“我的速卖通”

1. PC端的登录入口有两个

速卖通卖家首页（https：//seller. aliexpress. com）和速卖通买家首页（https：//www. aliexpress. com）。

2. 打开PC登录界面

输入登录名、登录密码，单击“登录按钮，成功登录后进入卖家后台首页。

（1）导航栏：卖家后台所有频道、功能入口；

（2）快速入口：常用的功能入口；

（3）卖家表现中心：卖家的信用积分和相应的店铺等级。全球速卖通平台采用比较直观的勋、钻、冠（勋章、钻石、皇冠）来表示买卖双方的信用等级，是建立在买卖双方评价体系之上的、长期累积的信用体系。卖家的认证信息包括支付宝实名认证、邮箱认证和手机认证。

（4）运营店铺情况：

①今日服务分：今日服务分（满分100=成交不卖率得分（单项满分10）+未收到货物纠纷提起率得分（单项满分15）+货不对版纠纷提起率得分（单项满分15）+DSR商品描述得分（单项满分30）+DSR卖家服务得分（单项满分15）+DSR物流服务得分（单项满分15），其中DSR为卖家服务评级系统。

②搜索权益：今日服务分决定今日店铺的搜索权益，低于60分不利于曝光，60～80分正常曝光，80分以上优先曝光。

③服务等级：上月的每日服务分均值决定下月店铺的服务等级，在不同的服务等级下店铺享有不同的权益和资源。

④违规扣分：记录店铺违规扣分的行为。如知识产权禁限售违规、交易违规及其他，满48分店铺将被关闭。

（5）店铺动态中心：包括动态交易情况、违规情况、可用资源情况和产品信息。

（6）店铺数据最近30天趋势概览：显示最近30天的交易总额、每日支付成功金额访客数、曝光、曝光点击比和购买率。

（7）如果是新店，此板块为“新手入门必读”，向卖家介绍基础运营知识：如果是老店此板块为“成长攻略”。

（8）最新公告：平台规则调整会在此公布，应及时关注。

5.2 产品管理

1. 产品信息

产品相关的运营操作都在这个板块当中，主要包括产品发布、管理产品等。

2. 货源中心

链接进入1688跨境专供货源平台。

3. 模板管理

包括产品信息模块、运费模板、服务模板、尺码模板，产品发布之前必须要设置好运费模板，服务模板默认为新手服务模板，设置信息模块和尺码模块可为后期运营带来很多方便。

4. 诊断中心

包括商品诊断、排名查询工具和搜索规则中心。

（1）商品诊断，让卖家了解店铺产品的发布情况，提示卖家是否出现重复铺货、类目放错、属性错选、标题堆砌、标题类目不符、运费不符、关键属性缺失、必填属性缺失、主图质量不佳、发布类目失效、标题拼写错误、标题中式英文、标题缺少核心产品词、未根据平台规则进行物流设置等问题。

（2）排名查询工具，可查询卖家在本店铺或账号下销售产品的排名情况，如果本店铺商品排名在该关键词搜索结果的前20页，则可搜索到结果。（注：排名查询工具基于理论排名，与用户搜索行为存在场景上的差异，因此以线上实际搜索结果为准。

（3）搜索规则中心，包括发布产品时影响搜索排序的因子等，当发布一个产品的时候，如果这个产品的描述信息正确完整，又符合市场买家需求，在这个基础上，商品的转化率又高，服务能力好的，那么速卖通后台就会判定这是一个优秀产品，就会得到排名靠前的机会，反之如果有搜索作弊的情况会有排名靠后或者没有排名的机会。

5. 人工翻译平台

可以在此提交翻译需求，由第三方翻译公司提供英语、俄语、西班牙语和葡萄牙语的标题和产品详情有偿翻译服务。

6. 卖家商品共建管理

为了确保信息共建的质量，SPU 商品共建平台目前仅开放给 3 级或以上卖家参与认领；卖家的品牌认领申请通过后，将会获得在该类目下认领品牌全部 SPU 商品的数据管理权限，可新增编辑 SPU 商品，数据提交由行业人员审核通过后方可生效对于参与平台共建的卖家，平台将会在 SPU 商品详情页开放卖家的激励入口，提升卖家在该品牌下的曝光率和权威性。

7. 管理订单通知

卖家可设置通过短信，Trade Manager 和邮件三种方式，随时随地得到下单和付款通知，以便第一时间跟进交易。

8. 淘宝产品代销

简称“淘代销”，是速卖通平台为卖家提供的一款可帮助卖家将淘宝宝贝产品信息快速批量导入速卖通平台的发布工具。

9. 产品所处的几个状态

（1）草稿箱：编辑中的产品平台每 15 分钟会自动保存到草稿箱，在“发布产品”页面单击“保存”按钮，也可将产品信息保存至草稿箱。草稿箱上限为 20，超过就不能保存新编辑的产品，需手动删除。

（2）审核中：产品发布之后会进入平台审核，即“审核中”状态。

（3）审核不通过：审核不通过的产品会在“审核不通过”栏目向卖家进行提。

（4）已下架：在线销售的产品到期会自动下架，也可手动下架，让产品变为“已下架”。

（5）正在销售：审核通过的产品就能正常在线销售了。

5.3 交易管理

（1）交易核心区域：显示订单的详细情况，包括今日新订单和不同状态的订单，包括：等待卖家发货、买家申请取消、有纠纷的订单、未读留言、等待卖家验款、等待卖家留评，等待放款的订单（等待卖家操作）、等待买家付款、等待买家确认收货（等待买家操作），这块区域是卖家每天要处理和关注的板块。

（2）管理订单：显示所有订单及退款、纠纷订单，也可以在这里导出订单信息（Excel 格式文件），便于进行统计。

（3）物流服务：可以查询国际小包订单、国际快递订单和 e 邮宝订单。还可操作批量线上发货、物流方案查询、运费统计、地址管理、投诉管理（线上发货物流赔付）、海外仓的开通、菜鸟商家工作台（主要用于使用菜鸟海外仓的商家，通过该入口免登录进入菜鸟系统进行海外仓的相关操作）。

（4）资金账户管理：可以查询资金记录，进行账户的管理和提现的相关操作。

（5）退税服务：对出口货物退还其在国内生产和流通环节实际缴纳的增值税、消费税。

（6）交易评价：订单评价的管理。

5.4 店铺表现与商铺管理

1. 店铺表现

店铺表现包括卖家服务分和商品服务分。卖家服务分和当月服务等级是衡量店铺表现的综合指标，关系到店铺的权益和资源。商品服务分是平台对每个商品在考核期内的成交不卖率、未收到货物纠纷提起率、货不对版纠纷提起率、DSR 商品描述、DSR 卖家服务、DSR 物流服务进行考核得出的分数。

2. 商铺管理

商铺管理包括店铺资产管理、店铺装修及管理、商铺贸易通管理。店铺资产管理包括店铺类型、店铺名称和二级域名设置。店铺类型有官方店、专卖店和专营店三类。店铺装修及管理在任务五中已做讲解，此处不再赘述。

任务六 营销推广

对任何店铺或企业来说，营销永远是重中之重，它是给店铺带来流量及订单的重要因素之一，如何做好店铺的营销工作成为了店铺成功运营的关键所在。

6.1 店铺自主营销

6.1.1 限时限量折扣

打开速卖通后台，单击“营销活动”——“店铺活动”——“限时限量折扣”——“创建活动”，如图 3－23 所示。

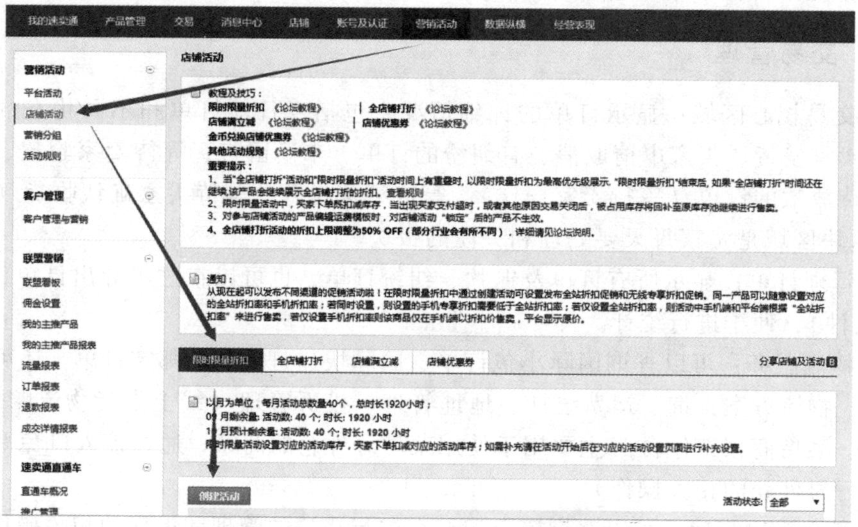

图 3－23 创建限时限量的折扣活动

限时限量折扣由三个板块构成：活动名称、开始时间和结束时间，这三个板块需要我们填写，如图 3－24 所示。

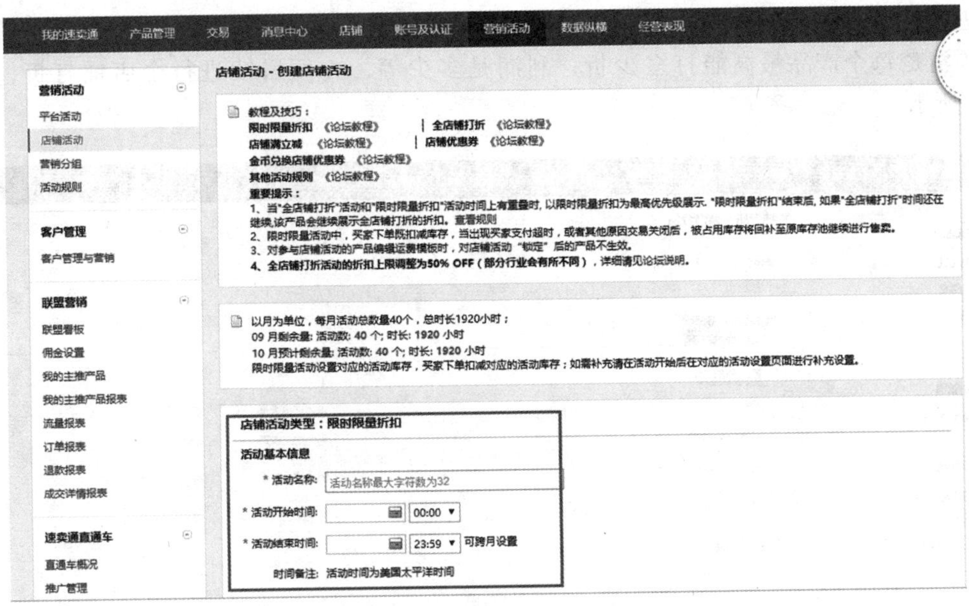

图 3－24　设置限时限量的构成

在做限时限量折扣前，一定要做好准备。比如某个产品要打五折，可以在上传产品时把价格定位好，先把价格做适度提升；某个产品想打六折，一样需要在上传产品时把价格升高一定幅度。需要注意的是，打完折后要的确给客户优惠，不能是虚假折扣。然后可以把所有做好的产品放进同一个组里面，以便后续营销活动便于寻找。

6.1.2　全店铺打折

全店铺打折是店铺自主营销的“四大利器”之首，尤其对于新店铺来说，作用更为明显，能快速提高店铺的销量和信用，提高店铺的综合曝光率。

1. 营销分组设置

打开“营销活动”——“店铺活动”——“全店铺打折”页面，单击“营销分组设置”按钮，如图 3－25 所示。

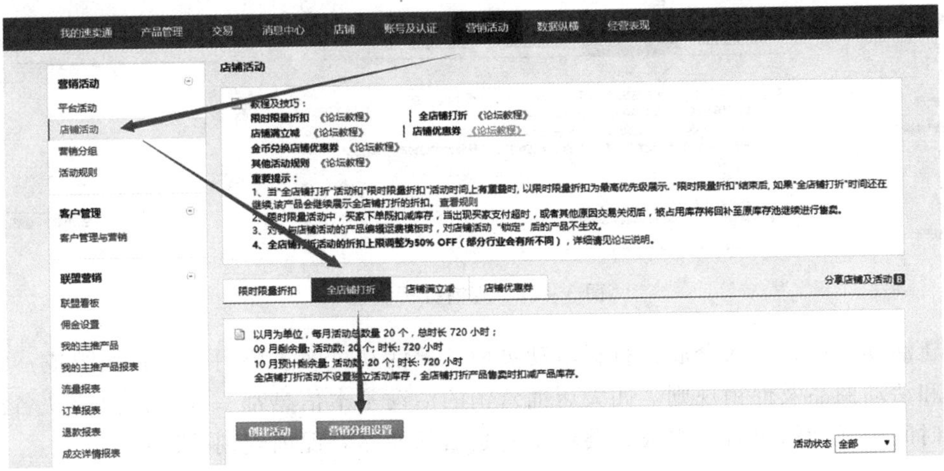

图 3－25　营销分组设置

进入“营销分组设置”之后，首先要进行产品分组，对每个产品的利润度进行整体核算，弄清楚每个产品最高能打多少折、利润是多少等，方便后续进行全店铺打折，如图 3-26 所示。

图 3-26 产品分组设置

2. 店铺打折设置

做好营销分组后，首先打开“营销活动”——“店铺活动”——“全店铺打折”页面，单击“创建活动按钮”，如图 3-27 所示。

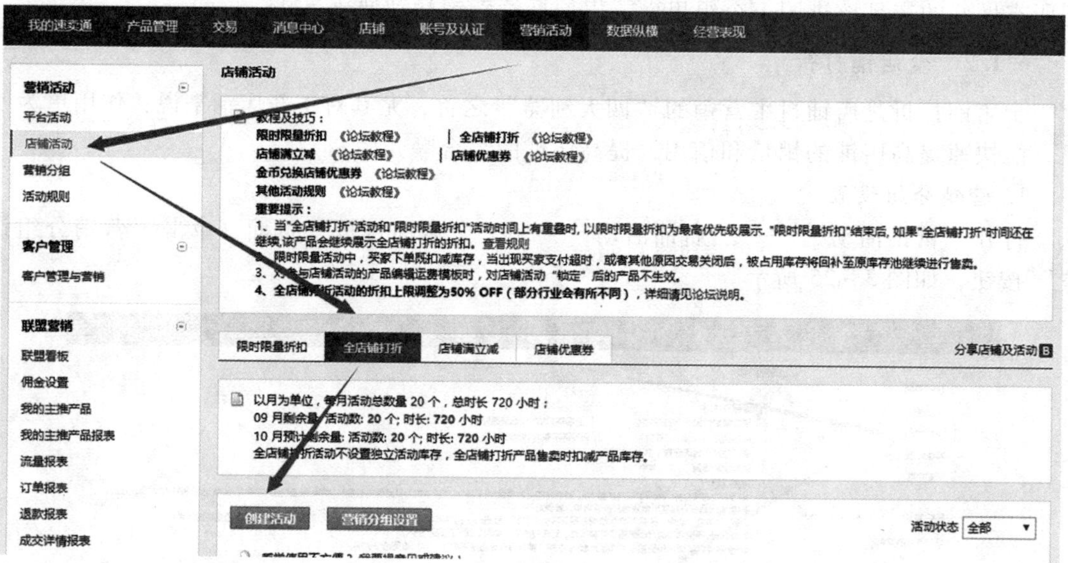

图 3-27 店铺打折设置

创建活动之后，进入全店铺打折活动页面，此活动页面主要由两个板块组成：活动基本信息和活动商品及促销规则。四大店铺营销的活动基本信息都一样，都由活动名称、活动开始时间、活动结束时间组成，要注意的是活动商品及促销规则的设置。

3. 结合其他营销工具

前面说到做限时限量折扣时，要结合客户管理进行营销。其实全店铺打折最好也能结合客户管理进行营销。首先进行客户管理分析，有针对性地通知目标客户，给客户发营销邮件，如果营销邮件不够用，可以借用第三方工具，向目标客户发出通知，客户会非常感激你的细心。除了客户营销，在全店铺打折期间，大家最好能 24 小时不间断地进行直通车推广，通过直通车引进新客户，本来客户只想买你用直通车推广的产品，但是进入店铺之后，发现店铺中所有的产品都在打折，很多客户都会顺带买一些其他产品，这样就提高了店铺的客单价了。

6.1.3　店铺满立减

1. 设置目的

店铺做活动的目的是要提高客单价，这样才能充分利用好营销这个工具。要注意的是，满立减活动都有数量和时间的限制，如图 3－28 所示，满立减活动每个月有 10 个，持续时长为 720 小时。

2. 如何设置满立减

打开“营销活动”——“店铺活动”——“全店满立减”页面，单击“创建活动”按钮既可以进行全店铺满立减的设置了。满立减有两部分需要我们填写，即“活动基本信息”和“活动商品及促销规则”，如图 3－28 所示。

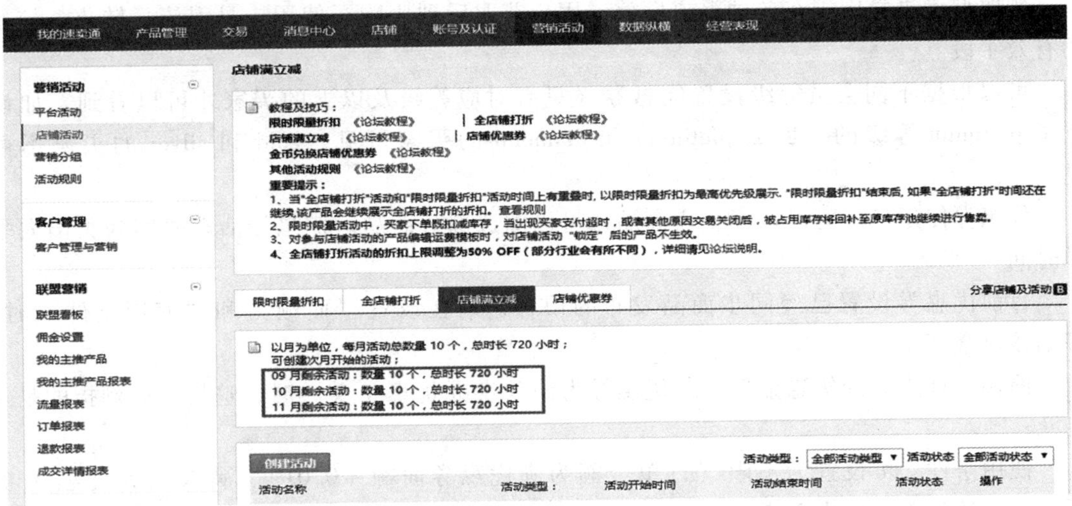

图 3－28　店铺满立减设置

6.1.4　店铺优惠券

设置优惠券和满立减一样，也是为了提高店铺的客单价。它可以设置小金额，比如 2 美元、3 美元、4 美元等，对于卖家朋友来说，是比较灵活的。第二个目的是增加二次营销的机会。可以通过多种渠道进行推广，通过设置优惠金额和使用门槛，刺激转化提高客单。

选择“营销活动”——“店铺活动”——“店铺优惠券”——“领取型优惠券活动”/定向发送型优惠券活动，单击“添加优惠券”按钮，进入创建优惠券的活动页面，如图 3－29 所示。

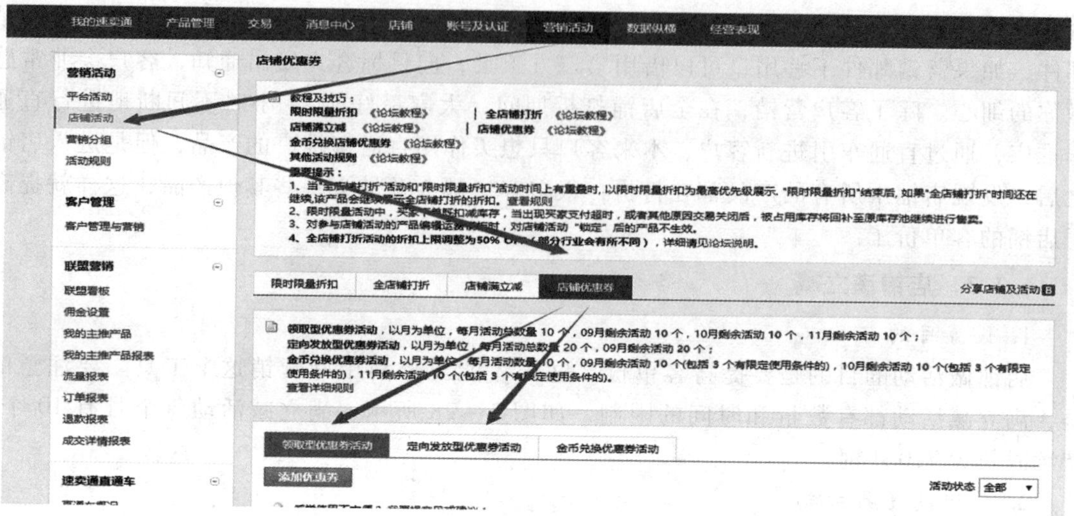

图 3－29　建立优惠券活动

1. 领取型优惠券

领取型优惠券用于在各种渠道发放，用户获取后到店购买使用，是引流，转化，拉新的有效手段。

可以根据不同会员等级设置优惠券（只有对应等级及以上的买家才可以看到，如设置了 platinum 等级的，那么 platinum 和 diamond 的买家可见，gold 和 silver 的买家不可见）。

优惠券使用范围可以选择全店商品，可以圈选部分商品。优惠券活动时间为美国太平洋时间。

目前优惠券设置已经同步商品发布的币种，请在设置“面额”和“使用条件”时，仔细核对金额；

面额：优惠券的优惠金额，若优惠券为满 X 美元优惠 Y 美元时，这里的面额指的是 Y 美元；

使用条件：可设置为不限（订单金额为满优惠券面额 +0.01）。满 X 美元优惠 Y 美元，这里的订单金额指 X 美元。

有效期：有效天数指有效期既买家拿到手后多少天可以用。指定有效期既优惠券只能在设置的使用时间内进行使用，其他时间不可使用。

2. 定向发放型优惠券

针对指定用户发放优惠券，凡是与店铺有过交易、加过商品到购物车或者 WishList 的买家都可作为定向发放对象，用于人群定向营销。只需创建优惠券活动—选择发放对象—点击发放，三步操作便可利用优惠券实现新老买家的主动激活维护。

（1）选择定向发放优惠券活动，点击“添加优惠券”，如图 3－30 所示：

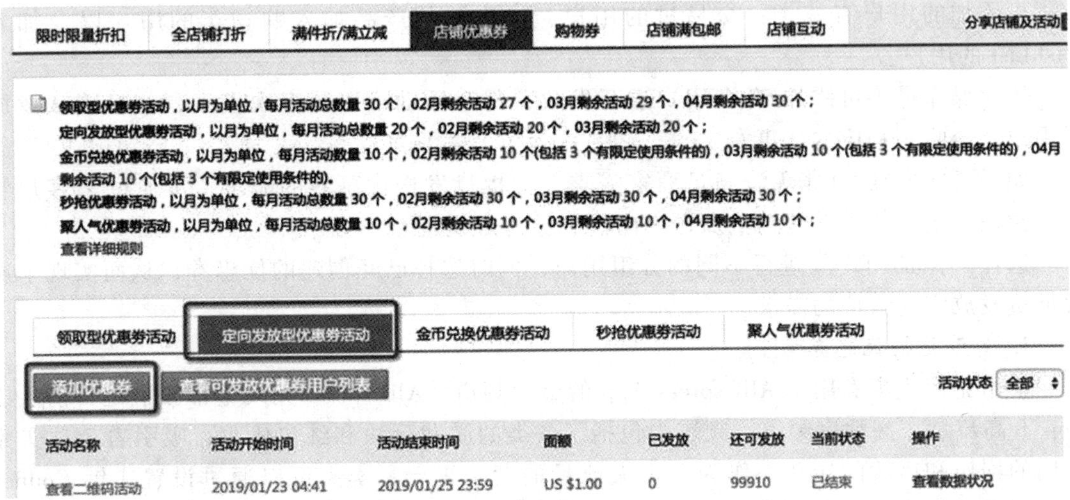

图 3－30　定向发放型优惠券

（2）填写优惠券活动相关信息：

选择客户线上发放：直接给客户发放店铺优惠券，由店铺直接触发给予客户，这时候建议店铺配合客户营销邮件一起给予买家进行优惠券的营销，刺激买家前来下单。

活动名称：只卖家可见，不会同步到买家前台。

活动使用范围：支持针对店铺内所有商品，以及店铺内定向商品使用。

活动开始时间：即使生效。

网站资源位曝光：勾选 store club，则该优惠券可用于“粉丝专享活动帖”的设置。

面额：优惠券的优惠金额，若优惠券为满 X 美元优惠 Y 美元时，这里的面额指的是 Y 美元。

使用条件：可设置为不限（订单金额为满优惠券面额＋0.01）满 X 美元优惠 Y 美元，这里的订单金额指 X 美元。

有效期：指定有效期既优惠券只能在设置的使用时间内进行使用，其他时间不可使用，优惠券发放规则后，点击“确认创建”。

（3）选择买家进行优惠券发放。优惠券完成创建之后，最新创建的活动位于活动列表第一位，点击“查看活动设置”，底部点击“添加用户发放优惠券”，选择用户进行发放，如图 3－31 所示：

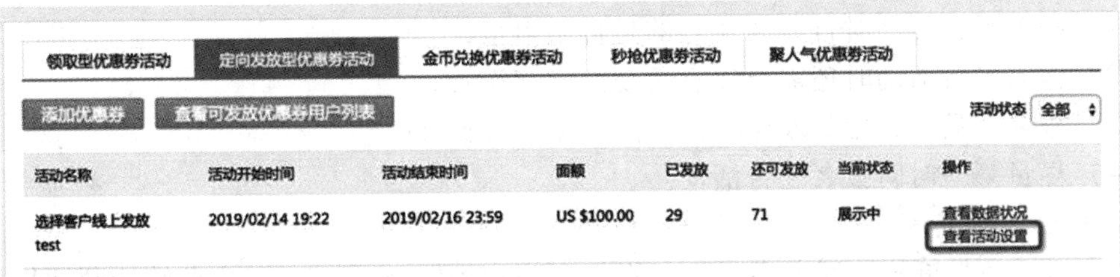

图 3－31　添加用户发放优惠券

可添加的用户有三类：交易过的用户、将店铺的产品加入购物车的用户以及加入 WishList 的用户。

每次操作最多可添加 50 个用户进行发放，每个活动可以分多次发放，一旦确认发放则用户就会收到相应的优惠券。

如果每次发放 50 张无法满足商家需求，大批量发送优惠券的需求，可通过“客户管理与营销一定向优惠券营销一发送定向优惠券，来实现。

选择“添加用户”进行不同的分组用户，同时选择已经创建的优惠券，从而实现单次大批量发放定向人群的需求。

3. 金币兑换优惠券

金币兑换优惠券用于 AliExpress App 的金币频道。AliExpress 无线金币频道是目前手机 App 上高流量，高粘度频道。频道中包括了各类的游戏玩法和红包优惠，吸引着全球买家定期的回访和后续的转化。作为一个大流量的营销平台，卖家可以通过设置店铺 Coupon 或者报名参加金币全额兑换商品活动来通过金币频道吸引更多高粘度的买家到自己的店铺里。

6.2 平台活动

6.2.1 平台活动—SuperDeal 与团购

1. SuperDeal

DailyDeal 是其中最具代表性的活动，也是速卖通历史悠久、效果最显著的折扣频道。旨在打造速卖通平台独一无二的天天特价频道，是全球速卖通退出的推广品牌。

2. 团购活动

俄罗斯团购是速卖通国家团购项目中最具代表性的活动，也是目前整个速卖通平台流量醉的常规性活动，团购活动流量可以达到整个俄文站全部流量的 15% 以上。

6.2.2 平台大促

目前速卖通大促的类型主要有三种：第一种，年初的 325 购物节（Shopping Festival）；第二种，年中的 819 金秋盛宴（Supernova Sale）；第三种，年底的双十一大促（Double E-leven Carnival）。

6.2.3 平台活动的报名技巧、审核和维护

1. 平台活动报名

报名平台活动时我们需要注意以下几点：

（1）报名平台活动时首先要注意的是价格申报；

（2）报名平台活动时还需要注意活动的库存设置；

（3）报名产品后，检查运费模板是否符合活动要求；

（4）尽量第一时间报名平台活动。

2. 平台活动审核

平台活动商品审核流程主要分两个阶段：第一阶段，机器审核，主要筛选硬性指标，比如好评率、商品评分等（在前面各类平台活动详细介绍板块中提到过）；第二阶段，人工审核，主要审核产品主图、产品报名重复情况，以及产品真实折扣情况等。机器审核后，

卖家可以在后台看到相关的报名数据。机器审核成功后，则交由运营小二审核。所以平台活动报名前期的准备工作非常重要。

3. 平台活动成功后的维护

（1）做好关联营销，以实现平台活动最大化带动全店销售的效果；

（2）做好定向优惠券营销、收藏夹和购物车营销等，以配合平台活动的开展，提升店铺转化率；

（3）注意客服的及时性，提升客服的询盘回复速度，增加客服在线时长；

（4）活动结束后应及时发货，做好售后服务，提升好评率。

6.3 吸引站外流量

6.3.1 借助直通车推广

速卖通直通车，是阿里巴巴全球速卖通平台会员通过自主设置多维度关键词，免费展示产品信息，通过大量曝光产品来吸引潜在买家，并按照点击付费的全新网络推广方式。简单来说，速卖通直通车就是一种快速提升店铺流量的营销工具。

特色优势包括：

（1）按点击付费：根据海外买家点击和查看后的结果，产生营销推广费用（中国大陆的点击不收费）；

（2）灵活可控：有效控制每日推广预算，淡旺季推广方案灵活可控；

（3）海量选词：关键词海量选择，多维度曝光产品，全面覆盖潜在买家。

基础推广方案的制定：

（1）建立直通车重点推广计划，掌握了找词技巧和出价管理策略后，接下来就制定直通车的整体推广计划。

（2）增加推荐词。

（3）植入更多的词。

（4）调整出价。

6.3.2 联盟营销

速卖通联盟是速卖通官方推出的一种“按效果付费”的推广模式，它是国内最大的海外网络联盟体系之一。加入速卖通联盟营销的卖家可以得到海量海外网站曝光机会并享有联盟专区定制化推广流量。速卖通联盟卖家只需为联盟网站带来的成交订单支付联盟佣金，不成交不付费，是性价比极高的推广方式。

速卖通联盟有三大特点：

（1）海量曝光：数十亿次网络曝光，PC& 移动全覆盖；

（2）全球覆盖：覆盖全球上百个国家，数十亿海外买家覆盖；

（3）精准投放：精准地域匹配，精准购物习惯匹配。

速卖通联盟的价值：

（1）解决速卖通卖家在经营中遇到的多个问题；

（2）抢占先机，扩展站外买家第一渠道；

（3）精确将商品与人群匹配，锁定目标人群，提升转化。

1. 联盟营销的定义

联盟营销是一种按效果付费的网络营销模式，卖家通过联盟营销渠道收到了订单，按照事先预定的交易比例支付佣金。佣金由卖家决定，每个顶级类目都有平台限额，3% ~50% 不等。若有退款或订单折扣则按比例削减佣金，运费无须支付佣金。联盟营销和直通车的点击收费方式不同，联盟营销是按成交额收费，没有成交不收费的一种营销方式。

2. 如何加入联盟

（1）联盟加入操作路径和步骤：店铺可以到 AE 商家后台—“营销活动”—“联盟营销”版块—阅读服务协议—点击确认服务协议，即表示加入成功。店铺的所有商品自确认开通后都会以默认的店铺佣金比例被推广，如图 3 - 32 所示。

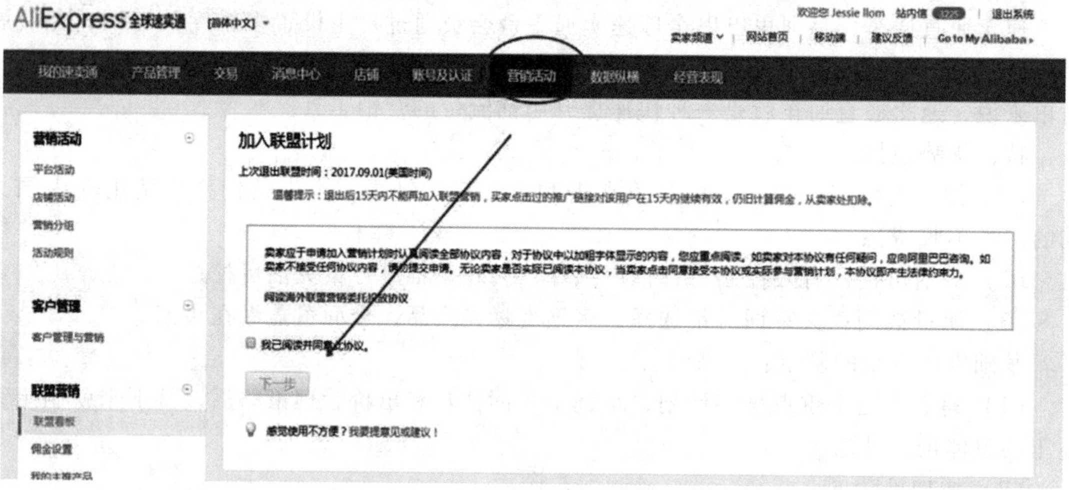

图 3 - 32　加入联盟

（2）加入联盟的生效时间：加入联盟立即生效。即店铺加入联盟后，有机会被所有渠道都推广到。店铺可以再针对商品去设置为主推或爆品给与更高佣金推广。

（3）状态确认：开通后在“营销活动”—“联盟营销”可进行操作管理即表示已加入成功。

（4）加入的门槛和限制：现在联盟暂时未做控制。所有速卖通商家都可以申请加入联盟，后续联盟会计划针对有风控危险等的商家增加准入上的限制。

3. 联盟商品展示

加入联盟后商品会基于站内、站外在不同网站展示。

（1）站内展示位置：基于联盟推广站点 best. aliexpress. com 展示商品。

相当于站外的流量引入进站内的承载阵地，该阵地上仅呈现联盟商品。买家可以在该阵地上按类目或关键词搜索商品，网站也会基于买家历史的采购浏览行为推荐联盟商品。

（2）站外展示位置：基于速卖通的全球流量矩阵展示。可以分为三大块：全球性的网络，区域性的网盟，本地的媒体。

①全球性的网络如 Google 等搜索引擎，Facebook 等社交网站，YouTube 等视频网站。
②区域性的网盟即类似该区域的流量一级代理概念。
③本地的媒体如导购网、返利网、比价网、测评网等本地化的媒体和垂直的网站。

任务七　数据分析

大数据的概念无疑是现在互联网时代中最热门的话题之一，感觉一夜之间所有的行业都在说大数据，但是很多跨境电商中小卖家觉得“大数据”是行业大卖家们才可以玩转的东西，实际上“大数据”的背后是一个行业的数据精细化挖掘并进行合理的数据分析最终运用到业务上的过程，速卖通平台提供了“数据纵横”工具，其中有庞大的行业数据和卖家自己店铺的所有数据。速卖通数据分析可分为两大块：行业分析选品和店铺商品分析。第一部分是选好行业，选好产品，让店铺发展起来；第二部分是根据繁多的数据指标，针对店铺和产品开展优化工作、营销活动，为店铺的成长提供动力。

7.1　数据纵横名词术语解释

数据纵横是速卖通基于平台海量数据打造的一款数据产品，卖家可以根据数据纵横提供的数据，为自己的店铺营销指导方向，做出正确决策。首先店铺需要了解下列术语：

搜索量：某个关键词被买家搜索的次数；

曝光量：商品信息在速卖通网站被买家看到的次数。

主要的情况为：

（1）买家通过关键词搜索，店铺的信息展示在搜索结果页面中，则统计进入曝光量；

（2）买家通过类目导航浏览商品，店铺的信息展示在搜索结果页面中，则统计进入曝光量；

浏览量：商品或店铺首页被买家点击浏览的次数；

访客数：访问过商品或店铺的买家人数；

老访客数：数据纵横中的老访客是指到访过 AliExpress 的买家；

提示：到访过 AliExpress 的买家相比新访客下单率更高；

询盘人数：联系过店铺或有联系意向的买家数。

主要的情况为：

（1）向店铺发送了询盘的买家，计入询盘人数；

（2）点击过发询盘按钮或旺旺按钮的，但最终未成功发送询盘的买家，也计入询盘人数。

购买率：访客数/下单买家数的比率。

7.2　速卖通数据分析——后台展示

速卖通后台关于数据分析的所有板块都在“速卖通数据纵横”板块，其中包括：实时风暴、成交分析、经营分析、商品分析等，如图 3－33 所示。

图 3－33　速卖通数据分析后台页面

7.3　速卖通数据分析——精细化商品分析

点击速卖通数据分析板块——速卖通数据纵横——商品分析路径有自定义指标，点击有很多下拉框指标，如图 3－34 所示。

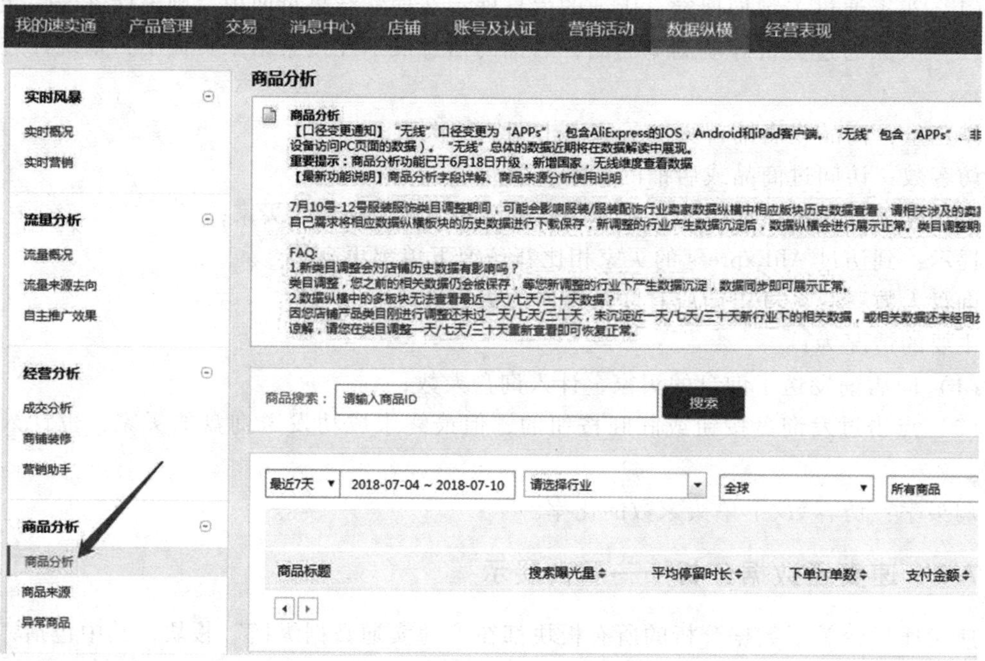

图 3－34　精细化商品分析

指标是衡量商品好坏的重要标准，那么速卖通卖家做单品数据分析时需要关注的核心指标有：搜索曝光量，商品页浏览量，商品页访客数，搜索点击率，浏览——下单转化率，平均停留时长，加购物车次数，加收藏夹次数等，如图 3－35 所示。

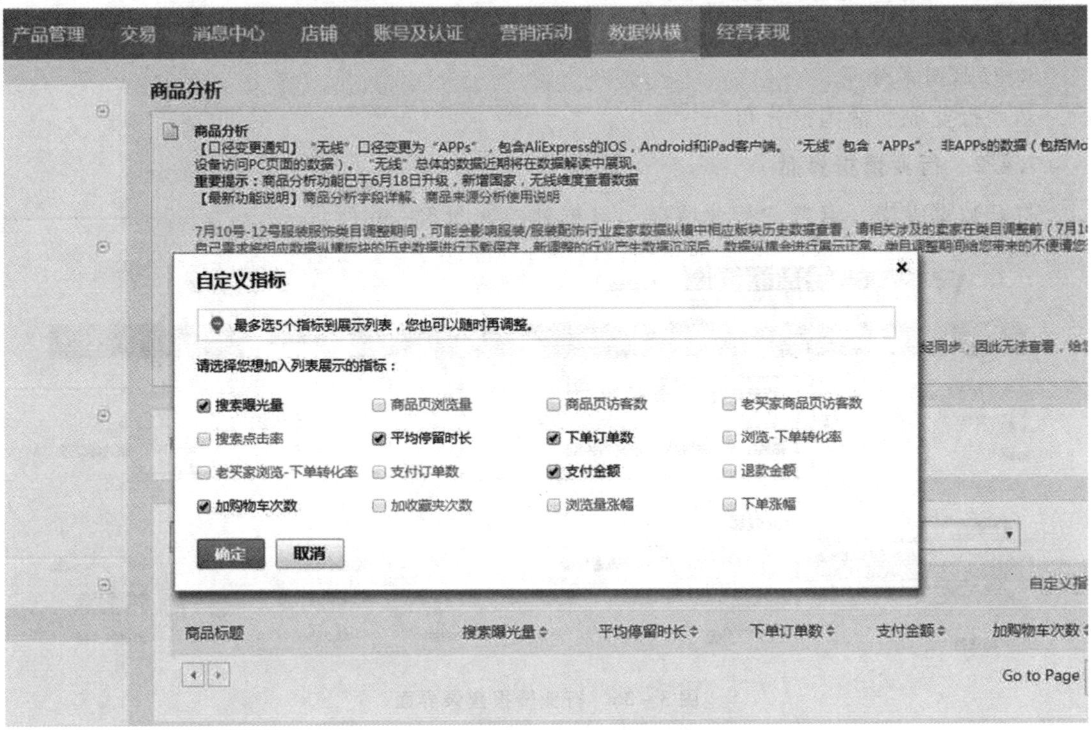

图 3－35　精细化商品分析自定义指标

影响核心指标的因素如下：

（1）搜索曝光量，商品页浏览量，商品页访客数这 3 个指标成正比关系，受自然排名影响最大；

（2）搜索点击率的主要影响因素是商品主图，商品价格和商品标题；

（3）平均停留时长的影响因素为商品详情页描述，商品特性，关联营销和视频；

（4）浏览——下单转化率的影响因素为商品价格和商品详情页描述；

（5）成交转化率影响因素是商品价格；

（6）加购物车数和加收藏夹数的影响因素都是商品价格，商品详情页描述及商品详情页引导。

7.4　行业数据分析

行业对比是指跟相关行业进行数据趋势对比，可以分别从访客数占比、成交额对比、在售商品数占比、浏览量占比、成交订单数占比和供需指数等方面进行对比分析。从中可以看出，随着季节变化，平台发展品类方向也在变化，从而可以加强对某个行业的投入或避开一些竞争过于激烈的红海产品。

7.4.1 行业概况内容

1. 行业重要数据及周涨幅

行业流量、交易、供需指数占比以及周涨幅。

2. 行业趋势以及明细数据

明细数据可以下载到本地。

3. 行业国家分布

新增行业成交额国家分布。

7.4.2 行业情报界面

打开数据纵横，点击“行业情报”红框处，如图 3 – 36 所示：

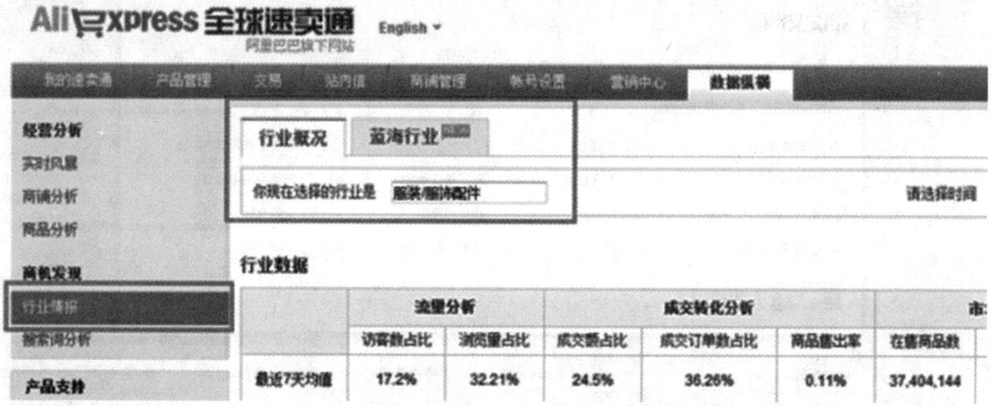

图 3 – 36 行业情报登录界面

7.4.3 功能详解

1. 行业条件、时间筛选

行业条件、时间筛选，如图 3 – 37 所示：

图 3 – 37 行业条件、时间筛选

2. 行业所选时间主要数据以及周增幅

行业所选时间主要数据以及周增幅，如图 3 – 38 所示：

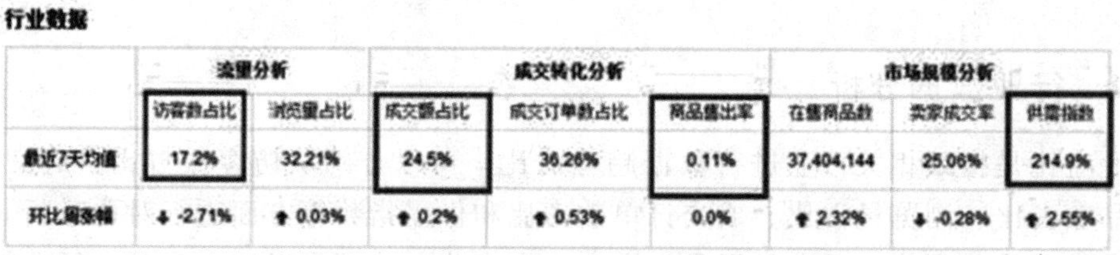

行业数据

	流量分析		成交转化分析			市场规模分析		
	访客数占比	浏览量占比	成交额占比	成交订单数占比	商品售出率	在售商品数	卖家成交率	供需指数
最近7天均值	17.2%	32.21%	24.5%	36.26%	0.11%	37,404,144	25.06%	214.9%
环比周涨幅	↓ -2.71%	↑ 0.03%	↑ 0.2%	↑ 0.53%	0.0%	↑ 2.32%	↓ -0.28%	↑ 2.55%

图 3 – 38 行业所选时间主要数据以及周增幅

（1）成交额占比。统计时间段内行业支付成功金额（排风控）占上级行业支付成功金额（排风控）比例。一级行业占比为该行业占全网比例。

（2）成交订单数占比。统计时间段内行业支付成功订单数（排风控）占上级行业支付成功订单数（排风控）比例。一级行业占比为该行业占全网比例。

（3）商品售出率。在售商品中商品售出比例。

（4）访客数占比。统计时间段内行业访客数占上级行业访客数比例。一级行业占比为该行业占全网比例。

（5）浏览量占比。统计时间段内行业浏览量占上级行业浏览量比例。一级行业占比为该行业占全网比例。

（6）在售商品数。统计时间段内行业下在售商品总数均值。

（7）卖家成交率。统计时间段内行业下有成交（支付成功且排风控）且有上架产品主卖家数/有上架产品的主卖家数。

（8）供需指数。统计时间段内行业下商品指数/流量指数。该值越大，竞争越激烈；该值越小，竞争越小。

7.5 数据化选品

选品是解决商家卖什么的问题，因此就决定了商家的目标客户群、销售渠道、竞争对手、盈利能力和投入产出。对产品本身的销售乃至店铺的成长至关重要。

从宏观角度讲，速卖通选品分为站外选品和站内选品两大类。站外选品是指通过速卖通以外的可利用的条件和工具去选择市场、类目和产品：站内选品是通过速卖通站内所有可利用的条件和工具去选择市场、类目和产品。

7.5.1 行业选品（行业情报）

下面介绍用“数据纵横——行业情报”进行行业选品的方法。行业情报分为行业概况和蓝海行业两大板块。卖家可以根据行业情报提供的数据进行分析，迅速了解行业现状，判断经营方向。

1. 行业概况

（1）行业数据。在“行业数据”中呈现了流量、成交转化和市场规模的相关数据。

①访客数浏览量/支付金额支付订单数占比：指统计时间段内行业访客数/浏览量支付金额支付订单数占上级行业的比例。一级行业占比为该行业占全网比例。

②供需指数：指统计时间段内行业下商品指数流量指数。供需指数越小，竞争越小。

（2）行业趋势。选择行业时，首先可以选择目前平台开放的所有行业品类，然后选择查看的时间段，包括最近7天/30天/90天，这样就能查询到这一时间段内的流量、成交转化和市场规模数据，从而了解市场行情变化情况（注：卖家可以选择3种行业进行对比，建进行同级行业对比，不要跨级比较）。

（3）行业国家分布。行业国家分布有两个维度：支付金额和访客数。

2. 蓝海行业

所谓蓝海行业，就是目前平台竞争不大，但又充满买家需求的行业。

7.5.2 确定产品关键词（选品专家）

通过行业对比和蓝海行业分析之后，卖家可以确定某个行业，然后通过“选品专家进行产品词分析。选品专家有3个板块：热销、热搜和潮流资讯。热销代表卖家的角度，统计的是卖家发布产品的数据：热搜代表买家的角度，统计的是买家搜索产品的数据。

1. 热销

（1）成交指数：是指在所选的行业和时间范围内，累计成交订单经过数据处理后得到的对应指数，它不等于成交量，但指数越大代表成交量越大。

（2）浏览——支付转化率排名：是指在所选的行业和时间范围内，浏览最终转化为成功支付订单的比率，浏览——支付转化率排名越靠前，代表该商品转化率越高。

（3）竞争指数：是指在所选的行业和时间范围内，该产品词对应的竞争程度，指数越大，代表竞争越激烈。

2. 热搜

（1）搜索指数：是指在所选的行业和时间范围内，搜索该关键词的次数经过数据处理得到的对应指数，它不等于搜索次数，但指数越高代表搜索量越大。

（2）搜索人气：是指在所选的行业和时间范围内，搜索该关键词的人数经过数据处理后得到的对应指数，它不等于搜索人数，但指数越高代表搜索人数越多。

3. 潮流资讯

潮流资讯是速卖通为了提升平台实用性，结合目前的流行热点，通过招商形式推动有一定供应能力和市场敏锐度的卖家，开发具有相关流行元素、特征、描述、关键词、图片的系列商品，助其快速成长。卖家可以选择店铺准入的类目来查看相关的招商主题。

7.5.3 通过数据进行选品

一个优质的卖家需要分析以下几个数据：首先客户自己店铺的数据，其次是客户在别人那里的购买数据。之后，创建报价的数据。最后，发报价邮件给客户。

1. 买家数据

买家数据包含三个方面：买家给我们的数据、买家在别人那里的数据和与买家沟通得的数据。卖家朋友们可以点开自己的店铺在导航页找到并点击“营销活动”，然后点击“客户管理与营销”，就可以看到自己所有客户的资料。

2. 店铺数据

店铺数据包括卖家自己的数据和同行数据。可以通过速卖通平台上的“行业数据”和“选品专家”进行数据总结，然后做成一个 Excel 表格，选出前10名左右的选品关键词，可以作为店铺主推选品的参考。

3. 创建报价数据

（1）公司核心员工进行数据搜索。

（2）多平台数据汇合如：eBay、亚马逊和 Wish。

（3）整理和总结来自客户端的信息。

（4）利用站外工具搜集热搜词。

4. 发报价邮件给客户

发报价邮件给客户时、需要与客户沟通或者需要从客户那里获得信息时，很多卖家朋友们开始发愁没有买家的邮箱，那么怎么体面的要到客户的邮箱呢？罗老师给出了以下建议：

想要获得客户的联系方式，首先要站在买家的角度思考问题，可以告诉买家朋友，要联系方式是为了更好的提供服务。

总结如何选品：

（1）通过平台数据基本的判别“红海”和“蓝海”。

（2）通过关键词找到蓝海类目中的蓝海产品。

（3）根据平台大方向找到主推产品。

7.6 如何利用数据做推广优化

7.6.1 后台的数据内容

按照买家进店后的路径从流量到下单到买卖双方确认交易完成到最终平台收取佣金，联盟商家后台的数据划分为如下的板块：

1. 基本数据

（1）浏览数、访客数（店铺级别、主推商品级别、爆品级别）；

（2）订单数、订单金额（店铺级别、主推商品级别、爆品级别）；

（3）退款订单数、退款金额；

（4）每个订单的详细信息；

（5）预计收取佣金。

2. 进阶数据（需自己处理）

（1）浏览到访客的转化率；

（2）访客到订单的转化率；

（3）退款率；

（4）联盟流量占店铺流量比重联盟 GMV 占店铺 GMV 比重；

（5）爆品或主推品占总联盟流量或 GMV 比重。

7.6.2 如何结合数据做优化

结合以上数据店铺可以参考如下场景做分析优化。

（1）效果好；

（2）联盟流量或 GMV 占店铺流量或 GMV 占比高：可加大投入，如提高佣金比例；

（3）爆品或主推品占总联盟流量或 GMV 高：可加大投入，如提高佣金比例，或增加爆品主推品数量等；

（4）效果差：访客到下单转化率差：优化商品详情页展现、价格或物流是否有优势等。

（5）退款率高：服务能力、响应速度、库存管理等。

项目小结

本项目介绍了速卖通平台行业分布、店铺类型、平台优势及入驻流程；重点介绍了速卖通平台产品管理及发布；分析了速卖通平台店铺营销推广方式；介绍了速卖通平台数据分析，并要求学生独立完成速卖通跨境电商选品及产品的信息化工作。

同步实训

实训　速卖通卖家注册上传产品

1. 实训目的

通过浙科跨境电商实验教学平台卖家注册、上传产品实验让学生对卖家在速卖通上开店和添加新产品的相关流程有一定了解，掌握卖家上传产品的具体操作。

2. 实训内容与步骤

(1) 卖家注册，点击【马上注册】，进入商家注册页面，如图3－39所示。

图3－39　卖家注册

(2) 卖家身份认证，卖家注册后自动登录到卖家后台，如图3－40所示。

图3－40　卖家身份认证

(3) 卖家银行开户及绑定银行账户，使用卖家角色的学生用户名和密码登录学生端，点击主目录【实验管理】下的【实验操作】，点击操作栏中的【进入银行】，如图3－41所示。

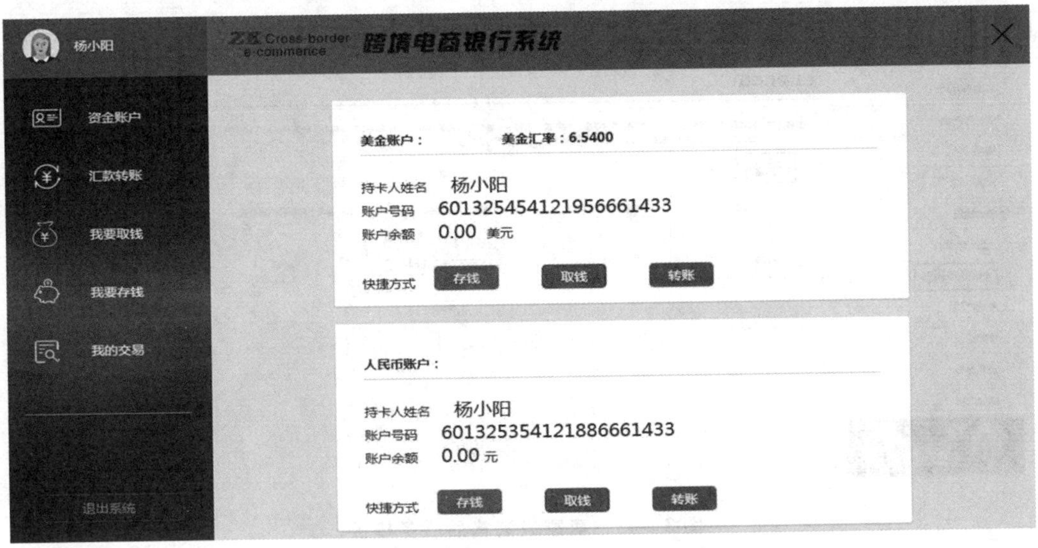

图 3－41　卖家银行开户及绑定银行账户

（4）卖家设置运费模板，登录卖家后台，点击【我的产品】－【模板管理】下的【运费模板】，进入自定义模板页面，如图 3－42 所示。

图 3－42　卖家设置运费模板

（5）卖家设置售后服务模板，点击【我的产品】－【模板管理】下的【售后服务模板】，进入页面，如图 3－43 所示。

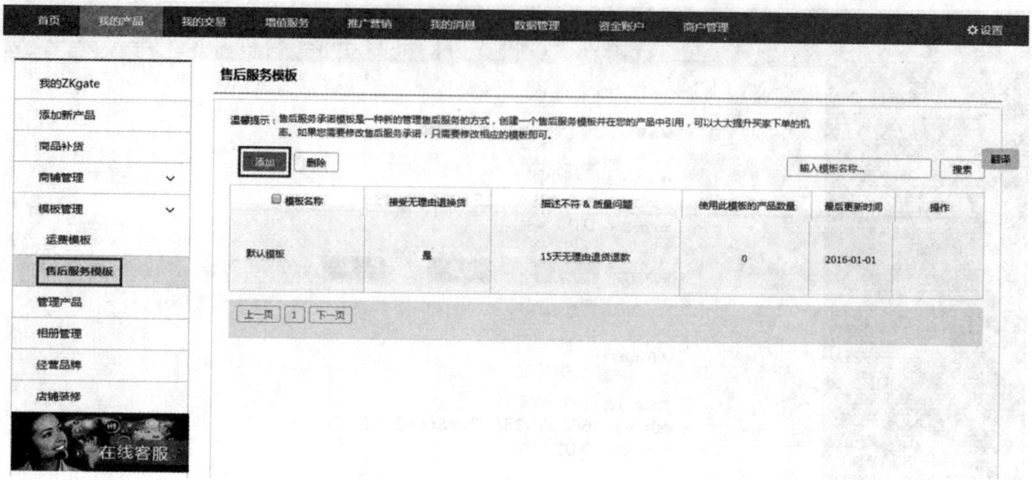

图 3-43 卖家设置售后服务模板

（6）卖家添加经营品牌，点击【我的产品】下的【经营品牌】，进入经营品牌页面，如图 3-44 所示。

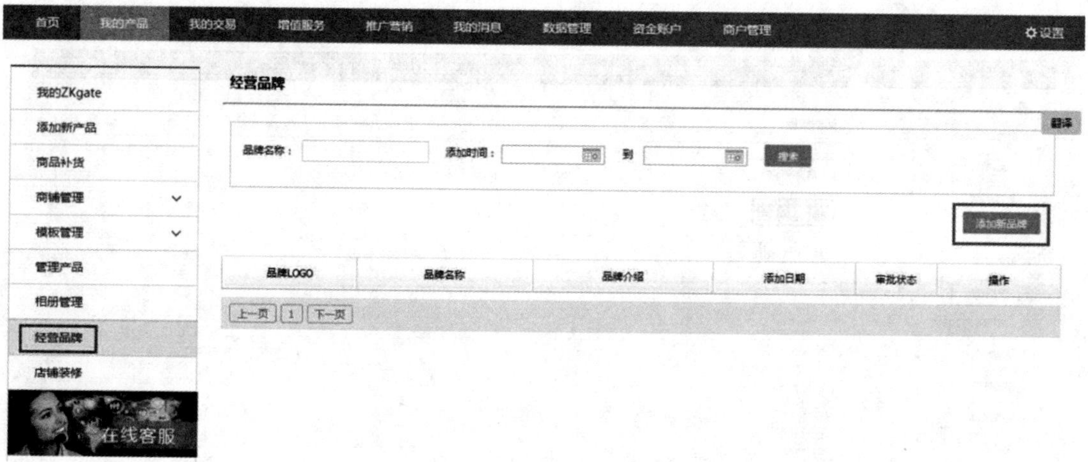

图 3-44 卖家添加经营品牌

（7）卖家添加新产品，登录卖家后台，点击【我的产品】下的【添加新产品】，进入选择类目页面，如图 3-45 所示。

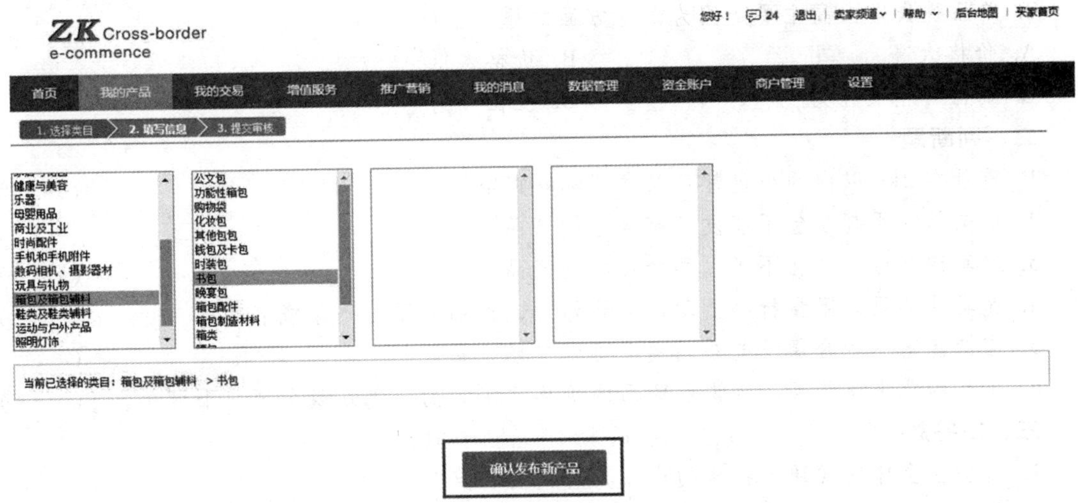

图 3－45　卖家添加新产品

3. 实训提示

手机验证：在【学生端】－【拓展系统】－【手机系统】里可以找到信息验证码；在【学生端】－【拓展系统】－【收件箱】会收到一封来自系统的验证邮件。

项目测试

一、选择题（不定项）

1. 速卖通平台上面不能卖哪种产品？（　　）

A. 零食　　B. 皂液器

C. 手机　　D. 鞋子

2. 全球速卖通平台隶属于（　　）。

A. 阿里巴巴　　B. 创新工场

C. 腾讯　　D. 网易

3. 在速卖通中，产品视频放在（　　）。

A. 自定义　　B. 详细描述顶部

C. 详细描述底部　　D. 图片顶部

4. 速卖通后台有哪些营销活动？（　　）

A. 限时限量折扣　　B. 全店铺折扣

C. 店铺满立减　　D. 优惠券

5. 产品在搜索或者类目曝光后被点击的比例，这个是下面的哪个数据？（　　）

A. 曝光量　　B. 点击率

C. 访客数　　D. 转化率

6. 速卖通后台的限时限量折扣一个月共几个小时？（　　）

A. 24 小时　　B. 1920 小时

C. 780 小时　　D. 960 小时

7. 单品跳失率太高主要是因为哪些方面的原因？（　　）

A. 价格太高　　　　B. 价格太低

C. 商品详情页不好　　　　D. 主图不好

二、判断题

1. 重量在2kg以内的小包都可以发国际e邮宝。（　　）
2. 中国邮政平邮小包不能发带有电池的产品。（　　）
3. 速卖通平台上现在不可以卖食品类的产品。（　　）
4. 速卖通的限时限量折扣活动一旦开始后，产品就不能下架或者删除。（　　）
5. 店铺优惠券的金额没关系，卖家可以自己设置。（　　）
6. 单品的跳失率很高，那说明商品的价格肯定太高，无法吸引客户下订单。（　　）

三、简答题

1. 适合在全球速卖通上销售的产品具有哪些特点？
2. 简述速卖通上完整的订单流程。

能力拓展

1. 请在后台发布一款详情商品页优质的产品，货源的图片可以从1688寻找，要求：

（1）注意不要侵权

（2）产品的属性填写率达到100%以上。

（3）主图符合要求。

（4）商品详情页合理描述。

2. 请分组在后台挑选10款产品做一次限时折扣，折扣的时间和力度根据店铺产品的实际情况设置（库存：500）。

项目四

eBay 基本操作

项目目标

【知识目标】

了解 eBay 平台卖家账号类型；

熟悉 eBay 平台个人账户和企业账户的注册流程；

了解 eBay 最佳匹配的排序规则，掌握提升商品排名的技巧；

熟练掌握商品标题关键词搜集与组合的技巧，熟练应用撰写商品详情描述的技巧，熟练运用开展品牌化运营的技巧；

了解 eBay 站内推广的方法；

掌握进行付费广告推广的技巧；

了解 eBay 站外推广的方法；

掌握 Facebook、Twitter、Pinterest 营销的技巧；

了解开展社交媒体营销需要注意的事项。

【能力目标】

能够注册 eBay 平台卖家账号；

能够了解 eBay 最佳匹配的排序规则；

能够熟练运用商品标题关键词搜集与组合的技巧、商品详情描述的技巧和品牌化运营的技巧；

能够运用各种营销工具进行 eBay 站内和站外推广。

项目导图

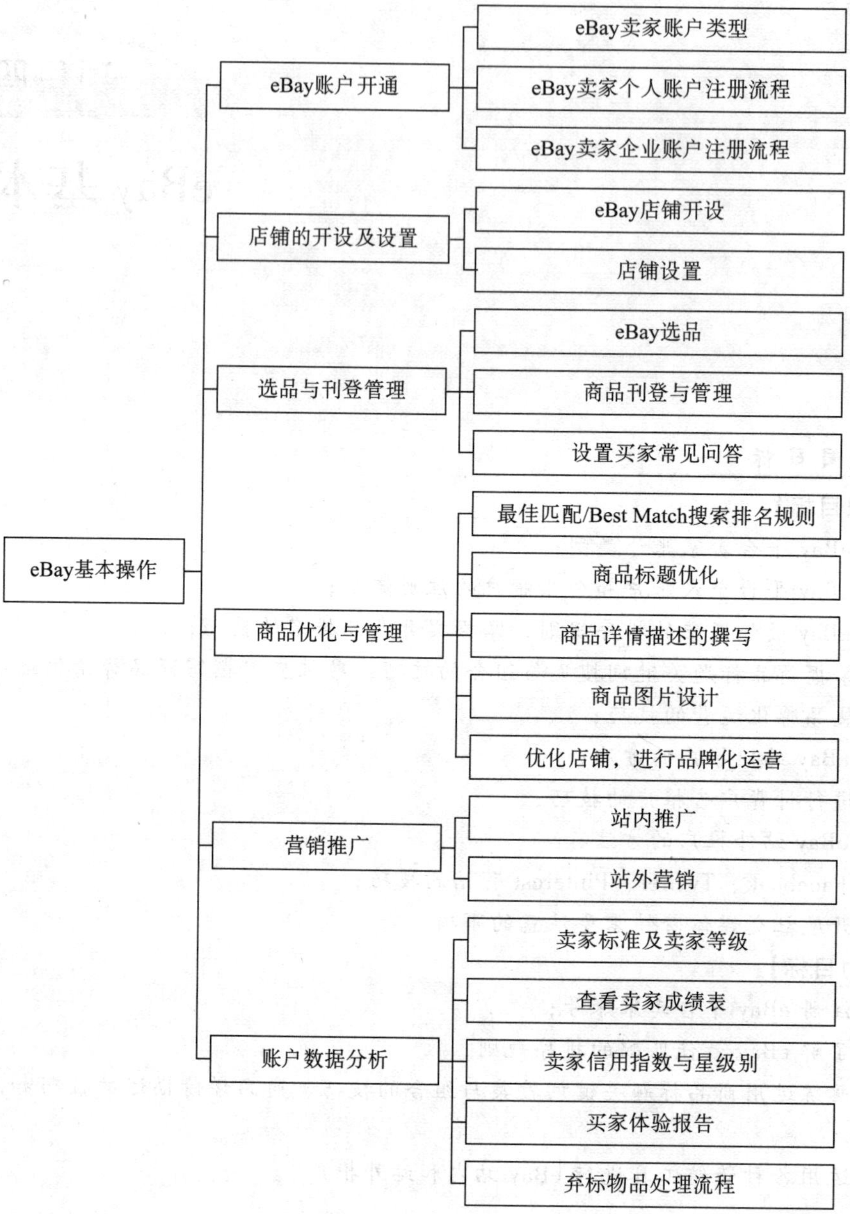

引　例

小李是一名在eBay上销售中国特色产品的年轻人，主营珠宝。在经营eBay店铺的过程中渐渐学到了很多网上销售的技巧。她认为电子商务的介入非常简单，首先要在eBay上注册，任何人都可以注册；其次要卖东西，eBay需要对你的身份进行认证，需要办一张国际的信用卡。这种跨境电商的参与方式门槛很低。日常的经营活动主要是更换新产品、拍图片、写产品描述、搜索供应商、在网络上做广告和推广活动等。在运营店铺的过程中也会遇到一些问题，比如商品不知道什么原因被海关扣货等。现在，小李这样的中国青年在网络上做跨境店铺销售中国产品的不在少数。在 eBay 上开店已经成为很多人的职业选择。

引例分析

在 eBay 上从事跨境贸易吸引了很多的中国年轻人。虽然起步较容易，但是如何才能运营好一个 eBay 的店铺是需要很多知识和技巧的。比如上货的时间，要如何利用国外的时差；怎样与国内其他竞争对手拉开差距；定价怎样做可以拉开档次，产品中哪些是用于吸引客户的低盈利爆款，哪些是高利润的产品；怎样做节日促销，选择什么样的包装吸引顾客等。本项目我们就将要学习如何在 eBay 上注册开设店铺，如何刊登商品和推广店铺等内容。学习对 eBay 店铺进行运营管理。

任务一 eBay 账户开通

1.1 eBay 卖家账户类型

根据注册地的不同以及注册主体的不同，eBay 卖家的账户分为不同的类型。不同的站点对账户会有不同的限制，不同的账户类型也具有各自不同的优势。

1.1.1 国内账户和海外账户

根据卖家注册账户的地点不同，卖家账户分为国内账户和海外账户两类。eBay 对中国卖家有较多的限制，相对于国内账户来说，海外账户拥有比较明显的竞争优势。但是，使用海外账户需要注意一点，如果卖家的办公地点在中国，使用海外账户时需要使用翻墙软件来完成业务和保障账户的安全，否则一旦被 eBay 检测到卖家所使用的 IP 和注册账户时的 IP 不同，则会要求卖家提供注册时的相关资料，严重时会对卖家的正常销售造成影响。

1.1.2 普通账户和企业账户

按照注册主体的不同，卖家账户分为普通账户和企业账户。普通账户又分为个人账户和商业账户。在一些 eBay 的站点，如德国站，刊登物品销售的卖家，必须是商业账户；如果卖家注册的是企业账户，则可通过 eBay 提供的绿色通道来申请。

个人账户可以转换成商业账户，卖家登录自己的 eBay 个人账户后，在“My eBay”的个人账户资料中的“账户类型”中选择商业账户，即可将个人账户转换成为商业账户。卖家的申请账户中，“商业账户资料”需要填写卖家的公司名称。

1.2 eBay 卖家个人账户注册流程

卖家可以在 eBay 的各个站点进行账户注册，且各个站点的账户注册都是免费的。其中，eBay 美国站点是 eBay 流量最大、最主要的站点。

1.2.1 eBay 账户注册

以 eBay 美国站为例，注册 eBay 个人账户的操作过程如下：

（1）登录 eBay 美国站首页（https：//www. ebay . com），单击页面左上角的“register”（注册）超链接。

（2）进入注册页面，卖家可选择个人账户或企业账户，在此选择个人账户类型，选中“Personal account”（个人账户）单选按钮，根据页面提示填写个人卖家的姓名、邮箱，并设置密码，全部信息确认无误后，单击“Register”（注册）按钮。

（3）返回至 eBay 美国站首页，账户注册成功（系统会自动分配卖家一个账号名称）。

1.2.2 完善个人信息

注册账户后，需要对个人信息进行完善才可以正式展开商品销售业务。完善个人信息，包括完善账户信息、电子邮件和联系人信息、财务信息，以及账户安全信息。完善账户信息的操作过程如下：

（1）登录 eBay 美国站（https：//www. ebay. com），用系统提供的账号名称登录账户，单击页面右上角的“My eBay”（我的 eBay）按钮。

（2）进入“My eBay”（我的 eBay）页面，单击“Account”（账户）超链接。

（3）进入账户页面，单击页面左侧“My Account”（我的账户）板块中“Personal Information”（个人信息）超链接。

（4）进入个人信息页面，单击页面右侧的“Edit”（编辑）超链接，即可对账户资料进行修改。例如，若要修改账户名称，可单击“User ID”（用户名）右侧“Edit”（编辑）超链接。

（5）系统提示再次登录账户，输入初始账户名称和初始登录密码，然后单击“Sign in”（登录）按钮。

（6）进入“CHANGE YOUR USERNAME”（修改你的用户名）页面，输入新的用户名，然后单击“Save”（保存）按钮即可。

完善邮箱和联系人信息的操作过程如下：

（1）进入个人信息页面，在“Email and Contact Information”（邮箱和联系人信息）板块中单击“Registered name”“address and phone number”（登记姓名、地址及电话号码）右侧的“Create”（创建）超链接，创建联系方式。

（2）进入个人联系信息填写页面，根据页面提示填写相关信息，确认无误后单击“Continue”（继续）按钮。

（3）卖家可选择电话联系验证或短信联系验证，在此选择短信验证的方式，然后单击“立即传送手机短信给我”按钮。

（4）系统将会向手机发送验证码，接收后输入验证码，然后单击“继续”按钮，即可完成联系方式的创建。

1.3 eBay 卖家企业账户注册流程

1.3.1 eBay 企业账户平台

为了帮助 eBay 大中华地区符合资质的新老企业卖家在账户创立初期获得相应的额度以及其他辅助服务，eBay 平台为卖家提供了企业账户平台项目，整个申请过程完全免费。无论新老企业卖家，只要具备企业资质，都可以为自己的新账户申请企业账户平台，以获得较高的初始额度。

1. 企业账户平台的申请资格

申请企业账户平台对申请账户有一定的要求，具体详见表 4－1。

表 4－1　　企业账户平台申请资格表

账户要求	具体要求
账户注册所在地	中国大陆、中国香港地区、中国台湾地区或中国澳门地区
账户类型	新账户（没有交易或者从首笔交易起 270 天以内）
eBay 账户要求	①必须注册为商业账户，卖家的申请账户中“商业账户资料”需要填写公司名称； ②账户未受限； ③eBay 账户需完成卖家认证，先获取 5 个刊登额度，并已链接完成认证的 PayPal 账户。
PayPal 账户要求	需要完成 PayPal 认证

2. 申请所需材料

申请企业账户平台需要卖家上传一些资料，因此卖家按要求提前准备好相关资料后再进行申请，这样可以让申请工作事半功倍。申请所需的资料详见表 4－2。

表 4－2　　申请企业账户平台所需材料表

中国大陆或中国台湾地区的企业卖家	中国香港或中国澳门地区的企业卖家	具体要求
中国大陆：营业执照 中国台湾地区：有限公司设立登记表/股份有服公司设立登记表	公司注册证明书和商业登记条例	①必须为彩色文件，黑白版本须加盖彩色公司公章； ②必须在有效期内； ③资料文件上的企业名称必须和 eBay 账户上的企业名称一致； ④资料文件上的地区和省份需与 eBay 账户中的信息一致。
法人代表身份证明	eBay 注册人身份证明	①法人代表身份证明上的姓名需和营业执照上的姓名一致； ②eBay 注册人身份证明上的姓名需和 eBay 账户上的姓名一致； ③必须为彩色。
公司地址证明	公司地址证明	①可提供银行账户月结单（仅限中国香港地区）、公营水电煤气账单、电话账单、房地产所有证； ②地址证明上收件公司名称必须与 eBay 账户注册企业名称一致； ③必须为彩色件，若银行账户月结单为黑白版本，请到发行银行加盖银行公章，且公章必须可清楚辨识核发银行的名称； ④地址证明账单周期最后一天必须在申请企业账户平台之前的 90 天内； ⑤地址证明材料上的地址必须与 eBay 账户注册地址信息一致。

注意：上传的资料仅支持 JPG、JPEG、GIF、PNG 格式文件，大小不超过 500KB。

对于已经申请过的eBay卖家来说，只要提供的材料在有效期内，可以直接使用第一次申请时的资料接着为自己的其他子账户继续申请企业入驻，同一份营业执照、身份证明、公司地址可用于所有子账户。

1.3.2 eBay企业账户申请流程

eBay工作人员会在7个工作日内对卖家的申请进行处理，并将审核结果发送至卖家的注册邮箱和“My eBay”中，申请流程如图4－1所示。

图4－1 企业账户申请流程

1. 申请入口

申请企业账户平台有以下两个入口：

入口一：通过eBay外贸信息门户网站（https：//www.ebay.cn）中的“企业账户平台”进入。

入口二：如果你已经是企业卖家，希望为自己的子账户申请企业账户平台，可以直接从“卖家中心”进入。

2. 填写申请表

申请者需要填写的申请表包括三个部分：公司基本信息和联系人信息、公司业务信息以及上传附件资料。

（1）公司基本信息和联系人信息填写。具体填写要求详见下表4－3。

表4－3 公司基本信息和联系人信息填写要求

填写项目	具体要求
公司名称	卖家填写的信息必须要和营业执照上的公司名称一致
地区	①选择“中国大陆”或“中国台湾”，后续需要提供法人代表身份证明。选择“中国香港”或“中国澳门”，后续需要提供eBay账户注册人身份证明； ②针对第一次申请的卖家，eBay会根据卖家所在的地区为其安排客户经理。
省份	如实填写即可
营业执照号码	①填写的信息必须要与营业执照上的信息一致； ②如果“地区”中选择的是“中国台湾”，后续可上传营业执照信息截屏； ③如果“地区”中选择的是“中国香港”，填写的时候需省略号码中间的破折号，如410456589002—08—129，应填写41045658900208129。
身份证明信息	①如果“地区”选择“中国大陆”或“中国台湾”，需要填写法人身份证明类型、法人姓名和法人身份证明号码； ②如果地区选择“中国香港”或“中国澳门”，需要填写eBay账户注册人身份证明类型、eBay账户注册人姓名和eBay账户注册人身份证号码。

续表

填写项目	具体要求
商业联系固定电话	如实填写
商业联系手机号码	如实填写
联系邮箱	如实填写

（2）公司业务信息填写。其中，“主要产品所属一级分类”是指公司销售的主要商品所属一级品类。“主要产品所属二级分类”是指公司销售的主要商品所属二级品类。“次要产品所属一级分类”是指公司销售的次要商品所属一级品类。“次要产品所属二级分类”是指公司销售的次要商品所属二级品类。对于公司业务信息的填写，卖家根据自身的实际情况进行填写即可。

（3）上传附件资料：卖家需要上传自己之前准备好的资料，上传的所有附件仅支持 JPG、JPEG、GIF、PNG 格式的文件，大小不得超过 500KB。附件要求上传的资料会根据卖家选择的“地区”而有所不同，卖家根据提示上传即可。比如，卖家在“公司基本信息和联系人信息”中的“地区”选择的是“中国大陆”或“中国台湾”，则需要上传企业营业执照、法人代表身份证正反面、公司地址证明；如果“地区”选择的是“中国香港”或“中国澳门”，则需要上传 eBay 账户注册人身份证正反面。

任务二　店铺的开设及设置

在 eBay 上开设店铺能帮助卖家进一步拓展海外业务，而若想让自己的店铺显得更加正规与专业，完善店铺相关设置是一个非常关键的环节。一个看起来整洁、富有条理的店铺页面更容易吸引买家的眼球，再加上有效的促销手段，更有利于商品的销售。

2.1　eBay 店铺开设

卖家开设 eBay 店铺可以享受更完善的服务资源，如自定义店铺页面、简单易用的经营工具，还能帮助卖家更好地吸引买家，成功地开展外贸业务。

开设 eBay 店铺的具体操作方法如下：

（1）登录 eBay 账户，单击首页中的“My eBay”超链接，进入“My eBay”页面，单击“Account”（账户）按钮，如图 4－2 所示。

（2）进入账户页面，单击左侧列表中的“Subscriptions”（订阅）超链接，如图 4－3 所示。

（3）进入“My Subscriptions”（我的订阅）页面，单击“Choose a Store”（选择店铺）按钮。

（4）进入选择店铺类型页面，根据自己的需要选择一种店铺，在此选择板块，单击“Starter”板块，单击“Starter”板块中的“Select and review”（选择和评估）按钮。

（5）进入订阅店铺页面，选择订阅方式，设置店铺名称，然后单击“Submit order”（提交订单）按钮，如图 4－4 所示。

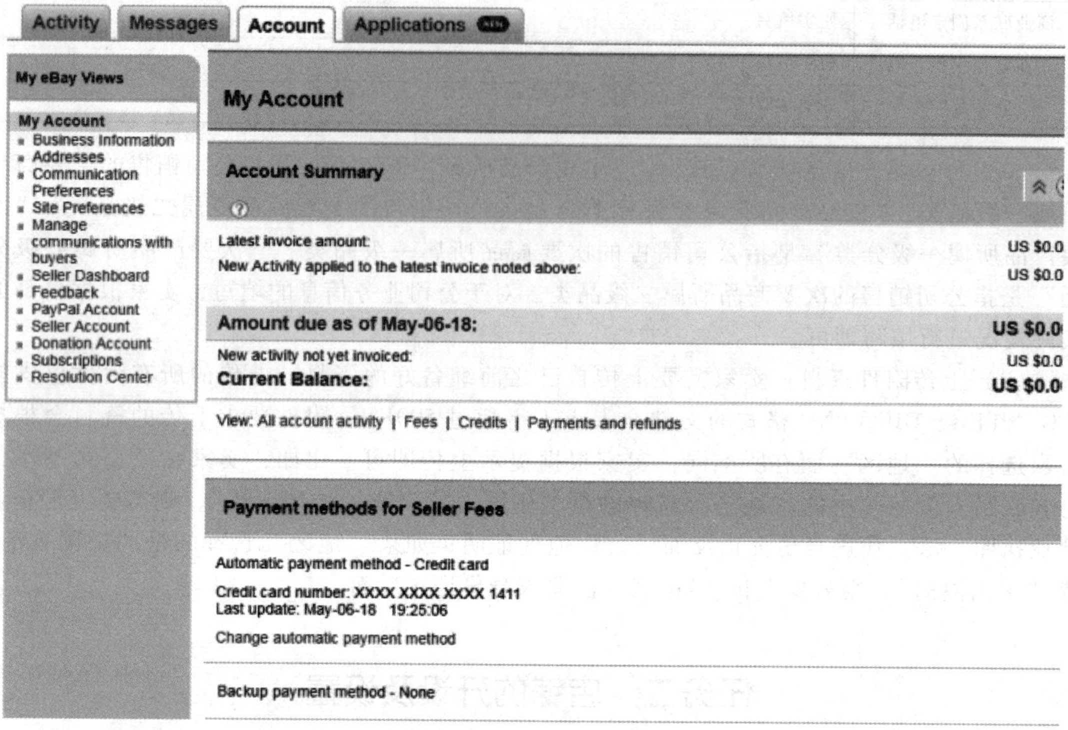

图 4－2　My eBay 页面

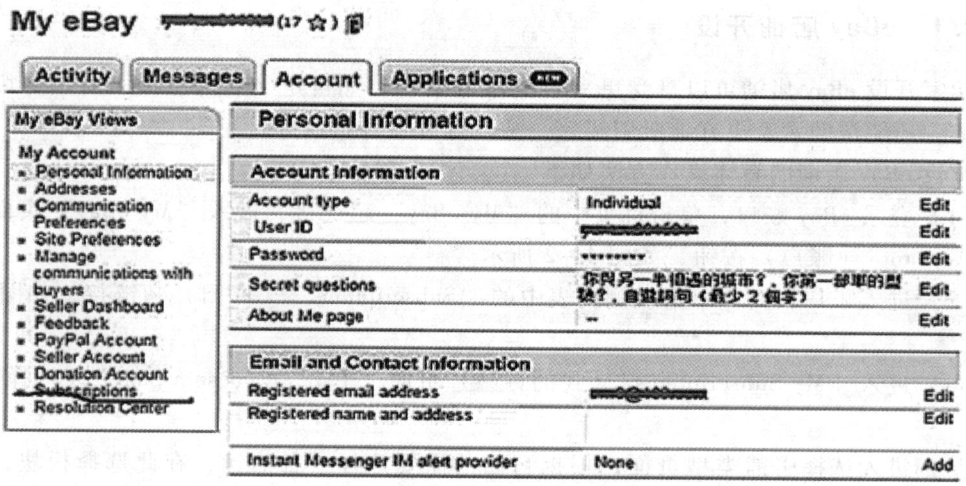

图 4－3　Subscriptions 页面

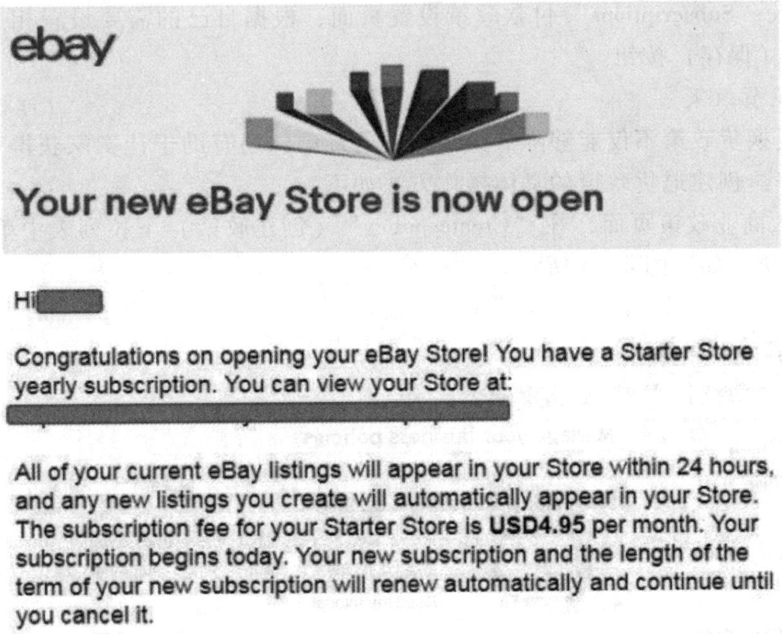

图 4－4 设置店铺成功页面

（6）系统提示店铺订阅成功，显示订阅详情。

（7）“eBay message”中会立刻收到确认店铺开设成功的邮件。

2.2 店铺设置

为了更好地管理店铺，为买家提供更专业、更高质量的购物体验，卖家可以对店铺进行相关设置，如业务政策设置、自动退款政策、店铺休假设置、广告设置等。

店铺分类设置视频

2.2.1 设置业务政策

卖家创建 Listing 时，都需要填写一系列的业务政策，以向买家说明付款方式、退货政策以及发货物流政策等信息。为了简化撰写与管理 Listing 的过程，卖家可以在后台统一创建并且存储相关业务政策设置（Business policy），以提升自己的工作效率。如果卖家需要根据售卖商品的不同来提供不同的业务政策，可以设置几套不同的业务政策模板，然后将这些模板分别用于新建的 Listing 中或已有的 Listing 中。

1. 创建付款政策

付款政策是向买家说明你可以接受的付款方式，如 PayPal。不管卖家是用“Fixed Price”（一口价）形式还是“Auction”（拍卖）形式刊登商品，卖家都需设置商品的付款方式。设置付款政策的具体操作方法如下：

（1）登录 eBay 店铺账号，进入“Seller hub”（卖家中心）页面，单击“Listings”（刊登）选项卡，在左侧列表中单击“Business policies”（商业政策）超链接。

（2）进入商业政策页面，在“Create policy”（创建政策）下拉列表中单击“Payment”（付款）超链接。

（3）进入“Subscriptions”付款政策设置页面，根据自己的需要设置相关政策，然后单击“Save”（保存）按钮。

2. 创建退货政策

清晰的退换货政策不仅能够降低买家购买的疑虑，还有助于让卖家获得竞争优势，从而提高成交率。创建退货政策的具体操作方法如下：

（1）进入商业政策页面，在“Create policy”（创建政策）下拉列表中单击“Return”（退货）超链接，如下图 4－5 所示。

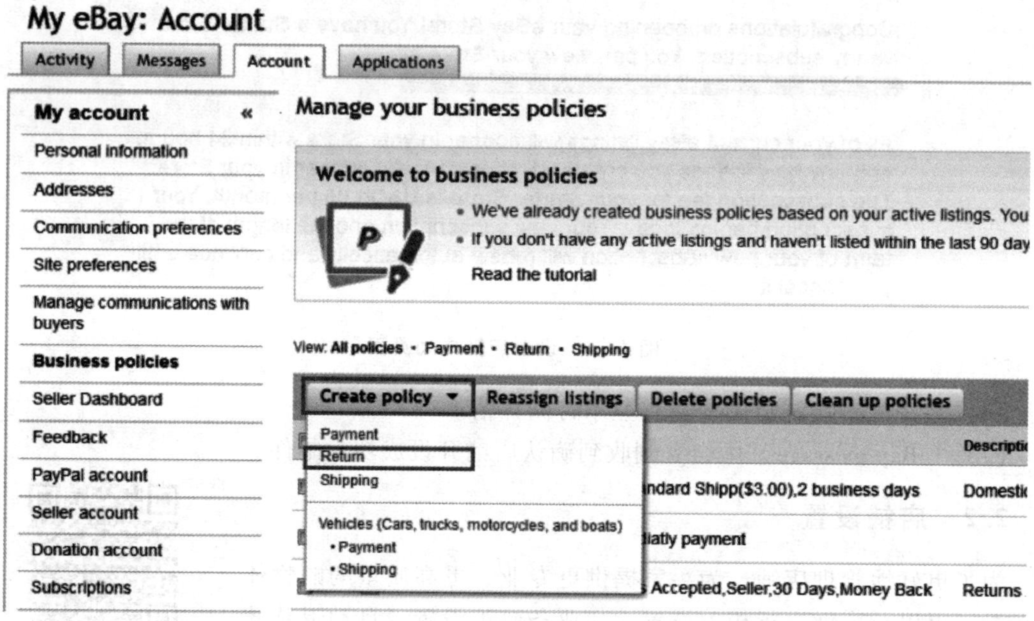

图 4－5　设置退货超链接

（2）进入退换货政策设置页面，根据自己的实际情况设置相关信息，然后单击“Save”（保存）按钮。

3. 创建物流政策

设置详细的物流政策，向买家说明有关商品运送的细节，如使用的运送方式、运费、运送时间等信息，为买家创造良好的物流体验。创建物流政策的具体操作方法如下：

（1）进入商业政策页面，在“Create policy”（创建政策）下拉列表中单击“Shipping”（航运）超链接。

（2）进入创建物流政策页面，根据页面提示填写政策名称、政策详情描述，如图 4－6 所示。

（3）在“US shipping”（美国航运）中设置运送到美国的物流细节，包括运费设置、具体的运送服务、物品处理时间等，如图 4－7 所示。

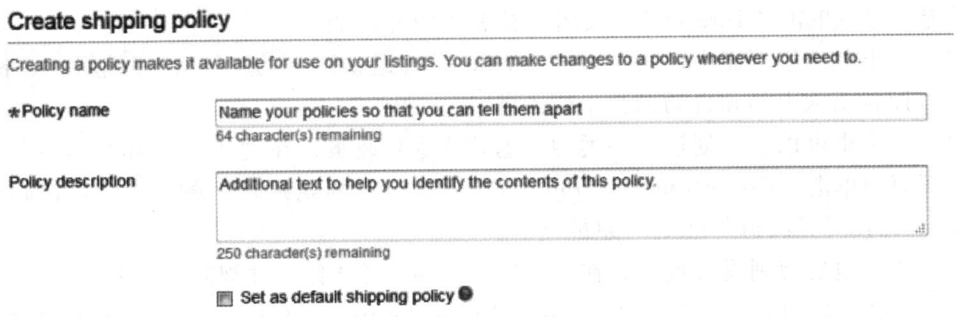

图 4－6　创建物流政策页面

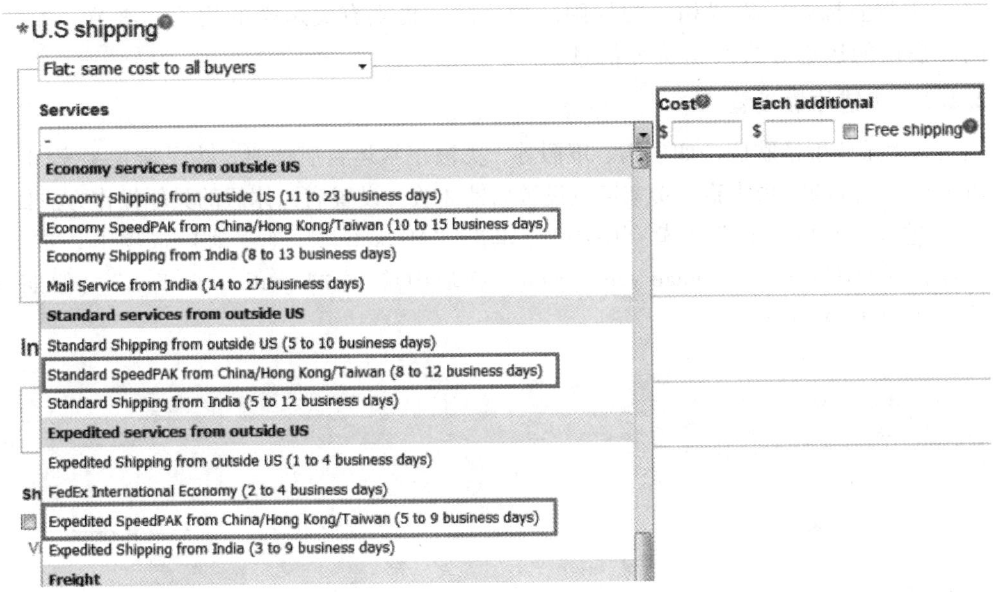

图 4－7　物流细节设置页面

（4）在“International shipping”（国际航运）区域设置除美国外的国际物流细节，设置完成后单击“Save”（保存）按钮。

统一设置 shipping 视频

2.2.2　设置自动退款

为了节省卖家的时间，为买家提供快速的申请退款退货回复，卖家可以设置自动退款金额或退货，具体操作方法如下：

（1）登录 eBay 店铺，按照“Account > Site preferences（偏好设置）> Return preferences（退货政策）”的路径进行操作，进入退货政策设置页面。

Send a refund（退款）：指当买家提出退款请求时，卖家可设置一定金额的款项自动退还给买家，同时卖家可设置买家自动退款生效的条件，提出哪几种情况的退款可使自动退款生效。

Approve a return（同意退货）：指在某些设定的情况下当买家的退货金额在多少金额以内时，便会自动同意该退货请求的设置。需要注意的是，一旦自动退货同意后，eBay 会自动向买家发送退货物流标签，同时货品被发送到卖家的优先退货物流地址。若卖家不需要此功能，可以单击“Turn off”（关闭）按钮关闭此功能。

（2）在退款政策页面中单击“Send a refund”（退款）下的“Edit”（编辑）超链接。

（3）设置退款金额和自动退款生效条件。

（4）卖家也可以自己创建某一类型的退款或退货政策，在“Return preference”（退货政策）页面中单击“Create your own rule”（创建你自己的规则）下的“Go to advanced return rules”（设置高级退货规则）超链接。

（5）进入退货规则设置页面，在“Select a rule”（选择一种规则）下拉列表中选择一种规则，如设置自动退货，单击“Agree to replace an item automatically”（同意自动退货）超链接。

（6）根据页面提示设置相关的规则。物流政策提供有关运送的物流的细节，如指定处理时间、提供的运送方式及运费等信息。

2.2.3 店铺休假设置

当卖家因某些事情耽搁，如生病、度假等，无法正常运营店铺时，为了避免买家因无法正常购物而产生不良的购物体验，卖家可以设置店铺休假。设置店铺休假的具体操作方法如下：

（1）进入“Seller hub”（卖家中心），单击“Marketing”（营销）选项卡，进入店铺管理页面，在页面右侧“Manage your brand”板块中单击“Vacation settings”（假期设置）超链接，如图4-8所示。

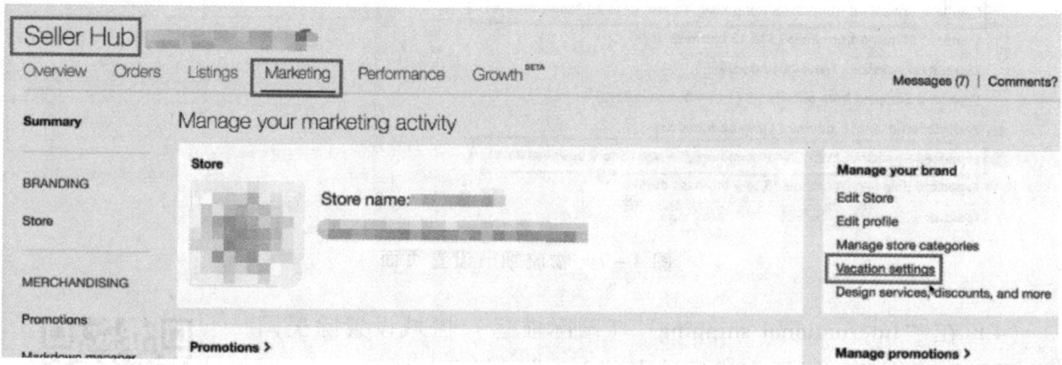

图4-8 假期设置页面

（2）进入“Change Settings”（修改设置）页面，选中“Vacation settings”下“Turn On”（打开）前面的单选按钮，开启店铺休假设置，如图4-9所示。

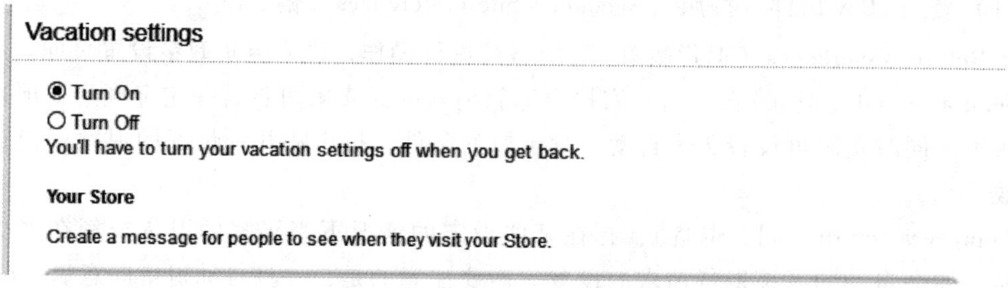

图4-9 假期设置修改页面

（3）进入店铺休假设置页面，在“Create a message for people to see when they visit your Store”（创建一条信息给访问你店铺的人们）下面的文本框中输入自动回复信息的内容，中“Show people the date that you’ll be back”（告诉大家你回来的日期）前面的复选框，可以设置休假结束时间。选中“Keep people from buying your fixed price listings while you're on vacation”（度假时禁止人们购买你的一口价物品））前面的复选框，可以隐藏一口价物品，以阻止客户购买，如图 4－10 所示。

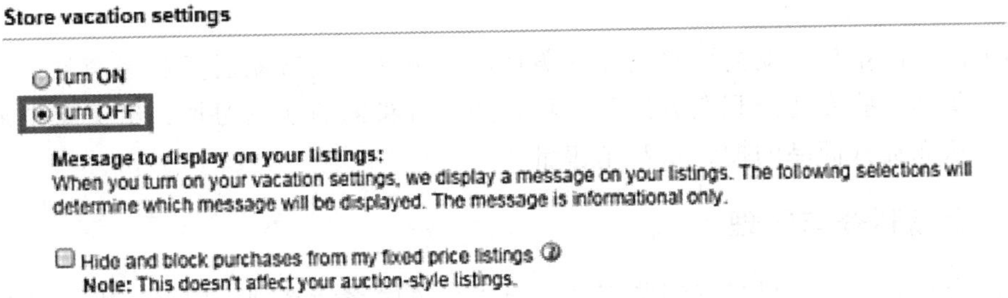

图 4－10　自动回复信息页面

以上信息设置完成后，单击“更改设置”页面最下方的“Apply”（应用）按钮，即可保存休假设置。当你休假回来开始工作时，可以单击“Turn off”（关闭）按钮，关闭店铺休假模式。

店铺假期设置视频

2.2.4　广告设置

eBay 的 Promoted listings 工具可以帮助卖家增加商品曝光机会，让卖家的 Listing 有更多的机会展现在买家面前，进而提升 Listing 的转化率。使用 Promoted listing 的商品需要支付相应的广告费。

1. 广告展示位置

目前，eBay 美国站、英国站、德国站、澳大利亚站的卖家均可以使用 Promoted listing 功能。当商品参加了 Promoted listing 活动后，其 Listing 会带上“SPONSORED”字样，并获得特定的展示位置，如搜索结果页面、商品 Listing 页面等，以增加商品曝光。

在商品 Listing 页面有两个展示位置，一是“People who viewed this item also viewed”（查看此商品的人也查看过）板块；二是“Similar sponsored items”（类似的广告商品）板块。

2. 创建广告

创建广告的具体操作方法如下：

（1）进入“Seller hub”（卖家中心）页面，单击“Marketing”（标记）选项卡，在左侧列表中单击“Promoted listings”（促销刊登）超链接。

（2）单击“Create your first campaign”（创建你的第一次活动）按钮。

（3）进入创建广告活动页面，eBay 提供了两种创建方式：“Select listings individually”（手动选取）和“Select listings in bulk”（批量设置），在此选择“手动选取”方式，单击“Select listings individually”按钮。

（4）选中想要投放广告的 Listing 前面的单选按钮。

（5）设置广告费用，卖家可以统一设置所有广告商品的付费推广比例，也可针对单个商品设置不同的费率，拖动小圆圈即可。

（6）设置广告活动名称，在“Campaign name”（活动名称）下面的文本框中输入广告名称。

任务三　选品与刊登管理

要实现商品的销售，就需要将商品完美地展现出来，此时就需要刊登商品。对于卖家而言，需要掌握一些专业的刊登方法和技巧，并了解买家的使用习惯，给买家带来更好的购物体验，从而提升商品的搜索量和销售量。

3.1　商品刊登与管理

精美的商品刊登是吸引买家浏览商品、促成订单成交的基础。因此，对于商品销售来说除了要保证商品质量外编辑精美、完整的商品 Listing 也至关重要。

3.1.1　商品刊登

创建商品刊登是展开商品销售的第一步，这个过程包括设置商品详细信息、设置商品销售详情，以及设置商品物流政策等内容。下面介绍刊登商品的整个流程。

1. 设置商品详细信息

（1）登录 eBay 账号，单击首页“Sell”（我要卖）超链接，如图 4－11 所示。

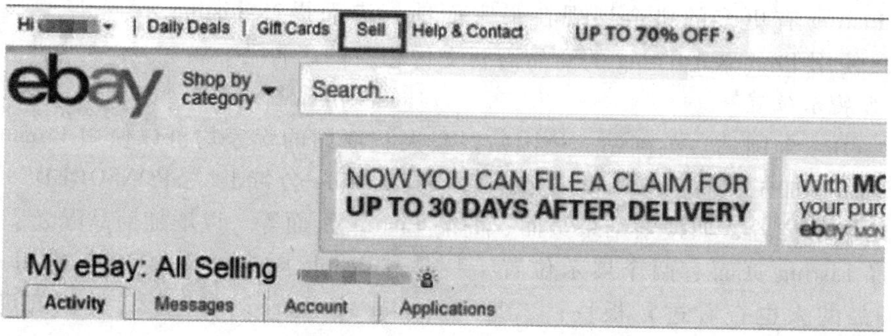

图 4－11　Sell 页面

（2）单击“Browse categories”（浏览分类）超链接，选择商品所属分类。如果不能确定商品分类，可以在文本框内直接输入商品资料，再创建 Listing 页面，系统会给出建议的商品分类，如图 4－12 所示。

（3）进入创建 Listing 页面，设置商品详细信息，包括 Listing 标题、分类、UPC、商品状态等信息，如图 4－13 所示。

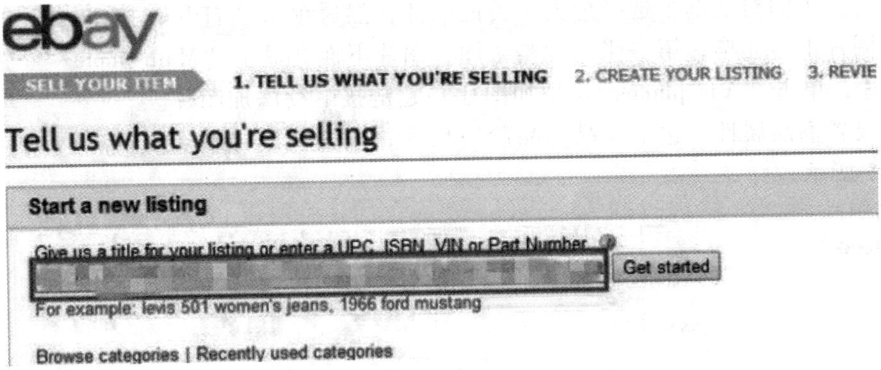

图 4－12　选择商品所属分类页面

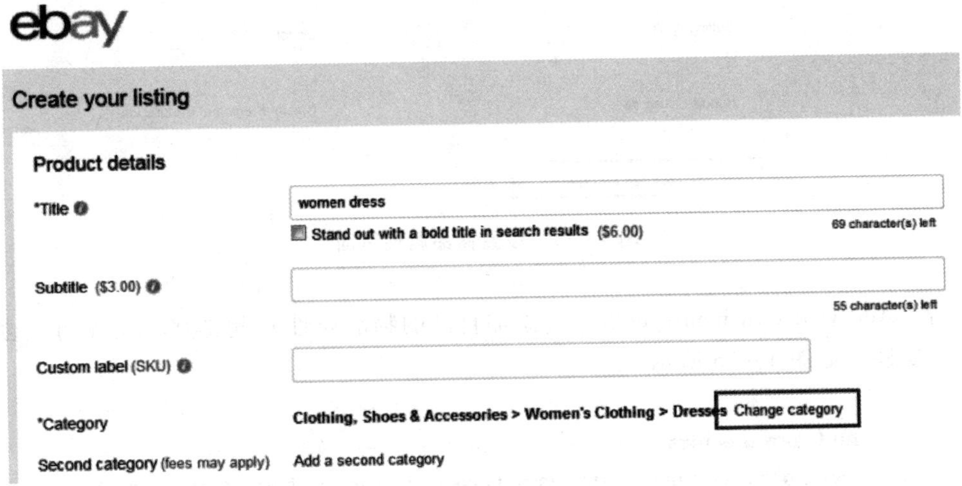

图 4－13　设置商品详细信息页面

（4）上传商品图片，单击“Add photos”（添加图片）按钮，如图 4－14 所示。

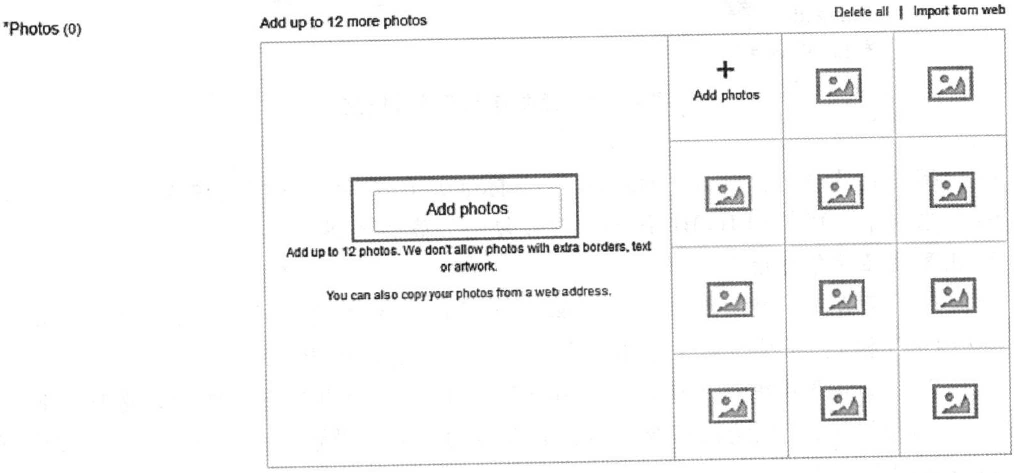

图 4－14　上传商品图片页面

（5）在弹出的对话框中选择想要上传的图片，然后单击“打开”按钮。

（6）图片上传完毕，第一张图片是主图，图片下面会显示“Main photo”（主图）。继续上传图片，单击“Add photos”（添加图片）超链接继续添加图片。

（7）设置商品属性，包括商品的品牌、尺寸、风格、设计特点、材料、颜色等信息，如图 4－15 所示。

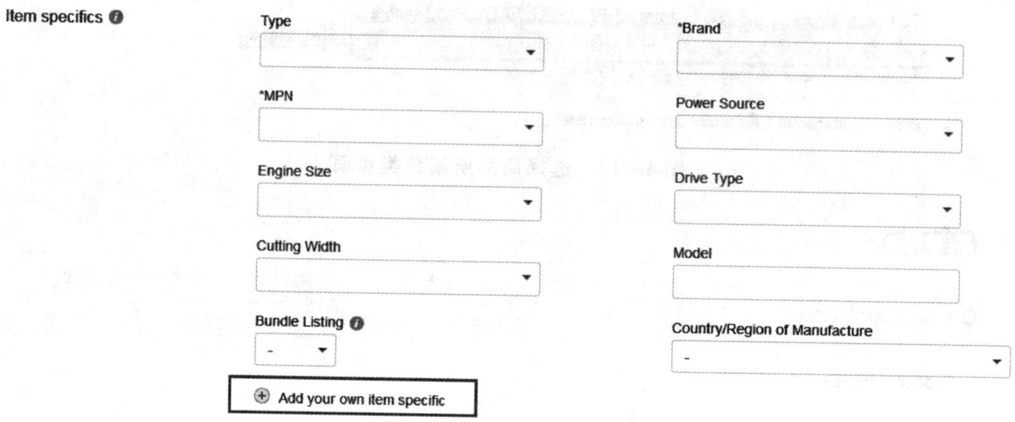

图 4－15　设置商品属性页面

单击“Add your own item specific”（添加自己的物品属性）超链接，卖家可以创建自定义商品属性，如图 4－16 所示。

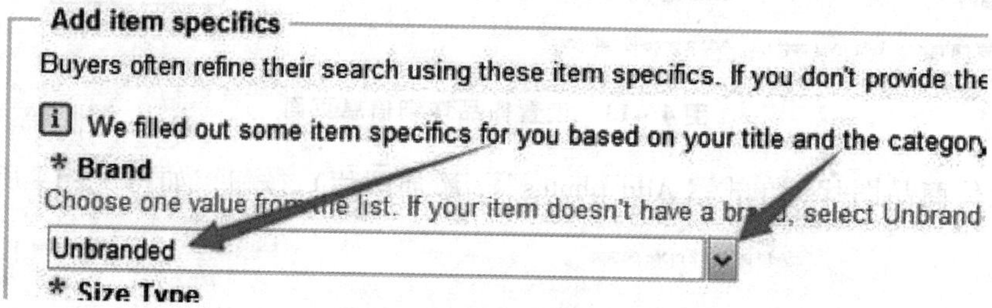

图 4－16　添加商品属性超链接

（8）撰写商品描述，单击“Standard”（标准）选项卡，可直接输入商品描述。单击“HTML”选项卡，可使用 HTML 代码撰写较复杂的商品描述。

2. 设置商品销售详情

（1）以拍卖方式销售：单击“Format”（形式）旁边的下拉按钮，选择“auction－style”（拍卖风格），系统跳转至拍卖刊登页面，分别设置在线时间、价格、数量等信息。

（2）以一口价方式销售：单击“Format”（形式）旁边的下拉按钮，选择“Fixed－style”（一口价风格），系统跳转至一口价刊登页面，分别设置在线时间、价格、数量等信息，如图 4－17 所示。

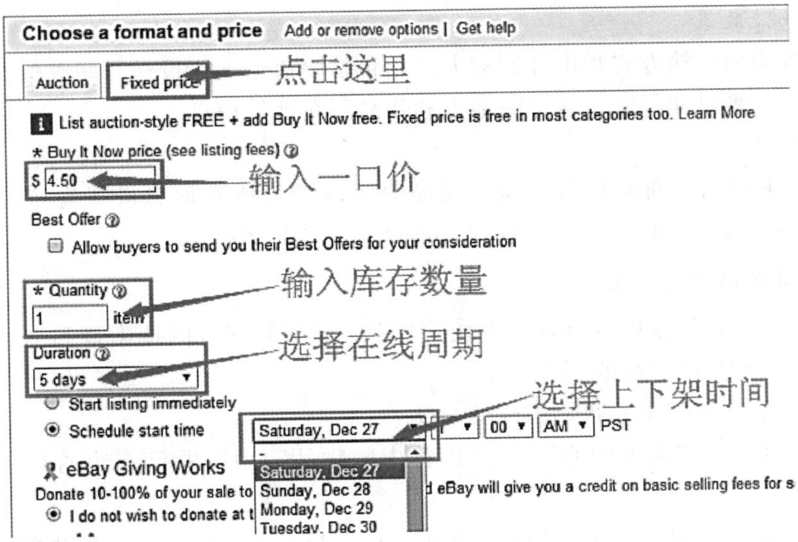

图 4－17　一口价刊登页面

（3）付款方式选项。物品付款方式设置模块，可在“Payment options”中选择更适合您物品的付款政策。例如，您可以勾选使用 Paypal 付款，并且输入您 paypal 收款的 Email。同时，您也可以选择“Require immediate payment with Buy It Now”选项，来加速买家完成付款。如有额外的付款说明，可在“Additional payment instructions (shows in your listing)”中填写，设置完毕后，点击“Save”保存。如图 4－18 所示。

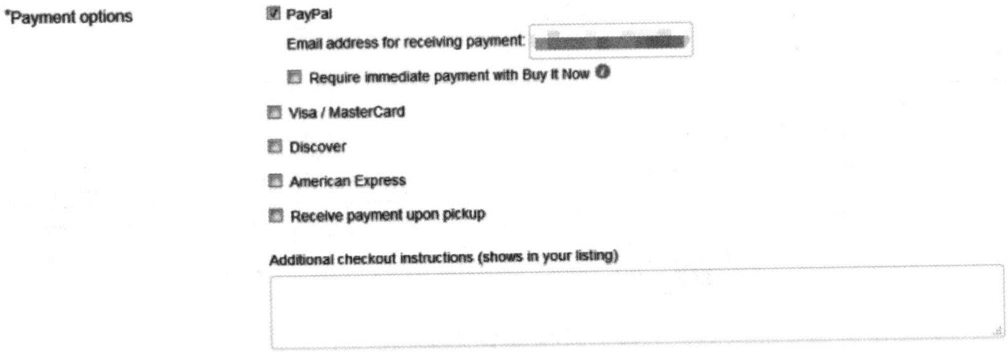

图 4－18　设置付款选项

（4）设置销售税和退换货政策。如果卖家接受国内退货，则选中“Domestic returns accepted”（接受国内退货）前面的复选框，并设置退货期限和退货运费支付方，卖家可以选择是否接受国内换货，如果接受，则选中“Replacement or exchange available”（接受换货）前面的复选框即可；如果卖家接受国际退货，则选中“International returns accepted”（接受国际退货）前面的复选框，并设置退货期限和退货运费支付方，卖家可以选择是否接受国际换货，如果接受，则选中“Replacement or exchange available”（接受换货）前面的复选框即可。

3. 设置物流政策

（1）设置国内运输方式和国际运输方式，包括物流方式、投递时间等信息。

（2）设置包裹尺寸限制、非运输地点和物品所在地等信息。

4. 刊登商品

将商品详细信息、商品销售详情、商品物流政策等所有信息设置完毕，并检查无误后，单击“List item”（刊登物品）按钮，即可完成商品刊登。

3.1.2 查找已上线刊登

商品刊登之后，卖家可以查找已上线的刊登，以查看刊登的搜索量和浏览量。卖家可以通过两种方式查找已上线的刊登。

1. 在“卖家中心”中查找已上线的刊登

卖家可以直接在“卖家中心”的“出售中的物品”中查看已上线的刊登，具体操作步骤如下：

登录 eBay 账户，进入“My eBay”页面，在“Listing”选项卡左侧边栏中单击“Active”（销售中）进入出售物品页面。在出售物品页面，可以直接选择需要查看的刊登的图片或标题，即可直接进入该物品的刊登页面，如图 4－19 所示。

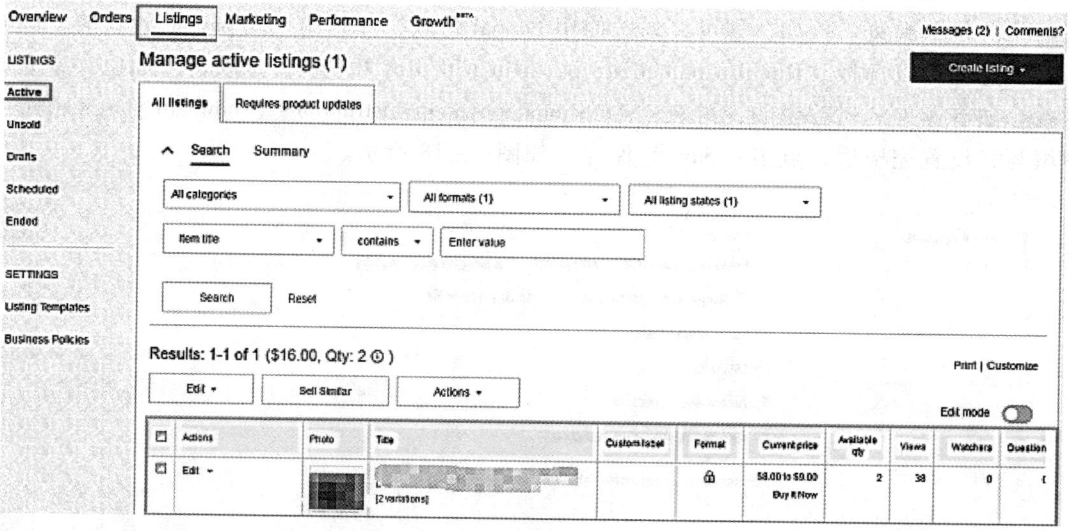

图 4－19 出售物品页面

2. 利用“eBay 高级搜索”查找已上线刊登

卖家可以利用 eBay 的高级搜索，使用卖家账号或某个特定的物品 ID 直接在 eBay 的搜索页面上查找已上线的刊登，具体操作方法如下：

（1）进入目标国家站点（以 eBay 美国站点为例），单击首页右上方的“Advanced”（高级搜索）按钮。

（2）进入高级搜索页面，单击页面左侧边栏中的“By seller”（依卖家搜索）超链接。

（3）进入“依卖家搜索”页面，选中“Specific sellers”（特定的卖家）前面的单选按钮，在文本框中输入自己的卖家账号，然后单击“Search”按钮，即可直接进入该物品的刊登页面。

（4）卖家也可以通过输入某个刊登的编号来查找刊登，单击“By item number”（以物品编号）超链接，在“Enter item number”（输入物品编号）下的文本框中输入需要查找的物品编号，然后单击“Search”（查找）按钮，即可直接进入该物品的刊登页面，如图 4－20 所示。

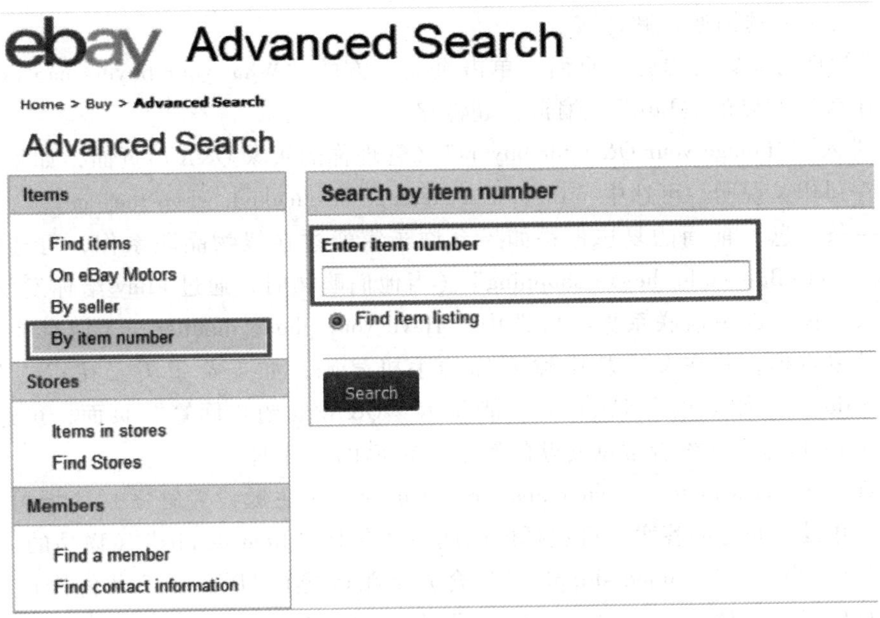

图 4－20　查找刊登

3.1.3　重新刊登

对于未能成功交易的物品刊登，可以将其进行重新刊登上线，以便重新获得 eBay 的流量支持。重新刊登会产生相应的刊登费，如果卖家选择一些 Listing 的升级功能，也需要为其支付费用。重新刊登的具体操作方法如下：

（1）登录 eBay 账户，进入“My eBay”页面，单击“Listing”选项卡左侧边栏中的“Unsold”（未售出）超链接。

（2）进入“未出售物品”页面，找到需要重新刊登的物品，在该刊登的“Sell Similar”（出售类似的）下拉列表中单击“Relist”（重新刊登）超链接。

（3）进入“Relistyour listing”（重新刊登您的物品）页面，重新设置“Listing”，包括商品详细信息、商品销售详情、商品物流政策等信息。

（4）重新设置 Listing 信息后，单击“List item”按钮，即可重新刊登未出售的商品。

3.2　设置买家常见问答

在商品销售的过程中，买家可能会有些问题需要向卖家咨询，比如退换货之类的事宜就经常会被问到。对于一些经常会被问到的问题，卖家可以创建常见问题与回答

（FAQs）。当买家进入“向卖家提问（Ask a question）”页面后，就能看到卖家设置好的问题及回答，这样卖家就无须再一个个地回答买家的提问，买家也无须直接与卖家联系，节省了双方的时间。

设置买家常见问答的具体操作方法如下：

（1）登录eBay账号，进入“My eBay”页面，在“My eBay”页面中单击“Account”（账户）按钮，进入“账户”页面，单击左侧列表中的“Manage communication with buyers”（管理与买家的沟通）超链接。

（2）“管理与买家的沟通”页面，单击页面下方的“What your buyers can do”（你的买家能做什么）右侧的“Edit”（编辑）超链接。

（3）进入“Manage your Q&A for buyers”（管理你的买家Q&A）页面，如果需要买家在结账时看到相关说明，可选中“Include a message at checkout when they pay”（当他们付款时附上一条信息）前面的复选框；如果允许买家通过在线物品联系你，可选中“Send you messages on eBay while they're shopping”（当他们购物时，通过eBay给你发信息）；如果允许买家向你发送短信联系你，可选中“Have your phone number”（拥有你的电话号码）前面的复选框，并在文本款中输入你的手机号码；如果希望买家在点击刊登中的“Ask a question”（询问卖家问题）时，能显示“Q&A/问题与回答”页面，可选中“See answers to your FAQs”（参看常见问题的答案）前面的复选框。

（4）在“Select a topic to review answers”（选择一个主题设置答案）区域可选择需回答的问题，并设置问题的答案。可选择的问题主题包括“Item details”（物品的详细资料）“Shipping”（运费）“Combined shipping”（合并结账运费）“Payment”（付款）“Returns”（退货）“Other”（其他）以及“All answers”（全部问答）。

（5）“Shipping”（运费）选项卡，即可设置关于商品运费的相关问答。“Auto answers”（系统自动应答）可以让买家快速得到问题的解答，卖家可以选择是否使用系统提供的自动应答的问题，如果不想使用该问题，可单击该问题，然后单击问题下面的“Don’t show to buyers”（不向买家展示）超链接，可不向买家显示此问题。

（6）如果将某个系统自动应答的问题设置为“Don’t show to buyers”（不向买家展示）后，又想将其取消，可在需要取消的问题后单击“Show to buyers”（向买家展示），即可将该问题重新展示给买家。

（7）卖家也可以创建新的问答，单击“YourC&A”（你的问答）下方的“Add a question”（添加问题）超链接。

（8）弹出“Add your own Q&A”（添加你自己的问答）对话框，在第一个文本框中输入要创建的问题，在第二个文本框中输入答案，在“Topic”（主题）后面的下拉列表框中选择问答的主题，设置完毕后单击“Save”（保存）按钮。

（9）当所有问题都设置完成后，单击“Select a topic to review answers”（选择一个主题设置答案）区域左侧列表中的“All answers”（所有问题）选项卡可查看设置的所有问题，单击页面底部的“Add more questions”（添加更多问题）可添加新的问题。当全部问题设置完成并检查无误后，可单击页面底部的“Submit”（提交）按钮保存此次操作。

任务四　商品优化与管理

店铺曝光量、转化率无疑是卖家们重点关注的指标。转化率涉及商铺的访客量，这就需要卖家在实际经营管理中提升商品排名和做好 Listing 优化。商品排名靠前，Listing 做得精细，标题引人注目，自然就会引来访问量，销售量也就有机会得到提升，店铺收益也会相应地提高。

4.1　最佳匹配/Best Match 搜索排名规则

最佳匹配/ Best match 是 eBay 默认的一种搜索结果排序方式，它的最终目的是增加卖家的销售额，减少不良的买家体验，确保买家获得更好的购物体验，并增加顾客回头购买率。

4.1.1　最佳匹配/Best Match 的排名运算规则

买家在 eBay 中输入的关键词决定了哪些物品会被搜索到，然后 eBay 通过最佳匹配算法将搜索结果进行排序并最终展现在买家面前。对于新手卖家来说，eBay 的物品排名规则比较复杂，简单来说其排名运算规则可以分为以下几步，见表 4－4。

表 4－4　Best Match 的排名运算规则

步骤		运算规则
第一步	搜集符合条件的 Listing	①当买家输入商品名称进行搜索时，eBay 服务器就会收集符合买家搜索条件的 listings，并将这些结果分为拍卖 listings 和一口价 listings 两种方式； ②对其进行更深一步的排序，最终向买家呈现最有价值的 listings。
第二步	对 Listing 进行整理排列	①以拍卖形式刊登的物品按物品结束时间排序，一般来说，结束时间越近的物品排名越靠前； ②以定价形式刊登的物品按照物品的价值高低排序，价值越高，排名越靠前； ③目前公认的衡量物品价值的标准是：eBay 搜索结果中该物品出现的次数与其已发生的销售量的比例。
第三步	推广搜索结果	①一些卖家的商品会显示在搜索页面的首页，可能是因为他是超级卖家，或者是这件物品包邮； ②成为超级卖家对物品的搜索结果排名的影响是最重要最首要的，物品包邮将会起到锦上添花的作用。
第四步	最后排序	①确定了拍卖形式物品和定价形式物品的排序，eBay 会将这两种形式的排序合并整理最终呈现给买家； ②最终按结束时间排序的拍卖物品和按价值高低排序的定价物品交替出现在搜索结果中，提供包邮的定价物品受到的升级也会计算在内。

4.1.2 最佳匹配/Best Match 的影响因素

最佳匹配/Best Match 对定价物品和拍卖物品的排序是通过不同的条件来进行的，在默认排序时最佳匹配/Best Match 考察的因素主要有六个，详见表 4－5。

表 4－5　　Best Match 的考察因素

考察因素	具体因素
最近销售记录（针对定价类物品）	①卖家一条 listing 中被不同买家购买的 item 的数量； ②物品的近期销售记录越多，越利于排名靠前； ③第一次被重新刊登的物品同样也保留最近的销售记录。
即将结束时间（针对拍卖类物品）	以拍卖形式刊登的物品的下架时间，商品在拍卖时间快结束的时候排名是最好的。
卖家评级（DSR）	①包括物品描述、沟通、物流时间、运费等； ②一般优秀评级卖家/Top Rated Seller 的商品排名较靠前。
买家满意度	包括中差评数量、DSR 1 分和 2 分的数量、INR（物品未收到）/SNAD（描述严重不符）投诉的数量。
物品标题的相关度	买家输入的搜索关键词与最终成交商品的标题、关键词之间的匹配程度。
物品价格和运费	包邮物品的排名将会靠前，高运费或者运费不明的物品的排名将会被降低。

4.1.3 不同刊登方式最佳匹配/Best Match 的考察因素

针对以不同形式刊登的商品，最佳匹配/ Best Match 在对商品进行排序时会采取不同的方式。针对定价商品和拍卖商品在定义“物品相关度”对商品排序产生的影响时会采取不同的标准，例如，“商品剩余时间”这一项对于即将结束拍卖的商品来说非常重要，而对于定价商品来说则没有影响。因此，根据商品的不同刊登形式，定价商品和拍卖商品的搜索排序所考量的因素会有所不同。

1. 拍卖类物品

“商品相关度”“卖家详尽评价 DSR”以及“商品剩余时间”是影响拍卖类商品在搜索结果中排序的重要因素。拍卖类商品（包括含运费的拍卖商品）在即将结束前仍可以在搜索结果中获得更多的曝光量。因此，虽然免运费不会为拍卖商品增加额外的曝光量，但为拍卖商品设置合理的运费价格和提供免邮服务仍然是一种比较实用的做法。

2. 定价类物品

为了让最新上架的商品在搜索结果中的排名比较靠前，且为买家呈现更多的商品选择，在其他条件相同的情况下，最新上架的商品在搜索结果中的排名会比较靠前。因此，对于定价类商品来说，商品的上架时间是影响其搜索排序的主要因素。

此外，针对定价类商品，最佳匹配/ Best match 考察的其他重要因素还有“近期销量”“商品标题的相关度”“卖家详尽评价 DSR”以及“商品总成本”而“商品剩余时间”对定价类商品的搜索排名的影响不大。其中“近期销量”“卖家详尽评价”以及“商品总成本”对定价类商品的搜索排名分别有影响。

4.1.4 如何有效提升最佳匹配排名

如何让自己的商品在 eBay 搜索结果中有一个好的排名，是很多卖家都在思考的问题。

下面分享几个提升商品 Best match 排名的策略。

1. 提升卖家等级

要让自己的卖家等级始终保持在最低标准之上，如果卖家等级不能达标，所刊登的商品无论是定价商品还是拍卖商品，都会在搜索结果中被降级。卖家可以通过卖家成绩表来关注自己的账户状态，并了解如何改善账户表现。符合标准的卖家的商品会和超级卖家的商品一起出现在最佳匹配排序中。超级卖家的商品在搜索结果中的排序会比较靠前，且带有标识，就算其 Listings 并不完全符合最佳匹配的搜索标准，这些 Listings 也会显示在搜索结果页面比较靠前的位置，从而吸引买家购买。

2. 选择合适的刊登方式

根据买家在购物中的行为表现，可以将 eBay 上的买家大致分为两大类第一类买家，他们享受着购物中竞价带来的乐趣，以低价获得心仪的商品是其追求的目标；第二类买家，他们不愿意等待，只要商品的质量与价格能达到他们的期望值，他们就会直接买下，这类买家在购物的时候比较爽快。因此，卖家所采取的刊登方式必须符合当地买家的习惯。卖家可以登录 eBay 主要站点，搜索自己想要出售的商品，分别统计在同一页搜索结果中显示的该商品以拍卖方式刊登和定价方式刊登的数量，连续比较多页，总结对比结果。在对比结果中，如果以拍卖方式刊登的数量占一半以上，说明该商品以竞价方式销售比较受欢迎，反之亦然。最后，再结合商品的价格特征、商品的市场供求情况来确定最合适的刊登方式。

3. 在正确的物品分类中刊登

在正确的商品分类中进行刊登有利于提升商品的购买率，因此卖家一定要将商品刊登在与商品最相关的商品分类中。如果卖家选择在两个分类中刊登自己的商品，一定要确保所选择的两个分类有一定的相关性，而且要确保商品无论刊登在哪一个分类中都可以卖出。

4. 撰写有效标题

使用与商品关联度高的关键词可以让商品有更多的机会出现在买家面前，也更有利于商品的销售。因此，要想提升商品在最佳匹配/ Best Match 搜索结果中的排名，关键的一点就是要使用与商品相关的关键字，去掉与其不相关的关键词。

具体来说，撰写商品标题时要注意以下几点：

（1）可以在标题中使用多个可以清楚表达你在卖什么的描述性关键词，尽量用完 80 个字符。

（2）标题中可包括商品品牌、设计者或者商品用途等信息，其中描述品牌或用途的信息可放在副标题中。

（3）设置商品的细节属性，例如 T 恤，要设置颜色、尺码、状态等。

（4）对商品进行准确的描述，在商品标题中可以重复使用商品所属分类名称。

（5）商品标题的拼写要正确。

（6）在标题中避免使用标点符号和星号。

5. 制定有竞争力的价格

对于以定价形式刊登的商品来说，商品的价格非常重要，但“为商品设置好价格之后就不管”往往不是一个好的策略。卖家应该时刻关注商品价格对自己销售量造成的影响，并适时对价格做出合适的调整。卖家可以密切关注同类商品的其他竞争对手，看看他们的商品的价格是多少，再以此来决定自己商品的价格。

6. 免除运费

Best match 在商品排名中会综合考虑卖家 Listing 完成的交易数量，以及商品在搜索页面中被买家搜索到的次数两个因素，销售量与成交量的比值越高，卖家 Listing 出现在搜索页面的位置也就会越靠前。而包邮的商品对于买家来说更具吸引力，因此商品包邮有助于提高商品的成交量，再根据销售量和浏览量的比值原则，这样将会提升商品的排名。随后就会形成一个良性循环，Listing 的排名也就会提升。此外，免运费有利于提升卖家服务评级中的运费成绩，这是卖家获得“优秀评级卖家”身份的重要因素之一。

4.2 商品标题优化

Lsting 的标题是影响商品在搜索结果中排名的重要因素之一，做好标题优化更容易吸引买家的关注，进而提升商品转化率。

4.2.1 关键词的搜集

标题优化的关键是关键词的选择，卖家可以从以下几个方面入手搜集商品标题的关键词。

1. 物品所属的分类目录名称

商品所刊登的目录名称包括一级、二级、三级目录，这些词都属于热门关键词，且与卖家所刊登的商品具有非常紧密的相关性。例如，在“Women”“Clothing”类目下包含的商品类目名称有“Dresses”“Tops & Blouses”“T - Shirts”“Sweaters”“Coats& Jackets”“Jeans”“Pants”“Shorts”“Skirts”“Swimwear”等，这些关键词都可以用在商品的标题中。

2. 搜索下拉菜单

搜索框下拉菜单中的搜索词，通常都是买家常搜索的热门关键词，卖家可以从中挑选符合自己商品的关键词。当然，这里所说的搜索下拉菜单，不单指的是 eBay 站内的搜索框，还包括搜索引擎搜索框中的下拉菜单。

3. 物品属性相关

可以根据商品的属性来组合拓展关键词，即根据商品的属性为核心关键词添加定语或形容词。卖家可以从以下几个方面来入手：

(1) 商品的售卖模式，如“Wholesale”(批发)；

(2) 商品的风格，如“Chinese style (中国风)”“Elegance”(优雅)；

(3) 商品的材质、功能，如“Wedding dress”(结婚礼服)；

(4) 商品的服务模式，如“Custom”(定制的)；

(5) 商品的品牌，但一定要获得品牌的官方授权。

4. 使用关键词工具

卖家可以借助关键词工具来帮助自己搜集关键词，在此推荐两个关键词工具：Terapeak (http://www.terapeak.cn) 和谷歌关键词工具 (Google Ad Words)。

4.2.2 关键词的选择与组合

1. 关键词的选择

搜集好关键词并建立好关键词词库后，接下来的工作就是选词。根据 Listing 的不同表现，卖家可以采取不同的选词策略，具体如下：

根据 Listing 的不同，在选词时需要采取不同的策略，详见表 4-6。

表 4-6 Listing 类型策略

Listing 类型	选词策略
流量低与销量低的 Listing	选择搜索量较低的关键词，以避免与同行的竞争，进而提高曝光量和转化率。
流量和销量都一般的 Listing	选择搜索量不是最高，但转化率高的词，以增加曝光量，提升销量。
高销量的 Listing	选择搜索量最高的词，以最大程度地提升曝光量。

2. 关键词的组合

eBay 上 Listing 的标题最多是 80 个字符，字符从左向右展现，但在不同的浏览模式下所能展现的标题的字数也有所不同，有以下 2 种情况：一种是 PC 端以 List（列表）模式展现，标题可全部展现；一种是 PC 端以 Gallery（图片浏览）模式展现，显现部分标题。

手机端浏览有两种情况：一种是显示完整的标题，另一种是不显示标题。根据以上分析得出，标题展现最极端的情况是不显示，接下来是显示部分标题，最好的情况是标题全部显示。因此，在组词时要尽量将核心关键词放在靠左的位置，以确保核心关键词可以在多种浏览方式中获得展现。因此，要想做好 eBay 标题的优化，重点要做好以下两点：遵循 eBay 规则，尽量写满 80 个字符，关键是前 55 个字符；将商品核心关键词放在标题的最前面，一个商品标题的核心关键词不要超过 2 个。

4.2.3 商品标题优化注意事项

卖家在优化商品标题的过程中，需要注意以下几点。

1. 充分利用标题字数限制

eBay 中每个标题限 80 个字符（包括空格），所以卖家一定要充分利用好资源，为标题添加尽可能多的有效关键词，最好写满 80 个字符。

2. 理性地对标题进行优化

不要盲目地对已经是爆款的商品进行标题优化。对于销量非常好的商品和爆款商品来说，高销量证明了其各个方面都是比较完美的，商品在搜索结果中拥有较高的权重，可以排在比较靠前的位置。因此，在商品销量仍然呈现上升趋势的期间，无须对其进行标题优化，因为这个时候对标题优化反而容易对商品的流量造成不利影响。

3. 不要在宝贝标题滥用符号

商品标题的设计要符合买家的搜索习惯，买家借助关键词搜索商品时一般不会使用标点符号，因此不要在标题中加入标点或其他特殊符号。

4. 同类商品的标题不要完全相同

如果同类商品出现标题相同的情况，容易被 eBay 平台认为是重复铺货，而且同类商品使用相同的标题会导致同一类型的商品同时竞争同一个关键词的现象，这样就会导致其他有效关键词得不到充分利用，进而减少了卖家的曝光量。

5. 注重关键词与商品的相关性

标题中使用的关键词要与商品具有相关性，不要使用与商品不相关的关键词。此外，还要避免在标题中使用与商品不相关的词语，以及一些生僻冷门的、目标市场买家不常用的词语。

6. 符合英文拼写规范

英语对字母的大小写有比较严格的要求，海外买家能从商品标题书写的规范程度上判断这家店铺的专业程度。因此，卖家在保证标题符合搜索引擎搜索规则的情况下，还要保证商品标题的写作符合英语书写规范，不要随心所欲滥用字母大写。完成商品标题的写作之后，卖家一定要仔细检查，避免标题中出现拼写的低级错误。

4.3 商品详情描述的撰写

商品详情描述是向买家全面展示商品，帮助买家了解商品详细情况的重要渠道。一个完整且清晰的商品详情描述不仅能使商品得到更加专业的展示，更能提高商品的浏览量和销售量。

卖家在撰写商品详情描述时，可以参考以下几个技巧。

4.3.1 商品描述符合 eBay 相关政策要求

商品详情描述首先要符合 eBay 平台的相关规则，一些内容是不允许出现在商品详情描述中的，具体有以下几种内容：

（1）不符合商品真实情况的描述；

（2）会对买家造成误导的信息，如使用与商品不相关的关键字，即滥用关键字；

（3）平台中受限或禁止的内容；

（4）未经允许使用品牌商标或抄袭其他卖家的商品描述；

（5）可能会让买家产生不满的说明或要求。

4.3.2 物品描述完整、具体

卖家要保证商品详情描述完整、准确，这样才能让买家全方位地了解商品进而刺激其购买欲望。一个完整、具体的商品详情描述应该包括以下内容：介绍商品是什么、商品的状况（如商品是全新、二手的，还是仍在保修，要对商品存在的缺点或修理记录进行说明）、包装清单、付款方式以及退换货政策，以文字的形式进行展现，这样一旦产生纠纷，卖家可以将其作为凭证。

4.3.3 图片 + 文字

对于商品详情描述来说，如果文字过少，对商品介绍得过于简单，就无法让买家对商品或卖家产生足够的信任；而文字过多又会让商品介绍过于枯燥，难免会让买家没有耐心读下去。因此，为了让商品详情描述既完整又具有可读性，卖家可以采取“图片 + 文字”的形式，图文互补。无法表述清楚时，加上图片往往就能让买家一目了然。

4.3.4 精心设计商品详解图

为了让买家进一步了解自己的商品，卖家最好对商品的各个细节进行多方位的展示，以使商品得到立体三维清晰的展示效果。卖家要精心设计商品详情页面的展示图，商品细节展示图最好做到清晰、图文并茂。

4.3.5 明确说明物品缺点

有的卖家为了凸显自己商品的优势，在商品详情描述中只说商品的优点，对商品的缺点或者不适用的情况却只字不提，其实这是一种不明智的做法，这样容易增加 SNAD（物品与描述不符）和纠纷风险。其实，如果卖家在商品详情描述中明确地说明了商品存在的某个微不足道的小瑕疵，这样反而更能增强买家对商品和卖家的信任感，提升买家的购物体验。

比如一副蓝牙耳机，卖家在撰写商品详情描述时，可以这样写：这款蓝牙耳机轻便、时尚，但如果用户配戴眼镜的话，使用起来可能会有一定程度的不舒适感，建议戴眼镜的用户慎重选择。

4.4　商品图片设计

在网络购物中，很多高销量的商品除了本身具有高性价比之外，商品的图片展示对其销量也有着至关重要的影响。高品质的商品图片能使商品得到最佳的展示，让商品更具吸引力，为买家带来更好的购物体验，进而提高商品销量。

4.4.1　图片的要求

优质的商品首先要符合 eBay 对商品图片的质量标准，这样才能保证商品图片不被移除或商品买卖受限。具体来说，刊登物品的图片要符合相关要求。商品图片首先要符合 eBay 平台的标准，这样才能避免商品图片因不符合要求而被移除或商品销售受限。具体来说，商品刊登中商品图片要满足的要求详见表 4－7。

表 4－7　Listing 商品刊登图片要求

图片要求	具体内容
图片数量	每个商品刊登需要至少提供 1 张商品图片，最多可上传 12 张。
图片大小	商品图片最长边长至少要有 500 像素，最好高于 800 像素。
边框或文本	图片中禁止添加任何边框、文本或插图。
水印	①图片中可以使用水印来表明图片的所有权和归属权，但水印中不能含有营销信息，不能出现链接； ②水印的大小不能超过图片总面积的 5%，其不透明度小于 50%，且不能遮住图片。
库存照片的使用	①全新商品在刊登时可以使用 eBay 平台提供的库存照片，二手商不得使用； ②二手商品可以使用目录图片，但不能将其作为二手商品的主图（除了书籍、电影、音乐和视频游戏类商品）。

4.4.2　商品主图设计技巧

提供优质的商品图片对卖家来说非常重要。图片会说话，有时无须太多的文字，往往一张优质的图片就能吸引买家的注意，激发其购买欲。要想利用图片吸引买家的关注，在拍摄图片以及设计图片展示时就需要讲究些技巧。

1. 背景简单，简洁为美

商品图片一定要是实物拍摄，图片最好选择使用简洁、干净的浅色背景，因为复杂、花哨的背景容易分散买家的注意力，而干净、简洁的环境能让商品获得全方位的展示，有利于将买家的注意力吸引到商品上。然而，对于反光、闪亮的商品来说，比如珠宝类商品，使用黑色作为图片背景效果要更好些。

2. 光线适度

图片中存在阴影、反光、灰色色块会降低图片的美观度，进而降低图片对买家的吸引力。因此，在拍摄照片时，要关闭闪光灯，使用漫射照明来避免照片产生阴影及反射。卖家可以自制一个简单的“灯箱”，拍照的时候将商品放置其中，这样能让光线均匀地照射到商品上。

3. 图片适配移动端

随着智能手机的普及，移动电商的发展速度惊人，eBay 移动商业交易量也持续上升，因此任何卖家都应该重视移动端购物。卖家提供的商品图片要适配移动端，如果没有专业的移动端运营团队，最好下载 eBay 移动端应用，在电脑端完成 Listing 刊登之后，再到移动端查看显示效果，并进行调整。卖家也可以使用图片与文字“自适应手机”模板设计，无须手动放大缩小，既能减少工作量，又能凸显自身的竞争优势。

4. 多角度、多细节展示商品

所谓“三多”原则，就是“多图片，多角度，多细节”。简单地说，就是使用多张图片、多个角度、多细节，完整、清晰地对商品进行展示。此外，橱窗图片要注重细节，有效、充分地利用图片的放大功能，多角度放大展示商品，凸显商品的细节。

5. 采用特写展示商品

为了更好地展示商品的特殊功能或质地，可以为商品添加特写图片。卖家可以通过以下几种特写方式来凸显自己商品的与众不同：带有价值信息的价格标签、商品不寻常的特征、商品的按钮细节或者某个非常酷的设计细节等。

6. 使用三脚架

在拍摄照片时，如果相机出现晃动，容易导致拍出来的照片模糊。因此，为了保证照片的清晰度，可以使用三脚架来让相机保持稳定，这样更容易拍出清晰的照片。如果没有三脚架，可以将相机放置在一个平面上，以保持相机的稳定性。

7. 减少留白

在拍摄商品图片时，尽量减少道具的使用，要让商品占用整张图片面积的 80% ~ 90%，并尽可能让商品在图片中居中显示。同时，要避免使用道具，因为使用道具容易让买家弄不清楚你所销售的商品究竟是什么。因此，非卖配件不要出现在商品图片中，以免引起买家误会，产生不必要的纠纷。

8. 保持商品原来的色调

不同类型的光线会让最终的商品照片产生不同的色调。比如，白炽灯会发出黄色的色彩，荧光灯会发出蓝色的色彩，在这样的光线照射下，拍摄出来的照片就会导致商品色彩偏离其本身的色调。此时，卖家可以使用数码相机的“自动白平衡”功能来创建中性或“日光”照片，避免商品照片变成黄色或蓝色。

4.5 优化店铺，进行品牌化运营

在 eBay 店铺的运营中，多数卖家没有进行品牌化运营，而是采用多 SKU 或多品牌的策略来运营。这种做法也符合 eBay 的搜索排名规则，eBay 搜索引擎对新 Listing 有较大的流量倾斜，所以很多卖家采取不断上新、不断扩充的方式来为店铺吸引流量。但是，非品牌化运营容易导致 Listing 后期乏力，面对具有价格优势的同款商品缺乏竞争力。而品牌化运营不但可以将自己的商品与竞争对手区分开来，还能让自己避免陷入价格战的境地。品牌化是一种小而美的运营策略，eBay 平台卖家打造品牌店铺可以从以下几个方面入手。

4.5.1　设置店铺简介

卖家可以将 eBay ID、店铺名称设置为品牌名称。这样，店铺链接就会带有品牌后缀。要结合自己销售的商品所属品类以及目标客户群确定店铺装修的风格模板。在"店铺简介"设置中，卖家在后台填写简介后，在商品描述页会出现"Me"的标志。买家点击该标志可以快速了解该卖家。这个功能对于开展品牌宣传非常有利，如果简介写得到位、得体，有利于吸引买家，也有利于新品的上架和推广。

4.5.2　简单、明确的店铺类目设置

很多新手卖家不重视店铺类目的设置，店铺的类目杂乱无章，有的甚至不设置类目分类。这样对于关联营销非常不利，尤其是当店铺设置 Promotion（促销）的时候，买家会选择适合自己的商品来凑单，如果自己的店铺类目杂乱甚至没有类目，则会给买家的购买造成不便。设置商品类目非常简单，卖家可以参考 eBay 自身的商品类目，或是参考速卖通、亚马逊平台上同行卖家的类目设置。如果卖家是单类目垂直品化运营，可以参考品牌官方网站类目的分类。

4.5.3　商品描述页面

商品描述页面首先要用文字、图片全面展现商品的信息，这是最基本的。其次，还要懂得利用商品描述页来展示自己的品牌，可以在每个商品页面加入品牌的 Banner、Logo、Slogan 等元素，起到强化品牌的作用，同时也能让自己的商品差异化，区别于其他普通卖家。

4.5.4　运输物流设置

物流设置非常重要，有的卖家可能就只会简单地为全店商品设置一个全场包邮。为了给买家提供更好的购物体验，卖家可以为商品设置多层次的物流服务，如 Economy Shipping（经济物流）、Standard Shipping（标准物流），这样不仅为买家提供了更多的物流选择，能够满足不同层次客户的需求，而且卖家可以借助 Expedited/Standard Shipping 订单提高店铺的利润率，同时降低物流的风险。

4.5.5　设置店铺条款及售后服务条款

开展品牌店铺运营须有专属于自己店铺的商品购买条款及售后服务条款，虽然 eBay 平台为卖家设置了退换集合政策，但这并不会对卖家设置专属于自己店铺的条款造成影响。向买家展示专属于自己店铺的购买条款以及售后服务条款，不仅能体现自己店铺的专业性，更能提升店铺的档次。这些设置对于衣服类、美妆类、手工类等类目的卖家尤其重要。

4.5.6　注册品牌域名

运营品牌的卖家，可以将自己的品牌域名进行注册。如果卖家不进行品牌官网建设和销售，可以简单地将域名指向自己的 eBay 店铺，这样可直接进行站外引流。

4.5.7　包裹内添加售后条、优惠券、物流清单

品牌运营的优势在于复购率，老客户是品牌运营的基础，所以，将新客户维护成老客

户是店铺运营的必修之路，这就需要卖家做好一些细节。在包裹中贴心地附上售后条和物流清单，既可以减少纠纷、差评，还能提升店铺的友好度。售后条的设计要有创意，这样才能吸引买家阅读。优惠券是也是提升复购率的法宝，只要商品质量过关，买家拥有优惠券，往往会来店铺复购，店铺的复购率自然会上升。若卖家拥有自己品牌的独立网站，则可利用大幅度优惠，直接将 eBay 的客户引向自己的网站。

任务五　营销推广

eBay 店铺运营最重要的就是流量。若没有流量，一切均无从下手。没有访问，没有成交，没有转化，结果就是没有销量。eBay 的营销推广渠道分为站内推广和站外推广两个渠道。站内推广就是运用 eBay 平台上的引流工具进行推广，站外推广主要是运用社交媒体工具开展引流。

5.1　站内推广

卖家可以通过 eBay 站内工具为自己刊登的商品或店铺引流，通过站内促销管理工具设置促销活动，以优惠的折扣向买家推荐热门商品，从而为自己的店铺带来更多的流量。

5.1.1　促销管理

通过开展促销活动可以让卖家的商品获得更多的曝光率，进而帮助扩大订单和销量。卖家使用 eBay 促销管理工具可以创建多种优惠类型，还可根据销售目标拟定灵活的促销策略。

通过开展促销活动，可以让卖家的商品获得更多的曝光率，进而扩大订单和销量。卖家使用 eBay 促销管理工具可以创建多种优惠类型，还可根据销售目标拟定灵活的促销策略。详见 eBay 促销工具 Manager Promotion（促销管理）的页面。

借助 eBay 促销管理工具 Manager Promotion，卖家可以为商品设置以下优惠活动：

Order discount（订单折扣），即卖家在买家购买多件商品或一笔交易达到一定的消费金额时，为买家提供一定的折扣比例，还可向买家赠送赠品，或以赠品加折扣的方式给予优惠。这种促销方式可用于整个店铺内商品的促销，也可用于一种商品分类或一组商品的促销。

Codeless coupon（优惠券），即向买家发送优惠券。优惠券可以通过电子邮件链接的方式发送，也可刊登在社交媒体网站或网店内。

Shipping Discounts（运费折扣）为商品设置促销运费规则，如购买两件以上商品免运费。可用于推广设置免运费规则的所有刊登商品。

Sale event（降价活动），即将价格优惠的商品显示在打折页面，同时每件商品在主要的购物页面上带有链接，以吸引买家访问。卖家也可以将一些适合一起购买的商品进行分组促销。

Accessory discount（捆绑销售），即在一件主商品上捆绑与之相关的商品，形成商品组合。只要买家购买主要商品，在购买关联商品时便可享受不同比例的折扣优惠。

5.1.2 付费广告 PromotedListings

Promoted Listings 是 eBay 的一种站内付费广告推广方式，它能帮助卖家提高商品的曝光率，eBay 根据买家的搜索将卖家的相关物品推送到买家的面前或者是让物品出现在搜索结果页面的醒目位置，从而提高物品的可见性。

关于 Promoted Listings 的相关情况如下：

（1）哪些站点的卖家可以使用 eBayPromotedListings?

eBay 美国站、英国站、德国站和澳大利亚站所有激活的 eBay 店铺注册卖家都可以使用 Promoted Listings。

（2）Listing 需满足哪些条件？卖家能推广多少个 Listing?

卖家只能选择多库存的固定价 Listing 进行推广，每次广告最多可推广 500 条 Listing，这意味着不能推广拍卖形式的 Listing 或库存量为 0 的 Listing。

（3）eBay Promoted Listings 如何扣费？

与 PPC 广告不同，eBay Promoted Listings 是以业绩为导向的。只有当买家点击广告并在 30 天内购买商品时，卖家才需要支付广告费用。卖家要为商品设置一个广告费率（商品售价的 1%—20%），例如卖家设置商品的广告费率为 3%，那么广告费就是商品最后成交价的 3%（不包括运费和销售税）。所有的广告费会在 eBay 的每月账单进行显示。

另外，eBay 为 Top Rated 卖家和超级店铺卖家提供 Promoted Listings 优惠券。每个季度，他们可分别收到 30 美元和 25 美元的优惠券。拥有超级店铺的 Top Rated 卖家，可获得 55 美元的优惠券。卖家可利用优惠券抵消部分广告费用。

（4）什么样的 Listing 使用 eBay promoted Listings 才能收到最好的效果？

Promoted Listings 是为了让卖家的热销商品获得更多的销量，将中等销量的商品通过有机搜索转变为热销商品，进而提高新 Listing 的销量。但是，卖家不宜使用该功能推广销量不好的商品。如果商品的转化率很低，虽然能借助 Promoted Listings 为商品带来流量，但由于商品本身并不能将访客转化为下单者，因此从根本上来说，为这样的商品进行 Promoted Listings 是在浪费访客量。而如果使用 Promoted Listings 推广新品，由于新品缺少客户真正成交后的反馈和成交率、点击率等数据，这样新品 Listing 就比老品 Listing 缺少算法信任，推广效果也不会太好。因此，Promoted Listings 最适合推广的应该是自己最优秀的商品 Listing。

（5）目标 Listing 是否需要提价后进行 Promoted?

Promoted Listings 为商品增加了曝光机会，但如果将 Promoted 的佣金比例反向转移到买家身上，这样做是犯了市场竞争中定价的大忌。因此，不要为了减少损失而在做 Promoted Listings 之前和之后刻意对商品进行提价。任何非自然流量的获取都是需要成本的，这个费用作为广告成本支出，需要的是通过 Promoted Listings 进行额外成交来整体提高 best match 的排名优势，从而收到 1 + 1 > 2 的效果。

5.1.3 邮件营销

eBay 店铺具有一套邮件营销功能，卖家借助电子邮件营销可以帮助自己建立品牌知名度，与客户建立长期有效的联系，让买家在购买商品很久之后还能记得店铺。卖家向买家发送促销邮件，告诉买家店铺有哪些促销活动，并附带展示现有商品和新商品。当然，邮件中也不能仅仅是广告，可以用叙事的方式向买家讲述品牌故事，让品牌显得更人性化，这样，买家更愿意了解你的商品。如果邮件的标题毫无吸引力，内容空洞，充斥着令人眼花缭乱的商品广告及促销信息，必定会引起买家的反感。因此，要想实现邮件营销的效果，应该在邮件的标题和内容上下功夫。

1. 做好邮件标题优化

在电子邮件（Email Direct Marketing，EDM）营销中，邮件的标题是吸引买家目光的首要因素，进行邮件营销尤其需要创建一个引人注目的标题。卖家可以从标题选词和标题格式两个方面来对邮件的标题进行优化。卖家可以从标题选词和标题格式两个方面来对邮件的标题进行优化。

（1）标题选词。标题在选词时要使用“有效果的词”。EDM 营销在标题的选词上，需要避免以下两个误区。

误区一：使用“RE:”“FW:”标识

有些卖家为了向买家营造一种双方已经联系过的假象，会在邮件标题的开头加上“RE:”“FW:”这样的标识。其实，这样做收到的往往是负面效果。以陌生人冒充熟人，在多数情况下受到的是冷遇，邮件的点击率不会像预想的那样会提高，反而会降低。因此，对于不熟悉的买家，邮件的标题中最好不要使用“RE:”“FW:”，以免引起客户的反感。

误区二：使用“引诱性”很强的词语

所谓“引诱性”很强的词语，是指“100% free”（100%免费）、“high quality”（高品质）、“last chance”（最后一次机会）等，这些词已经在很多广告中被广泛使用，它们已经失去了自身的优势，无法体现出商品的独特魅力。因此，与其使用一些看起来很有引诱性的词，不如使用一些朴实、更能体现自己商品的特色、能将自己商品的优势与他人区别开来的词。标题在选词时要使用“有效果的词”。根据国外权威机构的调查，有一些能够产生积极效果的词汇。

（2）标题格式。邮件标题要具备两个特征：便于记忆和能被搜索。邮件标题便于记忆，这样顾客需要时可以通过一个或几个关键字进行搜索，很方便地找到目标邮件。邮件标题能被搜索，是指邮件标题不要含有太多杂乱的格式，以免在客户搜索邮件时影响搜索结果。这些杂乱的格式主要有以下表现。

- 标题中的单词全部大写，如 PROMOTIONAL ACTIVITIES；
- 标题中使用了很多特殊符号，如“$、|、/、&、!!!”等；
- 标题中含有邮件地址，如 Doyouneedsilkfromchina？—silk@ hotmail. com；
- 标题中含有日期，如 Bestprice for iPhone 82017—11—02；
- 标题太长，超过 10 个单词。

这些格式通常会给买家搜索邮件造成困难，最好不要在标题中使用。要让自己的邮件标题看起来简洁、直接，标题的长度最好在 6 ~ 10 个单词。

2. 做好邮件内容优化

为了收到最佳的营销效果，卖家要为买家提供有价值的邮件内容。卖家可以从以下 5 个方面进行邮件内容的优化。

（1）内容具有针对性。对于管理人员来说，希望收到的邮件中能包含最新经济形势、对企业发展有帮助的各类资讯，以及管理策略等内容；对于市场人员来说，希望邮件中包含更多的市场最新动态、商品信息、市场信息等内容。而对于普通客户来说，则对商品折扣、小知识小建议、促销信息更感兴趣。因此，作为邮件的发送者，要根据不同的目标客户撰写具有针对性的邮件，其内容、语气都要有所不同。贴近客户心理的语言和内容更容易拉近与客户的距离。

（2）突出重点，简洁明了。邮件应该简洁明了，不需要长篇铺垫后才表明主题。因为绝大多数收件人是没有耐心将邮件认真读完的，往往是一扫而过，只抓一些显眼的、认为重要的点对邮件的价值进行判断。在邮件中使用图片、不同颜色的字体、条框，都是突出邮件主题的方式，能让收件人迅速了解邮件的重点内容。

（3）刺激客户的好奇心，引起共鸣。在邮件中要鼓励客户深入了解邮件的内容，为其构建一个强烈的召唤情境；要尽量刺激客户的兴趣与好奇心，鼓励其点击网站链接并了解商品信息。鼓励的方式可以是突出自己商品或服务的特色，免费赠送礼品，指出其他同类商品存在的缺陷并说明你的商品是如何克服这些缺陷的进行价格刺激，向客户表明其若购买商品可以获得哪些好处等。

（4）添加自定义变量。把单一的统称“先生/女士”改为客户的名称，这样带给客户的感受肯定是不一样的。带有姓氏的尊称更能给客户带来亲切感，拉近双方的距离。成功的邮件营销不是一朝一夕就能设计出来的，而是需要通过不断的设计、调整、测试、分析、调查，才能确认最终的邮件标题、正文、色彩、风格以及版式等。只有通过不断测试，才能找出其中的不足并及时进行调整，这样才能不断提高邮件的质量，提升邮件营销的效果。

5.2 站外营销

社交媒体营销能够直接接触客户，具有非常好的互动性。Facebook、Twitter、Pinterest 等都是非常适合开展营销推广的社交工具。

5.2.1 Facebook 营销

作为当今流行的交互式社交网站之一，Facebook 为跨境子商务提供了一个重要的营销平台。使用 Facebook 能够让自己的商品或服务更容易被用户搜索到，从而为网店自身创建一个交流社区，更直接地推广自己的商品。

要做好 Facebook 营销推广，卖家需做好以下几个方面的工作。

1. 吸引粉丝关注

作为一个在全球非常流行的社交网站，在 Facebook 上做推广营销，除了要为访问者、粉丝提供优质的服务之外，还要与访问者建立紧密、牢固的沟通关系。下面就分享几个获得粉丝的技巧：

（1）创建“可亲”的页面。要想让别人喜欢自己，首先要让自己看起来比较“可亲”能会引起访问者的反感。对于一个 Facebook 页面来说，要想给访问者留下一个好印象，要从以下几个方面来完善：优质的商品服务，及时更新的商品信息，内容优质的帖子，与粉丝之间的活跃互动。

（2）对忠诚粉丝要感谢。若自己的商品品牌在市场上已经有了一定程度的良好影响，积累了一定的客户群，并刚刚建立了自己的 Facebook 页面，此时可以鼓励自己的忠诚客户加入 Facebook 支持自己。要知道，一个满意客户的宣传就是一种最好的宣传，而且能吸引更多的访问者为你打上“like”的标签。而对于支持自己的忠诚客户也不要吝啬，可以用一些自设的徽章或标签对他们表示感谢，或者在销售商品上给他们一定的优惠。

（3）利用现有的社会化网络。除了 Facebook，其他站外引流还可借助 Pinterest、Youtube、Slideshare、Twitter、Lifehacker 等网站，在这些网站上都可以展示自己的商品。这些网站也可以形成一个推广营销网络，如果卖家在其他网站如 Twitter 上已经形成一个颇具规模的业务圈子，可以利用它来推广自己的 Facebook 页面，这样就能同时在两个社交平台上宣传自己的商品，让自己的商品吸引更多的关注。

（4）整合 Facebook 的社交插件。同时利用多个社交性网站开展社会化推广营销，是一种有效的推广方式。但在利用社会化媒体营销的过程中，需要有一个网络枢纽将所有的社会化媒体活动联结起来，这样做是为了更好地控制推广内容和进行品牌管理。

在 Facebook 网站中，可以添加 Facebook 的社交插件，如 likebox、like button 和 comment stream，以此来提高各个社交平台之间的联系。随着 Facebook 访问量的提高，自己的页面也会更多地出现在粉丝及其朋友的“推送”中，也就能让更多的访问者看到自己的 Facebook 页面，进而提高访问量。

（5）利用论坛签名与合作网站。如果自己在论坛中表现活跃，或者有合作的网站，可以在论坛或合作网站的签名档中添加自己 Facebook 页面的链接。但是，在链接组中一定要经常发表一些具有实用性的文章。只有自己的参与获得了认可，才能有更多的机会让别人看到自己以及商品。

（6）主动向朋友寻求帮助。当刚刚建立个人 fanpage 时，可能很少有互动，所以在初级阶段可以主动向自己的朋友发送互动信息，让他们参与一些话题讨论，以调动气氛。不过一定要保证讨论的话题具有足够的趣味性。

（7）参与高人气的 Facebook 页面。借助 Facebook Directory 和 Facebook Search 搜索与自己商品相关的 Facebook 页面，或搜索一些与自己业务相关的讨论，同时向这些 Facebook 页面提供一些有价值的信息，并与它们的管理员和会员建立一种信任关系，在有了一定的了解后可以让他们去访问自己的 Facebook 页面。

（8）联合其他 Facebook 页面管理员组织社交活动。与其他 Facebook 页面管理员联合，共同开展一个能使双方粉丝都获益的社交活动，这样既能加深彼此之间的了解，又能达到宣传推广的效果。在组织活动前一定要进行适当的规划，以保证让每个人的目标都能实现。

2. 提升页面互动性

卖家可以从以下几个方面提升 Facebook 页面的互动性。

（1）内容富有创意。如果企业在 Facebook 上只是一味地介绍商品，如商品的功能、价格、商品的特色等，很容易引起粉丝的反感。粉丝们更喜欢关注富有创意的内容，因此，企业在发布信息时最好加入自己的创意，这样才能获得更多的关注。

（2）内容简单化。大多数粉丝都不喜欢长篇大论，因此企业在发布内容时最好使用简单的句子，或将复杂的信息简单化，这样的内容会更具传播性。

（3）呼唤粉丝互动。要想增加社交媒体的互动性，企业可以主动发起一些活动，激发粉丝参与，如呼唤粉丝参与投票。通常，内容新颖、能够调动粉丝热情的帖子更容易成为热帖。

（4）善用图片。相对于文字来说，图片更能给人们带来直观的感官冲击，因此可以将想要发布的内容以图片的形式展现，这样更容易吸引粉丝的关注。

（5）善用留白。善用留白就是提出一个问题，然后留一个空白让粉丝来填空。如果问题问得比较好就能引起粉丝的热烈讨论，然后企业再进行及时的回复互动，也能激发粉丝的热情。

（6）内容富有情感，具有说服性。人都是感性动物，带有丰富情感且能引起共鸣的句子或内容，更容易拉近企业与粉丝之间的距离。因此，企业在发布内容时要使用情感丰富且具有说服性的文字。

（7）讲述品牌的故事。展示的重要性大于叙述，不要在网页上面直接发布商品信息、服务内容这些硬性推销的东西，而是要尝试讲述自己品牌和企业背后的人与故事。

（8）选择合适的发布时间。遇到好的文章要进行转载，每周两条；发布时间控制在当地中午 12 点半到下午 14 点之间，效果最好。原创文章的发布时间应放在上午 10 点以后。当地时间下午 15 点到 18 点适合发布一些有趣的、有话题感的内容，这段时间外国女性比较空闲，写评论参与的概率较大。

（9）保证内容有价值。删除一切价值不高的垃圾更新，否则可能会让自己的活跃粉丝跑光。

3. 挑选合适的广告图片

在 Facebook 上做营销推广，挑选 Facebook 广告图片对营销效果有着至关重要的影响。挑选图片时要注意以下原则。

（1）开心/微笑的人。大量实践证明，开心或者带有笑脸的图片更容易被点击。在设计图片时，可以在商品旁边放一个面带微笑的模特作为陪衬，也可以展示客户收到货物后对货物表示满意的笑脸。

（2）色彩辨识度高。Facebook 以蓝白为设计基调，如果在 New feed 发布的图片也以蓝白色为主，则很容易被忽视。如果企业的 Logo、商品图片或其他标志是蓝色的，最好将图片换成更为鲜明的颜色，要让图片和商品的背景有明显的对比度。此外，可以在图片中加上吸引人的文案标题，这样更容易提高点击率。

（3）创建广告组。广告中具有号召性的字眼最容易引起别人的注意，如果再配合上打折、促销的词语，则更容易吸引人的眼球。

（4）使用具有号召力的字眼。可以结合自己的品牌，使用一些搞笑的或者奇特、有内涵的图片作为素材，这类素材一般能在第一时间抓住别人的眼球，特别实用。

5.2.2 Twitter 营销

对于网店来说，Twitter 是将当前的和潜在的客户与商品及品牌连接起来的另一种平台。它可以深入渗透到感兴趣的参与者的生活之中，从而建立品牌和忠诚度。由于一些原因，现在已经很难通过跟进大规模的用户来增加 Twitter 追随者的数量了，但这并不是说在 Twitter 上进行营销就不起作用。追随者越多，品牌的宣传效果就越明显。

1. 选择合适的 Twitter 营销软件

许多人在使用 Twitter，但大多数人并不是进入其特定网站来使用这项服务的，而是通过 Twitter 上数百种应用程序使用这项服务的，其中有 Twitterface、Twitalyzer。

2. 识别 Twitter 用户

不要自动跟进 Twitter 用户、然后进行筛选，这样做最终获得的不是精准用户，而要去寻找超关联的 Twitter 用户。我们可以将目标定位在那些能促进业务的 Twitter 用户上，以便借助他们获得用户和读者。同时，也不能忽视那些潜在的用户，他们或许在将来会成为店铺的真正用户。

3. 建立合适且有效的网络关系

在根本上应该将 Twitter 作为一个建立关系的工具，最终从那些和你的商品有关联的群核心影响者那里获得利益。除了与终端用户、博主、网站管理员、出版商、记者、业主以及那些与你的商品领域相同并拥有网站的人建立网络关系外，还可以将重点放在和相关领域中的意见领袖建立网络关系，但也不能忘记那些有用的 Twitter 新用户。只要我们长期与他们保持积极的网络关系，他们最终会很乐意帮助我们宣传和推广品牌与商品。

5.2.3 Pinterest 营销

Pinterest 是一个让使用者利用其平台作为个人创意及专案工作所需的视觉探索工具，同时也有人把它视为一个图片分享类的社交网站，用户可以按主题分类添加和管理自己收藏的图片，并与好友分享。做好 Pinterest 营销的关键就是创建夺人眼球的图片。

1. 优化 Pin，让它更容易被搜索到

要想让发布在 Pinterest 的图片激励访客互访，进而推动客户增长，需要做好以下两个方面的工作。

（1）用关键词为图片命名。如果直接向 Pinterest 上传图片，要在图片的名字中使用关键词。比如，图片的内容和主题是“如何根据脸型画眉毛”，那就应该将图片命名为“根据脸型画眉毛图片 .jpg”。这种方法是搜索引擎营销（Search Engine Optimization，SEO）最基本的技巧，每次创建上传互联网图片时都应该遵守这个原则。

（2）为图片添加描述。为上传的图片添加详细的描述，以便让人们了解关于图片的更多内容。在图片描述中，增加一个具有号召性的动作说明以吸引用户点开你的图片，非常重要。这些号召性动作的说明包括：“你不得不看的……”“点击图片看……”等，要确保这张图片拥有足够的吸引力，让人有非点击不可的冲动。

2. 使用与众不同的描述语

互联网上的内容变化非常快，如果想让自己发布的图片获得更多的关注，就要让自己的图片易于浏览、点击和转发。

（1）使用客户能看懂的语言。在开展 Pinterest 互联网营销之前，首先要分析自己的目标客户群在哪里，充分了解自己的潜在客户，在上传图片的时候，使用他们熟悉的术语和词汇对图片进行介绍，这样更容易与客户建立联系，吸引他们的注意，切忌在图片介绍中使用大量没有意义的行业术语。

（2）确保图片能提供有价值的信息。在创建 Pin 图片时，要考虑以下问题：你的图片有哪些价值？能为追随者解决哪些问题？能给什么样的人提供什么样的帮助？在图片的描述中，要将图片的价值体现出来，可以采用“Pinterest 图片 + 极具吸引力的文字”对图片进行描述。

3. 统一图片格式，树立品牌形象

卖家要将 Pinterest 平台看作是一个品牌推广渠道，在上面树立自己的品牌形象。在上传图片时，要让所有图片使用统一的色调、字体、图形样式和字型，形成店铺商品的图片集，给用户一种专业、规范的感觉。品牌不仅是一种营销信息，它还代表着客户体验和购物旅程。树立自己的品牌形象应该是卖家时刻铭记在心的事情。这应该在 Pinterest 每一张图片中体现出来，并贯穿在卖家的整个 Pinterest 板块之中。

4. 与 Facebook 结合使用

Pinterest 是一个收集创意和激发创新的平台，将它与 Facebook 结合使用可以产生更大的影响力。你可以在 Facebook 上宣传你的 Pinterest。告诉自己的 Facebook 粉丝，自己在 Pinterest 上发布了哪种类型的内容，并让他们知道怎样在 Pinterest 找到自己。也可以在 Facebook 页面添加 Pinterest App 标签。卖家可以使用 Shortstack 或 Tabsite 等 App 工具制作 Pinterest App 标签并添加到 Facebook 页面，该标签能让粉丝直接从自己的 Facebook 页面查看 Pinterest 信息，这样粉丝无须离开 Facebook 页面就能 Repin 自己的内容。还可以鼓励 Facebook 粉丝转发 Pinterest 的内容。鼓励 Facebook 粉丝在 Pinterest 转发自己的内容。一些用户可能会考虑到版权的问题而避免转发品牌内容，因此，要让自己的粉丝知道你愿意让他们积极分享自己的品牌信息。

5. 分享企业的相关信息

面对面的交流更能给人带来信任，借助 Pinterest 可以帮助卖家达到与客户沟通的效果。为了让粉丝更加了解自己的商品和企业，卖家可以在 Pinterest 上分享自己企业的价值观、发展动力以及如何为客户解决问题等，这些内容能帮助企业树立良好的形象，提升客户的信任度。

因此，卖家可以在 Pinterest 上分享以下内容：

（1）分享企业的创立故事或业务发展史；

（2）发布一些公司幕后团队及其工作的图片；

（3）分享某款新商品或服务的独家新闻；

（4）分享一些商品日常生产流程的图片；

（5）发表企业组织相关活动的图片；

（6）让客户参与进来——在 Facebook 上让客户说说对品牌的哪个方面比较感兴趣，然后在 Pinterest 上建立关于该方面的分享专区；

（7）宣传企业或商品的某些特点。

5.2.4 开展社交媒体营销应规避的误区

Facebook、Twitter、Pinterest 等社交平台为企业开展营销推广拓宽了渠道，这些平台能够让企业宣传自己品牌的理念与价值，从而提升商品和服务的认知度及影响力。但是，在实际操作中，一些企业往往无法达到预期的营销效果，这是因为它们在社交媒体营销中走入了一些误区。

1. 缺乏完整的营销策略

如果一个公司在开展社交媒体营销的时候没有一个完整的营销策略，那么这个营销活动也无法对外传递有效的信息，且它与客户之间无法形成连续的、有效的沟通。因此，企业开展社交媒体营销必须形成自己的特色，规划一个可衡量的目标，制定一个社交媒体运行的规则，确定一个定期发布信息的时间表。如果缺少这些，企业在社交媒体上做的营销推广只是在盲目地发布信息，并且在消耗自己的品牌价值。一个清晰、有效的社交媒体营销策略的价值就在于使发布的内容吸引客户的关注并产生黏性。

2. 在多个社交媒体上创建账号

对于社交媒体营销来说，虽然在多个平台上保持活跃很重要，但对于刚刚起步的企业，尤其是一些小企业来说，拓展业务之前，在一个社交媒体平台上集中精力进行推广营销往往更容易操作，也更容易收到效果。而如果操之过急，在 Facebook、Twitter、Pinterest、You Tube 等几乎各个社交平台都创建了账号，并进行疯狂无序的信息轰炸，只会让自己陷入困境。等到账号太多导致无力管理而最终不得不放弃时，自己会感觉更加糟糕，无益于品牌的传播。

3. 买“粉”

数量不能成就质量。企业开展社交媒体营销的重点是与客户建立信任关系，而不应该只是将重点放在粉丝数量上。成千上万的粉丝数量需要企业花费更多的时间和精力来维护。买粉很容易引起公众的反感，一旦企业的买粉行为被企业的真实粉丝发现，很容易导致真实粉丝的逃离，从而对企业的信誉度造成消极影响。

4. 与粉丝没有互动

企业的积极回应将会使社交媒体上的粉丝非常开心，因为粉丝希望他们是在和一个有感情的人，而不是一个冷冰冰的机器在沟通。企业针对一些热点积极做出回应，不仅能够帮助企业与客户建立亲密的关系，还可以让企业在客户心中留下一个亲切、智慧的印象。

5. 一味地宣传品牌，不谈其他

企业开展社交媒体营销是为了提高商品和服务的曝光率，但如果一味地在社交媒体账号中宣传品牌，很容易引起粉丝的反感，这就要求企业在提供商品信息的同时，还要提供一些其他有意义的内容。企业可以参考一些优秀企业的案例，进行自己创作。还可以和其他企业进行互动，使用一个话题，但是不同视角等。

假设企业每周要在社交媒体上发布 10 条内容，那么可以按照“5—3—2”这个模型结构来发布，这样不仅能帮助企业增加粉丝的黏性，还可以提高粉丝的质量。

6. 发布内容的时间间隔太短

有的企业喜欢在几小时内甚至是短短几分钟内连续发布多条消息，这很容易让粉丝反感。企业在社交媒体上发布内容是为了和粉丝分享，将商品和服务的相关消息传达给粉丝，而不是对粉丝进行疲劳轰炸。

如果企业总是在短时间内发布大量的内容，往往会让自己的社交媒体账号形成大量垃圾信息，甚至会产生“掉粉”的情况。一旦粉丝对企业有了不良印象，就很难再转变了。

7. 发布的内容没有经过审核

有些企业发布的内容编写草率，经常出现错别字、语法错误、语句不通顺的现象，这些小错误会让客户感觉企业不可靠，更不会对企业产生好感。因此，企业在发布内容前要进行审核，避免犯低级错误，给客户造成负面印象。

8. 使用标签不正确

在社交媒体上发布内容时，正确地使用标签可以在很大程度上提高品牌的曝光率和可见度，不仅能让更多的人更方便、准确地找到企业发布的内容，还能让企业对内容进行强调，便于人们阅读与理解。反之，使用不正确的标签会降低品牌的曝光率和可见度。

任务六 账户数据分析

卖家账户安全对店铺的正常运营有着决定性的影响，时刻关注自己的账户表现可以帮助卖家自我检测并优化账户，重视买家体验，经常了解买家对商品及服务的评价，并及时找到自身有待改善的问题，能够帮助卖家对症下药，优化自己的服务质量，从而提升自身的竞争力。

6.1 卖家标准及卖家等级

卖家标准是衡量卖家表现的重要工具，它可以让卖家了解导致买家购买或流失的原因，帮助卖家提高买家的满意度。

6.1.1 卖家表现的衡量方法

eBay 平台通过不良交易率（Defect rate）来衡量卖家的表现，最终的衡量结果会对卖家账号的等级造成影响。不良交易率是指不良交易除以卖家所有成功交易所得的比例。不良交易主要包括以下几种情况：

（1）买家在“商品与描述相符”（Item as described）给出了 1 分、2 分或 3 分评级；

（2）买家在“运送时间”（Shipping Time）给出了 1 分评级；

（3）买家留下了中评或差评；

（4）买家要求退货，且原因与“商品与描述不符”相关；

（5）买家通过 eBay 退款保障或 PayPal 购物保障开启了“商品未收到”或“商品与描述不符”纠纷；

（6）因卖家的过失而取消交易。

当卖家过去 3 个月的交易达到或超过 400 笔时，不良交易率的评估期为过去 3 个月；当卖家过去 3 个月的交易不足 400 笔时，不良交易率的评估期为过去一年。只有当评估期内的不良交易来自至少 5 位不同的买家时，才会对账号的优秀评级卖家评估造成影响；不良交易来自至少 8 位不同的买家时，才会对账号的合格卖家评估造成影响。为达到 eBay 的卖家最低标准，在考核期内，卖家的不良交易率不能超过 5%。与此同时，卖家的未解决纠纷的比例不能超过 3%。一般来说，卖家不良交易率越低，越有利于卖家的商品刊登在最佳匹配搜索结果中的排名。对于不断为买家提供优质服务的卖家，eBay 平台会对其做出奖励，卖家的商品刊登将会在最佳匹配搜索结果中占据更加有利的排名，为商品带来更多的曝光量，增加潜在销量。

6.1.2 卖家等级标准

eBay 各个站点对卖家等级有具体的要求，卖家需要仔细研究。

“优秀评级 +”商品刊登还需要满足相关附加条件，才能获得徽章标志、更多的曝光和成交费折扣，更多具体条件详见网站。

6.1.3 如何有效降低不良交易率

卖家要想减少甚至避免产生不良交易，在具体操作中需要做好以下几项工作。

1. 保证商品质量

商品质量是关键，需要卖家尤其注意。在选择货源时，要选择质量有保证的商品，所选择的商品在保证利润的同时，要方便跨境运输。卖家最好不要出售易碎或重量过大的商品，若出售这类商品，可以选择海外仓，以降低物流运输对商品造成损害的风险。此外，在发货前要对每一件商品进行严格的检查，以保证商品质量。

2. 避免"商品与描述不符"纠纷

卖家要积极避免产生"商品与描述不符"纠纷，可以从以下方面入手。

（1）正确设置完整的商品属性和状态，提高商品被搜索到的概率，进而提升商品的曝光量；

（2）商品描述要详细、真实，一定要详细说明商品的状态、属性，尤其是二手商品或者是商品存在瑕疵时，要在商品描述中明确说明；

（3）商品图片要真实，尽量从多角度展示商品的特征。最好不要使用商业彩图，以免给买家带来过高的期望值，收到实物后产生较大的心理落差，进而留下差评、低分 DSR，甚至发生纠纷；

（4）详细说明退换货政策及商品售后服务政策。例如，卖家是否承担退换货的邮费，商品是否有特定的保修期限等；

（5）事先制定纠纷解决预案，一旦纠纷发生，要迅速做出响应，向买家提供有效的解决方案，避免纠纷升级；

（6）经常访问买家体验报告，查看有潜在质量问题的在售商品，并对其进行优化。停止销售有质量问题的商品可以直接降低卖家的不良交易率。

3. 合理把握物流时间和运费

涉及跨境交易，最难把握的就是物流时间。选择速度较快的物流方式，并能及时跟踪物流状态，是解决物流问题的最佳途径，有助于降低买家开启"商品未收到"纠纷的概率。

（1）针对美国方向的包裹，推荐使用国际 e 邮宝（中国大陆）、Express（中国香港地区）或更快速的物流方式来承运包裹；

（2）针对英国及德国方向的包裹，卖家使用海外仓服务可以最大限度地提升买家对包裹运送时间的满意度；

（3）确保所有的在售商品都有库存，商品发出后要及时通知买家，并提供商品跟踪单号，方便买家自行查看物流状态；

（4）要为商品设置合理的运费，高额运费容易引起买家的不满，卖家可以通过提供包邮服务来提高买家的满意度。

4. 与买家保持良好的沟通

在与买家沟通时，要注重沟通质量和回应速度，以清晰、专业的沟通方式树立诚信的卖家形象。卖家要了解不同国家的时差，及时回复买家的各种问题。卖家在联系买家时要注意 E－mail 沟通中的语气，尽可能多站在买家的角度考虑问题必要时主动告知买家最新的交易状态，如付款已收到、商品已发出等。若在交易中发生问题，不要推卸责任，要以诚恳的态度与买家积极进行沟通，并及时、有效地解决问题。

6.2　查看卖家成绩表

Seller dashboard（卖家成绩表）能够帮助卖家监测自己的账户表现，了解自己的卖家表现、折扣优惠、政策遵守情况、账户等级和销售总额等方面的信息。卖家只要售出过一件商品，便可以看到新的卖家成绩表。如果卖家收到 5 条以上的卖家服务评级，就可以在成绩表中查看账户的不良交易率。

登录 eBay 账号，进入“My eBay”页面，单击“Account”（账户）选项卡，单击页面左侧列表中的“Seller dashboard”（卖家成绩表）超链接，即可进入“卖家成绩表”页面，如图 4－21 所示。

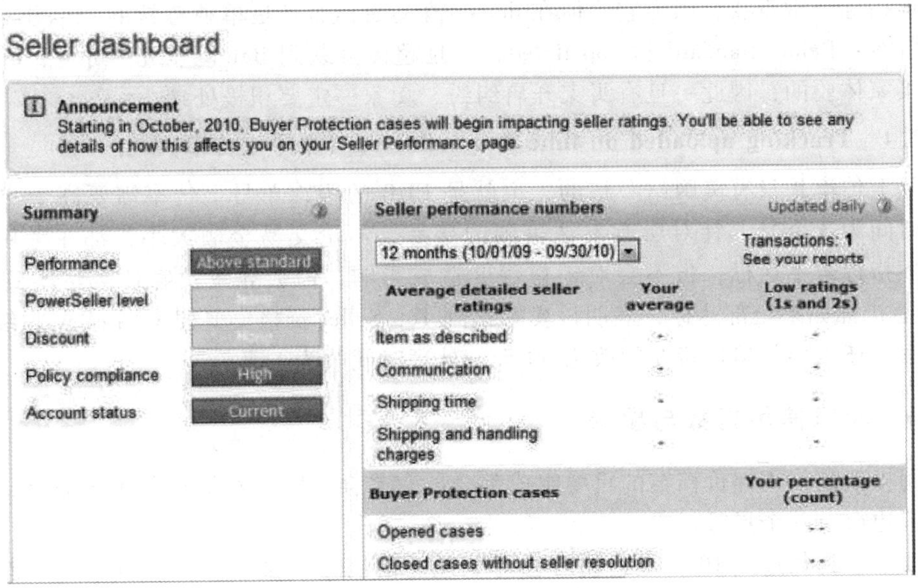

图 4－21　卖家成绩表

卖家可以通过 Seller dashboard 查看自己 eBay 账户各站点的评级情况。目前卖家账号评级分 3 个等级，从高到低分别是：Top Rated（优秀评级）、Above Standard（高于标准）以及 Below Standard（低于标准）。

6.2.1　Transaction defect rate（不良交易率）

不良交易率的考核指标包括两项，即因卖家原因取消交易笔数和未解决纠纷交易笔数。如果卖家没有及时处理买家纠纷或买家对卖家的处理结果不满意，纠纷将被升级到 eBay 平台，由 eBay 平台介入，如果 eBay 判定纠纷结果为卖家原因导致的纠纷，将会被计入卖家不良交易率中。

6.2.2　Late shipment rate（运送延迟率）

运送延迟率只有两个等级。无论多么差的账号，也不会掉入 Below 状态，但这个问题也是不容忽视的，因为如果物流延迟问题指标过高，会对账号的曝光量造成影响，在线商品也可能会被 eBay 强制要求延长 handling time（默认发货期）。

卖家只要达到以下 3 个条件中的一个，该笔交易就不会被计入运送延迟率中。

（1）卖家在处理时间内发货并上传有效的物流跟踪单号，上面带有 A—Scan 信息；[注：物流方式的定义：根据是否上传物流信息及 A－scan 信息来定义物流方式，具体来说，若物流信息及 A－scan 时间均上传，则定义为可识别追踪（Recognized tracking）；若物流信息上传但未上传 A－scan 时间，则定义为上传但不可识别追踪（Uploaded but unrecognized tracking）；若物流信息和 A－scan 时间均未上传，则定义为无跟踪（No tracking）]

（2）买家在反馈中表明已按时收到货品商品；

（3）商品在预计妥投时间内完成投寄。

6.2.3 Cases closed without seller resolution（未解决纠纷率）

这项指标非常重要，因为它不但在 defect 值里面，而且是单独考核的。单独考核中只有两个等级：Below Standard 和 Top Rated，一旦超标会跌到 Below 等级。可见，eBay 是非常重视买家体验的，因此一旦有买家开启纠纷，卖家一定要积极处理。

6.2.4 Tracking uploaded on time and validated（单号上传率）

单号上传率是只有美国站考核的，也就是 EUB 的跟踪单号上传率需要高于 90%。该项考核时间为 3 个月，针对所有发往美国的交易，不论交易金额大小，都在考核范围之内。这项指标若不达标，虽不会对销售额度造成影响，但会导致卖家评级达不到 Top rated。以上指标如果全部达标，表明该卖家达到 Top Seller 资格。要想拿到 eBay 超级优秀卖家的徽章，还需要将退换货时间改为 30 天、处理时间改为 1 天。

6.3 卖家信用指数与星级

信用指数是信用评价档案的重要组成部分，它是会员账号右侧括号中的数字，在信用指数的旁边会有一个星号标志。

只要信用指数达到 10 以上，便可获得黄色的信用评价星星。卖家收到的正面信用评价越多，信用指数就越高。星星的颜色也会随着信用指数的提升而改变，当指数超过 100000，卖家便可以获得最高等级的银色流星。不同的星星符号代表的信用指数详见网站解释。

6.4 买家体检报告

在电子商务中，为买家提供高质量的购物体验至关重要。eBay 后台为卖家提供了买家体验报告，直观地反映了买家的购物体验。买家体验报告分为两大区域，即卖家等级和问题提醒。

6.4.1 卖家等级区域

卖家等级区域分为两个模块，即当前卖家等级和预测卖家等级。卖家等级中的数据与 Seller Dashboard 同步更新。其中，当前卖家等级对应 Seller Dashboard 中的 Current seller level；预测卖家等级对应 Seller Dashboard 中的 If we evaluated you today。

在卖家等级中，不同的考核结果标志代表不同的含义。目前分三种等级，从高到低分别是：Top rated（优秀评级）、Above Standard（高于标准）以及 Below Standard（低于标准）。eBay 会在每个月 20 号审核卖家账户等级情况，如果卖家前 3 个月交易笔数达到 400 笔，则只审核过去 3 个月的账户表现，如果不足 400 笔，则审核过去一年的账户表现。

6.4.2　问题提醒区域

问题提醒区域为卖家展现了过去一年甚至更长时间段内的账户表现数据及当前账号状态。卖家可以在“问题提醒”板块中时常监测交易中有待改善的环节。

账户的各项表现正常是每个卖家追求的目标，网站会根据考核结果对账户的各项表现给出不同的标志提示，各个标志所代表的含义详见网站解释。

1. 综合表现

综合表现以月为单位更新，统计以下问题交易：商品描述低分、物流时间低分、缺货、买家综合评价中差评、商品未收到纠纷、商品与描述严重不符纠纷。综合表现的考核结果由 3 个单项考核项的综合值决定，即过去 12 个月小于等于 10 美元不良交易率（不得超过 4%）、过去 12 个月大于 10 美元不良交易率（不得超过 6%）、综合 12 个月不良交易率（不得超过 3%）。3 个单项的状态按照是否符合标准，分别用 O、×、—表示。

O：单项问题交易率未超过标准值。

×：单项问题交易率超过标准值。

—：单项交易量未达到要求，不予考核。

2. 非货运表现

非货运表现审核的是卖家过去 8 周的非货运问题交易（即审核周期为 8 周），其中，非货运问题交易包括中差评交易、商品与描述不符 DSR 低分、商品与描述不符纠纷、商品与描述不符退货、卖家取消交易。

3. 货运表现

“货运表现”为卖家提供近期关于“商品未收到”纠纷及运送时间 DSR 低分相关的货运数据和当前账号的货运表现状态，帮助卖家追踪和控制自己账号的货运表现。货运表现的评估分为两个阶段，即对过去 8 周所有全球交易所产生的货运问题交易率和对过去第 12 周到第 5 周所有全球交易所产生的货运问题交易率进行评估。账号在任何时间段未能达标，都会受到预警或不同程度的额度限制。为了提高自己的货运表现状态，建议卖家使用 eBay 推荐的物流方式，或至少与两家物流公司合作，让自己在有主力物流支持的同时拥有备选物流方案。此外，一旦运输发生延误，卖家一定要尽快与客户沟通，及时解决问题。

4. 物流标准

物流标准的审核周期为两周，审核内容包括以下两个方面：美国大于 5 美元交易的物流使用状态，要求全程可追踪物对国内直邮和海外仓发货都有要求；美国小于 5 美元及其他 25 国直邮交易物流使用合规比例对国内直邮有要求。

5. 海外仓标准

该项政策仅针对当地发货的交易，统计周期为 8 周，统计国、澳大利亚。主要统计两类问题交易，一是物流延误纠纷或评价低，二是非当地发货。因此，卖家正确的做法是设置商品所在地，使其与实际发货地一致。

6.5 弃标物品处理流程

6.5.1 与买家沟通

透过与买家直接沟通，大部分问题都可以解决。若在买家得标物品数日后你仍未收到付款，请联络你的买家，询问对方是否打算付款或已经付款。若买家已经付款，请透过PayPal或买家使用的其他付款方式追踪付款状态。以下是一些与买家沟通的秘诀。

6.5.2 透过调解中心解决问题

若与买家直接沟通不能解决问题，你可以在Resolution Center提出弃标物品（Unpaid Item）个案申诉。请注意解决纠纷个案的有效期限，因为不论是提出或结束纠纷个案有规定的期限，而申请特定费用退款也有特定期限。

不同eBay网站的所设定的有效期限是不一样的。

1. 物品在eBay. com上出售（eBay美国）

如果没收到买家的付款，你可以在成交后的4~32日内，到Resolution Center提出弃标物品（Unpaid Item）申诉个案。买家应该在个案提出后的4日内付款。在此期间，买家亦可与你联络，要求延长付款期限或是改用其他方式付款，你当然可以同意买家的请求，但并没有义务作出特殊的安排。你必须在交易结束后的36日内结束个案。如果你在物品结束后第37日仍未结束个案，eBay会自动结束个案，但你将无法获得成交费退款，你交易对象的账户（Account）也不会自动收到弃标（Unpaid Item）的警告纪录。一旦你或eBay结束个案后，你便不能再次提出个案申诉。提出个案的期限为成交日起4~32日内。

2. 物品在eBay. com. uk上出售（eBay英国）或eBay. com. au（eBay澳洲）上出售

如果没收到买家的付款，你可以在成交后的7~45日内，到Resolution Center提出弃标物品（Unpaid Item）申诉个案。买家有7天的时间对你的个案作出响应。你必须在交易结束后的60日内结束个案。这样你会获得成交费退款，你的交易伙伴将会被举报到我们的信任与安全部门。如果你在交易结束后第61日仍未结束个案，eBay会自动结束个案，但你将无法获得成交费退款，你的交易伙伴也不会自动被举报到我们的信任与安全部门。一旦你或eBay结束个案后，你便不能再次提出个案申诉。提出个案的期限是成交日起7~45日内。如买家已不再是eBay的注册会员，应立即提出申诉个案。

3. 若你的物品在eBay. de上出售（eBay德国）

如果没收到买家的付款，你可以在成交后的45日内，到Resolution Center提出弃标物品（Unpaid Item）个案。买家应该在个案提出后的7日内付款。在此期间，买家亦可与你联络，要求延长付款期限或是改用其他方式付款，你当然可以同意买家的请求，但并没有义务做出特殊的安排。你需要进入Resolution Center或直接点击Resolution Center链接，大部分eBay页面下端都有这个链接。选择I havent received my payment yet，然后点击Continue。eBay会联络买家，要求买家付款期限。eBay会在你提出弃标个案后立即联络买家。从你提出弃标个案，买家有4至7日的时间付款。若买家未在规定的期限内付款，你可以结束个案，买家账户（Account）会有弃标物品（Unpaid Item）的警告记录。若买家已与你联络，你也同意延长付款期限，你最长可以等待至物品成交后的第36日再结束个案。结束个案的期限为自购买之日起4~36日内。若你已结束个案或个案已过期（提出个案超过 37 日），你便无法再次提出个案，也不可替此交易另外提出纠纷个案。若个案是由系统自动结束，买家的账户（Account）便不会自动收到弃标物品（Unpaid Item）警告纪录。若买家未在 4 日内付款，你可自行结束个案。若要结束个案则可以登入 Resolution Center 并找寻申诉个案。在是否已收到买家的付款下，选择是或否，然后点击结束个案。

6.5.3 如何避免弃标物品（Unpaid Item）

我们的研究表示，按照一些简单的操作秘诀，会在很大程度上减少弃标物品（Unpaid Item）索赔个案的发生：

（1）提供 PayPal 付款方式，让你的买家付款更方便容易；

（2）在物品描述及运送栏写明详尽的运送及物品处理时间相关数据；

（3）使用 eBay 的结账功能，让买家付款更容易；

（4）对于立即买（BuyIt Now）的物品刊登，出售时要求买家立即付款。

项目小结

本项目主要介绍跨境电商实践应用的 eBay 平台，怎样在 eBay 平台上注册账号、开设店铺，展示了如何在网站平台上传商品并对商品进行编辑，介绍如何进行商品的维护。同时，对在 eBay 进行跨境商品销售可以使用的营销推广工具进行讲解，对卖家的店铺各项数据进行分析。了解 eBay 平台跨境开店的相关知识。

同步实训

实训 eBay 网店策划

1. 实训目的

通过对 eBay 店铺进行策划实践，学会在 eBay 平台上开设店铺，学会在跨境平台上做新媒体营销，加深对跨境店铺运营的认识。

2. 实训内容

（1）成立实训小组；

（2）完成网络店铺前提调研、账号注册、店铺开设以及后期运营任务。

3. 实训步骤

（1）店铺整体定位和市场分析

（2）前期准备

（3）网店开设

（4）店铺装修

（5）营销策略

（6）业务管理

（7）支付方式

（8）财务管理

4. 实训提示

做好团队分工，有完善的组织结构。

项目测试

一、单项选择题

1. 商品的（　　）信息，主要包括产品的名称、规格、型号、单价、功能、使用方法、注意问题等产品相关的全方位的文本信息。

A. 文字信息　　B. 图片信息

C. 其他信息　　D. 电子信息

2. A 卖家设置了 5 元的店铺红包，店内 A 商品为 30 元，B 商品为 10 元，当消费者同一笔订单同时购买 A 和 B 商品，运费合计 5 元，用户有 2 张该店铺的 5 元店铺红包，那么消费者实际支付多少元？（　　）

A. 35 元　　B. 40 元

C. 30 元　　D. 45 元

3. 为了不影响店铺动态评分，在客户服务过程中应重视服务态度，尽可能避免（　　）。

A. 交易纠纷　　B. 退货

C. 退款　　D. 换货

4. 加深照片颜色的方法是（　　）。

A. 减少曝光量　　B. 增加曝光量

C. 在强光下拍摄　　D. 增加色彩对比度

5. 添加图片可以（　　），也可以点击文本框上方的图片插入工具进行图片插入。

A. 直接添加图片代码到文本框中　　B. 直接将图片复制粘贴在文本框中

C. 直接截图到文本框中　　D. 直接将图片拖入文本框中

6. 交易发生后多长时间内买家可以在后台提出取消交易请求？（　　）

A. 1 小时　　B. 1 天

C. 2 天　　D. 3 天

7. 未付款纠纷开启后买家无回应，卖家几天后可以结束个案收回成交费？（　　）

A. 3 天　　B. 4 天

C. 5 天　　D. 7 天

8. US 站点，买家最早能开启未收到 case 的时间是？（　　）

A. 最大预估到达时间前 1 天　　B. 发货 10 天后

C. 发货 15 天后　　D. 最大预估到达时间后 1 天

9. 以下哪项说法是正确的？（　　）

A. 卖家缺货导致的取消交易，不会记录为不良

B. 卖家接受买家提出的取消交易请求后，买家不能再留中差评低分

C. 若卖家已经标记发货，买家仍可正常后台提出取消请求

D. 买家后台提出取消请求后，卖家若 3 天无回应则默认订单取消

10. 买家来信要求取消已支付的订单，客服的最佳操作是？（　　）

A. 作废订单，申请内部退款

B. 作废订单，申请内部退款，后台发出 cancel request

C. 作废订单，后台发出 cancel request，订单内申请备注为已退款

D. 作废订单，后台发出 cancel request，订单内不再申请

11. eBay 卖家最低标准，卖家不良交易率不能超过？未解决纠纷比例不能超过？（　　）

A. 2%，0.2%　　B. 3%，0.5%

C. 5%，0.3%　　D. 10%，0.5%

12. 撤评链接发出后，多少天内有效？（　　）

A. 10 天　　B. 7 天

C. 15 天　　D. 30 天

13. eBay 买家可在付款后多长时间内发起退换货要求？（　　）

A. 1～60 天　　B. 30～60 天

C. 30～45 天　　D. 100 天以内

14. 哪项原因的退换货不属于不良交易？（　　）

A. it does not match the description　　B. it's missing parts

C. it appears fake　　D. it's the wrong size or doesn't fit

15. 退换货物品金额较高时，最佳处理方案为？（　　）

A. 直接点击接受退货　　B. 与买家协商争取以部分退款解决

C. 全额退款　　D. 协商重发新物品

二、多项选择题

1. 以下哪些情况买家可以留差评？（　　）

A. 未付款纠纷开启后，来信沟通，最终我方同意并取消了交易

B. 物品未收到，交易发生已超过 45 天

C. 物品未收到，但单号显示物品已妥投

D. 物品未收到，但还未到最大预估到达时间

2. 以下属于卖家表现衡量标准的有（　　）。

A. 买家在“运送时间”方面的得分

B. 买家未付款取消的交易数

C. 买家要求退货，且原因与“物品与描述不符”相关

D. 买家留下的中评

3. 关于撤销差评，说法无误的有（　　）。

A. 改变着店铺好评率

B. 只要订单未超过 60 天，买家留下的差评都在可被移除期限内

C. 撤评链接个数是无限制的

D. 意味着一个不良交易记录被移除

4. 下列符合可联系 eBay 帮忙移除差评的情况有（　　）。

A. 买家表示自己主观上不喜欢物品

B. 买家来信表明自己不小心留错的

C. 含有亵渎、粗俗言词、种族歧视或是成人内容的信用评价

D. 差评内容为称赞物品的

5. 以美 EUB 妥投为例，满足了哪几个条件 eBay 才会移除未收到导致的差评？(　　)
A. 必须是在最大预估到达时间内妥投
B. 物品总价格需超过 30 美元
C. 物品发出日期在 eBay 规定要求内
D. 妥投地址和买家 eBay 地址一致
6. 遇到习惯性留差评的恶意买家，适当的做法有（　　）。
A. 直接不回复买家信件即可
B. 加入黑名单
C. 联系其他卖家一起向 eBay 举报
D. 小金额的可予以退款
7. 下列说法正确的有（　　）。
A. 美国站退换货开启后，卖家需 3 天内给予回复，否则买家可上诉
B. 退换货里，部分退款的选项只能使用一次
C. 退货的原因是买家改变了主意，卖家也需承担退货运费
D. 买家不想要了，卖家拒绝了买家退货要求后，买家不可留差评
8. 店铺状态告急时，客服如何应对？(　　)
A. 加大撤评力度
B. 可对问题集中的国家做二次联系
C. 所有问题一律快速全额退款解决
D. 质量太差的产品提议尽快下架
9. 买家收到包裹说漏发错发，怎么办？(　　)
A. 立即为其补发重发
B. 立即为其退还相应款项
C. 核实包裹单号和重量
D. 视具体情况给予退款、部分退款或重发

能力拓展

请作为买家体验一次美国 eBay 网站的一口价物品网上购物，以文字配截图形式记录操作过程，然后分析作为买家你在浏览商品详情介绍时最关注的内容有哪些，喜欢什么类型的商品图片？

项目五

亚马逊基本操作

项目目标

【知识目标】

了解如何利用数据进行业务决策；

掌握选品的方法与策略；

了解亚马逊如何进行货物上架；

理解 Listing 和店铺维护方法和技巧。

【能力目标】

能利用选品方法进行产品比较和评价；

能够完成货物上架等操作；

具备 Listing 和店铺维护的能力。

项目导图

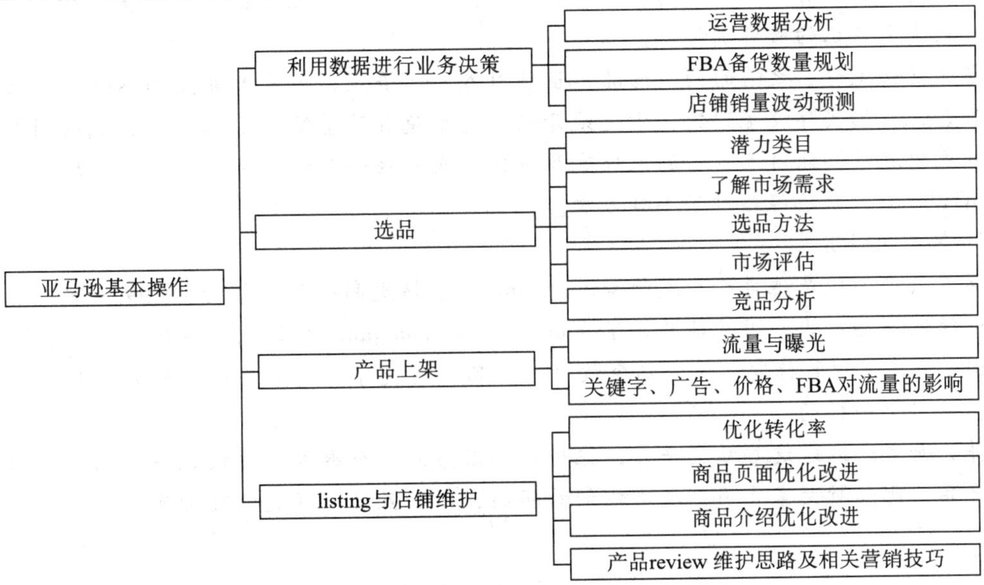

引 例

亚马逊大卖家有很多，月入几十万元，甚至上百万元的也不在少数，最近在 YouTube 有一位亚马逊卖家做了成功经验的分享，这位卖家年仅 23 岁，就已月入 4 万美元，想来在运营方面，一定有些过人的心得和体验。

下面提炼了视频的重点分享给大家：

1. 投身亚马逊的第一个产品

女主第一次选品，看中的是魔芋海绵，原因是价格便宜、重量轻、邮费少，对于第一次在亚马逊做卖家的她而言，投入较少，不需要大笔资金来承担风险。她投入了 300 美元，成本 10 美分，亚马逊销售价格是 14.99 美元。

2. 亚马逊的第一桶金

摸索了三个月后，女主赚到了亚马逊的第一桶金，此时她已经可以做到每月 3000 美元的进账了。

她在视频中分享了两个心得：一是在做亚马逊的初期，一切还未成型前，不要辞职。因为前期不需要消耗什么精力，完全可以兼职来做。二是她建议做产品不能只做单品，要做产品线。

3. 有经验之后的第二次选品

第二次选品时，女主考量的东西比第一次多了，她为了产品调研花费了不少时间，根据当时的流行性，她选择了睫毛膏，这时她已经可以做到月入 5000 美元了，售价超过 20 美元，货源就是我们中国拿的。

她的建议是，没利润的低价产品，没有做的必要。产品贵不是问题，但前提得是产品不能太普通，要有独特性，区别于大众，这样才有竞争优势。

4. 运营思维的重大转变

作为消费者的自己，女主发现她有一个苦恼，买了很多腰部训练机，但是报废率太高了，考虑到自己本身就是个亚马逊卖家，货源知道怎么找，又有亚马逊运营经验，为什么不做一款属于自己的腰部训练机产品？

在这里女主说，之前的两次选品，虽然月入几千美元，但是大部分都奉献给了亚马逊的广告费。自己实际没赚到钱，于是她开始考虑用免费流量给自己推广，尝试利用社交平台获取免费流量，让自己给产品做代言和宣传，或是找一些红人来协助推广，现如今女主的 YouTube 播放量已经超过了 100 万次。

5. 第三次选品

第三款产品就是她自己开发的 waist trainer，价格更高一些，售价 28.99 美元，在这里女主选择做一些广告，同时她开通了 YouTube 和 Instagram 的账号，一心一意搞站外推广，YouTube 推广视频的标题，女主都会放自己产品的关键字，这个关键字同她销售产品的关键字，是完全一样的。

并且女主还通过这些社交平台，把粉丝都汇集到一个群里，方便她在群内分享自己销售的产品，比如教大家使用，解决他们的问题，增加互动，促进她及时改进产品。

引例分析

Amazon 是一个世界级的电商平台，平台上的产品数量超过 10 亿，网站月访问量有 1.75 亿次，全球用户已达到 3 亿多人的规模，不管是北美地区的美国、加拿大、墨西哥，还是欧洲的英、法、德、意大利等市场，从流量角度来看，亚马逊是跨境电商卖家首选的出口平台，这个平台也是创业者实现价值的重要渠道。但是如果你打算利用亚马逊这个平台开展跨境电商创业，你就要像这位女主一样，需要提前做好分析，多向别人学习，要设定好自己的目标，敢想敢做，要做好充分的市场调研，要有危机意识。只要这样，你才能打出自己的一片天地。

任务一　如何利用数据进行业务决策

1.1　运营数据分析

在从事运营职位时，每天的工作内容之一就是整理店铺的最新数据，其中包括销售额、流量、转化率、广告费用等。

这些日常数据的整理可能每天都需要占用 5% ~10% 的工作时间，但需要注意的是：数据不是用来获得灵感的，而是用来验证灵感的！

为什么这么强调呢？这是因为很多从事 Amazon 跨境电商的运营者，喜欢从数据中尝试“挖掘”一些有价值的信息，然后通过这些信息来“弯道超车”超越其他竞争者，这种想法明显是错误的，其原因如下：

（1）Amazon 整个网上销售平台类似于一个虚拟世界，而个人店铺的数据无论是流量还是转化率与现实世界中的实体店数据几乎如出一辙，所以这些数据本身带有极大的不确定性。

比如你发现昨天转化率突然暴跌，然后自己猜测肯定是昨天上架的新品商品界面不够好，又或是关键词写错了等原因。

其实真实原因可能是 Amazon 上那段时间客户们因为某些原因参加了一些活动，又或是某些客观原因导致 Amazon 整体流量下降。这就好像你开实体店遇到下雨天客户数量减少一样，但是你永远不可能猜到下 1 秒会不会下雨。

（2）所有数据都是你所经营的 Amazon 店铺的一个短期的反映，而一家店铺是否能够长期成功经营，取决于产品、服务和物流这些“实实在在”的东西，单纯想通过转化率、流量的变动而去一味改进关键词、图片或者标题只会适得其反。

（3）数据有滞后性，学过统计学或者计量经济学的同仁都知道，统计数据有时间序列数据[①]和非时间序列数据，而 Amazon 上凡是能得到的数据基本都是时间序列数据，即这些数据与时间具有很强的关联性，它只能解释过去，并不能预测未来。

---

① 时间序列数据是指在不同时间点上收集到的数据。这类数据反映了某一事物、现象等随时间的变化状态或程度，很多计量经济学的模型也用到了时间序列数据。

综上所述，作为运营者需要改变我们曾经的运营理念：

从过去的“数据变化→分析数据→获得灵感→改进运营工作”（×）；

到现在的“获得灵感→运营实践→数据变化→分析数据→验证灵感”（√）。

当然，这并不是意味着在进行灵感实践前就不需要数据分析，而是说数据分析是为了一次次去实践新的“创新”与“灵感”，直到通过下一次数据分析，证明自己的“创新”与“灵感”正确为止。

当我们谈起数据分析，下意识的就会觉得这是一个庞大而神秘的命题，感觉它距离我们很遥远，都听说数据分析对于亚马逊经营的意义重大，但是自己实际运营起来却不知道从何入手。重视数据分析是绝对正确的，并且数据分析的一些实际应用并没有我们想象中的那么复杂。

1.1.1 用数据分析，找到店铺内的优质产品

在讲解这个案例之前，首先一起来看一条公式：

营业额 = 流量 · 转化率 · 客单价

这条公式在电商的圈子里广为人知，还有几条变体公式，通过提升公式的各个因子，最终达到提高营业额的目的。尤其是热衷于如何提升搜索排名，以获得更高的流量等，这样的课程多如牛毛。

实际上对于亚马逊这种平台方来说，其对卖家的考量因素，更为注重的是转化率这个因子。亚马逊并不关心你获得多少流量，因为平台内的流量皆归亚马逊，无论流量被赋予哪个产品，都不会让流量总量产生变化，所以从亚马逊的角度来说，流量是个定量而非变量。亚马逊只关心你的转化率如何，为了获得更高的 GMV（Gross Merchandise Volume，成交总额），亚马逊的选择就是尽可能的把流量赋予高转化率的产品。

划重点：转化率是平台最为重视的指标，高转化率的产品有更大的机会获取更高的流量，达成更高的成交额，所以选品的首要指标，即考察产品的转化率。

基于这个认知，我们可以把“店内优质产品”简单的理解为“转化率最高的产品”。通过如下路径，我们可以在卖家后台获取对应的数据报告以分析转化率最高的产品：菜单“数据报告” > 业务报告 > 商品详情页面上的销售量与访问量。

这份数据报告的获取还是比较容易的，但是一定要注意以下几点，才能够达到有效甄选优质产品的目的：

（1）数据周期：建议使用时间跨度为最近 15 天的数据报告。

时间太短的数据经常因为数值太小而缺乏统计意义，时间太长则会造成数据因为缺乏时效性而无法体现市场变化。

（2）成交量：强烈建议过滤报告中所有成交量在 10 以下的产品。

数据分析的一大前提是完善的数据统计基础，数据越小，在统计上的偏差越大，也相应使得分析结果产生更大的偏差。

（3）转化率：这是优质产品并不可少的必要因素。

建议使用转化率降序排列之后，再来看这份报告。应用数据分析有一个前提，就是屏蔽你所有的感情影响。无论是你亲手设计，充满情感寄托的产品，还是库存满满，老板在背后挥舞皮鞭强力要你推广的产品，只要它数据表现不好，那么还请你回归理性，尊重

数据。

通过以上步骤，我们知道了如何甄选出合适的产品，这时候我们应该做的事情，就是集中推广资源，把它们打造成店铺爆款。

划重点：店铺最好将资源集中在最有潜力的1~3款产品上，拳头握紧了打出去，才能打造爆款。如果像撒胡椒面一样雨露均沾，这样的添油战术是无法满足要求的。

如果您在完成上述步骤后，甄选出来的产品依然很多，这只能说明我们尚未充分而全面的评估这些产品。

完善的数据分析，还包括如下分析：产品推广效果分析（成长性分析）、产品利润分析、市场容量评估、产品生命周期、客单价等要素。

1.1.2　跟踪产品推广效果，分析产品成长性

精准的分析根植于完整的数据记录，建议各位卖家在推广的过程中做好数据采集工作，最简单的方法，就是通过Excel表格，为每个产品建立一个工作表，每天采集如下数据：访客数、订单量、转化率（自动计算）、成交金额、类目排名、主要关键字排名（3~5个），另外可以在表格中建立一个图表，以时间为横轴，描绘出对应的折线图。

随着采集数据的累积，你会慢慢发现数据呈现出一些奇妙的特性。

1. 螺旋上升特性

我们发现产品的流量和成交每周都有一个跳跃式上升，比如成交上，第一周的成交如果是2、3、3、2、4、4、5，那么第二周会突然跳升到一个新的高度，如：9、9、8、6、8、7、8，而到了第三周可能就会跳升到10个以上的成交。数据呈现出一种以周为单位，跳跃式螺旋上升的趋势。

2. 推广周期恒定性

排除断货、审核、认证等等意外因素，一款新品的推广周期一般是6~8周，在这之后，数据渐趋稳定，除非投入新的推广资源，否则不再呈现螺旋上升特性。

3. 转化率稳定性

在图表上，转化率会表现为一条在固定数值上下波动的折线，如果时间周期足够长，还能看到转化率呈现出轻微的上升趋势。

所以，在新品推广中，我们期待看到的是：产品流量稳步增长，成交量相应增长，转化率相对稳定。

和数据分析相比，数据采集工作量较繁琐，所以建议使用软件工具来完成数据采集工作，如amz4seller这款工具，它的数据比较完整的，图表形式也比较多样化，还有排名跟踪功能和数据分析相得益彰。

图5-1展示了一款推广过程不顺利，但是数据还比较健康的产品：

在图5-1中，实现了我们上面提到的三个要素：流量上扬；销量上扬；转化率略微上行。流量数据参考图5-2：

图5-2是流量图，可以注意到每周三会有一个跃升，整体呈现出螺旋上升趋势。由于中途断货，所以在图上造成了一个流量低谷。

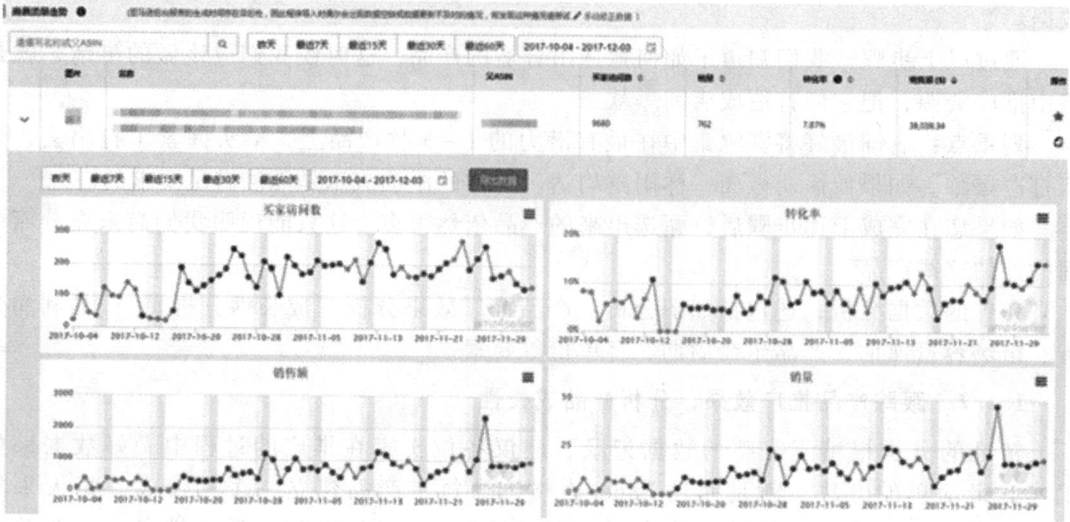

图 5-1　amz4seller 分析数据

图 5-2　流量数据

图 5-3 是对应的销量图，它几乎和流量图同步。断货造成的流量低谷在销量上直接为零了，由此判断，这款产品的销售基本集中在断货的 SKU。

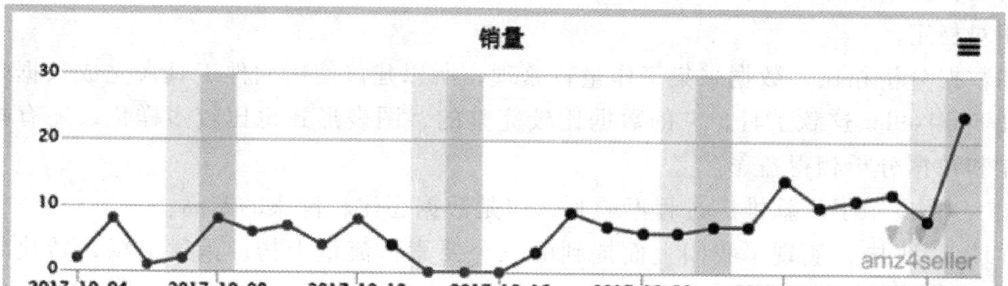

图 5-3　销量数据

图 5-4 是转化率图表，它相对比较稳定，从更长的时间纬度上，表现出轻微的上扬。

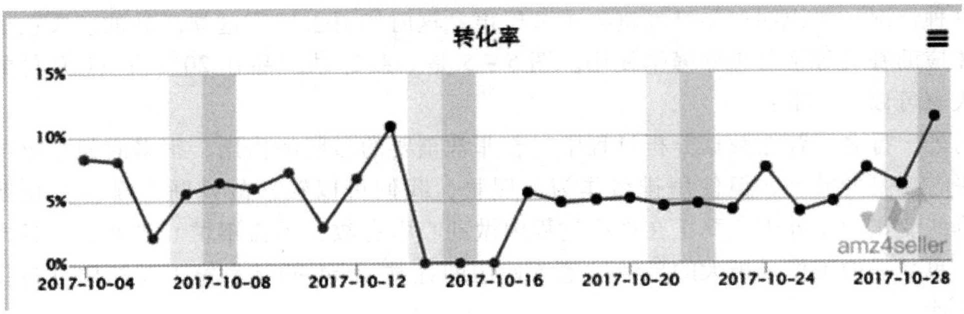

图 5－4　转化率

除此之外，还有以下几种可能的图表形式：

1. 流量上行，销量下行

流量和销量背离的情况极少出现，如果偶尔出现这样的图表，那说明最近的推广引入的流量质量不好，这时候需要重新调整广告策略，避免低质流量冲低转化率，进一步影响产品排名，最后导致流量降低。

2. 流量下行，销量上行

这种情况一般说明市场在复苏，但是我们的排名下降了，建议结合关键字排名跟踪情况进行诊断。如果确定是排名下降了，这时候可以加大推广投入，一般都会伴随不错的回报。

3. 流量下行，销量下行，转化率下行

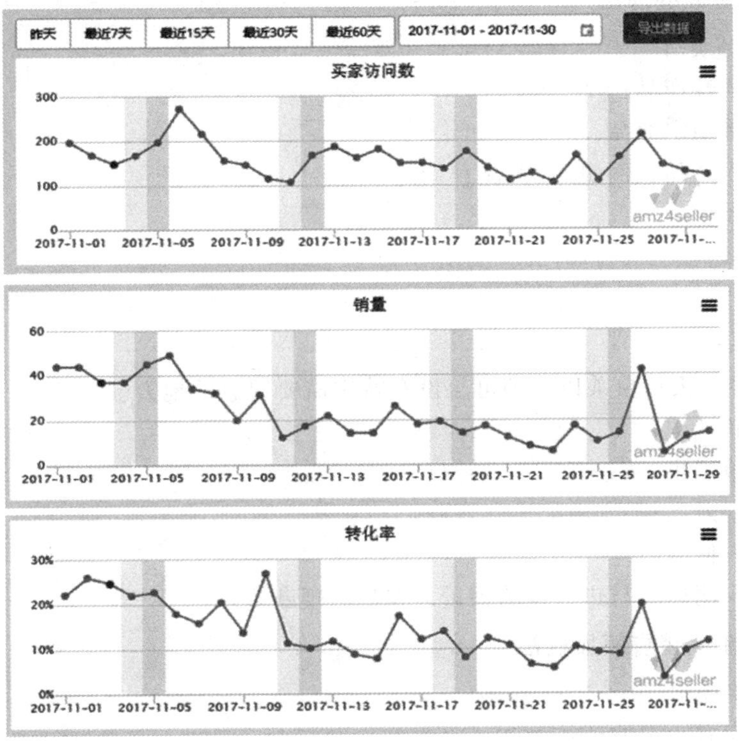

图 5－5　11 月运营走势图

这种情况一般说明产品已经进入季节尾声，这时候再去推广这款产品的意义已经不大了，相应的补货等手段也要谨慎使用。图 5 - 5 是一款运动产品在 2017 年 11 月份的走势图，大家可以看一下：

另外，排名跟踪在数据分析过程中起着非常重要的参照物作用，很多时候数据的波动源于平台自身的波动，但使用排名作为参照物，我们可以轻松的判断出哪些变化属于内因，哪些变化属于外因，真正在推广过程中做到心中有数，不慌不忙。当然了，日常的排名跟踪也是一件工作量极大的事情，笔者使用的这款 amz4seller 卖家工具同样具备排名跟踪的功能。

1.2 FBA 备货数量规划

仓储计划的设定是 Amazon 运营不可逃避的问题。跨境电商运营和国内电商运营不同，仓储计划的设定必须非常科学而且严谨：一方面是因为商品本身从中国运往美国花费的时间更长，另一方面更是因为 FBA 备货需要实时更新库存。以下介绍几个常用的仓储数量规划技巧。

在介绍不同的模型前，先预设几个计算时需要使用的参数变量（这些参数变量都可以在 Amazon 后台的 Business Report 中查询，在此不做赘述）：

FBA7 天销售量——S_7；FBA14 天销售量——S_{14}；

FBA30 天销售量——S_{30}；

FBA30 天备货量——I_{30}。

1.2.1 销售额叠加法

1. 适合商品类目

（1）非季节性产品；

（2）销售额稳定商品；

（3）标准化产品，例如 3C 产品；

（4）非爆款。

2. 计算方法

$I_{30} = S_7 \times 4$

3. 使用方法

直接将产品 7 天销量乘以 4 即可，没有特别需要留意的地方。

4. 方法评价

（1）适用范围小；

（2）计算误差大；

（3）计算方便简单；

（4）无法预测爆款与热销款的销量，容易出现断货。

1.2.2 多阶段销售额加权法

1. 适合商品类目

（1）销售额有一定波动；

（2）非标准化产品；

（3）销售额随行业整体趋势浮动；

（4）非个性类产品；

（5）非爆款。

2. 计算方法

权重分别为100%、50%、50%的计算公式（产品 listing 已经进入稳定期，销量处于小幅度波动阶段时，可以使用该计算公式）：

$I_{30}=S_7+S_{14}\div 2+S_{30}\div 2$

权重分别为0%、10%、50%的计算公式（近期一周因为意外情况，例如突然的关店、跟卖等，导致短时间销量下滑时，可以用该计算公式）：

$I_{30}=S_{14}+S_{30}\div 2$

权重分别为100%、0%、75%的计算公式（过去一个月至过去半个月期间，销量处于波动，直到近期一周销量才稳定时，可以用该计算公式）：

$I_{30}=S_7+S_{30}\times 0.75$

……

3. 使用方法

如果产品突然快速增长，近7天销量因为FBA库存售罄造成销量下滑，那么在下次备货时就需要将14天或者30天的销量权重增加，而将近7天销量的权重降低。反之，如果产品销量突增且FBA货源充足，那么就需要将近7天的权重增加。

4. 该方法评价

（1）适用范围广；

（2）计算误差适中；

（3）计算方式灵活多样；

（4）权重推导比较麻烦；

（5）无法预测爆款与热销款销量，容易出现断货。

1.2.3　一般计量法

1. 适合商品类目

（1）销售额有大幅度波动、非标准化产品、即将上季脱季类产品、个性类产品；

（2）爆款（一般适用于销量快速增长且日销量大于每天30件的产品）。

2. 计算方法

$$I_{30}=\frac{30}{7}\times S_7\times\frac{S_7\times\frac{30}{7}-S_{14}\times\frac{30}{14}}{7}\times\frac{S_{14}\times\frac{30}{14}-S_{30}}{16}$$

为了便于计算，拆解公式：

计算方法：

$$K_1=\left(\frac{S_7}{7}-\frac{S_{14}}{14}\right)\div 7$$

$$K_2=\left(\frac{S_{14}}{14}-\frac{S_{30}}{30}\right)\div 16$$

$$K_3 = \frac{K_1 + K_2}{2}$$

$$I_{30} = 30 \times (S_7 \div 7 + K_3 \times 14)$$

3. 使用方法

该方法重点针对销量高速增长的爆款类产品，其计算原则以日均销量的增幅度为斜率，参考30天、14天及7天日均销量的变化来计算产品未来趋势进行备货。

在Excel表中使用一般计量法和销售额叠加法，进行备货计算的数值对比见表5－1：

表5－1　销售数据与备货量

7天销售量	14天销售量	30天销售量	K_1	K_2	K_3	计量法备货量	叠加法备货量
20	30	50	0.10	0.03	0.07	113.39	85.71
20	50	120	−0.10	−0.03	−0.06	58.66	85.71
20	30	120	0.10	−0.12	−0.01	82.77	85.71

我们可以看到销售额叠加法的备货量，是不会随过去销量的波动而改变的，但是一般计量法的备货量，是会随过去数据的变化而变化，因此也更加精确。

4. 方法评价

（1）适用所有商品；

（2）计算误差小；

（3）计算方式统一；

（4）可以预测爆款和热销产品，出现脱销概率小；

（5）如果短期出现严重review波动，实际销量与预估值之间的误差会增大。

需要注意的是，上述公式在平时的运营工作中只需作为参考即可，无须严格执行。实际备货时除非已经达到大卖的规模，否则仍然需要结合经验、行情、成本等因素综合考量。

1.3　店铺销量波动预测

该分析板块主要是针对以下数据进行分析：FBA/FBM① 占比变化；FBA/FBM每日绝对数据变化；FBA/FBM每周期相对数据变化；销量波动及趋势变化。

1. FBA/FBM占比变化

每天在记录总销量和总销售额的同时需要单独记录FBA与FBM的销量与售数值，两者占比的波动表明了店铺新品开发的进展和速度。

当FBA/FBM占比较高时，说明店铺处于一个稳定的阶段，新品开发进展速度较慢，对未来款式更新和季节迭代的风险抵抗程度较低；

① Fulfillment by Amazon，简称FBA，即指卖家把自己在亚马逊上销售的产品库存直接送到亚马逊当地市场的仓库中，客户下订单，就有亚马逊系统自动完成后续的发货。Fulfillment by Merchant，简称FBM，即自配送，指直接由卖家仓库发往顾客手中的订单相比于FBA物流配送时间更长，但是价格会比FBA低5%～20%。

当 FBA/FBM 占比平均时，说明在 FBA 的销量上仍然有很大的优化空间，同时自配送的高占比表明店铺新品开发进展较好，拥有较高的款式更新抵抗风险，在未来 1～3 个月内不出意外的情况下，可以保持乃至冲向更高的销量；

当 FBA/FBM 占比较低时，表明店铺处于快速上升期（小型店铺除外），这时发送 FBA 是当务之急，同时因为自配送物流速度慢、review 更新频率低，所以这时候店铺最大的风险是发送 FBA 后热卖 listing 产生大量差评，在这种情况下需要对产品质量严格把关，如果质量不过硬，宁可不发 FBA，以确保 listing 存活时间更久从而获得最大利润。

2. FBA/FBM 每日绝对数据变化

环比变化：记录该数值是为了当店铺达到一定体量时（例如日均 5000 美元以上），可以了解到店铺经营类目其流量在一个周期内的波动规律（一般一个周期设置为一周时间），例如每周日流量最小、每周四会有流量的低峰、每天××：00～××：00 会有流量小高峰等。

通过寻找这些规律，再去寻找其背后深层的原因，了解店铺顾客群体背后的行为逻辑。

3. FBA/FBM 每周期相对数据变化

同比变化：记录该数值是为了分析店铺 FBA/FBM 的销售量较上一个周期同一时间是否处于上涨/下降阶段；同时，该数值也能体现当某一批 FBA 产品入库后，其销量有无出现明显的增长。

4. 销量波动及趋势变化

可分为两种分析，即定性分析和定量分析。

（1）定性分析。即判定销量是否上升。只需要通过 Excel 软件自带的图表能即可直观体现，图 5－6 就是很明显的销量上涨。判定方法比较简单，在此不做赘述。

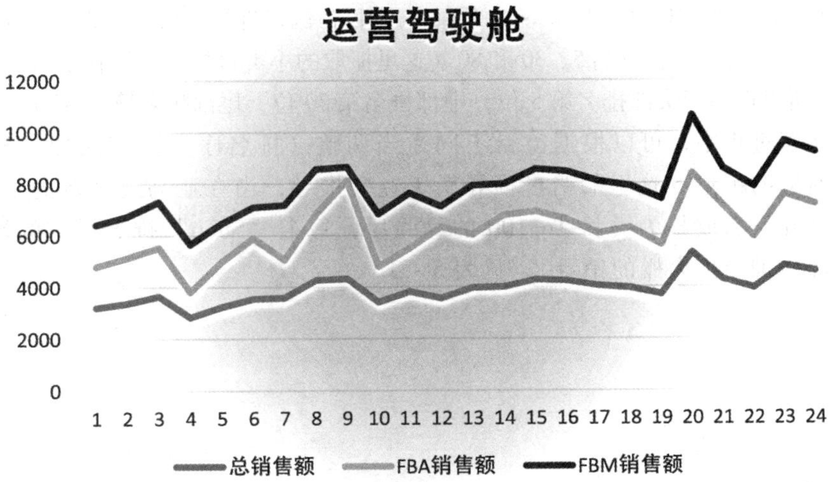

图 5－6　运营业绩波动趋势示意图（FBA、FBM、总销量）

（2）定量分析。即根据过去的销量预测未来的销量。这里使用计量经济学常用的一种方法：最小二乘法①（注意，该方法属于大致预测而非精确预测，当店铺销量数据较大时，需要更换其他方法），其在 Excel 的设置方法，如图 5－7 所示。通过该方法可以得到在每日数据的基础上得出一个预测销量数据。

设Y_i=a+bX_i
将已知Y_i，X_i列于Excel表A，B列中
例如Y_i位于A1：A10,X位于B1：B10
则可利用函数计算
斜率= SLOPE(A1:A10,B1:B10)
截距= NTERCEPT(A1:A10,B1:B10)

图 5－7　最小二乘法的操作说明

该方法计算出的参考数据意义为：设最小二乘法计算所得数列为｛a｝，那么当店铺处于销量上涨时，数列中对应得数字大概率为销量的下限；当店铺销量下降时，数列中对应的数字大概率为销售的上限；当店铺销量处于稳定期且带有一定波动时，该数值随波动的增大参考性逐渐下降。

任务二　选　　品

2.1　潜力类目

除了部分类别清楚的上架类目外，有的类目分类较为模糊，如果在新品上架前不做适当的类目竞争度分析，容易误入较难出单的冷门类目。

以女装大类目中的“Coats, Jackets & Vests”类目为例来进行分析，分别记录所有“Coats, Jackets & Vests”中各个类目排名 5、30 和 80（这里抓取的小类目排名，旨在了解一个类目的整体销量信息，所以选择了头部排名第 5 位，中部排名第 30 位，尾部排名第 80 位）。

在实际运营过程中，可以根据类目不同适当调整（排名序号）产品的“Shop”排名以及推导出对应的销量（这里的销量推导属于经验推导，当在亚马逊平台的某一类目中，有过将产品从几万名成长为类目 Top100 的经验后，每个“Shop”排名对应的销量，就可以通过运营经验推导出大概的销量），见表 5－2。

---

① 最小二乘法（又称最小平方法）是一种数学优化技术。它通过最小化误差的平方和寻找数据的最佳函数匹配。利用最小二乘法可以简便地求得未知的数据，并使得这些求得的数据与实际数据之间误差的平方和为最小。最小二乘法还可用于曲线拟合。

表 5－2　　各个不同类目排名信息与销售数据对比

Women's Ccoats, jackets & Vests	Women's Down Coats & Parkas	Women's Wool & Pea Coats	Women's Trench, Rain & Anoraks	Women's Quilted Lightweight Jackets	Women's Casual Jackets	Women's Denim Jackets	Women's Leather & Faux Leather Jackets & Coats	Women's Fur & Faux Fur Jackets & Coats	Women's Outerwear Vests	Women's Active & Performance Outerwear
482	1264	4478	1768	6885	5616	6312	2100	6834	1973	881
2074	9677	15178	11857	31887	22648	40597	34912	63674	11667	7842
4073	24536	40105	26463	176925	53183	98846	63357	880130	31311	24110
70	55	20	40	20	20	20	40	20	40	60
40	15	8	15	5	6	4	5	2	15	16
22	5	3	5	0	2	0	1	0	5	5

表 5－2 的上面 3 行分别为各类目 2017 年 12 月排名 5、30、80 产品的“ Shops” 排名，下面 3 行则为该排名推导出的此产品 1 天的出单量（旺季），可以发现如下规律：

在类目“ Women's Down Coats & Parkas”“ Women's Leather & Faux Leather Jackets& Coats”“ Women's Active & Performance Outerwear”中，排名第 5 的产量与排名第 30 和第 80 的销量存在巨大差距，虽然这 3 个类目从“ Shops”排名中看到每天的出单总量比较乐观，但是基本被 Top10 产品垄断①，这些类目为“垄断类目”。

在类目“ Women's Wool & Pea Coats”“Women' s Casual Jackets”中，排 5，30，80 的产品销量和排名差距相比于其他类目差距较小，虽然此类目流量不大，但出单量分布均匀，竞争较小，所以这些类目为“蓝海②类目”。

在类目“ Women's Quilted Lightweight Jackets”“ Women's Denim Jackets”“Women's Fur & Faux Fur Jackets & Coats”中，可以发现这 3 个类目整体流量较小，即使排名 Top5 出单量也不大，所以这些类目为“低流量类目”。

在类目“ Women's Coats, Jackets & Vests”中，可发现该类目流量、单量巨大，排名 5、30、80 的产品虽然有一定的销量差距，但是这些差距并不是呈指数倍的增长或者下降，代表此类目产品竞争非常激烈，是典型的“红海③类目”。

针对上述类目的竞争度和流量分析，我们可以对需要上架的新产品做出如下决策：

如果对产品款式非常有信心，认为该款式一定为下一个阶段的类目“爆款”，那么必须上架到“红海类目”中。因为该类目拥有所有类目中最大的流量与曝光率，产品的成长周期会大大缩短，如运营得当可以使产品获得最大的订单量。

如果新上架的产品仅仅属于“款式一般”且“能卖的款式”，推荐上架到“蓝海类目”。因为这里竞争不算激烈，流量中等，也不会遇到那些垄断的巨头使你根本出不了单。

① 垄断（英语：Monopoly），或称卖者垄断、独卖、独占，一般指唯一的卖者在一个或多个市场，通过一个或多个阶段，面对竞争性的消费者。

② 蓝海市场属于市场的一种类型，蓝海代表当今还不存在的产业，这就是未知的市场空间。

③ 红海市场属于市场的一种类型，红海代表现今存在的所有产业，也就是我们已知的市场空间。

但是一旦上架到“蓝海类目”后你款式的上限也就被决定了，因为即使你的产品排到该类目的 Top1 也很有可能销量不及“红海类目”的排名 50 名的产品，所以一定要在上架前把控好产品市场潜力的大小。

如果是“过季产品”“没什么信心的产品”或者“测款产品”，推荐上：架到绿色的“低流量类目”，这些类目因为整体流量较低，竞争度非常小。比如在“Women Quilted Lightweight Jacket”类目中如果你每天能稳定出 1～2 单，那么你的产品就已经能够排到该类目的 Top100 中。产品的流量 = 广告流量 + 搜索流量 + 排名流量 + 关联流量，而关联流量与排名流量是产品流量的重头，对于那些可能在“红海类目”或者“蓝海类目”都没什么竞争力的产品，不妨上架到“低流量类目”中，提前通过广告让产品出单然后进军类目 Top10，再通过是类目排名提升获得的排名流量和关联流量让产品卖出去，这不失为一个不错的选择。

当对自己的产品非常有信心，且在 FBA、营销、广告经费等一应俱全的情况下，尝试上架“垄断类目”（注意，这里只是说尝试上架），一旦发现出单量很低或者无法出单应立即更换类目。灰色的“垄断类目”一旦攻克下来可以带来近乎完美的市场占有率和出单量，但那除了需要高超的运营技巧外更需要出色的营销手段，单单依赖产品和运营是很难在这些类目中让产品排到 Top5 或者 Top10 的。

总而言之，所有的类目选择不是“想当然”，而是根据“卖点”“市场竞争度”“类目流量大小”等要素判断选择哪种类目，然后去精确地抢占那个类目的市场。

2.2 了解市场需求

以服装行业为例，因为中国人很难抓住外国用户的需求和审美，所以如果不多加思考，直接把符合我们审美和需求的商品搬到亚马逊上销售，则很可能连流量都不会产生。这时候就需要改变自己选品的角度，分别以竞争者与顾客的角度去了解市场需求。

2.2.1 以竞争者角度了解市场需求

所谓以竞争者角度去了解市场需求就是站在同我们竞争的外国卖家角度去考量产品的定位和选择。美国与中国国情有很大不同，中国的 B2C 网站几乎清一色都是互联网起家的，但是美国前 10 的 B2C 网站中，除了亚马逊外剩下 9 家都有线下实体零售业背景的，所以美国线上线下一体化已经相当完善。亚马逊上几乎每一个美国店铺都拥有自己的独立站，我们可以去他们的独立站上观察款式/产品趋势的变化，从而找到某些规律（如图 5-8 所示就是一个外国裙子的独立站点）。

2.2.2 以顾客角度了解市场需求

以顾客角度了解市场需求的分析方法，是指站在顾客的角度观察体验顾客的需求与想法，从而找出某种规律，生产出符合其预期的产品。这种分析方法一般在标准品中使用较多，其参考的依据可以是 Q&A，也可以是 review。现在亚马逊平台有了 review 关键字汇总的功能。那么还有什么方式能够更加有效的地获取 review？

1. 自然出单的催评

这种情况下卖家需确保产品质量过硬，物流必须 FBA 否则很有可能催来的都是差评；卖家发邮件时切忌赤裸裸的说“给我个五星好评”，发的邮件内容要对买家而言有所价值，比如卖家可以告诉他们产品的正确使用方法，产品的使用场合，希望他们用的开心，甚至

图 5－8　独立网站（图中的品牌叫做“NET－A－PORTER”）

各个节假日几十条祝福语祝买家节日快乐等，把买家哄高兴的前提下，给好评的概率自然有所提升。

2. Top reviewer（顶级评论买家）测评

卖家已经发邮件说：“给产品进行评价”，应该让买家正常购买，然后借助给礼品卡或者返现的形式引导买家留评。

3. Facebook 群组

卖家可在各个测评组发帖，告知有兴趣的人前来购买，然后沟通留评。

4. 微信群组

这是当前玩家使用最多的方式，现在有很多老外也有微信，卖家可以通过建立微信群，在群里发布产品相关信息吸引有兴趣的买家联系做评价，或者私下单独一个个联系问买家是否有感兴趣进行评论。

2.3　选品方法

我们一直喜欢用“思路决定出路”强调思维的重要性。在亚马逊选品上，思路同样是为卖家指明方向的利器，下面举例七种具体的选品方法，为大家的选品提供具体的方法参考。这七种常用的选品方法分别是站内 Best Sllers 选品法、类目深挖选品法、大卖家新品跟进法、优秀店铺复制法、供应商新品推荐法、价格区间选品法和国外社交媒体选品法。

2.3.1　站内 Best Sellers 选品法

站内选品无疑是亚马逊卖家采用得最多也最有效、最实用的选品方法。原因很简单，只有立足于平台，发掘出平台上当前热销的产品，才有可能让选品成功的概率倍增，降低卖家在运营中的试错成本，而站内 Best Sellers 选品法的精髓正在于此。

具体来说，卖家通过平台上的 Best Sellers 列表，查看当下最热销的产品，然后结合自己的偏好和可用资源，考虑是否具备运营该产品的能力，如果有能力运营，就对该产品深度调研，纳入自己的选品范围。

既然 Best Sellers 选品法如此有效，卖家如何找到 Best Sellers 目录呢？当我们打开任何一条 Listing 页面时，在产品详情的下面，都会有一个 Best Sellers Rank，通常称为 BSR 排名，点击 BSR 排名栏的 See Top 100，页面将会切换到该类目最热卖的前 100 名 Listing 页面。

在排名前 100 的 Best Sellers 产品列表中，卖家可以逐个评估，销量已经存在，卖家需要考虑的是自己的偏好，是否对该产品有兴趣，以及是否具有运营该产品的能力和资源。

亚马逊的热销排名榜还为我们提供了其他几个参考维度，包括 New Releases（新品热卖的新品排行榜）、Movers & Shakers（排名上升最快的销售飙升榜）、Most Wished For（添加愿望夹最多）、Gift Ideas（适合作为礼品）。

关于这几个参考维度，在这里做下简单的解释。

New Releases：这是亚马逊基于产品销量得出的热门新品榜单，每小时更新一次，这些产品一般都是上架 3 个月以内的产品。卖家通过这个榜单，既可以了解类目的热销品，同时，因为都是新近上架的产品，在某种程度上也代表着趋势。

Movers & Shakers：这个排名与 New Releases 有一定相似性，不同的是，它反映的是 1 天内同类目中涨幅最快的商品。通过这个排名，卖家可以找到上升潜力比较大的产品，如果卖家能够对这个排名清单中的产品深度分析，说不定就可以选到即将爆发的热销产品。

Most Wished For：即愿望清单，消费者可能喜欢某个产品，但是因为价格等因素而无法立刻购买，他们会把这些产品加入愿望清单中。这类产品一旦价格下调，亚马逊系统就会发邮件提醒用户。添加在愿望清单中最多的产品，代表着消费者的兴趣所在，如果你正好对愿望清单里排名靠前的产品感兴趣，拥有产品资源且具有价格优势，那么可以考虑攻破它们。

Gift Ideas：如果你正在销售的产品带有礼品、节日元素，那么你一定要关注这个工具。它主要针对的是节日和赠送礼品。通过 Gift Ideas 清单你可以知道目前人们更愿意选择哪些产品作为礼品，由此你可以在节日来临前有针对性地备货，提前布局，不打无准备之仗。

参照以上几个维度（Best Sellers，New Releases，Movers & Shakers，Most Wished For，Gift Ideas），卖家经由任何产品详情页面进入该类目的销量排名后，都会有几百个平台上正在热销的产品可以供选择，卖家如果能够认真分析这些热卖产品的特性，原本没有方向的卖家，选品思路也可以由此打开。

当然，也有卖家会说，我对当前页面的产品类目不感兴趣，如何查看其他类目呢？亚马逊为我们提供了所有类目的热卖排行，点击任何 Best Sellers 排行榜页面左上角的 Any Department 后，在页面左边的导航栏，当前平台上各个类目热卖的产品都展示出来，卖家可以先选定自己感兴趣或者有资源优势的类目，然后依次点击页面顶部的 Best Sellers、New Releases、Movers & Shakers、Most Wished For、Gift Ideas，就可以得到想要查询的类目排名了。

在以上的几个维度中，卖家尤其应该重视的是 New Releases 和 Movers & Shakers 排名中的产品。在这些类目里，卖家可以选择上市时间段、产品评论较少、竞争不太激烈、市场容量却足够大的产品作为重点选择的产品。

通过以上方法，卖家可以发掘到当前平台上各类目最热卖的产品，而如果某个产品分别出现在多个维度排名榜中，那么在一定程度上就意味着该产品当前的热度特别高，卖家一定要重点关注。

Best Sellers 选品法可以直接高效地挖掘到热卖爆款，是非常适合中小卖家使用的最快速高效的选品方法。在过往的经验中，已经有不少卖家通过这个方法选到了合适的产品，实现了业绩的快速增长，更有不少卖家将此方法作为自己团队的核心选品法长期采用，取得了丰硕的成果。

2.3.2 类目深挖选品法

对大部分卖家来说，选择一个热卖的产品容易，但如何长期保持自己的竞争优势就比较难以把握了。很多卖家凭借一款产品赚取了丰厚的利润，但是，随着产品生命周期的结束，业绩就开始下滑，又因为没有新的热销产品跟上，整个运营的节奏就乱了。

亚马逊卖家要想在运营中长期保持竞争优势，最好能够专注于一个类目，进行深挖，让自己成为该类目的专家。当你对一个类目越来越熟悉，专业度上的积累会体现在对产品品质、用户需求和市场瞭望的精准把握上，同时，专注于一个类目还有利于整合和优化供应链资源，从而构筑起自己所在领域的壁垒，在竞争中更具优势。

类目深挖法要求卖家选择自己感兴趣的类目，产品要有一定的市场容量，未必是多么庞大的市场，但卖家可以在切实满足一部分人需求的过程中，逐步成长、积累和沉淀。基于自己的兴趣点，卖家会更愿意深入类目学习、研究、优化和改善，当卖家打造出自己的产品优势，也就自然而然地具备了在市场上的竞争优势。

类目深挖法适合打造“小而美，专而精”的店铺，在一个细分类目里，足以成长为一个独具优势的王者。谈及类目深挖法，就不得不提到原产地。卖家如果想通过类目深挖法打造自己在某一类目的优势，必须在选品和评估的过程中关注产品的上游，即产品的原产地是哪里。只有追根溯源，掌握源头资源，卖家才有可能获得更多的成本优势，更精的工艺，使改进升级更便利。

当前，就国内的生产集散度来说，大概有以下产业聚集区：

1. 服饰类

山东：位于山东省的青岛市即墨区、枣庄市，均是针织类服饰的原产地。另外，济宁市的嘉祥县是手套类目的原产地，海阳市是羊毛衫的原产地。

江苏：位于江苏省的江阴市、常熟市的古里镇和辛庄镇均是毛纺织品的故乡，主要生产的面料包括各类帆布、纱卡、府绸、平绒等。

广东：位于广东省的汕头市、佛山市、普宁市和中山市，均是T恤、睡衣、衬衫、袜子的原产地。优势：价格便宜。

2. 箱包类和鞋类

广东：位于广东省的广州市花都区、番禺区和深圳市，是中国最大的箱包产业带。因为毗邻香港，信息传播快，所以产品款式新、品种全。另外，箱包产业带附近的原辅材料市场规模非常大，为其发展提供了“先天优势”。优势：位置优越，产业链完整，品类丰富。

白沟：位于河北省高碑店市的白沟镇，有着“世界箱包城”的美誉。优势：价格低，产品种类丰富，质量优。

浙江：位于浙江省温州市的皮革制品产业带，占有中国十大“中国真皮鞋王”的半壁江山。另外，该地的皮革制品产业链发展较为完整。

3. 3C电子类

深圳：位于广东省深圳市的华强北商业区，是全世界3C电子类产品的集散地，以数码配件、平板电脑、手机等为代表的3C类产品，有很大一部分生产于此，而也正是由于此，深圳及周边聚集了大量的工厂资源，可以提供各种优质的3C类目电子产品。

4. 渔具

山东省威海市、福建省福州市都是著名渔具的原产地。

5. 宝宝纸尿裤

广东省东莞市、中山市和佛山市是纸尿裤的原产地。

6. 婚纱

江苏省苏州市的虎丘、广东省广州市、上海市、福建省厦门市均是婚纱的原产地。

7. 美妆

广东省广州市和深圳市、上海市是主要的化妆品、护肤品原产区。

8. 小商品

浙江省义乌市是最大的生活用品、饰品、玩偶等商品的原产地。

2.3.3 大卖家新品跟进法

对亚马逊卖家来说，每个卖家都争相采用更好的方法，以更多维度评估一个产品和市场，相对小卖家有限的能力和实力，大卖家因为资金、资源、信息、流程和人才等优势，注定会比中小卖家可以更好地把握产品和市场，这就引出一种有用的选品方法——跟进行业大卖家。

在运营中，无论哪一个类目，都会有一些耀眼的明星卖家，但如果仅仅把这些成功的卖家作为我们茶余饭后聊天的话题还远远不够，对中小卖家来说，无论是选品还是运营，都要跟进行业大卖家，多研究、多思考、多问几个为什么。

没有谁天生就能成功，一个优秀的卖家之所以优秀，也必然有其内在的原因，所以，作为卖家应该多向大卖家学习，在分析学习中发现别人的长处，然后尽可能地应用到自己的运营实践中。相对于中小卖家来说，行业大卖家在选品上会做更多维度的市场调研，除了立足于平台的分析外，他们甚至会借助外部数据对一个产品和市场做预判，然后才会决定是否要推出某个产品。如果小卖家能够经常浏览行业大卖家的产品，观察其新品上架的情况，那么很容易在这些优秀卖家上新品的第一时间获得信息，基于大卖家的上新信息，并对这些产品进行市场调研，这样的调研很容易让你站在和大卖家几乎同步的起跑线上。

虽然大卖家在产品质量方面可能会做得更好，但小卖家的最大特点是灵活，可以快速地跟进，一旦从大卖家的店铺里面发现了自己有能力运营的产品，只需要做快速地跟进，也许你就具备了和大卖家同台共舞的门票了。当然，要做到能够快速地跟进大卖家的新品，你需要具有持续研究行业优秀卖家的习惯。

营销学上有句至理名言：“凡是你忘记的和没有做到的事情，你的竞争对手都会替你做到。”卖家如果能够坚持持续观察竞争对手，在观察的过程中，你会发现自己的不足，而更多的惊喜可能是，某一天你突然发现竞争对手发布了一款新产品，此时你要做的就是，以此作为切入点快速进行市场调研，兴许，你就抓住了一款紧跟市场趋势的新品。而这，正是你所关注的榜样送给你的。

2.3.4　优秀店铺复制法

当你想掌握一项新技能，却又因为有太多的知识断层而导致学习进展缓慢时，如何才能快速地推进学习进度，从而达到一个新层级呢？在高效学习领域，就有这么一种方法，称为“先记忆，后理解”。

很多时候，我们在低层次想不明白的问题，一旦站上更高的层次，瞬间就明白了。原因就在于，高度不够时，有些用力是无用的。对于亚马逊卖家的选品，我们同样可以采取类似的方式进行。

对于没有选品方向的卖家，不妨对自己的选品简而化之。首先确定一个可以学习和效仿的榜样店铺，对榜样店铺的要求是，店铺里的产品不要太多，10～30 款产品就好，产品要是较大众的刚需产品，店铺里有多个产品销量很好，预估后知道店铺的销售利润不错。一旦选定了这样的榜样店铺，卖家就可以暂时忘记其他的店铺和产品了，卖家要对榜样店铺里所有在售的产品逐个深度分析，此时，该店铺里的每个产品都是自己的选品方向，不谈偏好，也不找借口，更不能推脱，每个产品都要用心研究，研究完毕，找到有效的资源，上架销售。

竞争对手是最好的老师，在亚马逊的运营中也是如此。虽然亚马逊平台上竞争激烈，但优秀的卖家也比比皆是。在我们选品的过程中，与其自己没有经验、没有方向的迷茫，不如努力找寻一家优质店铺全面复制。

如果能够做到全面复制一个优秀的店铺，你会发现，自己的选品速度快了很多，拥有了经过市场检验的产品，你的亚马逊运营之路已经走过了从 0 到 1 的过程。虽然复制这个词听起来不太好听，但对于没有选品思路的卖家来说，复制就是最大的创新。复制可以帮助你从不知到知，从知其然到知其所以然。而关键的是，当我们有了具体的目标，前进就会更有效率，放在亚马逊的运营上，你找到的参考复制的对象就是你的目标。

卖家在浏览和评估 Best Sellers 产品清单的过程中，对越来越多的产品有了初步的认知，会逐步形成自己比较偏好的产品类目，此时，就进入具体的产品分析和选择环节。在这个过程中，建议卖家在浏览评估任何一条产品时，一定要点击卖家的店铺，在看产品的过程中，更要看卖家的店铺，产品和店铺的关系就好比树木和森林的关系，不能只见树木不见森林。

看一个卖家的店铺，可以帮助我们更好地理解卖家的选品逻辑和运营方法，便于我们更全面地思考一个产品打造成功的可能性。那么，我们该查看一个店铺里的哪些信息呢？

店铺的 Feedback 是我们首先要关注的。按照当前亚马逊平台上的店铺反馈率来算，一个店铺最近 30 天 Feedback 数量的 4～5 倍大概相当于其店铺当前的日均订单数量。通过这样核算，我们可以评估出一个店铺当前的销售状况。如果一个店铺的 Feedback 数量较多，那么我们可以得知该店铺当前的订单数量很多，订单数量多的店铺自然是我们应该首先关注和学习的店铺。

然后，进入一家店铺，我们要查看该店铺的产品数量，如果 Listing 数量很多，且自发货居多，那说明该店铺是铺货模式，这与亚马逊平台精品化运营的思路相悖，我们就可以略过了。过多的 SKU，会让整个运营很累，占压的资金很多。

而如果你看到的恰巧是一家产品数量不多但最近 30 天 Feedback 数量很多的店铺，同时该店铺的产品又是你感兴趣并且可以找到对口货源的产品，那么这个店铺就值得重点关注。

在对多个产品的筛选过程中，卖家会发现多家优秀的店铺，此时，卖家可以对这些店铺进行综合的比较，选择最适合复制的店铺，当然，也许并没有哪一家店铺可以百分之百满足你的运营思路，那么，不妨把多家店铺组合，分别从每家店铺的产品中精选出自己感兴趣且市场销售状况较好的产品，形成自己的产品群。

优秀店铺复制法的核心在于能够相信并接受榜样店铺的好，我们要认可榜样店铺比我们现有的认知更高，且有严密的选品逻辑，我们要做的就是发现其选品的逻辑。怎么样才能发现呢？唯有足够深入。怎么样才能足够深入呢？唯有真实销售。

任何一个优秀的店铺，其产品都必然经过了多轮的筛选和长期的市场检验，而一个卖家对优秀店铺的全面复制，意味着你已经站在巨人的肩膀上前行，成功的概率自然也会大大增加。

当然，需要提醒的是，这里说的“复制”不是指纯粹的一模一样地“抄”，这里的复制是指在你的市场调研中通过某个店铺发现一系列畅销的产品，我们认识到这些产品的市场容量，然后，我们返回对这些一个个具体产品的调研，发掘出同类的、相似的产品，这些产品和原店铺的产品不需要一模一样，只要它们面对的市场一样，面对的受众群体一样、类似，甚至是互补，说到底，我们复制的是“需求”，复制只是通过榜样店铺对消费者需求的挖掘而已。

如果能够做到全面复制一个优秀的店铺，你会发现，自己的选品速度快了很多，拥有了经过市场检验的产品，你的亚马逊运营之路已经走过了从 0 到 1 的过程。

2.3.5 供应商新品推荐法

如果说卖家站在销售端可以知悉市场需求，那么供应商则是站在供应链的上游影响着市场的趋势。

一家实力比较强的工厂，往往会从研发端影响市场的趋势，它通过自己对市场和趋势的理解，开发出更新换代的产品，再用这些产品激发和满足消费者的内在需求。

作为亚马逊卖家，在选品的过程中，要多关注供应商端传递过来的信息。升级换代的产品值得关注，而迎着市场需求研发出来的全新产品更值得关注，比如曾经引爆市场的平衡车、指尖陀螺等产品，都给最早开始销售的卖家们带来了丰厚的回报，而这些产品刚进入市场的一刹那，首先都是在供应商端进行的扩散。

从这个意义上说，利用好供应商端的信息反馈，卖家同样可以抓住爆款产品崛起的机会，这正是供应商新品推荐法对亚马逊卖家的重要作用。

2.3.6 价格区间选品法

选品的理想回到现实，有一个最重要的因素是任何卖家都不容回避的，那就是选品和资金之间的紧密关系。

再好的选品方向，没有资金支持，同样会让选品失去意义。所以，在选品中，卖家不得不考虑的是，自己的资金实力能够运作什么样价格区间的产品，对于仅有三五万元启动资金的小卖家和动辄几百万元投入的大玩家，他们必然会有截然不同的选品策略。

资金量小的卖家，适合选择单价稍低、体积小、重量轻、易发货的产品，这样的产品可以快速地发货补货，可以根据销售节奏做出快速的调整；而对于资金量比较大的卖家，则不妨选择那些单价高、体积大、重量重、需要海运的产品，因为这些条件本身就是天然屏障，可以把相当一部分卖家挡在竞争之外。

单价较低的产品，竞争也比较激烈，而单价较高的产品，需要的资金量大、操作的难度较大，运营的风险也大，但是竞争热度会相对较小，卖家需要根据自己的实际状况，选择合适的价格区间进行选品和运营。

价格的高低并不是绝对的和一成不变的，小卖家在成长的过程中也会选择一些高价值的产品运作，而大玩家也可以选择一些低价值的产品销售，我就曾接触到年销售额过亿的卖家，其产品的 80% 以上都是类似于 0.99 美元包邮的低单价产品，看似利润微薄，但因为销量足够大，集约化的运营同样让他们实现了不错的利润。与此同时，也有很小的卖家，一两个人的团队，可以用于运营的资金也少，但却坚守着产品单价不低于 200 美元的原则，虽然每天订单数量不多，但因为利润高，所以也过得悠然自得，且发展快速。

所以，究竟该以怎样的价格区间作为自己的选品方向，答案只能在你自己，本书在此也仅仅是抛砖引玉，希望能够给大家带来些许思考。

2.3.7　国外社交媒体选品法

随着亚马逊上中国卖家群体的增长，同行竞争越来越激烈，一款产品从引爆市场到衰退，在平台上的销售生命周期越来越短，所以，有一些聪明的卖家开始绕开国内大众化的选品，从国外的社交媒体（SNS）上发掘具有流行潜质的产品。

当前比较流行的社交媒体包括 Facebook、Twitter、YouTube、Pinterest、Instagram，以及众筹网站 Kickstarter 等，这些网站因为用户基数大，传播广且传播速度快，当一个产品在这些网站上流行起来，很快就能形成潮流。

下一个爆款产品会是什么呢？如果正在阅读本章节的你能够养成随时关注国外社交媒体的习惯，兴许就能够抓住下一波浪潮。

下面列出在新品开发过程中值得关注的社交媒体网站：

（1）www. facebook. com.

（2）www. popular. com.

（3）www. instagram. com.

（4）www. pinterest. com.

（5）www. kickstarter. com.

2.4　市场评估

市场评估，即什么样的市场是具有潜力的，或者我应该在哪个领域选品？

在回答这个问题前，需要引入经济学的三个概念：完全竞争市场、寡头市场、垄断市场①。

完全竞争市场是指竞争充分而不受任何阻碍和干扰的一种市场结构。在这种市场类型

---

①　市场竞争状况是影响企业制定产品价格的重要因素。产品的最低价格取决于该产品的成本费用，最高价格取决于产品的市场需求状况，而在上限和下限之间，企业能把这种产品价格定多高，则取决于市场竞争状况。竞争因素对定价的影响，取决于目标市场的竞依据市场竞争程度的不同，市场竞争结构可分为：完全竞争（perfect competition）市场、垄断竞争（ monopolistic competition）市场、寡头垄断（oligopoly）市场和完全垄断（monopolistic）市场，垄断竞争和寡头竞争也统称为不完全竞争市场。

中，买卖人数众多，买者和卖者是价格的接受者，资源可自由流动，信息具有完全性。

寡头市场也称寡头垄断，是指一种商品的生产和销售被少数几家大厂商所控制的市场结构。

垄断市场是指整个行业中只有唯一或少数几个厂商的市场组织。具体来说，垄断市场的条件主要有三点：

（1）市场上只有一个或少数几个的一个生产厂商和销售商品；

（2）该厂商生产和销售的商品没有任何相近的替代品；

（3）其他任何厂商进入该行业都极为困难或不可能。

参考以上对于 3 种市场类型的说明，我们在 Amazon 平台上根据各商品 review 数量、搜索页面页数、商品上架时间等因素来判断该市场为何种市场。

如图 5－9 所示，该图为在“men”类目下搜索“ sweater cardigan”所显示页面的前 3 行产品截图。该类目一共有 400 页，（注意：在搜索时一定要选择类目而非默认的“All”，不然只会显示 7 页搜索结果）我们可以发现在这一市场领有如下特点：

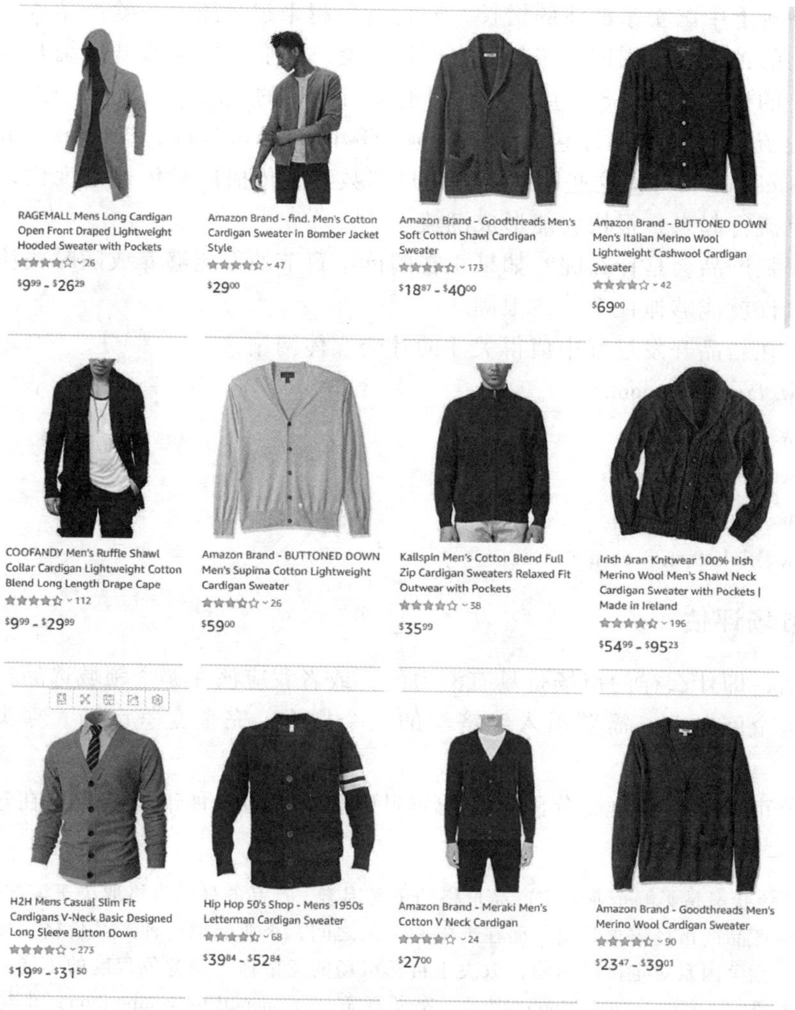

图 5－9　完全竞争市场搜索结果

（1）前列产品重复率高（竞争激烈，商品信息重复，价格透明）；

（2）前列产品 review 数量较少但是平均分布（买家无明显偏好，购买 review 平均分布）；

（3）搜索页面数量较多，一共有 65 页（卖家人数多，竞争者多）；

由此可见，该 Amazon 类目市场可以归为完全竞争市场。

如图 5－10 所示，该图为在“women”类目下搜索“ruffle hem sweater”所显示页面的前 3 行产品截图。该类目一共有 8 页，我们可以发现在这一市场领域下有以下特点：

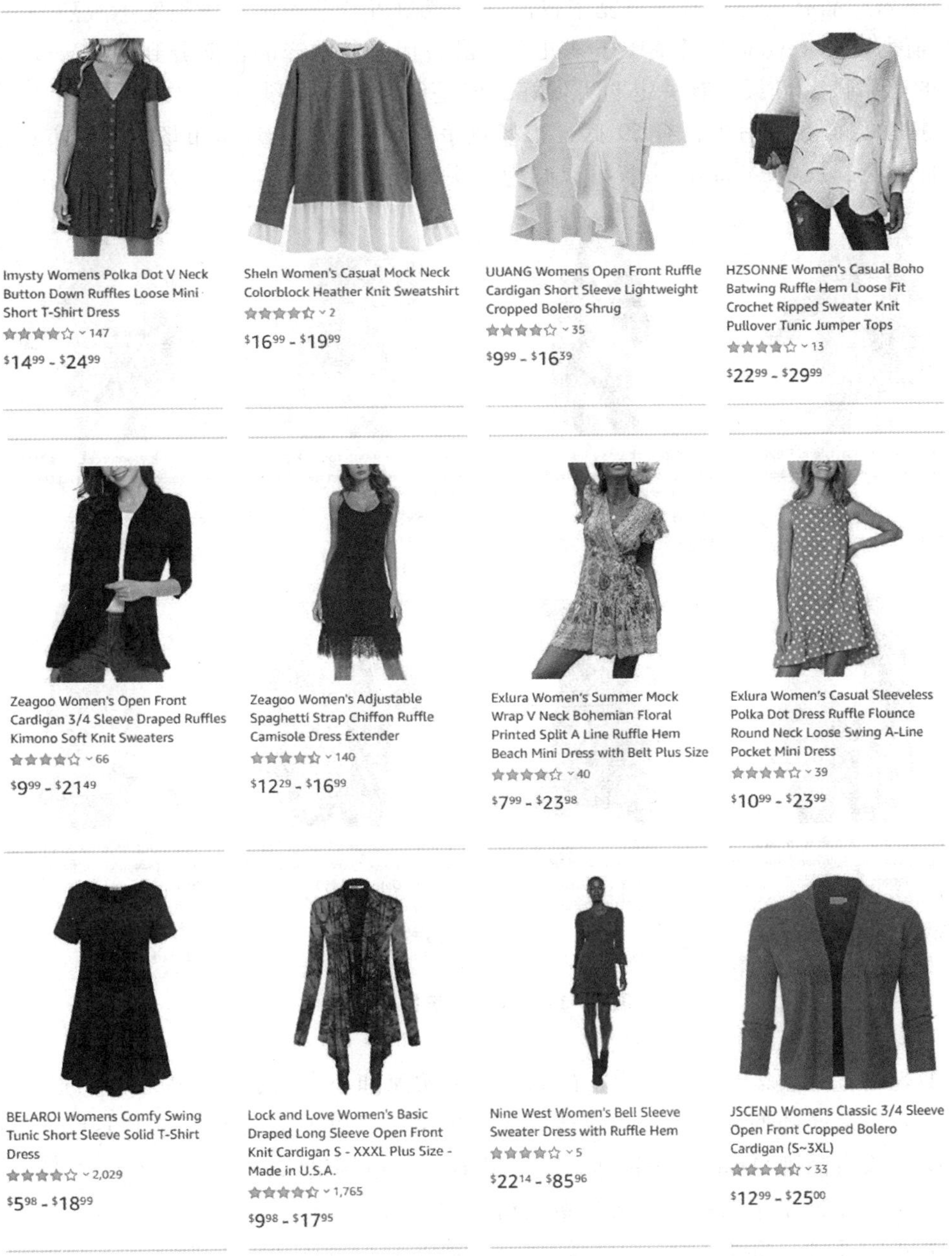

图 5－10　垄断市场搜索结果

• 前列产品重复率低（商品信息不重复，竞争不够激烈）；

• 前列产品 review 数量集中于几个产品，且其他产品无商品排名即无订单量；

• 搜索页面数量较少（卖家人数较少）。

由此可见，该 Amazon 类目市场可以归为垄断市场。

如图 5－11 所示，该图为在“ women”类目下搜索“ loose fit denim jacket for women”所显示页面的前 2 行产品截图。该类目一共有 59 页，我们可以发现在这市场领域下有以下特点：

• 前列产品有重复率但是重复率较低（有竞争者竞争但是竞争程度不激烈）；

• 前列产品 review 数量集中于某几个产品，但是其他产品也能分到少额 review，且都有不错的商品排名（买家有一定购买偏好，但是偏好不够强烈）；

• 搜索页面数量适中，有 59 页（市场竞争程度介于完全竞争市场与垄断市场之间）。

由此可见，该类 Amazon 市场可以归为寡头市场。

图 5－11　寡头市场搜索结果

根据 3 种市场概念的基本说明，由此针对大卖家和小卖家会有两种不同的选品策略。

对于大卖家（即拥有自己的供应链和生产体系，可以不依赖供应商独立生产产品的公司或组织）或者品牌 Amazon 店铺而言，一共有 4 种市场策略：

（1）上策是冲击市场空白，成为垄断市场的主宰；

（2）中策是冲击寡头市场，力求在质量、服务和运营优化上击败对手；

（3）下策是进入已经无市场空白的完全竞争市场，因为这类市场竞争者繁多，价格透明，商品质量与服务也基本大同小异，拉不开差距；

(4) 下下策是进入由其他大卖家所掌控的垄断市场，即使是大卖家，撼动一个垄断市场的垄断者也要付出不小的代价，而这应该是运营者所要避免的。

对于小卖家（即没有自己独立的生产线和供应链，只能通过第三方厂商进购产品进行销售的小团队）或者非品牌 Amazon 而言，市场策略也是 4 种：

(1) 上策是利用信息差冲击非标准化产品或者小额产品的市场空白成为某一小众领域的垄断卖家（比如小型工艺品、服装类产品），因为这些产品不会产生巨大的质量差异，即使后期大卖家进入市场也可以维持一定市场份额；

(2) 中策是进入完全竞争市场，这里虽然市场透明竞争激烈，但是竞争者各自差距不大，小卖家只要多在细节上多加打磨就可以分到一杯羹；

(3) 下策是冲击标准化产品的寡头市场，例如 3C 市场，大卖家的声誉和服务都已经成体系，在缺失品牌店铺的影响力和没有供应链的前提下几乎无法生存；

(4) 下下策是进入由大卖家所掌控的垄断市场，因为商品质量、售后服务都是由大卖家制定市场规则，小卖家进入无异于以卵击石。

以下为市场决策示意表格，见表 5-3。

表 5-3　　针对不同市场，大卖家与小卖家的不同策略对比示意图

卖家	上策	中策	下策	下下策
大卖家	所有产品市场空白	寡头市场	完全竞争市场	垄断市场
小卖家	非标准化产品市场空白	完全竞争市场	寡头竞争市场	垄断市场

2.5　竞品分析

上述内容回答了“在哪里选品/在哪个领域选品”的问题，下面讨论“选什么品”即竞品分析这一问题。

什么产品才是爆款，这个问题的答案不是拍拍脑门子就能想出来的，也不是漫无目的地逛 1688 或者各种海外独立站就能一眼看出来的。在选品的时候，我们需要带有目的性，这个“目的性”本身只能通过观察我们的竞争对手，以及市场走向即“竞品分析”这一过程才能完成。因为令人眼前一亮的产品有很多，但是只有那些能让顾客愿意掏腰包的产品，才算得上是好产品。

竞品分析与市场评估是密不可分的，我们在刚刚的评估中已经得到一个结论：无论是大卖家还是小卖家，都不应该进入任何一个垄断市场。比如上文所列举的“ruffle hem sweater”市场，这类市场的产品就属于那种“虽然眼前一亮，但是无人购买”的产品类别，我们可以把这些类别的产品元素归纳如下：

- solid 纯色系列
- cable knit chunky sweater 厚针织毛衣
- ruffle 褶皱下摆款式
- deep color 深色系
- pullover 套头毛衣

- long sleeve 长袖

然后把那些“让人眼前一亮且顾客愿意购买”的“完全竞争市场”的产品元素归纳如下：

- solid 纯色系列
- cable knit chunky sweater 厚针织毛衣
- draped 长下摆款式
- light color 亮色系
- cardigan 开衫毛衣
- long sleeve 长袖

最后我们把“寡头市场”中那些“爆款”的元素归纳如下：

- tassel hen 流苏下摆
- deep color floral 深色 + 印花
- poncho 斗篷
- cardigan 开衫毛衣
- 3/4 sleeve3/4 袖子

综上我们可以制作一张竞品元素整理表（如图 5 – 12 所示）。

流行元素	淘汰元素
cardigan	pullover
3/4 long sleeve	long sleeve
light color	deep color
floral	solid
—	ruffle
tassel hem	—
draped	—
poncho	—

图 5 – 12　竞品元素对比示意图

图 5 – 12 中流行元素前 4 行如：3/4 long sleeve 为定性词汇，后 3 行如：draped 为长尾词汇，在选品时可以按照“长尾词 + 定性词”为依据进行选品，例如“draped3/4 long sleeve light color cable knit chunky sweater cardigan”。

这里需要注意的是，这些词汇的组合并不是我们的关键词或者标题，而是选品依据。例如“ light color”一词，这个单词的搜索量极小，只是告诉我们要选择那些“亮色系”的款式而已。

完成上述两大步骤后，我们就可以带着这些依据去 Wish、1688 或者外国的独立站进行选品或者采购备货了。因为本文以示例为主，所以最后总结出来的词汇还不是非常精确。在真实的运营环境中，大家需要花更多的时间和精力放在竞品分析上，这样会有更显著的效果。

需要注意的是，该方法有利也有弊。

利：方法实用性强，“爆款”命中率最高；可以全面分析市场格局，掌握竞争对手动态和市场走向。

弊：市场评估工作量大，竞品分析耗时长；无法采用铺货的方法测品；对运营者的经验要求较高。

任务三 产品上架

3.1 流量与曝光

为什么在上架初期流量与曝光是最重要的，而不用特别考虑转化率呢？其原因主要有两个方面：

一是，每个产品的转化率都处于一个波动范围内，转化率低的可能只有5%甚至2%，高的部分类目可高达50%。但是无论2%还是50%，如果都给其100流量，都是可以形成订单的，而订单对于新品就是成功。订单意味着流量，意味着排名上升，而排名就是新品能否成功的关键。

二是，转化率的优化对于一名优秀运营而言应该是已经有标准化的流程了，例如A+图文、视频、直评、价格梯度、价格歧视、prime优化、Q&A优化等，这些手段应该是常态化操作了。在运营实操的时候，会确保自己上架的新品已经在转化率方面进行了相关操作，所以这时候对新品而言转化率已经不再是难点。

为什么如此强调流量与曝光呢？因为这是检验上架质量的唯一标准。由于亚马逊A9算法的科学性，其会确保每个新品都拥有一定的曝光，但是这些曝光能否转化成流量，一方面取决于关键字/标题设置的好坏，另一方面也取决于主图的选择。（当然，价格也是影响因素之一，但是没有前两者影响大）如果关键字标题设置正确，那么产品就会被推送到应该推送的用户面前；此时如果主图设置正确，拥有一定的吸引力，那么新品就会产生流量乃至产生订单。这是一个新品初始成长的主要手段。

当然，除了自然流量成长，也可以直接通过广告对新品进行曝光从而获得更大的流量。但是即便是广告刚开始也是取决于关键字标题设定的精确与否，一个错误的、不精确的关键字或者标题即使每天通过高价广告曝光多次，也很难形成订单提升排名，反而因为过高的ACoS①导致广告费用白白浪费。

3.2 关键字、广告、价格、FBA对流量的影响

3.2.1 关键字对流量的影响

1. 父产品关键字

父产品关键字即主关键字，一共5个栏位，重要性从上至下依次递减，一般选择父关键字的参考依据是“精确性+流量大小”，预估的流量大小可以通Google Trends对搜索热度进行查看。一般“好”关键词的评判标准如下：搜索页面数量不多；搜索页面首页高review的优质listing数量多（注意是高review的listing数量多而非单纯的review数量多）；关键词本身符合商品特征；高review的优质listing所属品牌呈现多样化，而非单一品牌

---

① ACoS的意思是指用来衡量用户在亚马逊市场的广告投入表现的关键指标，就是指在广告上的支出占广告销售额的比例。

垄断。

搜索结果页面曝光产品与自身产品有多个相同属性，属于同一大类商品。由于第三项可以主观判断，所以可以对流量的流失做一个数学上的仿真模拟将搜索页面数量定为 p（page），首页流量定为 n（number），每一页流量的流失率定为 x（percent），那么该商品能获得的流量估算计算公式如下：

$$y = \frac{n}{(1+x)^p}$$

式中 x 可以按经验代入，也可以通过数据报表或者编程代入精确数值，这里先采用 0.1 即 10% 的流量流失率计算（在真实的网络购物环境中，单页流量流失率高达 60% ~ 70%）

如果有 10 页的搜索结果，假设首页的流量为 500，那么尾页流量大约为 1900；如果有 50 页的搜索结果，假设首页的流量为 1000，那么尾页流量大约为 85。由此可知，根据前者搜索结果设置的关键词的竞争力会远高于后者。

2. 别人未上架产品/新品子变体关键字

对于别人未上架产品新品的子变体关键字要求不是很多，只需要将父产品 5 个关键字没有涵盖的点进行补充即可。当然，除了对基本的关键字或者卖点进行描述和补充外，还可以加入一些特殊的关键字提升曝光。

如图 5－13 所示，北美还有约 12% 的西班牙语顾客，虽然用西班牙语搜索的用户较少，但是鉴于子产品关键字空缺的栏位非常多，所以可以将现有的英文关键字转化为部分西班牙语关键字进行输入。

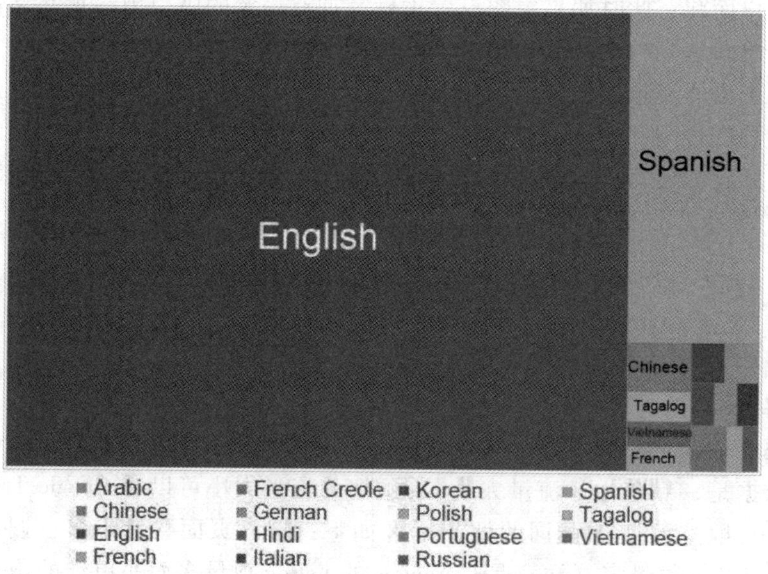

图 5－13　美国不同语言的使用比例图

虽然亚马逊会智能转换外文，即当用户设置为西班牙人时自动将英语转换成西班牙语，但是鉴于语义识别技术现在还不是特别完善，在一些细节词的转化上肯定不如人工转化的精确性高。

当然，除了将部分关键字转化为西班牙语外，在消费领域普遍有着关联消费的现象，比如搜索孕妇装的女士很有可能会去买婴儿奶粉，其购买行为的背后原因可能是因为小宝宝快出生了；又或者买长途机票的人士在过年会购买一些纪念品带给家里人作为礼物等。

3. 别人已上架产品子变体关键字

对于别人已经上架的产品，亚马逊的 A9 算法会对所有关键字组合给出最适合的图片。以“Prinstory”店铺的一件 T 恤为例，listing 界面如图 5－14 所示。该 listing 下拥有多种颜色，多种尺码且各个产品区别明显，那么在搜索栏目中搜索不同关键字的组合对应结果也会不同。

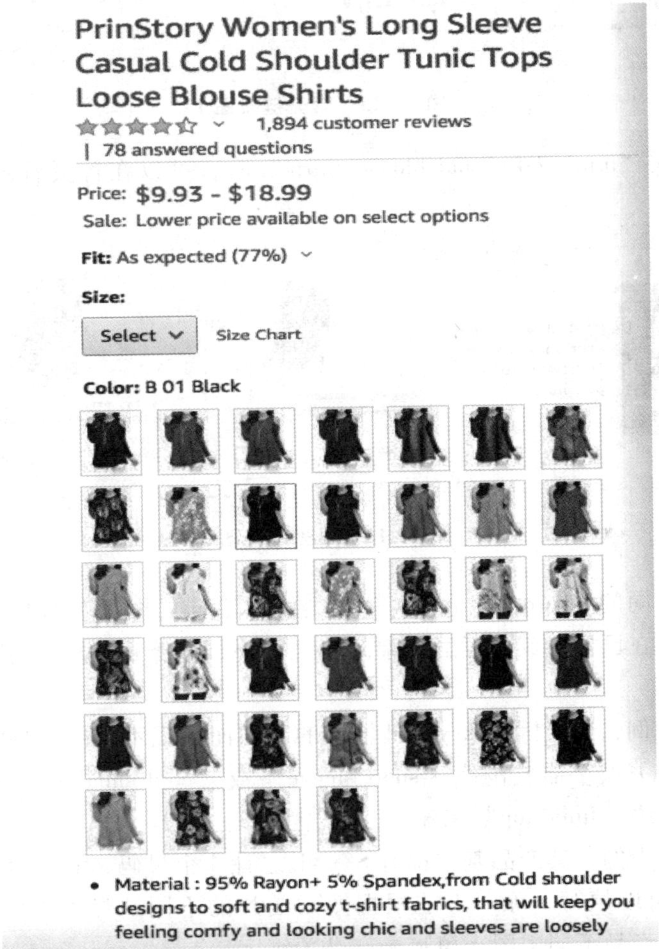

图 5－14 listing 示意图

当在搜索引擎中输入“Women’s short sleeve casual cold shoulder loose blouse shirts”时，搜索结果如图 5－15 所示。

图 5－15　曝光链接图 1

当我们再输入“tunic top casual blouse shirts”时，可以在首页看到如下链接与主图，如图 5－16 所示。

图 5－16　曝光链接图 2

依此类推，不同的 keyword 组合 A9 算法会给出不同的图片与链接，因此对于多颜色多子变体的产品，在已经有其他运营上架的情况下不同子产品的关键字需要与 A9 的搜索结果一致。

以上述 T 恤为例，两者因为 keyword 输入的不同而出现不同的结果，那么对于第一个黑色的子变体，子关键字需要围绕“short sleeve”或“cold shoulder”来输入，对于第二个子变体，需要围绕“tunic top”来输入。

以服装类产品为例，其产品基本都有 S—XL 总计 4 个尺码，其中每个尺码 5 个关键字总计 20 个关键字可以填写，除了上述根据搜索图片的不同选择不同的子变体关键字外，还可以根据同一子产品不同主图来填写子产品关键字。

4. 标题对流量的影响

很多运营编辑标题只是简简单单地将自己写的关键字随便排列组合一下就草草了事了，又或者去商品 Top100 的商品页面中扒几个标题参考一下再重新组合就上架了，其实这两种做法都有各自的缺点。

对于前者，如果关键字不够准确详细的话无论对其进行如何排列组合都不能达到理想的曝光效果；对于后者，如果那些 Top100 的曝光量完全依赖于关键字而不是标题，又或者别人的标题根本不符合自己的商品，那么照搬别人的标题只能是害了自己。

编辑标题的标准：

（1）针对且独特地描述产品特色；

（2）标注自己的品牌；

（3）不要重复描述图片能传达的直观信息。

举个例子，卖服装，你的商品一眼就知道是纯色的就不需要再写一遍“solid”这样的词汇了，可以写一些第一眼看图片可能无法注意的细节，比如后背是否有花纹，是否属于“plus size”，什么材质等，然后在标题前端打上自己的品牌名称即可。

3.2.2　广告对流量的影响

很多运营职位者在做广告宣传的时候一直会绕到一个误区里去，即又想广告费用少又想流量提升足够大，这本身就是相互矛盾的。广告本身的确有一个最优价格从而使广告支出和流量提升达到一个平衡值，摸索出这个最优价格有两条途径：价格由低向高调整逐渐靠近最优值；价格由高向低调整逐渐靠近最优值。

我们比较赞同第二种方案，因为做跨境运营时间就是金钱，可能做低价广告半个月效果都不怎么明显而高价广告肯定能做出一定的效果，而且高价广告可以采用“高单额，低总额”的方法来摸索市场。

无论是手动广告，自动广告还是头条广告，广告的作用机制都是吸引顾客点击广告进入商品页面，然后根据点击次数进行收费，以下详细介绍如何利用“爆款策略”使广告的收益达到最大化。

首先顾客点击广告后会发生以下 3 种行为：

（1）购买商品；

（2）浏览页面后离开；

（3）浏览该页面上的其他商品推荐。

我们通常一直盯着第一种顾客行为即订单成交额，即 ACoS 数值的变化，但这种单一的广告效果考核方式是极其片面且不长远的，我认为一个好的广告除了观察 ACoS 数值的变化，更应该关注顾客“浏览该页面上的其他商品推荐”对于店铺整体内部流量消化的作用，而这一作用对于每天流量巨大的爆款来说格外重要。

我们想像一下顾客点入一个产品页面后会点击哪些链接：

首先是商品卖点介绍下方的商品推荐链接；其次是相关推送产品的商品链接；再次是非推送产品的商品链接，最后是在“Customer questions & answers”栏目上方的相关推送产品的商品链接。

广告的效果与该商品页面同店铺商品推荐链接的数量成正比，与竞争商品的链接数量成反比，与替代品的链接数量成反比。

我们可以将广告效果写作 R，同店铺商品推荐链接的数量写作 N_1，竞争商品的链接数量写作 N_2，替代品的链接数量写作 N_3，以上结论可以变成下面这个公式：

$$R = \alpha \cdot N_1 - \beta \cdot N_2 - \gamma \cdot N_3$$

而广告效果无非是订单量，我们结合订单公式可以把上述式子改写成以下形式：

$$\alpha \cdot N_1 - \beta \cdot N_2 - \gamma \cdot N_3 = \sum_{1}^{x} n_a \cdot p_a$$

这里的 x 与店铺商品推荐链接的数量相同，我们可以把它写作 N_1，那么公式可以变成：

$$\alpha \cdot N_1 - \beta \cdot N_2 - \gamma \cdot N_3 = \sum_{1}^{N_1} n_a \cdot p_a$$

以上数学公式我们需要计算 α，β，γ 三个系数，3 个未知系数需要至少 3 组具体数据才能确定，所以我们需要找到 3 组正确的数据。

第一组数据：广告花费，ACoS→点击次数，转化率→爆款的 n_a 和 p_a；

第二组数据：同店铺关联商品在爆款打与不打广告时数据的变化→关联产品的 n_a 和 p_a；

第三组数据：可由第一，第二组数据多次记录实验得到。

那么计算出三个系数到底有什么用呢？我举个简单的例子，如果能确定广告效果的三个具体系数以及计算出商品页面所有链接的关系和数量，我们就能精确计算出一个爆款一天的流量能有多少可以在店铺内部消化掉而不会产生流量流失这种不良情况。

当然如果难以精确计算每个具体数值，我们可以根据以下几点来判断是否需要为某一商品投入大量的广告引流：关联产品同店铺产品越多越好；关联产品低价竞争者越少越好；关联产品中替代品越少越好；关联产品页面中出现本店铺产品的频率越高越好；关联产品非本店铺产品 review 评分越低越好。

总而言之，对新产品而言好广告指的是那些可以把产品推出去且不会产生巨大费用的广告策略，对于爆款产品而言好广告指的是那些可以带来巨大流量且能让这些流量能在店铺内部消化掉而非流失的广告策略。

3.2.3 价格对流量的影响

对于一件商品，即便它的图片再好看，关键词优化再完善，标题再精准，如果标注着 \$9999 的价格的话估计也没有什么流量，所以，价格对于流量的影响相当关键。

考虑到每件商品的成本和利润因素，我们并不能在价格上做太多的文章，但还是有以下方法可以尝试：

（1）价格“伪”阶梯化；

（2）价格 .99 尾注法。

对于第一点，言简意赅就是将原来类似“\$22”的商品在不降低利润的前提下展示成“\$19 ~ \$22”的效果，其本质就是挑选一件“顾客最不可能购买的子产品进行低价格标注处理”。

对于第二点，则是利用了人的心理预期差异，即把类似“\$22”的产品标注成为“\$21.99”的产品，使消费者产生一种少花了 1 美元的错觉。

在产品上架不久时，如果 Listing 显示的价格较低，就会有更大的曝光转化率即流量，此时价格在 3 个方面影响流量：一是关联流量；二是搜索流量：三是用户心理。

1. 价格对关联流量的影响

在产品上架后，亚马逊会在其共有属性的其他 listing 下方进行关联推送，如果这时候新上架的 listing 拥有较低的价格，也可以拥有较强的竞争力，从而促成用户点击形成流量。

2. 价格对搜索流量的影响

在亚马逊搜索栏的右边有一个选择框，在这个框中可以选择“Price low to high”，通过这一选择，亚马逊会把产品的最低价格作为一个重要的考量，将会结合产品的排名做一个新的排列。

从中可以发现很多产品的最低价与最高价之间相差非常悬殊，这种悬殊并非因为产品本身的价格差异造成的，而是一种特殊的运营技巧，只需在后台添加变体然后设置超低价再让其禁止显示即可。需要注意的是，禁止显示的变体需要每隔一段时间让其正常销售（可以选择超低流量的夜间操作），不然其子 ASIN① 会因为被亚马逊判定无法销售而无法显示其对应的超低价格。

3.2.4　FBA 对流量的影响

在 Amazon 平台中，产品只有拥有 FBA 库存销售时，该产品链接会带有“prime”标志。因为带有“prime”标志的产品就意味着可以支持 FBA 配送，从而能大幅度减少物流时间，所以拥有该标志的产品会有更高的曝光转化率。

一个产品刚刚上架的时候可能并没有真实的货物去发送 FBA，但是仍然可以通过运营的操作让产品链接带上“prime”标志。

首先要在后台插入变体，然后将该变体的图片设置为现在拥有可以发 FBA 库存的产品的图片（可以找一些与原产品相关或者类似的库存类产品），最后发送 1 ~ 2 件商品过去这样就可以让新上架的商品在特定的关键字搜索结果下带有“prime”标志，提高曝光转化率及流量，从而促成订单成交。

任务四　listing 与店铺维护

4.1　优化转化率

4.1.1　建立求和方程计算转化率

在考虑转化率前，我们先设定必要的几个参数：

订单额 S；

总流量 N；

a 商品流量 n_a；

平均转化率 P；

a 商品转化率 p_a；

店铺商品总数 x。

---

① ASIN 码（AMAZON STANDARD IDENTIFICATION NUMBER）是亚马逊自己的商品编号，由亚马逊系统自动生成的，不需要卖家自行添加。ASIN 码相当于一个独特的产品 ID，在亚马逊平台上具有唯一性，同一个产品同一个 UPC 在不同站点对应的 ASIN 通常是一致的，即一个 ASIN 码对应一个 SKU。在平台前端和卖家店铺后台都可以使用 ASIN 码来查询到产品。

根据以上参数，转化率计算公式可以为下面两种形式：

$$S = N \cdot P$$

$$S = \sum_{1}^{x} n_a \cdot p_a$$

在上述 2 个公式中所有流量数据设为定值不作考虑。

4.1.2 找到适合优化转化率的产品——商品大类区分

很多运营者喜欢关注第一个计算公式中的数据波动，而第一个公式本身对于优化转化率是没有意义的，转化率是针对某个产品而言的，整体的数据并不能体现单个转化率的优秀与否，所以在进行转化率优化时需要采用第二个公式进行参考。

在使用第二个公式进行优化参考前，我们需要做一个重要的工作：店铺商品大类区分，商品大类区分指根据销售额占比将店铺所有产品进行归类，一般采用 25% +50% +25% 的区分方式。

根据上述比例，我首先先将店铺中的产品分为三大类，第一类为爆款（我定义为日均单量大于 40 单的产品），第二类是上升款（我定义为日均单量大于 2 单小于 40 单的产品），第三类为小额款（我定义为日均单量 1 ~2 单的产品）。

最后根据以上产品分类将转化率的计算方法变成以下形式：

订单额 = 爆款转化率 × 爆款流量 + 上升款转化率 × 上升款流量 + 小额款转化率 × 小额款流量；

不考虑流量变化，重点优化上升款（即占销售额 50% 的中间款式）。

理由如下：

（1）爆款已经日出大量订单，这已经属于很可观的结果了，一旦进行转化率优化改变现在的产品描述，介绍乃至图片，那么所导致的后果既有可能是单量上升也可能致使转化率不升反降，所以针对已经出现的爆款，建议维持现状。

（2）对于小额款产品，由于这些产品数量庞大，单量却又极少，很可能转化率在 20% ~100% 之间大幅度波动，这样贸然优化转换率不仅工作量极大且效果也不会很显著。

（3）上升款应该占据一个店铺销售额 40% 以上，大量的上升款甚至可以达到店铺销售额的 60%，这些款式往往有部分在未来会成为店铺的爆款，且处于上升期的稳定款每天也会有大量的流量，所以一旦转化率有所提高业绩也会明显上升，而且即便出现优化错误转化率下降的情况也不会像爆款产品一样产生无法弥补的损失。

4.1.3 设定优化目标

既然决定优化，就得制定最终目标，是 10%？还是 20%？这里提供几个目标决策依据：

（1）以现有店铺中流量已经稳定上升款式中的最大转化率为参考目标；

（2）以优化后平均转化率为 10% 且上下波动 2% 为参考目标；

（3）以优化后平均转化率提升 30% 以上为参考目标；

根据经验：一切不足 10% 的转化率都称不上是优秀转化率，一切不足 5% 的转化率为不合格转化率。

4.2　商品页面优化改进

4.2.1　图片优化

我们先来看看一个转化率较高的商品的图片列表以及其特点：

这位店铺卖家图片列表的最后一张并不是商品本身的图片而是一张尺码表，其实这本身就是对于商品信息和商品介绍的一种补充优化，因为顾客相对于看枯燥的文字更倾向于看图片来了解产品，而在图片列表中上传尺码表则更能让顾客了解这款产品，增加转换率，如图 5－17 所示。

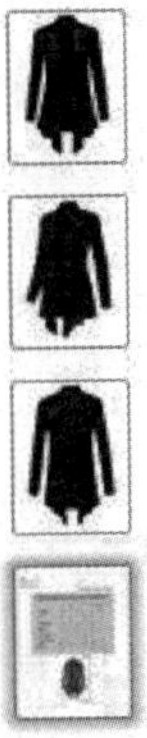

Following bust, waist, and hip sizes are recommended circumference sizes.
Lengths and shoulder measurements are actual flat measured clothing length.

	S	M	L	XL	1XL	2XL	3XL
Shoulder	13	14	14	15	15.5	15.5	16
Bust	33	35	37	39	41	43	45
Bust length	16	17	18	19	20	20.5	21
Waist	25	27	29	31	33	35	37
Waist length	15	16	17	18	19	19.5	20
Hip	35	37	39	41	43	45	47
Hip length	15	16	18	19	20	21	22
Sleeve length	22.5	23.5	24	24	25.5	25.5	25.5
Length	28.25	28.5	28.75	29	29.25	29.5	29.75

图 5－17　产品信息

针对转化率的优化方法：

（1）图片要尽量多角度地去展示产品特色与使用场景；

（2）图片要求清晰度高，有观赏性；

（3）图片排列最后一个的图片需要将产品参数详细列出，方便顾客挑选。

4.2.2　用户问答优化

在每个销量较好的产品介绍下方，有一个板块是专门供用户提问和回答的，如图 5－18 所示。

一个仔细认真的回答可以更好地帮助顾客解决后顾之忧，所以运营者应该要实时关注这一板块的问题信息并即时做出回答。

4.2.3　商品描述优化

商品描述更多的应该放在商品展示和品牌宣传上，商品描述并不是把商品信息的内容在复述一遍，那样是没有意义的，而是应该告诉消费者，我们的产品适合××群体，是今年最新潮的款式或是最前沿的科技。

首先是全方位地介绍你的产品有什么独有属性与特别之处，适合什么场景（品牌店铺可以用图片，非品牌店铺可以用文字描述），适合什么季节、场合等。

其次可以深挖一个产品细节重点描述，比如衣服就可以说“我们采用的是××布料，

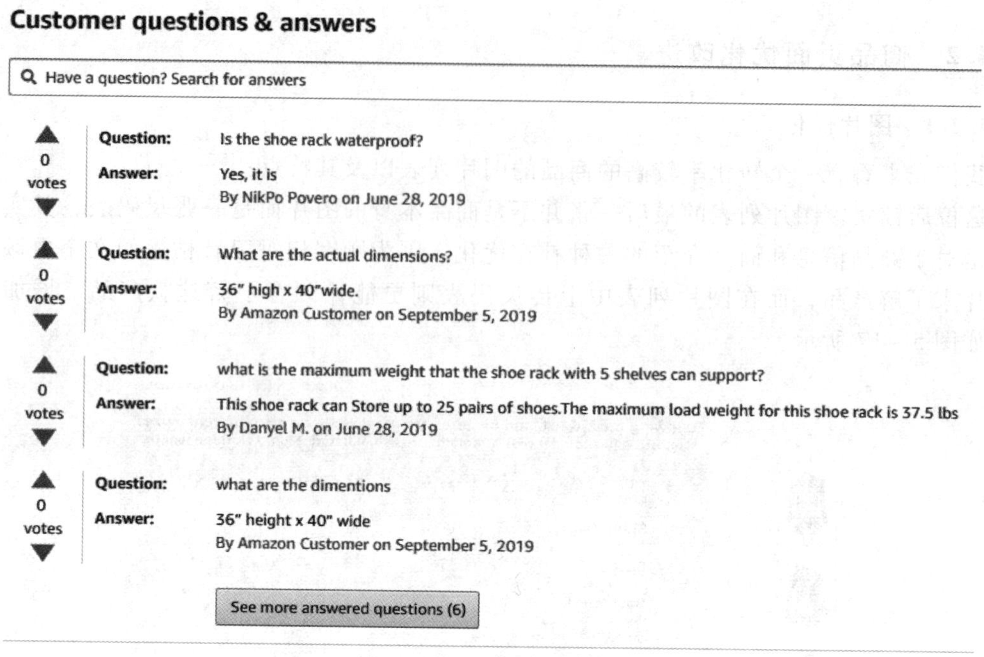

图 5－18　用户提问及回答

拥有××的历史，这些布料有××的特点，是高贵典雅美丽的代表”等。

最后是店铺品牌推广，比如说“我们是一家专门卖××的店铺，拥有××背景，我们的理念是××”等，这类主题就根据各位运营者所经营的店铺不同而自由发挥吧。

总之，商品描述板块的优化限制不多，重点在于展示宣传而非机械式的信息排列。

4.2.4　页面优化——低库存购买提示

在产品微观图片展示的栏目下，当你选择一个具体属性的产品时，如果该产品自配送库存/FBA库存小于5件时，Amazon就会有“Only XX left in stock － order soon”的提示样式，如图5－19所示。

图 5－19　库存提示

所以当产品处于上升期，且已经完成界面优化的时候，可以每过一段时间去后台将可售库存调整成5件或者更少，这样既可以保证每次产品界面出现低库存购买提示，也可以在一定程度上促成交易，具体如图5－20所示。

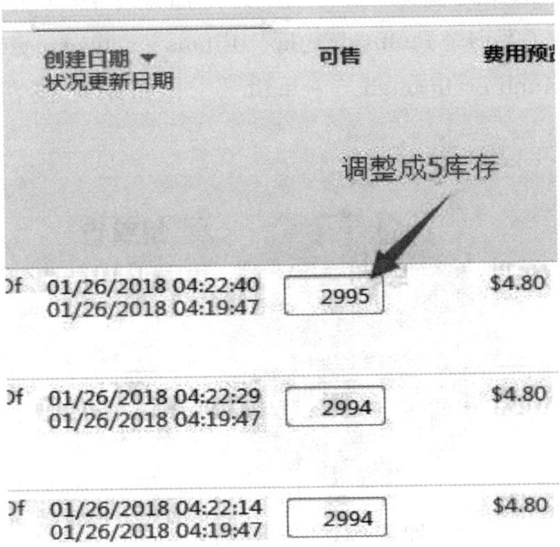

图5－20　库存调整示意图

需要注意的是，FBA需要控制发货才能有低库存显示，所以操作难度较大，而自配送库存虽然可以实时调整但是一旦忘记调整库存会造成订单的损失，所以当对某些listing进行低库存调整的时候注意对ASIN或者SKU进行记录以免出现遗漏。

4.2.5　价格优化——价格歧视

1. 什么是价格歧视

价格歧视实质上是一种价格差异，通常指商品或服务的提供者在向不同的接受者提供相同等级、相同质量的商品或服务时，在接受者之间实行不同的销售价格或收费标准。经营者没有正当理由，就同一种商品或者服务，对若干买主实行不同的售价，则构成价格欺诈行为。

2. Amazon平台价格歧视分类

Amazon平台常用的价格歧视依据一般分为以下几类：

（1）年龄（例如将20～30岁年龄阶段层与30＋年龄阶段层的顾客分开）；

（2）地区（例如将加州，佛罗里达州与其他州的顾客分开）；

（3）职业（例如将学生与非学生的顾客分开）。

由于Amazon网络交易的信息透明化，在该平台使用价格歧视手段并不是为了获得传统实体交易想得到的“超额利润”，而是让部分顾客获得“特殊对待”的感觉，从而促成成交。

3. 如何构建价格歧视

首先要确认自己需要构建哪种类型的价格歧视，其确认方法来源于订单信息或者数据分析结果，地区类型的价格歧视方法最为常见与普遍。

将自身运营店铺的所有订单信息汇总，抓取订单中物流信息的州一栏，就可以直观看到自身店铺或者产品的市场定位与区域定位。

以图 5－21 为例，12% 的顾客来自于加利福尼亚州，6% 的顾客来自于德克萨斯州，6% 的顾客来自于佛罗里达州，6% 的顾客来自于纽约州，那么总计 30% 的顾客即接近 1/3 的顾客来源就可以确定了。在此基础上，只需要在描述中添加类似于 "If you live in California/ Texas/ Florida/ New York/ Pennsylvania/ Illinois, you can get a XX% discount. Please provide us with the order number through e－mail." （如果你住在某些州，我们可以给你 XX% 的优惠）。

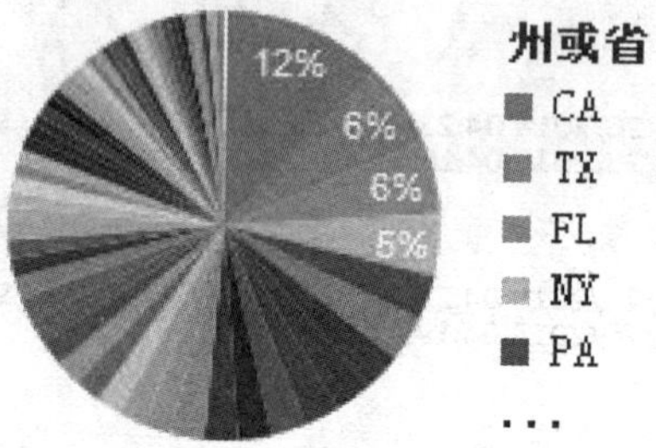

图 5－21　顾客比例分布

当然，你也可以适当陈述下给与优惠的理由，比如这些州我们拥有特定的仓储配给点，或者这些州与我们的供应商有运输合作等，这样的区域性价格歧视既不会让其他州的顾客觉得不公平，也可以促成特定区域顾客的成交。除了对全店铺的顾客进行地区划分，也可以对某一具体产品的顾客地区分布做出价格歧视的其他决策。

另外，美国国土东西跨度大，美国又不像中国那样将全国统一在一个时区，而是把美国本土分成四个时区，分别是：太平洋时区、山地时区（中西部时区）、中部时区与东部时区。再加夏威夷及阿拉斯加共有 6 个时区。

因此，简单通过地区对比进行 "价格歧视" 是不完善的，我们可以结合时间这一要素完成 "价格歧视 2.0" 的操作。

操作的方式很简单，我们结合时间和地理两个要素，将美国各个州进行区分，每向东经过 15 度的经度线就 +1 小时，假设美国每个州的购物高峰时间都稳定在当地同一个时间段（假设是下午 7：00），那么我们可以根据其经纬度的差异结合时差分别展示不同的价格歧视文案，做到最优化 listing 管理。

4.3　商品介绍优化改进

4.3.1　商品信息优化

所有的内容优化都是建立在顾客会看的前提下，那么在考虑商品信息内容优化前，我们先要考虑什么呢？

商品信息的页面排版，或者说视觉感受，放几张商品信息的图片给大家比较一下，我们先抛开内容不谈，单看排版，看看哪个商品信息看着最让人舒服：

我们来对比一下图 5－22，图 5－23：

- VERSATILE - Enjoy this draped cardigan for every day office wear or dressier events. This open cardigan flatters any figure with a slimming effect and form flattering cut.
- MADE IN USA - Our long cardigan sweaters are proudly made in USA of top quality material, 95% rayon, 5% spandex, for long, durable use. Simlu provides fashion clothing with the woman in mind.
- MANY COLORS - This flyaway cardigan offers a variety of different colors to choose. From the basic black cardigan and other colors. You have every color and shade to suit your fancy! The ideal open front cardigan summer.
- SIZING - Small Shouder 14.5", Sleeve 20.75", Length 24" / Medium Shoulder 15.75", Sleeve 21.5", Length 24.75" / Large Shoulder 16.25", Sleeve 22.25", Length 25.5" / XL Shoulder 17", Sleeve 23", Length 26.25". Please note: the hooded cardigans are longer than the regular cardigans.
- A WOMAN'S FAVORITE - This draped cardigan sweater is a women's favorite and your satisfaction is guaranteed! Figure flattering cut ends mid-thigh and is a very lightweight cardigan. Style meets the ultimate in top quality in this long sweater cardigan. We are confident you will love this sweater, if you're not completely satisfied simply let us know and we will ensure you're absolute happiness! Enjoy your absolutely RISK FREE purchase at this special price today.

图 5－22　商品信息 1

- Material:Chiffon and Lace
- Design:Floral
- Suit for Going out,Party,Beach,Daily
- Click "Relipop" for more new fashion style
- ATTENTION:Some customers reflected that they ordered from other sellers, and the quality is very poor. So before order, please confirm the cardigan be purchased from Relipop

图 5－23　商品信息 2

图 5－22 第一眼就给人一种在做英语考试阅读理解的感觉，买家可能没有耐心看下去。

图 5－23 让人一目了然，商品介绍言简意赅，每条信息的排版也基本符合金字塔的排版由少到多，让人有看的欲望。

合理排版让人有阅读的欲望而不是将所有的内容糅杂在一起扔给顾客。

总而言之，商品信息优化的方法可以概括为以下几点：

优化内容前先考虑排版，优秀的排版应该让人有阅读的欲望；除了基本内容，可以在每个信息排头加上一些标志或者 Logo 显示店铺特色，如果不是需要特别介绍的产品，尽量采用图 5－23 中的金字塔排版，这样简洁又美观；增加产品特色说明，在点滴细节中下功夫。

4.3.2　listing 视频优化分析

1. Amazon 平台中产品视频分类

视频在 Amazon 平台中，普遍的产品视频介绍会出现在 3 个位置：

（1）直接显示在产品 listing 图片的最后一栏中，白底产品介绍视频，主要以动态界面展示产品细节，一般不会带有背景，音乐或者具体描述，如图 5－24 所示。现在想在 listing 图片列表中直接上传视频是收费的，而且价格高昂，所以这一类视频并不是理想的宣传手段。

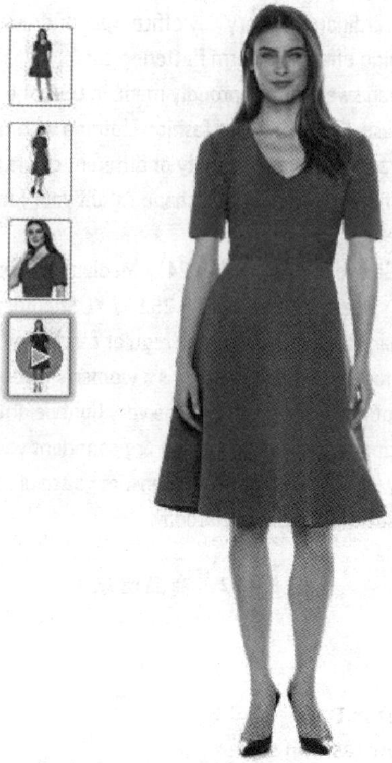

图 5－24 视频位置

（2）在产品页面 ASIN 排名的下面有个“Related Video Shorts”，这里的视频没有什么内容限制，只需要跟产品相关即可。这类视频可以通过直评上传，所以性价比最高，如图 5－25 所示。

图 5－25 直接显示视频

（3）在品牌店铺页面中也可以插入视频，这里一般为品牌宣传视频，当然可以上传具体的某个产品的介绍视频，因为是放在店铺首页，所以视频内容会经过精心剪辑与编排。这类视频偏向于品牌宣传视频，除非店铺本身的流量已经足够大且拥有一定的市场份额，不然效果并不显著，如图 5－26 所示。

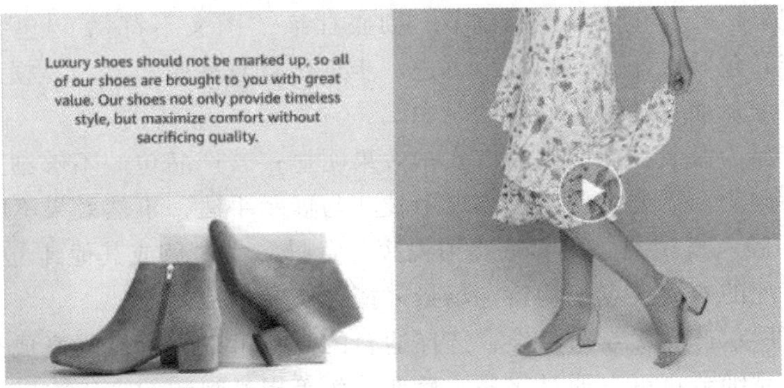

图 5－26　其他视频

2. 视频宣传优势分析

在品牌化中期阶段，一个店铺风格改变的重点就是大规模产品介绍视频化，这里有以下几个好处：

（1）减少“款式不满意”“图文不符”等退货或者 AZ 情况的发生，单纯图片介绍因为显示设备与个人颜色敏感的差异很容易产生收到货物不满意的情况，而视频可以给顾客更直观的感受。

（2）大幅度提高产品转化率，在 IT 界都强调“数据可视化”的今天，单纯图片能传递的信息过于稀少，顾客也没有很大的心思去阅读那些繁琐的介绍，一个经过优秀剪辑的视频可以完美化解这些问题，促成成交。

（3）强化品牌理念，与初期品牌化的策略不同，视频本身可以通过水印，LOGO 等方式传递品牌理念与品牌名称且不会使人产生厌恶感。

（4）高点击率，高参考率，高浏览率，在 Amazon 上视频介绍一般都是大牌使用的方式，并不常见，所以视频相对于传统的文字直评或者图片直评更具有吸引力，而且其所在的“Video”栏位比 review 栏位更显眼，浏览量也更大。

3. 视频内容分类及优劣势分析

（1）开箱视频。开箱视频主要是录制由拆卸产品包装到展示产品细节过程的视频，下方一般有产品内容介绍，材质介绍以及店铺服务介绍等，如图 5－27 所示。

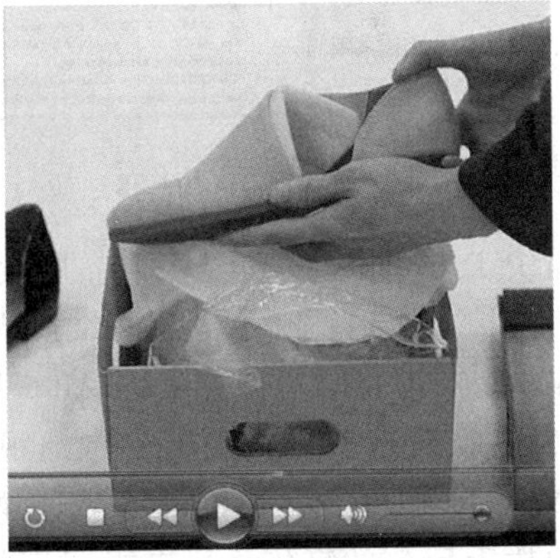

图 5－27　开箱视频

优点：直观显示产品包装及产品细节，彻底杜绝“图文不符”，“包装不符”等情况的发生；如果产品包装上印有品牌名也可进一步宣传自身品牌；若为易损品可通过视频展现包装的细致程度从而打消顾客心中的疑虑。

缺点：若产品为服装类产品则没有实拍效果明显；若产品包装不够细致精美可能会使顾客产生不好的印象；需要娴熟的产品展示技巧与展示手法，不然效果不明显。

（2）摆拍视频。摆拍视频为卖家实拍视频，背景多为白色或其他纯色，视频中一般会让模特穿特定搭配的衣服或者架构特定场景来搭配产品拍摄。

优点：完美展示产品卖点与特性，选择适合的模特可以大幅度提高成交率；通过摆拍动作可以展现产品细节；可以通过字幕，后期特效等提升视频的宣传效果。

缺点：产品与模特的动作及场景搭配需要大量准备工作；过分夸张的视频效果可能适得其反；在场景效果上可能不如实拍视频。

（3）实拍视频。实拍视频多为买家拍摄的视频，一般不会有后期剪辑与特效，视频内容较为朴实、客观。

优点：可信度高，卖家最认可的视频内容；如果是 Top100 的 reviewer 视频效果会更佳。

缺点：视频内容不可控，可能某些搭配在上传视频的卖家眼中很漂亮，但是却不符合大众的需求；卖家上传的视频比率极低，从运营经验中来看这个概率低于 0.01%。

4. 视频化运营案例分析

我们来参考一下 Amazon 上一位鞋子类目的大卖店铺 J. Adams 中的一款产品，产品图片如图 5 – 28 所示。

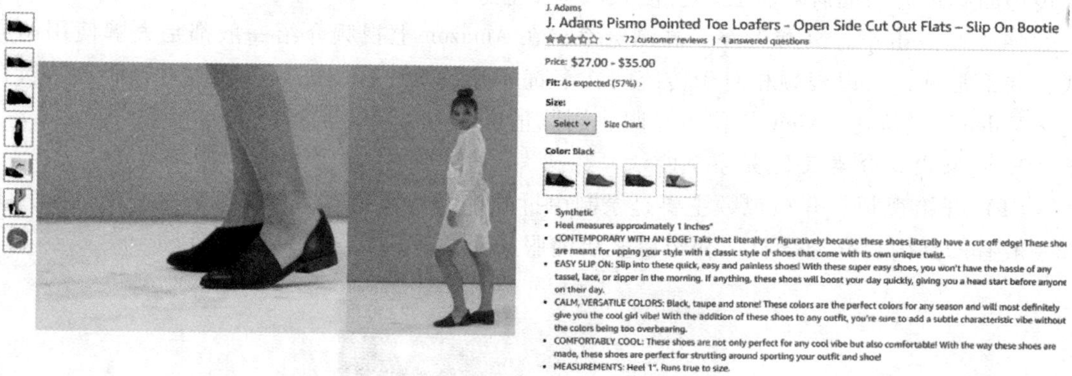

图 5 – 28　产品 listing

我们可以看到该链接页面中 J. Adams 完成了几个品牌化进程必须做到的几件事：产品图片栏中包含产品包装图，实拍，摆拍，细节等；图文广告宣传；视频内容宣传；

关于视频的后期剪辑与编辑，推荐的软件有 Adobe After Effects CS6，绘声绘影以及基础的 Movie Maker，纵观国内大热的天猫平台与淘宝平台，视频宣传已经是最基本的运营手段，所以，在竞争激烈的 Amazon 平台上，我们除了做图文、打广告、做 listing 描述优化，不妨好好利用这个“四两拨千斤”的宣传手段来提高订单量。

4.4 产品 review 维护思路及相关营销技巧

4.4.1 广告类别区分——品牌广告和效果广告

1. 品牌广告和效果广告概念

品牌广告（Brand Awareness），以树立产品品牌形象，提高品牌的市场占有率为直接目的，突出传播品牌在消费者心目中确定的位置的一种方法，通俗讲就是你在购买某种消费品时，第一时间想起的品牌，这就是品牌广告的目的，比如当你想要购买电池产品，可能脑海里会想到金霸王品牌，这就是品牌广告的作用所在。

效果广告（Direct Response），在基于效果为基础的广告系统中，广告主只需要为可衡量的结果付费。通俗解释就是能看到效果的广告，是接近消费者购买行为的探索阶段。在亚马逊上的 CPC 广告，头条广告都属于效果广告。

2. 广告定位区分

品牌广告特点：长久慢。

为塑造品牌服务是广告最主要的目标，广告就是要力图使品牌具有并且维持一个高知名度的品牌形象。

任何一个广告都是对品牌的长程投资，从长远的观点看，广告必须力求去维护一个好的品牌形象，而不惜牺牲追求短期效益的诉求重点。

随着同类产品的差异性减小，品牌之间的同质性增大，消费者选择品牌时所运用的理性就越小，因此，描绘品牌的形象要比强调产品的具体功能特征要重要得多。

消费者购买时所追求的是“实质利益＋心理利益”，对某些消费群来说，广告尤其应该重视运用形象来满足其心理的需求。由于品牌形象是介于产品与企业之间的一种概念，因为它既包括商品特点的许诺，也包括企业形象的渗透，既然品牌形象包含这两方面的内容，采用品牌形象策略就必须以对商品和企业形象的分析为基础，并且品牌形象的延伸和推广也须与企业形象相符，只有这样，品牌形象才能包含许诺，体现威望，产生信赖，实现特定的广告目的。

效果广告特点：短平快。

效果广告要求短期看到效果，这是互联网广告的最大优势，比如在亚马逊电商平台投放的广告，消耗多少钱，有多少点击量，多少下载量和注册量，都可以监控到，效果很明确。

表 5－4 亚马逊平台不同体量品牌/店铺对应广告需求

日均销售量（美元）	10000 以下	10000～50000	50000＋
推荐广告形式	CPC 广告	头条广告、CPC 广告	banner 品牌广告
广告所属类别	效果广告	效果广告	品牌广告

4.4.2 前、中、后期广告策略及辅助运营操作

在前期策略上，很多商家在选品过后会通过自然流量观察该商品是否具有潜力从而决定是否选择广告宣传，但是这个策略并不是一成不变的。以品牌店铺为例，出单意味着可以对商品父产品进行图文广告宣传，所以在前期策略上应该与普通店铺选择不一样的

路线。

品牌店铺：

上架就打广告→出单立即做图文广告→关闭广告→观察后续数据变动从而决定是否再开启广告。

普通店铺：

上架不打广告→观察后续数据变动从而决定是否再开启广告。

在中期策略（一般为上架后的 1～2 周）上，如果运营者发现了一款不错的产品或者“潜力款”（“潜力款”为该款式流量上升趋势符合爆款趋势或者该款式转化率远高于平均值），那么这时候运营者需要做以下几个操作：选择最热销的子产品开始进行自动广告宣传；刷长段描述性 review 直评；品牌店铺优化图文/非品牌店铺将商品高清细节图加入商品图片列表中；完善商品页面下端 Q&A 栏目，仔细回答顾客疑虑；添加子产品变体，变体为相关性产品；开始联系网红或者粉丝顾客，问他们是否愿意为你的产品做不错的 review。

完成以上操作并且产品销量有可观的提升时，就要使用后期策略，注意这里的后期策略并不包含 FBA，这是因为 FBA 备货不仅耗费巨大而且会带来退款率的提高，在控制 FBA 库存的前提下我们尽量要去使用更有效且廉价的运营策略：将原本自动广告的单词点击费用降低，根据广告报告选择高点击词做手动广告；刷带图 + 长段描述性 review 直评；先选择非热卖产品发少量 FBA（这个操作的目的是让商品选择界面出现“prime”标识，提高点击率，只是一种广告策略而非 FBA 备货操作）；让之前已经联系好的网红和粉丝客户写下不错的 review；品牌店铺可以在商品质量合格且 FBA 有货的前提下选择头条广告宣传。

1. 效果广告营销漏斗分析（主要针对 CPC 广告优化）

营销漏斗模型，全称为“搜索营销效果转化漏斗”，漏斗的五层对应了企业搜索营销的各个环节，反映了从展现、点击、访问、咨询，直到生成订单过程中的客户数量及流失。从最大的展现量到最小的订单量，这个一层层缩小的过程表示不断有客户因为各种原因离开，对企业失去兴趣或放弃购买。

当我们对 CPC 广告进行优化分析时，可以根据图 5－29 所示的广告投放营销漏斗转化模型对每个数据一一进行分析和优化：

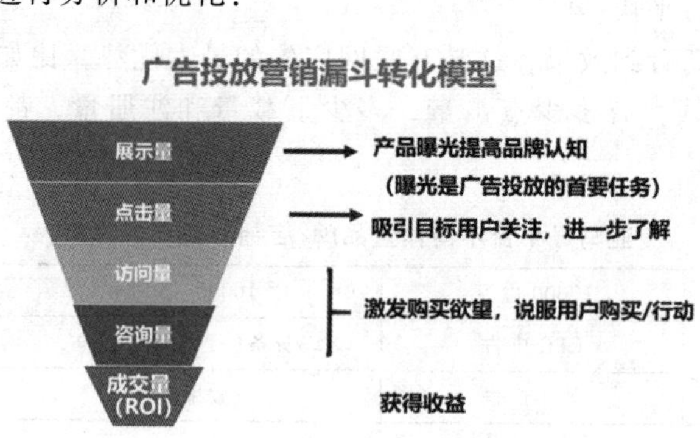

图 5－29　广告投放营销漏斗转化模型

（1）当展示量不足时，可以考虑提高广告竞价和单日广告份额；

（2）当点击量不足时，可以考虑更换广告曝光主图或者降低广告曝光商品价格，这样可以使曝光的 listing 更具有吸引力（主图或者价格），从而提升点击率，获得更多的点击量；

（3）访问量和咨询量光看广告报表使无法获得相关具体信息的，但是我们可以通过增加 Q&A 信息，优化 review 评价，增加 A + 图文广告等手段完善 listing 内容，使 listing 的内容本身更具有竞争力从而增加用户对于页面的停留时间和浏览率；

（4）当成交量不足时，即 ROI 偏低时，我们就需要优化广告转化率，除了从 listing 转化率的角度出发进行优化外，我们还可以通过分析是否我们的广告精确曝光给了适合的用户这一点出发对广告进行优化，比如我们的用户画像时怎样的？

广告的投资回报率（ROI）与亚马逊站内广告的花费和销售收入的比例（ACOS）之间的关系是 ROI 为 ACOS 的倒数，ROI 数值越高越好，ACOS 数值越低越好。投资回报率（ROI）是指通过投资而应返回的价值，即企业从一项投资活动中得到的经济回报。它涵盖了企业的获利目标。利润和投入经营所必备的财产相关，因为管理人员必须通过投资和现有财产获得利润。投资可分为实业投资和金融投资两大类，人们平常所说的金融投资主要是指证券投资。

我们来观察下在亚马逊美国站服装类目，一个被广告曝光的 listing 页面会包含哪些信息，如图 5 – 30 所示：

图 5 – 30　广告曝光页

我们可以看到一个 listing 广告曝光界面包含如下信息：listing 的主图；listing 的标题；listing 的 review 评分；listing 的价格；listing 的送货信息和库存信息。

这些信息一起组成了曝光页，即曝光信息。

当我们点击该链接后，我们可以看到图 5 – 31 页面：

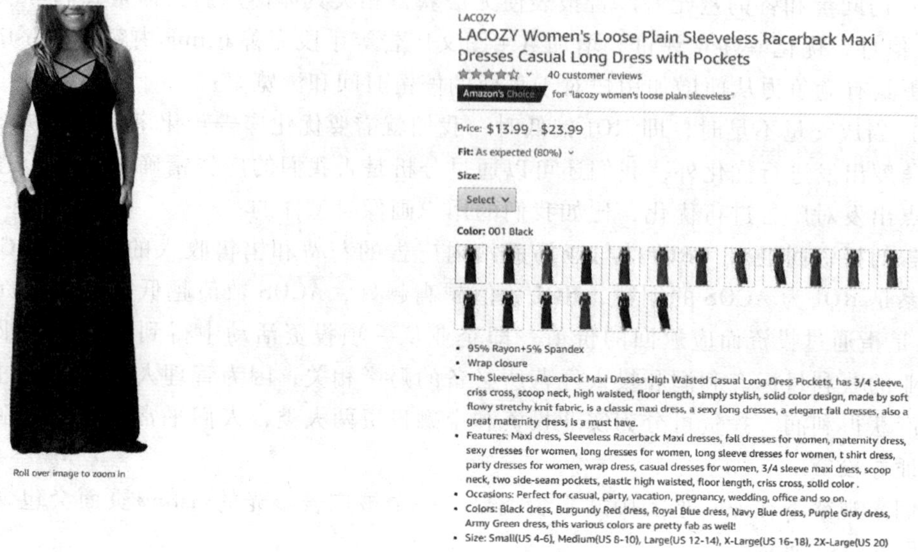

图 5 – 31　广告落地页

我们可以看到这个 listing 的广告点击界面包含如下信息：listing 的主图；listing 的副图；listing 的标题；listing 的 review 评分；listing 的价格；listing 的五点描述等。

这些信息一起组成了落地页。落地页，也称：着陆页、引导页，是指访问者在其他地方看到发出的某个具有明确主题的特定营销活动——通过 Email、社交媒体或广告发布的诱人优惠信息等，点击后被链接到你网站上的第一个页面。

通常，落地页上各种信息背后暗藏的是发掘并收集潜在消费者信息的表单，目的是将访问者转化为潜在客户，根据收集到的信息继续跟进。落地页为访问者提供了一种“目标超明确”的访问体验：通过呈现一个特定页面，为他们指出一条明确的路径继续加深与你网站的关系。

我们可以在进行广告操作后，可以到后台实时下载每日的广告数据报表，数据报表中包含每个广告组的曝光数、点击数、订单数等，所以当我们对 CPC 广告进行优化分析时，可以根据上述的逻辑对每个数据一一进行分析和优化：

（1）当曝光量不足时，可以考虑提高广告竞价和单日广告份额；

（2）当点击率不足时，可以考虑更换 listing 的主图/标题/review 评分/价格/库存；

（3）当转化率不足时，可以考虑优化落地页信息，比如添加变体/添加 A + 广告/优化五点描述等。

2. 中长期广告优化技巧

站内广告的第一大作用无非是拉动销量，但是我们可以根据产品本身的成长属性和搜索页面的排列规则来对长期的广告思路作一个分析。

我们首先将 listing 分为三大阶段：新品上架阶段；成长阶段；稳定阶段。

我们需要以整体成本与整体收益为参考对象，在有限的成本下能做出的决策无非以下几点：

(1) 在 ACOS 降低到某个临界点时开始将站内广告长期开设；

(2) 当产品 listing 不再成长（平均订单量不再成长）时，不再开设广告；

(3) 只在 listing 的新上架阶段和成长阶段开设广告。

4.4.3 产品 review 维护

1. 优秀 review 文本获取方法

针对不同产品，我们可以到一些网站上找到适合的 review 文本和素材，以 YouTube 为例，假设我想要写一个 dress 直评，那么我只需要在 YouTube 的搜索引擎中输入“dress review”，如图 5－32 所示：

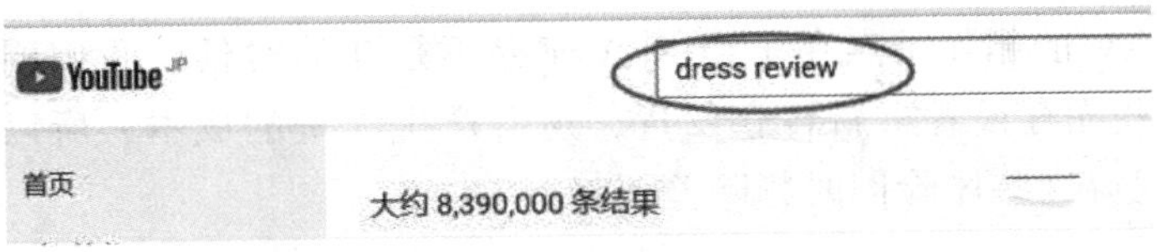

图 5－32 在 YouTube 平台上搜索“dress review”

根据不同的标题点击我们需要整理素材的视频，然后可以发现在视频右下角有一个字幕的选项，设置好选项后就可以在视频下方看到相关字幕了。对于这些字幕可以选择一句句摘录也可以选择专门的小程序或者软件将其下载下来一并编辑使用。

2. review 优化——“蹭热度”直评 review

在一个 listing 页面上，顾客能够看到的东西无非如下几点：标题、Listing 视频、图片、5 点描述、图文/文字介绍、Q/A、Related 视频、review。

在运营针对 review 的策略上，一般有如下几个选择：给新品/上升款刷直评；给新品/上升款刷测评；给竞争对手刷差评；给不错的 review 评价点赞置顶。

关于 review 的推广手法，一般有以下几种方式：

(1) 捆绑营销。即选择与自身产品相搭配的大牌 listing，例如鞋子配裙子，T 恤配牛仔等等，在 review 除了阐述原 listing 产品，更多的是去描述某种搭配多么好看或者某种产品多么配这个大牌产品（这里的某种产品就是指你所上架销售的产品）。

如图 5－33 所示，这个直评出现在某一大牌的鞋子 listing 下，而该直评更多的是在阐述与该鞋子搭配的裙子有多么好，这就是一次捆绑营销。

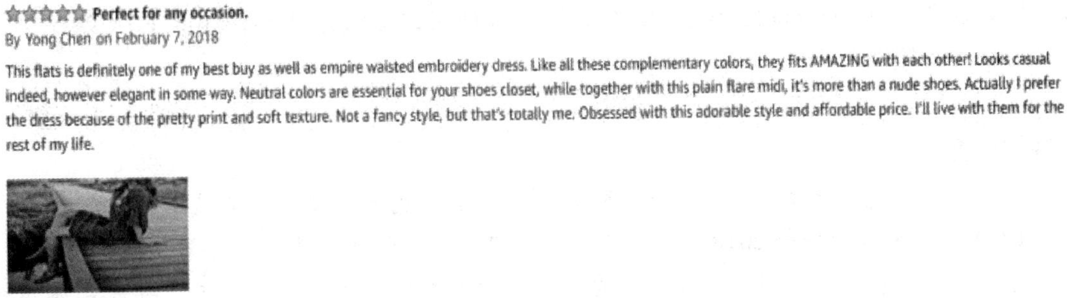

图 5－33 捆绑营销

（2）替代营销。即选择大牌 listing 的替代品，例如某两款标准 3C 产品，然后 review 可以说自己同时买了 2 款产品：一款是大牌的；一款是××的。大牌的更适合在××场景下使用，而不适合在××场景下使用，相反另一款产品更适合在后者使用等。

在做这类直评或者测评决策的时候，除了做一份优秀的文本内容，拍摄精美的图片或者视频，还需要将该直评/测评点赞到达该 listing 的 review 栏中第一，达到置顶，这样效果才会明显。

3. FBA 删差评

在上面文章中我们已经阐述了如何进行 review 维护，这次我们来讲述下如何删除 FBA 差评 review。

FBA 差评 review 的删除难点在于当 FBA 库存不是 0 的时候，我们删除产生差评的子 ASIN 必须舍弃那些库存或者重新转仓发货，这会产生大量的成本，所以可以采取一些特殊的操作技巧来规避这些风险同时删除差评。

（1）插入变体。

以服装类产品为例，我们需要通过后台将需要这样操作的 listing 先插入一定数量的变体，在插入变体时需要“克隆”原来的 listing 产品属性。例如：原来的产品是 Red 颜色 S－XL 的尺码，那么就可以插入 Red 01 颜色 S－XL 的尺码。

（2）禁止显示变体。

我们需要将刚刚插入的变体禁止显示，禁止显示的方法有很多种，可以是不放入主图或者主图不符合亚马逊平台要求等。

（3）对插入的变体（禁止显示）及正在销售的子 ASIN 发送最小额度的 FBA 库存。

这里的 FBA 最小额度需要参考各个店铺的整体情况和该产品的质量高低，例如某款产品质量不错，销量日均 20～30 件，那么预估 1 周可能会有差评产生，因此发送140～210 件给一个子 ASIN 即可。

（4）当一个子 ASIN 的 FBA 库存售罄后，对其禁止显示，然后显示下一个“克隆” ASIN。

例如当 Red 颜色中多数尺码已经售罄，就可以把 Red 颜色的 ASIN 主图删除让其禁止显示，然后对 Red 01 或者 Red 02 的“克隆” ASIN 进行显示，再正常销售即可。

（5）当已经显示的子 ASIN 产生差评后，删除该 ASIN。

需要注意的是，如果产品质量过差导致 FBA 退货率偏高，频繁删除 ASIN 或者插入变体还是会收到来自 Amazon 的小红旗警告，因此即使可以通过这些操作删除 FBA 差评也不能对产品质量掉以轻心。

项目小结

以亚马逊为代表的电商平台迅速占据着市场份额，成为跨境电商领域的新秀。随着亚马逊 CEO 杰夫·贝索斯于 2018 年 3 月 7 日以 1120 亿美元的总财富成为新一任世界首富，亚马逊一这个当初连续亏损 7 年才赚到自己第一桶金的电商平台，逐渐成为各大媒体和网站的讨论热点。无论是大名鼎鼎的 A9 算法还是其独具特色的“prime 会员”制度，都让每一位电商人对亚马逊平台充满了好奇。本项目没有太多涉及类似于平台入驻规则、店铺申请流程等亚马逊平台这些在同上很容易找到的基本知识，而把重心放在了选品、关键字、广告等运营要素上，为大家在跨境电商的学习过程中打开一扇运营的窗口，为以后的发展指明一个方向。未来的亚马逊运营也一定是精细化运营的天下，其不仅要求我们每一位运营人要有技能的广度，更是对我们运营技能深度的一次重大考验。

同步实训

实训一　亚马逊交易准备

1. 实验目的

掌握 Amazon 跨境电子商务平台网站对卖家的基本政策、选品策略、开店流程以及银行开户信息，使学生了解课程体系及学习任务，熟悉平台规则，注册账号，为亚马逊交易做好基础工作。

2. 实验内容

（1）注册亚马逊账号，通过身份验证。

（2）学习亚马逊卖家首页的行业分析、政策规则，选择自己准备经营的产品。

（3）整理对于 Amazon 卖家选品时要求的跟卖与自建方法。

（4）整理 Amazon 开店流程与配送准备。

3. 实验提示

在实验过程中，可以将所学几个跨境电商平台进行比较分析，从入驻的要求、费用、店铺审核、产品要求等等几个方面进行全面的了解和分析。Amazon 平台准入门槛最高，条件也更为细致。它以产品为驱动，就是产品质量必须要有优势，而且还必须要有品牌才行，Amazon 上面的买家比较注重购物体验，他们愿意稍微多付一些钱，买更好的产品。Amazon 对卖家有着更为具体且严格的考核，专业卖家是月租性质，店铺一个月是 39.9 美元，上产品是不用费用的。个人卖家没有月租，每上一个产品收 0.99 美分。每个产品都需要一个 UPC 码，佣金 8% ~15%，Amazon 最大的问题是它的收费过高。

实训二　选品

1. 实验目的

通过本实训项目的练习，使学生掌握亚马逊热销产品调研的方法；掌握类似跨境电商平台热销产品调研的方法；掌握利用数据分析工具判断产品销售趋势的方法；掌握国内供货平台选择供应商的方法。学生能够利用所学习的方法，选出跨境电商平台热销产品，并在国内供货平台筛选优质供应商，确定店铺拟经营产品。

2. 实验内容

（1）选定店铺准备经营的产品子类目（不超过 3 个子类目），并结合某个产品谈谈为什么选择该产品。

例如：儿童服装 baby girl clothes for autumn children's clothing flower cotton suit infant coat + shirt + pants trouses garment kids clothes

原因分析：

①我们对服装类产品信息了解较多而且产品信息容易获得，客服压力小，适合新手；儿童服装产品价值低，产品侵权、买家欺诈、物流风险相对较小而且适合一件代销。

②货源稳定，保证能够及时发货且有一定盈利空间。

③产品重量轻，包装简单，运费低。

④行业准入规则较低，只要图片不违规，没有侵权，不是仿品，就很少会被敦煌处罚。因此操作流程较简单，方便。

⑤通过淘宝，亚马逊等平台热搜排行榜观察发现，儿童服装热搜排行较为靠前，销售量较高。所以我们推测出儿童服装行业发展趋势较好。

⑥我们选择的产品适合现在的季节，而且是当季的新款，比较流行，时尚。随着生活水平的提高，人们对于儿童服装的需求量有了很大的提高，因此，产品有一定的销量。

（2）利用数据分析工具帮助选品。以 keyword 分析儿童服装为例。通过分析结果如图 5－34 所示：

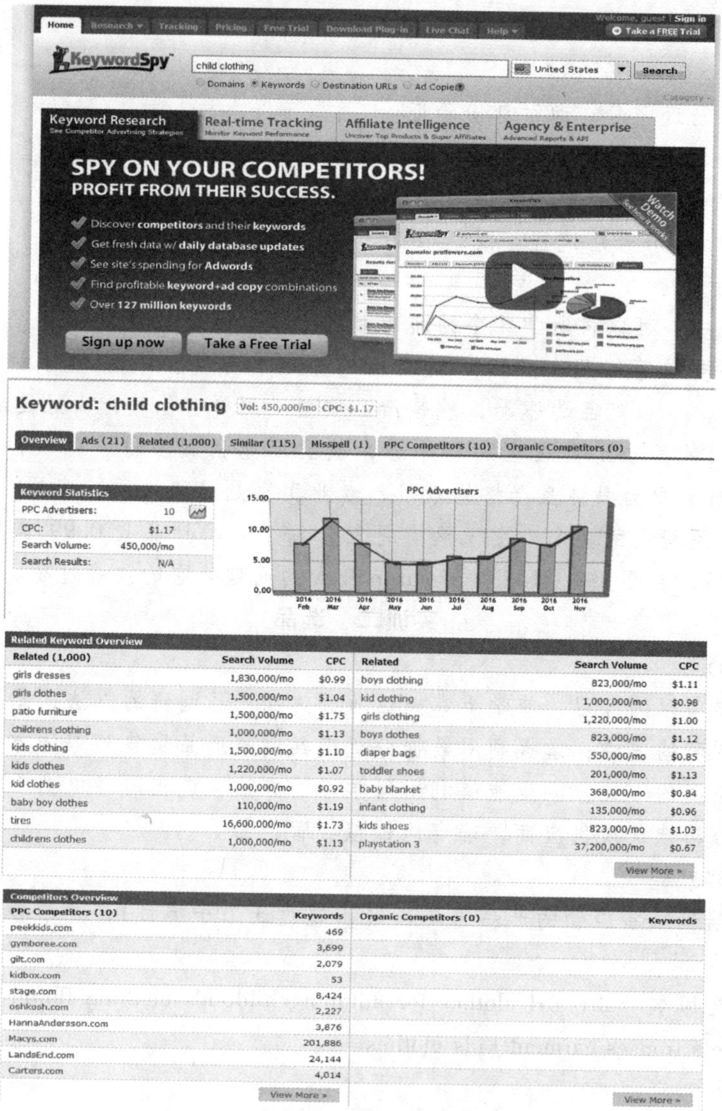

图 5－34　儿童服装关键词分析

(3) 卖家页面调研：首先在行业分析中查看儿童服装行业发展情况，然后在买家页面搜索儿童服装销售情况。

(4) 完成选品调研报告。

3. 实验提示

选择一个好的产品是进驻跨境电商平台的首要任务，而完成选品的工作，需要通过各种渠道和工具进行产品的市场信息进行分析、比较，并做出预测。只有这样，店铺才能产生销量，经营才能持续。

项目测试

一、选择题

1. 页面右上角的“买家消息”的作用不包括的选项为（　　）。

A. 可以通过“买家消息”与买家进行沟通，减少亚马逊商城交易保障索赔的申请次数

B. 买家消息允许买家和卖家查看所有的邮件往来，方便双方更加快速合理的解决争议问题

C. 买家消息可以不用理会，因为不是绩效考核的指标

D. 买家消息可以通过电子邮件或者直接从卖家平台进行回复

2. 卖家准备在亚马逊网站上销售泡腾片，泡腾片 6g/袋，100 袋/包，50 包/箱，0.29 元/袋，卖家准备 100 袋起卖，以下对商品名称的描述和价格设置正确的是（　　）。

A. 商品名称：芝竹堂 老姜粉沐足剂 6g×100 袋 ×50 包 泡脚药 足浴药 促进血液循环 通筋活络 缓解疲劳；价格 29 元

B. 商品名称：芝竹堂 老姜粉沐足剂 6g×100 袋 泡脚药 足浴药 促进血液循环 通筋活络 缓解疲劳；价格 29 元

C. 商品名称：芝竹堂 老姜粉沐足剂 6g×100 袋 ×50 包 泡脚药 足浴药 促进血液循环 通筋活络 缓解疲劳；价格 1450 元

D. 商品名称：芝竹堂 老姜粉沐足剂 6g×100 袋 泡脚药 足浴药 促进血液循环 通筋活络 缓解疲劳；价格 0.29 元

3. 对于商品描述（Product Description）字段，以下正确的选项是（　　）。

A. 为了提高客户购物体验，商品描述中可以粘贴图片

B. 商品描述需要客观描述所售商品，不能有任何与商品信息本身无关的信息

C. 商品描述中可以进行品牌介绍

D. 为了吸引客户，商品描述中可以充分展示促销信息，如免运费等

4. OEM 制造商（但没有注册品牌），可否将工厂名作为商品品牌，正确的选项为（　　）。

A. 不可以，如果产品不是自有品牌

B. 请不要用卖家名称作为品牌名

C. 可以，只要不跟其他品牌重名即可

D. 请不要用卖家名称作为供应商信息

5. 以下电子配件类商品标题中最符合亚马逊规范的选项是（　　）。

A. Apple Plastic Cell Phone Case Suitable for iPad2 iPad miniColof Yellow

B. Generic Plastic Cell Phone Case for Iphone4S IPhoneS Color Red

C. Plastic Cell Phone Case for Iphone4S IPhone5 Color Red – Generic

D. Generic Apple Plastic Cell Phone Case forIPhone 4 Iphone4S Color Red

6. 有利于产品的展示和购买的选项是（　　）。

A. 上传尽可能多的产品，更有利于产品的曝光

B. 保证产品信息的完整，尤其是推荐分类节点，有于分类查找

C. 优化产品的搜索关键词，填写有利于产品被搜到的关键词

D. 确保所销售的产品都有恰当的主图，合理的报价

二、判断题

1. 亚马逊平台规定：对于服装或鞋（包）类商品，商品主图最长边像素要求为 500 ~ 1000 之间即可。（　　）

2. 亚马逊平台的所有主图、辅图均不能有任何水印、文字、Logo。（　　）

3. 关于 Bag 的品类商品（子商品），对于拥有的品牌产品，标题：“ My brand Men’s Leather Retro Style Briefcase Red – brown，符合亚马逊规范。（　　）

4. 关于亚马逊收款银行账号，美国、英国平台可以用中国的银行账号收款。（　　）

5. 卖家正式开通销售权限后，便无法下架或删除商品。（　　）

能力拓展

寻找、评估、再精选一个值得在网上卖的产品是非常困难的。有人说这事简单，但是如果你真想开创一个网上事业，你就会知道有多难了。有人在 ebay，Amazon 上找了成百上千件产品，就是为了选中一个合意的。当你所在的地区一家企业提供几种样品，请结合本项目内容，在完成实训基础上，对该商品进行全面评估，提出可行性方案，引入亚马逊 A9 算法内容并进行编程和建立模型。

项目六

Wish 基本操作

项目目标

【知识目标】

掌握 Wish 店铺的注册方法；

理解后台商户账户的配送和付款设置；

掌握商品的添加、编辑和查看方法；

掌握订单处理的一般过程；

了解 Wish 店铺数据分析的常用方法；

理解产品优化的概念与角度。

【能力目标】

能够在 Wish 平台上注册店铺；

能够完成系统后台的基本设置内容；

能够完成商品的添加、编辑与查看；

能够查询订单和完成发货；

能够从五个角度完成对产品的优化。

项目导图

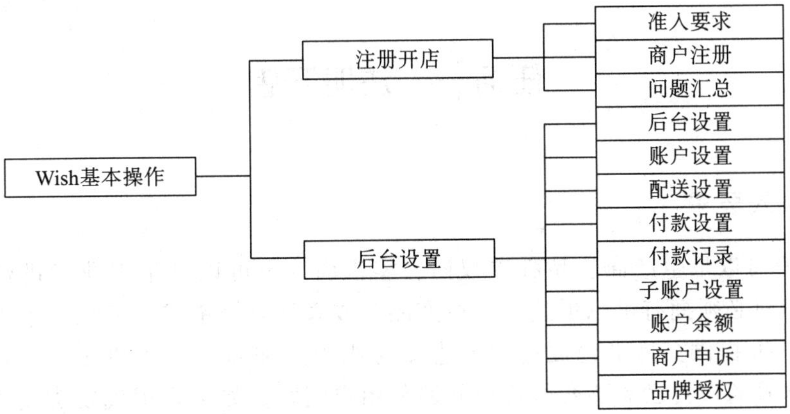

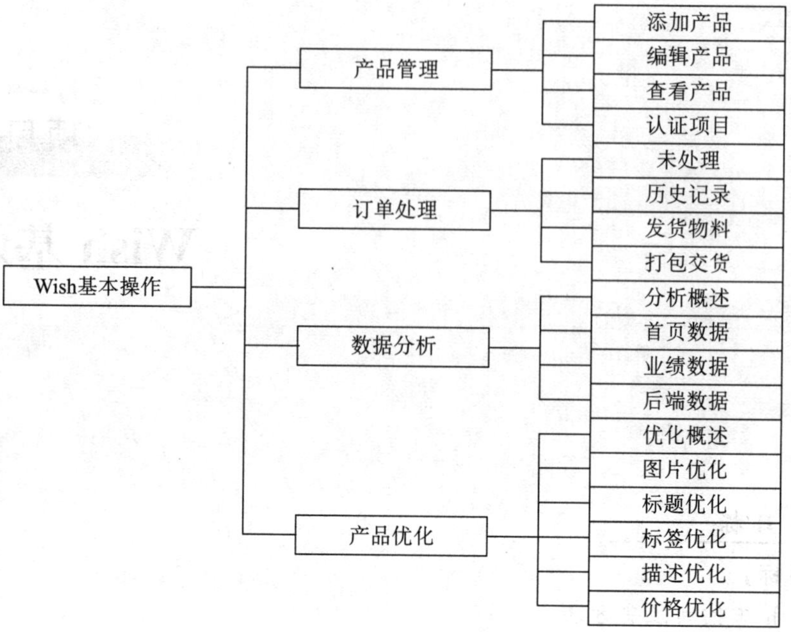

引　例

《中华人民共和国电子商务法》的出台，让张明感觉跨境电商可能是一个有着蓬勃生命力的新兴市场。Wish 提出的首个移动电商平台和采用推送机制分配流量的说法很有吸引力。他马上注册了自己的 Wish 店铺，开始学着上传产品。一个月后已经可以做到日均出 15 单。五个月后，他们做到了日均出 700 单！张明又在小组内部进行精细分工。这种裂变式的发展也带来了第二次腾飞，到了第二年年底，他们团队已经扩张到了 20 多人，峰值出单量每天 2000 单！

引例分析

张明的成功得益于 Wish 移动电商平台。一方面，移动设备与电商平台结合的方式提高了消费的便利性，减少了消费成本。另一方面，采用推送机制分配流量的做法又抹平了和大商户之间的差距，提高了成功的可能性。这种新的模式能够让新的商户保有一定的公平性与盈利机会。

任务一　注册开店

1.1　准入要求

Wish 商户可以是生产商、品牌授权商，零售商，也可以是手工业者进口商，研发者和艺术家。商户必须拥有可以创造，生产产品，或者拥有分销或零售权，才能来通过 Wish 进行销售。Wish 提供交易平台促进但不直接完成用户和商户之间的交易。商户能够自主服务，这意味着商户自己需要履行订单并回复用户问题。如果采用代发货模式，那么商户必须有能力进行大规模代发货。

一般情况下，服务项目不允许在 Wish 上出售。但是，如果能产生一个新的、有形的、实体的产品，这样的服务是允许出售的。特例如下：禁止出售任何不产生新的、有形的、实物的服务，例如裁剪、修复服务项目，照相润饰或色彩校正服务。允许出售定制类实物产品，例如定制礼服或绘画。不符合 Wish 政策的产品将被删除。商户如果重复违规，其账户可能被关闭，进入商户后台权限被撤销，并且产生的订单被取消。

任何 Wish 的商户都必须遵循开设店铺与运营的相关法律，同时也要遵守所售产品的运输要求。某些产品在 Wish 上是不允许售卖的，即使这些产品符合法律或者符合 Wish 的售卖标准，因为这些产品与 Wish 的理念相悖，任何可能不适合儿童浏览或购买的产品均不适合于 Wish。Wish 官方保留删除那些确定违背 Wish 宗旨的产品的权利。该类产品将从站点移除，并且商户的销售权将被暂停或终止。

1.2　商户注册

1.2.1　注册网址

Wish 商户平台国际网址：https：//www. merchant. wish. com

Wish 商户平台中国网址：https：//china - merchant. wish. com

1.2.2　注册流程

目前，中国区只开通了 Wish 企业店铺的注册。以下是相应的中国区 Wish 企业店铺注册流程。

步骤一：打开商户平台网址，点击“立即开店”按钮，进入商户注册界面，如图 6 - 1 所示。

图 6 - 1　Wish 商户平台首页

步骤二：设置用户名。填写注册邮箱、密码、手机号码、图像验证码、手机验证码。阅读商户服务条款，没有异议后，在相应条款的同意单选框中打勾。完成后，点击“创建店铺”按钮。

步骤三：确认注册邮箱。Wish 将发送验证邮件至注册时使用的邮箱，点击“立即查收邮件”。注册邮箱会收到一封确认的邮件。点击“确认邮箱”会直接跳转到商户后台。

步骤四：填写账号信息。输入店铺名称，店铺名称不能含有“Wish”的字样。店铺名称一旦确定将无法更改。输入姓氏和名字、所在的国家、省份、城市、街道地址以及邮政编码。点击“下一步”进入实名认证界面，点击开始实名认证。

步骤五：填写公司信息。输入企业的公司名称，个体工商户不可作为企业账户。输入统一社会信用代码。请上传清晰的营业执照彩色照片，如图6－2所示。

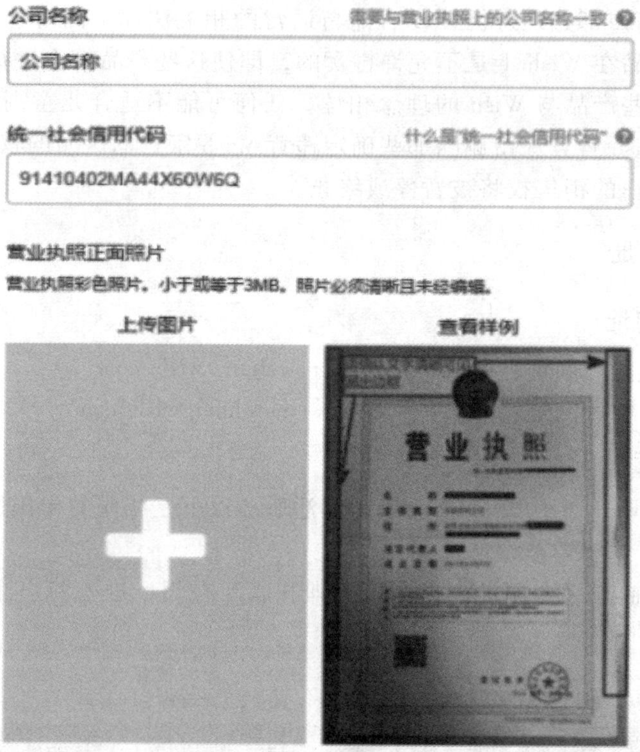

图6－2　公司信息填写

步骤六：填写法人代表信息。输入法人姓名和法人身份证号码。

步骤七：身份证认证。用深色笔将验证码写在A4纸上，将身份证正面和A4纸置于胸前。调整拍照姿势使正脸、身份证正面、验证码、手肘和身体上半身全部进入镜头。确保摄像头聚焦到身份证上，拍摄彩色照片，并上传。注：要求使用数码相机或拍照像素500万以上的手机，不要使用美颜功能的机型。照片要清晰，文件大小控制在3MB以内。整个认证过程需要在15分钟内完成。点击“下一步”进入支付的选择。

步骤八：填写支付信息。在支付信息界面的提供商下拉框内选择一个支付平台，例如Payoneer、Payeco等。如果使用易联（Payeco）收款，需要填写城市、银行名称、开户行名称、收款人姓名、收款人银行账号。点击“下一步”提交信息。

步骤九：预缴注册费。新注册的店铺需缴纳2000美元的店铺预缴注册费。点击“下一页”进入“确认支付提供商”页面。目前有三个支付提供商可供您选择：Payoneer、UMPay联动支付、Paypal。选择一个支付提供商，点击“继续”。确认账单详情为

＄2 000.00,点击“确认”。页面将跳转至第三方支付页面，商户需在线完成支付。此支付动作需在30分钟之内完成。完成支付后，页面会显示“支付成功”，说明您已成功缴纳店铺预缴注册费。

申请工作到此基本完成，后续等待工作人员审核。若通过审核，则注册企业店铺成功。

1.3　问题汇总

（1）手机收不到验证码怎么办？——尝试换个手机号码，或者用语音验证。

（2）收不到注册邮件怎么办？——建议通过以下方法重新尝试：确保输入的邮箱地址无误；在地址栏内输入 china - merchant. wish. com，登录后台重新操作；查看邮箱中的垃圾箱；更换邮箱地址再次尝试。

（3）在 Wish 平台可以开多个账户吗？——一个实体只能注册一个账户，多开的账户会被关闭。

（4）身份证丢失，可以使用临时身份证进行注册吗？——临时身份证不能进行注册。

任务二　后台设置

2.1　后台界面

注册完成之后，打开 Wish 商户后台网址，输入商户账户和密码，进入 Wish 商户后台。目前，后台页面包含有如下模块。

1. 导航栏

导航栏包括首页、产品、订单、客户问题、业绩、违规、系统信息七个菜单选项。这个导航栏涵盖了商户运营所需要使用的所有功能，主要是为商户的产品管理、订单处理、业绩数据查看、售后服务提供指引。右上角显示的是店铺名、中文英文切换，以及帮助、账户的快捷菜单导航。

2. 客户经理

商户可以看到客户经理联系方式。所有商户都有对应的客户经理，商户遇到问题的时候，可以写邮件给客户经理进行咨询或反馈，如图 6 - 3 所示。

3. 通知公告

一般用于培训通知、活动预告、系统更新、政策更新等通知的发布，如图 6 - 3 所示。

4. Wish Express 项目介绍

Wish Express 是 Wish 重点推荐的项目，在 Wish 后台也有醒目的位置来展示项目介绍，如图 6 - 3 所示。商户如果需要参加 Wish Express 项目，就可以点击申请，等待客户经理审核后即可加入。如果不想看到这个信息，可以点击该方框右上角的关闭按钮将其关闭。

图 6－3　客户经理、公告栏与 Wish Express

5. 客服小智

客服小智主要为商户解答各种店铺问题。右下角也有在线客服小智的快捷提问窗口。除通过客户经理的邮箱提问外，商户也可以通过小智寻求帮助。应该注意的是，只有客户经理为“merchant_ support”的账户才会看到客服小智。

6. 系统更新通知

点击底部的“View All System Updates”按钮可以查看更多的系统更新通知。新入驻的商家，一定要将历史的系统更新内容先学习掌握清楚再开始操作账户。

7. 站点地图

站点地图包括了所有的菜单导航栏目，方便商户直观、快速地定位到自己想要去的功能栏目。

8. 当前店铺已确认金额和未确认金额

已确认金额是指订单已经确认妥投，在下个收款日店铺即将获得的销售金额，如图 6－4所示。未确认金额是指订单未确认妥投，未确认支付的店铺销售金额。如果是刚开通的店铺，这些金额数字都是 0。如果商户使用的是无妥投信息的物流渠道，则需等到订单履行 90 天后才进行结算。

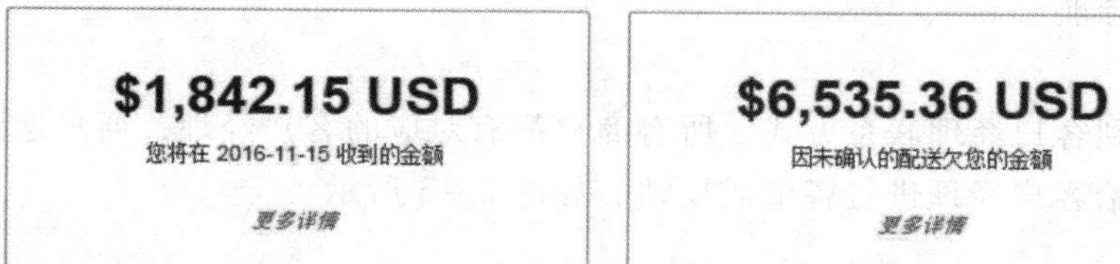

图 6－4　已确认与未确认金额

9. 店铺物流数据概览

该区域包含带有效跟踪编号的订单率、确认收货的订单率、确认订单履行用时、到货时间。新店铺的这些数据都是 0，这里仅作举例参考。如对该指标的理解有疑惑，点击右上角的“?”图标，便可以获得对该指标的说明，如图 6－5 所示。

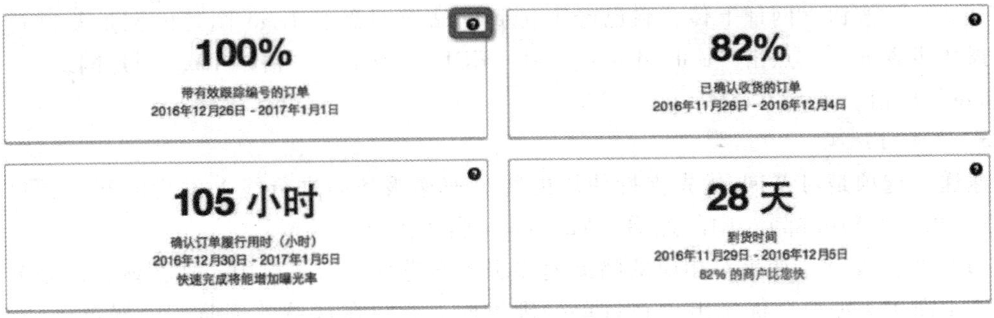

图 6－5　物流数据概览

10. 店铺通过审核至查看前一天的总体浏览数

店铺通过审核至查看前一天的总销售额的图表展示。

2.2　账户设置

在 Wish 后台右上角，点击“账户”→“设置”菜单，可以进入商户账户设置的相关选项。在进入基本信息的设置之前，需要进行密码验证，按提示输入密码，点击“提交密码”按钮即可。如果设置了两步验证，则需要输入绑定的手机收到的验证码，点击“Submit”按钮进行提交。没有设置两步验证的，就不会收到这个两步验证的提示。

1. 基本信息

基本信息是指商户注册开店时的基本信息，包括商户 ID、客户经理、用户名、邮箱、收入分成、名字和姓氏。目前，基本信息只允许修改名字和姓氏，其他信息不能修改。

2. 显示设置

显示设置包括店铺名字和店铺形象图片，如图 6－6 所示。目前只能对店铺照片进行修改。Display Name 即注册时填写的店铺名称，在该步骤无法修改。完成更新后，点击“Update”按钮。

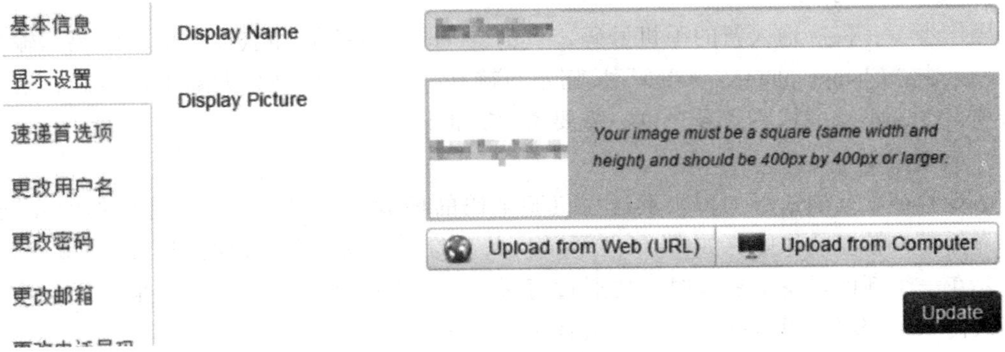

图 6－6　显示设置

上传店铺图片提供了两种方式：本地上传（Upload from Computer）和网址上传［Upload from Web（URL）］。本地上传是上传自己电脑上的 Logo 图片，操作步骤如下：点击“Upload from Computer”按钮 → 点击“Select Image From Computer”按钮 → 选择图片 → 点

击“Update”按钮。网址上传，将已经上传到网站或网盘的 Logo 图片的网址复制过来即可，操作步骤如下：点击“Upload from Web（URL）”按钮 → 粘贴 Logo 图片网址 → 点击“Update”按钮。

3. 速递首选项

速递首选项是对 Wish 优先支持使用的物流速递服务商进行线上发货的配置，目前包括 Wish Post（Wish 邮）、中邮速递、Yanwen（燕文物流）。

（1）线上发货。如果对相应的物流速递服务商进行了勾选启用，那么该物流服务商支持的电子面单类型就会优先出现在订单处理里面。商户在订单处理时，根据自己的需要，可以直接选择对应的电子面单，并进行生成面单和发货处理，方便快捷。如果不想使用 Wish 优先支持的物流服务商电子面单，就不要勾选，然后点击“更新首选项”按钮即可。这样，处理订单时就不会出现相应物流服务商的面单类型。另外，点击“了解更多信息”按钮，即可跳转到不同物流服务商的官方网站。

（2）线下发货。如果商户有合适的物流服务商进行线下发货，不想使用 Wish 优先支持的物流服务商，那么直接选择退出此功能即可。选择退出之后，商户在订单处理时，就不会再看到 Wish 优先支持使用的速递物流服务商及其电子面单了。具体操作步骤：点击“选择退出”按钮 → 点击“我理解”按钮。

4. 更改用户名

操作步骤：依次输入当前密码、新用户名，点击“更新”按钮。请注意，“用户名”是指登录时输入的用户名，而非店铺名称。

5. 更改密码

操作步骤：依次输入当前密码、新密码，并确认新密码，点击“更新”按钮。设置的新密码不能过于简单。

6. 更改邮箱

操作步骤：依次输入当前密码、新邮箱，点击“更新”按钮。设置的新邮箱必须是没有注册过 Wish 商户平台的邮箱。

7. 更改电话号码

操作步骤：依次输入新的手机号码，点击“Send Code”按钮获取短信验证码，输入验证码，点击“Change phone number”按钮进行确认。如果新号码为大陆手机号码，请将区域选项留空，不需要填写区号，也不需要填写其他任何字符。

8. 两步验证

两步验证就是通过增加再次发送手机验证码的环节，来校验当前关键操作的安全性，从而降低账户被盗的风险，如图 6-7 所示。两步验证可以保证账户在安全的环境下登录。当需要在一个新的设备上登录时，要通过每次发送一个验证码到您的手机来进行验证。如果某人偷取了密码，没有验证码也无法登录账户。

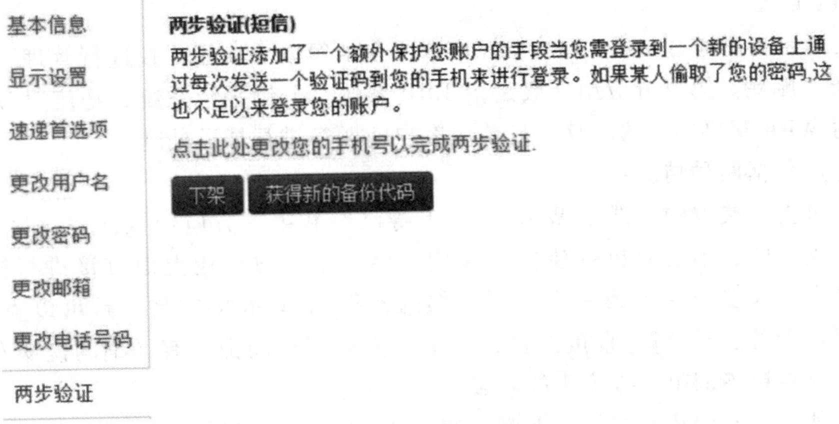

图 6－7　两步验证

启用两步验证：点击“建立”按钮 → 输入手机验证码 → 点击“启用两步验证”按钮进行确认。关闭两步验证：点击“下架”按钮 → 点击“关闭”按钮进行确认。

9. 新设备

新设备是对所有使用自己账户登录过商户后台的设备进行记录和管理。记录包括登录时间、IP 地址、登录所在地区等信息。设备（Device）包括台式电脑、手机、平板电脑和浏览器的版本信息。

对于没有经过授权的设备，需要做删除处理，操作步骤如下：在设备记录中点击“删除”按钮 → 点击“确认”按钮。当有未经授权的异常登录行为产生时，可以设置登录提醒来获得即时通知，操作步骤如下：勾选“短信”或“邮件”通知 → 点击“更新登录提醒设置”按钮。

如果有你不认识的设备或 IP，可能是有人未经授权访问了您的账户，您可以从所有其他位置退出登录或更改密码，迅速保证自己账户的安全。

10. 邮箱首选项

邮件首选项是指对商户平台各种关键操作行为产生通知的配置管理。通知类型包括订单、支付、产品管理、售后服务、付款、知识产权等。对于不想要的通知类型，可以把钩去掉，然后点击“更新”按钮即可。如果全部通知都不想要，那么选择“不要再向我发送这些电子邮件”选项，然后点击“更新”按钮即可。

11. 假期模式

假期模式是为商户的店铺设置的一键休假模式，假期模式生效期间，店铺所有产品不进行销售。启用假期模式，需提前 72 小时开启该功能。

（1）启用假期模式。点击“打开”按钮，系统会提示假期模式已经开启，点击“OK”按钮即可。为了保证海外仓产品在假期模式期间正常销售，Wish 开通了“仅 Wish Express 配送模式”，该模式适用于海外仓有库存且已参加 Wish Express 的商户，在该模式下，Wish Express 海外仓的操作将不受店铺假期模式的影响。

（2）关闭假期模式。点击首页中“您的账号已开启假期模式……”的黄色文字提示。点击“关闭”按钮，成功关闭假期模式。

12. API 设置

API 设置是指对通过 API 接入 Wish 商户平台的第三方应用授权进行管理，包括解除、创建、更新、删除。第三方应用一般是指 ERP 系统、分销平台系统、物流服务商系统等，主要用于对 Wish 商户平台的产品、订单、客户问题等进行辅助处理。

授权应用包括两种情况：

一种是可直接授权的，即是 Wish 官方本身已经和第三方应用认证并对接过 API，可以直接授权支持的，不需要再创建授权应用，而在第三方应用上面直接进行授权流程即可。一般来说，大多数主流第三方应用，都已经得到 Wish 的支持，是可以直接授权的。第三方应用是否可以对 Wish 直接授权，在第三方应用里面都会有详细的说明和授权帮助教程，也可以直接咨询第三方应用的客服。

另外一种是需要创建授权的，即没有得到 Wish 官方直接授权支持的，想要进行相互授权，需要先在 Wish 商户平台创建授权应用，然后在第三方应用上进行授权流程。注意：这种授权应用，目前只能创建一个。

下面以 Wish 支持的 ERP 软件店小秘为例进行讲解。

（1）直接授权。直接授权就是在第三方应用上面操作。操作步骤如下：登录店小秘，找到“平台授权”下的“Wish 授权”，点击“添加 Wish 授权”按钮 → 填写店铺名 → 同意授权请求 → 确认 → 授权成功，如图 6－8 所示。

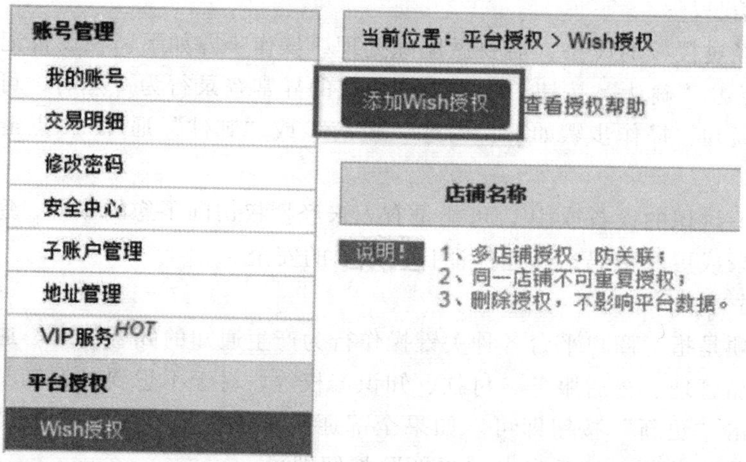

图 6－8　添加授权

（2）解除授权。对于不想继续使用的第三方应用，可以解除授权。当然，在第三方应用里面也可以解除授权。操作步骤如下：找到想要解除的第三方应用，点击“解除授权”按钮 → 点击“接受”按钮。

（3）创建授权。创建授权分为两大部分，一个是在 Wish 后台创建授权应用，另外一个是在第三方应用上执行授权流程。

在 Wish 后台创建授权应用步骤：填写应用名称、第三方应用专用授权网址，点击“Create App”按钮创建应用 → 点击“Confirm”按钮，创建成功。应用名称（可以随意写）。第三方应用专用授权网址由第三方应用提供，不能有错。在第三方应用上执行授权流程：点击“加入新账号”按钮 → 填写 Wish 后台创建授权应用时生成的开发者 ID 和开发者密钥 → 点击“授权”按钮 → 点击“Accept”按钮同意，授权就成功完成。

（4）更新授权。如果第三方应用的专用授权网址发生了变更，需要重新授权，那么可以更新授权。操作步骤：填写新的第三方应用的专用授权网址，点击“Update”按钮进行更新。

（5）删除授权。如果不想再使用第三方应用，那么可以删除授权。操作步骤：点击“Delete”按钮 → 点击“删除”按钮。

2.3　配送设置

在 Wish 后台右上角，点击“账户”菜单 → 点击“配送设置”选项，可以进入到配送设置的相关选项，如图 6－9 所示。

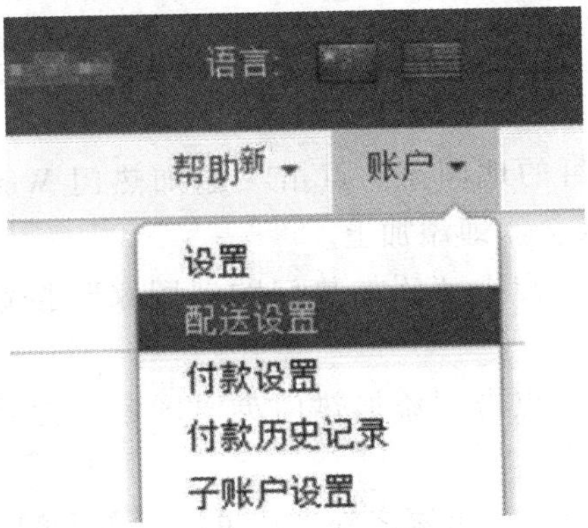

图 6－9　配送设置

1. 仅配送至美国

配送范围：仅限美国，产品的配送费（运费）是在上传每个产品时分别设定的。

2. 全球配送

全球配送是以一键更新开启所有国家配送的方式进行，操作便捷。配送范围：包括 Wish 支持销售和配送的所有国家或地区，产品的配送费（运费）是在上传每个产品时分别设定的。注意事项：对于新账户，建议开启全球配送，获取更多的流量。待账户经营一段时间后，再根据账户的订单情况，调整配送范围。

3. 配送至选定国家

配送至选定国家就是对自己想要进行配送的国家或地区的配送费进行单独的设置，如图 6－10 所示。添加销售配送国家页面提供了便捷按钮。

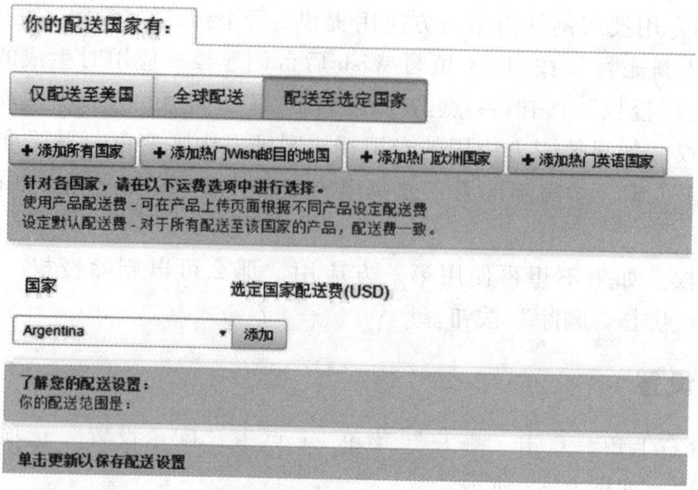

图 6－10　配送至选定国家

（1）添加所有国家。点击“添加所有国家”之后，所有已经支持销售配送的国家都会立即自动添加。

（2）添加热门 Wish 邮目的地国家。点击“添加热门 Wish 邮目的地国”按钮之后，当前热门 Wish 邮目的地国家会立即添加上。

（3）添加热门欧洲国家。点击“添加热门欧洲国家”按钮之后，当前热门欧洲国家会立即添加上。

（4）添加热门英语国家。点击“添加热门英语国家”之后，当前热门英语国家会立即添加上。

除以上四种便捷添加销售配送国家之外，还可以对单个配送国家进行添加和删除。

（5）添加配送国家。选择想要添加的国家，然后点击“添加”按钮即可。

（6）删除配送国家。选择想要删除的国家，然后点击“×”按钮即可。

在添加了配送国家之后，我们可以针对不同的国家设置不同的配送费。目前设置配送费有使用产品配送费和设定默认配送费两种。前者可在产品上传页面对不同产品设定配送费。在产品上传页面设定配送费是指在产品上传页面的“编辑国际运费”中设置，在产品管理章节中有详细讲解。后者对于所有配送至该国家的产品，配送费一致，例如填写 2 美元配送费，那么所有的产品配送至德国的运费都是收取 2 美元。

与产品上传时设定的 shipping 费用相比，账户“配送设置”中的运费具有优先地位。

2.4　付款设置

Wish 后台右上角，点击“账户”菜单 → 点击“付款设置”选项，可以进入付款设置的相关选项。

1. 联动支付（UMPAY）

“联动支付（UMPAY）－直达中国账户”，是指商户直接填写中国大陆银行账户信息和个人信息，就可以进行收款，手续费详见后台实时更新，如图 6－11 所示。

图 6-11 联动支付

联动优势电子商务有限公司是联动优势科技有限公司的全资子公司。官方网站是 www. umpay. com。已获得中国人民银行全国范围内的互联网支付、移动电话支付、银行卡收单支付业务许可，2015 年 3 月获证监会基金销售支付结算许可，提供以综合支付为基础的资金管理服务和以大数据为基础的互联网金融服务。

2015 年 11 月，经国家外汇管理局北京外汇管理部批准，联动优势获得开展支付机构跨境电子商务外汇支付试点业务的许可，是第三批唯一一家获准开展试点业务的第三方支付机构。

商户登录 Wish 商户平台，在“付款设置”下的“提供商选择”中选择“联动支付（UMPAY）”。填写收款相关信息：银行名称、收款人姓名、收款人银行账户、电话号码和身份证号码，点击更新支付信息，实现资金转入商户账户。除实时查询外，商户会收到短信提醒通知。Wish 会在每月 1 日和 15 日定期转款，没有中间账户，不需要商户再次操作，将资金直接转入商户的银行账户。

收款账户支持农业银行、交通银行、中国银行、工商银行、建设银行、光大银行、兴业银行、广东发展银行、浦发银行、民生银行、中信银行、招商银行、华夏银行、平安银行、中国邮政储蓄银行、兰州银行、浙商银行、河北银行。

2. 易联支付（Payeco）

易联支付（Payeco），是指商户直接填写中国大陆（支持香港地区银行）银行账户信息，就可以进行收款，手续费详见后台实时更新。对于易联支付，可以通过查看“提供商帮助”了解其基本信息，如图 6-12 所示。

要查找开户行名称，可以在“开户行名称”中输入名称进行匹配搜索查找。除了上面的方法，还可以在“提供商帮助”里面的“开户行名称完全列表”点击下载所有开户行名称文件（开户行名称超过 14 万个），打开文件搜索自己想要的开户行名称。如果仍然找不到自己银行卡的开户行名称，需要致电相关银行询问确认，或者到银行营业厅去查询获得准确的开户行名称。

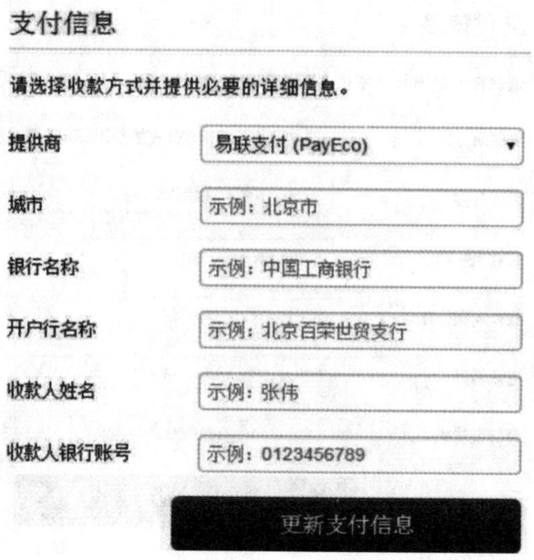

图 6－12　易联支付

3. Payoneer

Payoneer 是一个接受国际支付及收款的金融机构，这里是指商户可以通过 Payoneer 账户接收 Wish 放款，再从 Payoneer 账户提现到自己的银行账户（支持多个国家或地区），手续费详见后台实时更新。

如果已经有 Payoneer 账户，那么在点击“注册”按钮之后，将转入 Payoneer 官方网站与 Wish 对接的网页，点击“已经拥有一个 Payoneer 账户？登录”链接即可。如果 Payoneer 账户和 Wish 账户不一致（注册邮箱不同），那么就需要用和 Wish 账户一致的邮箱注册一个新的 Payoneer 账户。注册一个新的 Payoneer 账户的时候，Payoneer 账户类型只能选择其中一种，建议选择“本地银行账户”，注册开通后可以快速使用。

本地银行账户对企业和个人都适用，无实物银行卡，只能使用网上银行。开通立即可用。预付 MasterCard 卡仅限个人使用，有实物银行卡，也可以使用网上银行。需要收取 Payoneer 邮寄过来的实物银行卡，然后在 Payoneer 网站激活才可以使用。对于 Payoneer，可以通过查看“提供商帮助”了解其基本信息。

将 Wish 款项可转至 Payoneer 账户。登录您的 Wish 商户账户，在“付款设置”的下拉列表中选择 Payoneer 并完成注册。如果你已经拥有了 Payoneer 账户，请点击：“如果您有一个 Payoneer 账户，请点击这里”链接，将您的 Wish 账户绑定到您现有的 Payoneer 账户上。一旦您的 Payoneer 账户批准通过，Wish 款项将在每个付款日（每月 15 日）直接支付到您的 Payoneer 账户，您将收到电子邮件通知。

通过如下流程提取 Payoneer 账户资金到本地银行账户。登录 payoneer. com 查看“我的账户”，在“提取”菜单栏下添加您的本地银行账户信息，当银行账户信息审核通过后，就可以在“提取”菜单栏下提交提取转账请求，当 Payoneer 提取成功后，会收到相关邮件通知。相关款项需要 1～3 个工作日才会到达您的个人银行账户。

4. PingPong 金融

PingPong 金融是多平台跨境收款服务供应商，这里是指商户可以通过 PingPong 账户接收 Wish 放款，再从 PingPong 账户提现到自己的银行账户（支持中国内地和香港），手续费为 1% 左右。第一次使用 PingPong 的商户，需要点击“注册”按钮去注册一个新 PingPong 账户，见图 6-23。对于 PingPong，可以通过查看“提供商帮助”了解其基本信息。

Wish 资金转入 PingPong。登录 Wish 商户平台，在“Payment Setting”下的提供商选项中选择 PingPong 金融，并点击“注册”按钮。如果您已经有 PingPong 账户，请点击下面的“已经注册 PingPong，立即登录”完成绑定。在线注册或绑定完成后，在 5～7 个工作日之后的 Wish 定期转款日，就可以入账到您的 PingPong 账户。

PingPong 资金提现到指定银行的步骤是登录您的 PingPong 账户，选择“收益账户管理”，添加银行卡，审核通过后，就可以在“提现”操作提现。申请提现后，资金将在 1 个工作日内到达您的收益账户。

提现支持美元和人民币两种选择，使用香港公司注册，可以直接提取美元到客户的香港对公账户或者香港公司董事个人账户。使用内地公司注册，可以直接提取人民币至客户注册公司的对公账户或者公司法人个人账户。使用中国居民个人注册，可以直接提取人民币至注册人个人银行账户。美元提现有金额限制，人民币提现没有金额限制。

5. Bill. com

Bill. com 是一个处理支付、收款，以及管理现金流的平台，这里是指商户填写个人信息和地址信息之后，可以接收来自 Bill. com 的 Wish 放款纸质支票，手续费为 1.49 美元。对于 Bill，可以通过查看“提供商帮助”了解其基本信息。

6. PayPal China

PayPal 是一个国际化的支付平台，PayPal China 是 PayPal 中国区，商户可以通过 PayPal China 账户接收 Wish 放款，再从 PayPal China 账户提现到自己的银行账户（支持中国内地和香港），手续费为 1%。

PayPal 账户是以邮箱作为账户名的，填写支付信息的时候，直接填写 PayPal 账户邮箱即可。如果没有 PayPal China 账户，就需要去 PayPal China 官方网站 https://www. paypal. com 注册创建一个。通过查看“提供商帮助”，可以了解 PayPal China 的基本信息。

Wish 平台设置提款到 PayPal 的步骤是：确认您有一个经过认证的 PayPal 中国区账户，如果您需要新建一个，请登录 www. paypal. com/c2；在 https://merchant. wish. com/payment-settings 里选择 PayPal；输入您的 PayPal 账户邮箱地址，并提交。

目前 Wish 平台支持中国 PayPal 账户（在 www. paypal. com/c2 上创立的账户）提款。您的 PayPal 账户需要做 Email 认证和银行卡（或信用卡）绑卡认证，以确保您的资金安全。商户的 PayPal 账户中收到的是美元。商户可以直接提取美元到关联的银行账户。如果需要人民币，也可以用 PayPal 账户内的提取人民币渠道，换汇提款到关联银行账户。

如果已经有一个 PayPal 账户，可以使用已有的 PayPal 中国区账户与 Wish 关联并设置为提款账户。

2.5　付款记录

付款历史记录是 Wish 商户平台向商户支付款项凭证信息的记录。信息内容包括日期、付款 ID、冻结货款得以释放总金额、支付总金额、支付服务商、状态等。

商户还可以通过点击“Payment ID”查看详细的付款历史记录，可以了解到当前付款凭证的详细记录，如图 6 - 13 所示。还可以通过点击“Download Payment Invoice”或“Download CSV of Paid Transactions”按钮下载凭证文件。付款凭证信息下面还附带当期所有订单的支付信息记录。

图 6 – 13　付款凭证

2.6　子账户设置

子账户设置是指商户可以创建多个子账户给团队成员使用，并对子账户的权限进行管理。以此保证账户的重要信息不被随意篡改。

创建子账户，点击“创建新的子账户”按钮 → 填写账户信息 → 点击“创建”按钮。注意邮箱必须是没有在 Wish 商户平台注册使用过的。更新子账户权限，勾选不同的权限，点击“更新权限”按钮。禁用子账户，选择需要禁用的用户，点击“禁用用户”按钮。

主账户拥有所有权限，子账户没有付款设置、付款历史记录、子账户设置和账户余额。此外，子账户在后台“账户”→“设置”里面，没有邮箱首选项、假期模式、API 设置等选项。

2.7　账户余额

当前可用余额（Current Balance）是指当前账户可以放款支付给商户的金额，如图 6 – 14所示。每一笔订单完成后，都有支付记录明细，第三列为待支付金额，第四列为扣除或者扣留金额。点击订单编号可以查看订单的放款支付信息，如果有退款的订单，就会有退款原因、责任说明及发起申诉入口。

待定余额（Pending Balance）是指商户已经对订单标记“已配送”状态，等待妥投确认完成的订单的总金额。每一笔订单都有详细的状态和金额。点击订单编号可以查看订单的信息，包括订单金额、标记“已配送”日期、当前预估支付日期、妥投状态等。

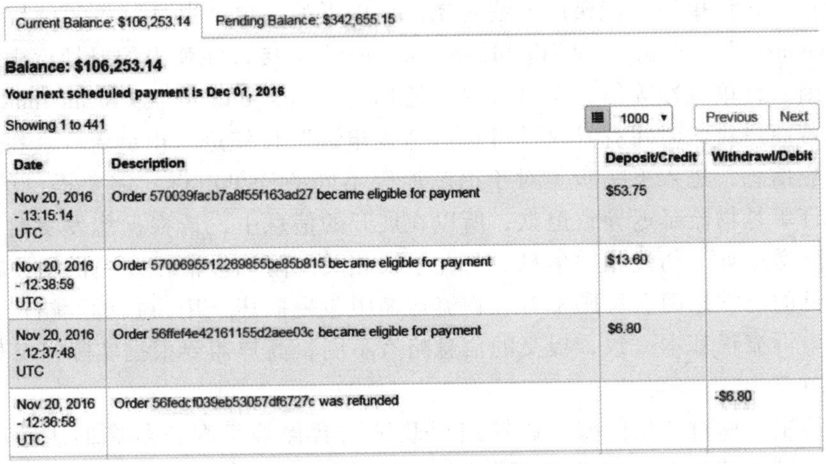
Current Balance: $106,253.14　Pending Balance: $342,655.15

Balance: $106,253.14

Your next scheduled payment is Dec 01, 2016

Showing 1 to 441　1000　Previous　Next

Date	Description	Deposit/Credit	Withdrawl/Debit
Nov 20, 2016 - 13:15:14 UTC	Order 570039facb7a8f55f163ad27 became eligible for payment	$53.75	
Nov 20, 2016 - 12:38:59 UTC	Order 5700695512269855be85b815 became eligible for payment	$13.60	
Nov 20, 2016 - 12:37:48 UTC	Order 56ffef4e42161155d2aee03c became eligible for payment	$6.80	
Nov 20, 2016 - 12:36:58 UTC	Order 56fedcf039eb53057df6727c was refunded		-$6.80

图 6－14　账户可用余额

2.8　商户申诉

Wish 平台为简化商户运营工作，为商户承担了大多数的售后客服工作，但部分商户会对 Wish 客服团队的处理结果存在异议，这时就需要使用申诉功能。

2.8.1　申诉流程

申诉常用于商户对于 Wish 客服的处理结果存在异议的时候，可以分为退款申诉及违规申诉两大类。退款申诉用于已配送订单的退款处理存在异议时。违规申诉主要针对产品侵权、店铺暂停等情况。

商户服务条款和协议

以下将针对几种常见情况分别介绍申诉途径。

1. 订单退款申诉

请注意，商户需先了解清楚 Wish 退款政策对于退款责任的认定，若仍存在异议，可以找到对应订单发起申诉，如图 6－15 所示。

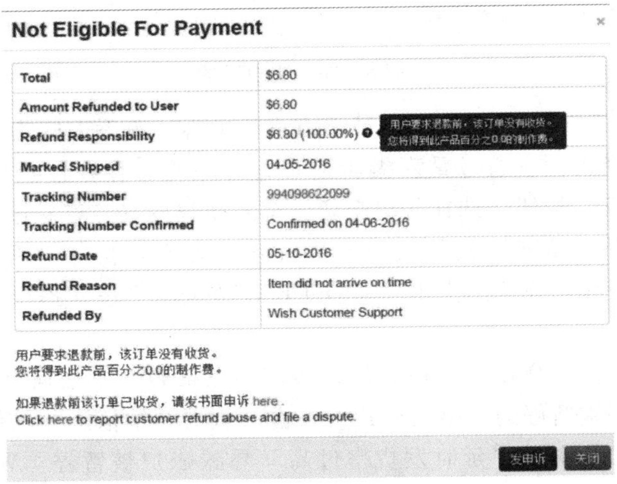
Not Eligible For Payment

Total	$6.80
Amount Refunded to User	$6.80
Refund Responsibility	$6.80 (100.00%)
Marked Shipped	04-05-2016
Tracking Number	994098622099
Tracking Number Confirmed	Confirmed on 04-06-2016
Refund Date	05-10-2016
Refund Reason	Item did not arrive on time
Refunded By	Wish Customer Support

用户要求退款前，该订单没有收货。
您将得到此产品百分之0.0的制作费。

如果退款前该订单已收货，请发书面申诉 here .
Click here to report customer refund abuse and file a dispute.

发申诉　关闭

图 6－15　发起申诉

申诉途径：在订单历史记录中，找到您需要申诉的订单，退款订单的付款状态为“not eligible for payment”。点击“not eligible for payment”链接，在弹出的对话框中，商户可以了解退款原因、订单金额等信息。例如退款原因为“Item did not arrive on time”，即到货时间延迟，若商户对此时间有异议，可点击“发申诉”按钮进入申诉流程。在跳转的页面中，勾选相应信息，进入下一步。对于退款原因不同的订单申诉，需要提供的证据不同。由于此示例订单是物流延迟导致退款，所以在展开的信息中，请根据您发货时的信息按步骤如实填写配送地址、物流相关信息、与此争议相关的附加详情，并提供相关物流截图。

其他常见的退款原因有尺码不符、物流运输中包裹损坏、用户投诉发错产品等。不同退款原因的申诉流程基本一致，提交的信息略有不同，商户需要根据实际情况如实提交。

2. 违规申诉

违规申诉主要针对产品侵权、店铺违反政策被暂停等情况。若您的店铺中有违规记录，您可以通过“违规”→“未处理”菜单查看还未处理的违规信息。通过“违规”→“历史记录”菜单您可以查看所有违规记录。

3. 侵权申诉

Wish 对于侵权产品的把控非常严格，任何涉嫌侵权的产品都不允许在平台销售。侵权判定及处罚政策在后台政策中有详细说明。对于被 Wish 判为侵权的产品，商户若存在异议，可点击“违规”→“知识产权”菜单找到相应违规记录，点击“查看”按钮进行查看。在跳转的页面中，您可以查看违规详情，详情中包含违规理由、所侵权的品牌信息及相应产品链接等信息，如图 6－16 所示。

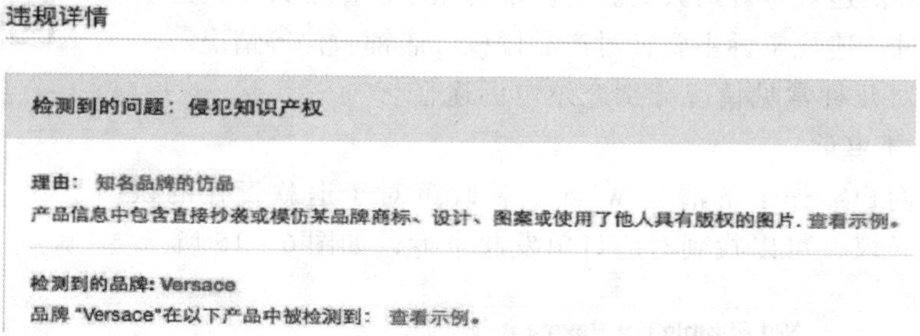

图 6－16　违规详情

您若对申诉存在异议，可以在页面最下方进行申诉。申诉方式为提交您对此产品的知识产权证明或销售授权，或通过重新编辑清单，移除所有存在侵权风险的信息。提交授权：点击“提交授权”按钮，选择并提交您已有的品牌授权。若您还未在后台添加品牌授权，请点击“添加新的品牌授权”按钮。重新编辑清单：点击“重新编辑清单”按钮，在弹框中进行编辑，编辑完成后点击“Submit Edit Request”按钮提交编辑申请。

4. 店铺暂停申诉

当商户后台显示此商户账号已被暂停代表店铺已被暂停。任何严重违反 Wish 政策的行为都存在导致店铺被暂停的风险。商户可点击“查看详细信息”按钮来了解账户被暂停的具体原因。店铺可能由于“延时发货率过高”导致账户被暂停。Wish 会提供部分违规订单明细作为依据。商户若对此处理结果存在异议，或已有相应的整改措施，可在页面最下方根据 Wish 客服的要求进行申诉。

2.8.2 注意事项

对于新入驻平台的商户，事先熟悉 Wish 后台的相关政策非常重要。熟悉政策能够帮助商户在运营中更好地知道哪些指标更重要，以及哪些“红线”是不能触碰的。此外，熟悉政策对于商户提高申诉成功率也有一定帮助。

商户遇到需要申诉的情况后，请先了解以下几点：

1. 申诉必须明确原因

无论何种申诉，必须清楚为何需要申诉，从而使申诉更具有针对性。

Wish 也会在违规记录中指明违规原因，商户需针对 Wish 客服的要求，有针对性地解释违规原因及如何在后续运营中避免违规。

若商户申诉提供的证据不足以证明后续运营中能避免再发生相似情况，则会被 Wish 客服拒绝，商户需重新提交申诉。

2. 申诉必须提供证据

例如订单因配送时间过长而退款，若商户对处理结果存在异议，则需要举证证明订单是在要求的时间内完成妥投的，证据可以是物流信息截图（含有妥投信息）、用户的签收信息；若是产品侵权申诉，则必须提交相关品牌证明或销售授权，或者重新编辑产品清单，去除侵权信息。

3. 申诉必须及时

若店铺中出现违规记录，为避免后续可能产生的对销售的不良影响，导致店铺进一步的损失，申诉必须及时。

2.9 品牌授权

Wish 平台自创立以来始终非常注重对知识产权的保护，对于仿品一贯保持零容忍的态度。对于 Wish 商户来说，必须避免上传侵权产品是每个商户应尽的责任和义务。同时，为维护自身利益，及时上传品牌授权尤为重要。品牌授权可用于产品被判侵权时的申诉。

品牌授权入口为“账户”→“品牌授权”菜单。点击“添加新的”按钮。商户可以通过点击“点击此处了解您所需要的资料”和“点击这里来学习如何一步步创建品牌授权”链接了解相关资料和流程。点击“开始”按钮可以添加品牌授权，如图 6 – 17 所示。

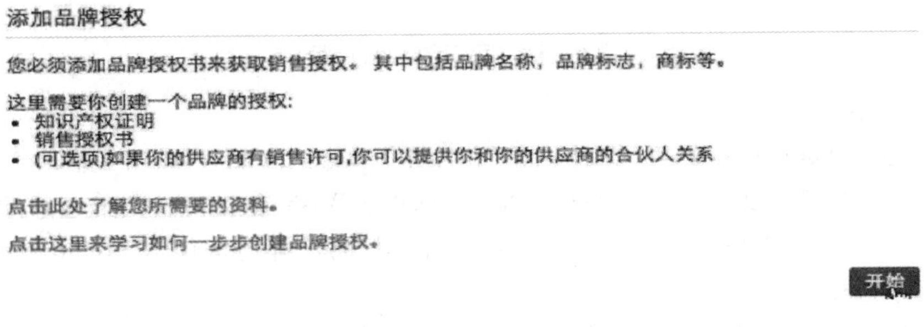

图 6 – 17 开始添加品牌授权

添加品牌授权需要上传对应的授权文件。上传知识产权文件。根据您拥有的相关资质证明，输入相应信息，并上传您相应的证书。请注意：必须先输入品牌名称，然后在下拉菜单中选择相应品牌名称。不可直接输入，否则将导致上传失败。若发现系统中没有相应品牌，请点击“创建新的品牌”选项。待所有信息填写完毕后，点击“下一页”按钮。上传可销售的授权书。如果您是品牌所有者，那么您可以给自己授权。上传相应文件并填写相关信息后，点击“下一页”按钮。上传额外的文件来获取您的销售授权。此步骤为选填项，若没有额外证件，就可以不上传。确认无误后，点击“完成”按钮。

待所有流程完成后，会跳出 Success 的弹窗，证明您已成功完成上传流程。此时，在品牌授权首页会显示您刚添加的品牌名称。状态为“待审核”。Wish 的客服团队会尽快处理您的授权信息，请耐心等待。

任务三　产品管理

3.1　添加产品

3.1.1　手动添加

手动添加新产品是指在 Wish 后台手动添加单个新产品，位于“产品”→“添加新产品”→“手动”菜单，如图 6 - 18 所示。

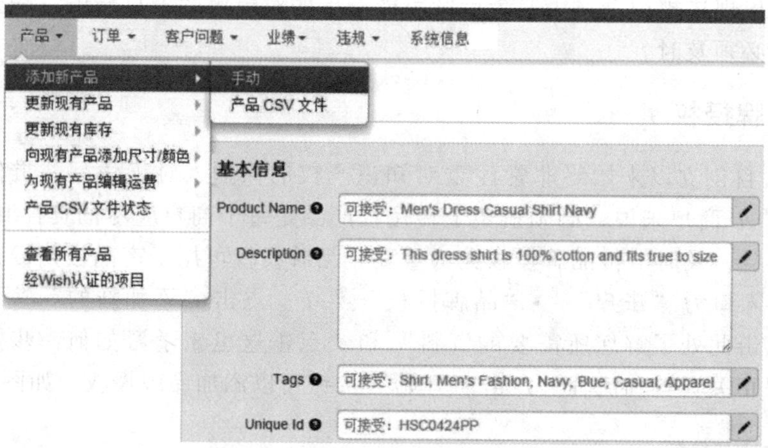

图 6 - 18　手工添加新产品

1. 基本信息

（1）标题。Product Name 直译是“产品名称”，与 Product Title 的直译“产品标题”有很大的不同。也就是说，对于 Product Name 选项，Wish 希望填写简单准确的产品名称，而不是填写带很多关键属性的长标题。目前，大多数商户都通俗地把 Product Name 称为产品标题，简称为标题。

标题推荐采用品牌名或产品名称 + 最多 3 个关键属性 + 通用产品类型的写法，例如 Men's Dress Casual Shirt Navy 和 Women's Solid Color Black Dress Pants。不建议采用 Best Price !!! * * CHEAP * * Baby Stroller !!! 的写法。

总之，产品名称必须清楚准确，尽量简短，且应能描述要销售的产品。标题后面可加上 Color、Size 等通用产品类型词。不要添加无意义的!、@、#、$、%、*等符号。Cheap、Hot、New、Free Shipping 、Promotion、Discount、Fat、MM 等词不宜使用。

(2) 描述。描述就是对产品的详细、精确的描述。描述默认要求用英文填写，限4000个字符以内，且只有前250个字符显示在初始的手机端页面上，不能包含任何 HTML 代码，不能出现有关店铺政策的详细信息，不能出现其他店铺特定的语言或多行信息，不能出现“换行”字符（如“enter”或“return”）。有关大小、合身度，以及尺寸的信息对服装类产品的销售都很有帮助。例如 This dress shirt is 100% cotton and fits true to size. 能够被接受，This <b> dress shirt </b> is 100% cotton and <i> fits true to size </i>. 则不被接受。

如果产品数量的单位是特殊的，需要标注清楚。例如一双、一打、一箱等。产品的独特性或差异性可以在描述中最前面的位置展示，让客户直接了解产品优势。描述需要简洁，外国人的阅读习惯和中国人有较大差异，繁杂的描述容易引起客户反感。不需要在描述中重复填写物流渠道、妥投时效等物流信息。如果描述文字确实较多，可以留一行空白，增强文字排版美观性。

(3) 标签。标签是指分配给源文件中每个产品的非层次结构关键词。此类元数据有助于描述产品和为产品分类，且方便用户在 Wish. com 上浏览或搜索时再次找到。产品标签之间应该用英文逗号分隔。添加的标签越多，描述的准确性越高，用户找到您产品的概率越高。每个产品最多10个标签，如果添加的标签超过10个，多余的标签将会被忽略。

常见的标签写法：产品品类名称 + 产品属性词/修饰词 + 产品使用场景。例如可接受的 Shirt, Men's Fashion , Navy, Blue, Casual, Apparel, Women's Fashion , Jewelry&Watches, Men's Fashion , Suits, Mafia, Silk Tie, Ties 。例如：Clearance Items, Fashion, Suits, Ties, Silk Ties, Men's Suits, Italian Made Suits, Italian, Men's Fashion, Hand Crafted, Silk, High Quality 则不能被接受。

填写标签输入英文时，会弹出多个常用标签列表以方便选择，这时用鼠标在下拉菜单中选择想要的标签并单击进行确认即可。如果输入的标签是没有的，会有提示创建新标签，选择“Create new tag ：XXX”确认即可。

标签一般由2~3个单词组成，部分品牌词可以在标签中合理出现。标签比关键词的范围更广，标签可以从产品属性出发，选择多维度的描述性形容词或者产品应用场景词。Wish 会自动对产品标签进行补充优化，会自动增加更多的标签，另外在第三方数据分析工具，如 ERP、海鹰数据平台、米库数据平台中，还会有“用户自填标签”和“Wish 优化标签”。

(4) Unique ID。Unique ID 是指商户自己在内部使用以标识此商品的唯一 SKU 编号，例如 HSC0424PP、112123343455432。Wish 会使用 SKU 编号识别、跟踪、更新和报告该产品。

SKU = Stock Keeping Unit（库存量单位），基本上包括三个概念：品项、编码、单位。为便于理解，SKU 通常定义为保存库存控制的最小可用单位。例如一款女装中粉红色的 S 码是一个 SKU，M 码是一个 SKU，L 码也是一个 SKU。所以一般来说一款女装有 S、M、L、XL、XXL、XXXL 共6个 SKU。例如一款女裙有红色、绿色两种颜色，有 S、M、L、

XL、XXL 共 5 个码数。SKU 编号规则：WD01 品类 +001（款式编码）+ 颜色 + 码数。参考以上写法，以高跟鞋为例，若有一个颜色和多个码数，则先填写 Unique ID，然后在后面具体的码数中填写对应的 SKU，如图 6-19 所示。

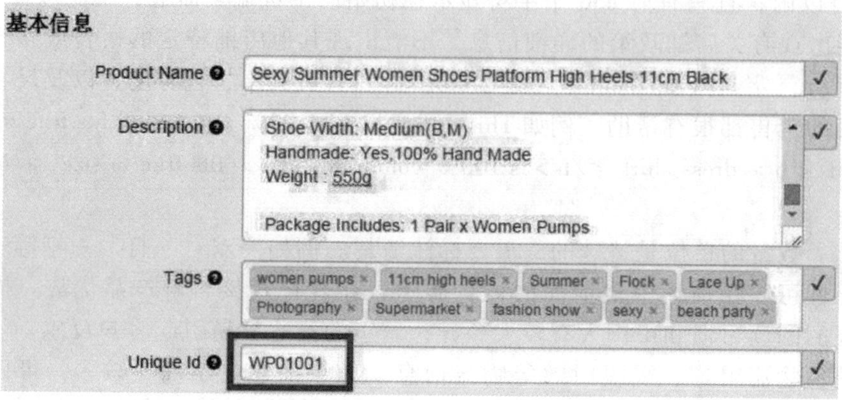

图 6-19　Unique Id 的填写

SKU 规范化使用是 ERP 系统使用的前提条件，否则会引起产品混乱。SKU 主要是商户内部使用的，可自由编写，没有强制要求和规则，商户自己方便使用即可。

2. 主图和副图

（1）主图。主图是指用户看到的该产品的第一个图片。主图的图片规格建议是正方形的，并且大于或等于 800px×800px。主图上传有两种方式，一种是通过本地计算机上传。另外一种是通过网络地址（URL）上传。

在网络条件不佳的情况下，通过网络地址上传比本地计算机上传更加稳定。通过网络地址上传支持百度网盘、QQ 空间相册等多种网络方式。建议每个产品图片文件大小在 150KB 以下，不建议大于 500KB，否则上传可能不成功。产品图片上传，使用后台速度更快。

（2）额外图片。额外图片是指除主图以外的产品图片，这里最多可以上传 10 张图片。通过本地计算机上传，支持多个图片文件同时上传。点击产品图片右上角的“×”按钮可以删除该图片。多个产品图片上传的速度，受网络环境影响较大，商户需要耐心等待上传完成。通过网络地址上传，只能逐个复制单个产品图片上传。

产品上传出现网络异常、未知错误、图片不显示等问题，大多数和网络环境有关。使用跨境电商专用的 ERP 系统能方便地批量上传产品图片，减少网络环境引起的上传异常。额外图片最多只能上传 10 张，但在产品上传成功之后，在该产品的“手动更新产品”→“措施”→“编辑产品”里面，可以补充额外的 10 张产品图片。

3. 库存和运送

库存和配送部分包括产品销售价、产品库存、产品运费、预估配送时间。

（1）产品销售价（Price）。产品销售价就是指该产品在 Wish 平台销售给客户的销售价格，包括了产品成本、利润和 Wish 平台收取的 15% 佣金等主要部分。在实际运用中，产品销售价还会涉及多个成本细节因素，商户可以根据自己的实际需求进行调整。下面以比较简单的计算公式为例讲解。

产品销售价（美元）＝产品采购成本（元）÷当前美元汇率÷（100%－利润率－Wish 佣金率－收款手续费率）

不同类型的产品，有不同的利润率，在不同的时间段，有不同的汇率，计算得出了不同的销售价。下述举例的三种产品的销售价计算过程如下：

产品 A：流行饰品戒指，采购成本均价 3.6 元/个，当前美元汇率是 6.95，利润率 10%，Wish 佣金率 15%，收款手续费率 1%。

产品 A 销售价 ＝3.6 元 ÷6.95÷（100%－10%－15%－1%）＝0.7 美元 ≈1 美元

由于 Wish 平台销售价都是整数，因此该产品销售价是 1 美元。

产品 B：夏季女背心，采购成本均价 9.3 元/件，当前美元汇率是 6.98，利润率 16%，Wish 佣金率 15%，收款手续费率 1%。

产品 B 销售价 ＝9.3 元 ÷6.98÷（100%－16%－15%－1%）＝1.96 美元 ≈2 美元

产品 C：夏季女高跟鞋，采购成本 78 元/双，当前美元汇率是 6.90，利润率 15%，Wish 佣金率 15%，收款手续费率 1%。

产品 C 销售价＝78 元÷6.90÷（100%－15%－15%－1%）＝16.38 美元≈17 美元

计算产品销售价需注意：Wish 平台对每一笔订单的销售额扣除 15% 的佣金。产品销售价都是以整数计算的，最低默认是 1 美元整。Wish 后台默认以美元作为标准价格，填写用美元表示的销售价即可，不需要填写用其他货币表示的售价。产品在不同国家销售时，产品销售价会自动转换成支持的货币价格。美元汇率小幅度变动是正常现象，不需要频繁调整产品销售价格。产品销售价越低，需要精确计算的成本数值越多。对于海外仓产品，需要把海外仓的相关费用分摊到产品采购成本里面进行计算。不同海外仓的产品销售价一般是不同的，需要独立计算。退款率一般不会放在产品销售价中作为成本计算项目。

目前，Wish 对优质产品拥有自动调价的权利，产生的销售成交额仍然按照商户设定的产品销售价结算给商户。即：Wish 升价所增加的销售金额不会给予商户，而是由 Wish 平台所得；Wish 降价所减少的销售金额也不会扣除商户的，而是由 Wish 平台承担。Wish 对优质产品自动调价，会对该产品的转化率产生影响，导致该产品的订单量增加或减少。如果该产品的订单量没有变化或持续减少，Wish 会在一定时间之后自动恢复原价。

（2）库存（Quantity）。库存是指该产品的库存数量。库存只允许为 50 万及以下的自然数，超过 50 万的库存量将会自动降低。库存只能填写整数，不能填写库存的单位等额外的文字信息。如果销售的产品存在不同的单位（例如套/打/双/包/箱/袋），需要在前面的“描述”当中标注清楚。目前 Wish 政策规定：下架 9 天内销售额超过 500 美元的产品会被罚款 50 美元。当库存为 0 时，该产品无法被购买，但该产品不会被自动下架（禁用），商户可以根据自己的实际情况决定是否增加库存。

库存不要盲目填写过多，例如没有实际库存或实际库存只有 10 个的，就不要填写 10000 个。一般来说，销售价低（1～20 美元）的产品，库存可以填写几百个、几千个；销售价高（20 美元以上）的产品，库存可以填写几十个、几百个。海外仓产品的库存建议准确填写，否则可能因为突然的大量缺货导致部分客户退款而影响海外仓产品的销售权限。海外仓产品补货存在时间周期，一般在补货到仓之后，再去增加正在销售的产品库存。

（3）运费（Shipping）。运费是指该产品包裹从始发地经过物流服务商渠道承运，并配送到目的地或配送给目的客户所产生的配送费用。运费计算的关键因素包括产品类型、产品包裹重量和物流渠道，其他因素有更多的成本计算项目。下面是比较常用的运费计算公式：

产品运费（美元）= 物流成本（元）÷当前美元汇率÷（100% - 利润率 - Wish 佣金率 - 费率）

见表6-1，以目的国都是美国为例，三种不同类型的产品，打包后有不同的重量，使用不同的物流渠道，根据当时的汇率，计算得出了不同的运费。

表6-1 运费计算示例

产品	打包产品重量	物流渠道	运费单价	物流成本（元）	当前美元汇率	产品利润率（%）	Wish 佣金率（%）	收款手续费率（%）	运费（美元）
A. 戒指	0.055kg	中国邮政小包平邮	85 元/kg	4.675	6.95	10	15	1	1
B. 背心	0.155kg	中国邮政小包平邮	90.5 元/kg + 挂号费 8 元	22.0275	6.98	16	15	1	5
C. 鞋子	0.585kg	e 邮宝	80 元/kg + 挂号费 8 元	55.8	6.90	15	15	1	12

这三种产品的运费计算过程如下：

产品 A 运费 = 4.675 ÷ 6.95 ÷ （100% - 10% - 15% - 1%） = 0.91 ≈ 1 美元

产品 B 运费 = 22.0275 ÷ 6.98 ÷ （100% - 16% - 15% - 1%） = 4.64 ≈ 5 美元

产品 C 运费 = 55.8 ÷ 6.90 ÷ （100% - 15% - 15% - 1%） = 11.72 ≈ 12 美元

Wish 对产品销售价和运费都统一收取 15% 的佣金，为了平衡产品销售价和运费，在运费的计算过程中，常常会把产品的利润率也计算到运费中去。商户可以根据自己的实际需求调整运费计算中产品利润率。例如产品的利润率不参与计算的运费，只需要把计算公式中的利润率填写为 0 即可。

运费计算有以下几个注意事项。运费也是按整数计算的，最低默认是 1 美元整。例如你把运费写成 0.4 美元，Wish 仍然会按最低整数 1 美元去收取客户 1 美元的运费，但是 Wish 和商户是按 0.4 美元结算，多出的 0.6 美元由 Wish 所得。运费计算与最终收取的运费存在 ±5% 浮动差异是正常现象，运费最终收取金额以物流服务商的收取金额为准。如果最终运费差异过大，需要核实是否漏寄、多寄或有其他的关税、偏远地区附加费等费用产生。如果是海外仓产品，需要按海外仓所在国家的物流费用进行独立的运费计算。物流成本（元）可以通过第三方 ERP 系统或物流服务商的物流系统的“运费试算”功能快速获得，具体操作因 ERP 系统或物流系统的不同会有细微差异。

Wish 支持同一个产品对不同国家收取不同的运费，不同国家的运费计算方法和前面的运费计算一致。值得注意的是，当前产品的运费，只是该产品的基础标准运费，默认适合所有允许销售的国家。要想对产品设置不同的运费，并不是在这里填写，而是在产品上传发布之后，再针对该产品设置国际运费，菜单路径是：“产品”→“更新现有产品”→“手动”→选择要编辑的产品”→“编辑国际运费”。

运费超过产品销售价是常见的情况。为了平衡产品销售价和运费，往往会调整真实的产品销售价和真实运费，调整后的总价仍然不变，产品销售价和运费会有变化。在实际使用中，使用 Excel 计算公式可以快速计算得到产品销售价和运费。除使用 Excel 计算公式外，使用专业 ERP 系统来计算产品销售价和运费更加易于管理。

（4）配送时间（Shipping Time）。配送时间是指从客户下订单到客户收到订单的配送包裹的预估时间。由于这个时间是预估时间，商户可以相对宽松地勾选，如果预设的时间范围不符合自己的情况，那么可以填写其他预估时间。

配送时间不要盲目地写很大的时间范围，例如 5～60 天，否则会影响客户购买而降低转化率。海外仓产品的配送时间需要按照 Wish Express 政策填写。Wish 会自动优化配送时间。配送时间不是绝对不变的预估时间范围，Wish 会在该产品产生订单之后自动计算所有订单的真实配送时间的平均值，并用该平均值去代替该产品的配送时间。

虽然这里的配送时间是预估的时间范围，但是在订单的实际配送时间方面，是有 Wish 政策约束的。如果商户的订单实际配送时间超过规定的该国家的时间标准，订单将会被退款，并由商户承担 100% 的退款费用。

商户在发布产品时填写了配送时间之后，在后续的 Wish 运营中，需要重视并跟进该产品订单对应的物流渠道的实际配送情况。

综合以上的产品销售价、运费、库存、配送时间，以女鞋为示例，填写完库存和运送，如图 6－20 所示。

图 6－20　库存和运送填写

4. 颜色

颜色就是指产品的主体颜色。颜色需要按照 Wish 提供的颜色种类来匹配选择。Wish 支持的颜色超过 1200 种，商户不能使用 Wish 不支持的颜色，也不能自定义颜色。Wish 提供了比较常用的颜色种类。如果常用颜色种类中没有想要的颜色，那么可以在“其他”选项的输入框中，输入颜色的英文词汇搜索相关联的颜色种类。

如果提示框中也没有想要的颜色种类，那么可以找相近的颜色使用。颜色不是必填选项，如果产品不需要使用颜色，那么可以不选择，留空即可。Multicolor 选项适用于多个颜色的单一产品，如果产品本身有多种颜色，选择其中一种比较容易区分的颜色种类作为主体颜色即可。

5. 尺码

尺码泛指产品的规格，包括男服装、女服装、婴儿/儿童服装、婴儿/儿童鞋、额外的服装、数字、文胸、男鞋、女鞋、通用鞋码、MacBook、智能手机/平板电脑、游戏设备、耳机、床上用品、内存条、面积、长度、体积、电压、瓦数、重量、形状、电插头、男式西服和礼服、自定义、其他等 27 个选项。以女服装类的女连衣裙为例，尺码包括 XXS－XXL 等多种，商户根据自己的产品规格选择对应的尺码即可。

6. 产品变量

选择了尺码之后，会有“产品变量”需要填写，包括 SKU、产品销售价和库存数量。根据前面讲到的相关内容说明，每一个尺码都会对应一个 SKU，不同 SKU 可能有不同的价格和库存数量，必须填写产品变量内容，如图 6－21 所示。

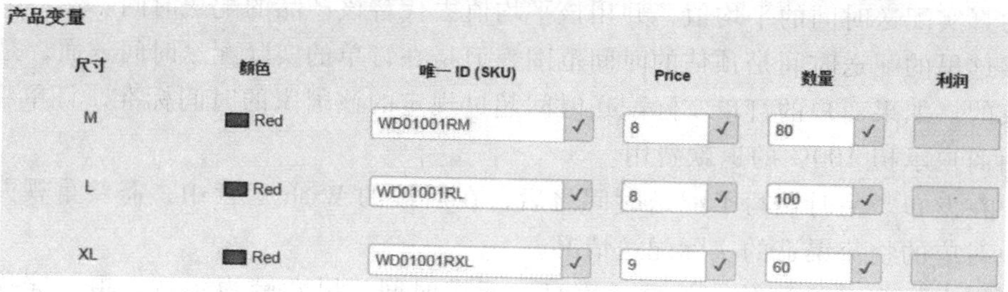

图 6－21　产品变量

值得注意的是，服装类目的尺码会因各国的尺码标准不同而存在一定的差异。Wish 提供的尺码是相对通用的国际标准尺码，Wish 在不同的国家销售服装产品时，会自动把这个标准尺码转换为该国家的常用尺码。商户在售卖服装类产品时，需要优先选择国际标准码或欧码的服装，这样才能更合适地匹配对应的尺码。如果服装本来是中国尺码的，那么需要商户自行把产品尺码转换标准尺码。

除服装以外，其他产品的尺码也按照类似的思路操作：匹配正确的国际标准。如果尺码的选项无法满足产品规格要求，可以通过“自定义”选项进行自定义，常见的产品附带赠品、多产品组合等都是使用自定义功能实现的。

尺码也不是必填选项，如果单一产品用不上尺码，可不用选择，留空即可。尺码不匹配的，尤其是服装类产品，容易产生因“产品不合适”导致的退款。尺码转换最简单的方法就是参考其他电商平台的同类产品。若存在不一致的尺码，商户需自行在图片或描述中注明非标准尺码的实际尺寸。

7. 可选信息

可选信息是指可以选填的内容，这类信息也可以留空不填写。

（1）建议零售价（MSRP）。MSRP 是指制造商的建议零售价，默认单位是美元。建议大家填写此字段，它将在 Wish 的产品销售价上方显示为带删除线的价格。该选项只能是数字，不得包含其他文字。例如可接受的 $ 19.00 和 19.99，不可接受的 19.99＋S/H。

MSRP 和服装中的“吊牌价格”，超市中促销中的“原价”类似，可以起到促销提示作用。建议商户都填写 MSRP，MSRP 可以自由填写，但不要低于产品销售价，也不要高得过分。

（2）品牌（Brand）。品牌就是产品的品牌或制造商名称。例如可接受的 Nike 和 New

Brand，有品牌授权的条件下可接受的 Sony。自主品牌可以填写，也可以不填写。有品牌授权的建议填写，这对客户辨识品牌产品有帮助。没有品牌授权的不能填写，否则会触犯知识产权而被判产品侵权。

（3）通用产品代码（UPC）。通用产品代码是 12 位数字组成的通用产品代码（UPC，Universal Product Code），不包含字母或其他字符，用于跟踪店内商品，在销售时扫描的条形码也是由它构成的。UPC 码是美国统一代码委员会制定的一种商品用条码，主要用于美国和加拿大地区。UPC 码需要产品所属人去申请办理并缴纳费用才能获得。目前，Wish 对 UPC 码不做要求，商户可以填写，也可以不填写。例如可接受的 716393133224 和不可接受的 asdf884445ds。正版 UPC 码需要付费购买。填写虚假的 UPC 码没有任何意义。

8. 摘要

摘要是指对未填写或填写错误的必填选项信息的说明或提示。至此，点击“提交”按钮，即可完成一个产品的添加。产品添加成功之后，在后台“产品”→“查看所有产品”菜单或者在“产品”→“更新现有产品”→“手动”菜单可以查看已经上传的产品。

3.1.2 批量添加

使用 CSV 文件批量添加新产品是指根据指定的 Excel 模板批量填写新产品信息之后生成 CSV 文件并上传到 Wish 后台的过程。位于后台“产品”→“添加新产品”→“产品 CSV 文件”菜单，如图 6－22 所示。点击“入门指南”右边的“＋”，可以展开使用 CSV 文件的说明。在“CSV 文件模板”里面点击下载“XLSX 文件”和“CSV 文件”。在“CSV 文件示例”里面点击下载“XLSX 文件”和“CSV 文件”。

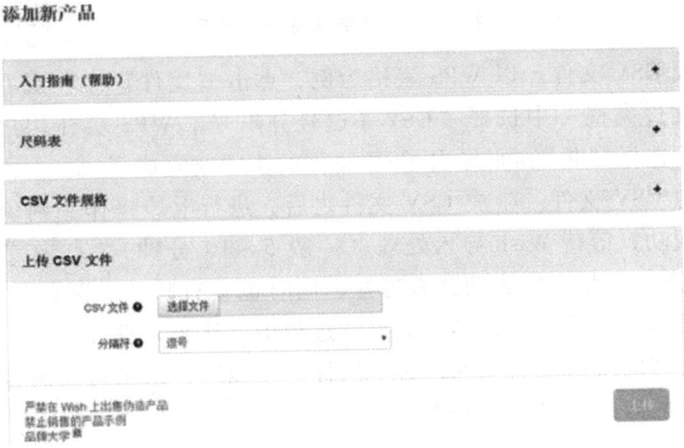

图 6－22　CSV 添加产品界面

“谷歌数据表”是在线预览的 CSV 文件和 XLSX 文件。由于 XLSX 文件能保存文字、行高、列宽等表格格式，而 CSV 文件不能保存表格格式，为便于使用，一般的处理流程是：把“CSV 文件模板”中的“XLSX 文件”下载并打开，删除示例数据，根据模板格式要求填写产品信息之后，生成 CSV 文件，然后用生成的 CSV 文件进行产品上传。点击“尺码表”右侧的“＋”，可以看到男士服装尺码表和女士服装尺码表，此处仅供参考。点击“CSV 文件规格”右边的“＋”，可以看到模板文件的属性说明。

SKU、产品销售价、标题、库存、运费、主图、标签、描述是必填选项，都必须填写，否则上传会出错；其他的是可选属性，可以不填写，留空即可。点击属性前面的“?”，会有相关说明或提示。对于入门指南、尺码表、CSV 文件规格这三项内容，商户如果已经熟练使用，就可以直接略过，直接进入“上传 CSV 文件”的步骤。

步骤一：下载“ XLSX ”文件。

步骤二：批量填写产品信息，如图 6－23 所示。填写 Parent Unique ID 最简单的方式就是选择该产品的第一个 Unique ID（即是 SKU）作为 Parent Unique ID 。尺码、颜色并不是必填选项，部分产品没有这个需要，可以不填写，但 Wish 会提示建议填写，商户可以忽略提示，这并不影响上传结果。产品图片需要批量上传到 QQ 空间、百度网盘等处，并把图片 URL 逐个复制到对应的“Extra Image URL”选项中。

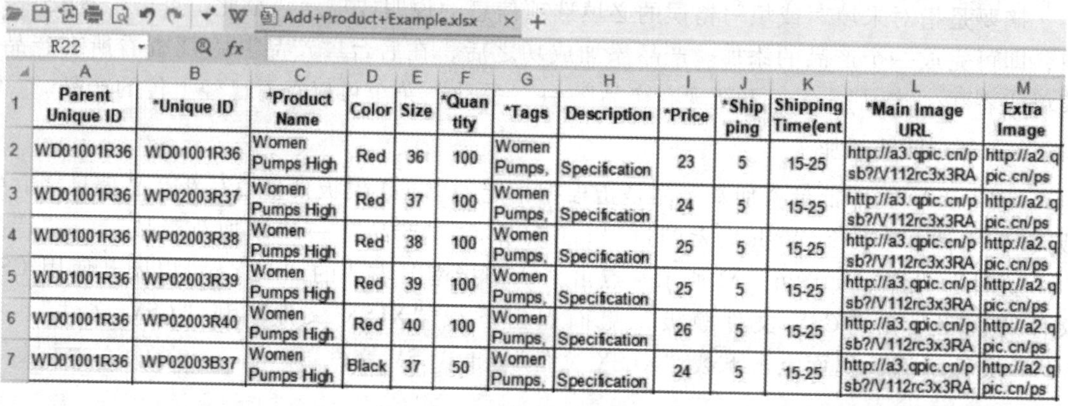

	A	B	C	D	E	F	G	H	I	J	K	L	M
1	Parent Unique ID	*Unique ID	*Product Name	Color	Size	*Quantity	*Tags	Description	*Price	*Shipping	Shipping Time(ent	*Main Image URL	Extra Image
2	WD01001R36	WD01001R36	Women Pumps High	Red	36	100	Women Pumps,	Specification	23	5	15-25	http://a3.qpic.cn/psb?/V112rc3x3RA	http://a2.qpic.cn/ps
3	WD01001R36	WP02003R37	Women Pumps High	Red	37	100	Women Pumps,	Specification	24	5	15-25	http://a3.qpic.cn/psb?/V112rc3x3RA	http://a2.qpic.cn/ps
4	WD01001R36	WP02003R38	Women Pumps High	Red	38	100	Women Pumps,	Specification	25	5	15-25	http://a3.qpic.cn/psb?/V112rc3x3RA	http://a2.qpic.cn/ps
5	WD01001R36	WP02003R39	Women Pumps High	Red	39	100	Women Pumps,	Specification	25	5	15-25	http://a3.qpic.cn/psb?/V112rc3x3RA	http://a2.qpic.cn/ps
6	WD01001R36	WP02003R40	Women Pumps High	Red	40	100	Women Pumps,	Specification	26	5	15-25	http://a3.qpic.cn/psb?/V112rc3x3RA	http://a2.qpic.cn/ps
7	WD01001R36	WP02003B37	Women Pumps High	Black	37	50	Women Pumps,	Specification	24	5	15-25	http://a3.qpic.cn/psb?/V112rc3x3RA	http://a2.qpic.cn/ps

图 6－23　批量填写产品信息

步骤三：生成 CSV 文件。以 WPS 表格为例，点击“文件”→“另存为”菜单，在弹出的对话框的“文件类型”中选择“CSV（逗号分隔）”，WPS 会让用户选择是否去掉不兼容的格式，在此选择“是”，则导出 CSV 文件的步骤就完成了。

步骤四：上传 CSV 文件。生成 CSV 文件之后，进行上传操作。确认无误，点击“提交”按钮。提交成功，等待 Wish 导入处理（一般 5～10 分钟）。点击“查看导入页”可看到 Wish 处理状态。产品上传成功会有通知，同时也会有邮件。至此，使用 CSV 文件批量添加新产品的操作就完成了。在实际的上传过程中，比较常见的错误：SKU 已经添加过或重复添加；不支持的或错误的颜色；必填属性选项漏写；未填写尺码警告提示（对于无尺码、无颜色信息的产品可以忽略该提示）。

3.2　编辑产品

3.2.1　产品信息与图片修改

手动更新现有产品，位于“产品”→“更新现有产品”→“手动”菜单，在产品列表页找到自己想要编辑的产品，在该产品的右侧点击“措施”→“编辑产品”，进入该产品的编辑界面。选择需要更新的内容，例如标题、主图、标签、描述、额外图片、可选信息、各个 SKU 信息等，分别进行修改，点击“更新”按钮即可。具体的操作步骤和前面的手动添加新产品大体一致，不再重复陈述。

如果修改产品信息、图片使其成为一个新的产品（其他的产品），则会弹出将会被罚款 10 美元的警告。如果确认修改的内容没有违反该政策要求，可以直接点击“更新并提交产品以进行审核”按钮进行提交，然后得到更新成功的提示。

产品 ID 和父 SKU 不能更改，也不能删除。如果添加新产品时父 SKU 填写有错误，那么只能把该父 SKU 产品下架，重新添加上传一个正确的父 SKU 的新产品。添加新产品的时候，只能上传 10 张额外的产品图片，但点击“编辑产品”里面的“添加图片 +”按钮可以在已有的 10 张额外图片的基础上，再增加 10 张额外的产品图片。即通过更新产品信息的方式，额外图片可以增加到 20 张，如图 6－24 所示。

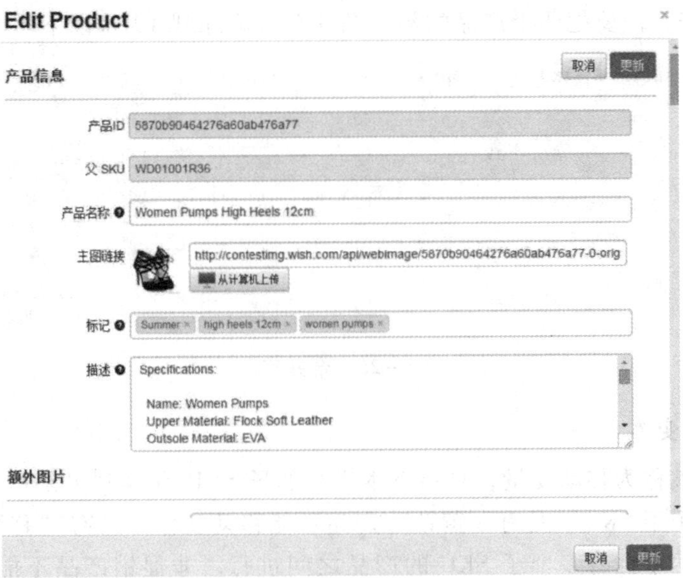

图 6－24　编辑产品信息

3.2.2　产品运费修改

编辑现有产品的运费，直接在产品列表页找到想要编辑的产品，在“配送”选项里面填写配送费，然后点击“更新”按钮即可。在“编辑国际运费”选项中，可以对该产品的不同的配送国家设置收取不同的运费。如果需要调整配送国家并设置运费，需要点击“访问配送设置页面增加或减少配送国家”链接，到“配送设置”里面进行设置。

政策规定促销（黄钻）产品不能提高运费。通过“账户”→“配送设置”来提高默认的国家运费，对促销（黄钻）产品是无效的。通过“编辑产品配送费”或“编辑产品国际运费”的方式来试图提高促销（黄钻）产品的运费也是无效的。

3.2.3　添加产品尺寸和颜色

添加产品尺寸和颜色，就是为现有产品增加一个尺码或一种颜色，又被称为添加变量，泛指为产品增加新的子 SKU。以父 SKU 是 WD01001R36 的女高跟鞋，添加的子 SKU 是 WD01001R41 的女高跟鞋为例：尺码是 41 码，产品销售价是 26 美元，运费是 5 美元，库存是 60 双，颜色是红色。已经存在的 SKU 不能重复添加。颜色或尺码，必须至少填其中一项。促销（黄钻）产品不能添加子 SKU。

3.2.4 合并产品

合并产品是指把其他相同类型的产品并入本产品。以父 SKU 是 WD01001GS 的产品并入父 SKU 是 WP01001 的产品为例，首先复制需要被合并的产品的父 SKU WD01001GS；找到产品 WP01001 并点击“措施”→“合并产品”菜单，如图 6－25 所示；粘贴 WD01001GS 并搜索，勾选“我理解此操作无法撤销”选项，并点击“合并”按钮，就完成了合并产品的操作。

合并产品是在父 SKU 类型相同的产品之间进行的。合并产品之后是无法撤销的，操作不可逆。促销（黄钻）产品不能与任何产品合并。两个要合并的产品，如果额外图片的总数量超过 10 张，需要把两个产品的额外图片总数删除到 10 张以下才能继续合并。

图 6－25　合并产品

3.2.5 移除变体

移除变体又被称为移动变量，是指把本产品的子 SKU 移动到另外一个产品下的过程，该产品会减少一个子 SKU。促销（黄钻）产品不能移动变体，没有“移除变体”的选项。移除变体只能在两个拥有多个子 SKU 的产品之间进行。非促销产品不能移除变体到促销（黄钻）产品下。在满足前面三个条件的前提下，不同类型的产品之间，也可以相互移除变体。

3.2.6 产品上架与下架

在产品列表里面，默认勾选“已启用”，即默认显示所有在线销售的产品。在产品列表里面，勾选“已禁用”之后，所有已经下架的产品也会显示出来。在产品列表里面，去掉对“已启用”的勾选，单独勾选“已禁用”，就只显示已经下架的产品了。在产品列表里面，找到要下架的产品，去掉对“已启用”选项的勾选，然后点击“更新”按钮。

在产品列表里面，去掉对“已启用”的勾选，单独勾选“已禁用”，找到要上架的产品，对该产品“已启用”选项进行勾选，然后点击“更新”按钮，就可以上架产品。新添加的产品默认就是上架（已启用）状态。产品列表显示的产品很多，可以通过输入产品标题、SKU、ID、标签等内容进行查找到自己想要找的产品。

下架全店所有产品就是对全店的所有已经上架的全部产品一次性进行下架处理。操作按钮位于店铺后台右上角。该“下架全店所有产品”的操作一般极少使用。原来已经下架的产品，不会重复下架。下架全店所有产品就是对全店的所有已经下架的全部产品一次性进行上架处理。该操作是对全店所有产品进行上架处理，以往不想上架的产品也会被上架。仿品、禁售品等“被拒绝”的产品不会被上架，也不能上架。

启用所有 SKU 是对单个产品的所有 SKU 批量启用的快捷操作。禁用所有 SKU 是对单个产品的所有 SKU 批量禁用的快捷操作。

3.2.7 预设库存更新

预设库存更新是指对促销（黄钻）产品进行减少库存的操作。该功能的主要作用是对缺货或不再售卖的促销（黄钻）产品按规定减少库存的方式下架，而不受"黄钻产品下架处罚政策"影响，如图 6-26 所示。

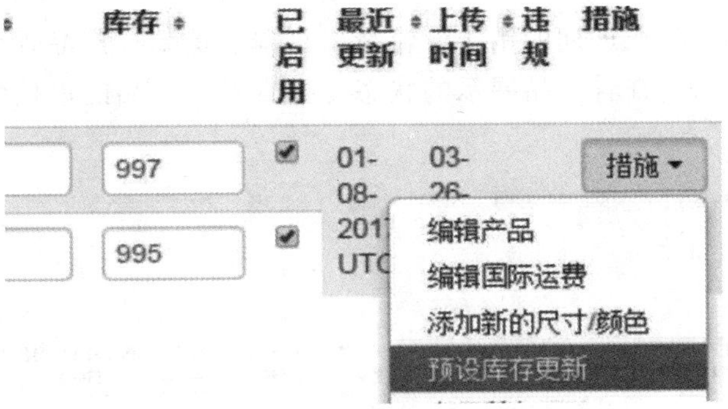

图 6-26 预设库存更新选项

产品库存售完之后，需要商户对该产品手动补充库存，对非促销产品没有此功能。一般在促销（黄钻）产品缺货时间较长时使用该功能。使用预设库存更新功能之后，该产品的推送流量相对会减少。Wish 对允许设置的时间有限制，商户可以每 2 个月进行一次预设库存的更新。

3.2.8 计划下架产品

计划产品下架是指对促销（黄钻）产品进行下架的操作。该功能的主要作用是使处于假期中的或临时缺货的促销（黄钻）产品按计划的时间下架，而不受"黄钻产品下架处罚政策"影响，如图 6-27 所示。

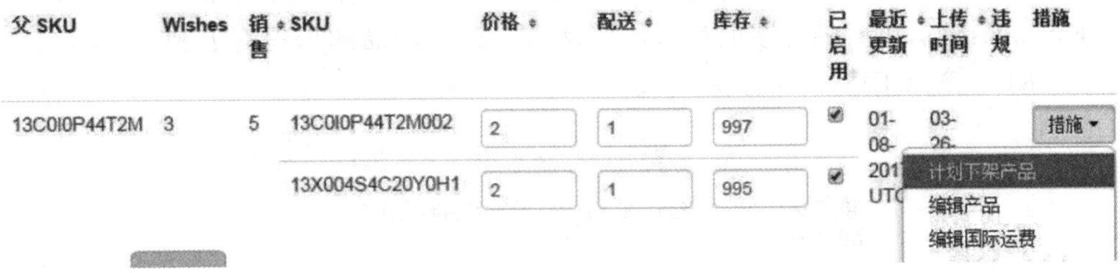

图 6-27 计划下架产品选项

产品下架之后，再上架时需要商户对该产品进行手动操作。对非促销产品没有此功能。一般在促销（黄钻）产品在假期中或临时缺货时使用该功能。使用预设库存更新功能之后，该产品的推送流量相对会减少。

Wish 对允许设置的次数有限制，商户对每个产品只能使用一次。下架的生效时间是操作完 3 天后，所以要比想要下架的时间提前 3 天进行此操作。在下架时间生效之前，还可以修改计划下架时间，生效之后则不能再修改。

3.3 查看产品

查看所有产品，位于“产品”→“查看所有产品”菜单。查看产品清单就是打开该产品在 Wish. com 中的页面查看该产品的信息，包括价格、尺码、颜色、库存、概述、相关产品、产品描述、产品评分、店铺评分、运费等。产品如果还在审核中，则是无法查看的。

如何查看产品的表现指标

产品表现是指该产品在近期的销售、流量、订单、退款、产品评分等方面的数据表现情况，如图 6－28 所示。查看产品展示的状态是指查看该产品的审核状态。

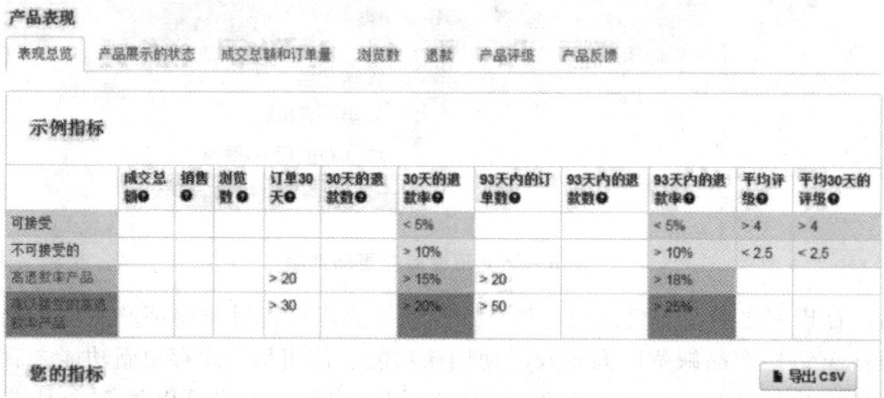

图 6－28　产品表现总览

产品的审核状态的有三种：待审核、已批准、被拒绝，如图 6－29 所示。在产品列表中，默认勾选“待审核”和“已批准”两种状态，显示这两种状态的产品。在产品列表中，单独勾选“审核”选项，会显示待审核的所有产品。在产品列表中，单独勾选“已批准”选项，会显示已批准的所有产品。在产品列表中，单独勾选“被拒绝”选项，会显示被拒绝的所有产品。点击“拒绝理由”选项，可以查看详细的被拒绝的理由。点击“More Examples”可以看到更多的禁售产品理由。查找产品的依据有五种：产品名称、子 SKU、父 SKU、产品 ID、产品标签。

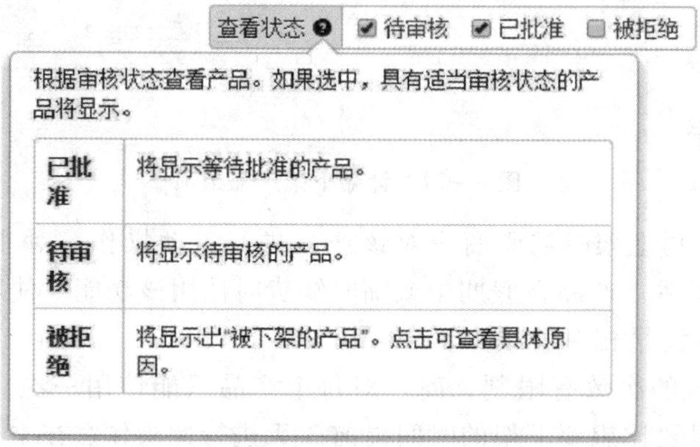

图 6－29　三种审核状态

如果诚信店铺的仿品率高于 0.5%，就会失去诚信店铺的状态标识，并且 Wish 后台首页会提示需要“重新提交仿品审核”。点击查看店铺未能通过仿品审核的原因，可以看到仿品审核失败的详情。在“仿品审核失败详情”页面，我们看到了审核被拒绝的产品，商户需要采取以下措施。

(1) 对于有销售授权的产品，需要提供相应的销售授权书。销售授权审核通过之后，产品就能审核通过，并恢复正常的销售状态。操作步骤和“违规”部分一致。

(2) 如果这些产品被误判或存在与品牌无关的原因，例如描述出现品牌词、带模糊的标签、带模糊的水印等，可以在“违规详情”中对产品进行编辑修改，并提交审核。审核通过之后，这些产品可以恢复正常的销售状态。

(3) 如果确认产品没有销售授权，这些产品就不需要处理，也不需要手动下架。因为产品已经处于“被拒绝”状态，是无法上架/下架的，也是无法销售的。

(4) 对还在审核中的产品进行重新检查，如果发现有仿品，就需要进行下架处理；如果发现有描述出现品牌词、模糊的标签、模糊的水印等问题的，需要对产品进行重新编辑修改。

在进行了上述操作之后，店铺的仿品率表现低于 0.5% 的，可以进行“重新提交仿品审核”操作。重新提交仿品审核后，审核时间一般是 2 ~ 5 个工作日。如果仿品率表现不低于 0.5% 就重新提交仿品审核，会导致审核不通过。如果重新提交仿品审核之后审核仍然未通过，系统将会提示“请你等待等待 3 天后再次提交仿品审核”。

3.4　认证项目

经 Wish 认证的项目是因质量优、评分高、评论好等被 Wish 自动授予 Wish 认证标志的产品。通过 Wish 后台“产品”→“经 Wish 认证的项目”菜单可查看 Wish 认证的产品。Wish 认证的产品，如图 6 - 30 所示。认证产品选择条件包括您的店铺必须是诚信店铺，产品有很好的评分和评价，产品的退款率很低。

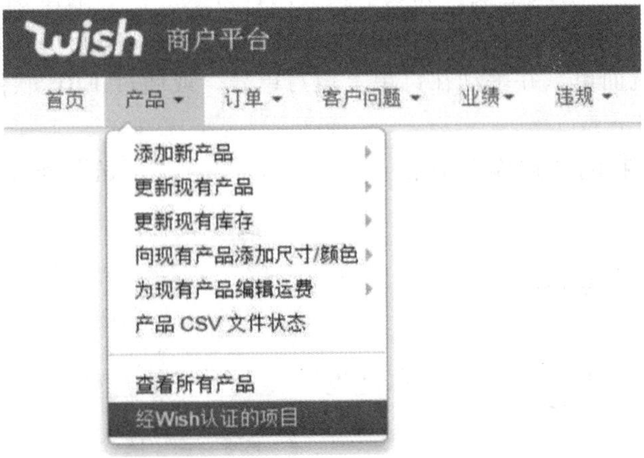

图 6 - 30　认证菜单

产品被 Wish 认证的好处是客户在浏览产品时能看到这一特殊的标志，产品会有更多的浏览量和销量，您的产品将对客户更有吸引力。优化产品使其达到 Wish 认证条件的方法包括：提升店铺产品的评分表现，使用更快的物流方式以提高客户体验，更快地完成订单，以提高产品的评价，准确的产品信息可以提高客户的评价，用坚实的材料包装产品，避免运输过程中的产品损坏。

点击“更多详情”可以查看更详细的 Wish 认证标志说明。如果产品中已经有被 Wish 认证的产品，会在“经 Wish 认证的项目”下方显示出来，如果没有就不会显示。点击右侧的“查看产品表现详情”，可以看到该产品表现的详细情况。如果该产品后续的产品表现达不到 Wish 认证产品的条件，该产品的 Wish 认证产品标志将会被自动取消。

任务四 订单处理

4.1 未处理

在 Wish 后台点击“订单”→“未处理”菜单，打开未处理订单列表页面，如图 6-31 所示。商户也可以在 Wish 后台首页直接点击“待完成订单”，快速跳转至未处理订单列表。

图 6-31 未处理菜单

对于未处理的订单，有线上发货和线下发货两种方式。两者的区别是：线上发货可以直接生成物流面单，给订单自动填写物流跟踪单号；线下发货需要自己使用第三方物流商系统或 ERP 软件生成物流面单，并手动在订单上填写单号，或通过 ERP 软件自动回填单号。

线上发货流程如下：

步骤一：在订单右侧“操作”一栏点击“措施”→“配送”菜单，如图 6-32 所示。

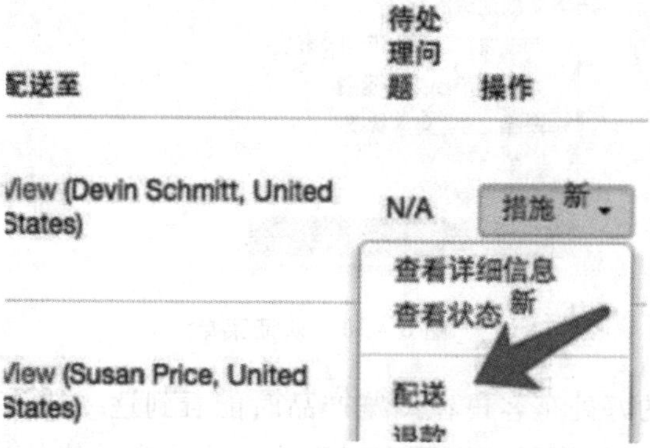

图 6-32 配送选项

步骤二：填写包裹重量和体积。如果产品带有电池，那么需要勾选“这个产品有或存在电池”选项，否则可能导致退件。重量和体积不确定的，可以填写估计数值，因为配送费用是按实际的重量和体积计算的。

步骤三：选择合适的物流方式。Ship it myself 是线下发货的方式。中邮速递和 Yanwen 是与 Wish 平台对接的线上发货物流提供商，可以点击左下角“修改快递设置或选择退出此流程”进行修改。

步骤四：填写寄件人信息和地址信息。寄件人信息和地址信息都需要真实填写，一旦发生退件，包裹会退至此寄件人和地址。该联系信息在第一次填写之后会自动保存，在后面的配送订单中不用重复填写。

步骤五：确认配送信息，包括物流商、物流方式、收件人地址等，这里显示的物流费用只是预估的，不会从你的 Wish 账户中扣除，Wish 账户也不能支付物流费用。物流费用是物流商根据交货时的实际重量收取的，需要另外支付给物流商。

步骤六：确认配送之后，就会进入打印标签面单和发货环节。具体的打包发货环节和线下发货一致。

步骤七：除打包发货的环节外，还需要对订单标记为“已配送”进行确认，表示该订单已经安排发货，将会自动填写物流跟踪单号。线上发货一旦确认标记为“已配送”，物流跟踪单号就不能再修改了。可通过点击“发货标签准备就绪”菜单找到所有需要标记为“已配送”的订单。

4.2　历史记录

在 Wish 后台点击“订单”→“历史记录”菜单，跳转到历史订单列表界面，如图 6-33 所示。

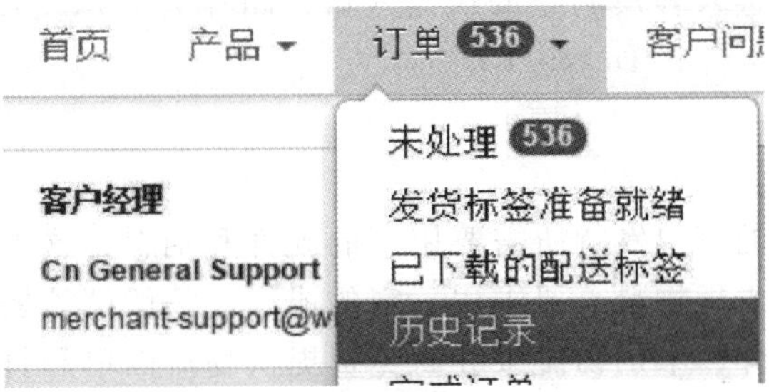

图 6-33　历史纪录菜单项

1. 查看订单状态

订单历史记录列表中的“State”栏，即订单状态栏。订单状态有多种，SHIPPED 表示已标记为“已配送”状态，即已经填写了物流跟踪单号。REFUNDED BY Wish FOR MERCHANT 表示已被 Wish 退款，点击可查看退款原因。CANCELLED BY Wish (FLAGGED TRANSACTION) 表示订单被 Wish 取消，点击可查看原因，如图 6-34 所示。

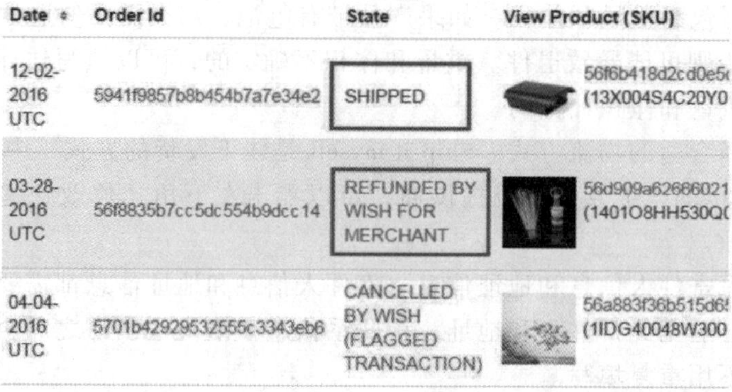

Date	Order Id	State	View Product (SKU)
12-02-2016 UTC	5941f9857b8b454b7a7e34e2	SHIPPED	56f6b418d2cd0e5((13X004S4C20Y0
03-28-2016 UTC	56f8835b7cc5dc554b9dcc14	REFUNDED BY WISH FOR MERCHANT	56d909a62666021 (1401O8HH530Q(
04-04-2016 UTC	5701b42929532555c3343eb6	CANCELLED BY WISH (FLAGGED TRANSACTION)	56a883f36b515d6! (1IDG40048W300

图 6-34　订单状态

2. 退款订单申诉

对于发生退款的订单，申诉入口如下：“历史订单” → 找到退款的订单 → “not eligible for payment”。发起申诉之后的相关操作，可通过 Wish 后台右上角“账户” → “申诉”菜单进行集中处理。

3. 联系用户

如果订单配送存在问题，可以联系用户进行沟通确认，路径为“历史订单” → 找到对应的订单 → “措施” → “Contact User”。问题类型包含：发货地址有问题，产品无法进行配送；包裹已抵达当地邮局，客户可前去提取；超重的包裹，订单将会使用 2~3 个单独的包裹进行配送；用户需要为清关而支付相关税费（关税）；送货地址有问题，并且产品已被退给寄件人；包裹在运输中丢失了，现已经为您重新寄送产品；物件在配送中被毁坏，新的物件已重新发送。

4. 客户问题快捷入口

历史订单中提供了进入客户问题的快捷入口，路径为“历史订单” → 找到对应的订单 → “Open Tickets” → 点击 Tickets ID。

4.3　发货物料

如何查看我的目的国销售和退款表现？

发货物料是指常见的打包发货所需要用到的硬件和辅料，这里仅举例说明以供参考。发货物料需要占用一定的成本，一般都需要商户自费购买使用。另外，个别物流服务商免费提供物流面单和打印服务，商户如果需要使用，可以与自己的物流服务商进行确认。

1. 打印机

激光打印机/喷墨打印机使用 A4 纸。A4 纸的打印机一般价格相对较高，商户可以考虑购买二手的或改装的，或者租用高速打印机。热敏标签打印机使用 10cm×10cm 标签纸。这是一种专门用于打印热敏标签的打印机，与 A4 纸打印机相比，它的性价比更高。

2. 打印纸

A4 打印纸，建议使用标准的 80g A4 打印纸，它厚度足够，不会轻易卡住，打印的文字足够稳定清晰。不干胶标签纸为 10cm×10cm，建议使用防油、防水、防酒精的“三防”

标签打印纸。常见标准物流面单规格是 10cm × 10cm 大小的，需要与标准的 10cm × 10cm 热敏标签打印机匹配使用。

3. 包装辅料

包装袋又被称为快递袋，常见的有纸质和塑料两种材质，适合普通的产品。包装袋一般都有多种规格，商户可以根据自己的产品规格去选择合适的。一般要选择质量好的，否则很容易造成破损。包装盒又被称为快递纸箱、飞机盒，有不同的硬度和厚度，因价格不同而有差异。一般选择硬度足够而重量小的来使用，易碎物品需要配合气泡膜一起使用。气泡膜是一种质地轻、透明度高的塑料包装材料，对产品起缓冲保护等作用，常与包装袋、包装盒一起使用，常见宽度：20cm、30cm、40cm、50cm、60cm、80cm。其他辅料如透明胶、封口胶、编织袋、剪刀等。不同的产品有不同的包装辅料，商户可根据自己的产品选择合适的包装辅料。

4. 统计工具

电子秤又被称为快递称，用于计算重量。选择电子秤要注意重量区间：0 ~ 500g，0 ~ 10kg，0 ~ 30kg，0 ~ 50kg，0 ~ 100kg。重量区间越小，精度越高。对于需要精准统计到 1g 的小物品，建议选用高精度的电子秤。此外，部分可以配合 ERP 系统使用的电子秤，带有计价、计算、计重、无线传输数据等功能，有条件的商户可以考虑多功能的电子秤。扫码枪，发货时扫描物流面单跟踪号，自动传输到电脑中或 ERP 系统里，便于发货确认和数量统计。扫码枪一般有无线和有线两种。无线扫码枪的使用灵活，范围广，不受电线的长度限制。

4.4 打包交货

步骤一：打印面单。根据打印机类型选择合适的面单进行打印。

步骤二：打包。根据产品类型，选择合适的辅料对产品进行包装，并进行封口。

步骤三：贴面单。若用不干胶标签面单，就可以直接撕下面单，贴到包裹上面。用 A4 纸打印的，需要用剪刀裁剪之后，再用透明胶贴到包裹上面，透明胶要全部覆盖面单，以防止破损。

步骤四：扫码统计。利用扫码枪逐个对包裹的面单进行扫码，面单上的物流跟踪单号被扫描之后会自动传输到电脑或 ERP 系统中，便于确认发货记录和统计包裹数量。扫码枪是非必需品，常常与 ERP 系统一起使用，配合电子秤，还能自动盘点包裹数量和记录包裹重量。订单少的商户不需要采购扫码枪，采用简单的人工方式统计即可。

步骤五：过秤核算重量。核算重量就是对包裹称重并记录重量，一般有单个包裹过秤和整袋包裹过秤两种方式。单个包裹过秤能够准确记录每个包裹的重量，对于是否存在错寄、漏寄、多寄、少寄的问题能够提供很好的参考数据。整袋包裹过秤是针对整袋包裹总重量的过秤和记录，便于和物流服务商的交货登记和结算。

步骤六：预约上门揽收。打包等环节完成之后，需要预约物流服务商（货代）上门揽收。预约上门揽收，一般是通过物流服务商的系统预约，或者通过物流服务商提供的仓库/司机联系方式进行电话预约。上门揽收受交通情况的影响很大，预约时要保证时间节点的宽松。物流服务商上门揽收一般都有不同的要求，对达不到要求的需要额外收费或不上门揽收，实际以各个物流服务商的规定为准。

商户如果离物流服务商仓库比较近，可以自行送货至物流服务商仓库。这样能减少上门揽收时因交通问题产生的延误，在一定程度上能够加快包裹上网速度。商户所在区域没有物流服务商时，需要商户自行把所有包裹寄送至物流服务商仓库。寄送过程需要一定的时间，包裹上网时间会受到影响，延迟发货率也存在超标的风险。

步骤七：上网查询。在交货给物流服务商之后，物流服务商一般在 24 ~ 48 小时内完成相关操作，商户通过物流服务商的网站就可以查到物流单号的跟踪信息（物流最新进度信息）。方法由两种，一种是在 Wish 后台按路径“订单”→“历史记录”→订单列表→“Shipment Details”→物流跟踪单号→物流最新进度信息进行查询，如图 6 - 35 所示。另一种是通过全球物流查询平台网站 17TRACK（网址：http：//www. 17track. net/）或 AfterShip（网址：https：// www. aftership. com /）进行查询。

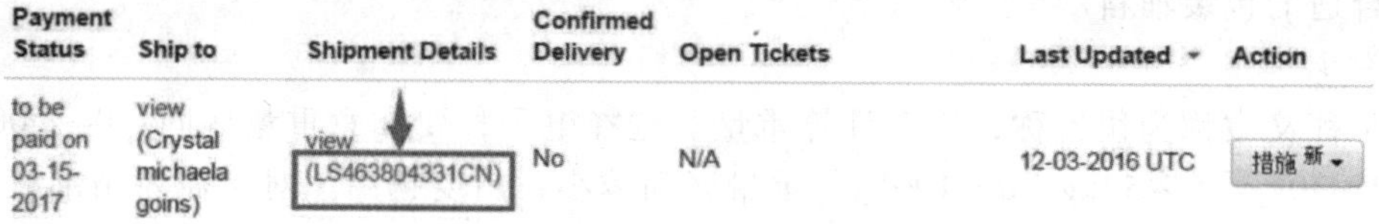

图 6 - 35　点击物流跟踪单号

任务五　数据分析

5.1　分析概述

5.1.1　数据分析的概念

我们所从事的跨境电子商务零售行业，比传统的 B2B 外贸行业更加零散，比国内电子商务零售的服务链条更长，所以要想在竞争日益激烈的跨境零售行业中脱颖而出，对于每个业务链条的把控都需要更加精细，更加有条理。依靠传统的管理模式对日益精细的跨境行业的全部流程进行管理，已经明显不能满足公司发展的需求。对于运营企业或者任何一个平台来说，对数据的挖掘、整理、分类分析、执行能力都在企业的发展中占越来越重的地位。

数据分析是一个比较笼统的概念，是指用适当的统计分析方法对收集来的大量数据进行分析，为了提取有用信息和形成结论，而对数据加以详细研究和概括总结的过程。这一过程也是 Wish 运营决策的支持过程。在实用方面，数据分析可帮助企业主或者账户运营人员做出判断，以便他们采取适当的行动。

我们需要通过数据来了解 Wish 运营中的以下要点：

（1）销售端：通过 Wish 后台数据，我们可以挖掘每个产品的流量、转化率、结账比例，以及产品的评论、销售人员操作店铺的效率情况、日常维护的情况等。通过一些辅助软件，我们可以看到整个 Wish 平台的流量、产品及各种细分类目的一些数据情况，包括店铺自身的表现和平台主要大商户的表现。

（2）运营端：通过 Wish 后台数据，可以看到我们在发货、订单处理环节，以及我们选择的物流商的表现。同时，运营过程中的退款情况、仿品甄别情况，以及用户服务表现，都能直观地通过后台的数据体现出来。但是只靠 Wish 后台的数据，我们只能观测到结果，很难发现具体是哪个细节有优化的空间，所以我们在财务、物流、采购端口等流程中，都应该设置一定的数据监控模型，来进一步发现和优化流程中的问题。

（3）整体规划：我们需要定期根据 Wish 的后台及自身的数据统计，整合一系列财务数据，来帮助企业主或者运营人员了解在 Wish 平台上的投入、收益，以及分阶段的投入产出比，从而让大家能更好地决定在每个阶段应该如何对 Wish 平台进行资源和人力的投入，以及产品方向是否需要调整、做 Wish 的模式是否需要调整这些比较宏观但是非常重大的决策。

5.1.2　数据分析的维度

以 Wish 后台的数据为例，“业绩”菜单下面，是 Wish 运营中最常用到的数据分析板块。点击“业绩”菜单，可以看到下述一些内容，如图 6－36 所示。其中产品概述、销售业绩、用户服务表现、销售图表这几项对于产品和销售端比较重要，评分表现、物流表现、退款表现、用户反馈、仿品率表现这几项对于运营是很重要的数据指标，用户服务图表则便于数据的对比。

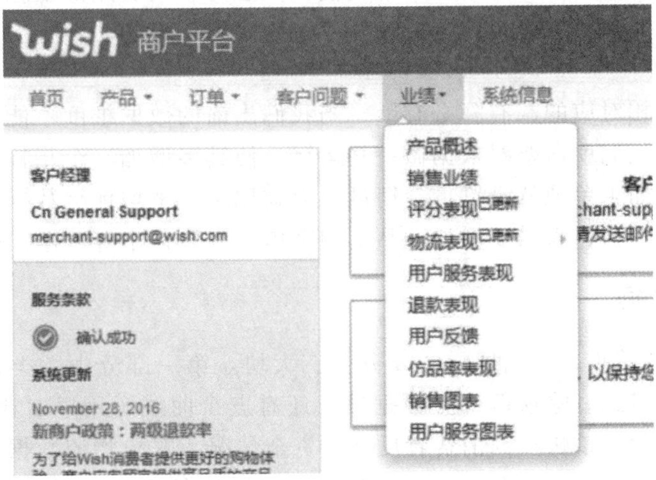

图 6－36　业绩菜单

除“业绩”菜单外，在“产品”菜单中也有我们需要挖掘的数据。从直观的后台数据来看，以下三种数据对掌握产品信息和上架信息会有所帮助。我们可以看到自己店铺当前产品的 SKU、最近更新时间，以及上传时间的相关数据，它们是三种很直观的数据，其中最近更新时间和上传时间可以按照时间进行排序。

同时，我们也不能忽略另外两个有用的信息：Wishes 数和销售数。产品销售数量也可以按照销量高低顺序进行排序。点击任一个单品右侧的“措施”→“查看产品表现”菜单，就看到了单个产品的数据表现情况。

总结了后台数据的展示方式，接下来需要了解可以用哪些思维来开展数据整理和分析。

1. 对照思维

这个维度通常用于对比单品或者单店铺在单位时间中的销售情况，通常采用对比的形式，展示出的形式是柱状图，在 Excel 中很容易生成。一般对于后端运营中比较规范，且用系统进行管理的商户，所使用的 ERP 通常都有统计功能，可以对订单数量或者订单金额进行统计。销量和销售额的统计，体现了在数据处理中很重要的也是最基本的一个思路，就是对照的思路，俗称对比，单独一个数据是绝对化的数字，不能代表什么，而和另一个数据做对比，才能体现出它的价值。

2. 分析思维

我们举一个例子，比如一个销售员 A，通过对照的方式发现店铺这一周的销售额不如上一周，这时只对比销售额就没有多大意义了，而需要对销售额这个数据进行进一步拆分。通过对拆分后内容的分析可以找出导致销售额下降的原因，还可以更进一步细分转化率、流量等数据，找出更深层的原因，直到找出解决方案。

3. 降维思维

当数据的维度太多的时候，我们不可能把每个维度都拿来分析，对于一些相关联的数据指标，筛选出其中能够合并的维度即可。在汇总数据维度时，众多的数据并不是每一个都值得分析，例如当存在“成交总额 = 产品单价 × 订单”这种一个维度可以由其他维度计算出来的情况时，就可以降维。通常我们只关心对我们有用的数据，当某些维度的数据跟我们的分析无关时，就可以将其过滤掉，达到降维的目的。

4. 增维思维

增维和降维是相对应的，有降必有增。当我们当前的数据维度不能很清晰很全面地解释我们的问题时，我们就需要对数据做一些运算，使其多增加一个指标。当我们在分析某个单品的数据时，如果单纯从浏览量、销量、退款比率、平均评级数据等不能分析出产品销售额增减的原因的话，就需要增加产品例如客单价、转化率等数据维度来协助分析。

5.2 首页数据

打开 Wish 后台首页，数据展示主要分为三大块。第一部分由七类数据组成；第二部分由四类统计数据组成。除这两部分数据外，还有五个曲线图用以对比参考。总体来说，商户首页的数据涵盖了该账户的消费者反馈、资金情况、账户物流数据表现、阶段性的销售额和流量表现，其中第一部分数据对于商户来说比较重要，需要重点了解、关注和跟进。

下面分别解释这些数据的含义：

1. 第一部分数据

首先来看第一部分数据的前三项，如图 6－37 所示。

数据 1 为该店铺的平均订单评级情况，展示的是店铺在销售产品之后，消费者对于店铺产品、物流时效、售后服务的综合反馈，数据分为一到五星，店铺评价越接近五星，则说明消费者对于商户的综合服务越满意。点击此项数据下方的“单击以查看评级”链接可以看到详细的客户评价星数和内容。通过评价的详情页面，可以看到每笔评价的情况，同时也可以点击图中的“Actions”下拉菜单联系用户。关于客户评价的相关内容，也可以通过“业绩”→“评分表现”菜单来查看。

图 6－37　前三项数据

数据 2、数据 3 反映的是店铺目前的资金状况。数据 2 为下一个转款日店铺将会收到的金额，数据 3 为因未成功配送而沉淀在店铺里的金额。金额都是以美元计算，根据当天的情况，数据每天都会有所变动，反映的是整个店铺在这一阶段时间的资金流转情况。数据中的日期，即为店铺将会从 Wish 平台收到上方金额的日期。点击日期下方的“更多详情”链接，则可以看到组成图 6－37 中金额的订单详情页。

点击 Order ID 标签，可以进一步查看单笔订单的物流详情及放款情况说明。点击跟踪编号标签，可以查看物流跟踪信息的详细数据。在订单金额详情页面，框线内数值表示的是退款订单。点击相应的 Order ID，可以查看退款订单的具体情况及退款原因。商家还可以比较详细地了解退款订单所有数据，同时也可根据物流跟踪信息来确定是否需要就此笔订单发起申诉。

接下来介绍第一部分数据的后四项，如图 6－38 所示。这四项数据，主要说明店铺在指定的一周内订单处理及物流时效情况，它们对于店铺的流量有直接的影响，所以在日常店铺运营中需要格外重视。这四项数据的定义，都可以通过点击右上角箭头所指位置进行查看。

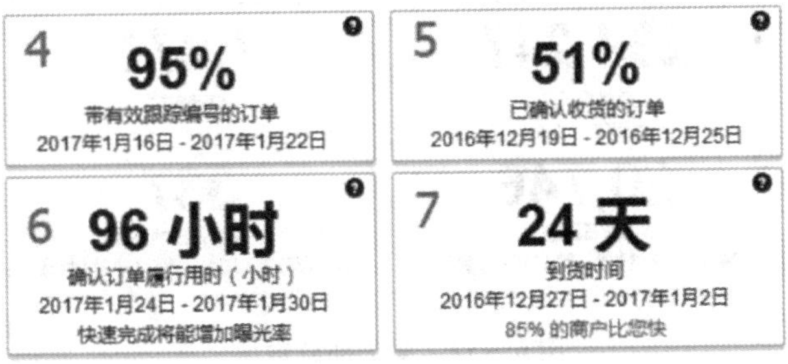

图 6－38　后四项数据

数据 4 指的是在下方日期范围内全部订单中带有效跟踪编号的比例，对于这项数据的指标要求，可以通过“业绩”→“物流表现”菜单来查看。目前的要求是带跟踪编号的订单比例需要达到 95% 以上，如果这个比例在 80% 以下，则需要进一步通过“物流表现”中的数据来详细分析原因，并及时调整物流方案。其中，有效跟踪编号就是 Wish 官方承认的物流承运商所提供的跟踪编号。商户可以在上传跟踪编号之后的第二到三天，在历史订单中查看跟踪编号的上网情况。

数据 5 显示的是 8 ~9 周前的一周内已确认收货的订单比例，目前 Wish 对这个数据还没有制定相应的标准，目前能确认订单已经完成、用户已经收货的方式有两种，第一种是跟踪编号显示已经送达。发送的订单为带挂号的订单，采用有跟踪信息的物流方式，当物流信息更新为“Delivered”以后，此笔订单将会被计为已确认收货订单。另外一种，虽然选用了平邮发货（即没有跟踪信息），但是用户收到货后，在 Wish 客服的邮件提醒下主动帮助确认订单已完成。当用户确认完成收货后，订单也会被计为已确认收货订单。

数据 6 为确认订单履行用时，指的是从下单到确认订单完成的平均时间。这里的下单时间指的是用户下单且通过了 Wish 风控审核的订单日期，可以通过点击“订单”→“未处理”菜单查看。订单完成日期，以商户上传的跟踪单号被系统所确认的日期为准。物流表现指标中，申报完成平均时长、平均确认订单履行用时、延迟发货率和这个指标有关。申报完成平均时长指的是从用户下单到商户在后台确认发货的平均时间，Wish 后台规定最好在 48 小时内完成。平均确认订单履行用时指的是从用户下单到订单的跟踪单号被系统确认的平均时间，延迟发货率是指当周订单中未在 120 小时内确认跟踪编号的比例，如果这一比例连续几周超出 Wish 所规定的 20%，则商户有被暂停交易的风险。

数据 7 为到货时间，是指从下订单到确认已收货所需的平均时长。这个时间点的取值可对照数据 5 和数据 6 的计算方式来确认。到货时间对于消费者的购物转化率有直接的影响，用户在页面上可以直接看到这个数据，到货时间对于消费者最终是否购买有很大的影响。

由于第一部分数据在日常的店铺运营中经常需要监测并有针对性地进行运营方面的调整，所以对于其概念要有比较清晰的认识。

2. 第二部分数据

数据 1、数据 2 展示的是积累到当前日期的总体浏览数和总销售额，数据 3、数据 4 指的是过去 7 天中的浏览数和销售额，如图 6－39 所示。

怎么样能够查看物流表现的指数

图 6－39　第二部分数据

第二部分数据主要为店铺销售端提供数据，针对上述第一部分和第二部分数据，商户在日常运营中需要对数据反映出的问题进行分析，并对具体运营进行调整。比如对消费者的评价，很容易找出评价明细中 1～3 星的评价。每周对其进行汇总，并在“产品表现”页面找到更加详细的数据，通过分析这些数据，有针对性地对该产品进行包装、运输、产品质量方面的优化。也可以查看“产品反馈”一栏，从筛选栏中找出 1～3 星的评价，根据消费者的评价来对单品的营销进行优化。

数据 2、数据 3 是关于店铺的资金的数据，作为电商运营中的核心数据，它们代表的资金运营对于店铺的长久发展非常重要。在店铺处于高速发展阶段时，资金会持续沉淀在店铺中，当店铺处于正常的发展阶段时，如果能够很好地结合 Wish 的放款政策调整物流方案，店铺中留存的待放款金额，每月的放款金额，当月的销售额之间的比例应该大致是

1:1:1 的关系。所以在每月月中（或者 7 号、21 号）放款日，都可以做一次简单的数据统计，来看看目前运营的状况。

针对第一部分数据中的数据 4、5、6、7，需要结合“物流表现”中的具体数据来进行优化和统计。对于第二部分数据的中销售额和流量，可以稍微改变统计方式。把以周为单位的统计汇总改为以月或者季度为单位，这样能更加直观地看出店铺在更长时间段里的表现，同时也可以为店铺运营计划重新划定一个合适的时间段。

5.3　业绩数据

在 Wish 的后台，能最集中用数据来体现的就是“业绩”菜单下的各项指标，如图 6－40 所示。

如何查看产品的表现指标

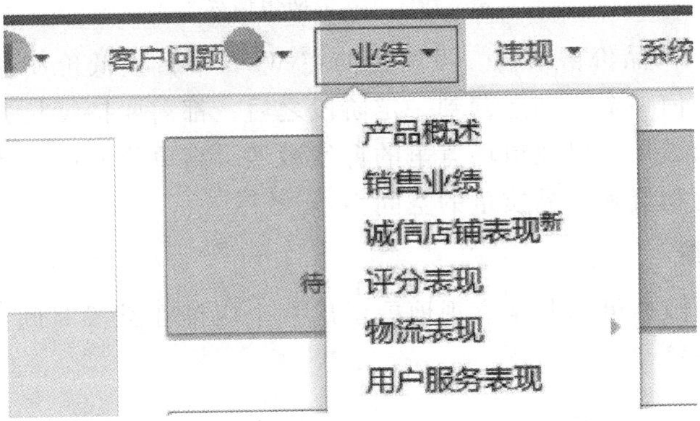

图 6－40　“业绩”菜单

店铺“业绩”菜单中的数据，会以周为单位，在每周三进行更新，每次更新完数据后，商户都应该在第一时间去查看自己店铺当周的表现。接下来，我们将对每项数据的含义进行介绍，同时对比较重要的几项数据进行详细的分析，以及给诸位商户推荐一些不同的统计方式。

5.3.1　产品概述

产品数据概述，展示的是店铺中上架的产品数量、动销 SKU 的数量、单产品中包含的 SKU 数、平均价格与运费、价格与运费比、单产品的附加图片数量，以及店铺当周的浏览量和销售额。数据可以导出，以便完成进一步的加工和分析。这部分数据主要可以帮助商户完成以下几种操作：

（1）检查店铺每周的产品上新是否完成。

（2）检查上架产品的价格与运费比是否符合规范。

（3）可以通过对比店铺流量、销售额与上架产品总数，来查看店铺动销情况。如图 6－41 所示，在第 18 周，当产品数量明显减少的时候，销量并没有明显下降，与第 8 周和第 13 周数据对比，产品数量并没有直接决定流量和销量。但是长期来看，店铺内的产品数量与销量和浏览量有着正向关系。所以对于店铺的产品运营，以开发持续动销的产品为最核心任务，并且需要持续增加店铺内的产品基数。

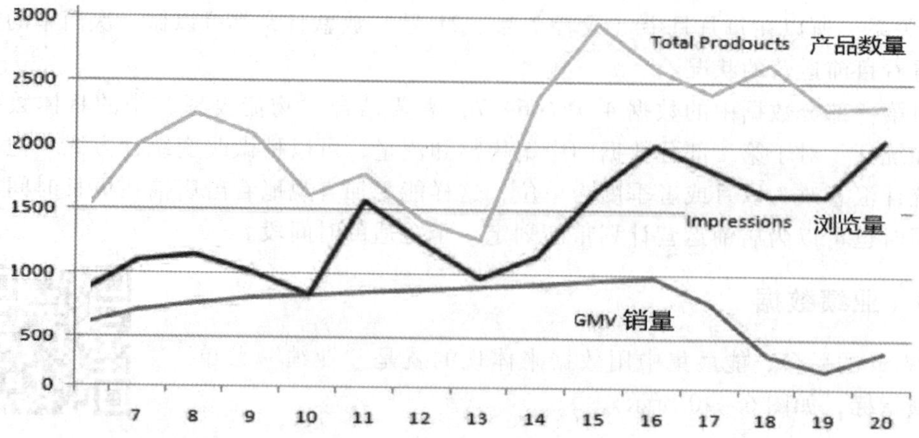

图 6-41　分析动销情况

（4）监控店铺的产品价格结构。虽然目前在 Wish 平台上低价产品更有可能成为销量巨大的爆款，但是任何一个店铺运营到一定阶段之后，都需要持续拉升自己的销售平均单价，因为随着店铺的成长，以及市场竞争的愈发激烈，高单价的产品才能在更长久的时间里留给自己更多优化物流和产品质量的空间。

5.3.2　销售业绩

销售业绩这一项数据可以非常直观地展示出一个店铺在某段时间内的表现，如图 6-42 所示。

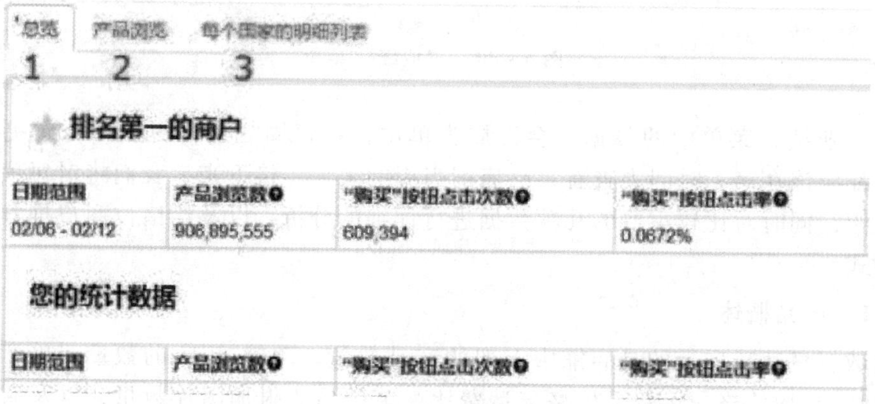

图 6-42　总览

（1）总览，展示的是店铺的运营状况，可以看到该店铺在特定日期范围内的流量、点击转化率、结账转化率，以及成交金额等核心数据。

（2）产品浏览，是针对该日期范围内的单产品数据进行展示，是我们对单品进行淘汰和优化的重要依据。

（3）每个国家的明细列表，展示的是各个国家的销售金额和趋势，但是展示的并非一周的数据，而是取了三个月前的月数据。产品详情，展示的都是产品的运营表现数据。

与产品浏览不同的是，通过产品详情可以回溯前几周的产品数据，即在本周仍可查看单品在前 19 周的数据表现。所以，通过产品详情，可以将单品的数据以周为单位进行排列，来查看产品的转化情况对流量的影响，同时也可以来判断单品的生命周期，作为备货和开发新品时的依据，如图 6－43 所示。

日期范围	产品图片	产品浏览数	购买”按钮点击率	结帐转换率	成交总额
02/06 - 02/12		288,044	0.0583%	52.98%	$226.95
01/30 - 02/05		311,468	0.0498%	54.19%	$214.20
01/23 - 01/29		363,701	0.0591%	57.67%	$316.20
01/16 - 01/22		385,005	0.0564%	59.91%	$331.50
01/09 - 01/15		379,079	0.0594%	55.11%	$316.20
01/02 - 01/08		392,503	0.0716%	58.36%	$418.20
12/26 - 01/01		410,263	0.0765%	47.13%	$377.40
12/19 - 12/25		349,826	0.0655%	62.45%	$364.65
12/12 - 12/18		406,486	0.0588%	53.14%	$323.85
12/05 - 12/11		487,330	0.0702%	63.16%	$550.80
11/28 - 12/04		441,851	0.0887%	64.29%	$642.60
11/21 - 11/27		620,856	0.1055%	59.24%	$989.40
11/14 - 11/20		764,898	0.1004%	51.17%	$1,002.15
11/07 - 11/13		874,631	0.0972%	57.53%	$1,246.95
10/31 - 11/06		628,419	0.1123%	56.80%	$1,022.55
10/24 - 10/30		314,823	0.1353%	62.44%	$678.30
10/17 - 10/23		177,701	0.1446%	51.75%	$339.15
10/10 - 10/16		126,483	0.1249%	54.43%	$219.30
10/03 - 10/09		104,814	0.1221%	59.38%	$193.80
09/26 - 10/02		134,200	0.0939%	50.79%	$163.20

图 6－43 产品详情数据

在销售业绩中，最重要的数据是“购买”按钮点击率（简称“转化率”）和结账转化率，所以针对“购买”按钮点击率，我们需要做更多的数据加工和分析，除了图 6－43 中对单品转化率的排列和对比，还可以对整个店铺进行数据的整理，如图 6－44 所示。

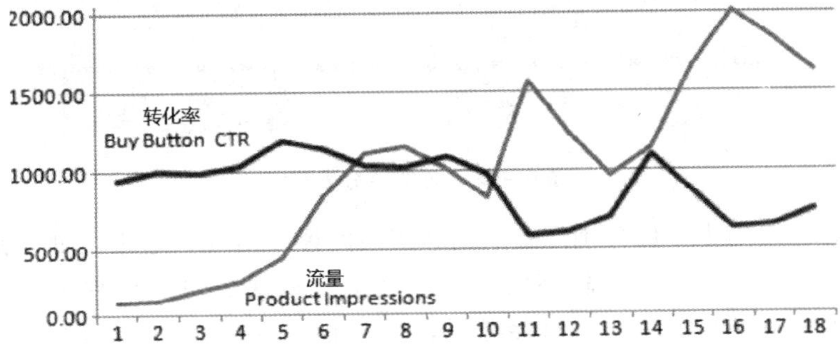

图 6－44 整个店铺的数据整理

通过图 6－44 可以看出，店铺的转化率在 2～3 周后将比较直接地影响店铺的整体流量。另外，可以看出，当店铺转化率在 0.1% 以上时，店铺流量会持续上升，所以在运营店铺时，至少需要保持自己的店铺每周转化率在 0.1% 以上。

如果要优化这一数据，就不光看整个店铺数据，还需要从主要的单品数据进行分析，及时下架店铺中长期（一般是上架后 2～3 个月）无转化或者转化率低的单品。通过数据分析单品，可以逐步调整单品的售价和备货库存数量，对于单品的点击转化率和购物车转化率标准，可以参考店铺的转化率标准，但是每个单品都有自己的生命周期，还需要结合其他的销售软件来查看该单品在市场上的销售情况。

在店铺和产品数据中，都有一项“排名第一的店铺（或产品）”的表现情况。商户可以对照此项数据来掌握自己店铺的情况。其中，“购买”按钮点击率为“购买”按钮点击次数除以产品浏览数，结账转换率为订单数量除以购物车浏览数。单品的结账转化率可用以判断单品定价是否合理，以及店铺的物流时效是否有竞争力。结账转化率的标准，通常可以对标排名第一的店铺（或产品）。

5.3.3 诚信店铺表现

诚信店铺表现数据是在 2017 年推出的数据指标，提高了诚信店铺的评判维度和难度。

新的诚信店铺的表现将从仿品率、有效跟踪率、延迟发货率、30 天平均评分、在 63 ~ 93 天内的退款率这五项数据来评判，其中仿品率数据将在 5.3.8 小节详细介绍，延迟发货率将在 5.3.5 小节介绍，30 天平均评分将在 5.3.4 小节介绍，63 ~ 93 天退款率将在 5.3.7 小节介绍。

诚信店铺的标准在新的评判规则下将更难达到，通常店铺会在延迟发货率、63 ~ 93 天退款率这两项上不达标，达标的诚信店铺将获得更多流量，同时符合 Wish 认证项目的产品会自动带上 Wish 认证的标识，产品的转化率会得到提高，同时能够获得自助回复邮件的资格，有了充分的沟通，退款率也将会有所降低。

5.3.4 评分表现

评分数据是对店铺首页数据中平均订单评级更加详细的分类统计，共有 6 种，如图 6 - 45 所示。

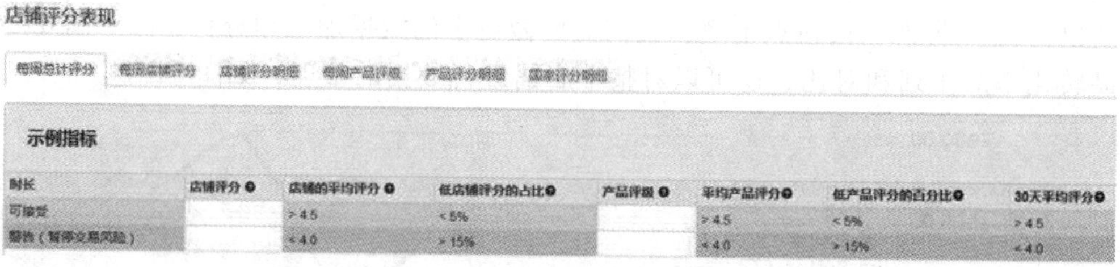

图 6 - 45 店铺评分表现

每周总计评分以周为单位分别统计店铺和产品的评级情况，通常当低店铺评分的占比较低，但是低产品评分的百分比较高时，应该是某个批次的单品出现了质量、尺寸、描述、物流等方面的问题，这时候可以参考列表下方的产品 30 天平均评分排名。点击“查看最差评分产品”按钮，则有评论的产品会按照评分由低到高来排序，可以结合销量和评分进行查看，通过点击右侧的“措施”下拉菜单，可以进一步查看产品资料。点击“产品反馈”标签，可以看到消费者对此款产品的详细评价。

除每周总计评分外，其他数据如每周店铺评分、店铺评分明细、每周产品评级、产品评分明细，以及国家评分明细，是以曲线图的形式展示评分数据。

国家评分明细是以国家为维度来将评价进行分类，通过这个分类，我们可以比较直观地发现哪些国家的服务目前比较欠缺。

5.3.5 物流表现

物流表现数据汇总了运营中物流方面的数据，是商户在物流方案优化、渠道选择、物流商选择等所有物流方面的决策上最好的数据依据。物流表现页面分为五个板块。

“每周发货 & 运输”板块，主要监控店铺首页数据中提到的商户标记发货时间、跟踪编号上网时间、有效的跟踪比例（带有效跟踪编号的订单占全部订单的比例）、延迟发货率，以及订单平均配送时长。目前对于店铺运营比较重要的是有效的跟踪比例和延迟发货率，这两项指标不仅会影响诚信店铺的评选，而且会有导致店铺被暂停交易的风险，所以需要大家首先确定所选取的物流是否满足 Wish 平台的要求。同时，由于国内物流在 11、12 月份经常会出现大面积延误，而且各个物流渠道也经常会提出一些对产品要求的变更，所以，对于日常的订单，都需要在标记发货之后，在第二天及时抽查订单的上网情况，由于 Wish 的数据有一定的延后性，所以每周需要检查带跟踪编号订单的签收情况，以确保渠道的稳定。可以要求合作的物流商协助每周更新物流的进度。

在“目的地国家”板块，商户可以根据发货地国家、物流商来分别查看各个目的地国家的上网时间、妥投率，以及配送退款率等。根据此项数据，可以选择出配送退款率较高的国家集中进行物流优化，也可以对所选物流渠道和国家如何结合给出数据上的参考标准。

“物流承运商”板块主要针对商家所选的发货渠道按国家做分类统计，这个统计对于我们评价各个物流商的表现非常关键。

“物流服务走势”板块以曲线图来展示不同维度的物流表现，商户可以通过点击“标准”下拉菜单，查看相关各项物流数据。

在“全球物流服务商数据”板块，Wish 汇总了所有的物流服务商在 Wish 平台上的表现情况，给了大家一组参考性数据，目前这组数据依据精细到了以州为单位。所以商户在物流条件允许的情况下，结合此项数据，可以制定最优化的物流方案。

5.3.6　用户服务表现

用户服务表现类数据，主要反应账户 30 天、63 ~ 93 天退款情况，以及处理客户邮件的情况，其中 63 ~ 93 天退款率能直接影响产品单品的销售，也影响店铺是否能够被评选为诚信店铺。

其中 30 天、63 ~ 93 天退款率都是以其日期所涵盖范围内的退款数量除以订单数量，30 天退款率的参考价值不大，因为目前的 Wish 订单退款多数归因于物流问题，一般在 2 ~ 3 个月的时间里才会慢慢产生退款。在这里尤其需要注意“产品浏览”这一板块，如图 6 – 46 所示。

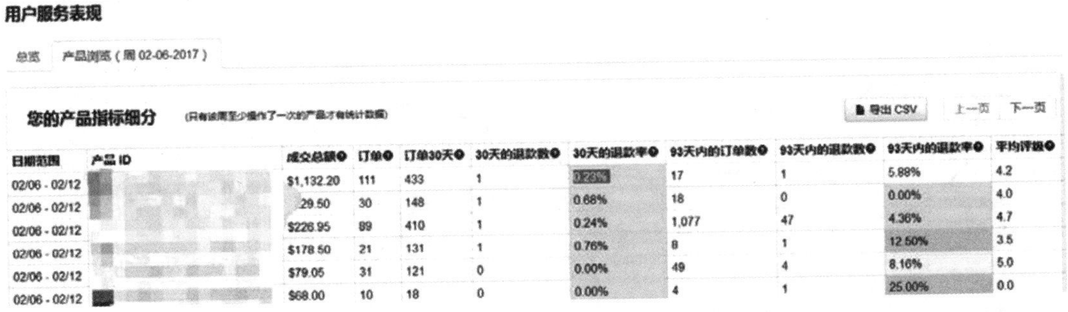

日期范围	产品 ID	成交总额	订单	订单30天	30天的退款数	30天的退款率	93天内的订单数	93天内的退款数	93天内的退款率	平均评级
02/06 - 02/12		$1,132.20	111	433	1	[illegible]	17	1	5.88%	4.2
02/06 - 02/12		29.50	30	148	1	0.68%	18	0	0.00%	4.0
02/06 - 02/12		$226.95	89	410	1	0.24%	1,077	47	4.36%	4.7
02/06 - 02/12		$178.50	21	131	1	0.76%	8	1	12.50%	3.5
02/06 - 02/12		$79.05	31	121	0	0.00%	49	4	8.16%	5.0
02/06 - 02/12		$68.00	10	18	0	0.00%	4	1	25.00%	0.0

图 6 – 46　产品浏览

虽然单品数据中 30 天的退款率并不高，但是可以发现，很多产品 93 天内的退款率很高，目前 93 天内的退款率高于 15% 会被警告，高于 30% 则产品会被下架。这是对店铺运营影响很大的处罚，所以对于刚开始热销的产品，应该多使用优质的物流渠道，以挂号邮为主，以免因为一两笔订单的物流问题就导致退款率过高，往往这时产品正处于销售情况最好的时期。

5.3.7 退款表现

退款表现数据是从另外的时间维度来统计退款率的，此项数据对店铺流量和单品流量有着直接的影响，即单周内销售越多退款越少，就会有越好的流量表现。

在退款表现板块，退款原因的分类更加精细。退款的主要原因是配送时间过长，其他几项退款原因，都是我们可以立刻检查，并对相应流程进行优化的。点击“产品详情”链接，可以根据“商品已损坏”栏中的数据判断哪些产品需要立刻进行复查。退款数量不大，需要回溯之前的数据进行检查，看是否重复出现过此种情况，并且安排物流相关人员进行改进。

“每个国家的明细列表”中的数据，对于我们优化店铺的表现数据和提高运营毛利非常有帮助。定期选出退款率极高的国家，进行改进或屏蔽，可以帮助我们省掉不必要的运营损耗。这里也需要我们按照上文中做单产品流量检测的方式，对个别高退款率国家进行持续检测，至少需要 4 周的数据，不能因为一两笔的问题就失去一个国家的客户。

5.3.8 用户反馈与仿品率表现

用户反馈数据是对于首页数据的更详细的展示。具体用法上文已经涉及。

仿品率表现数据指的是 Wish 在每周定期抽查产品时发现仿品的比例。如果这个数据超过 5%，则店铺会失去诚信店铺的资格。

5.3.9 销售图表与用户服务图表

销售图表用曲线图的形式展示店铺或者单品的收藏量、流量和销量走势，商户可以通过右上角的筛选菜单来查看单品的数据，也可以按照月、周、日等不同时间维度来查看数据，这就帮助商户节省了自己导出销售业绩中的数据进行分析的时间，如图 6－47 所示。用户服务图表将店铺的几项核心数据用曲线图的形式，与 Wish 对这些数据定的标准进行对比，用以提醒商户对超标数据的相关流程进行调整。

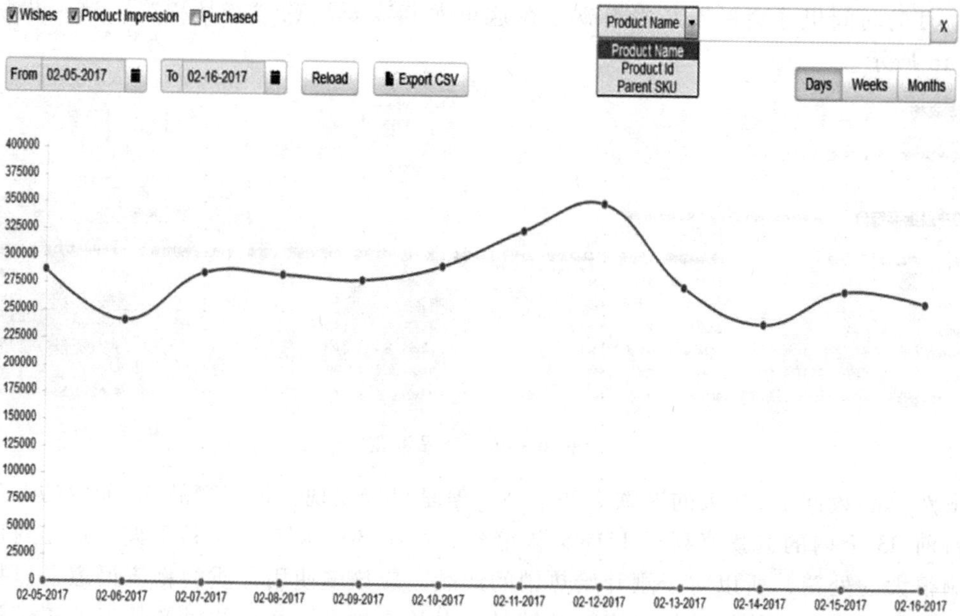

图 6－47 销售图表

5.4 后端数据

与目前占全球主流的其他跨境电商平台相比，Wish 平台在销售端可谓是极简的。Wish 通过自身的匹配算法，已经将商户需要做的优化关键词、网上推广的事情省去大半，但是这个平台给一个 Wish 店铺的采购和物流团队的压力又比任何平台都要大。所以，如果一个商户想拥有一个优秀的 Wish 店铺，就必须拥有一个完备的采购和物流团队，并且需要投入一半以上的精力维护和提高这两个团队。我们经常会发现，一些一直都在做直邮的商户，通过多年的积累，在 eBay、速卖通等平台上获得了不错的成绩，当他们切入 Wish 的市场时，他们的发展速度会远远高于其他商户。我们相信，完备而成熟的供应链团队功不可没，“工欲善其事，必先利其器”，对于 Wish 团队来说，这个利器就在采购和物流这两个环节中。本节仅从数据管理的角度来切入，给大家提供一些管理的核心要点。

5.4.1 常用物流与采购统计数据介绍

针对采购环节，第一步是开始学习积累供应商资料，这个步骤如果能在 ERP 系统中完成则更好。可以针对供应商的产品、联系方式、备货周期、网店链接等基本资料进行整理。如此日积月累，很快就会得到一个数量可观的供应商资料库，有这样的资料库，在后续产品比价、产品开发、缺货紧急补库存等事务需要开展时，就会顺利很多。尤其是产品的备货周期，对于采购稳定的供应商来说，这个数据必不可少。下单周期可以根据供应商的到货时长来进行调整，最大程度上保持库存健康。

第二步是对采购环节的管控。在有了一定的订单量后，Wish 采购团队工作量会比较大，因为很多新品会陆续开始产生订单，种类可能会比较繁杂，但数量并不多，所以采购订单就会越来越多。在这个阶段，如果不能很好地利用流程来管理采购事务，会导致长久缺货，到货之后又缺少质检时间，所以在监控好采购团队每日的工作之外，还需要在财务出纳、物流入库的环节做好相应的工作分配。对于采购团队的工作效能，可以用简单的统计来进行管控。对于工作流程，针对不同规模的企业，所需要考虑的方向也不同，所以这里就不提供模板了。对于初创的 Wish 团队，把控好到货时效为第一位，节约成本为第二位，积累供应商资源为第三位，力求运作的效率，其他部门可以就这三个方向来配合采购部门的工作。

第三步是对采购产品品质和成本的控制，这里可以月（或周）为单位，重点统计销量占比 80% 左右的产品 SKU 的成本变化情况。

统计完数据之后，可以拿其中比较突出的来做专题分析，这份统计非常简单，但贵在每个周期都要坚持进行，到了年底就会发现，它会为企业带来相当可观的效益。

5.4.2 物流与采购数据统计方法

物流环节作为商品离开商户的最后一个环节，需要衔接物流商、公司采购部门、财务部门，同时也要做好仓库管理。

1. 关于物流渠道的数据

上文中介绍了如何利用商户后台的物流表现数据来选择物流渠道，物流部门也需要非常清晰地了解 Wish 平台对上网时效和送达时效的要求，同时针对各个物流渠道的优劣、价格趋势、是否会爆仓也要有相应的信息渠道，所以物流部门需要整理以下数据。

（1）关于各类被 Wish 认可的物流渠道的报价，同渠道的至少要有两份，并且做成能够使用的运费计算公式，让销售和处理订单的人员能清晰地看到物流渠道的费用。

（2）每周至少需要物流商反馈一次货物派送进度，需要及时根据当周的物流数据来调整出货物流服务商，并且对异常订单进行统计。

（3）及时了解同渠道不同物流商的报价变化，或者要求变化。

完成对以上几种数据的整理后，物流部门还可以在物流的结款方式等方面做进一步优化。

2. 关于仓库内部管理的数据

物流和仓库部门通常是一体的，仓库部门对于仓库内部的管理也需要进行几个方面的数据监控。

（1）库存误差率。此项数据的计算公式为：库存误差率 = [1 - （盘点物料数 × 平均单价）/（账面实存数 × 平均单价）] ×100%，通常我们规定仓库的误差不能大于 0.3%，对于初创团队，每月计算一次此数据，有利于仓库的精细化管理，以及减少订单因库存误差而缺货的比例。

（2）库存周转率。其计算公式为：存货周转率 = 出口产品成本/[（期初存货 + 期末存货）/2]，通常对于直发小包的仓库，建议库存周转率每月不低于 150%，统计周转率在 60% 以下的产品，并告知相关部门加快对滞销库存的清理。

（3）订单处理时效。在人数允许的情况下，对物流打包人员的效率进行监控，通常一个打包人员在不需要拣货、有 ERP 的情况下一天至少能完成打包 700 件，如果前期分工没有那么细，则对于这个环节的要求是当日货不过夜的原则。

（4）物流成本。针对物流费用的管理，以月为单位，也可以进行一项数据的统计和管控。

只通过当月的单个包裹来算物流费用或者只算总金额，通常都不能直观地看出物流费用的涨跌，也难看出在这一环节中物流部门是否有相应的优化结果。

初创团队可能没有足够的精力来应对这么多数据的统计分析工作，那么建议物流团队：保证货物能准时出仓，保证包裹能尽快上网，保证产品能准确入库。

5.4.3 核心后端运营数据的分析案例

对整个 Wish 团队来说，如果发展稍具规模，日单量在 1000 单以上，就需要对团队运营中的五大核心数据进行控制，这五项数据是销售数据（指的是销售金额）、利润数据、RMA（退料审查）数据、库存数据和成本数据。

1. 销售数据

销售数据在 Wish 账户中已有统计，此处统计主要用于分析整个团队在不同阶段的目标和成长情况，如环比即与上月的销售额做对比，在传统外贸的旺季，即 11 月、12 月、1 月、2 月、3 月，销售额的环比都应该是增长的，对 Wish 平台商铺来说，7 月、8 月的销售额环比也应该增长。

同比即与同账户去年同 1 月的销售额做对比，按照目前 Wish 平台的发展趋势，每月比平均至少应该增长 100%。

目标进度对比只是为了不停地提醒团队向着企业定下的目标前进，但是目标需要靠细节来完成，所以在日常运营中，要将对每个细节的处理放在第一位。

2. 利润数据

此处的利润统计，指的是对毛利的计算，对于 Wish 店铺，毛利计算公式为：毛利 = 销售金额 ×（1－平台费率－退款率－收款手续费率）－采购成本－物流成本－库存呆滞减值。

选取毛利前 N 名或者后 N 名进行单独分析，这些数据可以很好地帮助销售人员发现亏损比较严重的单品，以便联合采购与物流人员共同对其做优化。

3. RMA 数据

RMA 指退料审查，是处理用户不良产品退货、换货的主要流程。尤其要对单品的数据做分类分析，然后安排相应部门进行优化。

对于库存数据和成本数据，主要参照上文中的物流和采购数据表格来计算。

此五项数据每月可安排统计一次，统计完成后，一定要召开相应的分析会议，解决暴露出的问题。

任务六 产品优化

6.1 优化概述

从 70% 到 10%，PB 花费成交比就是这样猛降

Wish 平台不同于其他平台，由于对在售产品进行编辑会触发审核机制，除售价外很少对在售产品进行优化处理。根据 Wish 政策，为避免出现伪造品或者侵犯知识产权的情况，当商户更改产品名称、产品描述或产品图片后，即使是通过审核的产品也会被再次审核。不过在产品复审期间，产品还可以正常销售。

虽然有这样的政策限制，但并不代表 Wish 的产品不需要优化，而是需要在产品上架前就完成优化工作。通过对产品进行数据统计，针对不同类目设定不同的优化方案，在最大程度上使同类型产品在上架的时候就处于最优状态，以避免后续反复修改。这样能避免后续修改的人力付出和风险，有效提高爆品产出率和各项服务指标。产品优化具体可以分为图片优化、标题优化、Tags 优化、详情优化、价格优化。

6.2 图片优化

Wish 商户对于产品首图的编辑方式可分为：单款大图（有背景或无背景），该方式适合本身体积较小的产品，容易突出产品的细节；模特图（街拍场景或设定场景），此类图片适合服饰类等展示实际效果；多色拼接（同产品多色或多角度图片拼接），这类图片适用于色彩丰富的产品；模特 + 产品图片拼接，此类图片适用于需要展示细节并体现实际穿戴效果的产品。

通过对以上图片处理方式的学习，可以掌握单个产品单种图片的处理方式。但在实际中，对于一款产品往往会选择多种方式混合运用。通过不断摸索和上传产品来测试哪种效果最佳，会发现每种类型的产品都有最适合的首图处理方法，比如：潮流服饰类产品，首

图带模特的产品点击率和转化率普遍会比不带模特的产品要高；而对鞋类来说，多角度拼接图的点击转化效果会好于单款大图。

每开发一类产品，需要根据产品的实际类型去测试各种首图方式，根据 Wish 后台一定周期内（以周为单位）的点击率、转化率等数据，综合分析后选用最合适的首图，并应用到后续同类型产品的图片编辑中，以得到最好的点击及转化效果。

对于多色产品，依据同类产品出单的数量对首图进行调整，选用出单量最多的颜色，这有助于提高该产品的点击率、转化率及销量。

6.3 标题优化

标题的写法一般分为多关键词叠加和最精简描述性短标题两种。前者通过对某个单词或词组的叠加使用，突出这个核心关键词，让客户能更快捷地捕捉到产品内涵；后者没有过多叠加同义词，整个标题读起来非常通顺，对于移动端的快速购物来说，这样能使客户更好地理解产品，以增加点击量。

实际操作时可以对同类型产品分别用不同的标题写法进行尝试，并且做好汇总，从而总结出这个类目的产品适合哪种写法（尽可能寻找价位接近的产品进行测试，否则价格相差较大会影响测试结果）。常规标题的写法可以参考如下准则：产品核心关键词尽量靠前，尽量在标题前 5 个 word 中出现；产品标题由描述款式、材质、形状、型号的词和中心词构成；如果销售特大尺码或特殊型号的产品，可以通过在标题上添加“关键属性”，使产品能够在更大程度上吸引客户点击。

需要注意的是，款式、材质、形状、型号等相关词汇的填写需要结合客户的搜索习惯，可以参考 Google 搜索框的提示，以及手动上传产品填写 Tags 时后台的关联词提示。中心词需要切合客户搜索习惯，在设置的时候，需要结合时下的热门关键词。设置关键词也要注意一定的技巧，要尽可能使用同义的关键词。

对于任何一类产品，都不要固定标题写法。标题的写法需根据产品类型、售价等各种因素“量身定制”，但也有规律可循。例如：像 3C 类产品，应突出其功能性；服饰类产品，尺码和颜色为客户关注的重点；套装类产品，应突出其数量。

6.4 标签优化

关键词包含广泛关键词、核心关键词和长尾关键词三类，彼此既有包含性又有独立性。例如在产品 Listing 上，移动电源可以用 Power Bank 、External Battery 、Portable Charger 三组词来表达同一类产品，这三组词是互相独立的核心关键词。但一个 50000mAh 的移动电源（50000 mAh Power Bank ）就是大容量的移动电源，会成为一部分有特别需求的客户所搜索的对象，则 Power Bank 就成了长尾关键词，而与另外的关键词 External Battery 和 Portable Charger 又相关联。又如手表（Watches）是一个广泛关键词，但男性手表（ Men’s Watches ）就是核心关键词，而男士军用手表（ Men’s Military Watches ）则是长尾关键词，这三个词语之间是包含与被包含的关系，而且范围逐步缩小，越来越精准。不管关键词的关系如何，作为商户需要做的第一步是了解自己的产品，然后收集整理产品的关键词，根据实际情况，将关键词布局到产品 Tags 的设置中。

标签（Tags）是 Wish 平台推送产品的重要依据之一，所以需要针对产品特性去写。

实际写法可依据二八法则：两个大词（流量词，一般为类目词，优先用单个单词），八个小词（精准词，一般为长尾词，一般至少两个单词）。尽量多用长尾小词去提高产品被推送时的转化率，以加强后期推送，任何标签的优化都以提高转化率为第一前提，这样才能增加平台推送流量，增加产品订单量。

每个产品都是有一定的生命周期的。一个产品销售一段时间后，由于同行竞争、市场饱和、季节变化、潮流变化等原因，流量、订单会逐渐减少，直至完全没有订单。对于这个生命周期，产品的关键词也会相应地经历以下阶段：新品（精准词推送）—出单（精准词推送）—单量提升（流量词 + 精准词推送）—爆款（流量词推送）。商户需要把握产品处于哪个阶段，并相应地做出修改。

6.5 描述优化

产品描述的优化，需要逐个产品去分析，而优化的方向，很大程度上取决于客户的评价等反馈信息。针对客户的差评，归纳原因，从而有针对性地去优化产品描述，这样才能有效降低退款率等指标。例如：客户普遍评价产品偏小时，可在详情描述第一句中就写明尺寸，让客户能更有效地去选择准确的产品。

好的产品描述应该具备以下特点：紧抓消费者心理，将产品的特点展示出来；对每个产品进行单独的关键词“围绕”和描述，提高优化效果；文笔流畅，语法、结构、措辞都应该是最专业的；提高产品介绍条理性，增加产品介绍有用信息，增加可读性。

此外，很多时候产品的一些卖点、特质没有办法通过图片展现出来，尤其是材质等方面的，所以描述是图片的延伸，是进一步介绍你的产品的途径。

6.6 价格优化

全美第二大消费季来了，海外学子开启血拼模式

任何产品都会有生命周期，爆款也不例外。如何合理地在各个周期内给产品定价，以达到总体收益最高？产品周期一般分四个阶段：新品期、销量增长期、爆款期、衰退期。新品期的价格需要根据同类型产品确定。销量增长期需要尽量去考量产品价格跟销量的变动系数，尽量不调整售价。爆款期的同类产品竞争对手已经涌入，价格战开始，需要适当降低售价以确保产品的销量，确保占据流量入口。衰退期的产品，利润已经非常低，所以要在可控前提下低价销售，直至无利润时放弃该产品。

产品的价格设定需要有一个区间，对于不同生命周期的产品，我们需要根据市场反馈设置价格，但底线是零利润销售。零利润销售一般出现在产品的衰退期，方便清理库存，如果产品已经进入了衰退期，就需要特别警惕该产品的退款率，以免对利润造成不必要的损失。价格高点一般为产品的上新期，上新期的产品定价，基本上是以同类型产品的售价为基准，不宜过高。增长期的产品定价，应略低于该款产品的市场平均价，以获得更高的转化率，增加平台推送量。爆款期的产品定价，应基于商户本身制定的最低利润率，尽可能定为该产品的市场最低价，抢夺该产品现有市场份额。在爆款期控制好价格至关重要，需要针对主要竞争对手做数据统计（可用现有市场数据分析软件网站，例如海鹰数据、米库网等），分析对方产品的售价及周销量，再与自己产品的售价及周销量做对比，得出最

合理售价，使收益最大化。例如：店铺内某产品的实际周销售量为 700 件，客单价为 30 美元，利润率为 30%，可以得出该款产品的周利润贡献为 6300 美元；相同产品在竞争对手店铺的周销售量为 1000 件，客单价为 28 美元，在成本相同的情况下，该款产品的周利润贡献为 7000 美元。在可接受利润率前提下，下调该产品售价，以提高该产品的周利润贡献，使收益最大化。

项目小结

本项目主要讲述了 Wish 的基本操作，涉及注册开店、后台设置、商品管理、订单处理、数据分析和产品优化六个模块。目前，Wish 仅支持开通企业店铺，店铺注册需要填写相关信息和上传部分文件，这部分内容需要保证真实性。后台界面主要讲解的是商户后台界面的内容，以及账户标签下各个子选项的设置，包括如何设置配送、付款信息和子账户，查看付款记录和商户余额，以及讲解商户申诉的流程和注意事项等。产品管理是 Wish 商铺的核心内容。商户需要掌握添加商品的方法，以及如何编辑、查看商品等。订单处理则是讲述了如何查看订单情况，以及如何发货、交货。数据分析是保障店铺健康发展的一种手段，包括首页数据、业绩数据和后端数据。产品优化则是为了提高成交率的一种方法，具体包括图片、标题、标签、描述和价格五个方面。

2019 年“双十一”购物节常见问题解答

激励计划常见问题解答

同步实训

实训　Wish 平台商品上架

1. 实训目的

通过 Wish 平台商品上架实践，能够熟练掌握商户上架商品的流程，能够比较不同平台上架商品的异同，加深对于 Wish 平台的感性认识。

2. 实训内容与步骤

自选一个商品，将其手动添加到 Wish 商户平台。

(1) 点击登录商户账号。在最上方的菜单栏里点击“产品—添加新产品—手动”，将进入下个页面。

(2) 输入产品基本信息。填写此产品的所有信息，包括名称、描述、标签和产品 unique ID。单击字段名称旁的问号标记将显示更多有关该字段输入内容的信息。可为产品添加至多 10 个标签。当正确填写字段时，字段条目旁将显示一个绿色的核对标记。

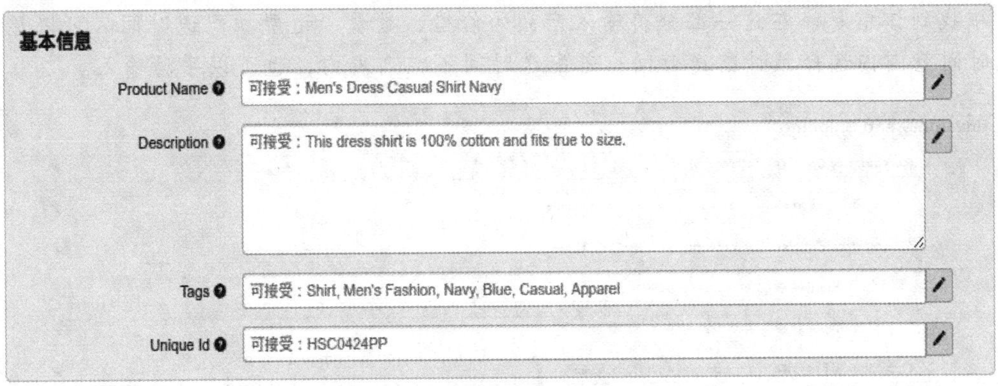

图 6－48　输入产品基本信息

（3）上传产品图片。拖曳图片是目前最简单的上传多张产品图片的方式。单击想添加的图片，然后拖曳到主图区域。通过拖曳图片到附图区域，可以轻松地为产品添加附图。若要从电脑上传图片，需要选择“从计算机添加”，然后选择想为产品添加的图片。如果暂时没有图片 URL，可以进入已经上传该图片的网站并右击图片复制链接，来进行图片上传。

图 6－49　上传产品图片

（4）添加价格与存货。在此字段内，将输入产品价格、本币产品价格、数量、运费和配送时长。可从商户后台显示的日期范围中选择预设配送时长。或者，当配送时长若未被列示时，亦可手动输入。本地货币基于本地货币代码，商户可在“账户—设置—货币设置”中找到该信息。在这一部分将输入产品的价格、数量、运费和配送时间。可以显示的配送时间范围内选择预计配送时间；若配送时间不在列表内，也可以手动输入。

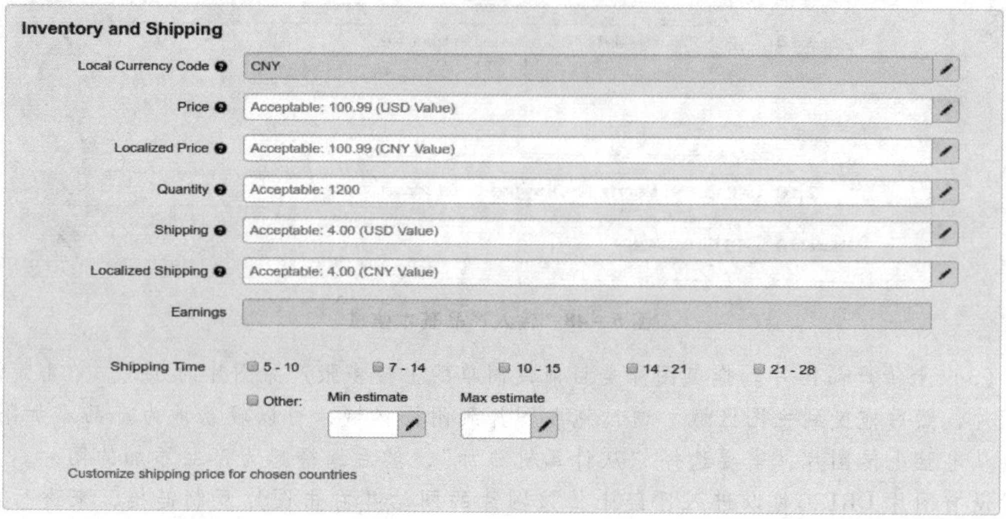

图 6-50　添加价格与存货

（5）添加国家/地区运费。产品的国家/地区运输可以在“自定义所选国家/地区运费”中进行编辑。

图 6-51　添加运费货

（6）添加颜色与尺码。为产品添加颜色和尺码的操作非常简单：只需选中要添加的颜色旁边的复选框即可添加。也可以在“其他”字段中添加其他的颜色，添加后将显示在此界面中。添加尺码也很简单：首先请选择你要上传的产品类型，如服装、电子产品等。当你选择正确的类别时，尺码表会显示对应的尺码。在选择产品类别后，单击尺码旁边的框即可。

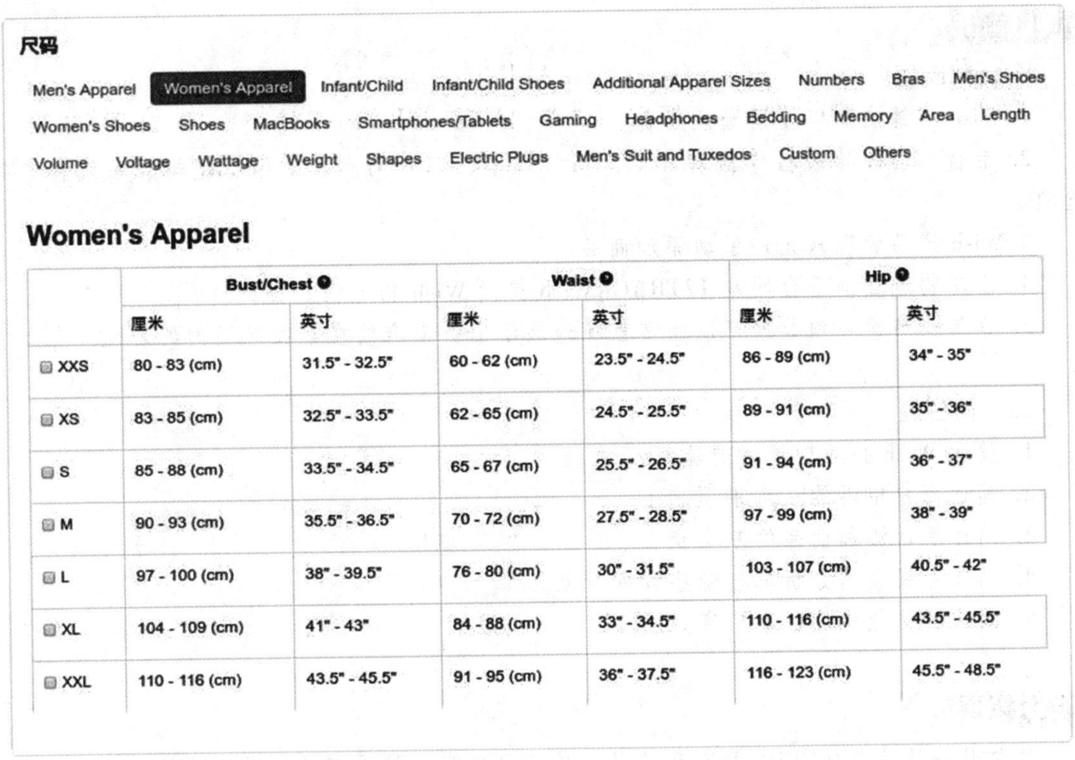

	Bust/Chest		Waist		Hip	
	厘米	英寸	厘米	英寸	厘米	英寸
XXS	80 - 83 (cm)	31.5" - 32.5"	60 - 62 (cm)	23.5" - 24.5"	86 - 89 (cm)	34" - 35"
XS	83 - 85 (cm)	32.5" - 33.5"	62 - 65 (cm)	24.5" - 25.5"	89 - 91 (cm)	35" - 36"
S	85 - 88 (cm)	33.5" - 34.5"	65 - 67 (cm)	25.5" - 26.5"	91 - 94 (cm)	36" - 37"
M	90 - 93 (cm)	35.5" - 36.5"	70 - 72 (cm)	27.5" - 28.5"	97 - 99 (cm)	38" - 39"
L	97 - 100 (cm)	38" - 39.5"	76 - 80 (cm)	30" - 31.5"	103 - 107 (cm)	40.5" - 42"
XL	104 - 109 (cm)	41" - 43"	84 - 88 (cm)	33" - 34.5"	110 - 116 (cm)	43.5" - 45.5"
XXL	110 - 116 (cm)	43.5" - 45.5"	91 - 95 (cm)	36" - 37.5"	116 - 123 (cm)	45.5" - 48.5"

图 6－52　添加尺码

(7) 产品变体。将自动生成您在上面输入的产品信息，可以调整每个变体的价格和数量。假设你没有彩色的 S 号，只需将数量调整为 0 即可。

(8) 添加可选产品属性。展开可选信息部分为产品添加更多信息。在这里，可以添加 MSRP、品牌名称、登录页面 URL 和 UPC。单击相应字段，为您的产品添加属性。

图 6－53　添加更多产品信息

(9) 提交并上传您的新产品。

3. 实训提示

货币设置需要注意，若本地货币代码设置为人民币，则本币产品价格只能小于或等于美元价格的 6.886 倍。若本地货币代码设置为美元，则所有的现有产品价格均以美元记。

项目测试

一、判断题

1. Wish 店铺注册需要预缴注册费。（　　）

2. 后台界面的导航栏包括首页、产品、订单、客户问题、业绩、违规、系统信息等选项。（　　）

3. Wish 产品管理只允许手动添加商品。（　　）

4. 全球物流查询平台网站 17TRACKWish 提供 Wish 物流信息查询。（　　）

5. 销售业绩这一项数据可以非常直观地展示出一个店铺在某段时间内的表现。（　　）

二、简答题

1. 简述 Wish 企业店铺注册流程。
2. 简述商户申诉的注意事项。
3. 简述手动添加商品的基本步骤。
4. 简述业绩数据分析包含哪些数据对象。
5. 简述产品优化的五个角度。

能力拓展

请体验一次完整的 Wish 平台商户从上传商品信息，接受订单到发货的操作过程。

项目七

跨境电商物流

项目目标

【知识目标】

了解跨境电商 B2C 进出口物流的模式，掌握海外仓的相关知识；

理解跨境电商物流包装相关知识；

了解各国跨境物流关税规定，能够根据货物情况选择合适物流运输方式及包装；

掌握跨境物流选择及单据处理，能够对货物通关、报关报检、清关进行有效处理。

【能力目标】

掌握各出口物流模式的优劣势，可以根据实际情况选择合适的物流模式；

能够计算各不同物流模式的运费；

能够计算海外仓的头程费用及仓储相关费用；

能够根据货物情况选择合适包装；

能够对货物通关、报关报检、清关进行有效处理。

项目导图

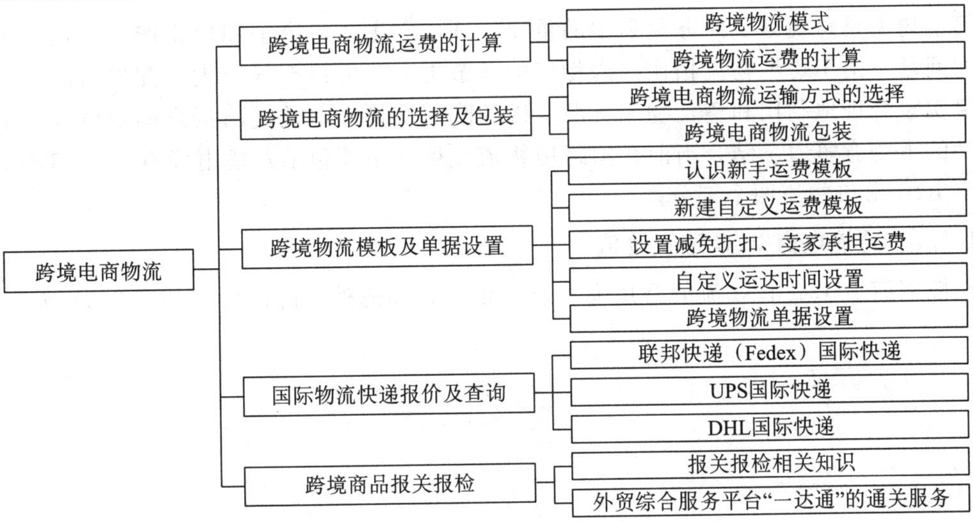

引　例

2018年5月21日上午，始发自德国汉堡、满载京东全球购快消品的中欧班列“长安号”首趟跨境电商物流专列抵达中国铁路西安局集团有限公司西安西站新筑车站。

铁路货运成本低、用时短，效率高，对物流企业来说是最大的利好。以往欧洲商品进入中国需要40天左右的海运，现在通过京东中欧班列“长安号”仅用时16天。不仅时间缩短，其运输成本也大大降低，供应链效率得到明显提升。据了解，京东中欧班列“长安号”去程满载、回程也是满载：全球货物到达西安后通过地面物流输往全国各地；全国的货物也将汇集到西安，然后发往全球。此外，京东中欧班列还为其他跨境电商卖家提供了一站式“仓到仓”的跨境物流解决方案，即直接将货物从产地送到铁轨上的“移动仓”中欧专列，走出国门之后发往目的地的京东海外仓库，全程不需要分开转运、拼货/集货、长时间等待清关等，实现了全程信息共享。

引例分析

从上面案例可以看出，京东中欧班列跨境物流解决方案运输的产品可跟踪可监控，数据信息完全打通，到达国外之后，卖家可以根据订单情况选择电子清关直接配送给消费者或租用京东海外仓暂时存放产品，在这种模式下，产品的物流配送时问可由原来的45天压缩至15天左右，既节省成本又提高了效率，也直接提升了海外买家的购物体验。未来，还会有更多的中欧专列、中亚专列开通，中国物流将进一步接轨世界，为跨境电商行业的发展做出卓越的贡献。

任务一　跨境电商物流运费的计算

1.1　跨境物流模式

跨境物流是跨境电子商务贸易中的重要一环，它主要解决了如何将产品送达到消费者手上的问题。由于跨境物流相比国内物流的环节更多、价格差异更大、配送时间更长，因此需要卖家合理地利用和整合物流资源，以便降低交易成本及提高买家购物体验，最终提升产品的市场竞争力。结合当前我国跨境物流发展，主要包括跨境电商B2C进口物流和跨境电商B2C出口物流两个部分。

1.1.1　跨境电商B2C进口物流

跨境电商B2C进口物流的常用模式有保税备货和海外直邮两种，如图7－1所示。

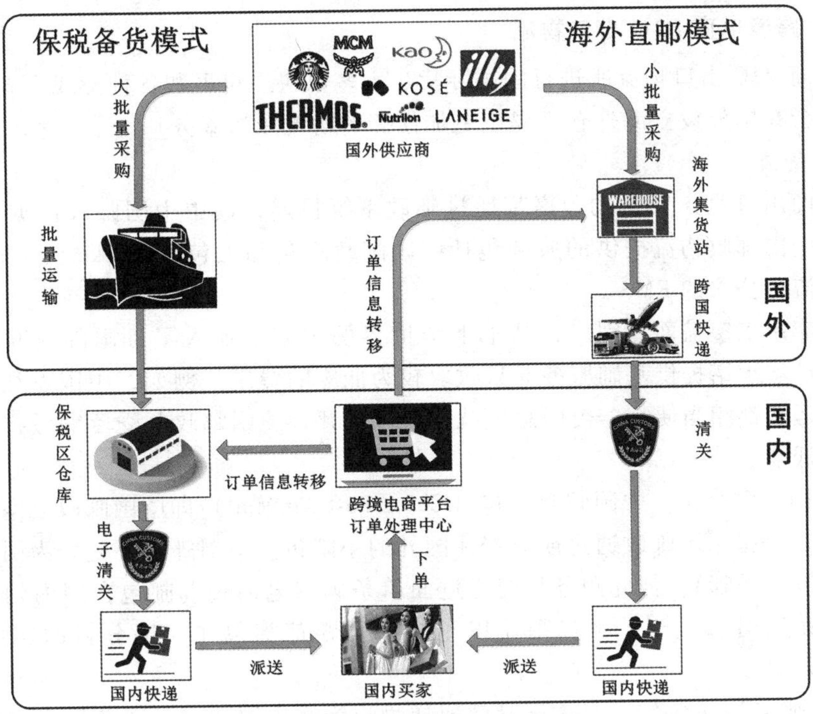

图7－1　跨境电商B2C进口物流流程图

1. 保税备货

操作流程：跨境电商平台在海外大批量集中采购产品，然后将产品预先通过海运、空运或陆路等批量物流方式运送回国，产品入境后集中储存在保税区仓库。待销售后台接到订单后，利用电子清关，直接由保税区发货，通过国内快递将产品派送至买家手中。

（1）优势：①派送周期短，客户体验大大增强；②大批量运输，物流成本低；③通关能力强，全程信息可跟踪，可采用电子通关，渠道正规；④经销受到市场检验认可的爆款产品及大众产品时优势明显。

（2）劣势：①产品的品类比较单一；②资金回流速度慢。

适合平台：保税备货模式适用于品类比较单一的、实力雄厚的大型国内代购平台。代表平台有天猫国际、唯品会、聚美优品、美悦优选等。

2. 海外直邮

操作流程：跨境电商平台从国外供应商处进行小批量的采购，然后将其集中存放在海外集货点（海外仓）。当国内买家下单（或集合多人订单）后，由集货点通过国际快递将产品直接邮寄给买家（跨国快递负责将产品递送到国内口岸，清关后由合作的国内物流企业进行派送）。

（1）优势：①产品品类丰富，为买家提供稀缺、优质、新奇的全球产品，满足个性化购物需求；②没有任何第三方中转，避免“假货、掉包”现象。

（2）劣势：①物流成本较高；②派送周期长；③必要时需要建设海外集货点。

适合平台：品类多样的大型综合类境外电商平台及综合类代购平台。代表平台有亚马逊、网易考拉、日本乐天等。

1.1.2 跨境电商B2C出口物流

跨境电商B2C出口物流所进行的国际货运大多以快递包裹和各种专线方式为主；有实力的卖家还会在国外设立海外仓，提供更加便捷的物流派送服务。

1. 邮政物流

跨境电商出口业务70%的包裹都通过邮政系统投递，其中中国邮政占据50%左右的市场份额。中国邮政物流提供的服务包括中国邮政小包和大包、ePacket（e邮宝）、中国邮政速递物流分公司的EMS。

邮政物流系统覆盖面特别广，基本上全世界的国家都加入了万国邮政联盟（UPU），并且联盟成员均承诺提供基础服务并只收取较为低廉的费用。例如，中国发往美国的很多邮政包裹的运费都相当便宜，美国总统就曾公开批评，美国邮政蒙受巨额亏损，却在邮资收取上过于低廉。

（1）中国邮政小包。中国邮政小包（China Post Air Mail）即中国邮政航空小包，又称“中邮小包”，是指中国邮政通过航空寄往国外的小邮包。中国邮政小包分为两大类：中国邮政平常小包（平邮），但此服务只能通过面单条码用电话查询邮包在国内的状态，国外派送进程则无法追踪；挂号小包则可以利用条码跟踪邮包在大部分目的国的实时派送状态。

（2）“e邮宝”。e邮宝，是中国邮政速递物流为适应国际电子商务轻小件物品寄递市场需要而推出的跨境国际速递产品。该产品以EMS网络为主要发运渠道，出口至境外邮政后，通过目的国邮政轻小件网投递邮件，能向跨境电商平台和跨境卖家便捷、稳定、优惠的物流轻小件服务。目前e邮宝业务已通达俄罗斯、美国、巴西、西班牙、法国、荷兰、英国、澳大利亚、加拿大、以色列等35个国家及地区。EMS是中国邮政提供的特快专递邮件服务。由于EMS的跨境物流是中国邮政与其他国家和地区邮政合办的，所以在邮政、海关、航空等部门享有优先处理权，这也是与其他商业快递不同之处。

2. 国际快递

自TNT被FedEx收购后，四大国际快递巨头只剩下了3个：DHL（敦豪快递）、UPS（联合包裹速递服务）和FedEx（联邦快递）。这3家国际快递公司占据了中国国际快递业务80%的市场份额，虽然国内的顺丰、申通等也在开始慢慢布局海外市场，但仍然差距明显。

国际快递的特点是快而且贵，通常只是在寄送一些货值较高、时效性要求较高的货时才会采用，比如寄手机、样品等。以UPS为例，UPS主要提供4种快递服务：一是全球特快加急；二是全球特快；三是全球速快（俗称“红单”）；四是全球快捷（俗称“蓝单”）。其中全球特快加急资费最高，速度最快；全球快捷价格最低，速度最慢。全球速卖通平台上主要采取全球速快和全球快捷两种快递服务方式。

3. 国际专线

国际专线与传统物流（包括邮政物流和商业快递）的不同之处在于一个“专”字，一般是通过航空包舱的方式将货物运输到国外，再通过合作的物流公司进行目的国国内的派送。国际专线通过规模效应来降低物流成本，总体时效比邮政物流快，比国际快递慢。

以全球速卖通平台为例，其主要采用的国际专线有Aramex中东专线、燕文航空挂号小包（Special Line - YW）、中外运 - 西邮标准小包（CORREOS PAQ 72）、中俄航空 Ruston（Russian Air）等。

以 Aramex 中东专线为例进行说明。Aramex 中东专线服务目前支持中东、印度次大陆、东南亚、欧洲及非洲航线，在全球速卖通平台上的发货目的国共有 28 个，且均为全境服务。

4. 海外仓

海外仓就是中国卖家通过海运、空运或快递等方式将产品集中运往目的国海外仓储中心进行存储，并通过物流承运商的库存管理系统下达存储、分拣、包装、配送等指令。很多跨境电商做大后，就会选择用海外仓来降低物流成本。

（1）海外仓的优点：①产品所在地为目标市场所在国（地区），很多电商平台对当地发货的产品给予流量倾斜，极大地提高了产品曝光率和转化率；②一般来说，若产品由当地发货，其报价比由国内发货的产品报价高 30% 以上。卖家可提高产品售价，实现有竞争力的本土销售；③物流配送时效大大缩短，大部分都能配合跨境电商平台 5 天妥投的要求；④产品批量运输至目标市场所在国（地区），物流成本大大降低；⑤拓展销售品类，某些大件产品或航空禁运的产品可以经由海外仓发货；⑥能够提供快速的退换货服务，提升客户购物体验。

（2）海外仓的缺点：①海外仓最大的缺点就是仓储费用和处理费较高；②需要囤货，有库存风险；资金回流慢；③不便于同时运营较多的产品品类，某些品类容易滞销；④海外仓所在国的商业政策的改变会造成一定的损失及麻烦。

海外仓

1.2　跨境物流运费的计算

卖家选择跨境电商的物流方式无非就是国际邮政小包、国际快递、国际专线、海外仓储派送等几大类型，每个类型下面又有类似的服务很多种，比如邮政小包就包括中邮、荷兰邮政、新加坡小包、香港小包、土耳其小包各种国际邮政小包；国际快递又有 DHL、UPS、Fedex、EMS、TNT 等；每个类型下面的服务很多，各自也有各自擅长的地区和产品，适用不同的产品和时效要求。下面我们逐项进行运费计算。

1.2.1　中国邮政小包运费计算

1. 运费计算

中国邮政平邮和挂号小包分为两大类，两者运费计算方式略有不同，具体表现为挂号小包要比平邮多支付一份挂号费。中国邮政小包的运费计算公式如下：

运费总额（平邮）= 标准运费 × 计费重量 × 折扣

运费总额（挂号）= 标准运费 × 计费重量 × 折扣 + 挂号费

卖家可以登录全球速卖通网站首页，依次进入“卖家入口”—“入驻须知”—“物流服务”页面；在物流方案推荐栏目下可以看到“中国邮政挂号小包”项目，单击中国邮政图标区域进入详情页面；在此页面可以查看“中国邮政挂号小包”的运送范围及价格。

此外，卖家还可登录中国邮政官方网站 http://www.chinapost.com.cn 查询挂号小包的实时状态（挂号小包在大部分国家可全程跟踪，但部分国家只能查到签收信息，另一些国家则不提供信息跟踪服务）；平常小包不受理查询。

2. 包裹体积限重

中国邮政小包货物体积限重规定，见表 7－1。

表 7－1　中国邮政小包货物体积限重规定表

包裹形状	重量限制	最大体积限制	最小体积限制
方形包裹	单件邮件包裹重量≤2 千克（至阿富汗的包裹重量≤1 千克）	单件邮件的长＋宽＋高≤90cm，单边长度≤60cm	至少有一面的长度≥14cm，宽度≥9cm
圆柱形包裹		圆筒形邮件直径的两倍＋长度≤104cm，单边长度≤90cm	圆筒形邮件直径的 2 倍＋长度≥17cm，长度≥10cm

3. 预计时效

正常情况下，中国邮政小包的包裹会在 16～35 天送达；如遇节假日、政策调整或目的地属于偏远地区等特殊情况，包裹将在 35～60 天送达。在全球速卖通平台上，物流商承诺，除了不可抗力及海关验关之外，包裹自揽收或签收成功起 60 天内必达。

4. 适用情况

总体来说，中邮小包属于性价比较高的物流方式，其运费相对来说较低、递送范围非常广（基本覆盖全球）、清关能力强、可邮寄产品种类多，适合单个包裹重量较轻、价格要求实惠且对时限、跟踪查询要求较低的产品。

1.2.2　e 邮宝运费计算

1. 运费计算

e 邮宝的运费根据包裹重量按克计费。

2. 包裹体积限重

e 邮宝的包裹体积限重，见表 7－2。

表 7－2　e 邮宝包裹体积限重规定表

包裹形状	重量限制	最大体积限制	最小体积限制
方形包裹	单件邮件重量≤2 千克	单件邮件的长＋宽＋高≤90cm，最长边≤60cm	至少有一面的长度≥14cm，宽度≥11cm
圆柱形包裹		圆筒形邮件直径的两倍＋长度≤104cm，长度≤90cm	圆筒形邮件直径的 2 倍＋长度≥17cm，长度≥11cm

3. 预计时效

正常情况下，目的地为俄罗斯、乌克兰、沙特等国时，包裹将在 7～15 个工作日内送达，其他国家则在 7～10 个工作日左右送达。如遇销售旺季（例如“双十一”期间）、节假日、政策调整或目的地属于偏远地区等特殊情况，包裹将在 15～20 个工作日左右送达。

4. 适用情况

e 邮宝的优点主要是投递网络强大、价格合理、按实重计费；清关能力强，具有优先清关权，通关不过的货物可以免费运回国内（其他快递此服务一般收费）；可走敏感货物（如保健品、药品、化妆品、液体等）通道；在寄往俄罗斯及南美国家时有绝对优势。

e邮宝的缺点是派送速度比快递慢，适用于小件且对时效性要求不高的货物，大件货物价格则显得过高；不受理查单业务；不承诺投递时限。

1.2.3 国际快递运费计算

1. 运费计算

国际快递运费大体类似，本书以UPS为例，可以登录UPS挂网查询相关资费标准。值得注意的是，国际快递的寄递货物的总计费重量取包裹的实际重量和体积重量中较大者，不足0.5千克的按0.5千克计算，超过0.5千克的按1千克计算。

一般来说，国际快递的体积重量计算公式为：

$$体积重量=\frac{长（cm）\times 宽（cm）\times 高（cm）}{5000}$$

2. 体积限重

具体的体积重要限制标准如下：每个包裹的重量不得超过70千克；每个包裹的长度不得超过270cm；每个包裹的长度和周长（宽度加高度的2倍）之和不得超过330cm。

3. 预计时效

UPS包裹一般在2~4个工作日内送达（不包括海关通关时间在内）。买家可登录http：//www.ups.com网站查询包裹的实时状态。

4. 适用情况

UPS的主要优点是速度快，一般48小时可达美国；覆盖广，物流网络延伸至全球200多个国家和地区，尤其适合美洲路线；各项服务周到细致。

UPS的缺点也很明显，一是运费较高，二是物品限寄要求多。

1.2.4 国际专线运费计算

1. 运费计算

国际专线运费大体一致，本书以Aramex中东专线为例进行说明。

Aramex中东专线服务目前支持中东、印度次大陆、东南亚、欧洲及非洲航线，在全球速卖通平台上的发货目的国共有28个，且均为全境服务。

Aramex中东专线的运费包括基本运费和燃油附加费两部分，其中燃油附加费每个月都会有所变动，卖家可登录Aramex的官网进行查询。

Aramex中东专线的运费计算公式如下：

运费总额=（首重价格+续重重量×续重价格）×燃油附加费（百分比费率）×折扣

与国际快递类似，Aramex中东专线计费时也同样取包裹的实际重量和体积重量的较大值。

2. 包裹体积限重

Aramex中东专线快递对包裹的体积和重量分别有限制：单件包裹的重量不得超过30千克，体积不得超过120cm×50cm×50cm；若单件包裹重量超过30千克，则体积必须小于240cm×190cm×110cm。

3. 预计时效

在目的地国家无异常的情况下，包裹一般在3~6天送达。

4. 适用情况

Aramex中东专线是跨境产品邮寄中东国家的首选，在价格上具有极大优势，且无须附加偏远费用。

1.2.5 海外仓运费计算

海外仓是指由跨境电商平台、物流服务商单独或合作为卖家在物品销售目的地提供的货品仓储、分拣、包装、派送等一站式物流仓储服务。当该国（地区）买家在线上下单之后，由当地的仓库直接向其派送包裹。这无疑大大缩短了包裹配送时间，极大地提高了买家的购物体验。一般来说，整个海外仓的流程包括头程运输、仓储管理、本地配送3个部分，具体如图7-2所示。

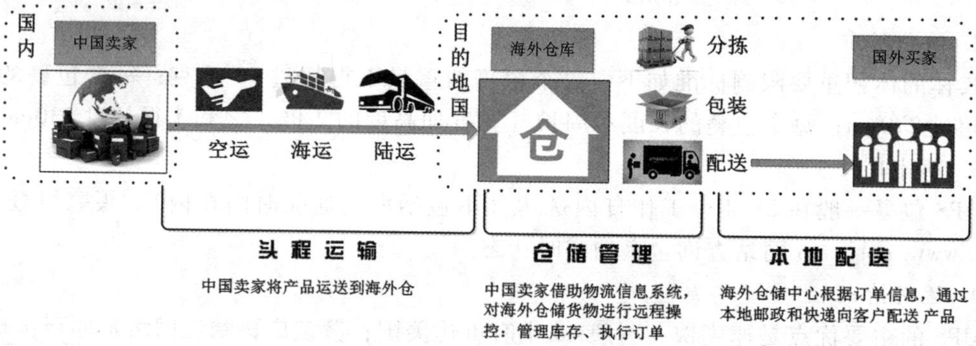

图7-2 海外仓流程图

1. 海外仓的分类及成本

目前，海外仓主要有3种形式：亚马逊FBA，卖家自建海外仓及第三方海外仓服务商合作。海外仓整体的使用成本由3个部分构成，价位介于国际快递与e邮包之间。计算公式如下：

海外仓成本=头程物流费用+仓储及处理费+本地配送（尾程）物流费用

卖家与第三方海外仓服务商合作时，只产生头程及尾程的物流费用而无须仓储及处理费。

2. 亚马逊FBA

FBA，全称Fulfilment by Amazon，俗称亚马逊物流，是由亚马逊提供的包括仓储、拣货打包、派送、收款、客服与退货处理的一条龙式物流服务。

使用FBA的卖家首先需要将产品库存运送到亚马逊海外仓库；亚马逊仓储接收产品并编录卖家货物信息；在买家搜索并购买卖家产品后，亚马逊仓储利用先进的库存管理系统进行分拣、打包；然后使用买家选择的物流商配送产品，并为买家提供订单跟踪信息、退换货等一系列的售后服务。对此，亚马逊将会向卖家收取FBA服务费。

（1）FBA的仓库分布。FBA拥有非常发达的全球物流网络，其海外仓分布在世界各地。

（2）FBA的后台设置流程。

步骤 1：以欧洲 Amazon 后台为例，打开亚马逊卖家后台，单击“inventory”按钮，进入卖家库存管理页面，如图 7－3 所示。

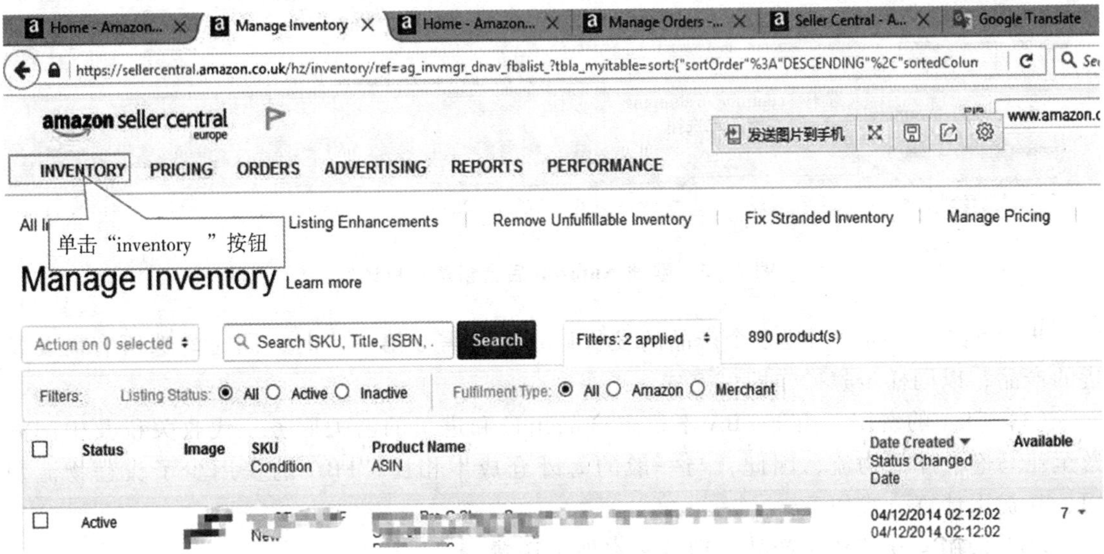

图 7－3　欧洲 Amazon 后台卖家库存管理页面

步骤 2：在页面中的产品列表下，勾选卖家需要采用 FBA 发货的产品，然后依次单击工具栏左上方的“Actions on 1 Selected”（对一个选定的对象进行操作）按钮和“Send/Replenish inventory”按钮（发送/补充库存），如图 7－4 所示。

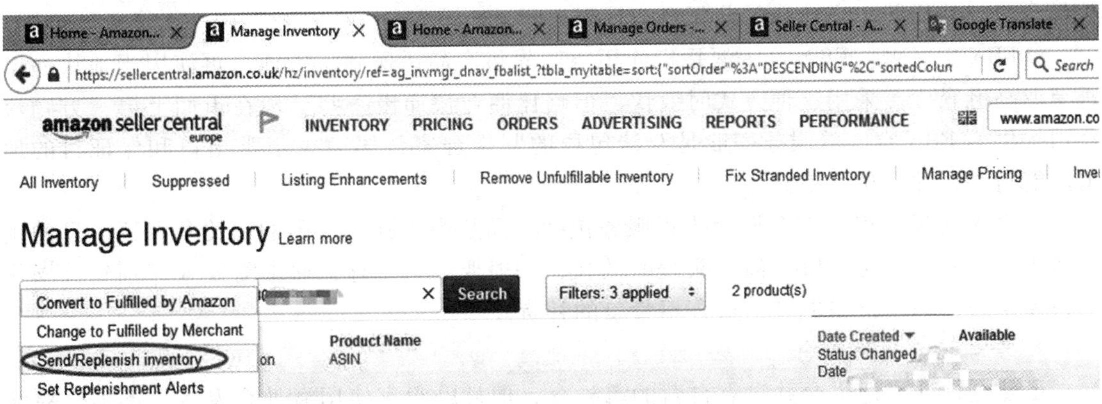

图 7－4　欧洲 Amazon 后台卖家产品列表页面

步骤 3：当页面跳转后，单击右下角的“Convert & Send inventory”按钮即可成功创建发货计划。

步骤 4：创建发货计划完成后，选中“continue to shipping plan”左侧的单选钮，选择卖家所需要发货的目的地国家，如图 7－5 所示。

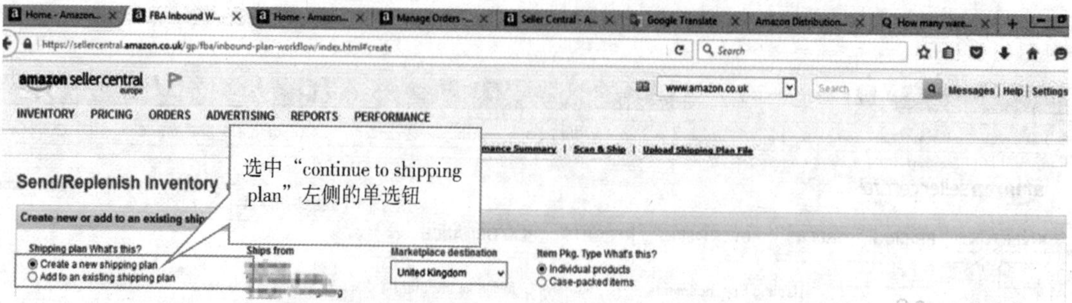

图 7-5 欧洲 Amazon 后台创建发货计划

步骤 5：需要同时创建多个产品的发货计划，只需在第一步时，同时勾选所有需要发货的产品，以同样步骤操作即可完成。

（3）FBA 的费用。由于 FBA 不负责产品出口和进口的清关服务、代收关税及中国派送至亚马逊仓库的物流，因此，与一般的海外仓成本相比，FBA 的费用少了头程物流费用，其费用计算公式如下：

FBA 费用 = 仓储费 + 产品处理费 + 本地配送费。

（4）FBA 头程物流。

①商业快递直发。商业快递就是指通过 DHL、UPS、FedEx 之类的国际快递公司直接发货到亚马逊仓库，优点是时效快、免预约入库（其他物流公司需要预约，只有在预约的时间内送货，仓库才会收货），适合紧急补货；缺点是价格较高。

值得注意的是，亚马逊不作为清关主体，不负责清关和缴税，卖家一定要做好申报和关税预付，并提前与当地清关公司进行协调。

②FBA 空 + 派。FBA 空 + 派是指使用空运先将产品运送到目的地，再使用当地快递派送至亚马逊仓库。采用这种方式时效快，但略比商业快递慢一些。现在市面上第三方物流公司提供的 FBA 空 + 派服务一般是双清包税的（保证寄件国海关正常出口和保证目的地国家能清关，并且包关税）。

③FBA 海运头程。FBA 海运头程服务包括产品从中国到目的国的出关及海运、目的国的清关和目的国派送。FBA 海运头程时效长，一般要一个多月，通常需要入库预约，操作比快递麻烦，但是价格便宜，适合不紧急的补货。

3. 全球速卖通海外仓

虽然全球速卖通平台并没有自营的海外仓，但鼓励卖家使用海外仓发货，不但会对海外仓储的卖家进行特别标注，而且还会针对不同国家开展专场推广服务，同时增加商品的曝光度，以提醒买家注意，促成双方达成交易。全球速卖通平台推荐的主要第三方海外仓物流商有“出口易”“4PX 递四方速递”等。

卖家已经备货到了海外，才能向全球速卖通平台申请成为海外仓卖家，海外发货地的设置流程如图 7-6 所示。

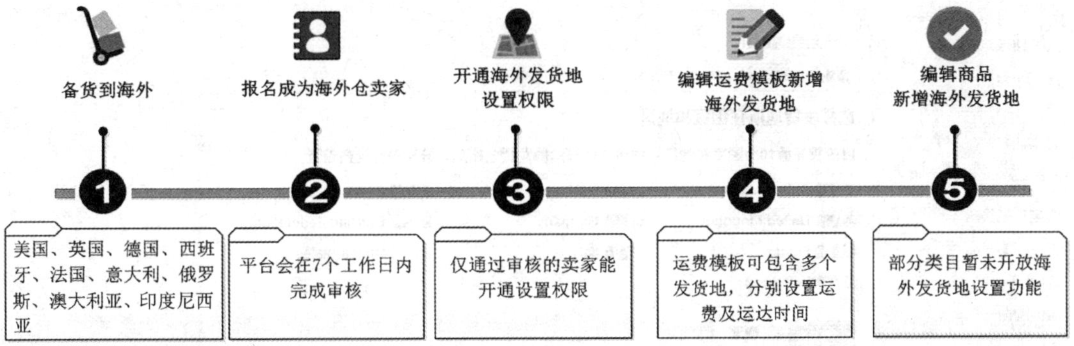

图 7-6 海外发货地的设置流程图

步骤 1：首先需要登录“产品管理”—“运费模板”—“管理运费模板”页面。然后在“管理运费模板”页面中单击“新增运费模板”按钮。

步骤 2：卖家在申请开通海外仓功能后，平台一般会在 10 个工作日内完成审核，对通过审核的卖家发放设置海外发货地的权限。此时，通过审核的卖家可在“新增运费模板”页面中看到“增加发货地”按钮，如图 7-7 所示。

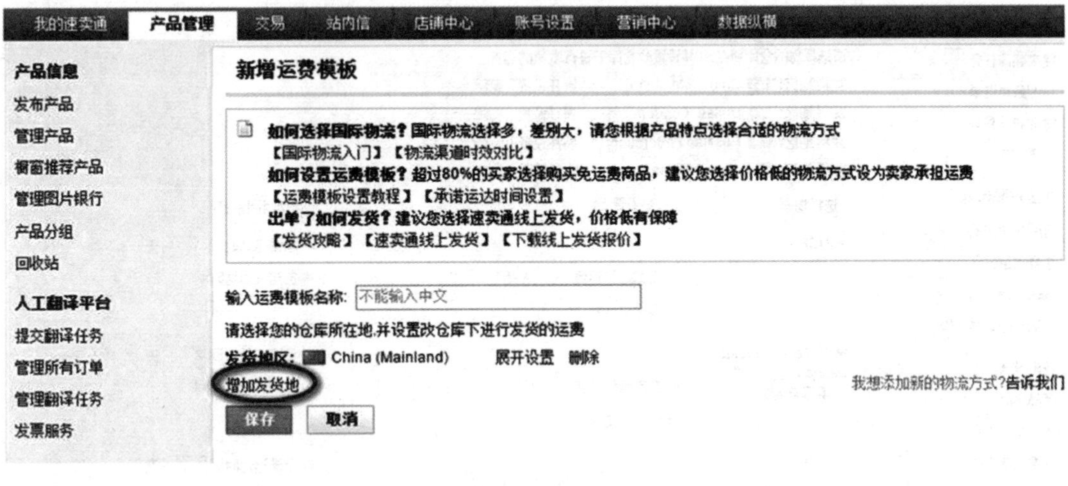

图 7-7 海外发货地的增加发货地设置流程图

步骤 3：选择海外发货地。单击“增加发货地”按钮，然后勾选弹出页面中需要设置的发货国家，最后单击“确认”按钮，如图 7-8 所示。

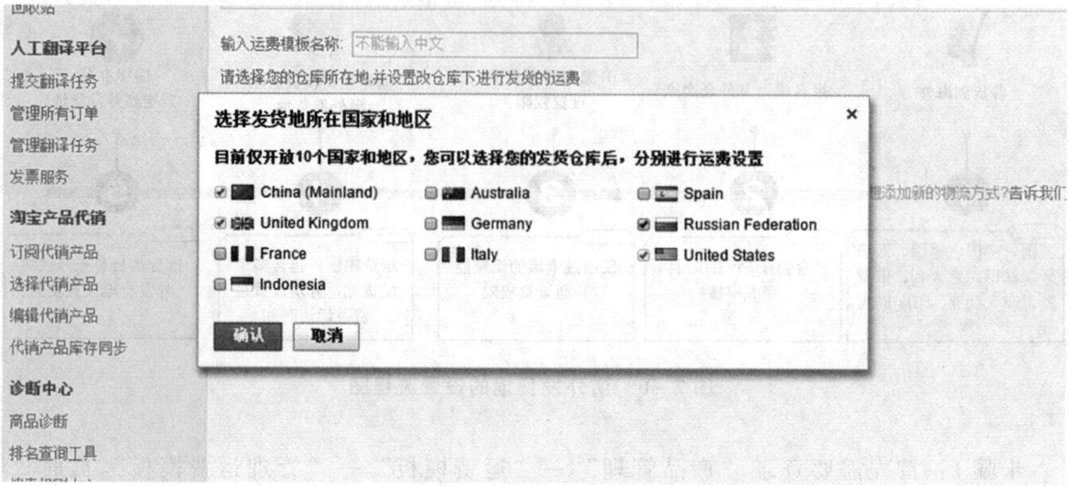

图 7-8　海外发货地的增加发货地国家地区设置

步骤 4：单击发货地区后的“展开设置”，可针对不同的发货地区及不同的物流方式分别设置运费及承诺运达时间，如图 7-9 所示。

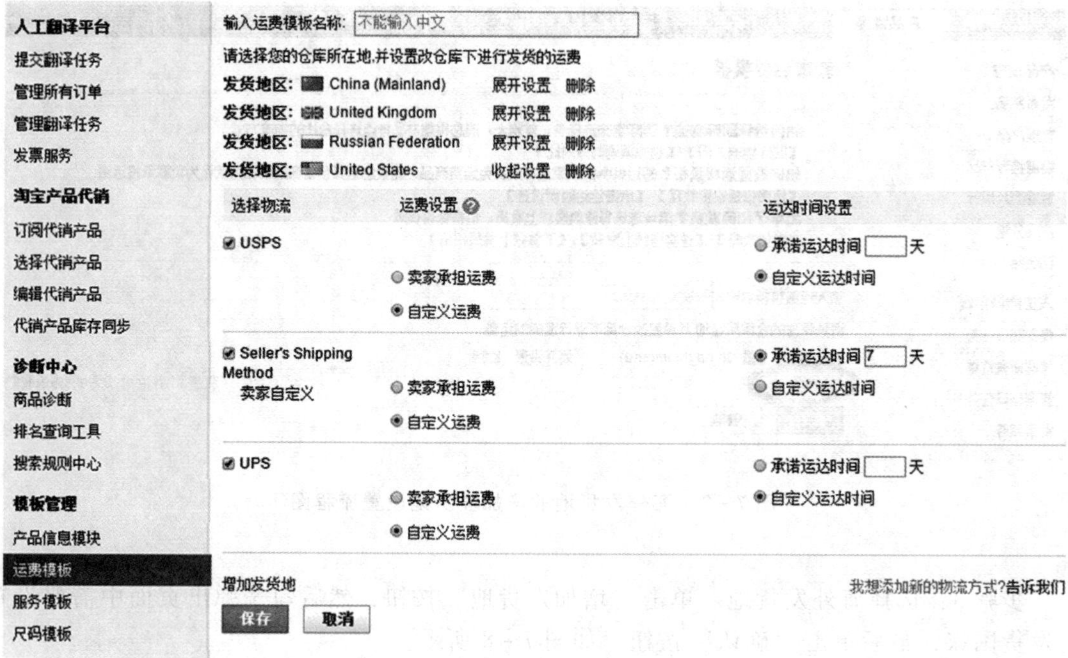

图 7-9　海外发货地的发货地区展开设置

步骤 5：设置完毕后单击“保存”按钮完成设置。

任务二 跨境电商物流的选择及包装

我们熟识的跨境物流业务有海运、空运、快递、陆运、多式联运等，其中又可细分为海运集装箱整箱、拼箱、空运、国际快递（商业快递、邮政小包）、专线物流等，与之相关联的业务还有拖车、报关报检、清关、海外仓储、海外退货业务、出口退税、单证等。

有些卖家就会说，只要选择一个价格低的物流商就好了，但真的是价格低就好吗？当你的单量达到一定的基数，当你的货物价值较高的时候，你是否还仅仅只考虑价格问题？是否只考虑小包、只考虑快递？

2.1 跨境电商物流运输方式的选择

2.1.1 卖家在实际中常常遇到的国际物流问题

（1）货物无法跟踪；

（2）买家没有收到货，货物丢包了；

（3）清不了关，被海关扣留（普通货、敏感货、配额问题等）；

（4）旺季仓位紧张，排不到期，货物发不出去；

（5）运输派送周期太长，买家苦苦等待不见货；

（6）库存周转天数、物流的周期较长。

2.1.2 选择跨境物流方式的一般原则

物流商如何选择，关键在于如何选择方便买家，也适合自己的运输方式。跨境电商平台对卖家的货运服务有严格要求：

原则一：安全性好、可跟踪性强，尽量可以让买家随时了解物品运送状态物。

原则二：时效性好，可控性强。物品需在买家期望的运送时间内送达通常来说买家期望值随着物品价格升高而提高，如果买家可在当地购得相同商品时，买家期望值也会较高。

原则三：服务好、性价比高。在确保不违反第一、第二原则的前提下选择性价比更高的物流方式。

2.1.3 合理分析自身情况

卖家应根据自身情况，结合买家要求，合理选择跨境物流方案。此外，用户可以在跨境电商平台的后台查询到大量的物流方案介绍，并且可以直接点击下单，非常方便，所有的物流方案会被分类为经济类、标准类、快速类、海外仓几个类别，大家可以有针对性地查找使用。还可以根据自己的商品类别利用在线查询等方式找到适合自己的国际物流方案，速卖通后台的物流方案查询系统就可以给长方面地查看对比信息，平台还会对产品的质量做基本分析。物流方案查询网址为 https：//sell. aliexpress. com/shipping/index. htm，如图 7－10 所示。

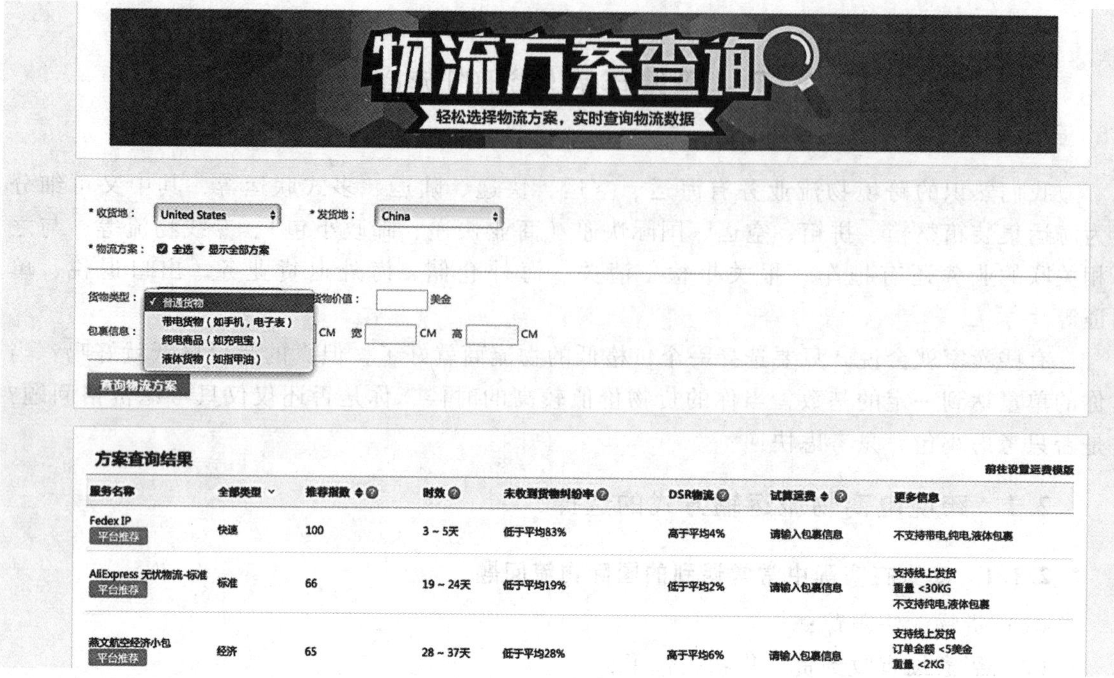

图 7－10　物流方案查询网址

2.1.4　国际物流方案选择的技巧

（1）邮政小包没有不丢包的，中间环节多，能看到节点信息，却不能查哪个环节出了问题，因此更适合走货值较低的产品；

（2）有些国家不能查妥投，挂号也不行，此时存在一定的风险，要么关闭对该国的交易，要么更换物流方式；

（3）不同的邮政小包，在不同地区的清关、时效上有不同的优势，可以同时考虑、多渠道发货。用邮政小包，旺季是很大的挑战，也是建议多渠道分流，以及采用更好的物流产品分担压力，降低风险；

（4）尽量在满足物品安全度和速度的情况下，为买家选择运费低廉的服务。EMS 无论服务还是时效性都比其他四大国际快递公司（UPS、DHL、TNT、FedEx）要逊色，但 EMS 的价格优势是非常明显；

（5）商品运输无须精美的外包装，重点是安全快速的将售出的商品送达买家手中；

（6）把选择权交给买家更为合适，只需要在物品描述中表明所支持的运输方式，再确定一种默认的运输方式，那么如果买家有别的需要自会联系卖家；

（7）有的买家可能适合多种运送方式，卖家可以写出常用的方式及折扣，为买家省去部分运费，也为卖家挣得更多的回头客。

2.2　跨境电商物流包装

一个美观大方、细致入微的包装即能保护物品安全到达，也能够赢得买家对跨境电商物流运输的信任。

2.2.1　常用的跨境货物包装材料

常用的跨境货物包装材料有纸箱、泡沫箱、牛皮纸、文件袋、编织袋、快递袋等。常用的包装辅材有封箱胶带、警示不干胶、气泡膜等。其中以纸箱包装最为常用，服装等不怕压、不怕碎的产品可以直接用快递袋包装；而其他贵重的或者易碎的产品要先用气泡垫，然后外面再放在纸箱里面，以确保产品在跨境运输途中的安全性。卖家选购纸箱时最好是根据产品特征、买家要求，同时结合成本投入综合考虑。虽然强度高的纸箱安全性更高，但是成本也更高、物流费用也会增加。

2.2.2　产品包装尺寸

产品包装尺寸要求卖家填写的是，物品发货时包裹的实际尺寸（物品加上快递包装物后的尺寸）请准确填写“长”“宽”“高”，产品包装尺寸会影响到产品的运费成本，因为这个尺寸的资料是平台计算运费的依据之一。卖家在填写包装尺寸的过程中最容易犯的错误是，卖家填写的是产品的实际尺寸（打包销售的卖家容易填写成单品的实际尺寸）或者是乱填尺寸，这样会导致计算出来的结果和实际的运费不一样。

2.2.3　产品的包装分类

产品包装分外内包装和外包装。一切有弹性的物品，包括：泡沫塑料、报纸、棉布、气泡垫、气泡膜等都可以作为产品的内包装，需要注意的是一定要把物品压紧，为了让产品在运输过程中不会震荡，否则就失去了内包装的效用。

2.2.4　包装的注意事项

（1）避免使用太大或表面有印刷物的箱子，跨国运输中不要使用太大、表面印有太多或全部是图案的箱子。

（2）避免使用坏的或容易变形不牢固的箱子，不要使用坏了的箱子，因为货物可能会因此在长途运输中受到损伤，同样不要使用容易变形和不牢固的箱子。

（3）避免使用劣质的填充物，不要讲碎纸机里的废纸或其他劣质的材料用来填充箱子里的间隙，如果填充物质量不好，它们很可能无法起到缓冲的功效。

（4）避免在箱子和物品间留下任何空隙，如果有空隙，物品会在其中晃动，会使空隙越来越大，造成缓冲材料将失去功效，您的货物可能会因此破损。

（5）避免使用任何形状奇怪的包装，例如使用圆筒状的包装盒子或袋子，可能会在运输中滚落，形状样式奇特的盒子和袋子，可能会在运输途中给货物带来不必要的麻烦。

（6）避免使用信封寄送物品，不要使用信封寄送有价值或易碎的物品，实践证明使用信封寄送物品，它可能会卡在信件分拣机里，而且物品不会受到任何有效的保护。

任务三　跨境物流模板及单据设置

3.1　认识新手运费模板

本书仅以全球速卖通新增运费模板设置情况进行说明：

第一步，点击“产品管理”→“运费模板”→“新增运费模板”，进行模板设置，如图 7－11 所示。

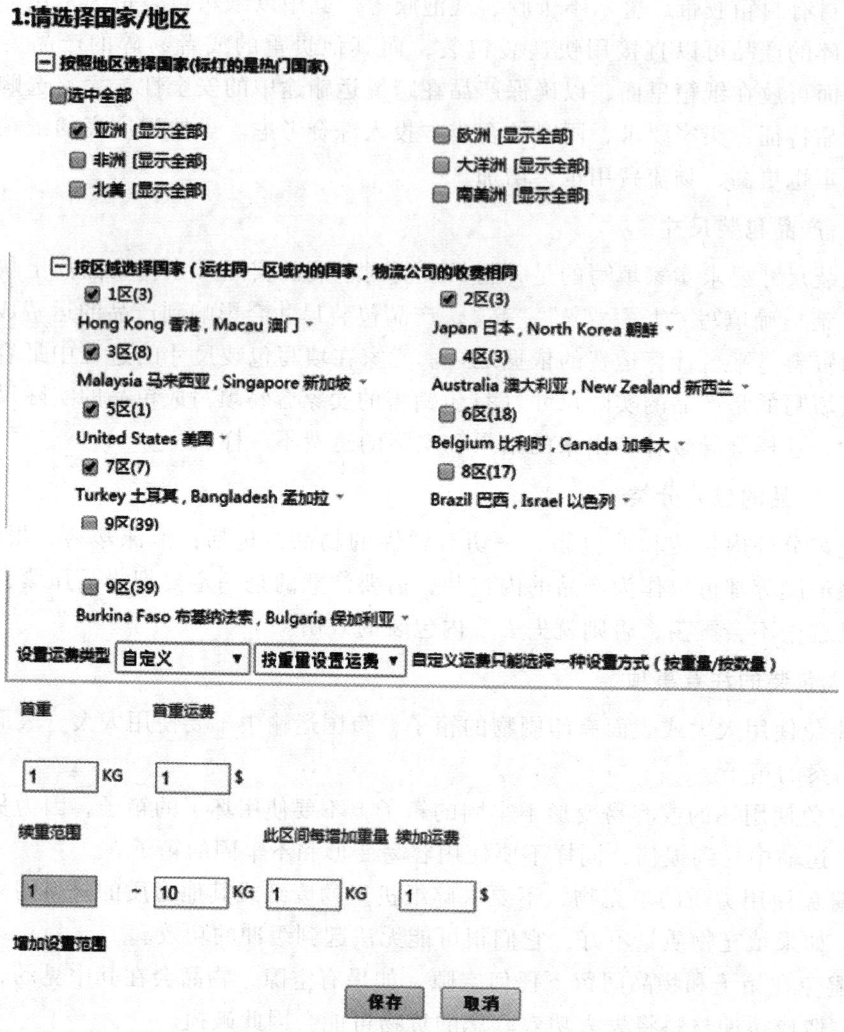

图 7－11　速卖通新增运费模板页面

第二步，为该运费模板设置一个名字（不能输入中文），然后在以下页面选择物流方式、填写货物运达的时间和折扣，如图 7－12 所示。

3.2　新建自定义运费模板

如需要对某种物流方式进行个性化设置，比如对部分国家设置标准运费，对部分国家设置免运费等情况。可以在运费模板设置时，选择“自定义运费”→“添加一个运费组合”，如图 7－13 所示。选择该运费组合包含的国家：可将某些热门国家选为一个组合（如欲吸引美国买家，可选择美国，并将美国地区的运费设置为容易吸引买家下单的水平，如：卖家承担运费）。或按照区域选择国家，如图 7－14 所示。

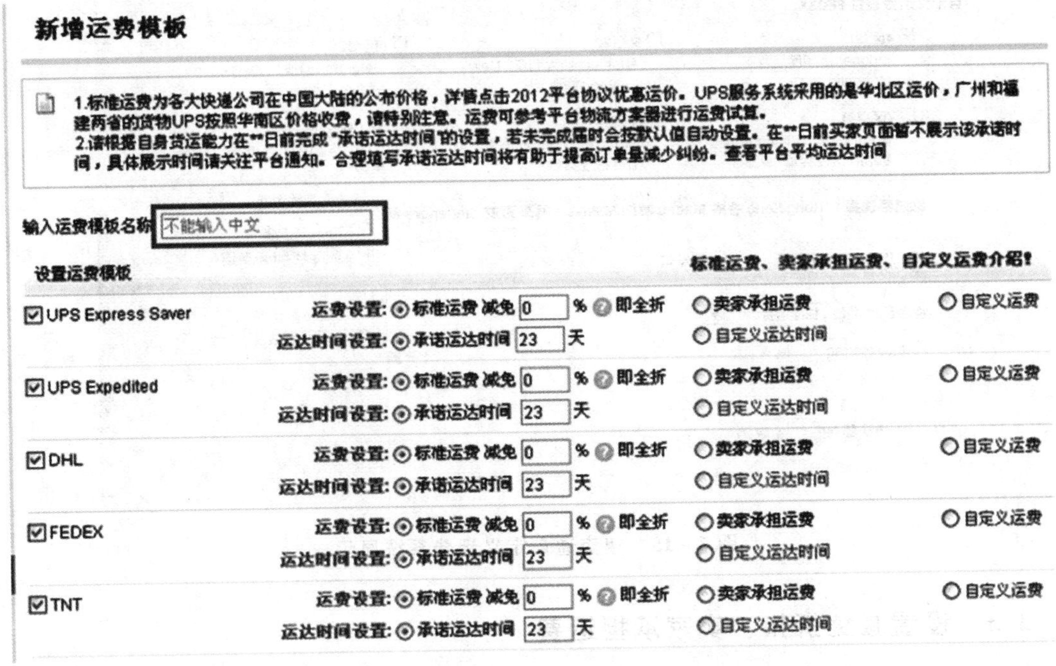

图 7－12　速卖通新增运费模板名称及内容设置

图 7－13　速卖通自定义运费模板设置

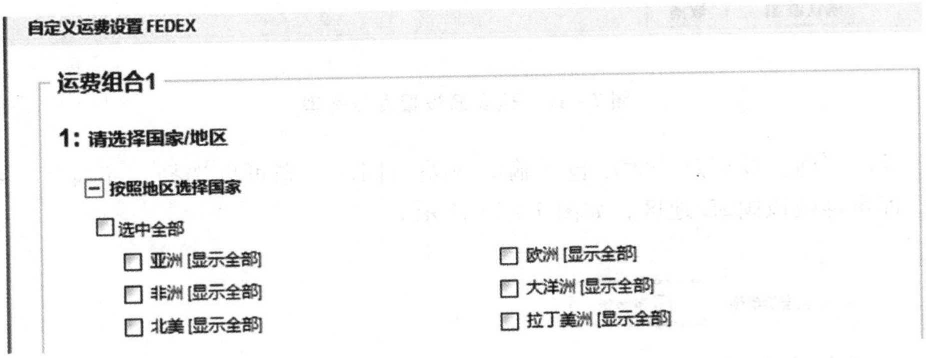

图 7－14　速卖通自定义运费组合设置

打勾选择完毕，系统显示：当前已选择××国家/地区，如图 7－15 所示。

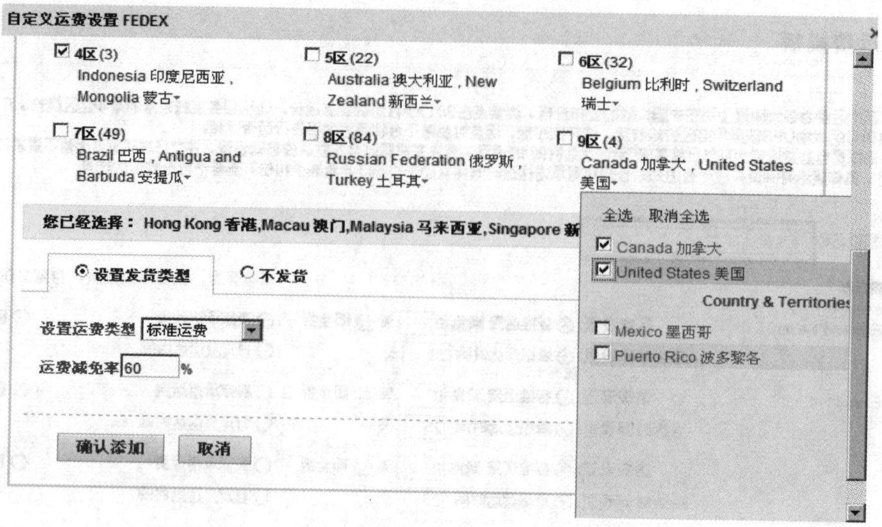

图 7-15 速卖通自定义运费系统显示

3.3 设置减免折扣、卖家承担运费

您可对该组合内的国家，设置发货类型：标准运费减免折扣、卖家承担运费或者自定义运费。自定义运费的设置，如图 7-16 所示。

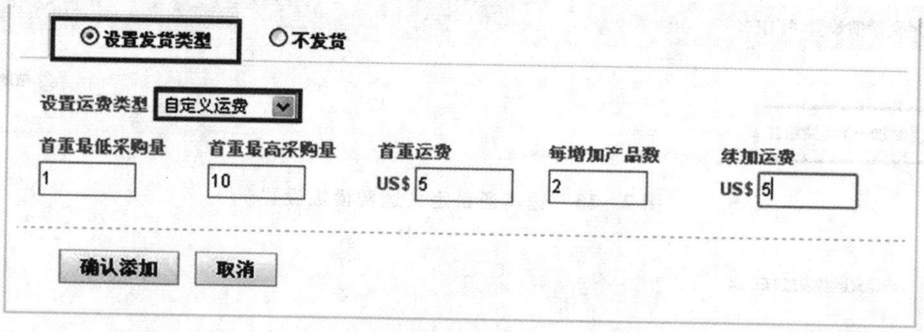

图 7-16 速卖通设置发货类型

对于难以查询妥投信息、大小包运输时效差的国家，您可以选择“不发货”→“确认添加”即可屏蔽该国家/地区，如图 7-17 所示。

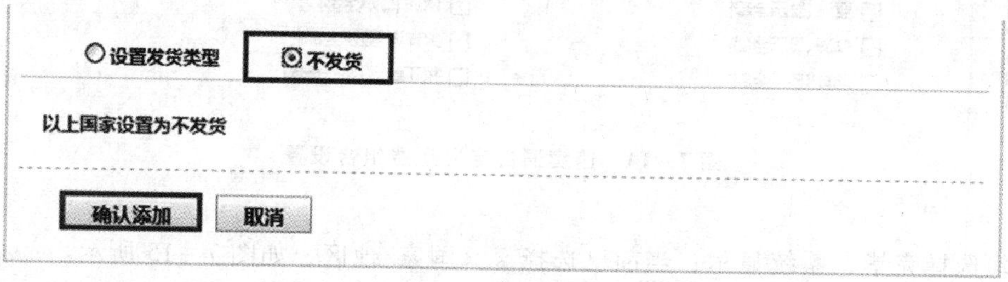

图 7-17 速卖通设置不发货类型

3.4　自定义运达时间设置

如您需要对货物运达时间进行个性化设置，可以点击“自定义运达时间”进行操作，设置完成后，点击页面下方“确认添加”按钮即可完成自定义运达时间设置，如图 7－18 所示。

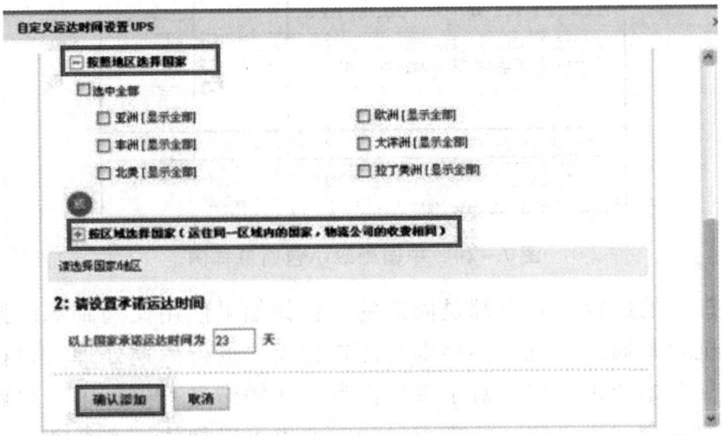

图 7－18　速卖通自定义运达时间设置

当您发布产品时，在产品运费模板这里选择“自定义运费模板”，点击下拉框选择您之前设置的物流模板即可，如图 7－19 所示。

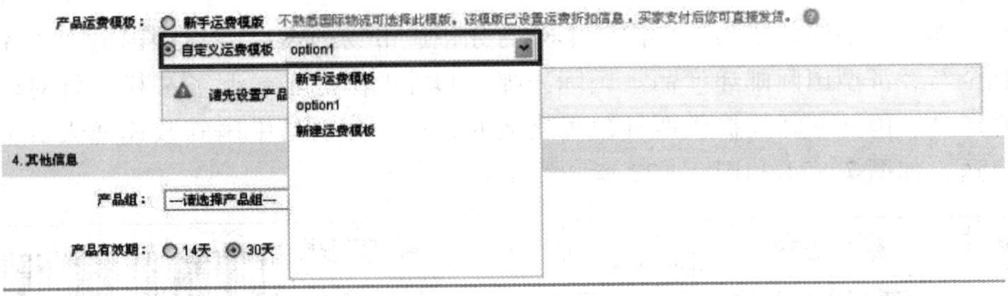

图 7－19　速卖通选择自定义运费模板设置

3.5　跨境物流单据设置

3.5.1　中国邮政小包面单

中国邮政小包的面单是在 2014 年下半年开始实施全国统一的一体化面单的，在这之前各地的小包代理和货代们的邮政小包面单都比较混乱，上面的报关条都是手写的。至此所有邮政小包的物流面单全部使用一体化的打印面单，所谓“面单一体化”，指的就是将收货信息、货物明细、服务渠道信息、扫描条码等包含于一个标签或者面单上，卖家需要经系统录入收件信息和货物信息匹配的单号进行面单的打印，如图 7－20 所示。

中国邮政 CHINA POST
Small Packet BY AIR
PL40
R
RF673651318CN
From:
bin jiang jie dao
Binjiang, lu cheng qu,
wen zhou shi, zhe jiang
sheng, CN, 325000
Phone: 0086-13511492639
Ship To: Szymon Karp
Popielawy 151, Rokiciny,
Lodz,Poland,97-221
中邮温州仓
Phone: 0048-668-425-835
波兰 3

Description Of Contents	kg.	Vals(USD $)
Liquid Soap Dispensers	0.7	13.91
Liquid Soap Dispensers	0.7	20
Total Gross Weight(Kg)	1.4	33.91

I certify that the particulars given in this declaration are correct and this item does not contain any dangerous articles prohibited by legislation or by postal or customers regulations.
Sender's signiture& Date Signed: CN22

图 7－20　中国邮政小包面单样例

每个口岸的邮局的跟踪条码也都是固定的；比如如果使用义乌邮局的跟踪条码，卖家如果把货物发到杭州邮局，则杭州邮局则对此货物无法进行后期处理，以往的全国通用条码在绝大多数邮局开始禁止使用。对于邮局而言，在操作过程中，第一眼就可以看到跟踪条码位置，处理速度会加快，这样一来小包的时效也可以加快。实行面单一体化后，企业不用再纠结于之前的条码，之前走货需要条码，要预留条码准备。但现在企业可以随时随地发货，只要有电脑就能录单，就能追踪单号；同时一体化的操作也能让整个流程更加标准化，有助于企业以及代理服务商的操作，提高操作效率及货物中转时效。而且还能保障货物在运输过程中条码信息不易损坏，避免条码脱落等原因耽误时效，导致货物丢失。

3.5.2　e 邮宝面单

国际 e 邮宝是中国邮政为适应国际电子商务寄递市场的需要，为中国电商卖家量身定制的一款全新经济型国际邮递产品。国际 e 邮宝和香港国际小包服务一样是针对轻小件物品的空邮产品。国际 e 邮宝提供两种包裹交运的方式，分别是中国邮政速递人员上门揽收和卖家自送，如图 7－21 和图 7－22 所示。

F
中国邮政 CHINA POST
UNITED STATES POSTAL SERVICE
Airmail
Postage Paid
China Post
ePacket™
1
From:
dhgate
dhgate
youshengdasha, haidianqu, Beijing,
HongTaQu
YuXiShi YUNNAN 100000
zip 16505
TO:
Terry Wang
Dansoman Accra Dansoman
Dansoman California 16505
UNITED STATES OF AMERICA
USPS DELIVERY CONFIRMATION ®
LN834738945CN

图 7－21　e 邮宝上门揽收面单样例

中国邮政 CHINA POST
IMPORTANT:
The item/parcel may be opened officially.
Please print in English.
1
LN834738945CN
FROM: dhgate
dhgate
youshengdasha, haidianqu, Beijing,
HongTaQu
YuXiShi YUNNAN 100000
PHONE: 5555-5548548-258
SHIP TO: Terry Wang
Dansoman Accra Dansoman
Dansoman California 16505
UNITED STATES OF AMERICA
Fees(US $):
Certificate No.
PHONE: 1234567890

No	Qty	Description of Contents	Kg.	Val(US $)	Goods Origin
1	1	fsdsdf 我的	2.0	5.0	CN
	1	Total Gross Weight (Kg.):	2.0	5.0	

Sender's Signature & Date Signed: CN22

图 7－22　e 邮宝卖家自送面单样例

3.5.3　线上物流 – 中国邮政平邮小包面单

中国邮政平常小包（China Post Ordinary Small Packet）是中国邮政针对订单金额 7 美元以下、重量 2kg 以下小件物品推出的空邮产品，运费根据包裹重量按克计费，1g 起重，每个单件包裹限重在 2kg 以内，免挂号费，如图 7 – 23 所示。

中国邮政
CHINA POST
Small Packet BY AIR
02074262967
untracked 平小包
FR
From:
Wenzhou Xincheng, LuCheng, WenZhou, ZheJiang, CN, 325000
Phone: 0086-18505865175
Ship To: larroussie martine
604 route des aygues , barry d'islemade, tarn-et-garonne, France, 82290
Phone: 0563641946　法国　5
中邮上海仓

Description Of Contents	kg.	Vals(USD $)
Swimming Accessories	0.15	5
Total Gross Weight(Kg)	0.15	5

I certify that the particulars given in this declaration are correct and this item does not contain any dangerous articles prohibited by legislation or by postal or customers regulations.
Sender's signiture& Data Signed:　CN22

图 7 – 23　e 邮宝面单样例

3.5.4　跨境电商包裹的其他注意事项

清关（Customs Clearance）即结关，是指进口货物、出口货物和转运货物进入或出口一国海关关境或国境必须向海关申报，办理海关规定的各项手续，履行各项法规规定的义务；只有在履行各项义务，办理海关申报、查验、征税、放行等手续后，货物才能放行，货主或申报人才能提货。同样，载运进出口货物的各种运输工具进出境或转运，也均需向海关申报，办理海关手续，得到海关的许可。货物在结关期间，不论是进口、出口或转运，都是处在海关监管之下，不准自由流通。现在跨境电商平台对于出境包裹的海关税收这块的相关规定还不明确。

为保证物流时效及清关速度，请注意：通过速卖通平台线上发货“新加坡小包（递四方）”寄送的包裹，需如实申报。若出现货物申报品名与实际货物品名不符，或是货物申报品名太笼统，将会导致下述影响：

清关延误或无法清关：货物在海关清关过程中，一旦被发现申报不符，极易导致清关进程放慢，当地海关也会对每票货物的货值评估更加严格。申报不符可能会导致货物清关时效延误、扣关或产生相关关税等经济损失，甚至无法清关。

后续货物跟踪查询无法成功开查单。请各位卖家务必如实进行申报，中国时间 2015 年 4 月 21 日起创建的“新加坡小包（递四方）”线上发货物流订单，若因“品名申报不一致”发生了货物丢失、超时妥投、破损等物流纠纷，且为物流商责任，物流商将按照卖家申报价值进行赔付，最高不超过 300 元人民币。

备注：规则修改前，通过线上发货“新加坡小包（递四方）”寄送的包裹，无论是否出现“品名申报不一致”的情况，物流商都承诺货物60天（巴西90天）内必达（不可抗力及海关验关除外），因物流商原因在承诺时间内未妥投而引起的限时达纠纷赔款，由物流商承担，按照订单在速卖通的实际成交价赔偿，最高不超过300元人民币。

【提醒】品名申报是否一致判定标准如下：

卖家发货时申报的中英文品名与速卖通平台交易订单中商品发布类目的中英名称一致即认为卖家申报品名与实际承运物品（即交易订单商品）一致。注意：商品发布类目必须是最后一级类目，例如笔记本电脑的类目为（电脑和办公（Computer & Office）> 笔记本与上网本（Laptops & Netbooks）> 笔记本电脑（Laptops）），则申报时填写的品名为笔记本电脑（Laptops）。

任务四　国际物流快递报价及查询

4.1　联邦（Fedex）国际快递

4.1.1　联邦快递（概况）

联邦快递（Fedex）国际快递是一家国际性速递集团，提供隔夜快递、地面快递、重型货物运送、文件复印及物流服务，总部设于美国田纳西州。

联邦快递为顾客和企业提供涵盖运输、电子商务和商业运作等一系列的全面服务。联邦快递集团通过相互竞争和协调管理的运营模式，提供了一套综合的商务应用解决方案，使其年收入高达320亿美元。其品牌商标FedEx是由公司原来的英文名称Federal Express合并而成。其标志中的“E”和旁边的“x”刚好组成一个反白的箭头图案。

联邦快递集团激励旗下超过2.6万名员工和承包商高度关注安全问题，恪守品行道德和职业操守的最高标准，并最大程度满足客户和社会的需求，使其屡次被评为全球最受尊敬和最可信赖的雇主。联邦快递（FedEx）是全球最具规模的快递运输公司，为全球超过235个国家及地区提供快捷、可靠的快递服务。联邦快递设有环球航空及陆运网络，通常只需一至两个工作日，就能迅速运送时限紧迫的货件，而且确保准时送达。2013年4月1日起，联邦快递中国有限公司实施GDS（全球分销系统）中国区全境覆盖计划，在武汉设立中国区公路转运中心，正式将武汉作为全国公路转运枢纽，承担武汉自西安、郑州、长沙、南昌、上海、重庆、成都、广州8条公路干线，16个往返班次的货物分拨与转运业务。

4.1.2　联邦快递

美国联邦快递，拥有世界上实力最强大的物流运转中心，具体体积重量计算方式：长×宽×高（cm）÷6000＝重量（kg），时效为到亚洲，一般3天左右；到欧洲，一般3～4天；到美洲，一般4～5天；到中东，一般5天左右；到非洲，一般5～6天。

4.1.3　Fedex国际快递单号查询

步骤1：首先打开联邦快递的官方网站，在首页直接找到货物追踪栏目，如图7－24所示。

图 7－24 Fedex 国际快递单号查询

步骤 2：然后在工作单号的框里面输入快递运单号，单击货件追踪，就可以查到信息了。

步骤 3：还有一种方法就是直接用百度应用查询，如图 7－25 所示。

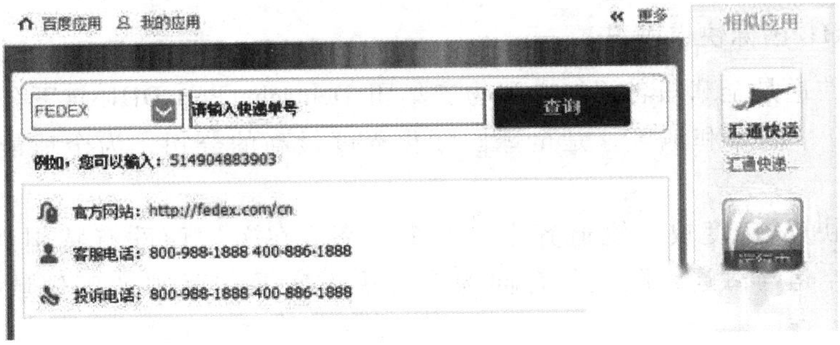

图 7－25 百度应用 Fedex 国际快递查询页

4.2 UPS 国际快递

4.2.1 UPS（联合包裹速递服务公司）国际快递概况

UPS 快递作为世界上最大的快递承运商与包裹递送公司，同时也是运输、物流、资本与电子商务服务的领导性的提供者。UPS 每天都在世界上 200 多个国家和地域管理着物流、资金流与信息流。通过结合货物流、信息流和资金流，UPS 不断开发供应链管理、物流和电子商务的新领域。

UPS 在中国的业务发展也有过高潮和低谷。最开始的时候，也就是 1988 年与中国的大型公司进行合作，组建了自己的办事处。在 2005 年，在中国加入 WTO 之后快递市场开始对外正式开放，外资企业纷纷进入中国全面开展国际快递业务，UPS 在中国区也随之全面运营。2008 年，UPS 成为了北京奥运会的物流与快递赞助商，这让我们自己引以为豪。随后，UPS 在中国市场有两个重大的投入，一个是开始投资建设上海国际转运中心，另一个是投资建设深圳亚太转运中心，而且这两个转运中心都已先后投入运营。并且，上海国际转运中心的业务已经覆盖了中国的主要地区。

4.2.2 UPS 国际快递时效及报价

UPS 国际快递服务全球 200 多个国家和地区。在美洲地区具有较大的优势，性价比高，能够定点定时跟踪，通关便捷。货物的体积重量按照体积（cm） ÷5000 = 重量（kg）计算，每件长 + 高 + 宽不得超过 330cm，单件货物的重量不得超过 70kg。

具体时效为到欧洲，一般情况 3 ~5 个工作日；到亚洲，一般情况 1 ~3 个工作日；到南美，一般情况 3 ~5 个工作日；到非洲，一般情况 4 ~6 个工作日。

4.2.3 UPS 国际快递单号查询

步骤 1：首先打开 UPS 联邦快递的官方网站，打开首页，直接找到货物追踪栏目。

步骤 2：然后再工作单号的框里面输入您的快递运单号。再次输入验证码就可以，然后单击查询，就可以查到你的单号了。

步骤 3：还有一种方法就是直接用百度应用查询。

注意事项：注意要找 UPS 的官方网站。比如直接在百度直接输入 UPS 都可以。

4.3 DHL 国际快递

4.3.1 DHL 国际快递概况

DHL 国际快递是全球知名的邮递和物流集团 Deutsche Post DHL 旗下公司。DHL 的业务遍布全球 220 个国家和地区，是全球国际化程度最高的公司，为全球最大的递送网络之一。

DHL 国际快递 速度快，轨道齐全，安全可靠，在美国西欧有特别强的清关能力。DHL 在快递、空运与海运、陆运、合同物流解决方案及国际邮递等领域提供了专业性服务。

4.3.2 DHL 国际快递时效及报价

DHL 在快递、空运与海运、陆运、合同物流解决方案及国际邮递等领域提供了专业性服务。具体体积重量货物按照体积（cm） ÷5000 = 重量（kg）计算，一般情况下 2 ~4 个工作日货通全球。到东南亚 2 个工作日，到欧洲 3 个工作日。DHL 国际快递速度快，轨道齐全，安全可靠，在美国和西欧有特别强的清关能力。

4.3.3 DHL 国际快递单号查询

步骤 1：首先打开 DHL 联邦快递的官方网站，打开首页，直接找到货物追踪栏目。

步骤 2：然后再工作单号的框里面输入您的快递运单号。再次输入验证码就可以，然后单击查询，就可以查到你的单号了。

步骤 3：还有一种方法就是直接用百度应用查询。

任务五 跨境商品报关报检

5.1 报关报检相关知识

5.1.1 通关

通关又叫清关、结关，是指进出口货物和转运货物进入或出口到一国海关关境或国境时必须向海关申报，办理海关规定的各项手续，履行各项法规规定的义务；只有在履行各项义务，办理海关申报、查验（见图）、征税、放行等手续后，货主或申报人才能提货。货物在通关期间，不论是进口、出口或转运，都处在海关监管之下，不准自由流通。

同跨境进出口物流模式相对应，跨境电商产品通关的途径分为邮政清关、快件清关和一般贸易清关。

邮政清关和快件清关就是采取邮政包裹和快递包裹的形式进出关境，通关时按照个人物品进行监管，适用行邮税的标准来征收税费（行邮税税率分为15%、30%和60%三个档位），其清关服务一般由邮政系统和快递公司完成。

一般贸易清关多见于大批量跨国运输，通关时按照一般贸易产品进行监管，按有关规定进行关税的税费征收。对于跨境电商平台上的卖家来说，大多数的跨境电商产品通关都由相关物流和清关代理公司完成。跨境电商卖家的任务是提供正确的报关及报检资料，避免产品扣关。

行邮税：行李和邮递物品进口税的简称，是海关对入境旅客行李物品和个人邮递物品征收的进口税。由于行邮税中包含了进口环节的增值税和消费税，故也是对个人非贸易性入境物品征收的进口关税和进口工商税收的总称。

灰色清关：出口商为了避开复杂的通关手续，将各项与通关有关的事宜交由专门的清关公司处理的一种通关方式。

清关公司：又称清关代理，是指专门从事国际代理报关纳税业务的企业，受进出口货物所有人及他们的代理人或税收发货人的委托，并为其进出口货物、物品或运输工具的所有人承担办理海关各种手续，如填制进出口货物报关单、报关数据的预录入、代替客户向海关申请办理企业备案登记手续、陪同海关验货、对货物税则归类、计算税费、提货、咨询服务、代办申请减免税关税保函手续、合同备案登记等。一般而言，清关公司均兼营与报关业务有关的业务（如货物运输、办理关税保函和保险），以形成配套的一条龙服务体系。清关代理既要向货物、物品或运输工具的所有人负责，又要向海关负责，属于双向负责的中介代理机构。

5.1.2 报关报检

1. 报关的含义

报关是指货物、行李和邮递物品、运输工具等在进出关境时，由其所有人或其代理人向海关申报，交验规定的单据、证件，请求海关办理进出口有关手续的全过程。

报关是通关的流程之一，但与通关有所区别。报关是单向的，仅指申报人向海关进行申报的流程；通关是双向的，申报人向海关提出通关申请，海关在产品通关时会根据申请人提供的报关材料查验产品的实际情况是否相符，主要核对产品品名、规格、数量、重量、价格等，查验完毕并征税税费后，对产品放行（海关查验本身不收取任何费用，但如果产品通关失败被退回，会产生物流费用）。

中华人民共和国海关跨境贸易电子商务进出境货物、物品申报清单样式

2. 报检的含义

报检是指出口产品的生产、经营部门，或进口产品的收货、用货或代理货运部门按照《进出口商品检验法实施条例》的规定，向出入境检验检疫部门申请办理检验、鉴定手续的全过程。报检先于报关，只有在出入境检验检疫部门检验完毕后，出具入境货物通关单，海关才接受报关申请。当前，出入境检验检疫部门的职能已并入海关，成为海关通关服务的一部分。

与报关不同的是，并不是所有的进出口商品都需要报检。只有国家规定的商品才需要报检，而所有进出口商品（除自带，绿色通道）都需要报关。

3. 避免被海关扣货的注意事项

一般来说，货物被海关扣关或不允许清关的原因有以下几种：

（1）货物的品名填写不详细、不清楚，须重新提供证明函，具体说明货物的品名及其用途。

（2）货物申报价值填写过低，海关怀疑逃税。

（3）货物的相关单证不齐全，需要补充必需的单证，例如进口许可证等。

（4）货物属于敏感货物，包括国家禁止或限制进口、出口的产品。

卖家要做好相关工作，尽量避免产生海关扣货的情况：

（1）选择安全的递送方式，如航空挂号小号和 EMS，而且就算 EMS 的包裹被海关扣货，还是能够免费退回到发货地点。

（2）了解各国海关政策，例如，澳洲虽然通关容易，但是电池类产品是海关禁止通关的，因此电池或带电池的产品，尽量不要发往澳洲。如果产品带电池，可以与客户进行协商，只发产品，不发电池。

（3）尽量不要通过直邮寄递过重的产品，一是物流费用太高；二是过重的包裹被海关查验、扣货的可能性更大。

4. 我国对跨境电商产品检验检疫的有关规定

（1）我国禁止以跨境电商形式入境物品的规定。原国家质检总局发布的《关于进一步发挥检验检疫职能作用促进跨境电子商务发展的意见》，于 2015 年 10 月 1 日起实施。该规定明确提出禁止以下 8 类物品以跨境电子商务形式入境：①《中华人民共和国进出境动植物检疫法》规定的禁止进境物；②未获得检验检疫准入的动植物源性食品；③列入《危险化学品名录》《剧毒化学品目录》《易制毒化学品的分类和品种名录》和《中国严格限制进出口的有毒化学品目录》的物品；④除生物制品以外的微生物、人体组织、生物制品、血液及其制品等特殊物品；⑤可能危及公共安全的核生化等涉恐及放射性等产品；⑥废旧物品；⑦以国际快递或邮寄方式进境的电商商品，还应符合《中华人民共和国禁止携带、邮寄进境的动植物及其产品名录》的要求；⑧法律法规禁止进境的其他产品和国家质

检总局公告禁止进境的产品。

（2）我国对跨境电商进口食品的相关规定：①进口的食品、食品添加剂、食品相关产品应当符合我国食品安全国家标准；②进口尚无食品安全国家标准的食品，应首先向国务院卫生行政部门提交所执行的相关国家（地区）标准或者国际标准进行审核；③向我国境内出口食品的境外出口商或者代理商、进口食品的进口商应当向国家出入境检验检疫部门备案，境外食品生产企业应当经国家出入境检验检疫部门注册；④进口的预包装食品、食品添加剂应当有中文标签。依法应当有说明书的，还应当有中文说明书；⑤首次进口的保健食品应当经国务院食品药品监督管理部门注册或备案。

5. 其他国家海关的通关规定

（1）俄罗斯。俄罗斯海关关于商业快递清关的最新规定：自2017年12月7日起，俄罗斯公民网购商品入境，不仅需要提供护照信息，还需要提供个人纳税号及购买商品的链接。

（2）美国。美国海关对于申报价值在200美元以内产品，不收取关税；对于价值200~2 000美元的产品，海关出具关税收取证明，美国邮政上门投递邮件时收取；超过2 000美元的邮件，需要第三方报关公司清关。

（3）阿根廷。阿根廷规定，本国公民每年可从国外购买5件产品，每件产品价值限额为999美元，总重量低于50公斤，相同产品不得超过3件，且进口目的不是转卖。

（4）印度。自2017年4月1日起，收件人需在货物到达当地的第2个工作日前提交所有清关文件，否则将会有延误附加费产生，由收件人承担。费用为前3天按5 000（印度卢比）/天收取，之后的将按10 000（印度卢比）/天加收，具体以当地海关收费标准为准。卖家需提醒收件人在货物到达当地前提供所有清关文件，避免因延误而产生罚款。

（5）印度尼西亚。印度尼西亚当地严禁进口化妆品及食物，否则将被退回，产生的费用将由卖家（即寄件人）自行承担。如用于商业用途的，需要当地药物及食品局提供的进口许可证清关。如申报价值大于1 500美元的，需要提供原产国的检验证书。若货物在到达当地30天内未能完成清关，将按当地海关法规转自动处理，产生的一切费用也将由卖家承担。另外，当地将关税起征点由之前的50美元调整为100美元，即货物的总申报价值超过100美元的，将会有关税产生。

5.2　外贸综合服务平台“一达通”的通关服务

5.2.1　一达通的入驻条件

一达通平台对申请企业、出口产品及开票人资质均有一定的要求，只有符合要求才可申请一达通服务，见表7－3和表7－4。

表7－3　　一达通平台入驻基本要求

项目	具体要求
企业类型	非境外（中国香港、中国台湾地区除外）；个人或非出口综合服务尚未覆盖地区企业（如福建莆田等）
出口产品	在一达通可以出口的产品范围内

表 7-4　　一达通平台入驻具体要求

企业注册地在浙江省	企业注册地在福建省	企业注册地在河南省	企业注册地在其他省份
(1) 生产型工厂，具有一般纳税人资格且一般纳税人认定时间大于等于6个月； (2) 委外加工型企业，需具有一般纳税人工厂资格、具备出口产品的生产线、具备最后加工的环节	生产型工厂，具有一般纳税人资格，一般纳税人认定时间大于等于1年	生产型工厂，具有一般纳税人资格，一般纳税人认定时间大于等于2年	生产型工厂，具有一般纳税人资格，一般纳税人认定时间大于等于2年，且开票人注册地非内蒙古赤峰巴林右旗、福建莆田、天津武清区（武清区的自行车及其零配件、电动车及其零配件企业除外）；HS编码是61章的产品开票人，要求一般纳税人认定时间满2年

5.2.2　一达通服务的开通

1. 申请方法

如果用户拥有阿里巴巴国际站账号，则可以在申请一达通服务时直接输入国际站账号和密码登录，根据页面提示留下自己的联系方式等信息进行申请，资料提交后会有客户经理联系卖家处理相关事宜。如果用户没有阿里巴巴国际站账号，建议先注册一个阿里巴巴国际站账号，然后再登陆一达通平台进行申请。

2. 需要准备的资料

(1) 企业营业执照；

(2) 企业法人营业执照及授权人身份证（原件）；

(3) 企业税务登记证；

(4) 企业公章、合同；

(5) 一达通出口服务规则知悉确认函；

(6) 企业身份认证的支付宝。

3. 一达通通关服务流程

(1) 首先联系拍档/一达通对接人告知自己的需求；

(2) 自行在下单系统自助下单或委托拍档/一达通对接人辅助自己下单；

(3) 核对下单及出货信息后选择“提交订单”；

(4) 按系统指引签署“出口服务委托函”；

(5) 随后一达通安排通关（或下载报关资料安排自行报关）；

(6) 通关放行（自行报关部分需要客户及时上传报关底单至订单系统）。

项目小结

本项目介绍了跨境电商物流运作，主要包括跨境电商B2C进出口物流模式、海外仓、各出口物流模式的优劣势等；重点介绍了如何计算跨境电商物流运费及头程费用等；介绍了跨境电商物流货物运输及包装方式等；重点分析了各国海关的规定及货物通关、报关报检、清关进行有效处理程序，并要求学生掌握跨境电商物流运作环节，为跨境电商其他知识学习做铺垫。

同步实训

实训一　计算中国邮政国际小包物流运费

1. 实训目的

通过跨境电商物流知识学习，能够熟练掌握跨境电商中国邮政国际小包物流运费结算，掌握对跨境电商物流运输费用计算相关内容。

2. 实训内容与步骤

一位俄罗斯顾客在全球速卖通平台的某店铺购买了一套护肤品，包装后重量为1.32kg。若选择中国邮政国际挂号小包运输，请计算运费。当前中国邮政国际挂号小包报价（部分）见表7－5。

表7－5　　中国邮政国际挂号小包报价表

国家列表	配送服务费/（人民币元/千克）每1克计重，限重2千克	挂号费/人民币（元）
JP（日本）	69.0	8
KR（韩国）	69.0	8
DE（德国）	73.0	10
RU（俄罗斯）	75.0	8
US（美国）	87.5	8

（1）若全球速卖通平台在线发货，按照物流运费计算公式：

商品重量×配送服务费＋挂号费，可得出产品运费＝1.32×75＋8＝107（人民币元）

（2）若选择与国际货运代理合作，则能够享受一定的折扣（如85折）。

按照物流运费计算公式：（商品重量×配送服务费）×折扣＋挂号费，可得出产品运费＝1.32×75×0.85＋8＝92.15（人民币元）

3. 实训提示

选择线上发货时，若产生由于物流原因引起的“纠纷提起”“仲裁提起”“卖家责任裁决率”，平台会对该笔订单的这4项指标进行免责（即不记入相关平台考评）。此外，因物流问题产生的纠纷（如妥投地址错误，但卖家填写地址无误），卖家可发起线上发货投诉。国际货运代理会要求卖家每天提供一定的订单量，订单数决定了折扣的高低。一般挂号费不参与打折。物流运费计算公式及货运代理参照85折扣。

实训二　计算国际空运头程物流费用

1. 实训目的

通过跨境电商物流知识学习，能够熟练掌握跨境电商国际空运头程物流费用结算，掌握对跨境电商物流运输费用计算相关内容。

2. 实训内容与步骤

某贸易公司拟空运一批玩具（200只）从杭州到德国仓，每只玩具0.2kg，包装尺寸为21cm×8cm×8cm，那么每只玩具的国际空运头程运费是多少？假设某货代公司的空运报价见表 7 - 6。

表 7 - 6　某货代公司的空运报价表

转运方式	重量区间	德国仓/人民币元	英国仓/人民币元	最低起运量	时效
空运	5 ~ 21kg	45	45	5kg	5 ~ 7 个工作日
	22 ~ 45kg	32	33		
	46 ~ 99kg	30	32		
	100kg 以上	29	30		

（1）按计算国际商业快递运费的公式，首先要计算这批玩具的体积重量：

$$体积重量 = \frac{长（cm）\times 宽（cm）\times 高（cm）}{5000}$$

玩具的体积重量 = 20 × 6.5 × 8.5 × 200/5 000 = 44.2kg

（2）接着计算这批玩具的毛重：

玩具毛重 = 0.2kg × 200 = 40kg

（3）通过上述计算可知，体积重量大于毛重，所以运费必须按照体积重量计算。根据表 8 - 5 的数据，可计算这批玩具的国际空运头程运费为

头程运费 = 44.2kg × 32（人民币元） = 1 414.4（人民币元）

（4）故每只玩具的国际空运头程运费为

1 414.4（人民币元）/200 = 7.072（人民币元）

3. 实训提示

物流运费计算公式及货运代理参照 85 折扣。

项目测试

一、单选题

1.（　　）海关总署联合国家外汇管理总局共同开发的出口收汇核销单和出口收汇报关单联网核查系统。

A. 出口计费系统　　B. 出口审计系统

C. 出口结汇系统　　D. 出口收汇系统

2.（　　）指通过一定的结算工具和支付系统对于因贸易或投资发生的资金实现两个或两个以上国家或地区之间的转移行为。

A. 支付　　B. 跨境支付

C. 交易　　D. 物流

3.（　　）在整个跨境电子商务中的比重最大，约占整个电子商务出口的 90%，（　　）虽只占跨境电子商务总量的 10% 左右，但却增长最为迅速的部分。

A. B2B、B2C　　B. B2C、B2B

C. C2B、C2C　　D. C2C、C2B

4. 采用网上支付的用户，通过（　　）查询到税费通知后，可在网上发布支付指令，银行接到支付指令后，可直接从用户在银行开设的预储账号中划转税费，划转成功后，用

户可直接办理相关通关手续。

A. 中国电子口岸　　B. 海关

C. 银行　　D. 税务局

二、计算题

某洗发水的包装重量为0.75kg，包装尺寸为60cm×50cm×87cm，出口到美国，请设计出最经济的跨境物流方案。

三、简单题

1. 寄物品去日本如何寄，寄日本走什么快递便宜？

2. 类比指出中国到墨西哥快递价格是多少？

四、案例分析题

线上发货“中俄快递－SPSR”服务商SPSR Express是俄罗斯最优秀的商业物流公司，也是俄罗斯跨境电子商务行业的领军企业。“中俄快递－SPSR”面向速卖通卖家提供经北京、香港、上海等地出境的多条快递线路，可寄送重量100克～15千克，尺寸在60cm×60cm×60cm以内的包裹，运送范围为俄罗斯全境。

线路特点：

(1) 时效快：俄罗斯境内75个主要城市（包含莫斯科、圣彼得堡等）11～14日内到达，其他偏远地区31日内可到达。

(2) 派送范围：派送范围为俄罗斯全境。

(3) 物流信息可查询：“中俄快递－SPSR”提供国内段交航，及目的国妥投等跟踪信息。

(4) 交寄便利：深圳、广州、义乌、金华、杭州、上海、苏州、无锡、北京、宁波、温州提供上门揽收服务，非揽收区域卖家可自行寄送至集运仓库。

(5) 取件便利：SPSR在俄罗斯境内260多个城市遍布900多个方便的自提点。

(6) 赔付标准高：邮件丢失或损毁提供赔偿，可在线发起投诉，投诉成立后最快5个工作日完成赔付，赔付上限1500元人民币。

运送范围及价格：

(1) 运送范围：“中俄快递－SPSR”支持发往俄罗斯全境邮局可到达区域。

(2) 价格：运费根据包裹重量按每100克计费，不满100克按100克计，每个单件包裹限重在15kg以内。包裹尺寸限制在60cm×60cm×60cm以内，见表7－7。

表7－7　俄罗斯运送范围及价格表

国家	配送服务费（根据包裹重量按100克计算）元（RMB）/kg	挂号服务费元（RMB）/包裹
俄罗斯	52	28.6

揽收范围：

(1) “中俄快递－SPSR”由揽收服务商燕文提供揽收服务，1件起免费上门揽收。

(2) 目前揽收服务已覆盖深圳、广州、金华、义乌、杭州、上海、苏州、北京、宁波、温州并提供免费揽收服务。

(3) 除以上注明揽收城市所在区域，其他省份及地区均不属于线上揽收范围，仍需卖家自行寄送至集运仓库。

寄送限制：

【重量】不超过15kg

【体积】60cm×60cm×60cm以内（单边长度不大于60cm）

1. 违禁品不能发运

2. 超过5件同一个SKU的物品不能寄送（超出限额，俄罗斯海关将视为非自用物品而拒绝清关并退运。同款，但不同颜色、尺寸等视为不同SKU的物品。）

3. 电池寄送限制：

不能寄送电子产品如手机、平板电脑等带电池的物品，或纯电池（含纽扣电池）。

请思考：中俄快递-SPSR与国际三大快递巨头的服务区别在哪？假定没有产品类别限制，由中国出口俄罗斯，跨境物流费用哪个更低？

能力拓展

请指出当前跨境电商物流的难题和解决方案，以文字配截图形式简单说明。

项目八

跨境电商客户服务

项目目标

【知识目标】

掌握跨境电商客服工作的范畴；

理解跨境电商客服工作的思路；

掌握跨境电商客服工作的技巧；

掌握跨境电商纠纷处理的相关理论知识。

【能力目标】

能够履行客户的职责与义务；

能够为客户提供恰当的服务；

能够化解客户工作中的问题；

能够恰当使用商务英语与海外客户进行沟通。

项目导图

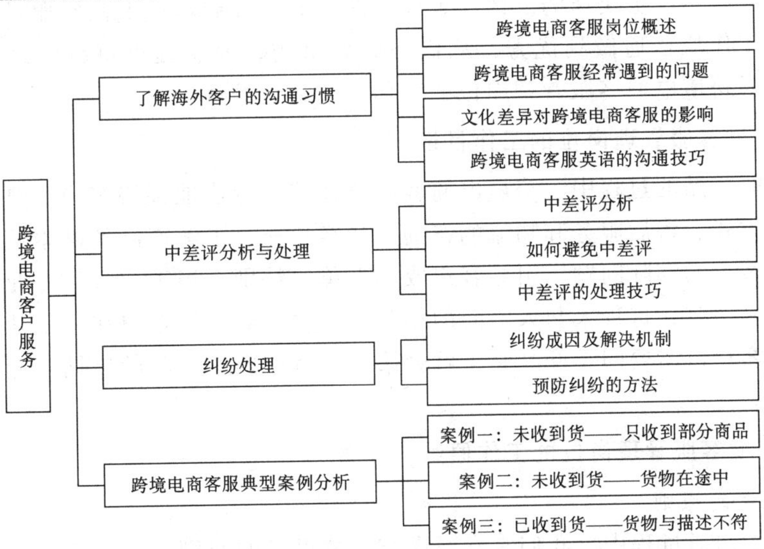

引 例

原告鸿尚公司是国内一家经营皮具的公司，被告阿里巴巴是知名的网络交易平台服务商，通过阿里巴巴国际站提供跨境电子商务服务。鸿尚公司与阿里巴巴签订供应商服务合同，约定其使用阿里巴巴国际站建立店铺，发布公司和产品信息进行销售，同时须遵守双方协议中知识产权保护的规定。后鸿尚公司在美国被品牌商起诉商标权侵权，美国法院发出强制禁令，指鸿尚公司因涉嫌侵权问题需要被勒令停止一切侵权行为及侵权商业活动，阿里巴巴据此关闭了鸿尚公司的阿里巴巴国际站账户，并冻结了鸿尚公司的国际支付宝账户。鸿尚公司向杭州市滨江区法院起诉阿里巴巴，要求恢复其阿里巴巴国际站账户链接和国际支付宝账户，并赔偿损失 1 万元。

（资料来源：李京普．跨境电商中知识产权纠纷的平台治理［J］．电子知识产权，2019 年第 3 期）

引例分析

该案例涉及跨境电商中知识产权纠纷平台治理的诸多问题，首先是关于域外法院禁令的法律效力问题，其次是格式合同的效力及平台入驻商的账户权利问题。学习完本章内容，请大家可以列举主要的争议点进行分析，并对解决平台治理的相关问题提出相关建议。

任务一　了解海外客户的沟通习惯

1.1　跨境电商客服岗位概述

跨境电商客服的工作是一个窗口，通过该窗口客户能够了解店铺所卖产品的特性、功能获得更完善的解答、更快速的反馈和更优质的服务。开展跨境电商客服工作不难，难的是如何把客服工作从普通做到优秀，从优秀做到卓越，要想提供卓越的跨境电商客服工作，前提是要对跨境电商客服管理岗位的工作有全方位的认识。

1.1.1　跨境客服管理岗位的工作目标

在客户选购产品的过程中，跨境电商客服要礼貌、专业地接待客户，热情地解答客户对产品、支付方式、售后服务和物流的咨询，让客户充分了解产品的基本信息，当好客户的参谋，解决客户的实际问题，引导客户成功下单。特别是当工作人员专业的服务态度能够感动国外的客户时，这种人与人之间的相互信任关系会促使客户在未来几年中稳定地回购下单，如果客户再需要同类商品时，就会第一选择所熟悉知晓的店铺，这样大大地提高了客户回头率。

1.1.2　跨境客服管理岗位的工作原则

1. 换位思考的原则

在与客户的沟通过程中，我们常常要讲究换位思考的原则。简而言之，就是站在客户的角度去思考问题，将心比心来理解和认同客户的感受，回答问题时，处处为客户着想，理解其意愿。跨境电商客服也应该尊重对方立场和观点，对他的看法和观点表示赞同，争取用诚心打动客户，最终达成交易。换句话说，即使交易不成但人情还在，融洽的沟通也可能增加客户的回头机会。

2. 实事求是的原则

在商品买卖的过程中，我们要做个专业卖家，给客户实事求是地介绍商品优点与缺点。商品的缺点是任何卖家都无法避免的，坦诚地介绍、合理地解释、适当地描述更能够让客户理解与赞同。尽量避免在介绍商品的优点时滔滔不绝，当问及缺点时避而不答，这种做法只会给客户留下不好的印象。

3. 勇于担责的原则

客户发起售后咨询通常是由于某些原因造成这次交易不愉快，跨境电商客服在接待售后咨询时应以安抚客户情绪为第一要素。客户提出的理由可能是卖家的责任，也可能是物流的责任，甚至可能是客户自己的责任，跨境电商客服面对客户的提问应第一时间安抚情绪，再分辨责任。如果是卖家的责任，客服应第一时间承担责任，补偿客户损失；如果不是卖家的责任，客服可以表示对客户困扰的理解，并且积极主动地帮助客户解决问题。

4. 投其所好的原则

跨境电商购物者的需求、情绪、态度等都有较大差异，对待不同的客户要善于投其所好、善于赞美。热情、自信的客户往往乐于在购物的过程中与人沟通。工作人员抓客户特点，了解客户需求，恰到好处地赞美，人家都会乐于接受，并且可能成为店铺的忠实客户。

1.1.3　跨境客服管理岗位的工作职责

1. 熟悉产品信息

跨境电商客户大多数都习惯采用“静默下单”的方式来购买产品，但并非意味着跨境电商客服就不用熟悉自己店铺的产品。如果客户购买的是高科技产品，他还是会在下单前联系客服询问技术层面的问题，如果跨境电商客服连自己的产品都不了解，就无法为客户提供服务。客服是联系店铺和客户之间的桥梁，一旦这个桥没搭好，就永远失去了这个客户，跨境电商客服首先要做的就是熟悉店铺的产品信息，对于产品的特征、功能等基本信息要做到了如指掌，才能流利地解答客户提出的各种关于产品信息的问题。

2. 核对订单信息

大部分客户在购买产品时收件信息填写是正确的，但是也有一部分粗心的客户由于收件地址发生变动而忘记修改，还是默认为原来的地址，导致收件信息填写错误，客户无法及时收到货物，从而引发一系列售后问题。因此，在客户付款之后，跨境电商客服需要与客户核对订单信息，包括购买产品的颜色、大小、数量、收件地址、物流方式等基本信息。这一做法不仅能降低店铺纠纷率，还可以让客户感受到贴心服务，提高客户满意度。

3. 填写订单备注

如果客户订单信息填写是正确无误的，且无特殊要求在备注中说明，跨境电商客服就可以省去这一部分的工作。但如果客户订单信息有变化，那么跨境电商客服就有责任和义务将变动反馈出来，按照客户要求分拆或合并订单、修改价格或者为客户填写订单备注信息。只有这样，负责后续工作的同事才会知道这个订单信息有变动，从而采取相应的措施。

4. 安排订单发货

跨境电商客服务必仔细检查包装的商品与客户下单是否一致，包括商品颜色、大小、数量、物流方式，是否有赠品，注意提供包裹中产品的清单，提高专业度，避免错发、漏发或者将有瑕疵的货物发给客户。国际物流的包装不一定要美观，但必须保证牢固，包装一直是客户投诉的重要原因。对数量较多、数额较大的易碎品可以将包装发货过程拍照或录像，留作纠纷处理时的证据。

5. 追踪物流信息

在包裹发出之后，要及时跟踪物流信息，在有效期快到达的时候，而货物还在运输途中，主动更新收货时间。当遇到客户咨询包裹的物流信息时，要及时回复客户留言，同时提供以下三个信息点：可跟踪的包裹单号、可以追踪到包裹信息的网站、最新的追踪信息。如果能提供客户所在国的本土追踪网站，并且能够找到客户母语所展示的追踪信息，这对增加客户对店铺的信任，让客户对日后的国际包裹运输时间有信心是非常重要的。

6. 解决售后问题

在跨境电商行业中，当客户联系我们跨境电商客服时，往往是我们客户发现产品、物流运输或是其他服务方面出现了较大的问题，许多跨境电商卖家每天收到的邮件中有将近七成是关于产品和服务的。跨境电商的行业特点，遇到产品或服务问题时，售后处理的方案成本往往会高于国内电商的处理，退换货处理模式在跨境电商中不再广泛适用，跨境电商最常见的处理方式是免费重发或是退款。跨境电商客服在解决售后问题时，要引导客户选择对卖家而言成本最低的处理方案，尽量在保证客户满意的基础上将损失降到最低。

7. 关注客户评价，做好客户维护

相比国内客户，海外客户在店铺成交之后，一旦拥有良好的购物体验会产生更高的依赖性，从而再次购买店铺的产品。因此，做好客户的维护也是跨境电商客服的重要工作内容之一。维护方式可以让客户感受到卖家的服务态度，加强客户的满意度，呵护双方感情，赢得客户信任，使得客户不易流失。

1.2 跨境电商客服经常遇到的问题

在整个跨境电商团队中，客服岗位的人员是最低调的人群，他们每天都是在电脑面前处理复杂的棘手的问题，提供售后服务。但是，这一人群的价值有巨大潜力可以挖掘的，通过提高他们的岗位服务水平，可以减少退货率，降低成本。客服岗位的人员还可以为业务员提供有价值的信息，帮助挖掘新订单；有助于减少差评率，使企业成为优质企业，不断拓展新客户；他们的服务口碑，可以不做大量的营销就能赢得顾客。因此，要做好跨境电商必须重视客服岗位。

1.2.1 跨境电商客服工作流程中容易出现的问题

1. 不理解网站英文说明，导致客户产生焦躁心态

客服人员尤其是跨境电商的客服人员，在接待顾客的时候都是处理售后问题。特别是跨境电商，不同于淘宝在售前联系较多，它多是沉默的购买方式，尤其是 Wish 上，多是

以图片展示，几乎没有语言文字。一旦客户联系客服就是因为购买的产品出现了问题，或是物流过程出现障碍。如，产品瑕疵、货品差距较大、物流没送到等。而且由于语言不通，客户等了很久，沟通过程中容易出现缺乏耐心，不愿听卖家解释的现象。遇到这样的情况如果没有很好处理，损失的不仅是邮寄费，还会使评价变差、纠纷率上升。有时候客户对待解决问题的处理方法很满意，对店家进行了留言，客服人员可能看到了，却没有落实到手上，这会给客户有不被重视的感觉。

2. 对明显来自卖方错误，随意承认会留下态度轻佻印象

当出现客户收到货后发现产品有明显的缺陷，或者漏发商品等情形时，客户会感觉到卖家不专业，基本不会产生二次购买。客户在等待了 15 ~ 30 天后，所购品发生漏货情况，或者是发错货情况（购玫瑰花种子却收到芍药的种子），这时会很生气。在这种心情下，客服如果态度轻松的承认错误，甚至是愿意免收运费补发货物，客户认为不尊重不会再等 30 天，最后很可能会导致退款，并留下不良记录。

3. 解决方案由客户提出或者方案单一，造成被动处理结果

在遇到问题时，有的客服工作应对被动，没有提出好的方案，而是随口在即时通信上回复“you consider how to deal with this problem”这是非常不专业的表现，给客户留下不是大专业店铺的惯常处理方式的印象。这时客户只能按照自己的理解提出修改意见，而由于对海关和检验检疫不了解，客户提出的方案往往是高成本的。有的客服处理问题没有从客户方着想，方法简单，不是退货就是退款，这样只会造成客户选择退款，最终导致差评。有的顾客对处理不满意要求经理负责，这样不仅会给新的接手人员增加工作难度，也增加了人员分配难度。

4. 无证据的敷衍回答加剧客户的烦躁情绪，加大后期跟进服务的难度

在速卖通的网站，一个售卖植物种子的商铺收到“I ordered mulberry... and now it's blackberry... which is wrong.”（我要的是桑葚种子，收到的是黑莓的种子，谁的错）的评价，这种情况一定是没有处理好针对客户的售后服务，导致了一星的评价和差评留言。如果在同客户交涉时能够提出有力的购买记录截图，或者即使客户不联系我们直接评论，我们也可以直接回复中提交证据，这样不会给其他客户造成店铺不专业的印象。再如这样的评论：“The seeds for a month did not germinate. seeds are not high quality”（这个种子一个月都没有发芽，种子质量有问题），会销量致命的打击。由于跨境的买卖距离远，环境差异大，植物会发生多样性变化，针对这种情况，如果客服能提供检测报告或者相似地区的成功案例，并加以操作指导，就可以很好的解决问题，会得到客户的满意答复。

5. 行文沟通技巧欠缺，惹怒客户导致一星差评

有的客服可能做营销出身，喜欢在回复中使用 pop 广告的方式强调重点，把大段的文字染成红色并且大写。希望让客户能够一眼看到卖家的关键内容，但不会想到这会产生反作用。有客户这样投诉“why you always shout out to me”（你为什么总对我嚷嚷呢）。通过同顾客沟通了解到，在英文书信里成段的大写表示愤怒，激动的喊叫的情况，显得非常没礼貌。相当部分客服人员在同客户沟通时喜欢用长句或者复杂句式表达，这不利于与客户有效沟通，应该多用口语化的表达方式，这更适合与客户的沟通交流。

1.2.2 跨境电商客服工作流程中的谈判思路与专业态度

在客服工作中，对怒气未消的客户提出质疑时，应该运用技巧，引导客户情绪，为以

后的问题处理，使顾客接受解决方案打下基础。

1. 礼貌的对客态度

"良言一句三冬暖，恶语伤人六月寒"。一句"欢迎光临"，一句"谢谢惠顾"，短短的几个字，却能够让顾客听起来非常舒服，产生意想不到的效果。礼貌对客，让顾客真正感受到尊重，一句"欢迎光临，请问有什么可以为您效劳的吗"，会让人有一种亲切感，也可以让顾客的心理防御减弱或者消失。有时顾客只是随便到店里看看，客服也要诚心致谢，这是一种心理投资，不需要很大代价，但可以收到较好的效果。沟通过程中其实最关键的不是说话的内容，而是说话的方式。在回复顾客时，要避免生硬，多采用礼貌的态度、谦和的语气，以便顺利地与客户建立起良好的沟通。相对于"不接受见面交易"，"不好意思我平时很忙，可能没有时间和你见面交易，请你理解"的语气更能让人接受。

2. 多虚心请教，多倾听顾客声音

当顾客咨询时，客服并不能立刻判断出顾客的来意与其所需要的物品，所以需要先问清楚顾客的意图，需要具体什么商品，是送人还是自用，是送给什么样的人等。了解清楚了顾客的情况，准确地对其进行定位，才能做到只介绍对的不介绍贵的，满足顾客需求。当顾客表现出犹豫不决或者不明白的时候，我们也应该先问清楚顾客困惑的内容是什么，是哪个问题不清楚，如果顾客也表述不清楚，我们可以把自己的理解告诉顾客，问问是不是理解对了，然后针对顾客的疑惑给予解答。

3. 保持专业态度解决问题

跨境电商的特点是客户不是大批量采购，专业客户少，客服在帮助客户解决问题过程中，需要从专业的角度来解决。一方面详细询问了解真实原因，另一方面，对客户解释时尽量简化物流或报关查验过程的专业术语，通俗地解释。在提出解决方案时，要提出负责而有效的解决方案，不能以敷衍搪塞等说法让客户再等几天，这样会惹怒客户。客服人员要有良好的心态，这是发挥客服的专业能力的好时机，也是向老板提出建议的来源。良好的解决问题不仅有助于自己提升，也有助于增加客户的信任感，形成客户惯性，做成老客户。最后，每一次客户的反馈一定要回复。无论采用电邮、站内信、即时通等何种沟通方式，一定要保证最后一次的回复是卖方做出的，这是对客户的尊重与重视。

1.2.3 跨境电商客服工作流程中容易出现问题的解决技巧

网上商品因接触不到实物，顾客事先了解产品时一定会对产品有一定的疑虑，客服解答顾客的疑问，熟练掌握沟通技巧是促成订单的重要因素。

1. 客服态度方面

售前客服的工作人员一定要具有良好的态度。顾客在不了解的情况下会存在一系列的疑问，客服人员需要认真耐心的解答。同样的产品，顾客在选购产品时会关心产品的评价，还有更重要的就是客服人员的回答，回复越快就会给顾客留下很好印象，回答问题的专业和耐心也可以增加顾客对产品和店铺的好感度。顾客在购买产品前会对产品产生很多顾虑，客服要从顾客的角度出发，为顾客考虑问题，打消和减少顾客的疑虑，最终促成交易。

售中客服人员要清晰回答顾客提出的问题，协助顾客下单。为了提高顾客的回复率，可以整理日常沟通中遇到的常见问题和一些设计好的专业的沟通话语并提前设定为快捷的回复用语，提高了回复的速度和效率，缩短顾客等待的时间，提高成交率，适当加入有趣的表情增加亲切感，促进成交。这个环节态度的好坏影响着顾客在交易结束后对服务人员和店铺的评价。售后客服人员需要耐心解答顾客的问题。售后问题一般是顾客对产品质量、客服人员服务、快递等方面不满而提出了一些问题和诉求。遇到售后问题时需要客服人员和顾客之间进行客观的讨论、积极的解决问题、努力改进，不能一味的推脱责任，明确双方各自的责任，提高顾客的回头率，增加店铺的利润。

2. 阿里旺旺客服的沟通技巧

不要没事随意打扰阿里旺旺中的客户。阿里旺旺上客服和顾客的交流时间不长，需要在短时间内精准回答客户回答的问题，商务交流不是聊天。旺旺上进行的是商务交流，旺旺上语言措辞和语言态度必须严肃和认真。旺旺上的交流尽量避免探讨敏感话题，因为交谈中拿捏不好尺度，很容易影响成交。

3. 跨境电商客服语言规范

关心商品质量：商品是否正品？目前我们未收到一件假货的投诉，我们都是从正规渠道进货，一手货源，保证质量，质检部门严格审查商品质量。商品有防伪标志，定期更换产品包装，自行查询商品防伪标志。希望商品价格更优惠：商品价格能再便宜点吗？能不能送礼品？一分价钱一分货。产品从选材、做工、质地、包装等方面都非常完美，从不在原材料上节约成本，产品物超所值，希望理解。如果价格不能接受，可以选择其他款产品质量也很好。店铺在节假日都有促销活动，为回馈新老顾客，凡购买商品即赠送小礼品，希望多多关注我们店铺的产品。

库存：商品有货吗？我们是线上线下同时销售的，库存显示有货，但是存货量不多，该商品是销售爆款，每天库存变化很快，建议您早付款，有货的可能性就比较大。

包装：包装和专柜包装一样吗？我们的商品线上和线下专柜同时出售，商品的包装一致，供应商相同，不存在包装不同的情况。

付款：付款怎么操作呀？商品进入购物车后可以付款，需要支付宝您绑定银行卡号，支付完成后就会弹出支付页面。

发货：什么时候发货？请告诉我订单号帮您查询。一般付款后 48 小时内保证发货，近期出货量比较大，会第一时间安排发货，都是按照付款顺序打包商品发货，您着急收到产品、使用产品的心情我们能够理解，希望您耐心等待，谢谢理解。

退换货：商品收到尺码不对可以退换货吗？我们的服务政策是商品需附件齐全，未经穿着修改洗涤，包装未打开，不影响二次销售的 7 天无理由退货，15 天无理由换货，只要在规定时间内提出退货和换货可以寄出商品，我们售后安排退换商品。

退款：退货时退款是什么流程？商品回到货仓后，售后人员鉴定商品是否存在损坏，确实是我方质量问题，我们安排全额退款，若是顾客穿着和使用不当造成，影响二次销售那就不能退款。

投诉：你们的服务我不满意，我要投诉你们。如果是我们工作的失误造成的，我们会弥补您的损失。我们在店铺建立之初就是本着诚信童叟无欺的原则来售卖商品，只要是我们的原因我们一定会做出赔偿，让您满意。

1.3 文化差异对跨境电商客服的影响

随着跨境电商行业的蓬勃发展，处于不同国家，有着截然不同文化背景的交易双方正通过互联网进行着经济、文化的交流与碰撞。跨境电商客服是跨境电商店铺在运营过程中为客户提供售后服务的工作人员，是与客户沟通的唯一群体，两者如何理解、适应彼此的文化差异，协调沟通并促成交易是出口跨境电商行业在后续发展中亟须解决的问题。

1.3.1 文化差异在跨境电商客服工作中的表现

跨境电商客服需要了解目标市场文化

1. 双方沟通不畅

跨境电商客服在与其客户在进行沟通时，通常有一方使用的不是自己的母语，而有些时候双方使用的都不是自己的母语。在进行语言转换时，回复滞后，词句使用不专业、不恰当都会使双方沟通不畅；有的客户或者客服会借助网络翻译软件等工具进行沟通，而这些工具的效果并不理想，使原本经过翻译已经失去一部分原有含义的文字又打了折扣，双方沟通充满阻碍。

2. 互相产生误解

有些客服在回复客户的邮件中喜欢使用成段的大写字母，有的甚至还用醒目的颜色进行标记，以为这样可以达到突出重点的效果。但实际上，在英语表达中成段的大写字母表达的是愤怒情绪，是一种非常没有礼貌的行为，客户看到这样的邮件会觉得自己不被尊重；而客服使用这样表达的出发点是为了让客户可以一眼就看到关键语句。双方就这样在互不知情的情况下产生了误解。出口跨境电商客服在与客户沟通时，会不可避免地使用符合中国交往习惯的表达方式，如一些客套、礼节性的语句，表达对客户的尊敬，而崇尚直接的西方客户会觉得这样的语句并不能解决实质性的问题，认为客服是在回避问题，双方因此产生误解。

3. 客户带有抵触情绪

在跨境电商交易过程中，通常只有在客户购买产品后发现问题的售后环节，才会与客服进行沟通。所以在客户与客服沟通时，通常带着因为实物与图片不一致、产品有质量、数量、规格、包装问题，或者收不到货物等的不满情绪，而又因为文化的隔阂、时差等问题，造成客服回复不及时，回复内容难以理解或者无法解决问题，在这样的情况下，客户带有抵触情绪，缺乏耐心，给客服工作带来困难。

4. 无法互相理解，造成僵局

处于不同文化背景下的双方在沟通过程中，常常会出现一方在表述过程中只停留在字面，不了解其背后的文化内涵而带来相反的表达效果，导致双方无法互相理解的情况，这样会使问题复杂化，给出口跨境电商客服工作带来困难。另一方面，国内电商平台中产品的图片绝大部分是经过美化的，只有美观的图片才会吸引客户的注意，而国外电商平台的客户注重产品本身与图片的一致性，如果产品一旦出现与图片不符的情况，客户就会觉得卖家存在欺诈行为，要求客服给予解释或退货退款。按照国内的思维，美化的图片只是营销手段，是一种普遍行为，谈不上欺诈，根本就不需要解释，更不用说退货退款了，在这种局面下，双方无法互相理解，造成沟通僵局。

5. 客户直接给差评

在国内电商平台，客户与客服在售前、售中、售后环节都会用即时通信软件，甚至直接通过电话、短信进行沟通，不存在时差，双方沟通比较及时；而跨境电商平台客户大多数只有在售后环节才会与客服运用站内信、邮件进行沟通，存在时差，双方沟通不及时。因此，缺乏沟通机会与客观上存在的沟通障碍使出口跨境电商客服无法较好掌控客户情绪，解决客户问题，有些客户便会直接给出差评。另一方面，西方人相比中国人来说时间观念更强，西方人如果说“马上”，那就是立即立刻，而中国人口中的“马上”，可能是几个小时也有可能是几天。当出口跨境电商客服帮助客户解决问题时，如不能在约定时间内解决，客户会觉得客服不守信用，没有时间观念，给出差评；而客服认为已经在解决问题了，无法理解客户不沟通而直接给出差评的行为。

1.3.2　文化差异对跨境电商客服工作的影响因素

1. 语言文字

书面语言文字是跨境电商客服与客户沟通的唯一工具，而每一种语言文字都是在特定文化中形成并发展的。即使是同一种语言，经过不同国家、不同地域文化的影响，也会产生天壤之别。英式英语和美式英语就是最好的例子。对跨境电商客服来说，在语言翻译中产生的问题是导致与客户沟通不畅、甚至产生误解的直接原因。停留在语言文字的表面而不了解其背后的文化内涵也会导致双方无法互相理解的僵局。

2. 价值观念

价值观念是指人们对各种事物的基本立场、态度和取向，是文化差异影响的主要内容，而价值观念又包括思维方式、沟通方式等方面。中国人自古以来倡导和谐的社会关系，决定了他们注重伦理道德、社会关系以及讲究礼节、迂回曲折的沟通方式；而西方人倡导自我价值的实现，把个人利益放在重要位置，喜欢直截了当的沟通方式。把固有的价值观念、思维沟通方式带进工作中，出口跨境电商客服常常会无意识地站在客户的对立面，用客户不喜欢、不接受的方式来沟通解决问题，双方很容易产生误解，甚至有的客户会直接给出差评。

3. 政治法律

西方国家的政治法律强调对个人利益的保护，跨境电商平台也出台了许多保护客户权益的政策。客户一旦觉得自己的权益受到侵害，就可以向平台发起申诉，而平台在处理这些纠纷时，往往都是向买家客户倾斜，所以一旦客户申诉成功，就会给跨境电商企业带来巨大损失。跨境电商客服在处理客户纠纷时，如果忽视客户对自身权益强烈的保护意识，不及时解决问题，双方就会展开争辩，无法互相理解，造成僵局。

1.3.3　客服工作文化差异的应对策略

面对客观存在的文化差异，从出口跨境电商客服人员本身与跨境电商企业来说，都不能逃避，要认识、重视、尊重、理解、适应，并采取积极的态度应对。

1. 客服人员

（1）提高外语语言能力，清除语言障碍。外语语言能力是跨境电商客服必须熟练掌握的技能。客服要不断加强英语语言的学习，在工作过程中积累相关词汇与句型，摆脱网络翻译软件的辅助，在与客户沟通过程中避免拼写和语法错误，同时还需加强对店铺产品的属性性能、使用方法、售后服务等专业词汇的学习，提高自身的专业性。在熟练掌握英语的基础上，多学习一门外语，如俄罗斯语、法语、西班牙语、葡萄牙语等，为之后拓展俄罗斯、拉丁美洲、非洲等出口跨境电商市场做准备。

（2）提高跨文化交际能力，消除文化隔阂。除了通过不断提高外语语言技能加强对他国文化的理解之外，还需要加强对不同地域文化、价值观念、风俗习惯、政治法律等方面的学习，熟悉不同地域消费者的行为消费习惯，减少文化差异给跨境电商活动带来的影响。

（3）掌握沟通技巧，提高沟通效率。跨境电商客服人员在与客户沟通过程中，应尽量使用简单的词汇与句型，帮助节省客户的阅读时间；在写邮件、站内信时注意行文格式，不要使用整段的大写文字，按照逻辑关系进行分段，把重点内容放在中间段落，方便客户抓住信件的关键内容；保持平和的心态，措辞要体现对客户的尊重，不在回复中使用带情绪的词句，提高客户的忠诚度；最后一次回复由客服人员做出，体现对客户的尊重；站在客户的角度考虑问题，为客户提供多种解决问题方案，供客户选择，给客户留下专业、诚恳的印象，避免差评。

2. 跨境电商企业

（1）加强对客服的培训。跨境电商企业对客服的培训不仅要包括平台规则、产品知识，还应特别注重外语语言能力、跨文化交际能力、客服礼仪以及沟通技巧、纠纷处理、销售技巧等。通过不定期的优秀客服经验分享、实际客服工作案例分析、客服工作相关理论的学习，使客服学会独立应对在工作中因文化差异产生的种种问题，提高客服的综合素质。

（2）在企业管理中渗透跨文化意识。企业管理中的跨文化意识主要体现在语言、文化适应和文化移情三个方面。首先，语言作为沟通工具影响着人们思维方式的同时还进一步影响文化的发展，因此跨境电商企业在管理中需要营造浓厚的外语学习氛围，通过提升员工的外语能力使其进一步深入理解他国文化。组织各种企业内外部的语言培训、团建活动，倡导所有员工不断提高自身外语水平，通过与薪酬、职位挂钩等方式激励员工考取外语证书。再者，出口跨境电商企业要提高适应他国文化的能力。对于目标国家市场的文化风俗，政治经济制度，消费者习惯等，要深入了解并且熟练掌握，在开展产品开发、营销策略及售后服务等活动时做到入乡随俗，消除文化差异的影响。最后，文化移情是指处于不同文化背景下的人们能够用将心比心的心态进行沟通，站在对方的角度考虑问题，给彼此文化情感上的尊重，使双方达成更深层次的理解。跨境电商企业中要转变自身的文化立场，消除对他国文化的偏见，接受、尊重并理解双方的文化差异，做到文化移情。

1.4 跨境电商客服英语的沟通技巧

语言是人类最重要的交流工具，是人类进行沟通和表达情感的主要方式。在进行网上商务交谈过程中，我们要选择恰当的语言进行沟通。简单地说，商务活动进行过程中，我们应选择符合时宜的语气、语句、专业的词汇和表达方式。

1.4.1 语言应用技巧

1. 巧用专业语

商务英语源于普通英语，但除了普通英语所具有的基本语言学特征之外，商务英语又具有其独特性。商务英语是普通英语与商务各领域专业知识的结合。跨境电商从业者除了掌握必要的基本英语沟通能力外，还应具有一定的商务专业性知识。例如，在阅读有关商务邮件和信函时，必须对常用的商务术语有清楚的概念，当涉及一些专有名词和固定的搭配时避免出现外行话连篇的情况。因跨境电商产品涉及方面广泛，而每一行业都存在自己特有的专业词汇，因此商务英语拥有大量不同领域的专业术语。在大多数情况下，现代外贸企业并不会专门配备翻译人员，这就要求跨境电商从业人员必须精通商务情境下行业术语的中英互译，因为在实际操作中如若不能很好的掌握理解这些专有名词，很可能给买家留下不专业的印象，进而影响交易的进一步开展。

2. 巧用道歉语

根据专家观点，道歉是“一种针对被冒犯者的面子需求，意图弥补因为道歉者的责任所导致的过失，恢复双方平衡关系的言语行为”。以道歉的言语行为来减轻对方消极面子的威胁，维持和修复双方的关系。作为跨境网络平台的客服，经常要针对产品的售后问题以及客户的投诉，关于货物的破损、短缺、发错货、快递时间过长等问题要及时处理说明。然而，有些时候，因为中西方思维方式差异，产生语用失误。

3. 巧用告别语

告别在跨境平台在线交流话语中发挥着重要作用，既是一段交易的结束，同时可以巩固双方的关系，提高客户的复购率。在跨境在线交流中，中国卖家习惯用“感谢您访问我们的店铺！欢迎下次光临”等来作为告别语来结束平台的在线交流。因此，有的卖家就直接用“Thank you for visiting our shop! Welcome to come to our shop next time”作为在线对话的告别语。也有卖家用“I am leaving now.”作为结束在线网络平台交流的告别语。而实际上，这些表达都是受母语思维方式的影响造成的，并不符合西方人的习惯。有学者认为英语有6种类型结束语，可以对交谈进行评价或者说明交流结束的原因等来结束，如：Nice talking to you! 或者 I will be offline since I have to attend a meeting now.

1.4.2　语言沟通的能力

1. 语言阅读能力

跨境电商客户需要工作人员充分地了解到相关产品的信息，在跨境电商的实际交易过程当中，相关的客服人员必须要对商品交易过程的信息进行准确的处理，所以说商务题材的阅读能力在跨境电商中所起到的作用非常明显，这也要求跨境电商客服人员必须要不断地提升自己的英语阅读能力，这样才可以充分了解到产品相关的规格信息。在当前的时代发展过程当中，科学技术和电子商务的良好发展，对这个时代的商务英语阅读能力有着一个较高的要求，也可以说具有良好的英语阅读能力，对于跨境电商贸易往来过程当中，获取商机的重要性非常明显，对于商务英语的阅读工作来讲，这在跨境电商当中的重要性不断提升，因为在跨境电商的信息交流工作当中，交易双方往往会形成比较大的信息量和相关的交易记录，此过程中还有很多交易都需要通过书面信函或者是英语电子邮件的方式来加以完成，这方面的工作就要求跨境电商交易的双方都要有相应的商务英语的阅读能力和英语水平。这样才可以有效地完成跨境电商贸易的交易活动。一些买家习惯性先下单但是并不立即付款，通常这些买家会主动留言给卖家进行谈价，对于这些买家，卖家应第一时间回复他们，对商品的材料与做工做进一步的介绍，并告知买家一旦下单后会第一时间把货物发出，使买家感受到卖家的诚意，以此稳住他们的购买意向。面对不主动联系的买家，卖家也应积极主动联系买家，询问其未付款的原因，对症下药。

2. 语言写作能力

跨境电商的客服人员需要具有较强的商务写作能力，英语写作的准确性和科学性直接影响到了沟通者和消费者对直观产品信息的获取，相关客服人员对于商品的外观性能等方面的简介，通过英语写作作为载体来进行协作。通过简单的专业介绍，有利于消费人员对于产品的各方面信息和性能加以了解，这样也可以减少人员对商品了解所需要的时间。在一些重点的跨境电商当中，主要的信息交换包含了两个方面的内容：一是线上交流，二是产品的介绍。众所周知，线上的交流工作是一个非常重要的环节，在这种交流的工作当中，通常情况下是电商使用人员使用母语进行相互之间的信息沟通，其中最比较常见的英语交流甚至是其他非英语和非英语的交流，只有通过不断地提升使用人员本身的商务英语和自身的翻译能力，才可以提高双方对于产品信息以及沟通内容的理解程度，以此来有效地达成合作人员在交易过程当中的最终合作目的。

3. 在线交流能力

在交易之前和交易之后的信息反馈和沟通环节，对于英语的翻译能力也非常重要。依照相关的数据分析统计，可以看出在跨境贸易工作当中购买量比较小的客户，对于商品出售之前的咨询相对较少，他们会对产品进行一定的描述，通过图片和商家的信誉直接定夺买还是不买，在这个阶段当中英语翻译文本的精确性和科学性至关重要，但是对于英语的口语和交际能力的要求就不是非常高。跨境电商的商品销售过程，这种交易活动并不是一种非常难以理解的环节，简单来讲就是和非本国的客户相互之间进行商品交易的活动。所以对于跨境电商客服人员来讲，需要尽可能地了解一些国外的期刊以及相关的经贸知识，国外的期刊是非本国跨境电子商务从业工作人员了解国外社会经济市场和发展经济手段的有效方法，通过国外期刊比如一些书籍报纸等。相关的客服人员可以从中获取比较潜力的信息资源和一些热销产品的销售状况，通过这种方式可以对社会经济市场进行准确地判断。

1.4.3 函电沟通技巧

在现代商务沟通中，如何使信息更有效地传递是需要思考的重要内容。电子邮件是当今外贸企业间进行商务沟通最常用的方式。

1. 完整性

商务电子邮件内容应完整包含你的收件人读者所需要的全部信息，不完整的信息无法达到良好的沟通效果，还会降低工作效率，因为需要增加更多地沟通时间和精力才能把问题解决。邮件信息是否完整，可以用 who，when，where，what，why 和 how 这几个要素的完整性来检验。

2. 准确性

发出的每一封商务电子邮件都代表着公司的形象，电子邮件的语法、标点符号和拼写的错误毋庸置疑会让写信人在收信人心目中的形象大打折扣，同时商务沟通中的内容也涉及双方的权利和义务，因此每一封信件应在发出前认真检查，做到表述准确无误，避免带来不必要的麻烦。

3. 清楚性

商务电子邮件应准确传递发件人的意图，不要让对方误解，因此要做到用词准确，避免使用模棱两可的词和句子。

例如：As to the streamers sailing from Shanghai to New York，we have bimonthly direct services.（bimonthly 是一个多义词，可以理解为“两月一次”或者“每月两次）为了避免让对方误解，应改为：We have two direct sailings every month from Shanghai to New York。

4. 具体性

商务电子邮件要求信息具体明确，不要使用含糊、抽象的表述。

例如：The large order has been sent.（General）

The order for 20000kgs of groundnuts has been sent on April 13，2017.（Better）

5. 礼貌性

商务电子邮件应使用礼貌的语言和真诚的态度去进行沟通，显示对收件人的尊重。但注意把握礼貌并不意味着谦卑。

We can not comply with your request.（Impolite）

We are afraid we can not comply with your request.（Better）

任务二　中差评分析与处理

2.1　中差评分析

2.1.1　两种中差评

把中差评分为两种，一种是正常中差评，一种是恶意的中差评，我们需要正确区分正常的中差评和恶意的中差评的区别，进而用不同的方式去对待。正常中差评是指卖家宝贝描述，产品本身及售后服务和物流服务等确实存在一定的问题而造成买家不买账给予不好的评价。恶意中差评是指差评师或竞争对手等故意给出不好的评价，与卖家本身原因没有太大的关联，多数是为了讹钱或者恶意竞争。

对于正常中差评，我们需要考虑什么原因造成了这样的结果，积极回馈买家，想办法优化自己产品质量和本身服务！这个时候中差评是来提醒我们优化内容和改善服务的，调整自己心态，承认自己的问题并向客户主动道歉，拿出诚意，拿出补偿措施，如果不及时发现和处理优化掉本身的问题，而选择直接和买家沟通如何能够删除中差评，即使当时买家配合了，后期问题还是会不断出现，你会把自己陷入一种困境！

虽说是正常的中差评但还是有可能不是我们自己最直接的问题造成的，比如：物流方面的产品，快递方面种种原因慢了，这方面很忌讳客服上来就和客户沟通，这个时候需要我们先要站在对方的角度表示理解，听买家倾诉，积极帮助买家处理，比如和快递方面协调，快递严重失误的要帮助投诉等。一定要顾及买家感受，才能后赢得信任，让买家看到诚意，愿意帮助你改评价，甚至还会因为认同你的出事做人风格产生再次购买。其实这个就是在考验你的对外公关能力，外面很多所谓专业的处理中差评公司其实就是这样公关的，只不过你没有这个心态和方案思路。当然如果你选择的快递总是出现问题，那你最应该做的还是要选择一家服务更好更靠谱的快递公司长期合作！

我们再来说一下恶意的中差评，当我们受到威胁，讹诈或是同行恶意竞争行为时，一定要先假装妥协，想方设法逼他们露出破绽，收集证据，用来投诉维权使用。大家也可以通过淘宝首页进行自助的投诉。步骤如下：淘宝首页——联系客服——卖家客服——卖家问题——投诉处罚——不合理评价。

2.1.2 中差评的沟通方法

1. 分析造成中差评原因并拿出方案

区分正常和恶意中差评，拿出解决方案，有方案再沟通，合理快速，不打无准备之仗。

2. 保持好沟通时的心态

你的目的是要解决问题，态度真诚很重要，不是任何一个差评都可以拿钱来解决的，最重要让客户内心觉得卖家是有诚意的。

3. 沟通时间要及时

不要等中差评都出现2天了都不去处理，而且还要考虑具体沟通的时间，不要在买家可能休息或正忙的时候选择急于沟通。

4. 沟通工具

旺旺或者电话沟通，电话沟通最好，礼貌到位的前提下，组织好语言，尽量一通电话搞定，提前准备好修改流程，因为很可能客户不知道在那里改评价。客户忘记修改时，也可以短信提醒一下，说些客气话，不要一遍一遍给客户打电话。

2.2 如何避免中差评

2.2.1 本身产品问题

产品质量要把控，主图详情描述切合实际不要夸大或过度承诺做不到的事情，注意提前预料到的问题可以在描述中进行解释，可以造成不必要的麻烦。

2.2.2 发货物流问题

尽量选择服务好和速度快的快递公司，搞好日常关系，本身做好包装细节，结实精美，最好有精美的小礼品送给客户，不见得多贵，一定是实用精美的，劣质的还不如不送。尽快安排发货，这里注意买家具体地理位置不要过度承诺很快就可以到达，甚至明确给客户天数，运输过程不确定性和偏远地区的位置是否容易到达是不得而知的，只能协调快递尽量。

2.2.3 售前售后问题

售前售后保持旺旺同样的反应速度，态度礼貌始终如一，不要让买家觉得，买东西时候积极，售后问点啥就不热情了。好多中差评都输在客户感受度上。常用的产品专业话术和常被客户问到的问题提前做好话术整理，应对自如，最主要的是在和买家沟通过程中一定要保持良好的心态，不要受到客户语言影响，客户就是上帝，有可能你某一方面的不理智，中差评就不可挽回了，这方面就要对客服严格要求和培养了。

2.3 中差评的处理技巧

中差评是每个卖家心中抹不去的痛，对待中差评经常充满怨气。我们需要思考两个问题：一、我们的充满愤怒怨气的回复除了将冲突升级，能让顾客把中差评改掉吗？二、我们的充满愤怒怨气的回复是给谁看的？评价是给这个顾客看的，还是给后来者看的？如果想清楚了这个问题，可能心态就不一样了。除此之外，大家有没有想到，危机之中也蕴藏着生机。随着网购热度的增加，同行之间的竞争日益加剧，获得每个顾客的成本在翻着倍的往上涨，获得一个新顾客的成本是维护一个老顾客的6倍。

2.3.1 真诚的表达歉意

出现中差评，电话沟通当然是最快速有效的沟通方式。一般情况下，这个时候顾客心情是比较糟糕的，会有怨言或怒气。不管是什么原因，都要适时跟顾客真诚的道个歉，缓解一下顾客的情绪，让顾客心平气和的与我们沟通问题所在，然后再寻求切实可行的解决方案。表达歉意要真诚，让他感觉到你对他的重视。适当的延长道歉的时间，不要急于步入解决问题的环节，试着慢下来，直到顾客能接受你的时候，差不多就成功了一半。比如说：我非常理解您的感受，如果我碰到这样的情况，我也会很生气。很抱歉这次购物给您带来了不便，请您谅解哦。

2.3.2 与顾客一起分析出现差评的原因

当你与顾客是站在一起的时候，下面的事情就好办多了。耐心细致的了解买家为什么给差评，是质量不好？还是款式不满意？或是对客服不满意？物流不满意？一定要让顾客明白我们是用了心的。比如说：麻烦您拍张图片给我们好吗？真对不起，让您着急了。我们一定会尽全力为您解决问题的。

2.3.3 解决问题

你与顾客共同商定将出现的问题解决掉，但还没有结束哦。别忘了你已经让顾客感到了焦虑，并且给他带来了不便，仅仅是将出现的裂缝抹平，并不能重新使顾客满意哦。所以，需要一些额外的补偿，不管是补偿金钱、赠送礼品还是下次购买特别折扣优惠，甚至是一个顾客帮您出谋划策，改善服务的要求。比如说：当然啦无论怎样，我们都要说是我们没有做好才导致出现这种情况，我真诚的向您道歉！真的对不起，给您带来了不便。那么请您考虑下，我们能为您做些什么呢？（您看我们能适当给您些补偿吗？）

2.3.4 收尾

以温馨的道别结束这次通话，并顺便提出改评价的请求。比如说：这个结果您还满意吗？感谢您的耐心，让我们能够为您解决这个问题。感谢您的理解和支持，希望有机会继续为您服务哦。可以麻烦您帮我们修改下评价吗，您的支持真的对我们很重要哦。看到这里，还有个小诀窍，估计很多人都知道。所有的中差评回复，尽量避免承认是产品的问题。可以说快递不给力啊，天气不好啊，反正一定不要说产品的问题。

任务三　纠纷处理

近年来，京东全球购、天猫国际、网易考拉海购、苏宁易购海外购、小红书、洋码头、聚美优品等跨境电商平台的出现和运作将我国 B2C（即 Business - to - Customer）跨境电商拉入高速发展轨道。与此同时，各类 B2C 跨境电商消费者纠纷也纷至沓来，呈现多样性、小额性、频发性和失衡性（即电商经营者和消费者的地位不对等）的特点。由于对方是谈判能力、经济实力强大的境内外平台、企业，弱势的消费者面对这种纠纷往往束手无措。究竟现有的 B2C 跨境电商消费者纠纷解决机制有哪些？它们能否满足此类纠纷解决的需要？该如何创新 B2C 跨境电商消费者纠纷解决机制？为使我国跨境电商未来能健康、快速发展，这些问题亟待分析和探讨，也将是本节所要关注的重点内容。

3.1　纠纷成因及解决机制

2003 年，淘宝网建立，中国第一个专业网络购物平台的建立，标志着中国进入到电商时代。2018 年，淘宝“双十一”仅 4 秒钟的成交额就破 1 亿元，累计总额更是超过 666 亿元。短短数十年间，网购逐渐从原来的小规模、小人群，发展到现在的大规模、大市场。我们在享受着网络市场经济的高速发展，同时也在新闻媒体频频曝光各种跨国界、跨地域的网络交易纠纷的阴影下。区别于传统的线下消费，网络购物中消费者的正当权益是否得到充分的保护，是评判一个国家网络市场经济成熟程度的重要指标。

3.1.1　纠纷的成因及特点

1. 纠纷的成因

跨境电商纠纷从产生的原因来看，主要有如下几种原因：包裹根本未在承诺的处理时间内寄送；包裹无跟踪信息；包裹信息正常，卖家着急；买家填写的运送地址有误；物流延误，包裹不能在承诺时间到达；包裹被退回；货确实不对板，与描述不符；寄送的产品的质量本身有问题，如货物破损；货品漏发；销售假货；买家主观上不喜欢。

针对货物描述不符的纠纷，通常采取的措施，首先我们要自己排查，是否真的如客户所说与实际货物不符。主要通过产品的标题描述，产品图片，尺寸，包装，颜色。双方当事人通过在线协商解决争议是一种最常见的在线纠纷解决方式，多数交易额小、争议不大的电子商务争议协商解决。针对质量问题引发的纠纷，质量问题包括产品本身的缺陷和因介绍不足引发客户对使用功能引起的质疑。交易双方当事人通过在线调解员的协助处理相应争议，请求在线调解员说服当事人接受自己提出的解决方案来处理纠纷，退换货物或者其他的解决方式。涉及问题严重还可以通过在线法庭解决，是指主要在网上进行的法院诉讼程序。争议当事人可以通过电子通信技术完全实现诉讼的办法。

2. 纠纷的特点

从网购的产品特点分析，网购的产品通常是日用品与服装等，其商品价值较低、标的额较少，并且要求较高的灵活性与便捷性。根据上述特点，要求建立一个更高效、便捷的解决纠纷机制以便于满足当事人的利益诉求，而传统司法体制难以满足。在线购物的条约通常是电子制式的格式合同。当前的在线购物过程实质上是建立和履行一系列电子合同的过程。合法性和合理性问题直接涉及争端各方的直接利益。网络购物平台基于会员制的特点，制定了不平等的、损害消费者利益的“霸王条款”。从网络购物纠纷的矛盾点分析，主要发生在商品质量、支付过程、合同条款上。商品质量纠纷产生的主要原因是网页呈现的商品信息不真实，根据相关调查统计，近七成的网民认为虚假信息太多。现有支付技术发展不完善，导致不法人员盗取用户的交易账户和支付密码。

3.1.2　跨境电商纠纷现有解决方式

当产生纠纷之后，一定要把握住两点：一是抓紧时间联系客户，了解投诉的细节；二是积极沟通，提出合理方案，尽量协商一致。针对两种不同类型的纠纷可采用不同的处理方式：

1. 物品未收到（INR）的处理

（1）包裹无跟踪信息。这一种是一般是很多卖家为了节约成本，都采用不挂号的小包服务，虽然一般的物流公司丢包率不会很高，但出现的问题就是客户咨询的时候无法提供有效的包裹寄送信息。这个时候首先要查发货时间，一般小包会在20～30个工作日到达，如果在规定的时间内没收到就直接告诉客户哪天发的货，用的什么运输服务，需要多长时间，如果他在这期间都没收到的货就要及时联系买家，这样客户就比较安心的等待了；如果到了规定时间还没有收到，可以让客服再拖一下客户的时间，比如回邮件说这个周末，如果还没收到愿意重寄给他，或者就让他确认一下地址来给自己多一两天的时间，因为有时候小包就在这两天就到了客户手上了。实在不行根据买家的意愿选择退款或重发。

（2）包裹信息正常，卖家着急。这时我们是有单号可以查的，可以清楚的查询到订单的物流轨迹，可以把订单追踪物流信息详细的提供给买家，让买家耐心等待，货物已经在运送途中，可能在多少天内会送到。这里有一种比较严重的情况就是，自己在网上查了货确实已经到了，并且有人签收，但客户还是说没收到。这其实也挺简单的，首先要找出签收人的名字与发货时写的名字的人是不是同一个人，如果不是那把查到的信息裁图给客户看，也可以让他自己去查，并告诉他签收的那个人他是否认识，并再一次确认运送的地址是否是正确的，切记不能同客户较劲。

（3）用户填写的运送地址有误：有一种情况是由于地址不详或者不正确无法投递成功而货物退回的情况。

2. 物流品与描述严重不符（SNAD）

客户收到货了，但觉得质量不好的投诉怎么办？

（1）一种就是发货的时候检查过产品确实是好的，这就是客户的问题，但又不能说是客户错了，首先要同客户弄清楚产品究竟哪里不好了，是不能用了，还是有破损了，还是他自己不会使用，搞清原因就可以对症下药了，解决了问题后，也可以适当的给客户一些奖励，比如说下次购买的时候给个9折优惠，送个小礼品什么的，这样客户会感觉这家的客服做得很好。

（2）另一种情况是发货前没检查过产品是否好坏，是否有错发漏发，而且之后证实确实是自己的问题，这样的情况要先安慰客户，提出一两个解决的方法让客户自己选择：如赔偿5美元（如果是很小的问题），重新寄一个新的等。

（3）买家主观上不喜欢还有一种情况是客户对质量实在不满意，已经发大脾气了，而且说要投诉，留差评了，这时最好的做法就是及时回邮件，道歉，表示愿意全部赔款，说完这些后再同客户说我们为了更好的改进我们的产品或者服务，希望他能够把产品不好的原因说一下并拍照片过来，这样做既让客户情绪得到缓和，又可以查明是不是自己的产品有问题，而且这样的案例可以存档，避免以后不会发生同样的错误，同时要注意及时性的改善刊登的描述。如果证实是买家的责任甚至可以直接上诉到跨境电商平台，由跨境电商平台来裁决。

3.1.3 跨境电商纠纷处理评价

1. 纠纷解决机制运作总体效果不佳

各大跨境电商平台提供的纠纷解决方式与消费者意图选择的解决方式虽未背离，但实施效果不尽人意。上述网络消费满意度调查报告显示，“与平台内经营者和解解决纠纷问题”方面满意度为66.36%，“通过网络交易平台解决纠纷问题”方面满意度为81.17%。满意度的高低体现出纠纷解决成败与否，通过与商家在线协商解决纠纷后，有近四成的消费者表示不满意，这意味着采用在线协商方式并不能达到解决纠纷的良好效果，消费者势必另行选择一种方式继续维权。通常情况下，若无法与商家协商达成一致处理意见，消费者则将争议提交给平台，由平台作出裁定。但平台作出的第三方裁定仍不能彻底将纠纷化解。一次纠纷，历经两种纠纷解决方式的处理后仍未达到预期应有效果，足以凸显当前我国跨境电商消费者纠纷解决机制的低效。在时间成本上，该两种较为成熟的在线纠纷解决路径不仅没有实现ODR机制所具备的“迅速”特点，还大大拖延处理时间，加剧了处理时间漫长与跨境电商纠纷产生快速的矛盾。在消费者维权态度上，当方便、快捷的在线纠纷处理方式均无法化解纷争，消费者选择诉讼、仲裁等传统纠纷解决方式的可能性微乎其微，消费者维权热情大大削弱，纠纷往往不了了之。

2. 未提供纠纷解决模式的多样化选择

跨境电商消费者纠纷愈来愈呈现多样化的特点，这意味着纠纷解决模式也应有多样化的选择。目前此类纠纷大多依赖当事人自行协商，虽然平台也会自主裁定纠纷，但由于平台或多或少和买卖家有利益牵扯，因此严格意义上非属绝对中立的第三方。真正意义上的独立第三方解决纠纷机制中，诉讼和仲裁在B2C跨境电商消费者纠纷解决实践中运用较少，而在其他很多纠纷解决领域卓有成效的解决纠纷机制——第三方调解更是几乎空白。此外，我国运用最广泛的两种ODR机制是在线协商和平台自主在线裁定纠纷，但诉讼、仲裁与在线信息技术的结合则不如前两者紧密。电子商务网上法庭2015年才在浙江正式挂牌，这表明我国的在线诉讼模式仅迈出了艰难的第一步。尽管在线仲裁得到我国各地仲裁委员会（诸如广州仲裁委员会等）的技术支持，但由于仲裁内部机制以及推广不足等原因，其适用也远不如在线协商般普遍。总之，缺乏第三方调解机制以及在线方式不成熟这两大问题导致我国至今未形成真正多样化的B2C跨境电商消费者纠纷解决体系。

3. 传统纠纷解决方式——仲裁遭遇尴尬困境

从某种意义上说，仲裁是与跨境电商本身快捷、方便特点最相匹配的纠纷解决方式。因为在传统跨境电商纠纷解决路径中，相较于诉讼而言，仲裁具有一裁终局、能快速有效解决纠纷的优点。若采用仲裁方式，当事人通常不会因考虑上诉、再审等可能耗费大量时间的问题而对解决纠纷采取消极应对态度。从程序灵活性看，诉讼是国家司法主权的缩影，其限制性、严厉性表明其不是一种可由当事人随意选择变更的手段，何国何地法院管辖、适用哪国法律均非当事人自行决定的事项，而仲裁本身就是当事人达成一致协议后的产物，当事人在仲裁机构的选定、仲裁规则的适用、确定仲裁时间等事务上被赋予选择决定权。仲裁的这种灵活变通性恰恰是瞬息万变的互联网时代所要求具备的纠纷应对措施特点之一，在解决跨境电商纠纷上显然更具优势。跨境电商企业的商业秘密、消费者的个人隐私，有可能在诉讼中因公开审理遭到泄露，而仲裁的保密性成为当事人考量的另一个重要因素。

4. 纠纷解决机制未充分考虑消费者的弱势地位

B2C 跨境电商消费者纠纷中，消费者明显属于弱势的一方，其各方面实力都远不如对方当事人，加之卖家、网络交易平台、国际物流公司等这些纠纷相对方可能抱团形成利益联合体，消费者实际上无法真正与它们平等抗衡。按理，此类纠纷解决机制应适当“偏倚”消费者一方以达到更加公平合理解决纠纷的目的，然而现有 B2C 跨境电商消费者纠纷并未充分考虑消费者的弱势地位：一是跨境电商平台虽提示可采取诉讼、仲裁这两种传统纠纷解决模式，但由于我国没有针对跨境电商消费者纠纷设置更加便利化、更加灵活的诉讼程序，出于对诉讼成本和程序繁琐的担忧，弱势的消费者往往不愿去法院提起诉讼，而仲裁需要纠纷双方当事人达成合意才能启动，实践中要么是消费者对陌生的仲裁唯恐而避之不及，要么是卖家、网络交易平台、国际物流公司等不认可仲裁方式，双方当事人的仲裁协议无法顺利达成，仲裁模式也就成为了实际应用不多的一种摆设。二是在当事人长时间自行协商无效后，跨境电商平台虽可以自主裁定纠纷，但通常不会顾及消费者的诉求，反而会因营业利益更偏向卖家这一方，因此，跨境电商平台的自主裁定无法获得消费者的充分信任，其效用自然大打折扣。

3.1.4 构建跨境电商纠纷解决机制

1. 纠纷解决方式：线上替代性纠纷解决方式

从 2016 年开始，我国跨境电商零售（B2C、C2C）增长势头强劲，成为我国跨境电子商务发展的新增长点。跨境电商零售业务销量的大幅增长让替代性纠纷解决方式缺乏效率，且纠纷解决成本相比于小额标的商品偏高。为了降低跨境电子商务纠纷解决的成本，提高纠纷解决的效率，是否将信息技术引入替代性纠纷解决方式被业内广泛讨论。通过将信息技术的高效性与替代性纠纷解决方式解决纠纷的有效性融合，将纠纷解决从线下移植到线上，让渡了部分的纠纷解决效果满足了当前跨境电商贸易纠纷解决的需求，即线上替代性纠纷解决方式 。

2. 纠纷解决实施：引入第三方争议解决平台

一般来说，电子商务平台拥有自己内部的纠纷解决平台，例如淘宝、京东等电商平台的内部纠纷解决平台在处理纠纷的过程中扮演了重要作用。但是，处于法律体系之下的跨境电子商务纠纷解决机制应当遵循相关法律的规定与原则，在跨境电商贸易中，买卖双方因为相关法律制度、纠纷解决原则的不同而让纠纷解决变得更加复杂，跨境电商的内部纠纷解决平台在这种情况下常常难以发挥作用。需要一个能够兼容两国法律制度与原则的纠纷解决平台来代替跨境电商平台实施。我国的跨境电子商务虽然发展十分迅速，但是仍然和欧美日韩等国家存在差距，缺少国际化的跨境电子商务平台以及相应等级的内部纠纷解决平台。因此，应当引入具备解决跨境电子商务贸易纠纷能力的第三方争议解决平台来实施线上替代性纠纷解决机制。

3. 纠纷解决补充：跨境电商的信用评价机制

目前，国内电商平台普遍建立了信用评价机制，该机制通过购物评价体系、购买记录、累计消费等方式形成，信用评价等级越高则用户会获得该平台赋予的不同“特权”，以此来黏住用户。体现在纠纷解决方面就是通过信用评价机制来鼓励平台用户接受线上替代性纠纷解决方式的纠纷处理结果，虽然通过司法途径仍然可以获得公正公平的纠纷处理结果，但是该机制兼顾了效率与效果。虽然目前我国的跨境电商平台尚处于发展的初期，还未建立跨境的信用评价机制，但是从长远来看跨境电商的信用评价机制可以有效对用户的纠纷解决方式选择进行约束。

3.2 预防纠纷的方法

预防纠纷分为发货前预防和发货后预防，发货前要及时备货，备货 3 ~ 7 天是正常的，这样能保证在承诺的处理时间内及时发货，如果要更快速的发货及合理的备货，可借助于以马帮 ERP 为代表的各种 ERP 管理软件的协助，特别是在管理库存这一块获得了整个行业的普遍认可。当然选择性价比高、正规的货代也非常重要。发货后预防可以根据包裹的不同物流渠道方式、寄送的不同的国家、以及不同的店铺可以采用不同的消息模板，如包裹发送出去后 1 天的通知邮件，如 e 邮宝 14 天后的关怀索评，要求客户留下好评，有问题及时沟通不要随意开纠纷等，都将显著的提高客户沟通体验，降低纠纷率。具体预防纠纷的方法体现在以下几点：

3.2.1 选品环节预防客户纠纷

1. 产品适合跨境电商平台销售

卖家在选品时应选择市场需求量大的产品，特别是新手卖家，可以挑选蓝海产品，市场需求旺盛，竞争较少。此外，卖家应充分利用各跨境电商平台的特点，例如速卖通平台：利用速卖通平台的大数据——数据纵横进行选品的分析，结合速卖通平台的主要消费市场进行选择。速卖通平台主要是零售及小额批发。所选产品要具有货值低、附加值高、体积重量小。避免后期成本过高，卖家亏损严重，卖家拒不发货原因导致客户纠纷。

2. 产品货源稳定

卖家必须考虑货源的稳定性，出单后能在平台规定的期限内及时发货，避免因不及时发货引起纠纷。自产自销型店铺要保证原材料的及时供应和生产链的完整，保证货源稳定；代销型店铺要前期与工厂签订生产合同，用法律效力约束工厂，保证产品的供货及质量。

3. 产品有品牌授权书或专利保护

在跨境电商平台，严禁卖家未经授权发布、销售涉及第三方知识产权的商品。在跨境电商平台发布任何品牌产品信息，都需要进行品牌资质申请及审核后，方可进行发布。卖家无论在店铺产品展示还是产品包装上，都不能放上侵权的品牌标志。卖家尽量从原供应商处拿货，销售有品牌授权和专利保护的产品，远离侵权，推动中国质造原创品牌发展，避免后期客户认为产品为假货和平台认定的侵权纠纷。

4. 产品质量先行

跨境电商各平台规则明确规定，卖家应确保其出售的商品在合理期限内可以正常使用。产品质量是企业生存的生命线，卖家要对产品生产过程中的工艺要求和质量水平严格把关，从产品的研发设计、工艺流程、生产加工、包装、运输和出售各环节加强管控，确保产品的质量，避免客户因产品质量抱怨，引起货不对板纠纷。

3.2.2　买家咨询环节预防客户纠纷

1. 积极回应买家询盘

如何告知买家产品的真实属性。

2. 保留和买家的沟通记录

如果出现了纠纷，能够作为证据来帮助解决问题。

3. 买家未咨询直接下单

若买家未咨询直接下单，需提前与买家沟通好产品的颜色，尺寸，型号，款式等，尤其是针对特殊定制类产品，若买家未回复确认，卖家可联系客服取消订单，此种情况不计入成交不卖。

4. 关注自己所出售的产品是否适用于客户所在当地使用

例如巴西的客户购买手机，我们的产品是否有巴西语；欧洲的客户购买充电器，我们的产品是否有欧版插头。

3.2.3　包装环节预防客户纠纷

1. 产品包装安全、牢固

不同产品属性有不同的包装材料，服装类产品多为快递塑料袋，小型消费电子产品多为气泡袋。不管何种包装材料都要确保包装的牢固。在跨境电商平台出售的产品，包裹会漂洋过海送达客户手中，货物运输路程长、周期长，较为波折，对产品包装的牢固性要求较高，要确保货物在长途跋涉中完好无损，安全送达客户手中。特别是对于陶瓷等易碎产品，在包装上要多裹几层保护膜或填充泡沫，降低货物的破损率，避免客户因为包装不善导致货物受损引起的纠纷。

2. 产品包装符合客户需求

特殊的客户采取特殊的包装方式。跨境电商平台大部分为终端消费者，但也存在部分小额批发客户，他们希望将产品作为礼物形式送出或零售。如某客户通过平台站内信联系卖家，希望订购 50 件喷雾器作为礼物送给公司员工，希望产品的包装精致化。此时买家应该根据客户的特殊需求进行产品的包装设计，让客户满意。此外，产品的包装应根据不同国家客户的风俗习惯进行差异化处理，特别是数字、颜色、图案等包装细节要充分尊重不同文化的差异性，避免出现客户文化的冲突引起的纠纷。

3. 产品包装信息优化

产品包装不仅可以在运输过程中保护产品不受损伤，还是企业重要的名片。有能力的卖家需要在产品包装上多下功夫，优化包装的信息。产品的包装印有企业统一的 Logo 及售后信息，将无形中为企业进行宣传，卖家可以将企业客服邮箱、WhatsApp、Skype 账号等信息印在产品包装上，客户收到产品后，可以通过包装上社交软件信息及时反馈信息，卖家也能第一时间跟进并回复客户反馈的问题，及时有效的和客户进行沟通，加强与客户的联系，同时可以避免因回复不及时或客户误解造成的纠纷。

3.2.4 发货环节预防客户纠纷

发货环节避免客户纠纷，应该避免残次品寄出，针对易碎产品，如灯饰、彩妆等产品，应使用塑料泡沫包装，避免途中受损，对于发送的产品，尤其是功能类产品，如手机、平板、GPS 等，需要邮寄使用说明书，避免客户收到产品因不会操作要求退货。若无法保证与买家选择的物流方式一致时，提前与买家确认无误后方可发货。如果订单产品数量较多，请拆分包裹发货，避免大包裹引起扣关，同时把相关运单号和各包裹里的产品数量提供给客户，避免买家收到部分包裹后投诉收到部分产品。对于大金额订单，如果需要多批次发送，请告知客户每包货物的数量，并尽快将所有货物尽快发出。

3.2.5 物流环节预防客户纠纷

1. 选择正确的物流方式

卖家发货所选用的物流方式必须是买家所选择的物流方式，未经买家同意，不得无故更改物流方式。国际物流有很多不确定因素，如海关问题、关税问题、派送转运等，整个运输过程复杂且较难控制，选择负责任的货代公司，可以减少卖家不必要的纠纷。推荐使用跨境电商平台官方主推的物流公司，能够提供物流跟踪、物流纠纷处理的一站式物流解决方案。在跨境电商平台上，卖家发货选择推荐的物流公司，在买家提起关于物流纠纷的时候，平台负责，不会影响到店铺的绩效考核，可以有效地避免客户提出的物流纠纷。

2. 科学的设置物流模板

在跨境电商平台设置物流模板时，要注意所设置的是否为能发送的物流方式，如果是卖家不能发送的物流方式而被买家拍下指定该物流时，就可能引起物流纠纷，原因是未按指定物流发送。可以设置多个物流模板，考虑特殊国家的物流方式。如美国不支持中国邮政平邮小包，我们可以通过设置多个物流模板的方式，选择特殊国家的物流方式。科学的设置物流模板可以开拓店铺的市场，带来更多的销量，赚取口碑，避免客户的抱怨。

3. 物流面单信息的准确

物流面单中的信息是物流公司发货的重要依据，卖家必须确保面单的信息真实性和准确性，保证货物能够成功妥投，避免客户出现妥投不成功导致的物流纠纷。若货物重量偏重，货物需分批包装发货才能避免清关关税，应该在物流面单中得到体现，并经客户同意后再发货，避免客户提出货物短缺纠纷的乌龙。

3.2.6 售后环节预防客户纠纷

1. 问题订单优先处理，稳定客户情绪

客服每天需要处理的事项较多，对于问题订单应该优先处理，以速卖通为例，速卖通平台规定，买家在平台上提起纠纷，卖家应在 7 个工作日内做出回复。但是客户收到货物后抱怨，需要客服人员及时关怀，客服应在第一时候回复客户的问题订单，帮助买家协调解决。如涉及产品质量纠纷，大部分消费者都会给卖家留言联系，客服应该稳定客服的情绪，在判定是卖家产品问题的情况下，可以和客户沟通，重新发货延长收货时间，争取客户的谅解，避免纠纷的升级。

2. 根据客户的反馈及时给出解决方案

当买家在平台上提起纠纷时，卖家要根据客户反馈的问题，及时给出解决方案，让客户觉得卖家是真心想帮助客户，而不是没有诚意的敷衍。在销售中客户总是有理的，但不是说客户总是正确的，可以使客户感到客服与自己站在一边，从而消除内心情感上的对立和隔阂，促使客户在沟通中采取合作的态度，共同探讨解决面临的问题，避免纠纷的升级。

3. 做好售后服务，争做“TOP - Brand”卖家

速卖通平台为了鼓励优质中国卖家品牌出海，专注于不断提升客户的购买体验和品牌满意度、忠诚度的建立，特别推出了“TOP - Brand”标签。“TOP - Brand”标签的升级，用于帮助客户挑选优质品牌卖家，卖家要做好售后服务和行业口碑，使店铺获得“TOP - Brand”标签，获得客户的信任。总之，客户的需求和平台规则的不断变化，速卖通卖家要多钻研平台规则，从选品、上架、包装、物流、沟通和售后六个方面进行思考，每个环节不断优化，将细节做到极致。从源头出发，防患于未然，一切以店铺安全为前提，尽量避免客户纠纷的发生，杜绝纠纷的升级。

3.3　退换货处理

受消费升级趋势和“双 11”“黑五”等购物节的不断影响，以我国中产阶级为主的消费者对海外商品的需求不断增强，跨境电商高速发展，跨境网购在人们的生活中扮演重要角色。但由于其交易的主体分属不同的关境，且涉及的环节众多，因而存在很多复杂的问题。其中，跨境退换货在最近两年的跨境网购中成为非常突出的问题之一，如何合理解决跨境退换货问题逐渐成为人们关注的焦点，这关系着消费者和跨境电商企业合法权益的维护。

3.3.1　跨境电商的退换货问题分析

在跨境退换货问题分析中，海淘产品自身存在问题、跨境退换货成本高、退货周期长、消费者存在退换货欺诈行为以及被退货物的去向问题等都造成跨境退换货问题难以解决。

1. B2C 退换货运费成本高

以小件包裹为例，运送 1kg 以下的产品至欧美国家，运费需要在 100～150 元之间，这对于商家来说，国外直邮商品的价格优势在运费面前就被削弱了，相对成本增加，从而导致很多消费者直接选择海外代购。对于中高档奢侈品来说，使用人力进行运输，相对来说成本大大削弱，由我国国内快递进行运输，以“四通一达”为例，邮费起步在 8 元，每增加一公斤加 4 元，这与上述国际快递成本相比具有相当强的成本优势。货物产生产品质量问题之后，需要进行国际快递进行物流运输，不论是哪方承担物流成本，都会使交易体验变差，对商家来说是销量下滑的潜在因素，对整体 B2C 跨境电商行业是发展的阻碍。对于我国以及国外的卖家来说，物流费用太高已经成为阻碍跨境电子商务最大的阻碍。不仅仅指发货，更多的是退货阶段的消费体验。

2. 人力等其他成本高

中国的人力成本长时间处于较低的水平，在欧美发达国家的人力成本居高，而退货的

商品需要人力进行查验哪些是可以二次销售的商品，在退货量较少的情况下，退货需求可以得到满足，如果退货量较多的情况下，海外仓是没有足够的人力去进行退货查验的。对于部分商品，例如服装产品，需要重新包装进行销售；对于机械产品，需要重新质检来进行二次消费证明；对于其他品类产品由于其产品的特殊性和当地的法律条文，需要人工进行的工作相对庞杂。对于跨境电商企业来讲，一旦产生退换货，就会涉及劳工费用、质量把控费用、货物处理费用等，同时还存在商品的零售价值降低、产生补货成本和配送成本等。即使境外消费者退货至海外仓，那么也需要海外仓对退货进行收取、登记和汇报等，付出大量的人力成本和沟通成本等。由此可见，不管是对跨境电商企业还是境外消费者，退换货的成本都会增加。

3. 退货周期长

通过不同模式的跨境电商平台实现退换货的途径不同，就整体而言，跨境退换货的周期一般在 45 天左右，在此期间一般会经过众多环节，其中包括商品国内运输阶段、集货、清关、运输、国外海关清关、国外商品集货、配送这 7 个环节，由于环节过多又不可省略，造成时间相对过长的问题。这对于卖家还是买家，时间耗费太长。对中小企业来说，即使使用第三方平台，即使可以解决发货时间问题，也无法解决单人退货问题，对整体发展是不利的。

4. B2B 退货产品质量问题

在出口产品方面，小件商品通常使用航空邮件进行运输，大宗 B2B 商品通常以海运进行产品跨境运输。在海运中会遇到淡水雨淋、渗漏、短量、锈损、钩损、串味、混杂玷污、碰损破碎、受热受潮和包装破裂等风险，会导致货物受到以上问题造成损失。同时，这些由于退货物流造成无法使用的产品不论由买家还是卖家承担，势必增加企业运营成本；如果由物流运输保险赔付，还需要进行验货等时间，对买家和卖家企业的商品周转和资金周转都会造成影响。

5. 不同国家之间的物流差异问题

对于跨境电商的退货问题，其中一国至另一国的物流交接也是问题之一。一方面，在物流信息方面，另一国的物流不会提供详细的进程明细；另一方面，与本国对接的另一国物流，往往消费者也是不可选择的。不同的国家，物流发展程度不一，对消费体验也会造成负面影响。

3.3.2 跨境电商的退换货问题处理

1. 降低退换货运费成本

跨境电商企业可以同相关物流公司签订合法规范的协议，尤其是针对那些价值高、体积大或者特殊商品的运输，建议跨境电商企业购买运输保险服务，避免因跨境物流造成的产品丢失、损坏等，同时也可以节省消费者退货的运费支出。利用跨境物流规模化效应。跨境电商企业与相关的物流公司的合作，可以突破跨境物流的瓶颈，如可以提供跨境物流拼单等服务，以大宗商品运输代替零散运输，通过跨境物流的规模效应，降低物流运费，以此还可以吸引跨境电商企业购买其他的物流服务。

2. 降低人力等其他成本

以货物被退至海外仓为例，可以合理分配海外仓和有效分配人员配置，在海外仓的规划中，可单独设置退货区当做第三方平台海外仓的增值服务。在海外仓的运转中，涉及对退换货的验收和其他后续问题，需专门的人员负责，进行专门的退货处理。在跨境退换货的分拣等过程中可以利用先进的分拣系统分拣，节省人力成本。

3. 缩短退换货周期

针对部分质量属性等满足特定消费者群体需求的商品，可以以二次销售的形式流向当地特定人群。这样在一定程度上提高了被退货物的变现能力，可以给跨境电商企业带来资金收入，减少企业的损失。除此之外，还可以把这部分质量不存在问题的商品以捐赠的方式，捐献给当地的慈善机构等，以提高跨境电商企业在目标市场国家和地区的市场知名度和影响力，为接下来的市场开拓奠定基础。

4. 提高 B2B 退货产品质量

跨境电商企业从自身角度出发，应严格遵循实事求是的原则，根据出售产品实物客观地描述商品的各种属性特征，给买家准确真实的产品信息；同时在采购时应注意查验产品的属性、质量等，力求在货源上避免有质量缺陷的产品存在。在向海外消费者发货时，仔细核对所发产品的质量属性等是否满足消费者的消费需求。在跨境物流的过程中，应注意规范操作，尽量减少因操作不当造成的物品损坏；同时应注意对物品的仓储保存，尤其是采用海运方式运输时注意对产品做好防潮处理，最好是能根据不同产品的属性和运输储存等要求规范处理。

从政府市场干预角度来讲，政府可以建立跨境电商行业的产品质量评价体系，从完善市场监管、鼓励合格产品的交易和加大对问题产品企业的惩治力度方面入手。例如，对跨境电商企业产品进行“五星”评价机制，通过在平台上以领红包等运营模式鼓励用户参与对跨境电商产品的评价，根据用户对产品的消费反馈对企业进行星级考评。考评排名靠前的企业可以适当享有降低税收和简化货物入关流程等方面的优惠政策，排名靠后的企业可以通过政府网站对其向社会公开，反向刺激其提高产品质量。同时，体系内排名进步较大的企业也需要给予一定的正向激励，以促进行业积极健康的发展。从这两个方面侧重于确保海淘产品的质量和属性等符合消费者的需求，降低因消费者对产品自身属性和质量不满而造成的跨境退换货。

5. 解决不同国家物流差异问题

相关物流公司可以与国外物流公司接触合作，在未来可让消费者选择需退货商品抵达另一国之后的物流公司。通过推出不同国家的物流服务，让消费者可选择对于他们来说最需要的物流服务，比如：速度快、价格低、性价比高等不同的选择，减轻消费者对于跨境退货繁琐的不快。还可以通过拼单来降低运费，均摊后的运费使得买家可接受。

6. 其他降低跨境退换货率的措施

跨境电商企业可以以经济手段鼓励客户保留商品，如给客户承诺，如果消费者不退货，可以给客户提供一定的折扣优惠，鼓励消费者消费。还可以参考沃尔玛的政策，客户有权利选择是否要退货，但是如果退货就需要支付一定退货费以及商品价格的5%等，鼓励消费者保留商品。

任务四　跨境电商客服典型案例分析

4.1　案例一：未收到的货——只收到部分商品

1. 提起纠纷的原因

该笔订单中产品数量为10件，卖家通过两个包裹发货。其中一个包裹已经妥投，另一个包裹仍然在途，因此买家以未收到货提起纠纷并要求部分退款：

1 of the packages arrived weeks ago, the other did not.

2. 提起纠纷后买卖家双方做法

买家：提起纠纷。

I wrote to you twice and you had more than 10 days to answer. It is obvious you do not want to solve this issue. 1 of the packages arrived weeks ago, the other did not.

卖家：拒绝纠纷，强调另一个在途包裹的运单号，再次给出于买家。并建议买家延长收货时间等待包裹。

So sorry for late response, recently we were lack of people to deal with many orders. I am hiring more people. I tracked this tracking number it was in shipping and not returned. I just extended more 15 days delivery time.

买家：同意继续等待并询问包裹状态。

Sure, but before I cancel the dispute, could you tell me what is the last known location of my package? and how old is this information?

卖家：说明包裹状态并建议等待天数、退款金额。

the tracking information just shows it' s in shipping. I can' t get more information. I just extend more delivery time and you have 29 days to confirm this delivery. At least, friend, if you don' t cancel the dispute, pls change the refund money, you already received a part goods of this order. Thanks.

3. 平台介入后如何处理

平台接入后，邮件双方告知情况。

告知买家：部分包裹在途建议等待，如果包裹妥投请确认收货。

The tracking number shows the goods are in transit, we' ll ask seller to contact shipping company to confirm the status of package within 3 calendar days. If you have received the goods in good condition, please cancel this claim and confirm order received.

告知卖家：货物运输时间已经超过承诺运达时间，建议积极与买家沟通。

关于此纠纷订单，自包裹发货之日起至今，货物在途的时间已经超过了您设置的承诺运达时间。买家方面也因迟迟未收到货而提起纠纷，且在此期间并未对发起的纠纷进行撤诉。因此，请您积极与买家进行良好的沟通，及时处理因为客观原因导致的超时问题，获取买家的理解和支持。

响应期限到期后，包裹未妥投，卖家同意部分退款：

I have agreed to refund you. Firstly I refused your dispute is that because this parcel RB59 * * * * 564CN is in shipping, and I hope it can be shipped and we extended delivery time for you. I do not ignored you I am very sorry for my late.

平台操作部分退款并关闭纠纷。

4. 如何避免该类纠纷

(1) 积极关注纠纷案件。对于买家提起纠纷尚未上升至仲裁平台介入前，积极予以响应。

(2) 核对发货数量、退款金额。在确认部分包裹未妥投的情况下，积极与买家核对部分退款金额信息。

(3) 在双方协商一致的情况下，将一致信息反馈于纠纷平台。

4.2　案例二：未收到货——货物在途中

1. 提起纠纷的原因

该笔订单中承诺运达时间到期，买家未收到货物提起纠纷。

2. 提起纠纷后买卖家双方做法

买家：提起纠纷。

Full refund please.

卖家：拒绝纠纷，告知愿意线下打款，要求买家提供打款账号。

We have paid to your Paypal, please check it, and help us cancel dispute, thanks. Dear friend.

3. 平台介入后如何处理

平台接入后，邮件双方告知情况。

告知买家：部分包裹在途建议等待，如果包裹妥投请确认收货。

The tracking number shows the goods are in transit, we' ll ask seller to contact shipping company to confirm the status of package within 3 calendar days. If you have received the goods in good condition, please cancel this claim and confirm order received.

告知卖家：货物运输时间已经超过承诺运达时间，建议积极与买家沟通。

关于此纠纷订单，自包裹发货之日起至今，货物在途的时间已经超过了您设置的承诺运达时间。买家方面也因迟迟未收到货而提起纠纷，且在此期间并未对发起的纠纷进行撤诉。因此，请您积极与买家进行良好的沟通，及时处理因为客观原因导致的超时问题，获取买家的理解和支持。

响应期限内，卖家与买家沟通线下打款：

卖家：与买家确认打款账号。

Dear friend, so now the paypal : * * * * 1@ gmail. com is it right for you? I just want to confirm it. Thanks.

买家：确认账号。

响应期限到期后，包裹未妥投，平台邮件双方要求卖家提供打款成功凭证。

在卖家提供打款成功的凭证后，平台操作款项并且关闭纠纷。

4. 如何避免该类纠纷

（1）积极关注纠纷案件。对于买家提起纠纷尚未上升至仲裁平台介入前，积极予以响应。

（2）关注物流进展，在物流无法承诺运单时间妥投的情况下积极与买家协商是否延长运送时间。

（3）在双方协商一致的情况下，将一致信息反馈于纠纷平台。

4.3 案例三：已收到货——货物与描述不符

1. 提起纠纷的原因

买家买了 8 个灯泡，收到货后表示灯泡的瓦数不一致，以此提起纠纷。

2. 提起纠纷后买卖双方做法

买家：提起纠纷，要求部分退款 25 美元不退货（总金额 49.4 美元）。

Unfortunately, you sent me wrong products. I' ve ordered SMD5630 – 60LEDs – 15W, received 42LEDs – 5.2W. Third times difference in power. I' m very upset, because, I always receive corn bulbs with lower power. This time I' m triple upset, because you sent the wrong bulbs. If you need I can send you the link to the video.

卖家：拒绝纠纷，要求买家退货，表示发了两种类型的灯泡，都是按照买家要求发货的，希望买家重新检测。

Hello, you purchased two orders from us, one is 42leds, another is 60leds, we all do as your request. On the other hand, the power is more than 5W and you should text is in correct voltage and current. Best regards!

买家：修改退款理由，退款金额从 25 美元降至 21 美元，并且表示愿意举证，如果退货的话，要求卖家承担运费。

Unfortunately, you sent me wrong products. I' ve ordered SMD5630 – 60LEDs – 15W, received 42LEDs – 5.2W. Third times difference in power. I' m very upset, because, I always receive corn bulbs with lower power. This time I' m triple upset, because you sent the wrong bulbs. If you need I can send you the link to the video. 21USD my last offer. I also can offer you return of product, but you should pay shipment cost = 11USD in advance.

卖家：拒绝买家的请求，要求买家退回所有货物，然后全额退款。

Please return my goods to you.

买家：继续拒绝卖家的请求，并且提供了视频举证。然后提起仲裁纠纷，要求平台介入。

Unfortunately, you sent me wrong products. I' ve ordered SMD5630 – 60LEDs – 15W, received 42LEDs – 5.2W. Third times difference in power. I' m very upset, because, I always receive corn bulbs with lower power. This time I' m triple upset, because you sent the wrong bulbs. If you need I can send you the link to the video. 21USD my last offer. I also can offer you return of product, but you should pay shipment cost = 11USD in advance. Video

平台建议：买家提起纠纷后，建议卖家积极与买家协商，尤其是买家提供了举证的情况下，如果发现产品的确存在问题的，可以和买家协商部分退款，如果在前期纠纷阶段就达成一致，可以更好的避免仲裁提起率。

3. 平台介入后如何处理

平台接入后，邮件双方告知情况。

告知买家：举证的两件产品被认可，但是剩下的六件产品需要重新举证。

Meanwhile, please kindly understand that our mediation is on the basis that you provided enough evidence for your claim. Based on the current evidence provided, for goods is not as deion, the evidence is accepted for 2 pieces, please provide video when you test other 6 pieces to support your claim within 3 calendar days.

告知卖家：我们会继续取证，也建议卖家积极与买家协商。

针对买家投诉问题，我方限期买家 3 天提供更多举证予以说明。请您关注买家的反馈并积极联系买家沟通协商。若在此期间，买家补充了重要的证据，我方将根据实际情况发出裁决意见并通知到买卖双方；若在此期间双方通过协商达成一致，请您点击“回应”并在响应内容中写明一致意见，我方将按照双方的一致意见处理该纠纷订单。响应期限到期后，买家重新举证产品问题，卖家发现的确存在问题后，发起结案申请（仲裁再协商），愿意退款 21 美元 = 买家要求的金额，然后买家同意了卖家的请求，最后双方达成一致部分退款 21 美元。

4. 如何避免该类纠纷

对于描述不符的纠纷，卖家应该注意什么？

纠纷前：

（1）确认产品页面描述是否与实物一致。（特别要注意：产品页面是否有尺寸描述，产品尺寸是否存在多重尺码标准，产品介绍是否图文一致，颜色选项框图片是否与实际显示文字一致，产品页面表述是否会造成买家误解等。）

（2）如果买家没有选择具体产品型号或颜色等，发货前务必与买家确认后再发货。

（3）如果产品是随机发货或者存在误差，请确认产品页面有相关提醒。

（4）如果买家下订单的产品缺货或存在颜色、款式不一致等情况，发货前一定要与买家沟通，征得买家同意后再发货。

纠纷中：

（1）积极与买家协商解决问题，达成一致的解决意见。

（2）提交发货前与买家确认产品颜色、尺寸或其他信息的交谈记录。

（3）若发货前已提醒过买家产品存在颜色、尺寸等微小误差，请提交约定误差范围的交谈记录。

（4）如果产品是随机发货，请提交已提醒买家随机发货的相关说明或交谈记录。

项目小结

本项目介绍了跨境电商客服人员应该具备的素质和岗位职责；重点介绍了跨境电商客服工作流程中容易出现的问题；分析了文化差异对跨境电商客服工作的影响因素；介绍了中差评的沟通方法以及如何避免中差评；介绍了跨境电商纠纷的解决机制，并要求学生掌握解决各种纠纷的方法，为后续课程学习做准备。

同步实训

实训　跨境电商客服交易处理

1. 实训目的

了解跨境电商客服岗位的工作原则和工作职责，理解跨境电商中差评产生的原因及解决对策，掌握跨境电商交易中纠纷产生的原因及解决机制。

2. 实训内容与步骤

当前，“一带一路”沿线国家电商市场的迅速发展为我国跨境电商企业“买全球”“卖全球”提供了新机遇。跨境电商产业如火如荼发展，互联网+外贸成为新业态下外贸企业转型升级的新思路，多数传统外贸企业通过在第三方平台开设店铺形式涉足跨境电子商务。各跨境电商平台高度重视客户的满意度，客户的纠纷直接影响店铺服务指标。假如你是跨境电商平台客服人员，请按以下要求进行实训：

（1）如果服务分数较低，那么店铺的排名就靠后，如何提高店铺产品的曝光率，进而提高产品的成交机会。

（2）对于跨境电商交易中产生的纠纷，如何处理？

（3）假如发现恶意的中差评，如何处理？

3. 实训提示

可以尝试列举跨境电商客服相关的案例，针对具体案例对以上实训问题进行分析。

项目测试

一、单项选择题

1. 一般来说，多长时间发货？

A. 48 小时　　B. 24 小时

C. 72 小时　　D. 按其他约定时间

2. 同一个账号申请代付，一天最多可申请多少笔代付？

A. 8 笔　　B. 5 笔

C. 2 笔　　D. 10 笔

3. 买家付款多少天后申请退款成功交易关闭，可以发起延迟发货维权，若卖家确有违规行为，客服将严肃处理。

A. 3 天　　B. 5 天

C. 10 天　　D. 1 天

二、多项选择题

1. 下列哪些属于卖家交易管理的特殊服务功能？

A. 三天打款　　B. 运费险

C. 信用卡支付　　D. 货到付款

2. 以下哪些不是跨境电商减库存的方式？

A. 拍下减库存　　B. 付款减库存

C. 预付款减库存　　　　D. 定金减库存

3. 以下哪些类型商品暂时无法使用购物车？

A. 虚拟商品　　　　B. 拍卖商品

C. 积分换商品　　　　D. 二手商品

三、判断题

1. 一般来说，72 小时内发货。（　　）

2. 卖家已发货的订单，运单号在24 小时内可修改，超过24 小时，无法处理。（　　）

3. 在买家未付款的状态下，卖家可以修改价格。（　　）

四、简答题

1. 跨境电商客服管理岗位的工作目标和工作原则是什么？工作职责是什么？

2. 跨境电商客服工作流程中容易出现哪些问题？

3. 文化差异对跨境电商客服工作的影响因素有哪些？

4. 中差评的沟通方法有哪些？如何避免中差评？

5. 跨境电商纠纷的解决机制有哪些？

能力拓展

请选择任一跨境电商平台，体验一次网上购物，以跨境电商客服的角度回答下面问题：

1. 跨境电商维权如何一站式解决？给出切实可行的建议。

2. 与海外客户沟通出现问题时，如何避免文化差异产生的误会。

3. 假如你是一名跨境电商平台客服，对于客户的退换货要求，如何根据具体情况给出合理的解决方案。

参考文献

［1］韩琳琳，张剑等．跨境电子商务实务［M］．上海：上海交通大学出版社，2017年8月

［2］胡治芳．跨境电商卖家成功选品的几种策略技巧［J］．对外经贸实务，2018年8月

［3］郑建辉，陈江生，陈婷婷．跨境电子商务实务［M］．北京理工大学出版社，2017年

［4］吕宏晶．跨境电子商务中产品定价的方法与技巧［J］．对外经贸实务，2016年2月

［5］林俊锋，彭月嫦主编．跨境电商实务［M］．暨南大学出版社，2016年7月

［6］朱桥艳，赵静主编．跨境电商操作实务［M］．人民邮电出版社，2018年12月

［7］张利主编．跨境电子商务［M］．电子科技大学出版社，2017年12月

［8］邓志新主编．跨境电商：理论、操作与实务［M］．人民邮电出版社，2018年7月

［9］来立冬主编．跨境电子商务［M］．电子工业出版社，2018年3月

［10］于立新主编．跨境电子商务理论与实务［M］．北京：首都经济贸易大学出版社，2017年3月

［11］鲁丹萍，陈国雄主编．跨境电子商务理论与实务［M］．北京：高等教育出版社，2018年5月

［12］张莉．六大趋势引领中国跨境电子商务发展［N］，中国经济报，2015年7月

［13］杨坚争主编．电子商务网站典型案例分析［M］．西安电子科技大学出版社，2005年11月

［14］阿里巴巴（中国）网络技术有限公司．从0开始——跨境电商实训教程［M］．电子工业出版社，2018年6月

［15］聂志新．阿里巴巴实战运营［M］．企业管理出版社，2017年7月

［16］阿里巴巴（中国）网络技术有限公司．跨境电商B2B立体化实战教程［M］．电子工业出版社，2019年3月

［17］他拍档电商学院，http：//www. justforta. com/

［18］雨果网，https：//www. cifnews. com/

［19］阿里巴巴国际站服务中心，https：//service. alibaba. com/hc/supplier/index. htm

［20］叶杨翔，吴奇帆．跨境电子商务多平台运营［M］．电子工业出版社，2017年7月

[21] 吴喜龄，袁持平．跨境电子商务实务 [M]．清华大学出版社，2018 年 6 月

[22] 杨兴凯．跨境电子商务 [M]．东北财经大学出版社，2018 年 8 月

[23] 张云勤，朱加宝，丁红朝．跨境电子商务操作实务 [M]．大连理工大学出版社，2017 年 6 月

[24] 阮晓文，朱玉赢主编．跨境电子商务运营：速卖通 亚马逊 eBay [M]．北京：人民邮电出版社，2018 年 6 月

[25] 潘兴华主编．亚马逊 + eBay：揭开跨境电商开店盈利的秘密 [M]．北京：中国铁道出版社，2019 年 4 月

[26] 刘东明主编．跨境电商实操攻略：一本书教你学会速卖通 eBay 亚马逊店铺的运营策略 [M]．北京：人民邮电出版社，2018 年 6 月

[27] 叶鹏飞编著．亚马逊跨境电商运营实战 [M]．中国铁道出版社有限公司，2019 年 5 月

[28] 纵雨果著．亚马逊跨境电商运营从入门到精通 [M]．电子工业出版社，2018 年 10 月

[29] 老魏著．亚马逊跨境电商运营宝典 [M]．电子工业出版社，2018 年 6 月

[30] 于霏著．跨境电商：亚马逊运营实战宝典 [M]．电子工业出版社，2018 年 9 月

[31] 丁晖．跨境电商多平台运营（第 2 版）[M]．电子工业出版社，2017 年 7 月

[32] 罗林．Wish 平台的营销策略 [J]．现代经济信息，2018 年

[33] 刘敏，高田歌．跨境电子商务沟通与客服 [M]．电子工业出版社，2017 年 8 月

[34] Wish 电商学院．Wish 官方运营手册：开启移动跨境电商之路（第 2 版）[M]．电子工业出版社，2018 年 5 月

[35] 张小英．浅析跨境电商 Wish 平台商户目前面临的问题及应对策略 [J]．全国流通经济，2018 年

[36] 张冠凤，邱三平，刘亚杰主编．跨境电子商务 [M]．江苏大学出版社，2018 年 3 月

[37] 孙博．中小跨境电商对海外仓选择的影响因素研究 [J]．价值工程，2019 年 8 月

[38] 王超．我国跨境物流模式分析及优化 [J]．商业经济研究，2019 年 5 月

[39] 钟杨华．跨境物流管理现状与问题探究 [J]．国际公关，2019 年 5 月

[40] 彭哨．我国跨境电子商务物流现状及运作模式 [J]．现代商业，2019 年 7 月

[41] 马翠平．新时代下跨境电商的物流困惑及对策分析 [J]．山东工业技术，2019 年 2 月

[42] 崔彩周．基于跨境电商发展需求的第三方物流海外仓建设 [J]．商业经济研究，2018 年 12 月

[43] 周晨晨．出口跨境电商实操中与顾客的沟通技巧研究 [J]．现代商贸工业，2018 年第 15 期

[44] 余桂兰．跨境电商 B2C 模式下如何用英语与客户有效沟通 [J]．外贸业务探讨，2018 年 6 月

[45] 徐芳，梁金林．B2C 跨境电商消费者纠纷解决机制创新探讨 [J]．商业经济研

究，2018 年 11 月

［46］范筱静．在线纠纷解决机制研究——以电子商务消费者纠纷解决为视角［J］．西部法学评论，2018 年 7 月

［47］高薇．网络交易中的私人纠纷解决：类型与特性［J］．政法论坛，2017 年 9 月

［48］袁苑．网络时代我国跨境电子商务发展现状与运作模式［J］．商业经济研究，2017 年 2 月

［49］余存之．文化差异对出口跨境电商客服工作的影响及对策研究［J］．经济纵横，2018 年 3 月

［50］张丹．跨境电商客服经常遇到的问题与解决技巧——以植物产品为例［J］．广西农学报，2016 年第 6 期

［51］邹其君．跨境电商客服管理岗位工作初探［J］．经济研究导刊，2019 年 5 月

［52］速卖通大学主编．跨境电商客服：阿里巴巴速卖通宝典［M］．电子工业出版社，2016 年 7 月